Book No. _____

Property of

ADLAI E. STEVENSON HIGH SCHOOL

INSTRUCTIONS: The pupil to whom this book is loaned will sign in space provided below. He or she will be required to pay to this school the cost price of this book if it is lost or damaged during the period for which it is loaned. Allowance will be made for wear caused by careful use.

Signature of Pupil	Date Loaned	Date Returned	Condition

HOLT GERMAN 2
Komm mit!

DEM DEUTSCHEN VOLKE

HOLT, RINEHART AND WINSTON
A Harcourt Education Company

Orlando • **Austin** • New York • San Diego • Toronto • London

EXECUTIVE EDITOR
George Winkler

SENIOR EDITOR
Konnie Brown

MANAGING EDITOR
Chris Hiltenbrand

EDITORIAL STAFF
Sara Anbari
Mark Eells,
Editorial Coordinator
Augustine Agwuele,
Department Intern
Sunday Ballew,
Department Intern

EDITORIAL PERMISSIONS
Janet Harrington,
Permissions Editor

ART, DESIGN, & PHOTO
BOOK DESIGN
Richard Metzger,
Design Director
Marta L. Kimball,
Design Manager
Virginia Hassell
Andrew Lankes
Alicia Sullivan
Ruth Limon

IMAGE SERVICES
Joe London, *Director*
Tim Taylor, *Photo Research*
Supervisor
Stephanie Friedman
Michelle Rumpf, *Art Buyer*
Supervisor
Coco Weir

DESIGN NEW MEDIA
Susan Michael, *Design Director*
Amy Shank, *Design Manager*
Kimberly Cammerata,
Design Manager
Czeslaw Sornat,
Senior Designer
Grant Davidson

MEDIA DESIGN
Curtis Riker, *Design Director*
Richard Chavez

GRAPHIC SERVICES
Kristen Darby, *Manager*
Linda Wilbourn
Jane Dixon
Dean Hsieh

COVER DESIGN
Richard Metzger,
Design Director
Candace Moore,
Senior Designer

PRODUCTION
Amber McCormick,
Production Supervisor
Diana Rodriguez,
Production Coordinator

MANUFACTURING
Shirley Cantrell, *Supervisor,*
Inventory & Manufacturing
Deborah Wisdom, *Senior*
Inventory Analyst

NEW MEDIA
Jessica Bega, *Senior Project*
Manager
Lydia Doty, *Senior Project*
Manager
Elizabeth Kline, *Senior Project*
Manager

VIDEO PRODUCTION
Video materials produced by
Edge Productions, Inc.,
Aiken, S.C.

ACKNOWLEDGMENTS

Front Cover and Title Page: © Bryan Reinhart/Masterfile
Back Cover: © AFP/CORBIS; (frame) © 2006 Image Farm, Inc.

For permission to reprint copyrighted material, grateful acknowledgment is made to the following sources:

Baedeker Verlag Karl Baedeker GmbH: "Baden-Baden" from *Baedeker Allianz Reiseführer Deutschland, 2.* Copyright © 1992 by Verlag Karl Baedeker GmbH.

Berlin Programm Rimbach Verlag GmbH: "Oper & Theater" from Berlin Programm, September 1993. Reviews of "Blau-Rot," "Britzer Mühle," "Istanbul," "Restaurant El Pharaoh," "Restaurant Hardtke," "Restaurant Pferdestall," and "Restaurant Seaside" from Berlin *Programm,* September 1993.

Acknowledgments continued on page R83, which is an extension of the copyright page

KOMM MIT! is a trademark licensed to Holt, Rinehart and Winston, registered in the United States of America and/or other jurisdictions.

Printed in the United States of America

ISBN 0-03-037256-9

10 11 12 13 14 0918 14 13 12 11 10

AUTHOR

George Winkler
Austin, TX

Mr. Winkler developed the scope and sequence and framework for the chapters, created the basic material, selected realia, and wrote activities.

CONTRIBUTING WRITERS

Margrit Meinel Diehl
Syracuse, NY

Mrs. Diehl wrote activities to practice basic material, functions, grammar, and vocabulary.

Carolyn Roberts Thompson
Abilene Christian University
Abilene, TX

Mrs. Thompson was responsible for the selection of realia for readings and for developing reading activities.

CONSULTANTS

The consultants conferred on a regular basis with the editorial staff and reviewed all the chapters of the Level 2 textbook.

Dorothea Bruschke, retired
Parkway School District
Chesterfield, MO

Diane E. Laumer
San Marcos High School
San Marcos, TX

Phyllis Manning
Vancouver, WA

Ingeborg H. McCoy
Southwest Texas State University
San Marcos, TX

REVIEWERS

Nancy Butt
Washington and Lee High School
Arlington, VA

Connie Frank
John F. Kennedy High School
Sacramento, CA

Rolf M. Schwägermann
Stuyvesant High School
New York, NY

Scott G. Williams
Language Acquisition Center
University of Texas, Arlington

Linda Wiencken-Williams
Austin, Texas

Jim Witt
Grand Junction High School
Grand Junction, CO

FIELD TEST PARTICIPANTS

We express our appreciation to the teachers and students who participated in the field test. Their comments were instrumental in the development of the entire **Komm mit!** program.

Eva-Maria Adolphi
Indian Hills Middle School
Sandy, UT

Connie Allison
MacArthur High School
Lawton, OK

Linda Brummett
Redmond High School
Redmond, WA

Beatrice Brusstar
Lincoln Northeast High School
Lincoln, NE

Jane Bungartz
Southwest High School
Forth Worth, TX

Devora D. Diller
Lovejoy High School
Lovejoy, GA

Margaret S. Draheim
Wilson Middle School
Appleton, WI

Kay DuBois
Kennewick High School
Kennewick, WA

Petra A. Hansen
Redmond High School
Redmond, WA

Christa Hary
Brien McMahon High School
Norwalk, CT

Ingrid S. Kinner
Weaver Education Center
Greensboro, NC

Diane E. Laumer
San Marcos High School
San Marcos, TX

J. Lewinsohn
Redmond High School
Redmond, WA

Judith A. Lidicker
Central High School
West Allis, WI

Linnea Maulding
Fife High School
Tacoma, WA

Jane Reinkordt
Lincoln Southeast High School
Lincoln, NE

Elizabeth A. Smith
Plano Senior High School
Plano, TX

Elizabeth L. Webb
Sandy Creek High School
Tyrone, GA

TO THE STUDENT

Some people have the opportunity to learn a new language by living in another country. Most of us, however, begin learning another language and getting acquainted with a foreign culture in a classroom with the help of a teacher, classmates, and a textbook. To use your book effectively, you need to know how it works.

Komm mit! (*Come along*) is organized to help you learn German and become familiar with the culture of the people who speak German. The book consists of four Location Openers and twelve chapters.

Location Opener Four four-page photo essays called Location Openers introduce different states or cities in Germany.

Chapter Opener The Chapter Opener pages tell you the chapter theme and goals.

Los geht's! (*Getting started*) This illustrated story, which is also on video, shows you German-speaking people in real-life situations, using the language you'll learn in the chapter.

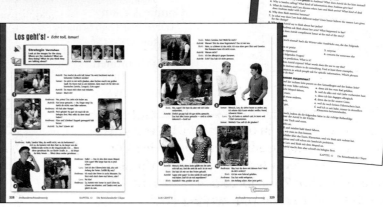

Erste, Zweite, and Dritte Stufe (*First, Second, and Third Step*) After **Los geht's!**, the chapter is divided into three sections called **Stufen**. Within the **Stufe** are **So sagt man das!** (*Here's how you say it*) boxes that contain the German expressions you'll need to communicate, and **Wortschatz** and **Grammatik / Ein wenig Grammatik** boxes that give you the German words and grammar structures you'll need to know. Activities in each **Stufe** enable you to develop your skills in listening, speaking, reading, and writing.

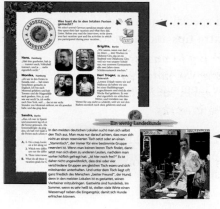

Landeskunde (*Culture*) On this page are interviews with German-speaking people. You can watch these interviews on video or listen to them on the *Interactive CD-ROM Tutor*, then check to see how well you understood by answering some questions about what the people say.

Ein wenig Landeskunde (*Culture Note*) In each chapter, there are notes with more information about the culture in German-speaking countries.

Zum Lesen (*For reading*) The reading selections in each chapter are related to the chapter themes and will help you develop your reading skills in German.

Mehr Grammatikübungen (*Additional grammar practice*) This section begins the chapter review. You will find four pages of activities that provide additional practice for the grammar concepts you learned in the chapter.

Anwendung (*Review*) The activities on these pages practice what you've learned in the chapter and help you improve your listening, reading, and comprehension skills. You'll also review what you've learned about culture. A section called **Zum Schreiben** (*Let's Write*) in chapters 3–12 will develop your writing skills.

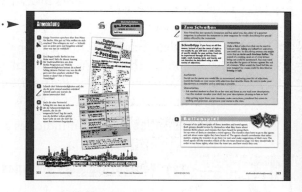

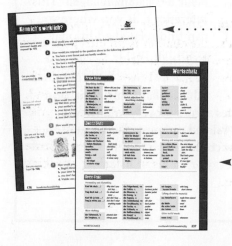

Kann ich's wirklich? (*Can I really do it? . . .*) This page at the end of each chapter contains a series of questions and short activities to help you see if you've achieved the chapter goals.

Wortschatz (*Vocabulary*) On the German-English vocabulary list on the last page of the chapter, the words are grouped by **Stufe**. These words and expressions will appear on quizzes and tests.

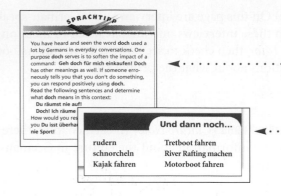

You'll also find special features in each chapter that provide extra tips and reminders.

Sprachtipp (*Language tip*) gives you additional insight into the language to add more color to your speech.

Und dann noch . . . (*And then*) lists extra words you might find helpful. These words will not appear on quizzes and tests unless your teacher chooses to include them.

You'll also find German-English and English-German vocabulary lists at the end of the textbook. The words you'll need to know for the quizzes and tests are in boldface type.

At the end of your textbook, you'll find more helpful material, such as:
- a summary of the expressions you'll learn in the **So sagt man das!** boxes
- a summary of the grammar you'll study
- additional vocabulary words that you might want to use
- a grammar index to help you find where grammar is presented

Komm mit! Come along on an exciting trip to a new culture and a new language!

Gute Reise!

Explanation of Icons in *Komm mit!*

Throughout Komm mit! *you'll see these symbols, or icons, next to activities.*
They'll tell you what you'll probably do with that activity.
Here's a key to help you understand the icons.

 DVD/Video Whenever this icon appears, you'll know there is a related segment in the *Komm mit! Video Program*, and on the DVD Tutor.

 Listening Activities This icon indicates a listening activity.

 Pair Work/Group Work Activities

 Writing Activities

 CD-ROM Activities Whenever this icon appears, you'll know there is a related activity on the *Komm mit! Interactive CD-ROM Tutor*.

 DVD Tutor Whenever this icon appears, you'll know there is a related Grammar Presentation on the *Komm mit! DVD Tutor*.

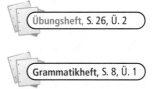 **Practice Activities** These icons tell you which activities from the *Übungsheft* and the *Grammatikheft* practice the material presented.

 **Mehr Grammatikübungen** This reference tells you where you can find related additional grammar practice in the review section of the chapter.

 Internet Activities This icon provides the keyword you'll need to access related online activities at **go.hrw.com**.

Komm mit! Contents

Come along— to a world of new experiences!

Komm mit! *offers you the opportunity to learn the language spoken by millions of people in several European countries and around the world. Let's find out about these people and their culture.*

KAPITEL 1
WIEDERHOLUNGSKAPITEL
Bei den Baumanns 4

LOS GEHT'S! **6**

Erste Stufe **9**

So sagt man das! (Review)
• Asking for and giving information about yourself and others
• Describing yourself and others
• Expressing likes and dislikes
• Identifying people and places

Wortschatz (review)
• Characteristics, hobbies, and sports

Grammatik (review)
• The verb **sein**
• The verb **haben**
• Regular and stem-changing verbs
• Possessive adjectives

Zweite Stufe **16**

So sagt man das! (Review)
• Giving and responding to compliments
• Expressing wishes when buying things

Wortschatz
• Clothing accessories

Grammatik (Review)
• The **möchte**-forms

ZUM LESEN: COUSIN UND KUSINE VERSTÄNDIGEN SICH, ODER? **20**
Reading personal correspondence
Reading Strategy: Using prereading strategies

LANDESKUNDE **22**
Und was hast du am liebsten?

Dritte Stufe **23**

So sagt man das! (Review)
• Making plans
• Ordering food and beverages
• Talking about how something tastes

Grammatik (Review)
• The verb **wollen**
• The **möchte**-forms

MEHR GRAMMATIKÜBUNGEN **26**

KANN ICH'S WIRKLICH? **30**

WORTSCHATZ **31**

KAPITEL 2

WIEDERHOLUNGSKAPITEL

Bastis Plan 32

LOS GEHT'S! 34

Erste Stufe 37

So sagt man das! (Review)
• Expressing obligations
• Extending and responding to an invitation
• Offering help and telling what to do

Wortschatz
• Things to do around the house

Grammatik (Review)
• The verb **müssen**
• The interrogative **warum?**
• The conjunctions **weil** and **denn**

ZUM LESEN:
MACHT SCHULE SPASS? 42
Reading about what students think of school
Reading Strategy: Using context to derive
meaning

Zweite Stufe 44

So sagt man das! (Review)
• Asking and telling what to do
• Telling that you need something else
• Telling where you were and what you bought

Wortschatz
• Fruits and vegetables

Grammatik (Review)
• The verb **sollen**
• The past tense of **sein**

LANDESKUNDE 48
**Was nimmst du mit, wenn du irgendwo
eingeladen bist?**

Dritte Stufe 49

So sagt man das! (Review)
• Discussing gift ideas
• Expressing likes and dislikes
• Expressing likes, preferences, and favorites
• Saying you do or don't want more

Wortschatz
• Gift ideas

Grammatik (Review)
• Dative forms of **mein, dein**
• The verb **mögen**
• Using **noch ein** and **kein**

MEHR GRAMMATIKÜBUNGEN 54

KANN ICH'S WIRKLICH? 58

WORTSCHATZ 59

KAPITEL 3
Wo warst du in den Ferien? 60

LOS GEHT'S! 62

Erste Stufe 65

So sagt man das!
• Reporting past events
• Talking about activities

Wortschatz
• Film media

Grammatik
• The conversational past

Zweite Stufe 70

So sagt man das!
• Reporting past events
• Talking about places

Wortschatz
• Sights in Frankfurt a.M.
• Expressions of frequency

Grammatik
• The past tense of **haben** and **sein**
• The dative case with the prepositions **in** and **an**

LANDESKUNDE 75
Was hast du in den letzten Ferien gemacht?

Dritte Stufe 76

So sagt man das!
• Asking how someone liked something
• Expressing enthusiasm or disappointment
• Responding enthusiastically or sympathetically

Wortschatz
• Places to eat and spend the night

Grammatik
• Personal pronouns, dative case (summary)
• Definite article, dative plural

ZUM LESEN: IN TIROL 80
Analyzing different types of texts about events in Tirol

Reading strategy: Identifying the main idea and supporting details

MEHR GRAMMATIKÜBUNGEN 82

ANWENDUNG 86
Zum Schreiben: Finding good details
Spending a month in your ideal vacation spot

KANN ICH'S WIRKLICH? 88

WORTSCHATZ 89

KOMM MIT NACH
Hamburg!
LOCATION • KAPITEL 4, 5, 6 90

KAPITEL 4
Gesund leben 94

LOS GEHT'S! 96

Erste Stufe 99
So sagt man das!
• Expressing approval and disapproval
Wortschatz
• Health tips
• Feeling healthy
• How you feel at certain locations
Grammatik
• The stem-changing verb **schlafen**
• Review of the preposition **für**
• Review of word order in **dass**-clauses
• Reflexive verbs

LANDESKUNDE 104
Was tust du, um gesund zu leben?

Zweite Stufe 105
So sagt man das!
• Asking for information and responding emphatically or agreeing, with reservations
Wortschatz
• Expressions of frequency
Grammatik
• The determiner **jeder**

Dritte Stufe 109
So sagt man das!
• Asking and telling what you may or may not do
Wortschatz
• Fruits, vegetables, fish, meat
• Reasons not to eat certain foods
Grammatik
• The verb **dürfen**, present tense

ZUM LESEN:
BLEIBT FIT UND GESUND! 112
Reading health tips and other articles related to health
Reading strategy: Activating your background knowledge

MEHR GRAMMATIKÜBUNGEN 114

ANWENDUNG 118
Zum Schreiben: Doing Research
Writing a health column for a newspaper

KANN ICH'S WIRKLICH? 120

WORTSCHATZ 121

KAPITEL 5
Gesund essen.....122

LOS GEHT'S! 124

LANDESKUNDE 127
Was isst du, was nicht?

Erste Stufe 128
So sagt man das!
• Expressing regrets and downplaying
• Expressing skepticism and making certain

Wortschatz
• **Pause** snacks and prices

Grammatik
• The demonstrative **dieser**

ZUM LESEN:
WO RUHT IHR EUCH AUS? 132
Reading student essays on their favorite places
Reading strategy: Understanding the tone of a text

Zweite Stufe 134
So sagt man das!
• Calling someone's attention to something and responding

Wortschatz
• Things to put on bread

Grammatik
• The possessives (summary)

Dritte Stufe 138
So sagt man das!
• Expressing preference and strong preference

Wortschatz
• Groceries

Grammatik
• The interrogative **welcher**
• The preposition **zu**

MEHR GRAMMATIKÜBUNGEN 142

ANWENDUNG 146
Zum Schreiben: Sequencing
Writing a newspaper story

KANN ICH'S WIRKLICH? 148

WORTSCHATZ 149

Kapitel 6
Gute Besserung! 150

Los geht's! 152

Landeskunde 155
Was machst du, wenn dir nicht gut ist?

Erste Stufe 156
So sagt man das!
• Inquiring about someone's health
  and responding
• Making suggestions

Wortschatz
• Aches, pains, and symptoms

Grammatik
• The inclusive command

Zum Lesen:
Viel los unter der Sonne! 160
Analyzing survey results and reading ads
  for popular **Kurorte**

Reading Strategy: Deciphering charts
  and graphs

Zweite Stufe 162
So sagt man das!
• Asking about and expressing pain

Wortschatz
• Body parts, pain, and injuries
• Reflexive and non-reflexive verb
  expressions

Grammatik
• Verbs used with dative case forms
• Reflexive verbs used with dative forms

Dritte Stufe 166
So sagt man das!
• Asking for and giving advice
• Expressing hope

Wortschatz
• Healthy habits
• Body temperature
• Toiletries

Mehr Grammatikübungen 170

Anwendung 174
Zum Schreiben: Peer evaluation
Writing a realistic dialogue

Kann ich's wirklich? 176

Wortschatz 177

KAPITEL 7
Stadt oder Land? 182

LOS GEHT'S! 184

Erste Stufe 187

So sagt man das!
• Expressing preference and giving a reason

Wortschatz
• Places to live
• Advantages and disadvantages of city and country life

Grammatik
• Comparative forms of adjectives

LANDESKUNDE 191
Wo wohnst du lieber? Auf dem Land? In der Stadt?

Zweite Stufe 192

So sagt man das!
• Expressing wishes

Wortschatz
• Wishes for my dream house and the future

Grammatik
• Adjective endings following **ein**-words

ZUM LESEN: UND DEIN TRAUMHAUS? 196
Analyzing a questionnaire and reading a poem about a dream house

Reading strategy: Using grammatical and lexical clues to derive meaning

Dritte Stufe 198

So sagt man das!
• Agreeing, with reservations
• Justifying your answers

Wortschatz
• Sources of noise pollution

Grammatik
• Adjective endings of comparatives

MEHR GRAMMATIKÜBUNGEN 202

ANWENDUNG 206
Zum Schreiben: Comparing and contrasting
Writing a composition

KANN ICH'S WIRKLICH? 208

WORTSCHATZ 209

KAPITEL 8
Mode? Ja oder nein? 210

LOS GEHT'S! **212**

LANDESKUNDE **215**
Was trägst du am liebsten?

Erste Stufe
. . . . **216**

So sagt man das!
• Describing clothes

Wortschatz
• Fashion

Grammatik
• Adjectives following **der-** and
dieser-words

Zweite Stufe
. . . . **220**

So sagt man das!
• Expressing interest, disinterest,
and indifference
• Making and accepting compliments

Wortschatz
• Clothing and words to describe clothing

Grammatik
• Further uses of the dative case

Dritte Stufe
. . . . **224**

So sagt man das!
• Persuading and dissuading

Wortschatz
• Clothing and fabrics

Grammatik
• The conjunction **wenn**

**ZUM LESEN: WAS BEDEUTET
"REICH UND SCHÖN SEIN"** **228**
Reading about a model's day-to-day life;
reading students' ideas of what it means
to be "rich"

Reading strategy: Understanding relationships between and within sentences

MEHR GRAMMATIKÜBUNGEN **230**

ANWENDUNG **234**
Zum Schreiben: Tone and word choice
Writing an interview dialogue

KANN ICH'S WIRKLICH? **236**

WORTSCHATZ **237**

LOS GEHT'S! 240

LANDESKUNDE 243
Wohin fährst du in den nächsten Ferien?

Erste Stufe 244
So sagt man das!
• Expressing indecision, asking for and
making suggestions
Wortschatz
• Transportation and vacation activities
Grammatik
• Expressing directions: the prepositions
nach, an, in, and **auf**

Zweite Stufe 248
So sagt man das!
• Expressing doubt, conviction,
and resignation
Wortschatz
• Vacation activities
Grammatik
• Expressing direction and location

Dritte Stufe 252
So sagt man das!
• Asking for and giving directions

Wortschatz
• Expressions for giving directions in a city
Grammatik
• Prepositions followed by dative case forms
• The prepositions **durch** and **um**
• The prepositions **vor, neben, zwischen**

**ZUM LESEN: WAS IST DEIN
LIEBLINGSREISEZIEL?** 256
Reading survey results about favorite
vacations
Reading strategy: Distinguishing between
fact and opinion

MEHR GRAMMATIKÜBUNGEN 258

ANWENDUNG 262
Zum Schreiben: Organizing around a
main idea
Writing an informative newspaper article

KANN ICH'S WIRKLICH? 264

WORTSCHATZ 265

KOMM MIT NACH
Berlin!
LOCATION FOR KAPITEL 10, 11, 12 266

KAPITEL 10
Viele Interessen! 270

LOS GEHT'S! 272

Erste Stufe 275

So sagt man das!
• Asking about and expressing interest

Wortschatz
• TV programs

Grammatik
• Verbs with prepositions; **wo-** and **da-**compounds

LANDESKUNDE 279
Was machst du, um zu relaxen?

ZUM LESEN:
WAS LÄUFT IM FERNSEHEN? 280
Analyzing TV program excerpts and highlights

Reading Strategy: Predicting the content of a text

Zweite Stufe 282

So sagt man das!
• Asking for and giving permission
• Asking for information and expressing an assumption

Wortschatz
• TV equipment
• Days of the week

Dritte Stufe 286

So sagt man das!
• Expressing surprise, agreement, and disagreement
• Talking about plans

Wortschatz
• Standard and optional car equipment

Grammatik
• Review of **kein**
• The future tense with **werden**

MEHR GRAMMATIKÜBUNGEN 290

ANWENDUNG 294
Zum Schreiben: Backing up opinions with facts
Writing a persuasive letter

KANN ICH'S WIRKLICH? 296

WORTSCHATZ 297

LOS GEHT'S! 300

LANDESKUNDE 303
   Für welche kulturellen Veranstaltungen
   interessierst du dich?

Erste Stufe 304
So sagt man das!
• Asking for, making, and responding
  to suggestions

Wortschatz
• Attractions in Berlin

Grammatik
• The **würde**-forms

Zweite Stufe 308
So sagt man das!
• Expressing hearsay

Wortschatz
• Cuisine of Germany and other countries
• Words to describe food

Grammatik
• Unpreceded adjectives

Dritte Stufe 312
So sagt man das!
• Ordering in a restaurant
• Expressing good wishes

Wortschatz
• Things to order in a restaurant

Grammatik
• The **hätte**-forms

ZUM LESEN: DAS LEBEN
IM FREMDEN LAND 316
   Reading ethnic literature
   Reading Strategy: Reading for
    comprehension

MEHR GRAMMATIKÜBUNGEN 318

ANWENDUNG 322
   Zum Schreiben: Using all five senses
   Writing an advertisement for a restaurant

KANN ICH'S WIRKLICH? 324

WORTSCHATZ 325

KAPITEL 12
WIEDERHOLUNGSKAPITEL
Die Reinickendorfer Clique 326

LOS GEHT'S! 328

LANDESKUNDE 331
Welche ausländische Küche hast du gern?

Erste Stufe 332

So sagt man das! (review)
• Reporting past events
• Asking for, making, and responding
  to suggestions

Wortschatz
• Places near water, sports terms,
  sports venues

Grammatik (review)
• The present perfect
• Two-way prepositions
• **Sollen;** the **würde**-forms

Zweite Stufe 337

So sagt man das! (review)
• Ordering food, expressing hearsay
  and regret
• Persuading and dissuading

Wortschatz
• International cuisine

Grammatik (review)
• Command forms

Dritte Stufe 341

So sagt man das! (review)
• Asking for and giving advice
• Expressing preference
• Expressing interest, disinterest,
  and indifference

Wortschatz
• Casual and formal clothing

Grammatik (review)
• Adjective endings
• Comparisons

ZUM LESEN: NACH DEM KRIEG 346
Reading modern German literature
Reading Strategy: Note-taking

MEHR GRAMMATIKÜBUNGEN 348

KANN ICH'S WIRKLICH? 352

WORTSCHATZ 353

REFERENCE SECTION

SUMMARY OF FUNCTIONS R2

ADDITIONAL VOCABULARY R12

GRAMMAR SUMMARY R20

VOCABULARY: GERMAN — ENGLISH R38

VOCABULARY: ENGLISH — GERMAN R64

GRAMMAR INDEX R78

ACKNOWLEDGMENTS AND CREDITS R83

CULTURAL REFERENCES

ADVERTISEMENTS

Realia: Clothing and School Supplies 19

Realia: **Geschenke für jede Gelegenheit** 49

Realia: **Kaufmanns** 138

Realia: **Supermarkt Bausinger** 44

CASTLES

Neues Schloss, Stuttgart 181

Schloss Kranzbach, Bavaria xxvi

Schloss Linderhof, Bavaria 2

CHURCHES AND TEMPLES

Berliner Synagoge, Berlin 305

Dom, Frankfurt 63, 70, 71

Kaiser-Wilhelm-Gedächtniskirche, Berlin 268

Marienkirche, Dresden 69

Paulskirche, Frankfurt 70

St. Peter und Paul, Mittenwald 3

CLOTHING

see also Advertisements

Fashion 219

Interview: **Hast du Interesse an Mode?** 220

Realia: **Ich bin kein Wunderkind!** 341

Realia: **Popstars machen Mode** 16

Realia: **Tina—Das Mädchen aus
    dem Katalog** 229

Interview: **Und was hast du am liebsten?** 22

Realia: **Was ist heute "in"?** 216

Interview: **Was trägst du am liebsten?** 215

COATS OF ARMS

Bavaria xxvi

Berlin 266

Hamburg 90

Stuttgart 178

ENTERTAINMENT

*see also Advertisements, Music and Theater,
    Sports and Activities, and Television*

Interview: **Für welche kulturellen
    Veranstaltungen interessierst du dich?** 303

Public support of the arts 307

ENVIRONMENT

Realia: **Der Lärm wird größer** 199

FOOD

see also Advertisements and Restaurants

Realia: **Andreas Elsholz präsentiert
    sein bestes Spaghettirezept** 337

Berliner Pfannkuchen 266

Buletten 266

Eisbein 266

Flädlesuppe 178

Grüner Aal 266

Hamburger Aalsuppe 90

Realia: **Her mit dem Salat!** 113

Kalbshaxe xxvi

Kroketten 313

Klöße 313

Knödel xxvi

Leberkäs xxvi

Matjeshering 90

Maultaschen 178

Meals and mealtimes 135, 140

Radi xxvi

Erdbeeren mit Sahne 313

Scholle 90

Schweinerückensteak 313

Schweinshaxe xxvi

Spätzle 178

Spezi 313

Interview: **Und was hast
du am liebsten?** 22

Interview: **Was isst du, was nicht?** 127

Interview: **Welche ausländische
Küche hast du gern?** 331

Realia: **Wenn Kinder feiern** 146

GEOGRAPHY

Population density 191

HEALTH

Realia: **50 Euro für Nichtraucher** 113

Apotheke 159

Realia: **Bleich ist beautiful** 161

Realia: **Gesundheitstips** 99

German health care system 155

Realia: **Kuren und Bäder** 160

Realia: **Medical form** 118

Realia: **Schmerzen** 174

Realia: **Sechs Tips, die für Sie
so wichtig sind wie für Boris** 112

Realia: **Vorsicht vor Sonnenstrahlen!** 166

Interview: **Was machst du,
wenn dir nicht gut ist?** 155

Interview: **Was tust du, um
gesund zu leben?** 104

HISTORY

Deutsche Nationalversammlung 70

Dresden 62, 69

Frankfurt 63, 70

HOME AND FAMILY LIFE

Realia: **Hier habe ich meine Ruhe** 132

Realia: **Sebastian über seine Familie** 14

Realia: **Stadt vs. Land** 187

Realia: **Mein Traumhaus** 196

Realia: **Wochenplan** 34

Realia: **Wo ruht ihr euch aus?** 132

Interview: **Wo wohnst du lieber?** 191

MAPS

Bayern xxvi

Berlin 267

Bietigheim 252

Federal Republic of Germany xxiv

Liechtenstein, Switzerland, and Austria xxv

Hamburg 90

Stuttgart 178

MONEY

Realia: **Reich ist, wer nix
mehr lernen muss** 228

MUSEUMS

Zwinger, Dresden 69

Grünes Gewölbe, Dresden 69

Staatsgalerie, Stuttgart 180

MUSIC

Berliner Dom 304
Berliner Symphoniker 304
Realia: Concert schedule 304
Realia: Opera and Theater schedule 304
Semperoper, Dresden 62
Stuttgarter Liederhalle 180

PEOPLE

August der Starke 62, 69
Johann Wolfgang von Goethe 70
Karl der Große 70

POINTS OF INTEREST

see also Castles, Churches, Statues, Streets,
and Theaters

Berlin Wall, Berlin 268
Blankenese 92
Brandenburger Tor, Berlin 268
Dresden 62, 69
Frankfurt 63, 70
Goethehaus, Frankfurt 63
Hamburger Rathaus, Hamburg 92
Kloster Ettal, Bavaria 2
Övelgönne, Hamburg 92
Rhein-Main-Flughafen, Frankfurt 70
Rickmer Rickmers, Hamburg 93
Römerberg, Frankfurt 63
Schillerplatz, Stuttgart 181
Speicherstadt, Hamburg 93
St. Ulrich, Austria 63
Bietigheim, Baden-Württemberg 252

RESTAURANTS

Realia: **Berliner und
ausländische Küche** 308
Foreign cuisine 309, 310
Imbissstand 57
Realia: Reservation card 313
Social customs 339
Realia: **Speisenkarte Hotel Dannenberg** 312
Types of restaurants 331

SCHOOL LIFE

Pausenbrot 124, 128
Realia: **Das Pausenklingeln
ist die schönste Musik!** 42
Photo Club 62
Realia: **Schule im Garten** 206
Vacation schedules 243

SHOPPING

Realia: **Bestellkarte** 234
Bioläden 108
Drogerie 159
Realia: **Einkaufszettel** 45
Realia: **Modekatalog Berger** 224

SHORT STORIES

Borchert, Wolfgang: **Das Brot** 346
Kip, Cengiz: **Seltsamer Deutscher,
komischer Türke** 316

SOCIAL CUSTOMS

Giving and responding to compliments 18
Table manners 127
Interview: **Was nimmst du mit, wenn
du irgendwo eingeladen bist?** 48

SPORTS AND ACTIVITIES

Realia: **Tischkalender** 68
Interview: **Und was hast du
am liebsten?** 22
Interview: **Was machst du,
um zu relaxen?** 279

STATUES

August I., Dresden 69

Mathias-Klotz-Denkmal, Bavaria 2

STREETS

Königstraße, Stuttgart 180

Zeil, Frankfurt. 63

TELEVISION

Realia: **Die erfolgreichsten
Sendungen** 282

Realia: **Fernsehprogramm** 278, 280, 281

Realia: **Hitparade der
jüngsten TV-Sender** 282

Public and private TV 278

Realia: **TV-Hits der Deutschen.** 275

Realia: **Wer guckt was?** 275

TRANSPORTATION

Realia: **Autofahren kostet viel Geld** 286

Driver's license. 288

Hafenrundfahrt 92

VACATIONS

Realia: **Das Ausland steht
an erster Stelle** 262

Realia: **Berliner Stadtrundfahrt** 322

Realia: **Die Deutschen machen
gerne Urlaub** 247

Realia: **Die Deutschen—die
Weltmeister im Reisen** 332

Realia: **Dorfplatzeinweihung** 80

Realia: **Fragebogen von
St. Ulrich,** Austria 86

Realia: **Gesucht: Bauernhof zum
Ausschlafen** 256

Hotels and restaurants 78

Realia: **Pillerseehof,** Austria 81

Realia: **Postcard** 80

Realia: **Reisetipps** 244

Realia: **Stadtrundgang
durch Bietigheim** 252

Realia: **Tour schedules** 322

Interview: **Was hast du in den
letzten Ferien gemacht?** 75

Realia: **Weißt du schon, wo du
deine Ferien verbringst?** 248

Interview: **Wohin fährst du
in den nächsten Ferien?** 243

Map of the Federal Republic of Germany

Map of Liechtenstein, Switzerland, and Austria

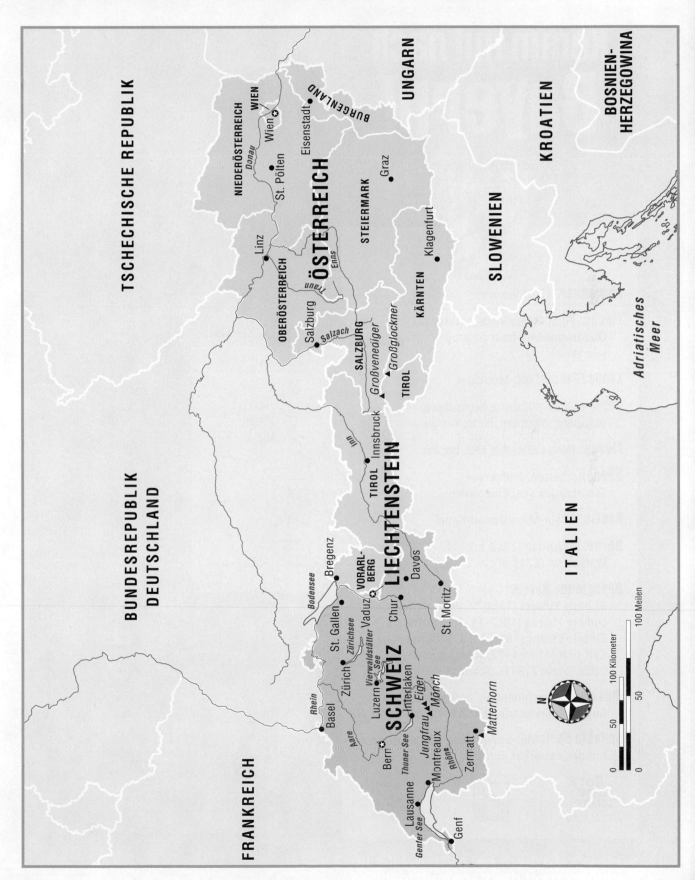

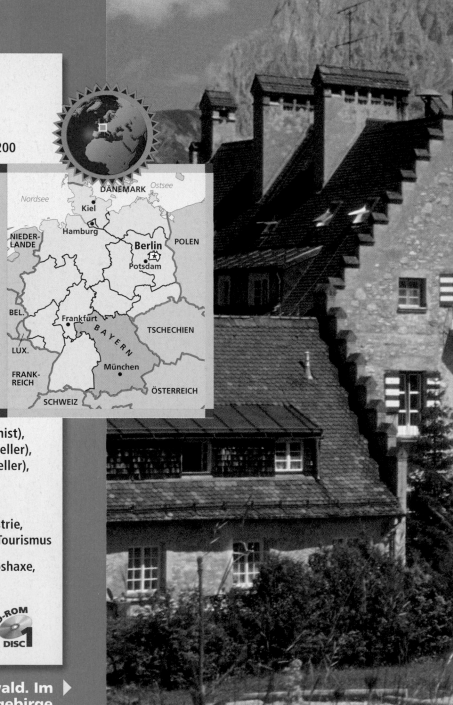

Komm mit nach Bayern!

Einwohner: 12 Millionen

Fläche: 70 500 Quadratkilometer (27 200 Quadratmeilen; halb so groß wie Iowa)

Landeshauptstadt: München

Große Städte: Nürnberg, Regensburg, Augsburg, Würzburg, Fürth, Passau

Flüsse: Donau, Main, Iller, Lech, Isar, Inn

Seen: Bodensee, Ammersee, Starnberger See, Chiemsee

Kanäle: Rhein-Main-Donau-Kanal

Berge: Zugspitze (2962 m), Watzmann (2713 m)

Bedeutende Bayern:
Richard Strauss (1864-1949, Komponist),
Ludwig Thoma (1867-1921, Schriftsteller),
Bertolt Brecht (1898-1956, Schriftsteller),
Carl Orff (1895-1982, Komponist),
Luise Rinser (1911-, Schriftstellerin)

Industrie: Maschinenbau, Elektroindustrie, Automobilindustrie, Textilindustrie, Tourismus

Beliebte Gerichte: Schweinshaxe, Kalbshaxe, Knödel, Leberkäs, Radi

WK3 BAYERN

VIDEO

CD-ROM
DISC 1

Schloss Kranzbach bei Mittenwald. Im ▶ Hintergrund das Karwendelgebirge

Bayern

Bayern, das größte Land der Bundesrepublik Deutschland, ist das beliebteste Reiseziel Deutschlands. Jedes Jahr besuchen Millionen von Touristen die zahlreichen Attraktionen Bayerns, von den barocken Städten Frankens bis zu den malerischen Bergen und Schlössern Oberbayerns. Land- und Forstwirtschaft sind immer noch sehr wichtig in Bayern, doch spielen moderne Industrien eine zunehmend größere Rolle.

Visit Holt Online

go.hrw.com

KEYWORD: WK3 BAYERN

Internet Aktivitäten

1 **Der Geigenbau in Mittenwald**
Dieses Denkmal ist dem Begründer des Geigenbaus in Mittenwald gewidmet: Matthias Klotz (1653 - 1743).

2 **Schloss Linderhof**
Der Bayernkönig Ludwig II. ließ dieses Schloss 1870 bis 1878 im Stil des französischen Rokoko errichten.

3 **Kloster Ettal**
Die alte gotische Klosterkirche wurde in den Jahren 1710 bis 1753 im Barockstil restauriert. Die Fassade wurde vom Münchner Hofbaumeister Enrico Zuccalli geschaffen.

4 Ein bayrisches Dorf
Typisch für ein oberbayrisches Dorf sind die Kirche mit einem Zwiebelturm und Häuser mit Lüftlmalerei, wie dieses Gasthaus hier in Egling.

Kapitel 1, 2, 3

Die ersten zwei Kapitel spielen in Grünwald, einer Vorstadt von München, wo die Baumanns wohnen. Im dritten Kapitel erzählt Sebastian von seiner Reise nach Österreich, und zwei seiner Freunde berichten über Frankfurt und Dresden. Die Schüler in diesen Kapiteln gehen aufs Gymnasium in Grünwald.

5 Robert, Thomas, Sebastian und Christiane

6 Mittenwald
Die barocke Pfarrkirche St. Peter und Paul in Mittenwald, einem Ort am Fuße des Karwendelgebirges gelegen, wurde in den Jahren 1738 bis 1740 errichtet.

1
Bei den Baumanns

Objectives

In this chapter you will review and practice how to

Erste Stufe

- ask for and give information about yourself and others
- describe yourself and others
- express likes and dislikes
- identify people and places

Zweite Stufe

- give and respond to compliments
- express wishes when buying things

Dritte Stufe

- make plans
- order food and beverages
- talk about how something tastes

Visit Holt Online

go.hrw.com

KEYWORD: WK3 BAYERN-1

Online Edition ◆

◀ Basti, seine Geschwister, Eltern und Großeltern

Los geht's! · *Sebastian stellt seine Familie vor*

Strategie Verstehen

Look at the images for this story. Where do you think Sebastian is? What do you think he is probably talking about?

Sebastian **Robert**

Sebastian: Hallo! Ich heiße Sebastian Baumann. Ich bin fünfzehn Jahre alt und wohne hier in Grünwald; das ist ein Vorort von München. In diesem Haus haben wir eine schöne Wohnung, hier oben im zweiten Stock.

2

Das ist unser Wohnzimmer. Wie ihr seht ist es ziemlich groß, aber es ist doch ganz gemütlich. Schaut mal, die vielen Bücher! Meine Eltern lesen gern. Sie lesen eigentlich alles, von Grass bis Goethe.

3

Und sie hören gern Musik. Hier: die vielen Platten und CDs. Hören wir mal, was aufliegt! — Ich hab's gewusst: etwas Klassisches!

4

Und hier unsere Familienfotos. Meine Großeltern, meine Eltern, meine Geschwister: mein Bruder Robert, das hier bin ich, und meine Schwester, Beatrice. Und Artus, unser … nein, Vatis Hund.

5

Sebastian:	Hallo, altes Haus!
Robert:	Ja, was gibt's? Was willst du? Brauchst du wieder Geld?
Sebastian:	Nein, ich möchte nur „Grüß Gott" sagen.
Robert:	Na ja, sag's schon! Dann kannst du wieder gehen.
Sebastian:	Ich geh ja gleich.

6

Sebastian:	Mein Bruder Robert ist immer fleißig. Er ist gut in der Schule, bekommt gute Noten. Der Robert ist auch gut in Sport. Ein super Tennisspieler!
Robert:	Super? Na ja, das stimmt nicht, aber ganz gut. So, noch was?
Sebastian:	Nein, nein, wir lassen dich jetzt in Ruhe. Tschau!

7

Sebastian:	Das ist mein Reich. Nicht sehr groß, aber mir gefällt's. Bett, Tisch, Schrank … Entschuldigt bitte, ich hab mein Zimmer nicht aufgeräumt!— Wie gefallen euch meine Pokale? Tennis, Fußball … Und Hobbys hab ich auch: ich spiele Gitarre, nicht sehr gut, aber es geht. Und in Schach bin ich auch nicht schlecht. Und ich lese auch ganz gerne, besonders Action.

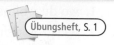

Übungsheft, S. 1

1 Was passiert hier?

Verstehst du alles, was Basti und Robert sagen? Beantworte die Fragen!

1. Wo wohnen die Baumanns?
2. Haben sie ihr eigenes Haus oder eine Wohnung?
3. Wie groß ist die Familie?
4. Was erzählt Basti von seinen Eltern?
5. Sieht Robert seinen Bruder gern? Was meinst du?
6. Was für ein Schüler ist Robert?
7. Sebastian sagt: „Das ist mein Reich". Was meint er damit?
8. Welche Hobbys und Interessen hat Basti?

2 Genauer lesen

Lies den Text noch einmal und beantworte diese Fragen!

1. Mit welchen Wörtern beschreibt Basti das Wohnzimmer und sein Zimmer?
2. Mit welchen Wörtern beschreibt er seine Familie?
3. Robert hat es nicht gern, dass Basti in sein Zimmer kommt. Was sagt er, damit (*so that*) Basti wieder geht?
4. Wie beschreibt Basti seinen Bruder?
5. Was sagt Basti über sein Zimmer, seine Pokale und seine Hobbys?

3 Wer ist das?

Lies die Personenbeschreibungen und rate, wer das ist!

1. Ich wohne in einer ziemlich großen Wohnung in Grünwald. Mein Mann und ich hören gern klassische Musik und lesen gern. Wir lesen alles — von Grass bis Goethe! Ich habe drei Kinder: zwei Söhne und eine Tochter. Wer bin ich?
2. Ich wohne mit meiner Familie in einem Vorort von München. Meine Eltern sind sehr nett, und ich habe auch zwei Brüder, Sebastian und Robert. Wer bin ich?
3. Mein Sohn und seine Familie wohnen in Grünwald, also nicht weit von hier. Ab und zu besuchen sie uns, und das macht viel Spaß. Meine Frau und ich haben die drei Kinder — Sebastian, Robert und Beatrice — sehr gern. Wer bin ich?
4. Ich wohne bei einer sehr netten Familie in Grünwald. Wir haben eine große Wohnung, und das gefällt mir. Die Kinder in der Familie sind sehr nett und spielen oft mit mir, aber eigentlich liebe ich den Vater der Familie! Wer bin ich?

4 Was passt zusammen?

Welche Sätze passen zusammen?

1. Die vielen Bücher!
2. Hört mal, was aufliegt!
3. Was gibt's?
4. Der Robert ist ein super Tennisspieler.
5. Das ist mein Zimmer.

a. Super nicht, aber ganz gut.
b. Nicht groß, aber es gefällt mir.
c. Meine Eltern lesen gern.
d. Ich will nur „Grüß Gott" sagen.
e. Etwas Klassisches!

5 Und du?

Schreib Folgendes auf eine Liste!

1. wo du wohnst
2. wie groß deine Familie ist

3. welche Hobbys deine Familie hat
4. wie dein Zimmer aussieht

Erste Stufe

Objectives Asking for and giving information about yourself and others; describing yourself and others; expressing likes and dislikes; identifying people and places

WK3 BAYERN-1

Was für eine Person bist du?

Aussehen
- ☐ groß
- ☐ klein
- ☐ schlank
- ☐ vollschlank
- ☐ attraktiv
- ☐ nicht sehr attraktiv
- ☐ hübsch

Haarfarbe
- ☐ schwarz ☐ blond
- ☐ hellbraun
- ☐ dunkelbraun
- ☐ rötlich

Haarlänge
- ☐ kurz ☐ lang
- ☐ mittellang

Augenfarbe
- ☐ braun ☐ blau
- ☐ grün ☐ grau

Brille
- ☐ habe eine Brille
- ☐ trage Kontaktlinsen

Eigenschaften
- ☐ nett
- ☐ nicht nett
- ☐ freundlich
- ☐ unfreundlich
- ☐ intelligent
- ☐ sympathisch
- ☐ unsympathisch
- ☐ ruhig ☐ nervös

- ☐ kinderlieb
- ☐ tierlieb
- ☐ langweilig
- ☐ sportlich
- ☐ unsportlich
- ☐ faul ☐ fleißig

Sport
- ☐ Fußball ☐ Football
- ☐ Volleyball
- ☐ Basketball
- ☐ Tennis
- ☐ Skilaufen
- ☐ Schwimmen
- ☐ Golf ☐ Radfahren
- ☐ Schlittschuhlaufen
- ☐ Rollschuhlaufen

Interessen
- ☐ ausgehen
- ☐ tanzen
- ☐ lesen
- ☐ reisen
- ☐ Musik hören
- ☐ kochen
- ☐ fotografieren
- ☐ Musik machen
- ☐ basteln
- ☐ zeichnen
- ☐ malen
- ☐ (Briefmarken) sammeln

Lies den Text! Welche Wörter und Ausdrücke kennst du schon? Welche sind neu? Kannst du raten, was die neuen Wörter und Ausdrücke bedeuten? Wie beschreibst du dich?

6 ## Welche Beschreibung passt zu welchem Foto?

Zuhören Welche Beschreibung (*description*) passt zu welchem Foto? — Schreib die Zahlen 1-5 auf ein Blatt Papier und daneben den Buchstaben (a., b., c., d., e.) des Fotos, das zur Beschreibung passt!

a. b. c. d. e.

Wie charakterisierst du diese Leute? Er/Sie ist…

    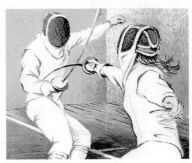 

| neugierig | lustig | sympathisch | unsympathisch | gut gelaunt | schlecht gelaunt |

Welche Hobbys haben diese Leute? Was machen sie?

  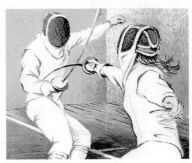

Er rodelt.   Sie macht Bogenschießen.   Die beiden fechten.

Diese Leute machen Leichtathletik. Was machen sie?

| Kugelstoßen | Speerwerfen | Diskuswerfen | Langstreckenlauf |

| 100-Meter-Lauf | Weitsprung | Hürdenlauf | Stabhochsprung |

Mehr Grammatikübungen,
S. 26, Ü. 1

 Übungsheft, S. 2, Ü. 1–3   Grammatikheft, S. 1, Ü. 1–3

7   **Und du?**

Sprechen Sag deiner Partnerin, welche Hobbys du hast und welchen Sport du machst!
Was macht deine Partnerin?

Asking for and giving information about yourself and others; describing yourself and others; expressing likes and dislikes

Schon bekannt

When talking about yourself and others, you have used a number of words and expressions.

If someone asks:

> **Wer ist das?**
> **Wie alt ist sie?**
> **Du hast auch einen Bruder.**
>   **Wie sieht er aus?**
>
> **Macht er Sport?**
> **Beschreibe deine Schwester!**
>
> **Und du? Was machst du gern,**
>   **was machst du nicht gern?**

Your response might be:

> **Das ist meine Schwester.**
> **Sie ist 19 Jahre alt.**
> **Er ist groß und ziemlich schlank**
>   **und hat braune Haare und**
>   **dunkle Augen.**
> **Nein, er ist faul.**
> **Sie ist intelligent, freundlich und**
>   **sehr fleißig.**
> **Ich lese gern und höre gern Musik.**
> **Aber ich koche nicht gern.**

Remember: you don't always have to answer with a complete sentence. How might you answer these questions more informally, using phrases?

Grammatikheft, S. 2, Ü. 4–5

---

8 **Wer ist das? Rate mal!**

Sprechen Beschreibe einen Klassenkameraden oder eine Klassenkameradin! Erwähne Alter, Aussehen, Haarfarbe, Augenfarbe, Eigenschaften und Sport und Hobbys! Deine Mitschüler sollen dann erraten, wer das ist.

9 **Für mein Notizbuch**

Schreiben Beschreibe dich selbst! Erwähne alle Eigenschaften, die du hast, und erwähne alle Sportarten und Hobbys, die du hast!

10 **Wer ist das?**

Zuhören/Schreiben Vier deutsche Schüler und Schülerinnen erzählen über sich selbst. Mach dir Notizen, damit du über einen Schüler berichten kannst! Verwende die folgenden Kategorien, um deine Notizen zu organisieren: Augen, Haare, Eigenschaften, Interessen, usw.!

Ein wenig Grammatik

Schon bekannt

When you describe yourself or someone else, you use the verb **sein.** To talk about what you have or someone else has, you need the present tense forms of **haben.** To review the forms of **sein** and **haben,** see the Grammar Summary.

DVD Tutor
DISC

Mehr Grammatikübungen, S. 27, Ü. 2

---

11 Über einen Schüler berichten

Sprechen Such dir einen von den vier Schülern von Übung 10 aus und berichte über ihn oder sie! Deine Mitschüler erraten, wen du beschreibst.

12 Ratespiel

Sprechen Bildet zwei Gruppen! Gruppe A sieht zur Tafel hin, Gruppe B sieht auf die Wand hinten in der Klasse. Gruppe A wählt eine Schülerin aus. Alle Schüler von Gruppe B stellen jetzt Fragen, um die Schülerin aus der Gruppe A zu identifizieren. Tauscht dann die Rollen aus!

Gruppe B		Gruppe A	
Schüler 1	Ist das ein Junge?	Schüler 1	Nein.
Schüler 2	Hat sie blonde Haare?	Schüler 2	Ja.
Schüler 3	Hat sie lange Haare?	Schüler 3	Ja.
Schüler 4	Hat sie graue Augen?	Schüler 4	Nein.
Schüler 5	Ist sie …	…	
Schüler 6	…	…	
Schüler 7	…	…	
Schüler 8	Ist das die (Jessica)?	Schüler 8	Ja!

Ein wenig Grammatik

Schon bekannt

In order to talk about your interests, you will have to use verbs, such as **spielen** or **machen.** These verbs are regular and always have the same endings. You can review these endings in the Grammar Summary. Some of the verbs you will use are *stem-changing verbs,* that is, verbs whose stem vowel changes in the **du-** and **er/sie**-forms. Two examples are **lesen** and **essen.** The stem-changing verbs are reviewed in the Grammar Summary.

Übungsheft, S. 39, Ü. 4

Grammatikheft, S. 3, Ü. 6

Mehr Grammatikübungen, S. 27, Ü. 3

---

13 Was wollt ihr von den Zwillingen wissen?

Sprechen Zwei Klassenkameraden übernehmen die Rollen von Herbert und Günther. Fragt die „Zwillinge", was ihr von ihnen wissen wollt! Einer antwortet für die beiden. Tauscht die Rollen aus!

Kennst du auch Zwillinge?

Wie sehen sie aus?

Herbert und Günther sind Zwillinge.

Sie sind gleich alt, und sie sehen sich sehr

ähnlich. Zwillinge haben oft auch die gleichen

Eigenschaften und die gleichen Interessen.

BEISPIEL	DU	Zuerst einmal, wer ist wer?
	GÜNTHER	Also, ich bin der Günther.
	HERBERT	Und ich der Herbert.
	DU	Günther, wie alt sind Sie?
	GÜNTHER	Ich … wir …

14 Jetzt spielt ihr Zwillinge

Sprechen Bildet Gruppen zu dritt! Zwei von euch sind „Zwillinge", und der dritte fragt die beiden nach Aussehen, Haarfarbe, Augenfarbe, Eigenschaften und Interessen. Tauscht dann die Rollen aus!

So sagt man das!

Identifying people and places

Schon bekannt

When you want to know who someone is, you might ask:

Wer ist das, Sebastian?
Und wer ist das Mädchen?
Ist das dein Großvater?
Und das ist deine Mutter, ja?
Und wo ist dein Zimmer?

The response might be:

Das ist mein Bruder, der Robert.
Meine Schwester, die Beatrice.
Ja, das ist mein Großvater.
Stimmt!
Hier! Das ist mein Zimmer.

15 Die Familie Baumann

Sprechen Schau dir die Fotos der Familie Baumann an! Dann beantworte die Fragen mit mehreren Sätzen!

die Kinder

die Eltern

Beatrice	Sebastian	Robert
Tochter	Sohn	Sohn
Schwester	Bruder	Bruder

Hans Baumann, Vater
Elfriede Baumann, Mutter

1. Wer sind Hans und Elfriede Baumann?
2. Wer ist Beatrice?
3. Wer ist Robert?
4. Beschreibe zwei Familienmitglieder!

16 Klamotten beschreiben

Sprechen Sag deinem Partner, was die Baumanns in diesen Fotos anhaben! Tauscht die Rollen aus!

Ein wenig Grammatik

Schon bekannt

When you want to identify *whose* father, mother, etc. someone is, you use the possessive adjectives **mein, dein, sein,** and **ihr.** Remember that the ending of the possessive adjective is determined by the noun to which it refers. You can review the singular possessive adjectives in the Grammar Summary.

Übungsheft, S. 3, Ü. 5

Mehr Grammatikübungen, S. 28, Ü. 4

Sebastian über seine Familie

Das hier ist meine Familie, meine Eltern, meine Geschwister und meine Großeltern. Die Oma und der Opa sitzen hier in der ersten Reihe. Neben dem Opa kniet mein Vater, und neben ihm liegt Artus, unser... nein, Vatis Hund! Hinter meinem Vater steht meine Mutter und neben ihr der Robert und die Beatrice. Und der da ganz links in der zweiten Reihe, das bin ich!

Erzähle, was Sebastian über seine Familie sagt!

17 Meine Familie und Freunde

1. **Sprechen** Bring Fotos von zwei Familienmitgliedern mit in die Klasse und beschreibe sie! Zeig deiner Partnerin ein Foto und sag ihr, wer diese Person ist, wie alt sie ist, wie sie aussieht und welche Interessen sie hat!

2. **Sprechen** Jetzt zeigst du deinem Partner das zweite Foto. Dein Partner stellt Fragen über diese Person, und du beantwortest sie. Tauscht dann die Rollen aus!

3. **Sprechen** Erzähle jetzt einem Partner, was du über die Familie eines anderen Partners weißt!

18 Für mein Notizbuch

Schreiben Beschreibe einen Freund oder jemanden aus deiner Familie! Schreib, wer die Person ist und erwähne Alter, Aussehen, Eigenschaften, Sport und Hobbys!

Sebastian über seinen Bruder

Mein Bruder, der Robert, ist immer fleißig. Er ist gut in der Schule, bekommt immer gute Noten. Er ist auch gut in Sport. Ein super Tennisspieler!

Erzähle, was Sebastian über seinen Bruder sagt!

19 Beatrices Steckbrief

Lesen/Sprechen Lies zuerst diesen Steckbrief, und beantworte die folgenden Fragen auf Deutsch.

1. Wo wohnt Beatrice?

2. Was sind ihre Lieblingsfächer?

3. Welches Fach hat sie nicht gern?

Dann erzähle einem Partner, was du über Beatrice gelesen hast!

20 Wir über uns

Zuhören Hör zu, was diese Schüler über sich sagen! Mach dir Notizen!

Name: Beatrice Baumann, 17
Wohnort: Grünwald
Schule: Gymnasium in Grünwald
Lieblingsfächer: Musik, Deutsch, Physik
nicht gern: Geschichte
Sport: Tennis

21 Über wen sprichst du?

Sprechen Such dir einen Schüler aus, über den du dir Notizen gemacht hast, und erzähle deinem Partner über diesen Schüler! Dein Partner verbessert dich, wenn du etwas sagst, was nicht stimmt. Tauscht dann die Rollen aus!

22 Mein Stundenplan

Lesen/Sprechen Such dir einen anderen Partner! Jeder nimmt seinen Stundenplan in die Hand. Fragt euch jetzt gegenseitig (*in turns*), welche Fächer ihr in welcher Stunde habt! Fragt euch auch, welche Fächer ihr gern und welche ihr nicht gern habt!

Beispiel   Was hast du um (8 Uhr 10)?

23 Für mein Notizbuch

Schreiben Schreib in dein Notizbuch, auf welche Schule du gehst, welche Fächer du gern hast und welche nicht! Bist du gut in Sport? Bist du vielleicht ein(e) super Volleyballspieler(in)?

24 Unsere Zimmer

Zuhören/Schreiben Zwei Schüler beschreiben ihr Zimmer. Schreib auf, welche Möbel jeder in seinem Zimmer hat!

25 Wie sieht das Zimmer aus?

Lesen/Sprechen Such dir eine Partnerin! Nimm deine Notizen von Übung 24, und beschreibe eins von den beiden Zimmern! Deine Partnerin muss raten, welches Zimmer du beschrieben hast.

26 Für mein Notizbuch

Schreiben Schreib, wie dein Zimmer aussieht! Welche Möbel hast du? Sind sie alt oder neu? Gefallen sie dir?

POPSTARS MACHEN MODE

Bei Popstars spielt der Look eine wichtige Rolle — und du kannst die Styling-Ideen deiner Idole leicht kopieren.

Pop-Superstar Madonna hat immer wieder einen neuen Look. Durch Styling und Klamotten macht sie ihr Image. Ihre Fans sind begeistert! Typisch: Hot Pants, geknotetes Hemd und ganz viele Metallketten.

Bist du ein Prince-Fan? Na, dann sollst du unbedingt seine Lieblingsfarbe Lila tragen. Und sonst? Viel Glitter, hohe Stiefel, Satinmäntel und Rüschenhemden.

Die Beatles — eine Legende wird wieder modern! Mit dem Beatle-Revival sind die bunten Paradejacken von „Sergeant Pepper's Lonely Hearts Club Band" heute in.

Magst du das Outfit von Ex-Punker Billy Idol, oder findest du vielleicht das Minikleid der sensationellen Rock-Lady Tina Turner gut? Den Look kannst du haben — und oft viel billiger als bei den Stars! Mach mal einen Bummel durch den Flohmarkt oder schau mal in einen Secondhand-Laden rein!

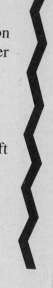

27 Über Popstars

Lesen/Sprechen Was ist der Hauptgedanke *(main idea)* dieses Artikels? Welche Wörter kennst du?

1. Many pop stars like to wear bizarre, flashy clothes.
2. If you dress like the pop stars you admire, you will be more like them.
3. It is relatively easy to imitate the look of many pop stars.

28 Wer ist das?

Lesen/Sprechen Lies den Artikel noch einmal. Welche Beschreibung *(description)* passt zu welcher Person?

1. Madonna   **a.** sensationelle Rock-Lady
2. Prince   **b.** eine Legende, die wieder modern wird
3. Beatles   **c.** trägt Hot Pants, geknotetes Hemd und ganz viele Metallketten.
4. Billy Idol   **d.** viel Glitter, hohe Stiefel, Satinmäntel
5. Tina Turner   **e.** Ex-Punker

29 Beantworte die Fragen!

Lesen/Sprechen Lies den Artikel noch einmal, und beantworte dann diese Fragen.

1. How does Madonna create her image?
2. What would you need to wear in order to look like Prince?
3. What is a good way to find what you need in order to look like your favorite pop star?

Was brauchst du? — Ich brauche ...

ein Stirnband

einen Schal

eine Mütze

einen Hut

eine Halskette

ein Paar Ohrringe

ein Armband

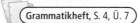

eine Handtasche

Grammatikheft, S. 4, Ü. 7

30 **Was trägst du, wenn du ausgehst?**

 Sprechen Frag einen Partner, was er trägt, wenn er ausgeht! Du sagst ihm dann, was du trägst.

WER IST CHRISTIANE?

Sebastian weiß, wo er heute seine Schwester finden kann, denn die Beatrice sitzt an diesem Tag immer mit Freunden in einem Café.

CHRISTIANE	Basti, du siehst heute so fesch aus! Das Tuch da, das ist echt schick!
SEBASTIAN	Wirklich?
CHRISTIANE	Wirklich! Ist das neu?
SEBASTIAN	Das hab ich schon lange.
CHRISTIANE	Wirklich?
SEBASTIAN	Ja, das ist schon alt.

31 Was ist passiert?

Lesen/Sprechen Beantworte diese Fragen auf Englisch oder auf Deutsch!

1. Wie begrüßt Christiane den Sebastian? Was bedeutet das?
2. Freut sich der Basti über das Kompliment? Was sagt er?
3. Warum fragt Christiane, ob das Tuch neu ist?
4. Was antwortet Sebastian? Warum sagt er wohl das?

So sagt man das!

Giving and responding to compliments

Schon bekannt

When you want to compliment someone
you might say:

Du siehst heute so fesch aus!
Das Tuch da, das ist echt schick!
Es gefällt mir.

Your friend might respond:

Meinst du?
Wirklich?
Ehrlich?

Übungsheft, S. 5, Ü. 1–2

Grammatikheft, S. 4, Ü. 8

How might you respond after your friend asks **Wirklich?** or **Meinst du?**

32 Komplimente machen

Sprechen Such dir an deinem Partner etwas aus, was dir gefällt, und mach ihm oder ihr
ein Kompliment! Dein Partner reagiert auf dein Kompliment und macht dir dann auch
ein Kompliment. — Die Wörter im Kasten sind nur zur Anregung da.

die Jeans   das Kleid   das T-Shirt   die Weste
der Schal   die Stiefel   das Stirnband
das Tuch   der Hut   der Rock   die Mütze
die Halskette   die Jacke   die Handtasche   die Ohrringe   das Armband

So sagt man das!

Expressing wishes when buying things

Schon bekannt

When you want to buy new clothes, there are a number of expressions you have already
learned to use.

The salesclerk might ask you:

Was möchten Sie bitte?
Was bekommen Sie?
Haben Sie einen Wunsch?

Ja sicher. Welche Größe brauchen Sie?

Your response might be:

Ich brauche einen Schal.
Den Taschenrechner da.
**Ja, ich suche eine Mütze. Haben
Sie diese Mütze in Schwarz?**
Größe L.

Übungsheft,
S. 6, Ü. 3–4

Grammatikheft,
S. 5, Ü. 9–10

33 **Im Warenhaus Möller**

 Lesen/Sprechen Lies zuerst die Reklame für das Warenhaus Möller! Welche Wörter kennst du? Welche sind dir neu? Dann such dir zwei Sachen aus, die du brauchst! Spiel mit einem Partner die Rollen von Verkäufer und Kunde! Führt ein Verkaufsgespräch! Dann tauscht die Rollen aus! Nicht vergessen: Fragt nach Farbe, Größe und Eigenschaft (z.B., aus Wolle), wenn ihr Kleidungsstücke kauft, und fragt immer nach dem Preis!

IM ANGEBOT
In unserer Bekleidungsabteilung

 Gürtel, echt Leder, circa 3 cm breit, in Braun und in Schwarz
EUR 8,00

 Polohemden, 6 aktuelle Farben, mit halbem Ärmel, alle Größen, 100% Baumwolle
EUR 14,25

 Ein heißer Tipp: Sweatshirts mit Aufdruck, viele Motive, Größen: S, M, L, XL und XXL
EUR 9,95

 Im Junior-Shop: Pullis für Jungen und Mädchen, 100% Polyacryl, Farben: blau, weiß, rot, pink
EUR 12,45

IN UNSERER SCHULABTEILUNG

Taschenwörterbücher	**EUR**	**10,00**
Taschenrechner	**ab EUR**	**12,95**
Schultaschen	**ab EUR**	**7,50**
Etuis	**ab EUR**	**3,40**
Kugelschreiber	**EUR**	**0,75**
Filzstifte	**EUR**	**0,60**
Bleistifte, 6 Stück	**EUR**	**1,10**

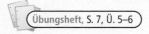 Nur diese Woche! Warenhaus G. Möller

34 **Reklame im Radio**

Zuhören/Schreiben Du brauchst ein paar Klamotten. Da hörst du zufällig eine Reklame im Radio für Sachen, die du gern haben möchtest. Schreib dir vier Dinge auf, die du dir gern kaufen möchtest!

 35 **Was brauchst du?**

Sprechen Such dir eine Partnerin! Beschreibe ihr zwei Sachen, die du in der Reklame gehört hast und die du gern kaufen möchtest! Sag ihr auch, warum du diese Sachen haben möchtest!

Ein wenig Grammatik

Schon bekannt
For the **möchte**-forms, for nominative and accusative forms of the definite and the indefinite articles, and for third person pronouns, see the Grammar Summary.

Übungsheft, S. 7, Ü. 5–6

Mehr Grammatikübungen, S. 28–29, Ü. 5–6

Cousin und Kusine verständigen sich, oder?

Getting Started

1. Based on the format of the readings, what kind of texts are these?
2. Now read the title. What two pieces of information does the title provide that will help you understand the content of the faxes?

Tipp As in English, German uses many compound nouns. The difference is that in German these compound nouns are written as one word: **Tennisturnier**, *tennis tournament*; **Fußballspiel**, *soccer game*. Remember: the gender of the compound noun is that of the last noun in the compound: **das Spiel: das Fußballspiel**. If you understand one or more words within a compound noun, you can usually guess the meaning of the new word.

20, FEB. 02   12:15   5.002

Liebe Andrea,

Mutti sagt, du kommst nach München. Prima! Ich möchte dich gern sehen, nur habe ich dieses Wochenende so viel vor. Lies: Am Samstag von 10 bis 12 Fußballtraining. Von halb zwei bis 4 Uhr ist unser Fußballspiel. Danach fahren wir an den Starnberger See. Dort wollen wir segeln, denn das Wetter wird ideal sein! Dann komm ich erst um 9 Uhr zurück.

Am Sonntagvormittag, von 9 bis 12 Uhr, will ich mit meiner Fahrradclique eine kleine Radtour machen. Zu Mittag bin ich dann wieder zu Hause! So gegen 3 Uhr treff ich mich aber mit meiner Schulclique im Café am Hofgarten. Dort bleib ich bis halb 6. Dann muss ich nach Hause und Hausaufgaben machen.

Ich hoffe, dass ich dich doch irgendwie sehen kann. Ruf doch mal an, wenn du in München bist!

Dein Benjamin

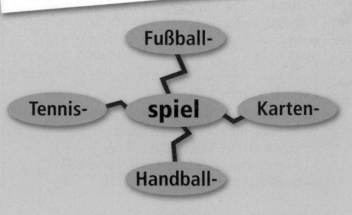

Fußball-

Tennis- — **spiel** — Karten-

Handball-

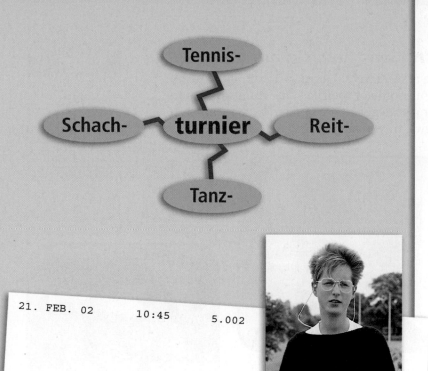

Tennis-

Schach- **turnier** Reit-

Tanz-

21. FEB. 02   10:45   5.002

Lieber Benjamin!

    Danke für dein Fax! Schade, dass du dieses Wochenende so viel zu tun hast. Ist das immer so bei dir?

    Meine Freundin und ich, wir wollen auch viel unternehmen. Vielleicht willst du irgendwohin mitgehen?

    Hier sind unsere Pläne: Am Samstag komm ich so gegen 10 Uhr 30 an. Dann geh ich gleich mit Renate zum Tennisturnier, bis so um 2 Uhr. Um 3 Uhr wollen wir ins Kino gehen, und um 6 Uhr gehen wir ins Freizeitzentrum. Dort bleiben wir bis halb 10.

    Am Sonntag, so zwischen 11 und 12 Uhr, wollen wir einen kleinen Stadtbummel machen. Dann gehen wir in ein Café, etwas essen. Von halb vier bis 5 Uhr sind wir dann zu Hause beim Kaffeetrinken. Um halb 7 Uhr geht mein Zug.

    Also, was meinst du, können wir uns sehen?

Deine Kusine Andrea

3. Skim both texts quickly, using cognates or other words you already know to help you get the gist of each letter. Place a piece of paper over the readings and, with a partner, try to remember all the words you saw that meant something to you. Based on this information, the most likely topic of this fax exchange is

  a. **eine Einladung**
  b. **Pläne fürs Wochenende**
  c. **was man in den Ferien gemacht hat**
  d. **Schule und neue Freunde**

A Closer Look

4. Reread each letter. Together with your partner, try to answer the following questions. Why is Benjamin writing to Andrea? What kind of information is Benjamin giving to Andrea? With what kind of information does Andrea respond?

5. Make a weekend calendar page for Benjamin and another for Andrea. List the times mentioned and next to each, the activity planned. What is the problem?

6. Do you think that Benjamin is very excited about his cousin coming to visit? Why or why not? On what are you basing this inference? Should Andrea count on seeing him?

7. If you received this letter from your cousin, how would you interpret it?

8. Write a letter to a relative of yours who wants to visit you on a busy weekend. Detail all of your plans for him or her. In your letter, you must state whether you plan to see your relative or not. Think of a way to express the following clearly, but politely: a) you do not want to see your relative, b) you do want to get together with him or her. Choose one of these options and write your letter.

Übungsheft, S. 8

Und was hast du am liebsten?

We asked several German-speaking students about some of their favorite things in a number of categories. First listen to their interviews, then read the texts.

Übungsheft, S. 9, Ü. 1–2

Tim, Berlin

„Mein Lieblingssport ist Fitness und Jiu-Jitsu, das ist eine Selbstverteidigung, Vollkontakt, macht mir sehr viel Spaß. Ich…meine Lieblingsfächer sind Deutsch, Sport und Physik. Biologie mag ich nicht so. Ja, meine Lieblingsbücher stammen zum größten Teil von Stephen King. Die sind recht spannend und, also, hab ich fast alle von. Ja, meine Lieblingskleidung sind also T-Shirts, Jeans, Turnschuhe, außer wenn ich halt ein bisschen besser weggehe, dann halt Lederschuhe und mal 'ne Krawatte mit 'nem schönen Hemd oder 'n Sakko."

Sandra, Berlin

„Volleyball ist mein Lieblingssport, und ich spiel's so gern, weil man da nicht mit dem Gegner zusammentrifft und es deswegen also auch keine Fouls und so gibt wie im Fußball; und ja, deswegen find ich das ganz gut. Hm, ich ess gern Spaghetti und Pizza, alles, was richtig schön viel Kalorien hat, Schokolade auch, und ja, Kaugummi kau ich auch ab und zu, nur so süßsaure chinesische Gerichte esse ich' nicht sehr gern."

Eva, Bietigheim

„Also, ich reite, und ich spiel Handball. Und Lieblingsessen, alles, was italienisch ist, so Nudeln, Spaghetti und so was. Und Lieblingskleidung: Es muss gemütlich sein und bequem."

A. 1. Under which five categories do these students' favorites fall? What questions might the interviewer have asked each student to get these responses? Make a grid with the names of the students interviewed and the different categories. Fill in the grid for each student. Identify the phrases in each interview in which a reason is given and add these to your grid.

2. Interview your partner to find out what his or her favorites are in each category and why. Continue the chart. Then switch roles.

3. Are there any students who mentioned the same things as you or your partner? Are the things mentioned very similar to or different from things teenagers in the United States might say?

B. Choose one of the students above who is most like you. Use this interview as a framework and rewrite it for yourself, changing the information to fit you. Use the words and phrases from the chart your partner made about you.

36 **Was wir am Samstag tun.**

Zuhören/Schreiben Drei Schüler erzählen, was sie alles am Samstag tun. Schreib auf, was jeder zwischen drei Uhr und fünf Uhr macht!

37 **Was willst du am Wochenende machen?**

Schreiben Mach eine Liste und schreib auf, was du am Wochenende machen willst! Schreib auf, wann du das alles machst!

38 **Was machst du gewöhnlich am Samstag?**

Sprechen Such dir einen Partner und sag ihm, was du gewöhnlich am Samstag zwischen drei und sechs Uhr machst — oder am Sonntag, zwischen sechs Uhr und neun Uhr abends!

So sagt man das!

Making plans

Schon bekannt

When you make plans to do something with your friends, you might ask your friend:

Your friend might respond:

Was möchtest du machen?
or **Und was willst du machen?**

Ins Kino gehen.
Du, ich will mal echt faulenzen!

What do you think **faulenzen** means?

39 **Mein Wochenende**

Sprechen Such dir zwei Aktivitäten aus, die du gern machen willst. Frag deinen Partner, ob er mitmachen will! Er fragt dich wann. Tauscht dann die Rollen aus! Dann erzählt euern Mitschülern eure Pläne fürs Wochenende!

Wann?

am Nachmittag	am Abend
von 14 bis 16 Uhr	
am Sonntag	um 15 Uhr

Was?

joggen	100-Meter-Lauf	Schach
Bogenschießen		
	wandern	
Leichtathletik	Tennis	Klavier

Ein wenig Grammatik

Schon bekannt
When you make plans, you need to know the forms of the verbs **wollen** and **möchte**. To review these forms, see the Grammar Summary.

DVD Tutor DISC

Übungsheft, S. 10–11, Ü. 1–5

Mehr Grammatikübungen, S. 29, Ü. 7

Grammatikheft, S. 7, Ü. 12–13

40 **Für mein Notizbuch**

Schreiben Schick deinem Freund ein Fax! Berichte, was du am Wochenende alles machen willst! Du hast bestimmt so viele Pläne wie Benjamin und Andrea (siehe Zum Lesen)!

Bestell was, Basti!

Sebastian sitzt da und weiß nicht recht, was er tun soll. Lies den Text!

BEATRICE	Bestell was zu trinken, Basti!
SEBASTIAN	Hallo!
BEDIENUNG	Ja, bitte?
SEBASTIAN	Eine Limo, bitte!
BEDIENUNG	Alles?
SEBASTIAN	Ja.

BEATRICE	Etwas zu essen, Basti?
SEBASTIAN	N … nein.
BEATRICE	Komm, iss doch etwas! Ich zahl's dir. Ich lade dich ein.
SEBASTIAN	Na gut! — Ein Stück Torte, Himbeertorte für mich.

41 Wer bezahlt?

Lesen/Sprechen Lies den Text und beantworte diese Fragen!

1. Was bestellt Basti zu trinken? Was sagt er? — Welche Ausdrücke könnte (*could*) er auch gebrauchen?
2. Dann bestellt er etwas zu essen. Was sagt er? — Was könnte er auch sagen?
3. Warum, glaubst du, will Basti zuerst gar nichts essen?

42 Welcher Text passt zu welcher Illustration?

Zuhören/Schreiben Zwei Schüler sprechen über Dinge, die in den Fotos abgebildet sind. — Schreib die Zahlen 1- 5 auf ein Blatt Papier und daneben den Buchstaben (a. b. c. d. e.) des Fotos, das zu dem Gespräch passt!

a.

b.

c.

d.

e.

Ordering food and beverages

Schon bekannt

When ordering at a café or restaurant, the waiter might ask:

Was bekommen Sie?
Und Sie? Was essen Sie?
Und was möchten Sie?

You might ask a friend:

Was nimmst du?
Und du? Was bestellst du?

Your response might be:

Ich möchte eine Suppe, bitte!
Für mich ein Wurstbrot, bitte!
Ich esse ein Käsebrot.

And the response might be:

Ja, ich nehme den Eisbecher.
Ich will im Moment gar nichts.

Mehr Grammatikübungen,
S. 29, Ü. 8

Grammatikheft,
S. 8, Ü. 14–16

---

43 Was sagen die Schüler?

Zuhören Hör dir noch einmal die Schüler von Übung 42 an! Schreib jetzt auf, was jeder sagt, wenn er etwas bestellt (*orders*) oder kauft!

44 Was möchtest du essen und trinken?

Sprechen Such dir einen Partner! Einer von euch ist die Bedienung (*waiter* or *waitress*), der andere bestellt etwas zu essen und zu trinken. Gebraucht bei euerm Gespräch die Reklame (*advertisements*) auf Seite 24! Die Bedienung macht dann die Rechnung fertig.

So sagt man das!

Talking about how something tastes

Schon bekannt

Wie schmeckt's?	**Lecker! Gut! Echt prima!** *oder*
	Es schmeckt nicht, weil es zu salzig ist.
	Der Kaffee schmeckt nicht, weil er zu bitter ist.
Schmeckt's?	**Ja, gut! Ausgezeichnet. Sagenhaft!** *oder*
	Nicht besonders.

Mehr Grammatikübungen,
S. 29, Ü. 9

Übungsheft, S. 12, Ü. 6–7   Grammatikheft, S. 9, Ü. 17–18

---

45 Wie schmeckt's?

Sprechen Such dir einen Partner! Seht euch die Reklame auf Seite 24 an! Dein Partner fragt dich, was du da isst. Du sagst es ihm. Dann fragt er dich, wie es schmeckt, und du sagst es ihm auch. Tauscht dann die Rollen aus!

46 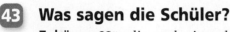 **Von der Schule zum Beruf**

Du bist ein junger Schriftsteller *(writer)* und willst einen lustigen Sketsch über eine Szene in einen Café schreiben. Die Schauspieler sind zwei Kunden und eine Bedienung. (Einige Anregungen: **a.** Bestelle etwas, was nicht so leicht zu haben ist. **b.** Die Bedienung bringt etwas, was du nicht bestellt hast. **c.** Du hast kein Geld dabei.)

Visit Holt Online

go.hrw.com

KEYWORD: WK3 BAYERN-1

Interaktive Spiele

Erste Stufe

Objectives Asking for and giving information about yourself and others; describing yourself and others; expressing likes and dislikes; identifying people and places

1 In welchem Sport sind deine Freunde gut?—Schreib die richtige Sportart auf die entsprechende Zeile. (**S. 10**)

Der Jacob ist gut im _____.

Michelle ist die Beste im _____.

Mark ist im _____ der Beste in der Klasse.

Ich halte den Rekord im _____.

10,8 Sek. im _____ ist nicht schlecht!

Dirk ist der beste im _____.

Unsere Cindy liebt den _____.

Wer ist der beste im _____?

2 Du siehst dir mit Freunden ein Fotoalbum an, in dem Bilder von Freunden, Cousins und Kusinen sind. Wer ist wer? Du beschreibst deinen Freunden die Fotos.—Vervollständige die folgenden Sätze mit der richtigen Verbform von **sein** oder **haben**. (S. 11)

1. Das _____ meine Kusine; sie _____ 19 Jahre alt. Meine Kusine _____ braune Haare und grüne Augen. Katja _____ sehr intelligent. Sie _____ sehr gut in der Schule und sie _____ Mathe und Physik besonders gern.

2. Wer _____ der Junge da? _____ das dein Cousin? — Ja, das _____ mein Cousin. Roger heißt er. Roger _____ 16, er _____ blonde Haare, und er _____ auch eine Brille. Roger _____ auch einen Hund; er heißt Hasso.

3. Und wer _____ die Kinder da? _____ das deine Geschwister? — Nein, das _____ die Kinder von einer Freundin von meiner Mutter. Die beiden Kinder _____ sehr intelligent. In der Schule _____ sie nur gute Noten.

4. Ja, und das _____ du. Aber hier _____ du doch blaue Augen, nicht? Und deine Augen _____ jetzt braun. — Ganz einfach! Ich _____ jetzt braune Augen, weil meine Kontaktlinsen braun _____ . Und meine Haare _____ blond.

5. John und Frank, ihr seht lustig aus! Was _____ ihr denn nur in der Hand? — Ja, der John _____ eine Kugel, zum Kugelstoßen, und der Frank _____ einen Speer, zum Speerwerfen. Ja, die beiden _____ immer lustig.

3 Was machst du und was machen deine Freunde in der Freizeit?—Schreib die richtigen Verbformen in die Lücken. (S. 12)

1. Sag mal, was _____ du in deiner Freizeit? _____ du viel Sport? _____ du Hobbys? _____ du ein Instrument? _____ du gern Musik? _____ du gern tanzen? _____ du oft Rad? Und _____ du denn Bücher?

2. Also, ich _____ viel Tennis, ich _____ oft ins Kino, ich _____ jeden Tag die Zeitung, ja, was noch? Ja, ich _____ gern Rad, und wenn ich Zeit _____ , _____ ich meine Freunde. Sie haben viele CDs und wir _____ Musik.

3. Und was _____ ihr gern, Katja und Sabine? _____ ihr gern ins Kino oder _____ ihr lieber Freunde? _____ ihr ein Instrument oder _____ ihr Musik gern? Und _____ ihr Sport? Ich möchte gern wissen, was ihr _____ .

4. Ja, wir _____ gern Sport. Die Katja _____ Volleyball und ich _____ Hürdenlauf. Ja, und dann _____ wir beide ein Instrument. Die Katja _____ furchtbar gern Bücher und ich _____ Rad, und ich _____ gern in unserm Pool.

4 Du sprichst mit deinen Freunden über Geschenke, die ihr Freunden und Verwandten geben wollt. – Schreib die richtigen Possessivpronomen in die Lücken. (S. 13)

a. use a form of mein

1. Kennst du _____ Bruder? Schau, das ist _____ Bruder. Ich habe _____ Bruder sehr gern. Zum Geburtstag schenke ich _____ Bruder immer ein Buch.

2. Was soll ich nur _____ Freundin schenken? Du kennst doch _____ Freundin, die Beate, nicht? _____ Freundin hört Musik gern, also eine CD?

b. use a form of dein

1. Was gibst du denn _____ Opa? Hast du schon ein Geschenk für _____ Opa? _____ Opa ist so lieb! Ich möchte _____ Opa auch etwas schenken.

2. Was schenkst du _____Kusine? Ich weiß, dass _____ Kusine viele Interessen hat. Hat _____ Kusine Bücher gern oder CDs?

c. use sein or ihr

1. Ich weiß, was der Basti _____ Schwester schenkt. Eine CD, denn _____ Schwester hört Musik furchtbar gern. Und _____ Bruder gibt er einen Fußball, ganz neu, denn _____ Bruder spielt gern Fußball.

2. Die Beatrice schenkt _____ Mutter einen Roman und _____ Vater eine Armbanduhr. _____ Vater sammelt Uhren und _____ Mutter Romane.

Zweite Stufe

Objectives Giving and responding to compliments; expressing wishes when buying things

5 Frag deine Freunde, was sie als Geschenk haben möchten oder was sie essen möchten. – Schreib die richtigen **möchte**-Formen oder eine Form von **ein** in die Lücken. (S. 19)

1. Was _____ du zum Geburtstag? _____ Taschenrechner oder _____ Taschenwörterbuch? Oder _____ du _____ Rock oder _____ Bluse? Ich _____ dir gern _____ Handtasche schenken oder _____ Armband.

2. Was _____ ihr zu Weihnachten? Habt ihr _____ Idee? _____ ihr _____ CD oder _____ Sachbuch oder vielleicht _____ Kalender?

3. Wir wissen, was wir essen _____ . Ich _____ _____ Eisbecher, und die Katja _____ _____ Stück Kuchen und _____ Eis.

6 Du sagst einem Verkäufer, was du mit deinen Freunden kaufen möchtest, und du fragst ihn, ob es diesen Artikel auch in einer anderen Farbe gibt.—Schreib in jede erste Lücke die richtige **möchte**-Form, in jede zweite Lücke, die richtige Form des bestimmten Artikels (**der**) und in jede dritte Lücke die richtige Form des Pronomens. (S. 19)

1. Ich _____ _____ Rock da. Haben Sie _____ auch in Blau?
2. Die Katja _____ _____ Stirnband. Haben Sie _____ auch in Rot?
3. Wir _____ _____ T-Shirt da. Haben Sie _____ auch in Blau?
4. Der Basti _____ _____ Hut da. Haben Sie _____ auch in Schwarz?
5. Sabine _____ _____ Bluse da. Haben Sie _____ auch in Braun?
6. Ich _____ _____ Gürtel da. Haben Sie _____ auch in Schwarz?

Dritte Stufe

Objectives Making plans; ordering food and beverages; talking about how something tastes

7 Bei den Baumanns will jeder etwas anderes tun.—Schreib in jede erste Lücke eine Form von **wollen,** und in jede zweite Lücke einen passenden Infinitiv. (S. 23)

1. Der Basti _____ heute den Rasen _____ .
2. Sein Bruder, der Robert, _____ heute Tennis _____ .
3. Herr und Frau Baumann _____ am Abend ins Kino _____ .
4. Basti, _____ du auch den Müll _____ ?
5. Basti und Robert, _____ ihr im Garten die Blumen _____ ?
6. Nein, ich _____ heute nichts tun, ich _____ einmal _____ .

8 Du fragst deine Freunde im Lokal, was sie bestellen möchten.—Schreib in jede Lücke die richtige Form des gegebenen Infinitivs. (S. 25)

1. (bekommen) Was _____ du? — Ich _____ ein Käsebrot.
2. (essen) Was _____ du? — Ich _____ ein Stück Pizza.
3. (nehmen) Und was _____ du? — Ich _____ einen Eisbecher.
4. (wollen) Was _____ du? — Ich _____ im Moment nichts.
5. (möchten) Was _____ du? — Ich _____ eine Suppe, bitte.
6. (trinken) Was _____ du? — Ich _____ ein Mineralwasser.

9 Du magst heute überhaupt nichts, und du sagst auch warum du das nicht magst. Vervollständige jeden **weil**-Satz mit dem Ausdruck in Klammern. (S. 25)

BEISPIEL (zu teuer) Ich bestelle das Fleisch nicht, weil _____.
Ich bestelle das Fleisch nicht, weil <u>es zu teuer ist</u>.

1. (zu salzig) Ich esse die Suppe nicht, weil _____ .
2. (zu kalt) Ich esse das Eis nicht, weil _____ .
3. (zu bitter) Ich trinke den Kaffee nicht, weil _____ .
4. (zu sauer) Ich mag den Joghurt nicht, weil _____ .
5. (zu heiß) Ich trinke den Tee nicht, weil _____ .
6. (zu teuer) Ich nehme das Schnitzel nicht, weil _____ .

Can you ask for and give information about yourself and others? (p. 11)

1 How would you say what your name is, how old you are, and where you live?

2 How would you ask someone what his or her friend's name, age, and place of residence are?

Can you describe yourself and others? (p. 11)

3 How would you ask a friend what a member of his or her family looks like? What would your friend answer if that person is tall and thin, has brown hair and dark eyes, and is very intelligent?

Can you express likes and dislikes? (p. 11)

4 How would you ask someone what he or she likes and doesn't like to do? What would you answer if someone asked you that question?

Can you identify people and places? (p. 13)

5 How would you ask a friend who someone is? Where his or her room is? What might your friend's answers be?

Can you give and respond to compliments? (p. 18)

6 How would you say to someone that he or she looks elegant? How would you respond if someone gave you the same compliment?

Can you express wishes when buying things? (p. 18)

7 How would you tell a salesclerk you would like to buy a hat and a scarf?

Can you make plans? (p. 23)

8 How would you ask a friend what his or her plans are? What might your friend answer?

Can you order food and beverages? (p. 25)

9 How would you order soup, a sandwich, ice cream, and a lemon-flavored drink? What would you tell the waiter if you didn't want anything?

Can you talk about how something tastes? (p. 25)

10 How would you ask someone if his or her food tastes good? How would he or she respond if it did? If it didn't? What reasons might he or she give?

Erste Stufe

Asking for and giving information about yourself and others

faul	lazy
fleißig	hard-working
intelligent	intelligent
neugierig	curious
lustig	funny
sympathisch	nice, pleasant
unsympathisch	unfriendly, unpleasant
gut gelaunt	in a good mood
schlecht gelaunt	in a bad mood
schlank	slender
dunkel	dark

Family members

beschreiben	to describe
der Sohn, ¨e	son
die Tochter, ¨	daughter
der Zwilling, -e	twin
das Kind, -er	child

Expressing likes and dislikes

das Hobby, Hobbys	hobby
rodeln	sledding
fechten	fencing
kochen	cooking
Bogenschießen	archery
die Leichtathletik	track and field

der Sport	sports
Kugelstoßen	shot put
Speerwerfen	javelin throw
Diskuswerfen	discus throw
Langstreckenlauf	long-distance run
100-Meter-Lauf	100-yard dash
Weitsprung	long jump
Hürdenlauf	hurdling
Stabhochsprung	pole vault

Zweite Stufe

Describing and commenting on clothes

das Stirnband, ¨er	headband
der Schal, -s	scarf
die Mütze, -n	cap

der Hut, ¨e	hat
die Halskette, -n	necklace
der Ohrring, -e	earring
ein (das) Paar Ohrringe	pair of earrings

das Armband, ¨er	bracelet
die Handtasche, -n	handbag
das Tuch, ¨er	scarf

Dritte Stufe

Making plans

Was willst du machen?	What do you want to do?
Ich will faulenzen!	I want to be lazy!

Talking about how something tastes

Wie schmeckt's?	How does it taste?
ausgezeichnet	excellent
zu bitter	too bitter
zu salzig	too salty
die Suppe, -n	soup

Other useful words and expressions

echt	really
bestellen	to order

2

Bastis Plan

Objectives

In this chapter you will review and practice how to

Erste Stufe

- express obligation
- extend and respond to an invitation
- offer help and tell what to do

Zweite Stufe

- ask and tell what to do
- tell that you need something else
- tell where you were and what you bought

Dritte Stufe

- discuss gift ideas
- express likes and dislikes
- express likes, preferences, and favorites
- say you do or don't want more

Visit Holt Online

go.hrw.com

KEYWORD: WK3 BAYERN-2

Online Edition

◀ **Wohin gehst du, Basti?**

dreiunddreißig **33**

Los geht's! ▪ *Basti, das Schlitzohr!*

Strategie Verstehen

Look at the images for this story. Where does the action take place? What do you think the characters are talking about? What might Basti be talking about?

Beatrice **Robert** **Sebastian** **Vater** **Mutter**

1

Vater:	Iss, iss, mein Sohn! Du musst heute noch viel arbeiten.
Robert:	Was muss ich denn heute machen?

2

Beatrice:	Nun, schau halt mal auf den Plan drauf!
Sebastian:	Wenn du willst, können wir tauschen! Du kannst für mich in der Küche helfen, und ich gehe für dich zum Opa.
Robert:	He, prima! Danke dir.

Wochenplan

	Robert	Beatrice	Basti
Mo.	—	—	
Di.	einkaufen	Oma, Opa	—
Mi.	Küchendienst	—	
Do.	—	einkaufen	Garage
Fr.	Oma/Opa	Küchendienst	einkaufen
Sa.	Rasen	Fenster!	Küchendienst
So.			Müll

3

Sebastian:	Wie soll das Wetter sein?
Beatrice:	Schön. Das hab ich schon gestern gehört.

Mutter: Kein Regen! Das passt prima. Da können wir uns bei den Großeltern in den Garten setzen.

Robert: Was? Wir gehen zur Oma?

Mutter: Wir sind zum Kaffee eingeladen.

Sebastian: Okay, wir sehen uns dann heute Nachmittag bei Oma und Opa.

Mutter: Ja, aber mach dich nicht schmutzig bei der Arbeit!

Sebastian: Aber Mama, kein Problem! Tschau!

Vater: Ja, stimmt! Nein, nein. Ich weiß, um drei Uhr. Was sagst du? Das musst du noch mal wiederholen! Der Basti? So ein Schlitzohr! Na, warte! Ja, bis später! Tschüs!

Vater: Der Basti! Man kann es nicht glauben, so ein Schlitzohr! Er ist gar nicht beim Opa. Der Opa kann ihn heute gar nicht brauchen, er hat gar nichts zu tun. Aber unser Sohn geht zu den Großeltern zum Mittagessen!

Mutter: Jetzt weiß ich's! Deshalb hat er so schnell mit dem Robert getauscht.

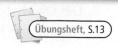

Übungsheft, S.13

1 Was passiert hier?

Verstehst du alles, was die Leute in Los geht's! sagen? Beantworte die Fragen!

1. Worüber sprechen die Baumanns?
2. Was muss Robert heute tun?
3. Was sagt Sebastian zu Robert?
4. Was sagt Beatrice über das Wetter?
5. Was meint die Mutter über das Wetter?
6. Wohin gehen die Baumanns am Nachmittag? Warum?
7. Warum ist Basti nicht beim Opa?
8. Welche Aufgaben haben Beatrice, Robert und Basti in dieser Woche?

2 Genauer lesen

Lies den Text noch einmal und beantworte die Fragen!

1. Warum soll Robert viel essen?
2. Welche Aufgaben haben die drei Geschwister heute?
3. Was möchte Basti heute lieber tun?
4. Warum gehen die Baumanns heute Nachmittag zur Oma?
5. Wo können sie heute bei den Großeltern sitzen? Warum?
6. Warum nennt Herr Baumann seinen Sohn ein Schlitzohr?
7. Was bedeutet der Ausdruck „Schlitzohr"? Was meinst du?

3 Stimmt oder stimmt nicht?

Stimmen diese Sätze? Wenn nicht, musst du die richtige Antwort geben.

1. Heute will Sebastian in der Küche helfen.
2. Heute Nachmittag gibt es keinen Regen.
3. Die Baumanns haben die Großeltern zum Kaffee eingeladen.
4. Der Opa ruft Herrn Baumann an.
5. Der Sebastian ist beim Opa und hilft ihm.

4 Welches Wort passt?

Welche Wörter auf der rechten Seite passen in die Satzlücken?

1. Basti will mit Robert ═══════.
2. Er möchte für Robert zum Opa ═══════.
3. Robert muss jetzt in der Küche ═══════.
4. Die Baumanns sind zum Kaffee ═══════.
5. Alle können heute im Garten ═══════.
6. Aber Basti ist nicht beim Opa. Herr Baumann kann es nicht ═══════.
7. Der Opa hat für Basti nichts zu ═══════.
8. Deshalb hat Basti mit Robert ═══════.

> eingeladen   getauscht   gehen
> tun   helfen
> sitzen   glauben   tauschen

5 **Wer macht was?**

Zuhören/Schreiben Schüler erzählen, was sie so zu Hause alles machen müssen. Mach dir Notizen! (Schreib auf, wer was macht!)

6 **Was müssen die Schüler tun?**

Lesen/Sprechen Ordne jetzt deine Notizen nach drei Gruppen von Arbeiten: Küchendienst, Gartenarbeiten und Persönliches! Dann vergleiche mit einem Partner, was ihr beide aufgeschrieben habt!

So sagt man das!

Expressing obligations

Schon bekannt

Was musst du heute tun?
Und dein Bruder, der Robert?

Ich muss heute den Rasen mähen.
Er muss in der Küche helfen.

7 **Was müssen die Schüler tun?**

Sprechen Nimm die Liste, die du für Übung 6 gemacht hast, in die Hand, und berichte vor der Klasse, welche Arbeiten die Schüler von Übung 5 machen müssen! Fang mit den Gartenarbeiten an!

Ein wenig Grammatik

Schon bekannt
To review the forms of **müssen,** see the Grammar Summary.

Übungsheft, S. 14, Ü. 1

Mehr Grammatikübungen, S. 54, Ü. 1

8 **Basti sagt, er hat so viel zu tun!**

Sprechen Christiane ruft Basti an. Sie möchte irgendwohin gehen, vielleicht ins Kino. Aber der Basti kann heute nicht mitgehen. Er sagt, er hat heute so viel zu tun. Was muss er alles machen? — Such dir einen Partner und spielt die Rollen von Christiane und Basti!

ins Kino	zu (Monika)
ins Café Fröhlich	
ins Kaufhaus	in die Stadt

Wortschatz

Things to do around the house

CD-ROM DISC 1

putzen	*to clean*
in der Küche helfen	*to help in the kitchen*
die Garage aufräumen	*to clean the garage*
das Auto polieren	*to polish the car*
den Müll wegtragen	*to take out the garbage*
Staub wischen	*to dust*
die Wäsche waschen	*to wash clothes*
die Wäsche trocknen	*to dry clothes*
die Wäsche bügeln	*to iron clothes*

Übungsheft, S. 15, Ü. 2–4   Grammatikheft, S. 10, Ü. 1–2

9 Was macht der Basti? Und die anderen?

Lesen/Sprechen Lies, was Sebastian sagt, und beantworte die Fragen!

> Ach, wie schön das Leben ist! Ich kann faulenzen, und die anderen müssen arbeiten!

1. Was macht Sebastian? Warum?
2. Warum kann der Basti faulenzen?
3. Was müssen seine Geschwister und sein Vater tun?

10 Was musst du zu Hause alles tun?  Übungsheft, S. 16, Ü. 5

Schreiben/Sprechen Mach eine Liste von Arbeiten, die du zu Hause machen musst! Erzähle dann deiner Klasse, was du alles machen musst!

11 Ja, gern! oder Das geht nicht.

Zuhören You will hear four brief conversations. In each one, someone is being invited somewhere. Determine who accepts and who declines the invitation.

So sagt man das!

Extending and responding to an invitation   *Schon bekannt*

When extending an invitation, you might say:

> **Ich gehe heute Abend ins Kino. Kommst du mit?**

When accepting you might say:

> **Ja, gern!**
> **Ich gehe gern mit!**
>
> **Na, klar!**

When declining you might say:

> **Das geht nicht.**
> **Das geht leider nicht, weil (ich so viele Hausaufgaben hab.)**
> **Ich kann leider nicht, denn (ich muss in die Stadt.)**

Grammatikheft, S. 11, Ü. 3–4

12 Wohin gehst du?

Schreiben Schreib zwei Orte auf, wo du heute hingehen möchtest! Rechts im Kasten stehen ein paar Ideen.

ins Kino
zum Tennisplatz
ins Museum
in die Disko
ins Schwimmbad
in ein Café
in ein Konzert
ins Einkaufszentrum

13 Kommst du mit?

Such dir einen Partner! Lade ihn ein! Dein Partner geht mit oder nicht.

a. Sprechen Wenn dein Partner mitgeht, muss er einen Grund angeben.

b. Sprechen Wenn dein Partner nicht mitgeht, muss er drei Gründe angeben. Er muss sagen, was er zuerst tun muss, dann und danach!

14 Für mein Notizbuch

Schreiben Mach einen Stundenplan für jeden Nachmittag in der Woche und für das ganze Wochenende! Trag ein, was du wirklich an jedem Tag und zu welcher Zeit tust!

	Montag	Dienstag	Mittwoch	Donnerstag
14–15	—	—		
15–16	Klavier			
16–17	—	Rasenmähen		
17–18	Tennis	Hausaufgaben		
18–19	Küchend.	Fußball		
19–20				

Wann geht's?

Geht's am Montag?

Geht's zwischen 17 und 18 Uhr?

Geht's am Abend?

15 Wann geht's?

Sprechen Du möchtest nächste Woche an irgendeinem Tag etwas unternehmen, aber nicht allein. Du möchtest, dass ein Klassenkamerad oder eine Klassenkameradin mitgeht. — Such dir also einen Partner! Nimm dein Notizbuch zur Hand und frag deinen Partner, wann er mitkommen kann! Wenn es nicht geht, muss dein Partner einen Grund angeben. Tauscht dann die Rollen aus!

16 Wann geht's jetzt?

Sprechen Wiederhol Übung 15 noch einmal! Jetzt musst du aber deine Ausreden mit einem weil-Satz begründen.

Ein wenig Grammatik

Schon bekannt

DVD Tutor
DISC 1

The interrogative **warum?** asks for reasons. When giving reasons, the conjunctions **weil** or **denn** can be used. For word order after **weil** and **denn,** see the Grammar Summary.

Übungsheft, S. 16, Ü. 6–7

Mehr Grammatikübungen, S. 54, Ü. 2

17 Wie oft musst du helfen?

Sprechen Such dir eine Partnerin! Frag sie, wie oft sie bestimmte Tätigkeiten machen muss! Sie sagt es dir. Tauscht dann die Rollen! — Im Kasten stehen einige „wie oft" Antworten.

> einmal
> zweimal
>   in der Woche
>   im Monat
> am Tag

> oft
> nie
> manchmal
> jeden Tag

Staub saugen	den Großeltern helfen	den Tisch decken
den Rasen mähen	Staub wischen	
einkaufen gehen	die Katze füttern	das Geschirr spülen

---

18 Was kann ich für dich tun?

Zuhören Drei Schüler beantworten die Frage: Sag mal, wie kann ich dir helfen, oder was kann ich für dich tun? — Schreib auf, was jeder Schüler tun kann und für wen!

So sagt man das!

Offering help and telling what to do

Schon bekannt

When someone wants to help you, he or she might ask:

> **Kann ich etwas für dich tun?**
> **Was kann ich für dich tun?**
> **Für wen kann ich etwas tun?**

Your response might be:

> **Ja, du kannst in der Küche helfen.**
> **Du kannst für mich Staub saugen.**
> **Du kannst für die Oma einkaufen gehen.**

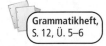

Grammatikheft, S. 12, Ü. 5–6

---

19 Grammatik im Kontext

a. Sprechen Wie viele Sätze kannst du bauen? Für wen kannst du etwas tun?

b. Schreiben Schreib fünf Sätze mit den Wörtern in den Kästen.

Ein wenig Grammatik

Schon bekannt
For the forms of **können**, see the Grammar Summary.

Mehr Grammatikübungen, S. 54, Ü. 3

Wer?		Für wen?	Was?
ihr	können	Opa	einkaufen gehen
du	könnt	Oma	Staub wischen
ich	kann	Eltern	Müll wegtragen
wir	kannst	mich	Tisch decken
Basti		Christiane	Geschirr spülen
			Fenster putzen
			Wäsche bügeln

20 **Alle möchten helfen.**

 Sprechen Setzt euch in Gruppen von vier oder fünf Personen zusammen! Einer von euch hat sehr viel zu tun, und ihr anderen fragt, was ihr für diese Person tun könnt. Hier sind ein paar Ideen:

a.   b.   c.   d.

21 **Was könnt ihr für andere tun?**

 Sprechen Bildet eine neue Gruppe von vier oder fünf Personen! Jeder fragt einmal, einer antwortet! Die Frage ist: „Was tun wir für andere?" — Tauscht dann die Rollen aus!

Ich geh für meine Mutter einkaufen.

Für wen?

> für dich?
>
> Kusine?   für deine Oma?   für euch?
>
> Opa?

Ein wenig Grammatik

Schon bekannt

For the accusative forms of the personal pronouns and of the possessives, see the Grammar Summary.

CD-ROM DISC 1

Mehr Grammatikübungen, S. 55, Ü. 4–5 →

---

22 **Viel zu tun!**

 Sprechen Frag deine Partnerin, was sie für andere Leute tut! Sie muss dir drei Dinge nennen, und sie muss sagen, wann sie etwas für andere tut und warum. — Tauscht dann die Rollen aus!

23 **Für mein Notizbuch**

Schreiben Schreib in dein Notizbuch, was du für andere Leute tust und warum!

Wann?

> einmal im Monat
>
> einmal in der Woche   am Montag
>
> am Dienstag   nach der Schule
>
> nach den Hausaufgaben

Warum?

> hat keine Zeit
>
> arbeitet den ganzen Tag
>
> kann das nicht mehr tun
>
> ist schon sehr alt

Macht Schule Spaß?

Lesestrategie Using context to derive meaning You can often make an intelligent guess about the meaning of new words by looking at the context (the surrounding words). Read the following sentence. **Im Restaurant schmeckt das Essen köstlich, nicht wie das Essen im Café, das schmeckt scheußlich. Köstlich** is probably a new word to you. Notice it is describing the food at a restaurant. Reading on, you find the speaker says it doesn't taste like the food at the café, which is described as **scheußlich**. Any adjective that means the opposite of **scheußlich** would be a good guess for the meaning of **köstlich**, which means *tasty*.

Getting Started

1. Use the prereading strategies you reviewed in Chapter 1 to find out what kind of text this is and what it is about. Try to state in your own words (in German) the two-part question that is the focus of the article.

2. Together with your classmates, brainstorm for words and phrases that you know in German that you might expect to find in the student responses.

3. Now skim the interviews and note whether each student mentions what he or she likes, dislikes, or if he or she mentions both. Write each student's name under the correct heading: MENTIONS LIKES MENTIONS DISLIKES MENTIONS BOTH

Eltern — UMFRAGE

Das Pausenklingeln ist die schönste Musik!

Was Schülern an der Schule gefällt und mißfällt — das zeigt die neue **ELTERN**-Umfrage

Prima ist der Musikraum unserer Schule, weil man dort die Stereo-Anlage auf 100 db aufdrehen kann.
Tanja, Gymnasiastin, 14 Jahre

Im Schulbus bekommen wir immer viel Spaß. Besonders die Heimfahrt ist gut. Da ist man froh, daß wieder so ein doofer Schultag vorüber ist und ein freier Nachmittag beginnt.
Rolf, Realschüler, 12 Jahre

Schön sind nur die Ferien. Morgens wacht man auf und denkt: Schule und Lehrer, gibt es die überhaupt noch?
Eva, Realschülerin, 14 Jahre

Das Schönste: daß man in der Pause so laut sein darf, wie man will, und sich mit seinen Freunden ausquatschen kann. Das Mieseste: im Unterricht stundenlang still sein müssen, nur antworten, aber sich nicht unterhalten dürfen.
Klaus, Realschüler, 13 Jahre

Es geht nichts über einen fröhlichen, lachenden Lehrer, der nur das Gute für seine Schüler will. Wir haben Herrn Jansen. Wenn er in die Klasse kommt, lacht er gleich. Er hat immer Verständnis, wenn einer einen Fehler macht. Strafe ist für ihn ein Fremdwort.
Christa, Realschülerin, 13 Jahre

Meine Mutter macht mir immer ein Super-Pausenbrot. Zum Beispiel ein Dreikörnerbrot mit Zungenwurst und ganz zarten Gurkenscheiben darunter. Das schmeckt so gut, daß ich den sonstigen Mist in der Schule vergesse.

Bernd, Grundschüler, 10 Jahre

Das Beste an der Schule ist, daß man morgens etwas zu tun hat. Sonst müßte man zu Hause bei der Hausarbeit helfen. Das wäre noch schlimmer.

Volker, Realschüler, 13 Jahre

Am besten: die Getränkeautomaten. Am schlechtesten: das Diktatschreiben.

Werner, Grundschüler, 9 Jahre

Für mich könnte der ganze Lehrplan nur aus Sport bestehen: Badminton, Handball, Fußball, Schwimmen, Turnen, Leichtathletik. Beim Sport fühle ich mich gut. Das Schwitzen dabei ist sogar gesund. Das Schwitzen bei einer Klassenarbeit dagegen macht krank.

Tim, Gymnasiast, 14 Jahre

Am besten ist Biologie, weil man da so viel über Tiere und Pflanzen erfährt. Am schlechtesten ist Mathematik, weil man da so scharf denken muß, nichts versteht und sich so leicht vertut.

Dieter, Gymnasiast, 14 Jahre

Das Schlimmste ist für mich der Müllhaufen auf dem Schulhof, wenn viele Mitschüler ihren ganzen Dreck abladen: Dosen von Joghurt und Pudding, Papier von Schokolade und Tüteneis.

Sara, Realschülerin, 14 Jahre

Saumäßig ist die Luft in unserem Klassenzimmer. Es riecht immer nach faulen Eiern, nach abgestandener Buttermilch oder alten Pantoffeln. Schön ist, wenn unsere Deutschlehrerin reinkommt und einen herrlichen Duft verbreitet. Sie steht nämlich auf Chanel.™

Nicole, Realschülerin, 14 Jahre

4. For those who mention both likes and dislikes, find out which sentence(s) expresses the negative and which the positive aspects of school. Cognates and words you already know should give you enough information.

A Closer Look

5. What does Tanja like best at school? Notice she says one can do something with the stereo. What might **aufdrehen** mean?

6. Rolf mentions riding the school bus and says the **Heimfahrt** is especially good. He can either be referring to the ride to school or home again. Read the next sentence and try to determine the meaning of **Heimfahrt**.

7. Read the interviews more closely and use context and the chart you made to help you determine the meaning of the following words:
   Klaus: **ausquatschen**
   Christa: **Verständnis**
   Volker: **Hausarbeit**
   Tim: **Schwitzen**
   Dieter: **Pflanzen**

8. During **Austauschwoche,** a group of Austrian students will be paired up with the students interviewed here. You've been given information about the Austrian students, and you must pair each person below with one of the students interviewed.

   BEATE: very athletic

   HANS: an understanding teacher is the best thing

   ULRIKE: dislikes doing housework

   MARIO: interested in zoology, botany

   NORBERT: enjoys talking with friends

   SONJA: likes to listen to loud music

Übungsheft, S. 17

Zweite Stufe

Objectives Asking and telling what to do; telling that you need something else; telling where you were and what you bought

WK3 BAYERN-2

24 **Was wir kaufen und wo**

Zuhören Zwei Schüler haben Küchendienst. Sie sagen, was sie heute einkaufen müssen und wo sie alles kaufen!

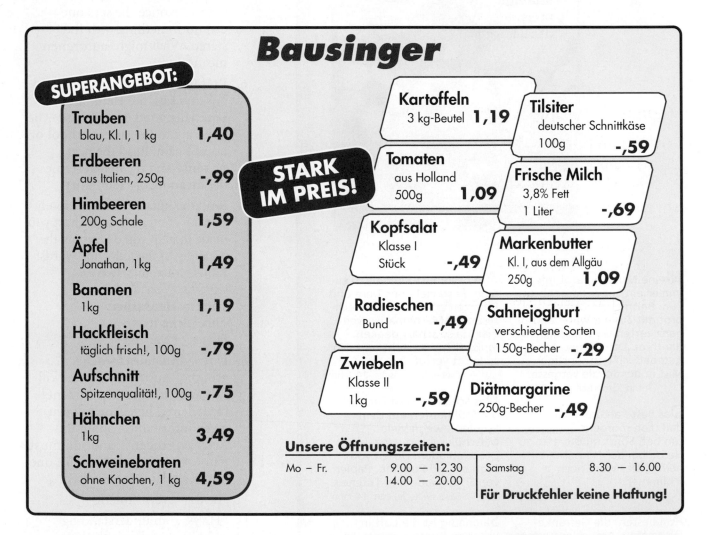

Bausinger

SUPERANGEBOT:

Trauben blau, Kl. I, 1 kg	**1,40**
Erdbeeren aus Italien, 250g	**-,99**
Himbeeren 200g Schale	**1,59**
Äpfel Jonathan, 1kg	**1,49**
Bananen 1kg	**1,19**
Hackfleisch täglich frisch!, 100g	**-,79**
Aufschnitt Spitzenqualität!, 100g	**-,75**
Hähnchen 1kg	**3,49**
Schweinebraten ohne Knochen, 1 kg	**4,59**

STARK IM PREIS!

Kartoffeln 3 kg-Beutel	**1,19**
Tomaten aus Holland 500g	**1,09**
Kopfsalat Klasse I Stück	**-,49**
Radieschen Bund	**-,49**
Zwiebeln Klasse II 1kg	**-,59**

Tilsiter deutscher Schnittkäse 100g	**-,59**
Frische Milch 3,8% Fett 1 Liter	**-,69**
Markenbutter Kl. I, aus dem Allgäu 250g	**1,09**
Sahnejoghurt verschiedene Sorten 150g-Becher	**-,29**
Diätmargarine 250g-Becher	**-,49**

Unsere Öffnungszeiten:

Mo – Fr.	9.00 — 12.30 14.00 — 20.00	Samstag	8.30 — 16.00

Für Druckfehler keine Haftung!

Wortschatz

Obst und Gemüse

Grammatikheft, S. 13, Ü. 7

Bananen	Zwetschgen	Pfirsiche	Spinat	grüne Bohnen	Erbsen

25 Was gibt's im Angebot?

Sprechen Such dir einen Partner! Du bewunderst verschiedene Angebote bei Bausinger. Dein Partner stimmt zu und sagt, dass die Ware auch gar nicht so teuer ist. Tauscht dann die Rollen aus!

BEISPIEL — Die Pfirsiche sehen lecker aus!
— Stimmt! Und sie sind sehr preiswert. Nur eins zwanzig das halbe Kilo!

So sagt man das!

Asking and telling what to do

Schon bekannt

Someone who wants to help you might ask:

Was soll ich jetzt tun?
Wo soll ich das Brot kaufen?

Your response might be:

Geh bitte für mich einkaufen!
Kauf es doch beim Bäcker!

26 Was soll ich kaufen?

Lesen/Sprechen Du musst einkaufen gehen. Deine Mutter gibt dir einen Einkaufszettel. Du liest, was du alles kaufen sollst, und du willst wissen, wo du alles kaufen sollst. — Such dir einen Partner und spielt diese Rollen! Tauscht dann die Rollen aus!

Wo?

> beim Bäcker?

> im Supermarkt?

> im Obst- und Gemüseladen?

> beim Metzger?

Ein wenig Grammatik

Schon bekannt

For the forms of **sollen** and the **du**-commands, see the Grammar Summary.

Mehr Grammatikübungen, S. 56, Ü. 6

Übungsheft, S. 18, Ü. 1

Grammatikheft, S.13, Ü. 8–9

DVD Tutor DISC

Nein, kauf sie lieber im Obstladen!

Sag mal, wo soll ich die Trauben kaufen? Im Supermarkt?

1/2 Pfd. Butter
1 kg Trauben
250 g Erdbeeren
100 g Aufschnitt
1 kg Zwiebeln
1 Liter Milch

27 **Der Gemüsemann ist da!**

Zuhören Der Gemüsemann kommt auch heute noch mit seinem Kombi in viele Wohngegenden und ruft mit lauter Stimme seine Ware und die Preise aus. — Schreib fünf Artikel auf, die du kaufen willst!

So sagt man das!

Telling that you need something else

Schon bekannt

To ask if someone needs something else, you might ask:

Was bekommen Sie noch?

Haben Sie noch einen Wunsch?
Sonst noch etwas?

Your response might be:

Ein Kilo Tomaten, und dann bekomme ich noch eine Gurke.
Nein, danke!
Danke, das ist alles.

Übungsheft, S. 19, Ü. 2–4

Grammatikheft, S. 14, Ü. 10

28 **Sonst noch etwas?**

Sprechen Such dir einen Partner! Dein Partner spielt den Gemüsemann oder die Gemüsefrau, und du kaufst die Artikel, die du auf den Zettel geschrieben hast. Tauscht dann die Rollen aus!

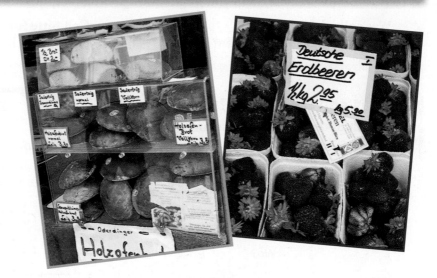

29 **Was, wo und warum?**

Zuhören Vier Schüler sagen, was sie gekauft haben, in welchen Geschäften sie waren und warum sie dort eingekauft haben. Mach dir Notizen!

a. **Schreiben** Schreib auf, in welchen Geschäften jeder war!

b. **Schreiben** Schreib auf, warum sie dort eingekauft haben!

So sagt man das!

Telling where you were and what you bought

Schon bekannt

To ask a friend where he was and what he did, you might ask:

Wo warst du?
Was hast du im Supermarkt gekauft?

Warst du auch beim Metzger?

His response might be:

Beim Bäcker und im Supermarkt.
Die Milch und die Eier.

Ja, dort hab ich das Fleisch gekauft.

Grammatikheft, S. 14, Ü. 11

30 **Grammatik im Kontext**

a. Sprechen Du kommst vom Einkaufen zurück und hast die Lebensmittel, die unten abgebildet sind, gekauft. Wo warst du? Warst du im Supermarkt? Im Obst- und Gemüseladen? Beim Metzger? Deine Mutter will es wissen. Wenn du die Artikel woanders gekauft hast, dann sag warum! — Such dir einen Partner und spielt diese Rollen!

Dort ist alles nicht so teuer!

Dort ist (das Brot) immer frisch!

Dort muss ich nicht lange warten.

Die Verkäufer sind so nett.

Der (Bäcker) ist nicht so weit von hier.

MUTTER	**Wo hast du das Brot gekauft? Im Supermarkt?**
DU	**Nein, ich war beim Bäcker.**
MUTTER	**Du warst beim Bäcker?**
DU	**Dort ist das Brot immer frisch!**

b. Schreiben Schreib drei Gespräche wie im Beispiel.

Ein wenig Grammatik

Schon bekannt

For the past tense forms of **sein,** the **war**-forms, see the Grammar Summary.

CD-ROM
DISC 1

DVD Tutor
DISC 1

Übungsheft, S. 20, Ü. 5–7

Mehr Grammatikübungen, S. 56, Ü. 7

Was nimmst du mit, wenn du irgendwo eingeladen bist?

We asked people from around Germany what they bring with them when they are invited somewhere. First listen to the interviews, then read the texts.

Übungsheft, S. 21, Ü. 1–3

Sandra, Stuttgart

„Also, wenn ich zu 'ner Geburtstagsfete eingeladen bin, dann nehm ich meistens ein Geschenk mit, zum Beispiel 'ne CD, also grad' von 'ner Lieblingsgruppe, oder 'ne Single einfach. Oder wenn die Person halt gerne was liest, dann ein Buch. Und wenn es 'ne ganz normale Party ist, dann nimmt man irgendwas zum Knabbern, oder 'nen Salat, oder irgendwelche Snacks halt mit."

Martina, München

„Also, wenn ich zu 'ner Fete eingeladen bin und ein Geschenk mitbringe, dann richte ich mich eigentlich immer nach dem Gastgeber und versuche dann, also irgendwie schon so seinen …Dings …zu entsprechen, dass das für ihn was Schönes ist. Also nicht nur 'nen Blumenstrauß oder 'ne Flasche Wein, das sollte dann schon irgendwie passen."

Julia, Hamburg

„Also, wenn es ein Geburtstag ist, dann überlege ich mir ein Geschenk, was zu der Person passt. Und wenn es einfach so 'ne Einladung ist zu 'ner Feier, dann nehm ich eigentlich gar nichts mit, also nur für mich dann, wenn ich irgendwas mitnehme, brauche oder so. Sonst eigentlich nur zum Geburtstag oder zu irgendeinem Anlass."

A. 1. Skim over the interviews again and find as many words as you can that are mentioned as possible gifts. Julia and Sandra mention two different types of occasions that would influence what they would bring. What are the two kinds of occasions? (*Hint:* they state under what conditions they would bring certain gifts. Do you remember the conjunction that signals a condition?) What gifts would they bring for each kind of occasion?

2. Although social customs are always changing, many long-held traditions are still important in German-speaking countries today, especially those concerning social courtesies. In general, when one is invited to someone's home, it is customary to bring flowers for the host or hostess. Read Martina's interview again. What does she say she would not give as a present? Why does she say this? How well do you think she knows the people she has in mind?

B. Think about how you would answer the interview question. Are there any particular customs where you live or where your family is from? How do these customs compare to German customs?

Objectives Discussing gift ideas; expressing likes and dislikes; expressing likes, preferences, and favorites; saying you do or don't want more

WK3 BAYERN-2

31 **Welche Geschenke und für wen?**

 Zuhören Vier Schüler brauchen Geschenke. Sie sagen, was sie schenken möchten und wem. Mach dir Notizen! Schreib auf, was für ein Geschenk jeder Schüler kauft und wem er es schenkt!

Wortschatz

Geschenkideen

Grammatikheft, S. 15, Ü. 3

Discussing gift ideas

Schon bekannt

To find out what someone is giving as a gift, you might ask:

Was schenkst du deiner Mutter zum Geburtstag?
Was kaufst du deinem Vater?
Wem gibst du den Blumenstrauß?
Was schenkst du deinem Opa?

Your response might be:

Ich schenke **ihr** Schokolade.

Ich kauf **ihm** ein Gemälde.
Meiner Oma.
Ich weiß noch nicht. Hast du eine Idee?

Grammatikheft,
S. 15, Ü. 13

---

32 **Grammatik im Kontext**

a. Sprechen Wie viele Sätze kannst du bauen?

Wer?		Wem?	Was?
meine Schwester ich mein Bruder wir	schenken kaufen geben	meine Mutter mein Freund meine Oma meine Freundin mein Vater meine Kusine mein Opa	Buch Tennisschläger Wecker Klamotten Ring aus Silber Blumenstrauß Armbanduhr Gemälde

b. Schreiben Schreib vier Sätze mit den Wörtern in den Kästen.

---

33 **Was schenkst du?**

Schreiben/Sprechen Schreib deine eigene Geschenkliste! Wem schenkst du was? — Dann such dir einen Partner! Frag ihn, was er schenkt und wem! Tauscht dann die Rollen aus!

---

34 **Was wir mögen und was wir nicht mögen**

Zuhören Drei Schüler sagen, was sie mögen und was sie nicht mögen. Mach dir Notizen!

Ein wenig Grammatik

Schon bekannt

For the dative forms of **mein** and **dein,** and the dative personal pronouns, see the Grammar Summary.

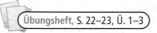

Übungsheft, S. 22–23, Ü. 1–3

Mehr Grammatikübungen, S. 56, Ü. 8

Expressing likes and dislikes

Schon bekannt

You might ask someone what he or she likes or does not like by saying:

Was für Geschenke **magst du?**
Was **magst du nicht?**
Magst du Horrorfilme?

His or her response might be:

Ich **mag** alles: Bücher, CDs, Klamotten und so.
Pralinen **mag** ich **nicht.**
Und wie!

35 Eine Umfrage in der Klasse

Setzt euch in einer großen Gruppe zusammen! Das Thema lautet: „Wer mag was für Geschenke?"

a. Sprechen Einer von euch fragt alle anderen Mitschüler, und ein anderer schreibt das Ergebnis auf.

b. Lesen/Sprechen Ein Dritter liest dann das Ergebnis der Klasse vor. Zum Beispiel: Drei mögen …

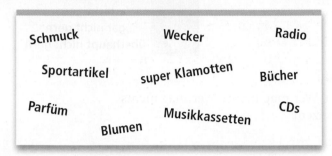

Schmuck · Wecker · Radio · Sportartikel · super Klamotten · Bücher · Parfüm · CDs · Blumen · Musikkassetten

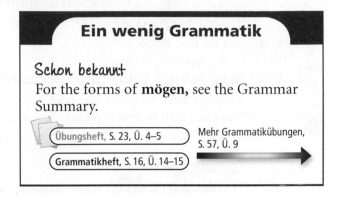

Ein wenig Grammatik

Schon bekannt

For the forms of **mögen,** see the Grammar Summary.

Übungsheft, S. 23, Ü. 4–5

Grammatikheft, S. 16, Ü. 14–15

Mehr Grammatikübungen, S. 57, Ü. 9

36 Was magst du?

Sprechen Such dir einen Partner! Frag ihn, was er alles mag und warum! Er muss einen Grund angeben.

BEISPIEL   DU   **Was magst du zum Geburtstag?**
      PARTNER   **Eine CD mit Country, denn das hör ich gern. Oder ja, ein Buch, weil ich gern lese und Bücher sammle.**

37 Was wir lieber mögen und was wir am liebsten mögen

Zuhören/Schreiben Vier Schüler sagen, was sie lieber mögen und was sie am liebsten mögen. Mach dir Notizen! Vergleiche dann deine Notizen mit den Notizen von deinem Partner!

So sagt man das!

Expressing likes, preferences, and favorites

Schon bekannt

To find out what someone likes or prefers, you might ask:

Was für Filme **siehst** du **gern?**
Magst du zum Geburtstag **lieber** eine CD oder ein Buch?
Welche CDs **magst** du **am liebsten?**

The response might be:

Ich **sehe gern** Actionfilme.
Lieber ein Buch.
Am liebsten mag ich die CDs von Matthias Reim.

Grammatikheft, S. 17, Ü. 16–18

38 Was magst du gern? Nicht gern?

Schreiben/Lesen Schreib auf eine Liste die Dinge, die du gern und nicht gern isst oder trinkst! Dann ordne die einzelnen Posten (*items*) auf deiner Liste! Was steht ganz oben? Was steht ganz unten?

Cola · Kaffee · Kuchen · Spinat · Pizza · Fleisch · Pralinen · Leber · Fisch · Milch · Äpfel · Brokkoli

39 Wirklich? Das isst du gern?

Sprechen Such dir einen Partner! Frag ihn, was er besonders gern isst oder trinkt und was er nicht gern isst oder trinkt! Gebrauche in deinen Fragen die Wörter im Kasten rechts! — Tauscht dann die Rollen aus!

Beispiel	Du	Was isst du besonders gern?
	Partner	Fisch ess ich besonders gern.
	Du	Und was isst du nicht gern?
	Partner	Leber ess ich nicht gern.

furchtbar gern
besonders gern
sehr gern
—— gern ——
nicht gern
gar nicht gern
überhaupt nicht gern

40 Wer mag mehr? Wer mag nichts mehr?

Zuhören/Schreiben Vier Schüler sind beim Essen. Wer mag mehr? Wer mag nichts mehr? Welche Gründe geben sie an? Mach dir Notizen!

So sagt man das!

Saying you do or don't want more

Schon bekannt

CD-ROM DISC 1

Here's how someone might ask you if you want more of something:

Möchtest du **noch etwas?**
Willst du **noch was?**
Und du? Auch **noch eine Semmel?**
Magst du **noch einen Saft?**

Your response might be:

Ja, bitte! **Noch eine Semmel!**
Ja, **noch eine Bratwurst.**
Nein, danke! **Keine Semmel mehr.**
Nein, **keinen Saft mehr.** Ich habe **keinen Durst mehr.**

Übungsheft, S. 24, Ü. 6–7

Grammatikheft, S. 18, Ü. 19–21

Ein wenig Grammatik

DVD Tutor DISC 1

Schon bekannt

The phrase **noch ein** means *another*. For the forms of **ein** and **kein,** used to "negate" nouns, see the Grammar Summary.

Mehr Grammatikübungen, S. 57, Ü. 10–11 →

41 Noch etwas?

Sprechen Du sitzt mit deinem Freund oder mit deiner Freundin in einem Café. Mag er oder mag sie noch etwas zu essen oder zu trinken? Frag mal! — Tauscht dann die Rollen aus!

Semmeln   **Eis**   **Cappuccino**

Saft   **Leberkäs**   **Bratwurst**   **Brezel**   **Kartoffelsalat**

42 Ein kurzer Besuch in München

Lesen/Sprechen Nach einer Fahrt mit dem Nachtzug bist du mit deiner Deutschklasse eben in München angekommen. Ihr habt ein großes Programm vor! Ihr wollt euch die Innenstadt ansehen und vielleicht auch ein Museum besuchen. Aber alle haben erst mal großen Hunger, und ihr wollt zuerst etwas essen. Ihr geht an einen Imbissstand und lest die Anschlagtafeln. Such dir einen Partner, und schreib mit ihm ein Gespräch auf, das Folgendes enthalten muss!

1. was es zu essen und zu trinken gibt
2. was ihr mögt und was ihr nicht mögt
3. was euch zu teuer ist
4. was ihr bestellt
5. wie alles schmeckt
6. wer noch etwas bestellen will

Dein Partner hat mit einem 20-Euro Schein für seine Bestellung (*order*) bezahlt. Er hat das gezeigte (*shown*) Wechselgeld zurückbekommen. Was hat er bestellt?

43 Von der Schule zum Beruf

Eine Firma für Geschenkartikel hat dich als Reklamefachfrau angestellt. Deine erste Aufgabe ist, eine Reklameseite für Geschenkartikel zu entwerfen. Die Artikel müssen den Kunden Auskunft über Größe, Farbe und Preise geben.

44 Rollenspiel

Such dir zwei Partner und spielt die folgende Szene!
Entwerft zuerst einen Speisezettel für eine Imbissstube!
Benützt dazu ein großes Stück festes Papier! Danach übernimmt einer die Rolle vom Verkäufer, die beiden anderen die Rollen von zwei Kunden.

a. Die Kunden lesen den Speisezettel und unterhalten sich darüber. Dann bestellt jeder etwas. Frag, was jedes Gericht kostet, und ob du von einem noch etwas haben kannst.

b. Beim Essen unterhaltet ihr euch darüber, wie alles schmeckt, ob ihr mehr von einem Gericht haben oder lieber noch etwas anderes essen wollt.

c. Danach sprecht ihr über eure Pläne, denn ihr wollt ja noch viel sehen. Was müsst ihr noch alles tun, bevor ihr München wieder verlassen müsst?

Mehr Grammatikübungen

Visit Holt Online

go.hrw.com

KEYWORD: WK3 BAYERN-2

Interaktive Spiele ◆

Erste Stufe

Objectives Expressing obligations; extending and responding to an invitation; offering help and telling what to do

1 Wer muss zu Hause helfen? – Schreib eine Antwort zu den folgenden Fragen, und schreib dabei in jede Lücke eine Form von **müssen** und die Information, die in der Frage enthalten ist. (S. 37)

> **BEISPIEL** Wer wischt heute Staub? Der Basti?
> – Ja, er <u>muss heute Staub wischen.</u>

1. Wer fährt heute in die Stadt? Der Basti? — Ja, er _____ .
2. Wer mäht den Rasen? Ihr beiden? — Ja, wir _____ .
3. Wer räumt die Garage auf? Du? — Ja, ich _____ .
4. Wer trägt den Müll weg? Jens und Moni? — Ja, sie _____ .
5. Wer gießt die Blumen? Die Anja? — Ja, sie _____ .
6. Wer wäscht die Wäsche? Die Mutti? — Ja, sie _____ .

2 Du und deine Freunde, ihr habt heute viel zu tun. Du schreibst, warum ihr das nicht tun könnt. – Schreib in jede Lücke die Information, die in Klammern steht. (S. 39)

1. (keine Zeit haben)   Du, ich kann leider die Garage heute nicht aufräumen, weil ich wirklich _____ .
2. (in die Stadt müssen)   Der Basti kann leider nicht mit euch Fußball spielen, weil er heute um 15 Uhr _____ .
3. (14 Jahre alt sein)   Ich kann diesen super Film leider nicht mit euch im Kino sehen, weil ich erst _____ .
4. (kein Geld haben)   Wir können unserer Mutti diesen Schmuck leider nicht zum Geburtstag kaufen, denn wir _____ .
5. (helfen müssen)   Die Beatrice kann leider nicht mit ihren Freundinnen in die Stadt fahren, denn sie _____ .
6. (in Berlin sein)   Wir können leider nicht am Wochenende zu eurer Fete kommen, denn wir _____ .

3 Alle wollen dir helfen. – Schreib eine Form von **können** in jede Lücke. (S. 40)

Sag, was _____ wir für dich tun? — Ja, ihr _____ für mich einkaufen gehen. Ja, zuerst _____ du, lieber Basti, der Mutti helfen. Du _____ für sie Staub saugen, und die Beatrice _____ der Mutti in der Küche helfen. Wir _____ dann den Müll sortieren, und ich _____ den Müll zum Container bringen. Danach _____ ihr den Rasen mähen, der Basti _____ die Blumen gießen, und ich _____ danach Fußball spielen.

4 Was kannst du für deine Freunde tun? Und für ihre Verwandten? – Schreib in jede Lücke ein passendes Personalpronomen (*personal pronoun* - mich, dich, etc.) oder ein passendes Possessivpronomen (*possessive pronoun* - mein, dein, etc.) **(S. 41)**

1. Basti, was kann ich für _____ tun? Kann ich für _____ Staub saugen? — Ja, du kannst für _____ Staub saugen und die Fenster putzen.

2. Basti, was kann ich für _____ Opa tun? Kann ich für _____ den Rasen mähen? — Prima! Ja, du kannst für _____ Opa den Rasen mähen.

3. Basti, was kann ich für _____ Oma tun? Kann ich für _____ einkaufen gehen? — Das ist eine gute Idee. Geh für _____ Oma einkaufen!

4. Was kann ich für _____ tun, Herr Müller? Kann ich für _____ oder für _____ Großeltern etwas tun? — Ja, du kannst für _____ zur Post gehen.

5. Was kann ich für _____ Schwester tun, Basti? Kann ich für _____ zur Post gehen, oder soll ich für _____ einkaufen gehen? — Geh für _____ Schwester zur Post!

Zweite Stufe

Objectives Asking and telling what to do; telling that you need something else; telling where you were and what you bought

5 Schreib, was diese Schüler kaufen sollen. – Gebrauche *(use)* eine Form von **sollen** in der ersten Lücke und den Artikel in der Illustration in der zweiten Lücke. **(S. 45)**

Der Basti _____ ein Kilo _____ kaufen.

Du _____ mir nur ein Pfund _____ bringen.

Ihr _____ Mutti nur zwei _____ kaufen.

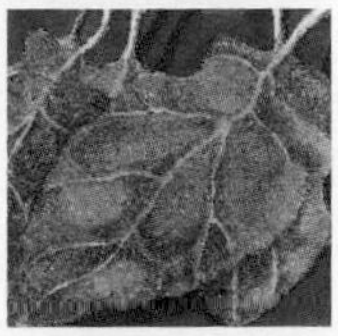

Wir _____ viel _____ essen. Er ist gesund!

Kinder _____ auch _____ essen.

Und ich _____ auch 250 Gramm _____ kaufen.

6 Zuerst sagst du einem Freund, was er tun soll, und dann sagst du dasselbe mehreren Freunden. – Schreib die Imperative der gegebenen Verben in die Lücken. (S. 45)

1. (fahren; gehen)   _____ in die Stadt und _____ ins Kino!

2. (gehen; essen)   _____ in eine Imbissstube und _____ eine Pizza!

3. (nehmen; trinken)   _____ ein Käsebrot und _____ eine Limo!

4. (geben; kaufen)   _____ der Oma ein Geschenk; _____ ihr eine CD!

5. (suchen; spielen)   _____ dir einen Partner und _____ diese Rolle!

7 Deine ganze Familie war irgendwo in der Stadt. – Schreib die richtigen Formen von **war** in die Lücken der Fragen und Antworten. (S. 47)

1. Wo _____ du denn? _____ du schon beim Metzger?

2. Ich _____ beim Bäcker, aber der Basti _____ beim Metzger.

3. Und wo _____ ihr? _____ ihr schon im Supermarkt?

4. Ja, wir _____ im Supermarkt und wir _____ auch beim Bäcker.

5. Und wo _____ deine Geschwister? _____ sie auch in der Stadt?

6. Ja, der Robert _____ im Kino und der Basti _____ in einem Café.

Dritte Stufe

Objectives Discussing gift ideas; expressing likes and dislikes; expressing likes, preferences, and favorites; saying you do or don't want more

8 Zwei Freunde sprechen über Geschenke, die sie für Freunde und Verwandte kaufen wollen. – Schreib die richtige Form des Possessivpronomens in jede Lücke. (S. 50)

1. Was schenkst du _____ Mutter, Basti? — Ja, _____ Mutter mag Bücher und CDs; ich glaube, ich schenke _____ Mutter einen Roman.

2. Was schenkst du _____ Opa zum Namenstag? — Hm, _____ Opa mag gern Schokolade. Ich gebe _____ Opa also eine Schachtel Pralinen.

3. Was gibst du _____ Kusine zum Geburtstag? — Ja, ich gebe _____ Kusine eine CD. _____ Kusine hört Musik gern, also ein gutes Geschenk für sie.

4. Was kaufst du _____ Bruder? _____ Bruder hat doch bald Geburtstag, nicht? — Ja, _____ Bruder hat am Sonntag Geburtstag. Ja, was schenke ich ihm?

9 Du sprichst mit einer Freundin über Geschenke. – Schreib die richtige Form von **mögen** in die Lücken. (S. 51)

1. Was _____ du zum Geburtstag? — Ich _____ Bücher und CDs.
2. Wer _____ die CD? — Du, der Basti _____ die CD.
3. Was _____ ihr denn? — Wir _____ Geld!
4. Was _____ deine Geschwister? — Sie _____ Klamotten.
5. Was _____ der Robert? — Er _____ ein super Video!

10 Du bist in verschiedenen Geschäften und du möchtest in jedem Geschäft noch zwei Dinge kaufen. Schreib die richtige Form von **noch ein,** *another,* in jede Lücke. (S. 52)

1. Haben Sie _____ Wunsch?
2. Ich möchte _____ Stück Pizza und _____ Limonade.
3. Ich möchte _____ Eisbecher und danach _____ Mineralwasser.
4. Ja, ich nehme _____ Eibrötchen und dann _____ Kaffee.
5. Ich nehme _____ Pfund Aufschnitt und _____ Kilo Hackfleisch.
6. Ich bekomme _____ Kartoffel und _____ Stück Brot.

11 Du bist mit einer Freundin in einem Restaurant. Sie fragt dich, ob du noch etwas essen oder trinken möchtest (siehe Bild), und du sagst ihr, dass du nichts mehr möchtest. – Schreib eine Form von **noch ein** und den abgebildeten Artikel in die erste Lücke und eine Form von **kein** und den abgebildeten Artikel in die zweite Lücke. (S. 52)

BEISPIEL

Möchtest du _____ ?   Möchtest du **noch eine Semmel?**
Nein, danke, _____ mehr.   Nein, danke, **keine Semmel** mehr.

Möchtest du _____ ?
Nein, danke, _____ mehr.

Möchtest du _____ ?
Nein, danke, _____ mehr.

Möchtest du _____ ?
Nein, danke, _____ mehr.

Möchtest du _____ ?
Nein, danke, _____ mehr.

Kann ich's wirklich?

WK3 BAYERN-2

Can you express obligations? (p. 37)

1 How would you ask a friend what he or she has to do at home? How would your friend say he or she has to help in the kitchen, wash clothes, and take out the garbage?

Can you extend and respond to an invitation? (p. 38)

2 How would you tell someone you are going to the movies, and ask that person if he or she is coming along? How would that person
  a. accept your invitation?
  b. decline your invitation and give a reason?

Can you offer help and tell what to do? (p. 40)

3 How would you ask your mother what you can do for her? How would she say you can polish her car and go grocery shopping?

Can you ask and tell what to do? (p. 45)

4 How would you ask your grandmother where you are supposed to buy the bread? How would she tell you to buy it at the baker's?

Can you tell that you need something else? (p. 46)

5 How would a salesperson ask you if you want something else? How would you say
  a. that you need one kilo of plums?   **b.** that "that will be it"?

Can you tell where you were and what you bought? (p. 46)

6 How would your grandmother ask you where you were and what you bought there? How would you answer that you bought meat at the butcher's and beans and peaches at the supermarket?

Can you discuss gift ideas? (p. 50)

7 How would you ask a friend what he or she is giving
  a. his father?   **b.** her mother?   **c.** his grandparents?

8 How would your friend answer that she is giving
  a. a radio to her father?
  b. a silver ring to her mother?
  c. tennis rackets to her grandparents?

Can you express likes and dislikes? (p. 50)

9 How would you ask someone what kind of movies he or she likes? How would that person say he or she likes action movies but doesn't like horror movies?

Can you express likes, preferences, and favorites? (p. 51)

10 How would you say you like reading books but you like listening to CDs the best?

Can you say you do or don't want more? (p. 52)

11 How would you ask a friend if he or she wants another banana? How would your friend answer that he or she
  a. wants another one?   **b.** doesn't want another one?

Erste Stufe

Things to do around the house

putzen	to clean	das Auto polieren	to polish the car	die Wäsche waschen	to wash clothes
in der Küche helfen	to help in the kitchen	den Müll wegtragen	to take out the garbage	die Wäsche trocknen	to dry clothes
die Garage aufräumen	to clean the garage	Staub wischen	to dust	die Wäsche bügeln	to iron clothes

Zweite Stufe

Food items

				Telling you need something else	
die Zwetschge, -n	plum	die Erbse, -n	pea	Sonst noch etwas?	Anything else?
die Banane, -n	banana	der Spinat	spinach		
der Pfirsich, -e	peach	die Gurke, -n	cucumber		
die (grüne) Bohne, -n	(green) bean				

Dritte Stufe

Gift ideas

		Other words and expressions			
das Gemälde, -	painting	der Durst	thirst	die Schokolade	chocolate
der Ring, -e	ring	Durst haben	to be thirsty	das Radio, -s	radio
aus Silber	made of silver	Willst du noch was?	Do you want anything else?	der Tennisschläger, -	tennis racket
aus Gold	made of gold			der Wecker, -	alarm clock

3

Wo warst du in den Ferien?

Objectives

In this chapter you will learn to

Erste Stufe

- report past events
- talk about activities

Zweite Stufe

- report past events
- talk about places

Dritte Stufe

- ask how someone liked something
- express enthusiasm and disappointment
- respond enthusiastically or sympathetically

Visit Holt Online

go.hrw.com

KEYWORD: WK3 BAYERN-3

Online Edition ⬍

◀ Wir haben viel Zeit auf dem Wasser verbracht.

einundsechzig **61**

Los geht's! · *Unser Film- und Fotoclub*

Strategie Verstehen

Look at the images for this story. Where does the story take place? Who is there? What do you think these young people are talking about?

Lehrerin **Frank** **Sebastian** **Christiane**

1 An Sebastians Gymnasium gibt es einen Film - und Fotoclub. Frau Sabine Brucker, die Biologie - und Sportlehrerin, leitet den Klub. Die langen Sommerferien sind vorüber, und heute sind die Klubmitglieder zum ersten Mal im neuen Schuljahr zusammengekommen. Die Schüler unterhalten sich angeregt: heute können sie nämlich zeigen, was sie in den Ferien gefilmt oder fotografiert haben. Drei Leute haben sogar ein Video mitgebracht.

2 **Lehrerin:** Na, wie hat es euch in den Ferien gefallen? Habt ihr viel gesehen? Habt ihr viel fotografiert und gefilmt?

3 **Dresden** **4**

Frank: Mein Vater hatte in Dresden zu tun, und ich bin mitgefahren.
Lehrerin: Wie hat dir Dresden gefallen?
Frank: Phantastisch!
Lehrerin: Dann erzähl uns einmal etwas über Dresden!

Frank: August der Starke hat Dresden im 18. Jahrhundert zu einer der schönsten deutschen Barockstädte gemacht. Ich hab das Schloss gesehen, den Zwinger – das ist ein phantastisches Kunstmuseum, weltbekannt! Ich bin in Dresden mit meinem Vater in die Oper gegangen, in die berühmte Semperoper. Wir haben Beethovens „Fidelio" gehört. Überall baut man in Dresden, denn die Stadt wurde 1945 fast total zerstört. Über 35 000 Menschen verloren in einer Nacht das Leben.

Christiane erzählt, wo sie war.

Frankfurt

Christiane: Ich habe meine Tante in Frankfurt besucht. Ich bin oft im Römer gewesen; meine Tante arbeitet dort. Ich hab natürlich den Dom besichtigt, und ich bin oft durch die Zeil spaziert. In der Oper war ich auch einmal. Ach ja, ich bin natürlich auch im Goethehaus und im Goethemuseum gewesen. Was mir am besten gefallen hat, das sind die Fachwerkhäuser auf dem Römerberg.

St. Ulrich

**Jetzt ist Sebastian dran.
Er legt seine Kassette ein.**

Sebastian: Ich war mit meinem Freund Thomas in Tirol. Wir haben in St. Ulrich gewohnt, in einer netten Pension für junge Leute. Jeden Tag sind wir gewandert, durch die Wälder, durch die Wiesen. Wir sind auch oft um den See gegangen oder sind auf einen Berg gestiegen. Zu Mittag haben wir gewöhnlich in einem Gasthof gegessen, irgendeine Tiroler Spezialität, wie zum Beispiel einen „Strammen Max", das ist Schinken mit Spiegelei.

Übungsheft, S. 25

1 Was passiert hier?

Hast du „Unser Film- und Fotoclub" verstanden? Versuche, die folgenden Fragen (auf Deutsch oder Englisch) zu beantworten!

1. Warum kommen heute die Schüler zusammen?
2. Wer ist Frau Brucker?
3. Was erzählen die drei Schüler?
4. Wo war Frank und warum?
5. Was hat Christiane während der Ferien gemacht?
6. Wo war Sebastian und mit wem?

2 Genauer lesen

1. Was hat Frank in Dresden gesehen und gemacht?
2. Warum erwähnt (*mentions*) Frank das Jahr 1945?
3. Was hat Christiane besichtigt? Was hat ihr am besten gefallen?
4. Wo hat Basti in Tirol gewohnt?
5. Was haben er und sein Freund gemacht?
6. Warum erwähnt er den „Strammen Max"?

3 Was passt?

Welche Wörter auf der rechten Seite passen in die Satzlücken?

SEBASTIAN Mein Freund Thomas und ich, wir haben in St. Ulrich ___1___. Jeden Tag sind wir ___2___. Wir sind um den See ___3___ oder auf einen Berg ___4___. Zu Mittag haben wir gewöhnlich in einem Gasthaus ___5___.

CHRISTIANE Ich habe meine Tante in Frankfurt ___6___. Ich bin im Römer ___7___, ich hab den Dom ___8___ und bin durch die Zeil ___9___. Die Fachwerkhäuser am Römerberg haben mir am besten ___10___.

besichtigt	gestiegen
	gewandert
gefallen	besucht
	gewesen
gegangen	gewohnt spaziert
gegessen	gelaufen

4 Wo ist das?

Such dir einen Partner! Nenne ihm ein Wort aus dem Kasten, und er muss dir sagen, mit welcher Stadt oder mit welchem Ort dieses Wort assoziiert ist. Die drei Orte sind: Dresden, Frankfurt und St. Ulrich. — Tauscht dann die Rollen aus!

BEISPIEL   DU   eine Barockstadt
             PARTNER Das ist Dresden.

August der Starke	Gasthof	kleine Pension	Wiesen	Zeil	Main
Goethe	Fachwerkhäuser	Römer	Zwinger		Berge
	See			Elbe	
Barockstadt	Oper	Schloss	Semperoper	Dom	Goethehaus

5 **Was wir in den Ferien gemacht haben**

Zuhören/Schreiben Vier Schüler haben sehr aktive Ferien gehabt und berichten darüber. Schreib von jedem Schüler drei Dinge auf, die er gemacht hat!

So sagt man das!

Reporting past events, talking about activities

Grammatikheft, S. 19, Ü. 1

When asking someone about something in the past, you ask:

Was hast du in den Ferien gemacht?

Was hat Sebastian in Tirol gemacht?

And the response might be:

Ich habe meine Tante in Frankfurt besucht. Ich habe den Dom besichtigt und bin oft durch die Stadt spaziert.

Er hat in St. Ulrich gewohnt. Er ist dort viel gewandert, und er hat gefilmt und fotografiert.

Wortschatz

Was macht ihr im Filmclub?

Grammatikheft, S. 19, Ü. 2

Wir fotografieren mit einer Kamera.

Ich filme mit einer Videokamera.

Wir sprechen über:

Videos

CD-ROMs und DVDs

Ich bediene den Videorecorder/die Kamera.

Ich lege ein Video ein.

Ich nehme das Video heraus.

Dias

Filme

Farbbilder

6 Und du?

Sprechen Such dir einen Partner! Stellt euch diese Fragen und beantwortet sie!

1. Was filmst du oder fotografierst du gewöhnlich?
2. Was für eine Kamera hast du? War das ein Geschenk, oder hast du die Kamera selbst gekauft?
3. Kaufst du einen Film für Dias oder für Farbbilder?
4. Hast du einen Videorecorder? Was für einen?
5. Was sind deine Lieblingsmotive, wenn du fotografierst?
6. Wann hast du die letzten Fotos gemacht? Was hast du fotografiert?

7 Was hast du in den Ferien gemacht?

Sprechen Sag vier Dinge, die du in den Ferien gemacht hast! Im Kasten sind ein paar Ideen.

ICH HABE …	ICH BIN …
☐ Freunde besucht	☐ viel geschwommen
☐ viel gearbeitet	☐ zu Hause geblieben
☐ eine große Fete gemacht	☐ viel gewandert
☐ viel Tennis gespielt	☐ oft ins Kino gegangen
☐ viel gelesen	☐ nach (Denver) gefahren
☐ viele Videos geschaut	☐ Wasserski gelaufen
☐ sehr oft gefaulenzt	☐ in (Kalifornien) gewesen
☐ eine Reise gemacht	☐ viel schwimmen gegangen
☐ (Orlando) besichtigt	
☐ einen Sommerkurs besucht	

8 Was war los?

Lesen/Schreiben Lies den Text **Los geht's!** noch einmal! Welche Sätze erkennst du, die die Vergangenheit (*past*) ausdrücken? Schreib die Sätze in gekürzter Form auf einen Zettel!

BEISPIEL   Die Klubmitglieder sind zusammengekommen.
Sie haben in den Ferien gefilmt.
Ich bin in die Oper gegangen.

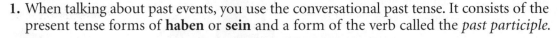

Grammatik

The conversational past

1. When talking about past events, you use the conversational past tense. It consists of the present tense forms of **haben** or **sein** and a form of the verb called the *past participle*.

> Ich **habe** meine Tante **besucht**.
> Ich **bin** um den See **gegangen**.

2. Most past participles have the prefix **ge-**: gemacht, gelesen.
3. The past participles of so-called regular or weak verbs end in **-t**: machen, er macht, **er hat (Ferien) gemacht**.
4. The past participles of so-called irregular or strong verbs end in **-en,** like the infinitive: lesen, liest, er hat (Zeitung) gelesen. Some have other changes: gehen, geht, er **ist gegangen**; bleiben, bleibt, sie ist **geblieben**.

continued on page 67

5. The past participles of verbs ending in **-ieren** do not have the prefix **ge-:** **fotografieren, er fotografiert, er hat (viel) fotografiert.**

6. The past participles of verbs that already have an inseparable prefix do not add the prefix **ge-: besuchen, er besucht, er hat besucht; gefallen, es gefällt mir, es hat mir gefallen.**

7. The past participles of verbs that have a separable prefix keep the **ge-: mitkommen, er kommt mit, er ist mitgekommen; aussehen, sie sieht (nett) aus, sie hat (nett) ausgesehen.**

8. Most verbs in German are regular or weak. Therefore, unless you have learned otherwise, form the past participle with **-t**, the prefix **ge-**, and the auxiliary **haben.**

9. Here are some past participles of verbs that you should know.

WEAK VERBS	STRONG VERBS	VERBS WITH sein
hat gearbeitet	hat gegeben	ist gekommen
hat gefaulenzt	hat gegessen	ist gefahren
hat gefilmt	hat gelesen	
hat gehabt	hat gesehen	ist gelaufen
hat gehört	hat geholfen	ist geblieben
hat gekauft	hat getrunken	ist geschwommen
hat gemacht		ist gewesen
hat gemäht		ist gegangen
hat geschenkt		
hat gespielt		ist gewandert
hat gewohnt		ist spaziert
hat fotografiert		
hat besucht		
hat besichtigt		

Mehr Grammatikübungen, S. 82, Ü. 1–2

Übungsheft, S. 26–28, Ü. 1–7

Grammatikheft, S. 20–21, Ü. 3–6

9 **Grammatik im Kontext**

a. Sprechen Such dir einen Partner! Frag ihn, was er in den Ferien gemacht hat! Er sagt es dir. Dann fragt er dich. Benutzt die Ausdrücke im Kasten als Anregung (*as suggestions*)!

> viel schwimmen gehen
>
> viel wandern   die Natur fotografieren   gar nicht arbeiten
>
> meine Oma besuchen   viel Musik hören   Klamotten kaufen   Volleyball spielen
>
> viel lesen
>
> nach (Kanada) fahren   in Mexiko sein   viel essen und trinken   ziemlich viel faulenzen

 b. Schreiben Schreib jetzt zehn Sätze über deine Ferien, wo du warst und was du alles in den Ferien gemacht hast.

10 Grammatik im Kontext

Hier ist ein Blatt aus Sebastians Tischkalender vom Juli.

a. Lesen Lies, was er alles gemacht hat!

b. Sprechen Such dir dann einen Partner! Sag ihm, was Sebastian am Montag gemacht hat! Dein Partner sagt dir dann, was Sebastian am Dienstag gemacht hat und so weiter.

c. Sprechen Zur Abwechslung (*for variety*) nennt jetzt mal nicht die Uhrzeit, sondern gebraucht die Reihenwörter wie: zuerst, dann, danach und zuletzt!

d. Schreiben Schreib auf, was Sebastian an zwei Tagen in der letzten Juliwoche gemacht hat.

JULI		30. Woche
23 MONTAG	10.00–12.00 13.30–16.00 17.00	mit Robert schwimmen gehen Volleyball Rasen mähen
24 DIENSTAG	9.00–11.00	einen Stadtbummel machen Neue Jeans!
25 MITTWOCH	9.00 10.00–12.00 14.00–15.30	zum Frisör! Thomas besuchen Fußball
26 DONNERSTAG	8.00 20.30	mit Vati nach Tirol, wandern, schwimmen, gut essen nach Hause fahren
27 FREITAG	10.00–12.00 14.30–15.30 16.00	dem Opa im Garten helfen dort zu Mittag essen Flöte spielen Freunde besuchen
28 SAMSTAG	9.00–12.00 14.00–16.30 ab 19.00	Stadtbummel mit Christiane zu Mittag essen lesen, Musik hören, faulenzen Rockkonzert besuchen
29 SONNTAG	7.00–8.00 10.00–11.00 14.00–16.00 ab 19.00	Tennis mit Rad zum See Großeltern besuchen Fernsehen (Krimi)

11 Für mein Notizbuch

Schreiben Schreib in dein Notizbuch, was du letztes Wochenende (am Samstag und am Sonntag) gemacht hast! Schreib mindestens fünf Sätze. Verwende dabei auch Zeitausdrücke wie: am Nachmittag, am Abend, zuerst, zuletzt, und so weiter.

KAPITEL 3   Wo warst du in den Ferien?

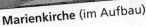
Marienkirche (im Aufbau)

Zwinger

August I.

Dresden, Hauptstadt von Sachsen

Dresden, Kunst- und Kulturstadt an der oberen Elbe, war bis zur Zerstörung im Jahre 1945 eine der schönsten Städte Europas. Dresden war — und ist — weithin als „Elbflorenz" bekannt, weil die Stadt mit ihrer wundervollen Architektur an Florenz erinnert.

Kurfürst Friedrich August I. (August der Starke) war Landesfürst von Sachsen. Als konvertierter Katholik war er auch König von Polen. Unter seiner Herrschaft wurde Dresden in die schönste Barockstadt seiner Epoche verwandelt.

Der Zwinger, ein Meisterstück des Barocks, beherbergt die berühmte Gemäldegalerie „Alte Meister" (Raffael, Giorgione, Tizian, Tintoretto, u.a.). Die „Neuen Meister" hängen in einem anderen Museum, im Albertinum. Dort, im sogenannten Grünen Gewölbe, ist auch die königliche Sammlung ausgestellt: Gefäße, Schmuck und Waffen.

Zur Zeit wird Dresden renoviert. Die total zerstörte Marienkirche wird wieder aufgebaut. Bis zur 800-Jahr-Feier im Jahre 2006 soll Dresden völlig renoviert sein und wieder in alter Pracht glänzen.

Blick auf die Elbe

 12 **Und du? Was weißt du über Dresden?**

Lesen/Sprechen Lies den Bericht über Dresden! Dann such dir einen Partner, stellt euch abwechselnd diese Fragen und beantwortet sie!

1. Was für eine Stadt ist Dresden, und wo liegt sie?
2. Warum wird Dresden auch „Elbflorenz" genannt?
3. Wer war August der Starke? Was hat er gemacht?
4. Wo hängen die „Alten Meister"? Und die „Neuen Meister"?
5. Wie sieht Dresdens Zukunft (*future*) aus?

WK3 BAYERN-3

Frankfurt a. M.

Frankfurt am Main ist Deutschlands Finanzmetropole und seit 1993 auch Sitz der Zentralbank der Europäischen Gemeinschaft. In Frankfurts Skyline sitzen nicht nur deutsche Banken, sondern viele ausländische Firmen, die in Deutschlands fünftgrößter Stadt ihre Büros haben. Der Rhein-Main-Flughafen außerhalb Frankfurts ist einer der größten Europas.

Frankfurt ist eine alte Stadt und wird 794 zum ersten Mal als einer der Sitze Karls des Großen erwähnt. Seit 1356 wurden hier im Dom der deutsche Kaiser und die deutschen Könige gewählt und zwischen 1562 und 1792 auch hier gekrönt.

In den Jahren 1848/49 war die Paulskirche in Frankfurt auch der Tagungsort der ersten deutschen Nationalversammlung.

In Frankfurt wurde am 28. August 1749 Johann Wolfgang von Goethe geboren. Der große Dichter, auf den die Frankfurter besonders stolz sind, hat hier seine Kindheit und Jugend verbracht.

Frankfurt hat auch eine sehr freundliche Seite: hier gibt es viele gemütliche Lokale, wo man sich nach einem vollen Arbeitstag mit Freunden treffen kann, bei leckerem Zwiebelkuchen und Äbbewoi, zwei Frankfurter Spezialitäten.

Frankfurts Skyline

Der Dom

13 Und du? — Was weißt du über Frankfurt?

Lesen Lies den Bericht über Frankfurt! Dann such dir eine Partnerin! Stellt euch abwechselnd diese Fragen und beantwortet sie!

1. **Sprechen** Warum nennt man die Stadt Frankfurt „Deutschlands Finanzmetropole"? Was gibt es dort?

2. **Sprechen** Was sind die Hauptpunkte in der langen Geschichte Frankfurts? Gib die Antwort in Stichwörtern (*by mentioning keywords*)!

3. **Sprechen** Was interessiert dich am meisten an Frankfurt?

Goethe (1749–1832)

14 Ich war in Frankfurt

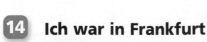

Schreiben/Sprechen Du warst in Frankfurt! Schreib auf eine Liste, was du gesehen hast, welche Gebäude du besichtigt hast, wo und was du gegessen hast und was du gefilmt oder fotografiert hast! Erzähl einem Partner über deinen Besuch in Frankfurt! Tauscht dann die Rollen aus!

Auf dem Römerberg

15 **Wo waren die Schüler?**

 Zuhören/Schreiben Schüler erzählen, wo sie in den Ferien waren. Schreib dir auf, wo sie waren! Wer ist am meisten gereist? Hör dann noch einmal zu und schreib auf, was du hörst!

16 **Wo waren die Schüler?**

 Lesen/Sprechen Such dir einen Partner! Vergleicht (*compare*) eure Notizen! Du fragst: „Wo war …?" Dein Partner antwortet dir. Dann fragt er dich, und du antwortest ihm.

So sagt man das!

Reporting past events, talking about places

When asking someone where he or she was, you ask:

> **Wo bist du gewesen?**
>
> **Und wo warst du?**

And the answer may be:

> **Ich bin in Frankfurt gewesen.**
> **Ich war dort im Römer — das ist das Rathaus.**
> **Ja, zuerst war ich in der Stadt. Ich war mit Robert im Kino. Danach waren wir im Café Mozart und haben dort Eis gegessen.**

Wortschatz

Sehenswürdigkeiten in Frankfurt

LEHRERIN	Sag mir mal, was du alles in Frankfurt gesehen hast!
CHRISTIANE	Ich hab … gesehen.

die Fachwerkhäuser
(am Römerberg)

die Alte Oper

das Rathaus
(den Römer)

den Dom

die Zeil

den Main

das Goethehaus

den Zoo

17 Und du?

Sprechen Was möchtest du sehen, wenn *du* nach Frankfurt kommst?

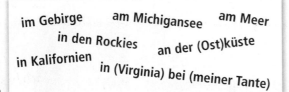

Grammatik

The past tense of **haben** and **sein**

For the conversational past tense of **haben** or **sein**, the forms of the **Imperfekt** or simple past tense are often preferred, especially in northern Germany. These forms are shorter. They are:

Singular		Plural		Singular		Plural	
ich	**hatte**	wir	**hatten**	ich	**war**	wir	**waren**
du	**hattest**	ihr	**hattet**	du	**warst**	ihr	**wart**
er/sie/es	**hatte**	sie, Sie	**hatten**	er, sie, es	**war**	sie, Sie	**waren**

you may say: Ich **habe** keine Zeit **gehabt**.
or Ich **hatte** keine Zeit.
Ich **bin** in der Stadt **gewesen**.
or Ich **war** in der Stadt.

Mehr Grammatikübungen, S. 83, Ü. 3

Grammatikheft, S. 22, Ü. 7–8

---

18 Grammatik im Kontext

a. Sprechen Such dir eine Partnerin und frag sie, wo sie in den Ferien war! Dann fragt sie dich. Ihr könnt die Ausdrücke im Kasten gebrauchen, wenn ihr wollt.

im Gebirge   am Michigansee   am Meer
in den Rockies   an der (Ost)küste
in Kalifornien   in (Virginia) bei (meiner Tante)

Wortschatz

noch nie	*never, not yet*
schon oft	*often, a lot*
auch schon	*already, also*

b. Schreiben Schreib jetzt ein Gespräch, das du mit deiner Partnerin gehabt hast.

---

19 Grammatik im Kontext

a. Sprechen Dein Partner war nicht dort und sagt dir warum.

Du   **Du warst nicht (im Kino). Warum nicht?**
Partner   **Ich war nicht im Kino, weil ich (zu viel zu tun hatte).**

Wo?

im Schülercafé   im Einkaufszentrum
im Kino
im Klub   in der Schule

Warum nicht?

Karten fürs Fußballspiel haben   keinen Hunger haben
zu viel zu tun haben   kein Geld haben
das Wetter schlecht sein   keine Zeit haben

b. Schreiben Schreib jetzt drei kurze Gespräche, die du mit deinem Partner zu diesem Thema gehabt hast.

Grammatik

The dative case with the prepositions **in** and **an**

In answer to a question beginning with **wo,** the prepositions **in** and **an** (and some others) indicate location and are followed by dative case forms.

1. The preposition **in** can be followed by the name of a city or town, state or country.

Wo warst du? { Ich war **in** Dresden. (city)
Ich war **in** Sachsen. (state)
Ich war **in** Deutschland. (country)

2. When the name of the country is feminine or used in the plural, the noun phrase is in the dative case.

Wo warst du? { Ich war **in der** Schweiz.
Ich war **in der** Türkei.
Ich war **in den** Vereinigten Staaten.

3. The preposition **in** is followed by dative case forms with all specific locations, such as areas, buildings, rooms. Note that **im** is a contraction of **in + dem.**

Wo warst du? { Ich war **im** Gebirge, **in den** Bergen …
Ich war **im** Museum, **im** Rathaus, **in der** Oper …
Ich war **im** Garten, **in der** Küche …

4. The preposition **an,** *at,* is followed by dative case forms when indicating location. Note that **am** is a contraction of **an + dem.**

Wo liegt das? { **Am** See, **am** Meer, **an der** Nordsee
Am Main, **an der** Elbe

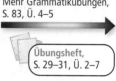

DVD Tutor DISC 1

Mehr Grammatikübungen, S. 83, Ü. 4–5

Übungsheft, S. 29–31, Ü. 2–7

Grammatikheft, S. 23–24, Ü. 9–11

---

20 **Sag mal, wo warst du denn?**

Sprechen Ihr hattet ein besonders langes Wochenende, vier Tage! — Such dir einen Partner! Frag ihn, wo er am letzten Wochenende war und was er dort alles gemacht hat! Danach fragt er dich, und du sagst es ihm. Ihr könnt die Wörter im Kasten in euren Antworten gebrauchen.

New York	Stadt	Schweiz
Café (Mozart)	Eriesee	Museum
		Oper
	Gebirge	
Restaurant (Koch)		Kino

---

21 **Für mein Notizbuch**

Schreiben Schreib in dein Notizbuch, wo du letzte Woche warst und was du dort alles gemacht hast!

22 Grammatik im Kontext

Stell dir vor, du warst zwei Tage zu Besuch in einer deutschen Stadt, in Berlin, Dresden, Frankfurt, Hamburg oder München!

a. Schreiben Schreib auf, was du alles gesehen oder besichtigt hast. Du musst mindestens *(at least)* fünf Dinge erwähnen.

b. Sprechen/Schreiben Such dir einen Partner und frag ihn, wo er war und was er da alles gesehen hat. Dann fragt dein Partner dich, wo du warst. Schreib danach ein Gespräch auf.

c. Sprechen/Schreiben Such dir einen anderen Partner! Diesmal wart ihr beiden in derselben Stadt, aber ihr habt nicht dasselbe gesehen oder gemacht. Einer von euch ist sehr kulturell interessiert, der andere geht lieber einkaufen, liebt die Natur und Tiere. Was habt ihr euch angesehen?—Schreib danach ein Gespräch auf.

Was habt ihr euch in der Stadt angesehen?

das Rathaus   die Universität   den Zoo

den Dom   den Marktplatz

den ... Park

die Innenstadt

das ... Stadion   den Botanischen Garten

die Einkaufsstraße

die ...kirche   das Einkaufszentrum

das ...Museum   die Oper

SPRACHTIPP

When talking about sightseeing, one can use the verbs **besichtigen, besuchen,** and **sehen.**

Besichtigen is used for sightseeing of buildings, where one takes a close view of the inside (churches, museums). **Besuchen** is used for performances that one attends (opera, theater, concert). **Sehen** is used in general with everything, but implies that one sees it without close inspection.

Übungsheft, S. 29, Ü. 1

23 Ich war so beschäftigt!

Deine Eltern sind ärgerlich, dass du am Wochenende nur selten zu Hause warst. Aber du hattest so viel zu tun, für die Schule, für deinen Job und mit deinen Freunden.

a. Schreiben Schreib auf eine Liste, was du alles am Wochenende gemacht hast!

b. Sprechen Spiel mit einem Partner die Rollen von Vater/Mutter und Sohn/Tochter! Zeig deinem Vater/deiner Mutter die Liste und erzähle, was du alles gemacht hast! Es gibt viele Fragen, die du beantworten musst, aber am Ende sind deine Eltern stolz auf dich.

c. Lesen/Sprechen Vergleiche deine Liste mit der Liste deines Partners! Was habt ihr beide gemacht? Was hat nur einer von euch gemacht?

24 Meine Ferien

Schreiben Schick eine E-Mail an einen Freund. Schreib ihm, wo du in den letzten Ferien warst und was du alles gesehen und gemacht hast!

Subject:

To: Michael@mail.net
From: Gitti@email.com
cc:

Lieber Michael,

Ich bin aus den Ferien zurück und möchte dir gleich eine E-Mail schicken, damit ich nichts vergesse.
Die Ferien in Tirol waren wunderschön, und das Wetter war super. Jeden Tag sind wir in den Bergen gewandert, und ich habe viel fotografiert. Meine Bilder bekomme ich aber erst übermorgen.
Wir haben in einem kleinen Dorf in einer Pension gewohnt, und die Wirtsleute waren so lieb zu uns. Das Essen war auch gut. Ich habe zum ersten Mal Salzburger Nockerl gegessen, du weißt doch, was das ist. Und wir haben so viele Erdbeeren mit Schlag gehabt! Mutti ruft, ich muss mit ihr in die Stadt fahren.

Bis bald,

Gitti

Was hast du in den letzten Ferien gemacht?

We asked several German-speaking people where they spent their last vacation and what they did. Listen. Before you read the interviews, write down your last vacation spot and the activities in which you participated during your vacation.

Übungsheft, S. 32, Ü. 1–3

Hans, Hamburg

„Hab hier gearbeitet, hab ja … trainiert auch, Volleyball trainiert, und ja … mehr eigentlich nicht."

Monika, Hamburg

„Ich war in den Ferien in Kanada, und … hab einen Sprachkurs gemacht, in Englisch. Ich bin nach Montreal gefahren und hab Toronto und die Niagarafälle auch gesehen. Hm, ja, und was war noch? Ja, ich wollte nach New York, weil … das ist nur sechs Stunden von Montreal entfernt, wo ich gewohnt habe, und das ging dann leider nicht."

Brigitte, Berlin

„Wir waren, wann war das? … im März … drei Wochen in Midwest City, das ist ein Stadtteil von Oklahoma City, weil wir von unserer Schule aus, von unserem Gymnasium, alle zwei Jahre einen Schüleraustausch machen."

Herr Troger, St. Ulrich, Österreich

„Letzten Urlaub waren wir auf Mallorca; da haben wir uns bei einer Radfahrgruppe angeschlossen und sind da eine Woche Rad gefahren. Es war aber eigentlich ein schlechtes Wetter, und trotzdem war das Wetter für uns nicht so schlecht, weil wir mit den Rädern ziemlich nach oben gefahren sind und wieder runter, und wir waren also eher froh, wenn es nicht zu heiß war, nicht wahr …"

Sandra, Berlin

„Also, ich war in Spanien, und ich hab da auch Granada besucht, und ansonsten lag ich eigentlich meistens am Strand und hab also die Sonne genossen. Aber ich hatte leider dummerweise 'ne Sonnenallergie: da ging das dann auch nicht mehr so gut. Na ja, also, ich hab viel Spaß mit meiner Freundin gehabt. Dann waren die Ferien auch schon vorbei."

A. 1. On a map, locate the places where these people went on vacation. Jot these places down on a list along with the reason each gives for his or her trip.

    2. Which two different words do Monika and Herr Troger use for "vacation"? Can you figure out the difference between these two words based on who uses them?

    3. Three interviewees had some bad luck on their vacation. What happened to each?

B. What do all these vacations have in common? Sandra's and Herr Troger's trips are typical vacation goals for Germans. Why do you think that is?

Dritte Stufe

Objectives Asking how someone liked something, expressing enthusiasm or disappointment, responding enthusiastically or sympathetically

WK3 BAYERN-3

25 **Wo waren die Schüler, und wie hat es ihnen gefallen?**

Zuhören/Schreiben Fünf Schüler sprechen über ihre Ferien. Wo waren sie? Wem hat es gefallen? Wem hat es nicht gefallen? Warum wohl? Mach dir Notizen! Vergleiche dann deine Notizen mit den Notizen eines Partners!

So sagt man das!

Asking how someone liked something, expressing enthusiasm or disappointment, responding enthusiastically or sympathetically

Here are some ways to ask how someone liked something or some place:

> **Wie war's?**
> **Wie hat dir Dresden gefallen?**
> **Wie hat es dir gefallen?**
> **Hat es dir gefallen?**

If you liked it, you may say:

> **Phantastisch!**
> **Es war echt super!**
> **Es hat mir gut gefallen.**
> **Wahnsinnig gut!**

If you didn't like it, you may say:

> **Na ja, soso!**
> **Nicht besonders.**
> **Es hat mir nicht gefallen.**
> **Es war furchtbar!**

The other person asking may respond enthusiastically:

> **Na, prima!**
> **Ja, Spitze!**
> **Das freut mich!**

Or sympathetically:

> **Schade!**
> **Tut mir Leid!**
> **Das tut mir aber Leid!**

(Grammatikheft, S. 25, Ü. 12)

26 **Na, wie war's?**

Sprechen Such dir einen Partner! Stell dir vor, du warst an den Orten, die hier rechts im Kasten stehen! Dein Partner fragt dich, wie es war. Du antwortest, und dein Partner reagiert darauf. — Tauscht dann die Rollen aus!

PARTNER	**Wo warst du in den Ferien?**
DU	**Ich war in/an …**
PARTNER	**Wie war's?**
DU	**…**
PARTNER	**…**

> San Francisco   in den Alleghenies
> Meer
> Minnesota   Ostküste
> Michigansee
> Disneyland   Swamps von Florida
> Key West
> Mojave Wüste

Personal pronouns, dative case (Summary)

Mehr Grammatikübungen, S. 84, Ü. 6–7

Übungsheft, S. 33–34, Ü. 1–3

You already know the third-person dative pronouns **ihm** and **ihr.** Here are the others. With the verb **gefallen,** you always use dative case forms for the person.

Second Person	First Person
Wie hat es **dir** gefallen?	Es hat **mir** gut gefallen.
Wie hat es **euch** gefallen?	Es hat **uns** echt prima gefallen.
Wie hat es **Ihnen** gefallen?	Es hat **mir** nicht gefallen.

Third Person	
Wie hat es **dem Sebastian** gefallen?	Es hat **ihm** gut gefallen.
Wie hat es **der Beatrice** gefallen?	Es hat **ihr** echt prima gefallen.
Wie hat es **den Baumanns** gefallen?	Es hat **ihnen** nicht gefallen.

27 **Wie hat es ihnen gefallen?**

Sprechen Such dir einen Partner! Du weißt, wo die Baumanns in den Ferien waren. (Das steht hier rechts!) Dein Partner fragt dich, wo sie waren. Du antwortest und sagst ihm, wie es ihnen gefallen hat. —Tauscht dann die Rollen aus!

> Sebastian war mit einem Freund in Österreich.

> Beatrice war in den Bergen, in den Alpen.

> Die Großeltern waren am Rhein und an der Mosel.

> Robert war an der Ostsee, auf der Insel Rügen.

> Bastis Eltern waren in den USA, in Minnesota.

28 **Grammatik im Kontext**

a. **Sprechen** Such dir jetzt zwei Partner. Frag sie, wo sie in den Ferien waren. Einer antwortet für beide. Frag sie auch, wie es ihnen gefallen hat.

b. **Schreiben** Schreib jetzt drei Gespräche darüber, was du von deinen Partnern gehört hast.

Du	**Wo wart ihr denn in den Ferien?**
Ein Partner	**Wir waren …**
Du	**Wie hat es …**

Definite article, dative plural

1. The dative plural form of the definite article is **den.**

> Es hat **den** Eltern in Amerika echt gut gefallen.

2. The dative plural of almost all nouns ends in **-n.** If the nominative plural form already ends in **-n,** the dative plural form is the same.

Mehr Grammatikübungen, S. 84, Ü. 8

Übungsheft, S. 34–35, Ü. 4–7

Grammatikheft, S. 26, Ü. 13–14

Nominative plural	Dative plural
die Eltern	Es hat **den** Eltern gut gefallen.
die Schüler	Es hat **den** Schüler**n** gut gefallen.
die Kinder	Es hat **den** Kinder**n** gut gefallen.

Schreiben Schreib Sätze mit den Wörtern in den Kästen.

der Stadtbummel		Baumanns	echt gut	
die Berge		Beatrice	besonders gut	
Amerika		Opa	sehr gut	
Dresden	hat	Sebastian	ganz gut	gefallen
Tirol	haben	Kinder	nicht besonders	
das Meer		Geschwister	nicht so gut	
der Film		Großmutter	überhaupt nicht	
		Schüler		
		ich		

Wortschatz

Übernachten und essen

Basti war mit einem Freund, dem Thomas, in Tirol. Die beiden haben in einer Pension gewohnt und haben oft in einem Café gegessen, im Café Troger.

CD-ROM DISC 1

Grammatikheft, S. 27, Ü. 15–16

Wo übernachtet man gewöhnlich?

in einem Privathaus

in einer Pension

in einer Jugendherberge

in einem Hotel

Wo isst man gewöhnlich?

in einer Imbissstube

in einem Lokal

in einem Gasthof

in einem Restaurant

30 Grammatik im Kontext

a. Sprechen Such dir einen Partner! Frag ihn, wo er gewöhnlich übernachtet und wo er gewöhnlich isst, wenn er mit (seinen Eltern) unterwegs ist!

b. Schreiben Schick deinem Freund eine E-Mail mit denselben Fragen.

31 Für mein Notizbuch

Schreiben Schreib in dein Notizbuch etwas über deine Ferien! Wo bist du gewesen? Was hast du alles gemacht? Wie hat es dir gefallen und warum? Wo hast du übernachtet? Wo hast du gegessen?

32 Bastis Ferien

Sprechen Sebastian hat einige Fotos von seinen Ferien ausgesucht, die er seinen Klassenkameraden im Film- und Fotoclub zeigen möchte. Spiel die Rolle von Basti und erzähle, wo du warst, was du gemacht hast und wie es dir gefallen hat! Dein Bericht muss zu den Fotos passen. Gebrauche auch die Wörter im Kasten oben rechts.

Ein wenig Grammatik

The dative case forms of **ein** are:

Masculine/Neuter	Feminine
einem	**einer**

Mehr Grammatikübungen,
S. 85, Ü. 9 →

Wortschatz

Schon bekannt	Neu
jeden Tag	am letzten Tag
oft	jeden Abend
einmal	nach dem
dreimal	Mittagessen
am Wochenende	jeden Morgen

Grammatikheft, S. 27, Ü. 17

1.

2.

3.

4.

5.

33 Von der Schule zum Beruf

Schreiben Du arbeitest in der Tourismus-Abteilung für die Zeitung in deiner Stadt. Für die nächste Ausgabe sollst du einen Artikel schreiben mit dem Titel: Unsere Stadt, ein Paradies für Touristen.

Zum Lesen

In Tirol

Lesestrategie
Identifying the main idea
and supporting details. When you read a text, it is important to be able to identify the main idea (or ideas). This will enable you to determine the global meaning of the text (the "big picture"), and then to find the details that support the global idea.

Getting Started

1. Look at the pictures, then look at the different formats of the texts and match each text with one of the formats below.

   1. excerpt from a brochure/advertisement
   2. announcement
   3. newspaper article
   4. postcard

   Based on the formats, what kind of information would you expect to find in each text?

   a. report of an event
   b. news about someone's vacation
   c. factual information, e.g. time, date
   d. promotion of something

2. Does anything in the brochures above help you distinguish immediately between the main idea and the supporting details?

3. Where do you usually find the main idea of a newspaper article?

Loferer Steinberge St. Ulrich a.P.

Liebe Eltern!
Grüße aus St. Ulrich! Wir sind erst 3 Tage da und haben schon viel gesehen. Nur gestern haben wir ge-faulenzt, sind nur um den Pillersee spaziert und haben im See gebadet. Der ist aber noch zu kalt!
Alles Gute! Euer Basti
P.S. Morgen ist ein Dorffest

Fam.
Hans Baumann
Wolfratshauserecke, 17
82031 Grünwald

Deutschland

SONNTAG, 4. JULI
ca. 9.45 Uhr
DORFPLATZEINWEIHUNG
mit anschl.
Schmanggerlfest
der Gastronomie
Frühschoppenkonzert
Musikkapelle ca. 11.00 Uhr
und musikalischer
Unterhaltung
mit dem TIROL DUO

St. Ulrich/Tirol Der Dorfplatz in St. Ulrich am Pillersee hat jetzt einen Brunnen. Am Sonntag, den 4. Juli, um 9 Uhr 45, hat die Dorfplatzeinweihung stattgefunden. Nach einer Messe in der Dorfkirche mit Bischof Eder ist die Dorfgemeinde auf den Dorfplatz marschiert. Nach einer Ansprache von Bürgermeister Schlechter wurde der Dorfplatz von Bischof Eder offiziell eingeweiht.

Die Gastronomie St. Ulrich hatte für eine gute Jause gesorgt, und die Musikkapelle St. Ulrich, unter Leitung von Musikkapellmeister Alois Brüggel, für gute Stimmung und Unterhaltung. (Österreichische Landeszeitung)

Im Pillerseetal

ist immer was los!

- Pillersee mit Badestrand
- Angeln im fischreichen See
- Tretboote, Ruderboote
- 60 km Wanderwege
- Tennis und Kegelbahnen
- Minigolf und Hallenbad
- Reithalle (Islandpferde)
- 7 Golfplätze in der Nähe

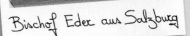

Bischof Eder aus Salzburg

Besonders für Kinder!

- Besuch auf einem Bauernhof
- Kindergrillparty
- Kinderdisco
- Ponyreiten mit unseren Ponies Amigo, Bibi und Sarah
- Kinder-Pizzaessen
- Basteln, Malen, Zeichnen, Singen und vieles mehr

Familien-und Sporthotel

Pillerseehof

Die Musikkapelle St. Ulrich

Thomas u. ich am Pillersee

Tipp Sometimes the main idea is not stated directly, but only implied. You have to make an inference by looking at the supporting details.

4. Skim the postcard. What is the main idea?

A Closer Look

5. What are some of the details Basti writes about in his postcard?

6. Look at the newspaper article more closely. Where did the event that is being reported take place? Is that a large city or a small town? Where is it? If the main idea is the dedication of the fountain, can you find four or five supporting details in the article?

7. Jetzt erzähle von deinen letzten Ferien! Bring entweder Dias, Fotos oder ein Video mit und zeig deinen Mitschülern, wo du warst und was du da alles gemacht hast!

Übungsheft, S. 36

Erste Stufe   **Objectives** Reporting past events, talking about activities

1 Du erzählst einer Schulfreundin, was du alles am Wochenende gemacht hast.—Such dir aus dem Kasten das richtige Partizip (*past participle*) aus und schreib es in die Lücken. (S. 66–67)

gearbeitet	gelesen	geschenkt
gegangen	gemacht	gesehen
geholfen	gemäht	gespielt

1. Ich habe am Wochenende viel _____ .
2. Ich habe mit meinem Vater Tennis _____ .
3. Ich bin mit meiner Freundin ins Kino _____ .
4. Wir haben einen tollen Film _____ .
5. Am Samstag habe ich meinem Opa _____ .
6. Ich habe mit ihm im Garten _____ .
7. Ich habe für ihn den Rasen _____ .
8. Der Opa hat mir ein tolles Buch _____ .
9. Ich habe sofort ein Kapitel _____ .

2 Du berichtest, was du in den Ferien gemacht hast.—Schreib eine Form von **haben** oder **sein** und das Partizip der gegebenen Verben in die Lücken. (S. 66–67)

1. (arbeiten)   Ja, zuerst _____ ich zwei Wochen für den Opa _____ .
   (fahren)   Danach _____ ich mit den Eltern an die Nordsee _____ .
   (schwimmen)   Dort _____ wir sehr oft im Meer _____ ; und wenn das
   (hören; lesen)   Wetter schlecht war, _____ wir unsere CDs _____ und
   Bücher _____ .

2. (sehen)   Wir _____ in den Sommerferien furchtbar viel _____ .
   (besuchen)   Wir _____ unsere Tante in Frankfurt _____ , und wir
   (bleiben)   _____ zehn Tage bei ihr _____ . Frankfurt ist sehr
   (gehen)   schön. Wir _____ durch die Zeil _____ , und wir _____
   (essen; trinken)   in tollen Cafés _____ und Limo _____ .

3. (machen)   Sagt mal, was _____ ihr denn in den Ferien _____ ?
   (sein)   _____ ihr mit euren Großeltern am Rhein _____ , und
   (besichtigen)   _____ ihr in Köln den Kölner Dom _____ ? Ja, und
   (spazieren)   ihr _____ bestimmt oft am Rhein entlang _____ , und
   (wandern)   ihr _____ doch auch viel _____ . Und ich weiß auch,
   (fotografieren)   dass ihr wieder viel _____ _____ .

4. (fahren)   Und der Basti _____ mit Thomas nach Tirol _____ .
   (wohnen)   Die Jungen _____ dort in einer Pension _____ , und
   (filmen)   sie _____ in den Bergen _____ . Das Wetter war toll,
   (faulenzen)   und sie _____ oft am See _____ .

3 Du fragst deine Freunde über ihre Ferien.—Schreib eine Vergangenheitsform *(past tense form)* von **haben** oder **sein** in die Lücken. (S. 72)

1. Wo _____ du denn in den Ferien? — Ich _____ an der Nordsee.
2. Sag, _____ du prima Wetter? — Wir _____ nur Sonne, keinen Regen!
3. Und wo _____ ihr, Anna und Ria? — Ja, wir _____ in den Bergen.
4. Ja, _____ ihr Regen? — Nein, wir _____ immer nur Sonnenschein.
5. Wer _____ denn an der Ostsee? — Ich _____ dort mit meinen Eltern.
6. Mein Vater _____ drei Wochen Urlaub, und wir _____ auf Rügen.

4 Deine Freunde haben in den Ferien viele Städte besucht. Sie sagen dir, wo sie waren und wo diese Städte liegen. Such dir eine Präposition oder eine Präposition mit Artikel aus dem Kasten aus und schreib sie in die Lücken. (S. 73)

in	im	an der	in der
am	in der	in den	

1. Erik: Ich war _____ Aspen, und Aspen liegt _____ Gebirge.
2. Steffi: Ich war _____ Frankfurt, und Frankfurt liegt _____ Main.
3. Mark: Ich war _____ Istanbul, und Istanbul liegt _____ Türkei.
4. Sandra: Ich war _____ Hamburg, und Hamburg liegt _____ Elbe.
5. Max: Ich war _____ Miami, und Miami liegt _____ Vereinigten Staaten.
6. Tamara: Ich war _____ Rostock, und Rostock liegt _____ Ostsee.
7. Bruce: Ich war _____ New York, und New York liegt _____ Meer.
8. Bettina: Ich war _____ Zürich, und Zürich liegt _____ Schweiz.

5 Du erzählst, wo du mit deiner Schwester in den Ferien warst.—Schreib in jede Lücke die richtige Präposition und den richtigen Artikel, wenn nötig *(if necessary)*. (S. 73)

1. Ja, ich war mit den Eltern _____ Schweiz. Zuerst waren wir _____ Gebirge. Jeden Tag sind wir _____ Bergen gewandert. Und _____ Bodensee waren wir auch. Dann waren wir _____ Rhein und _____ Schwarzwald.

2. Meine Schwester, die Anne, war _____ Nordsee, _____ Ostfriesland. Sie war dort den ganzen Tag _____ Meer, und am Abend _____ Kino, denn dort ist nichts los. Ach ja, dann war sie _____ Frankfurt; sie hat dort viel gesehen. Sie war _____ Museum, _____ Alten Rathaus, und einmal war sie auch _____ Oper!

Dritte Stufe   **Objectives** Asking how someone liked something, expressing enthusiasm and disappointment, responding enthusiastically or sympathetically

6 Allen Schülern haben die Ferien gefallen. — Schreib das richtige Pronomen in jede Lücke. (S. 77)

1. Basti, wie hat es _____ in St. Ulrich gefallen? — Es hat _____ gut gefallen.
2. Wie hat es _____ gefallen, Jens und Hans? — Es hat _____ auch gut gefallen.
3. Wie hat es _____ gefallen, Frau Moser? — Es hat _____ nicht so gefallen.
4. Wie hat es dem Robert gefallen? — Es hat _____ sehr gut gefallen.
5. Wie hat es der Beatrice gefallen? — Es hat _____ auch gut gefallen.
6. Wie hat es den Eltern gefallen? — Es hat _____ prima gefallen.

7 Eure Freunde tun euch Leid.—Schreib das richtige Pronomen in jede Lücke. (S. 77)

1. (I'm sorry.)   Das tut _____ aber Leid!
2. (He's very sorry.)   Das tut _____ sehr Leid!
3. (We're so sorry.)   Das tut _____ so Leid!
4. (She's sorry.)   Es tut _____ Leid!
5. (Are you sorry, Mark?)   Tut es _____ Leid, Mark?
6. (Are you sorry, Anne and Peter?)   Tut es _____ Leid, Anne und Peter?

8 Die Ferien waren für alle super!—Schreib die richtige Form der in Klammern gegebenen Wörter in die Lücken. (S. 77)

1. (die Eltern)   Es hat _____ in Berlin wahnsinnig gut gefallen.
2. (der Sebastian)   Es hat _____ in Tirol sehr gut gefallen.
3. (die Schüler)   Es hat _____ an der Nordsee so prima gefallen.
4. (die Beatrice)   Es hat _____ am Bodensee gut gefallen.
5. (die Kinder)   Es hat _____ in der Jugendherberge gut gefallen.
6. (die Lehrer)   Es hat _____ im Gebirge echt prima gefallen.

9 Wo habt ihr übernachtet und wo habt ihr gegessen?—Schreib die richtigen Formen der gegebenen Ausdrücke in die Lücken. (S. 79)

ein Privathaus

1. Wir haben in _____ übernachtet.

eine Pension

2. Ich habe in _____ übernachtet.

eine Jugendherberge

3. Basti hat in _____ übernachtet.

eine Imbissstube

4. Wir haben in _____ gegessen.

ein Restaurant

5. Ich habe in _____ gegessen.

ein Gasthof

6. Marty hat in _____ gegessen.

1 Die Stegmüllers aus Düsseldorf haben mit ihren Kindern Melissa (7) und Jochen (9) den Sommerurlaub in St. Ulrich am Pillersee verbracht. Am Ende ihres Urlaubs haben sie den Fragebogen des Fremdenverkehrsvereins ausgefüllt. Lies diesen Fragebogen! Was haben die Stegmüllers abgehakt?

FRAGEBOGEN
Fremdenverkehrsverein St. Ulrich
am Pillersee in Tirol

1. Wo haben Sie gewohnt?
☐ Hotel   ☐ Gasthof   ☑ Pension   ☐ Privatquartier

2. Wie hat Ihnen die Unterkunft gefallen?
☐ ausgezeichnet   ☑ sehr gut   ☐ gut   ☐ nicht gut   ☐ nicht besonders

3. Wo haben Sie gewöhnlich gegessen?
☐ Hotel   ☑ Gasthaus   ☐ Café   ☐ Restaurant   ☐ selbst gekocht

4. Wie war die Qualität des Essens in unseren Lokalen?
☐ ausgezeichnet   ☑ sehr gut   ☐ gut   ☐ nicht gut

5. Wie haben Sie Ihren Urlaub verbracht? Kreuzen Sie bitte die Dinge an, die Sie am meisten gemacht haben!
☑ wandern   ☐ angeln   ☑ Minigolf   ☑ baden gehen
☐ bergsteigen   ☑ Boot fahren   ☐ Tennis   ☐ reiten
☐ spazierengehen   ☐ Rad fahren   ☑ Tischtennis   ☐ kegeln

6. Was hat den Kindern am meisten Spaß gemacht?
a. _Ponyreiten_   c. _____
b. _Grillparty_

7. Welche Unterhaltungsprogramme haben Ihnen am besten gefallen? Kreuzen Sie bitte nur drei Programme an!
☑ Musikabende   ☐ Tanzveranstaltungen   ☐ Vorträge
☑ Theateraufführungen   ☐ Dia-Vorführungen

8. Wie lange waren Sie bei uns?
☐ eine Woche   ☑ zwei Wochen   _____

---

2 Such dir einen Partner! Diskutiert gemeinsam die folgenden Fragen!

1. Hat es den Stegmüllers in St. Ulrich gefallen? Wenn ja, warum? Wenn nein, warum nicht?

2. Warum, glaubt ihr, hat die Familie in einer Pension gewohnt? In einem Gasthaus gegessen?

3. Warum, glaubt ihr, sind die Stegmüllers nicht bergsteigen gegangen?

4. Was meint ihr: Welche Freizeitbeschäftigungen kosten Geld? Welche nicht?

3

a. Setzt euch in kleinen Gruppen zusammen und entwerft einen Fragebogen, für einen Ferienort in den Vereinigten Staaten (Florida, Kalifornien). Gebraucht den Fragebogen von St. Ulrich als Muster!

b. Stellt euch vor, dass alle in eurer Gruppe die letzten Ferien zusammen verbracht haben! (Die Eltern von einem von euch haben die anderen mitgenommen.) Füllt gemeinsam euern Fragebogen aus!

c. Teilt jetzt leere Fragebögen an die Mitglieder einer anderen Gruppe aus! Die Mitglieder dieser Gruppe fragen euch jetzt über eure Ferien, und ihr antwortet. — Tauscht dann die Rollen aus!

4 ## Zum Schreiben

Imagine you spent a month in your ideal vacation spot. Write a paragraph describing the place. Say where you went and what you did. Include some interesting details about the weather, the recreational facilities, the food, the people, and the fun things you did there.

> **Schreibtipp Finding good details** makes writing more exciting. For example, sharp details will grab your reader's interest immediately. Include details of time, place, sight, sound, or smell.

Vorbereiten

Make a list: Write the name of the location at the top of a sheet of paper, and then write the categories listed above (weather, food, people, etc.) and whatever other categories you want to include down the left side of your paper. Next to each item on your list, write at least two details that describe that item.

Ausführen

Begin your paragraph with **a sentence that describes the location.** For example, **Ich habe die Ferien auf einer Insel mit einem Sandstrand verbracht.** Write several sentences about what you did, using descriptive details. You might also combine some of your descriptions with connecting words.

5

Listen to the reports and decide what they are all about. Match each report to one of these summaries:

a. description of a town or area

c. description of activities one can do

b. description of sightseeing in a town

d. description of a hotel

6

Listen to these people talking about a trip they recently took. Find out where they were and how they liked it.

7 ## R o l l e n s p i e l

Together with two other classmates, role-play the following scene.

You are working in a travel agency and have a customer who wants suggestions from you about where he could spend his vacation. As you make your suggestions, another customer joins in and tells of his experiences at a particular vacation spot. Have some brochures at your disposal, either from German vacation spots or vacation spots in the United States.

Can you report past events, talking about activities? (p. 65)

1 How would you ask a classmate what he or she did during his or her vacation?

2 How would you tell someone about the things you did, using the verbs **spielen, lesen, wandern, besuchen, besichtigen, sein, gehen, laufen, fahren,** and **schwimmen?**

3 How would you report what someone else did, using the same verbs?

4 How would you ask someone where he or she was, using two different past tense forms? How would that person answer?

5 How would you say that you didn't have any time, using two different past tense forms?

6 How would you invite someone to tell you
a. where he or she was?
b. what he or she did?
c. what he or she saw?
d. how he or she liked it?

Can you report past events, talking about places? (p. 71)

7 How would you say that you were at each of these places? Use complete sentences.
Dresden, Sachsen, Deutschland, Schweiz, die Vereinigten Staaten, Schule, Kirche, Stadt, Museum, Park, Gebirge, Ostsee, Meer, Main

Can you ask someone how he or she liked something and respond enthusiastically or sympathetically? (p. 76)

8 How would you ask someone how they liked the city of Frankfurt? How they liked it in Tirol? How would you say that you liked it? That you didn't like it?

9 How would you respond to someone who
— tells you that he or she liked his or her vacation?
— tells you that he or she did not like it?

10 How would you tell someone that your parents liked Dresden but that they didn't like Leipzig?

Reporting past events, talking about activities

Was hast du in den Ferien gemacht?	What did you do on your vacation?	die Videokamera/ die Kamera bedienen	to use a video camera/a camera		
die Ferien (pl)	vacation	ein Video einlegen	to insert a video- cassette	**Verbs and past participles**	
besichtigen	to sightsee, visit a place			arbeiten, gearbeitet	to work
		das Video herausnehmen	to take out the videocassette	faulenzen, gefaulenzt	to be lazy
Ich habe (den Dom) besichtigt.	I visited (the cathedral).	die Kamera, -s	camera	laufen, (ist) gelaufen	to run
fotografieren	to photograph	der Film, -e	roll of film	er/sie läuft	he/she runs
Ich habe ... fotografiert.	I photographed ...	das Dia, -s	slide	bleiben, (ist) geblieben	to stay, remain
		das Farbbild, -er	color photograph		
spazieren	to walk, stroll	der Video- recorder, -	videocassette recorder (VCR)	(See p. 67 for a more complete list of past participles.)	
filmen	to film, videotape				

Zweite Stufe

Reporting past events, talking about places

Wo bist du gewesen?	Where were you?	das Museum, Museen	museum	das Goethehaus	Goethe's birthplace
Am (Main).	On (the Main River).	der Römer	name of city hall in Frankfurt	der See, -n um den See	lake around the lake
In (London).	In (London).	die Fachwerkhäuser	cross-timbered houses	**Other useful words and expressions**	
Im (Zoo).	At (the zoo).	die Zeil	name of main shopping street in Frankfurt	noch nie	not yet, never
besuchen	to visit (a place)			schon oft	a lot, often
der Dom, -e	cathedral			auch schon	also, already
die Oper, -n	opera house	der Main	Main River		

Dritte Stufe

Asking how someone liked something

Wie war's?	How was it?
Wie hat dir Dresden gefallen?	How did you like Dresden?
Es hat mir gut gefallen!	I liked it a lot!
Wie hat es dir gefallen?	How did you like it?
Hat es dir gefallen?	Did you like it?
Es hat mir nicht gefallen.	I didn't like it.
Phantastisch!	Fantastic!
Echt super!	Really great!
Wahnsinnig gut!	Extremely well!
Na ja, soso!	Oh, all right.
Nicht besonders.	Not especially.

Responding enthusiastically or sympathetically

Das freut mich!	I'm really glad!
Tut mir Leid!	I'm sorry.
Das tut mir aber Leid!	I'm so sorry.

Personal pronouns, dative case

dir	to/for you
euch	to/for you (plural)
Ihnen	to/for you (formal)
mir	to/for me
uns	to/for us
ihnen	to/for them

Places to stay

übernachten	to spend the night
gewöhnlich	usually
in einem/in einer ...	in/at a ...

das Privathaus, ¨er	private home
die Pension, -en	inn, bed and breakfast
die Jugendherberge, -n	youth hostel
das Hotel, -s	hotel

Places to eat

die Imbissstube, -n	snack stand
das Lokal, -e	small restaurant
der Gasthof, ¨e	restaurant, inn
das Restaurant, -s	restaurant

Time expressions

am letzten Tag	on the last day
jeden Abend	every evening
jeden Morgen	every morning
nach dem Mittagessen	after lunch

Komm mit nach Hamburg!

Einwohner: 1,6 Millionen

Fläche: 755 Quadratkilometer (292 Quadratmeilen; etwa viermal so groß wie der District of Columbia)

Flüsse: Alster, Elbe

Berühmte Gebäude: Rathaus, St. Michaelis-Kirche, Chilehaus

Bedeutende Hamburger: Johannes Brahms (1833-1897, Komponist), Felix Mendelssohn-Bartholdy (1809-1847, Komponist), Carl von Ossietzky (1888-1938, Schriftsteller), Wolfgang Borchert (1921-1947, Schriftsteller), Helene Lange (1848-1930, Frauenrechtlerin)

Industrie: Handel, Verlage, Nahrungsmittel, Chemie

Beliebte Gerichte: Hamburger Aalsuppe, Matjeshering, Scholle

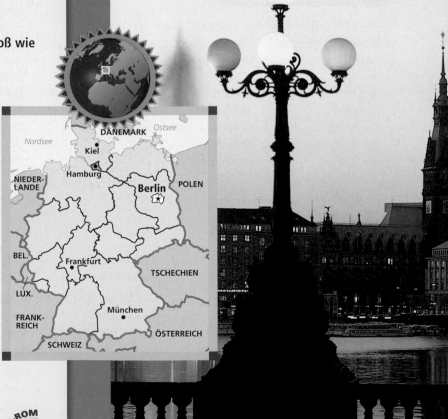

Nordsee • Ostsee • DÄNEMARK • Kiel • Hamburg • NIEDER-LANDE • Berlin • POLEN • BEL. • Frankfurt • TSCHECHIEN • LUX. • FRANK-REICH • München • ÖSTERREICH • SCHWEIZ

go.hrw.com

WK3 HAMBURG

DVD VIDEO

CD-ROM DISC 1

Blick auf Hamburg, von der ▶ Lombardsbrücke aus gesehen

Hamburg

Die Freie und Hansestadt Hamburg, nach Berlin die größte Stadt Deutschlands, ist auch ein Bundesland. Schon im Mittelalter war die Stadt an der Elbe ein wichtiger Handelsplatz. Heute ist Hamburg, das „Tor zur Welt", Deutschlands bedeutendster Hafen. Die Konzentration von Zeitungen, Verlagen, Rundfunk- und Fernsehanstalten macht Hamburg zum kulturellen Zentrum Norddeutschlands.

Visit Holt Online

go.hrw.com

KEYWORD: WK3 HAMBURG

Internet Aktivitäten ⬍

1 Hafenrundfahrt auf der Elbe
Der Hamburger Hafen ist einer der größten Häfen der Welt. Hafenrundfahrten an den großen Schiffen vorbei sind sehr beliebt.

2 Blankenese
Blankenese ist ein reicher Vorort von Hamburg, wo viele Geschäftsleute ihre Villen haben.

3 Övelgönne
Övelgönne, direkt an der Elbe gelegen, ist die Heimat vieler ehemaliger Schiffskapitäne. Haustüren wie diese hier schmücken jedes Haus.

4 Rathaus
Das Hamburger Rathaus, 1866 bis 1897 im Stil der deutschen Renaissance erbaut, ist Mittelpunkt dieser geschäftigen internationalen Stadt.

5 Speicherstadt
Die Speicherstadt befindet sich an der Einfahrt zum Freihafen wo große Frachtschiffe zollfrei ihre Güter auf kleinere Schiffe umschlagen, welche die Güter dann auf anderen Wasserwegen an ihr Ziel bringen.

6 Im Hafen von Hamburg
Die „Rickmer Rickmers", ein Segelschiff mit einer großen Vergangenheit, ist heute ein Museum.

Kapitel 4, 5, 6
Die folgenden drei Kapitel führen uns nach Hamburg, in die Wirtschafts- und Kulturmetropole an der Elbe. Die Schüler in diesen Kapiteln gehen auf eine zweisprachige Schule, das Helene-Lange-Gymnasium.

7 Maike, Nicolas, Thorsten, Wiebke und David

Objectives

In this chapter you will learn to

Erste Stufe

- express approval and disapproval

Zweite Stufe

- ask for information and respond emphatically or agree with reservations

Dritte Stufe

- ask and tell what you may or may not do

Visit Holt Online

go.hrw.com

KEYWORD: WK3 HAMBURG-4

Online Edition

◀ **Auf unserm Joggingpfad durch den Wald**

Los geht's! · *Wie fühlst du dich?*

DVD VIDEO

Strategie Verstehen

Look at the photos that accompany the story. Who are the students pictured? What do you think they are talking about?

 Nicolas

 Maike

 David

 Thorsten

Wir haben junge Hamburger Gymnasiasten interviewt. Nicolas stellt uns seine Freunde vor.

1

Nicolas: Das ist unsere Clique, Thorsten, ich, Wiebke, David und Maike. Wir gehen aufs Helene-Lange-Gymnasium. Das ist ein zweisprachiges Gymnasium.

Interviewerin: Kann ich dich mal etwas fragen? Wo kommst du her, und wie fühlst du dich hier in Hamburg?

Nicolas: Ich komme aus Frankreich. Meine Mutter arbeitet für Air France. Ich bin schon sieben Jahre in Hamburg, und ich fühle mich hier sehr wohl.

Interviewerin: Hast du kein Heimweh?

Nicolas: Nein, überhaupt nicht!

Interviewerin: Das freut mich, dass es dir hier so gut gefällt.

2

3

Interviewerin: Ihr seht alle so gesund aus! Könnt ihr mir mal sagen, was ihr für eure Gesundheit tut?

Maike: Ja, also, ich lebe eigentlich sehr gesund. Ich mache jeden Morgen Gymnastik, und ich jogge, wenn ich Zeit habe. Und ich schlafe auch genug. Jeden Tag gehe ich gewöhnlich um zehn Uhr ins Bett.

Interviewerin: Ich finde es prima, Maike, dass du so gesund lebst.

4

Interviewerin: Na, David, dann sag uns mal, wie du dich fit hältst!

David: Tja, auch Sport, gesund essen, genügend schlafen. Ich spiele Basketball. Ich freue mich, dass ich auch in der Mannschaft bin. Ich fühle mich sehr wohl in der Mannschaft. Aber leider sind wir dieses Jahr nicht so gut.

Interviewerin: Ach, das wird schon wieder!

5

Interviewerin: Und Thorsten, wie ist es mit dir? Wie lebst du? Wie hältst du dich fit?

Thorsten: Heute Nachmittag, zum Beispiel, spiele ich Basketball. Ich spiele in unserer Mannschaft. Wir trainieren zweimal die Woche, immer montags und donnerstags. Ja, und dann esse ich vernünftig.

Bei Thorsten in der Küche. Maike ist da.

6

Maike: Und was isst du so?

Thorsten: Ach, alles, was gesund ist: Obst und Gemüse … und Fisch.

Maike: Und Fleisch? Wie steht es mit Fleisch?

Thorsten: Natürlich esse ich Fleisch! Warum nicht? Aber es muss mager sein!

7

Maike: Gibt es etwas, was du nicht essen darfst?

Thorsten: Ja, Schokolade.

Maike: Warum nicht?

Thorsten: Ich bin allergisch gegen Schokolade.

Maike: Schade! Ich esse Schokolade gern.

Thorsten: Hier! Kannst du haben!

Maike: Danke schön!

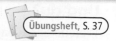

Übungsheft, S. 37

1 Was passiert hier?

Verstehst du alles, was diese Schüler sagen? Beantworte die Fragen!

1. Where is Nicolas from? Why is he living in Hamburg?
2. What do Maike, David, and Thorsten do to keep fit?
3. What kinds of food does Thorsten eat?
4. What doesn't he eat? Why not?
5. Judging by her comments, what do you think the interviewer's attitude towards staying healthy is?

2 Genauer lesen

Lies den Text noch einmal und beantworte diese Fragen!

1. Wie heißt die Schule? In welcher Stadt ist sie?
2. Wie lange wohnt Nicolas schon in Hamburg?
3. Was für einen Sport macht Maike?
4. Wann geht sie gewöhnlich zu Bett?
5. David nennt drei Sachen, die wichtig sind zum Fithalten. Was sind sie?
6. Was spielt Thorsten? Wie oft?

3 Wer macht was?

On a piece of paper, mark the statements with the initial of the person to whom they most logically apply: N=Nicolas; M=Maike; D=David; T=Thorsten. (Each statement might apply to more than one person.)

1. ══════usually goes to bed at 10:00 P.M.
2. ══════doesn't eat chocolate.
3. ══════likes living in Hamburg.
4. ══════eats fruit and vegetables.
5. ══════plays on a basketball team.
6. ══════eats only lean meat.

4 Stimmt oder stimmt nicht?

Wenn der Satz nicht stimmt, schreib die richtige Antwort!

1. Auf dem Helene-Lange-Gymnasium lernen die Schüler keine Sprachen.
2. Nicolas' Mutter arbeitet in Hamburg.
3. Maike geht immer sehr spät zu Bett, um 12 Uhr oder so.
4. David spielt Basketball und ist in der Mannschaft.
5. Thorsten isst kein Fleisch.
6. Er darf auch keine Schokolade essen.

5 Wie geht der Satz zu Ende?

1. Ich halte mich
2. Ich schlafe
3. Ich gehe um zehn
4. Ich esse
5. Ich mache viel
6. Ich esse auch Fleisch, aber
7. Ich bin allergisch

a. es muss mager sein.
b. fit.
c. gegen Schokolade.
d. genug.
e. vernünftig.
f. Sport.
g. zu Bett.

6 Und du?

Welche Sätze passen auch für dich?

Gesundheitstipps

Ich tu eigentlich recht viel für meine Gesundheit. Jeden Morgen mache ich Gymnastik, ich trinke keinen Alkohol, und ich rauche auch nicht."

Ganz oben steht bei mir: richtige Ernährung, viel Obst, Gemüse und Salat, wenig Fett. Ich schlafe wenigstens acht Stunden, und ich vermeide die Sonne. Die ist schlecht für meine Haut."

Ich halte mich fit durch Fitnesstraining. Ich trinke keinen Alkohol, ich trinke auch wenig Kaffee. Ich ernähre mich richtig, ja ich esse auch langsam und kaue richtig."

Nach der Schule relaxe ich erst einmal, ich lese etwas, oder ich fahre Rad. Ich kleide mich auch richtig, nicht zu warm und nicht zu kalt!"

Wortschatz

sehr gesund leben
viel für die Gesundheit tun
vernünftig essen
genügend schlafen

Gymnastik machen
keinen Alkohol trinken
die Sonne vermeiden
nicht rauchen

viel Obst essen
jeden Morgen joggen
Rad fahren

CD-ROM
DISC 1

Übungsheft, S. 38, Ü. 1

Grammatikheft, S. 28, Ü. 1

7 **Lebst du gesund?**

Lesen Lies, was diese Schüler zum Thema Gesundheit sagen! Dann beantworte die Fragen!

1. **Schreiben** Welche Gesundheitstipps sind dir neu? Schreib die Verben auf, die diese Schüler verwenden, wenn sie über ihre Gesundheit reden! Was bedeuten sie?

2. **Schreiben** Schau die Logos oben an! Was bedeuten sie? Schreib einen Satz für jedes Logo — „Die 7 Gebote (*commands*) der Gesundheit!" Pass auf! Wie drückt man im Deutschen die Idee *one, people in general* aus? Welche zwei Modalverben kannst du hier gebrauchen?

8 So ein Muffel!

Zuhören Der Gesundheitsmuffel: ein Muffel ist ein Mensch, der sich für nichts interessiert. Ein Gesundheitsmuffel ist also jemand, der sich wenig für seine Gesundheit interessiert. Hör mal zu, wie ein Muffel beschreibt, was er alles gegen seine Gesundheit macht! Schreib eine Liste von seinen Lastern (*vices*)!

Ein wenig Grammatik

The verb **schlafen** has a stem-vowel change in the **du-** and **er/sie**-forms.

Wie lange **schläfst** du?
Er **schläft** acht Stunden.

Mehr Grammatikübungen, S. 114, Ü. 1

Übungsheft, S. 38–39, Ü. 2–3   Grammatikheft, S. 28, Ü. 2

9 Was tust du für die Gesundheit?

Sprechen Frag deine Partnerin, was sie für ihre Gesundheit tut! Sie erzählt dir mindestens drei Sachen. Dann tauscht die Rollen aus!

10 Für mein Notizbuch

Schreiben Schreib in dein Notizbuch, was du für deine Gesundheit tust! Schreib auch, wie oft du verschiedene Sportarten machst, und verwende dabei Wörter wie „ansonsten" (*otherwise*) und „auch", um deinen Text interessanter zu machen!

So sagt man das!

Expressing approval and disapproval

When expressing approval of what a friend or family member does, you might say:

Es ist prima, dass du nicht rauchst.
Ich finde es toll, dass du regelmäßig Sport machst.
Ich freue mich, dass du in der Mannschaft bist.
Ich bin froh, dass es dir hier gefällt.

When expressing disapproval, you might say:

Es ist schade, dass du nicht viel Rad fährst.
Ich finde es nicht gut, dass du so wenig schläfst.

Which of these expressions are new to you? What do you notice about the verbs in the **dass**-clauses?

Grammatikheft, S. 29, Ü. 3–4

11 Ich bin froh, dass ...

Lesen/Sprechen Markus spricht mit Freunden über seine Gewohnheiten, was er für seine Gesundheit macht und was er nicht macht. Seine Freunde reagieren darauf. Welche Bemerkungen sind logisch?

1. **Markus:** Ich mache regelmäßig Sport!
   a. Ich finde das nicht gut.
   b. Das ist aber schade!
   c. Das ist prima!

2. **Markus:** Ich esse aber nicht richtig.
   a. Ich bin froh, dass du richtig isst!
   b. Das finde ich nicht gut!
   c. Das freut mich!

3. **Markus:** Ich rauche aber nicht!
   a. Du, das ist aber prima!
   b. Das finde ich nicht gut!
   c. Das ist aber wirklich schade!

4. **Markus:** Und ich spiele in einer Mannschaft.
   a. Das finde ich nicht gut.
   b. Das ist toll!
   c. Das ist aber wirklich schade!

12 Und was tust du?

Zuhören Hör zu, wie verschiedene Schüler einem Freund erzählen, was sie machen oder nicht machen, um gesund zu bleiben! Schreib für jedes Gespräch auf, ob der Freund positiv oder negativ darauf reagiert!

13 Grammatik im Kontext

a. Lesen/Sprechen Denk an einen Freund in der Klasse und sag ihm, was du über seine Gewohnheiten denkst!

b. Schreiben Schreib einer Freundin, was du über ihre Gewohnheiten denkst. Schreib mindestens fünf Sätze.

Ein wenig Grammatik

Schon bekannt

Remember that after the preposition **für**, accusative case forms are used:

Einen Cappuccino für **mich!**
Was machst du für **deine Gesundheit?**

And remember that in **dass**-clauses the conjugated verb is in the last position:

Es freut mich, dass du vernünftig lebst.
Es ist schade, dass du dich nicht fit hältst!

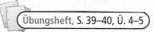

Übungsheft, S. 39–40, Ü. 4–5

Mehr Grammatikübungen, S. 114–115, Ü. 2–4

Es ist	nicht gut,	
Ich bin	prima	
Ich finde es	toll	
	schade	, dass du ...
	wirklich gut	
	wirklich schade	
	froh	

rauchen
nicht rauchen
gesund sein
regelmäßig Sport machen
richtig essen
wenig schlafen
genug schlafen
in einer Mannschaft sein

Wortschatz

—Wie geht's Ihnen, Herr Dingsda?
—Danke, ich ...

ernähre mich richtig

fühle mich wohl

halte mich fit

—Ausgezeichnet, freut mich!

14 Das finde ich ...

 Sprechen Deine Partnerin erzählt dir, was sie für ihre Gesundheit tut und auch welche Laster sie hat. Reagier darauf entweder positiv oder negativ! Schau auf den **So sagt man das!** Kasten und such dir die richtigen Ausdrücke aus! Tauscht dann die Rollen aus! Berichte danach, was deine Klassenkameradin gesagt hat! Alle Mitschüler dürfen darauf reagieren.

Reflexive verbs

1. Reflexive verbs are verbs that require a reflexive pronoun, such as in the sentence *I cut myself.* or *He enjoys himself.* The reflexive verbs used in this section, **sich fühlen**, **sich freuen**, **sich ernähren**, and **sich fit halten**, require a reflexive pronoun in the accusative case.

Ich	fühle	**mich**	hier sehr wohl.
Du	fühlst	**dich**	hier nicht wohl.
Er(Sie, Man)	fühlt	**sich**	großartig.
Wir	fühlen	**uns**	hier wohl.
Ihr	fühlt	**euch**	hier wohl, ja?
Sie(pl), Sie	fühlen	**sich**	hier wohl.

2. In questions, the reflexive pronoun follows the subject pronoun.

> Wie hältst **du dich** fit?
> Wie fühlt **ihr euch** hier in Hamburg?

3. When a reflexive verb is used in a **dass**-clause, the reflexive pronoun also follows the personal pronoun.

> Ich freue mich, dass **du dich** hier wohl fühlst.
> Meine Mutter freut sich, dass **sie sich** fit hält.

Look at the sentences with the verb **sich fit halten.** What do you notice about the **du** and **er/sie**-forms?

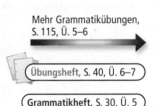

Mehr Grammatikübungen, S. 115, Ü. 5–6

Übungsheft, S. 40, Ü. 6–7

Grammatikheft, S. 30, Ü. 5

---

15 Für mein Notizbuch

Schreiben Schreib alles in dein Notizbuch, was du machst, was für dich ungesund ist! Reagiere entweder positiv oder negativ auf deine eigenen Laster! Findest du sie okay, oder möchtest du anders leben?

16 Herr Dingsda fühlt sich wohl

Zuhören Herr Dingsda erzählt seinen Freunden ganz stolz, was er für seine Gesundheit tut. Hör gut zu und schreib auf, was er macht, dass er sich so wohl fühlt!

17 Grammatik im Kontext

Schreiben As a waiter in the restaurant „Zum Hirschen" you overhear many conversations, but not everything that's said. Complete these conversations by filling in the correct reflexive pronoun.

1. — Fühlt ihr ===== hier wohl?
   — Ich, ja. Aber mein Bruder freut ===== nicht, hier in München zu sein. Und seine Frau fühlt ===== auch nicht wohl.

2. — Mensch, wie siehst du aus! Du hältst ===== aber fit!
   — Ja. Mein Mann und ich, wir halten ===== fit, und ich fühle ===== dabei sehr wohl!

3. — Fühlen Sie ===== hier in Bayern wohl, Herr Krause?
   — Sehr wohl, danke! Ich freue ===== sehr, hier zu sein.

wo?

an der Schule

in der Klasse

in der Clique

in dieser Stadt

in der (Basketball-)
  mannschaft

in …

wie?

ganz wohl

nicht wohl

sehr wohl

nicht sehr wohl

großartig

überhaupt nicht wohl

super-toll

Grammatikheft, S. 30, Ü. 6

18 Der Gesundheitsfanatiker

 Sprechen Sag deiner Partnerin, was Herr Dingsda wahrscheinlich alles macht, um gesund zu bleiben, zum Beispiel, was er isst, um sich richtig zu ernähren!

19 Wie fühlt ihr euch?

 Sprechen Such dir einen Klassenkameraden und fragt euch gegenseitig, wie ihr euch fühlt! Verwendet dabei die Wörter im Wortschatzkasten oben, die beschreiben, wie gut oder schlecht man sich fühlen kann!

20 Was erzählen die Schüler?

 Lesen/Schreiben/Sprechen Lest noch einmal, was die Schüler Maike, Thorsten, David und Nicolas über sich sagen! Wählt mit zwei anderen Mitschülern einen von den vieren aus und schreibt eine Zusammenfassung (*synopsis*) von seinen Aussagen! Einer von euch liest dann allen Mitschülern diese Zusammenfassung vor, ohne den Namen des Schülers zu sagen. Die anderen Mitschüler müssen raten, wen ihr beschreibt.

21 Wo fühlst du dich am wohlsten?

 a. Schreiben Es gibt verschiedene Plätze, wo man sich am wohlsten fühlt. Füll die Tabelle rechts aus! Wie fühlst du dich an den Orten, die oben im Wortschatzkasten aufgelistet sind? Schreib auch warum!

b. Schreiben Schreib jetzt zwei Sätze in dein Notizbuch und verwende dabei die Information aus deiner Tabelle! Schreib einen Satz darüber, wo du dich am wohlsten fühlst, und einen darüber, wo du dich am unwohlsten fühlst (verwende dabei entweder „weil" oder „denn")!

Wo?	Wie?	Warum?
Schule		
Klasse		
Mannschaft		
Clique		

22 Grüß dich!

 Sprechen Grüß deinen Partner und frag ihn, wie er sich fühlt oder fit hält! Er erzählt dir drei Dinge über sich. Reagier auf seine Aussagen! Tauscht dann die Rollen aus!

LANDESKUNDE ◀ ▶ LANDESKUNDE

Was tust du, um gesund zu leben?

Health habits play an important role in German-speaking cultures. However, the focus and the trends have changed from one generation to the next. Let's find out what these people do for their health.

CD-ROM DISC 1

DVD VIDEO

Übungsheft, S. 41, Ü. 1–3

Herr Troger, St. Ulrich

„Ja, wenn Sie mich fragen, ob ich gesund lebe, muss ich sagen eigentlich schon. Einmal zuallererst darf ich vielleicht sagen, ich rauche nicht, wobei aber nicht unbedingt ein Raucherfeind bin, nicht wahr. Aber ich rauche nicht, und ich trinke auch wenig und mache gerne Sport, ich fahre also sehr gern Rad. Im Winter gehen wir zum Langlauf oder ein bissel Skifahren. Also, muss sagen, ich lebe gesund."

Gerd, Bietigheim

„Oh, um gesund zu leben … na, das wird schwer. Na ich ess halt einfach das, was mir Spaß macht. Ich ess halt gerne Obst, und ansonsten viel zum Gesundleben fällt mir eigentlich nicht ein. Also ich fahr halt Skateboard, das bringt auch teilweise Kondition, aber mehr fällt mir eigentlich nicht ein."

Regina, Bietigheim

„Also, ich ess am liebsten sehr viel Obst und Gemüse, weil es … weil ich glaub, dass das sehr gesund ist. Ich esse es am liebsten aus dem eigenen Garten, weil ich da weiß, dass es nicht irgendwie gespritzt ist oder mit chemischen Düngemitteln behandelt ist. Fleisch esse ich nicht so gerne, weil ich erstens mal, weil ich mir denk, ich hab oft Filme im Fernsehen gesehen, wie die Tiere behandelt werden und so weiter. Und ich kann, ehrlich gesagt, auch drauf verzichten, das muss echt nicht sein. Ja, so Schnellimbiss und so was, das mag ich auch nicht so arg."

A. 1. Which two types of things do these people do to stay healthy? Under each category, list what each person mentions.

2. From where does Regina like to get her food? What does she not like to eat? What reason does she give for this?

3. Does it sound like staying healthy is very important to Gerd? Why or why not?

4. Does Herr Troger do anything different from what the younger interviewees do for their health?

B. A number of America's favorite health pastimes, such as jogging or in-line skating, are becoming increasingly popular among the younger generation in Germany. Eating organic foods is also quite popular. How prevalent are these trends, and the things the interviewees mentioned, among your friends? Do your parents do different kinds of things for their health than you do?

23 Wer macht Sport?

Zuhören/Schreiben Du hörst gerade im Radio eine Sendung über Sport, und es kommen Statistiken darüber, wie oft Deutsche verschiedene Sportarten treiben und wie viel Prozent der Bevölkerung an diesen Sportarten teilnimmt. Mach dir Notizen! Schreib dann mit einer Partnerin die Informationen in eine Tabelle um! Glaubst du, dass diese Tabelle auch für Amerikaner stimmt? Warum? Warum nicht?

	Fußball	Aerobic	Jazztanz	Bodybuilding
Wie oft?				
Wie viel Prozent?				

24 Gesünder leben

a. Lesen/Schreiben Der folgende Ausschnitt stammt aus einer Umfrage mit dem Titel „Gesünder leben", die in einem Gesundheitsmagazin erschienen ist. Lies den Fragebogen und, auf einem Stück Papier, fülle den Fragebogen für dich selbst aus!

FRAGEBOGEN

Machen Sie wirklich genug Sport?

1. Wie oft machen Sie Sport?

❏ nie   ❏ oft

❏ fast nie   ❏ sehr oft

❏ selten   ❏ fast immer

❏ manchmal   ❏ immer

2. Wie oft?

❏ jeden Tag

❏ jeden zweiten Tag

❏ einmal am Tag

❏ zweimal am Tag

❏ einmal in der Woche

❏ zweimal in der Woche

Ernähren Sie sich richtig?

3. Ich esse ... Fleisch und Wurst.

❏ zu viel   ❏ wenig

❏ viel   ❏ ganz wenig

❏ ziemlich viel   ❏ kein

4. Ich esse ... Obst und Gemüse.

❏ kein   ❏ viel

❏ wenig   ❏ sehr viel

❏ genug   ❏ nur

b. Sprechen Such dir einen Partner! Fragt euch gegenseitig über eure Antworten in dem Fragebogen! Oder: Einer fragt über Sport, der andere über Ernährung.

The determiner jeder

1. You have seen different forms of the word **jeder** throughout this chapter. What does it mean? What endings does it take? What other words or groups of words have you learned that have the same endings?[1]

	Masculine	Feminine	Neuter	Plural
Nominative	jeder	} jede	} jedes	} alle
Accusative	jeden			
Dative	jedem	jeder	jedem	allen

Ich mache **jeden** Sport.
Ich mag **jedes** Gemüse.
Wir fragen **alle** Klassenkameraden.

Mehr Grammatikübungen, S. 116, Ü. 7

Übungsheft, S. 42–43, Ü. 1–4

Grammatikheft, S. 31, Ü. 7

2. Look at the two sentences below. Which *case* is used when **jeder** is in a time expression, expressing definite time?[2]

Wir schwimmen **jeden** Montag.
Wir wandern **jedes** Wochenende.

25 Grammatik im Kontext

Sprechen/Schreiben Deine Mutter glaubt nicht, dass du alles tust, was du tun sollst. Sag ihr, dass du das doch tust! Verwende die Zeitausdrücke, die mit jedem Satz gegeben sind! (Begin your sentences with **Doch!** where appropriate.)

BEISPIEL   Du isst kein Obst. (Tag)
          Doch! Ich esse jeden Tag Obst!

1. Du machst keinen Sport! (Woche)
2. Du isst selten Obst und Gemüse! (Tag)
3. Du gehst nie schwimmen! (Wochenende)
4. Du sollst deine Großmutter besuchen! (Sonntag)
5. Du gehst selten ins Konzert! (Monat)

SPRACHTIPP

You have heard and seen the word **doch** used a lot by Germans in everyday conversations. One purpose **doch** serves is to soften the impact of a command: **Geh doch für mich einkaufen! Doch** has other meanings as well. If someone erroneously tells you that you don't do something, you can respond positively using **doch**.
Read the following sentences and determine what **doch** means in this context:
    Du räumst nie auf!
    Doch! Ich räume fast jede Woche auf.
How would you respond if someone said to you **Du isst überhaupt kein Obst!** or **Du machst nie Sport!**

26 Beschreibungen

Lesen Such dir aus Zeitschriften bunte Fotos von Leuten aus, die Sport machen oder etwas Gesundes essen! Beschreib mit ein paar Sätzen, was jede Person macht, und stell dir vor, wie oft die Person die Aktivität macht! Dann reagiere entweder positiv oder negativ darauf! Danach mach Folgendes:

a. **Sprechen** Zeig deinen Mitschülern dein Foto und beschreibe es ihnen! *oder*
b. **Lesen/Sprechen** Du hängst mit deinen Mitschülern eure Fotos auf. Dann liest einer von euch eine Beschreibung vor, und die andern versuchen, das Foto zu erraten.

---

1. the definite articles; You may also remember seeing **dieser**-words with the same endings.
2. accusative case

So sagt man das!

Asking for information and responding emphatically or agreeing with reservations

You want to find out something specific about some of your friends. There are several ways to initiate your questions. You can say:

Ich habe eine Frage: Isst du Obst und Gemüse?
Sag mal, trinkst du jeden Tag Milch?
Wie steht's mit Fleisch? **Isst du eigentlich** viel Fleisch?
Darf ich dich etwas fragen? Wie hältst du dich fit?

To respond emphatically, your friend might say:

Ja, natürlich! or **Na klar!** or **Aber sicher!**

To agree with your statements, but with reservations, your friend might say:

(Du isst viel Kuchen!)	**Ja, das kann sein, aber** ich esse auch viel Obst!
(Du schaust oft Fernsehen!)	**Das stimmt, aber** ich mache auch Sport!
(Du isst gern Fleisch?)	**Eigentlich schon, aber** ich esse wenig Fleisch.

Übungsheft, S. 43–44, Ü. 5–7

How would you begin your questions if you were speaking to two friends? Look at the last three responses. How do we express these same ideas in English?

Grammatikheft, S. 32, Ü. 8

---

27 **Simone und Fitness**

Zuhören Hör gut zu, wenn Simone, eine Studentin in Krefeld, über die Fitnessgewohnheiten der Deutschen redet. Lies zuerst die englische Zusammenfassung unten, dann hör zu und versuche, die Zusammenfassung zu ergänzen!

1. According to Simone, most Germans ═════ in order to stay healthy.
2. Simone says that Germans also enjoy playing ═════ and ═════, because ═════.
3. Although Germans don't ═════, they are often ═════.
4. Today, Germans avoid ═════ more and more, because ═════.

---

28 **Was tun die Amerikaner für ihre Gesundheit?**

Sprechen Your school newspaper has asked you to interview your peers regarding their health habits. Think of at least six questions in German that you could ask on this topic. Three should be addressed to the group and three to individuals. Get together in groups of four and use your questions to interview your partners, but initiate your questions appropriately (refer to the **So sagt man das!** box). Then prepare similar questions in order to interview your teacher. Take turns with your classmates, finding out his or her health habits.

---

29 **Für mein Notizbuch**

Schreiben Using the information from Activity 28, summarize your findings, in German, in a paragraph describing what your friends and teacher do to stay healthy.

Among the younger generation there are several new trends. For instance, teenagers, far more than their parents, shop and consume foods from **Bioläden,** where they can get everything for **Vollwertkost. Bioläden** specialize in organically grown products, whole-grain foods, and the like. These shops are different from those called **Reformhäuser,** which have been around a lot longer. Usually frequented by older consumers, **Reformhäuser** specialize in products for people with special diets or medical needs. For many people in Germany, healthy eating goes hand in hand with **Umweltbewusstsein.** And don't bother coming to a **Bioladen** without your own bag! Students favor carrying groceries in burlap bags or wicker baskets on the back of their bicycles. They also have to bring their own containers to fill up on bulk products. And you might see a strange sight when shopping at any regular store in Germany: people removing the excess packaging from products they buy and leaving it in a pile at the front of the store. What do you think is going on here?

30 Eigentlich schon, aber …

Schreiben/Sprechen You and your partner each write down three of your health-related vices on index cards and then trade cards. Your partner should fuss at you about your bad habits, stating what you do or don't do for your health. You have to agree, but with reservations, using statements from the **So sagt man das!** box.

> Normalerweise benutze ich den Computer einmal am Tag.

Wortschatz

Schon bekannt
    oft
    viel
    ziemlich viel
    gewöhnlich
    jeden Tag
    einmal am Tag
    zweimal die Woche
    jede Woche
    jedes Wochenende

Neu
    selten
    meistens
    normalerweise
    wenig

Grammatikheft, S. 32, Ü. 9–10

Wortschatz

Für jeden etwas! Oder?

Gemüse

Blumenkohl   Brokkoli   Möhren   Pilze

Obst

Beeren

Kirschen   Aprikosen   Erdbeeren   Blaubeeren

Fisch

Forelle

Fleisch

Rindfleisch   Huhn/Hähnchen   Suppe

| Fisch- | Gemüse- | Kartoffel- |
| Hühner- | Nudel- | Reis- |

Welche von diesen Speisen essen Amerikaner oft? Selten? Gar nicht? Wie steht's mit Hühnersuppe?

 Übungsheft, S. 45, Ü. 1   Grammatikheft, S.33, Ü. 11

---

 31 Was essen sie gern? Was nicht?

Schüler erzählen, was sie gern und was sie nicht gern essen und warum. Mach dir Notizen! Vergleiche deine Notizen mit den Notizen eines Partners!

 32 Was isst du?

Schreiben Mach eine Liste von deinen Essgewohnheiten! Ordne deine Liste in drei Gruppen: **1.** Was isst du (sehr) oft? **2.** Was isst du manchmal? **3.** Was isst du nie? — Teil diese Informationen deinen Klassenkameraden mit!

Und dann noch...

Pudding	Magermilch
Vollmilch	Sahne
Joghurt	Eier
Milch	Butter

Wortschatz

Warum nicht?

Grammatikheft,
S. 34, Ü. 13

(ist) allergisch gegen
hat zu viele Kalorien
hat zu viel Zucker
hat zu viel Fett
macht dick
nicht gut für die Gesundheit
schmeckt mir nicht
ungesund

Welche Speisen von Seite 109 passen zu
diesen Gründen?

BEISPIEL   **Ich esse keinen Blumenkohl,
weil er mir nicht schmeckt.**

Ein wenig Grammatik

Schon bekannt

Do you remember which case forms go
with **kein** when it is a direct object?

Ich esse **keinen** Fisch. (der Fisch)
Ich mag **keine** Suppe. (die Suppe)
Ich esse **kein** Gemüse. (das Gemüse)
Ich mag **keine** Möhren. (plural)

Übungsheft, S. 46, Ü. 2

Mehr Grammatikübungen,
S. 116, Ü. 8

Grammatikheft, S. 33, Ü. 12

---

33   **Was isst du nicht?**

Sprechen Gibt es etwas, was du nicht gern isst? Such dir einen Partner! Er fragt dich,
was du nicht isst und warum. Du sagst es ihm. Tauscht dann die Rollen aus!

So sagt man das!

Asking and telling what you may or may not do

If you want to know what a friend is
allowed to eat or to do, you could ask:

Was darfst du essen?
Darfst du alles essen?
Was darfst du tun?

The answer might be:

Fleisch, Gemüse, …
Klar! Ich darf alles essen.
Ich darf Auto fahren.

To find out what your friend is not
allowed to eat or to do, you could ask:

Was darfst du nicht tun?
Was darfst du nicht essen?

Ich darf nicht joggen.
Ich darf keine Schokolade essen.

What do you think the words **darf** and **darfst** mean? What other verbs do they remind you of?

---

34   **Was die Schüler nicht machen dürfen!**

Zuhören Schüler in Deutschland erzählen, was sie nicht machen dürfen. Hör gut zu!
Welche Aussage passt zu welchem Bild?

a.   b.   c.   d.

35 Klar darf ich das!

Sprechen Sag deinem Partner, ob du auch die Dinge (von Übung 34) machen darfst oder nicht! Er sagt es dir.

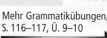

Grammatik

The verb **dürfen**, present tense

The verb **dürfen**, *to be allowed* or *permitted to,* has these forms in the present tense:

Ich	**darf** alles essen!	Wir	**dürfen** gehen!
Du	**darfst** nicht rauchen!	Ihr	**dürft** alles essen!
Er/Sie/Es/Man	**darf** nicht joggen!	Sie (pl), Sie	**dürfen** keine Schokolade essen!

Übungsheft, S. 46–47, Ü. 3–7   Grammatikheft, S. 35–36, Ü. 14–16

Mehr Grammatikübungen, S. 116–117, Ü. 9–10

36 Das darf man nicht machen!

Schreiben Welche Regeln gibt es in eurem Klassenzimmer? Was darf man nicht machen? Schreib eure Klassenregeln auf Deutsch, damit auch die Austauschschüler sie verstehen können und nicht in Schwierigkeiten geraten (*get into trouble*)!

37 Blöde Allergien!

Sprechen Setz dich mit drei Klassenkameraden zusammen! Unterhaltet euch über Allergien! Wer darf gewisse Lebensmittel nicht essen oder trinken und warum? Wer hat Allergien gegen andere Speisen? —Unten stehen ein paar Dinge, gegen die manche Menschen allergisch sind. Sagt den anderen Gruppen, welche Allergien in eurer Gruppe am meisten vorkommen!

allergisch gegen:

Schokolade   Käse   Gräser   Heu

Vollmilch   Erdbeeren   Schimmel (*molds*)   Haustiere (*pets*)

auch gegen die Sonne!

38 Was darfst du zu Hause nicht machen?

a. Schreiben Schreib drei Sachen auf, die du zu Hause nicht machen darfst! Frag danach deine Partnerin darüber, und sie fragt dann auch dich.

b. Sprechen/Schreiben Macht jetzt eine Umfrage! Einer geht an die Tafel und fragt ein paar Schüler, was ihre Partner gesagt haben und schreibt dann die Ergebnisse auf. Welches Verbot kommt am häufigsten (*the most*) vor?

39

Von der Schule zum Beruf

Du bist in einem Fitness-Center angestellt, das jeden Monat für die Mitglieder des Centers eine Broschüre herausgibt mit dem Titel: *Wie halte ich mich gesund und fit?* Man hat dir den Auftrag gegeben, etwas für die nächste Ausgabe zu schreiben.

Bleibt fit und gesund!

> **Lesestrategie** Activating your background knowledge. Activating your background knowledge (thinking about what you already know) will help you tremendously as you read German. For instance, if someone asked you out of the blue "What does **Am Kanal 24, 96407 Bamberg** mean?," you would probably have a hard time guessing. But if you saw this information in an ad for a pen pal, it would be easier to conclude that it must be an address. Try to activate your background knowledge each time you start reading something in German, even if you are not explicitly told to do so.

Getting Started

1. Judging by the pictures and titles of the readings, what do these authors consider important for staying healthy? Which of these concerns were also addressed by the people who were interviewed for this chapter (see p. 104)? With your classmates, brainstorm for German vocabulary or phrases that you would expect to find in texts on these health topics.

> **Tipp:** Some German prefixes carry their own meaning. Whether at the beginning of a noun or verb, they will change the meaning of the word in a certain way. For example, the prefix **auf** at the beginning of a verb often means *up*. You already know the phrases **das Zimmer aufräumen** and **den Hörer auflegen**; if you know the verb **geben,** what do you think the verb **aufgeben** might mean?

Warum ist Dr. Müller-Wohlfahrt nie krank?

Sechs Tips, die für Sie so wichtig sind wie für Boris

1 Richtig aufwärmen. „Nicht gleich loslegen, sondern in jeder Sportart sich vorher gezielt auf Touren bringen" – das rät der „Doc" dringend. Gymnastik und Stretching verhindern Verletzungen. „Am besten einen Sportarzt fragen, was individuell richtig ist."

2 Richtiges Schuhwerk. „Die meisten Sportler brauchen Einlegesohlen nach Maß. Solche Gehhilfen vom orthopädischen Schuhmacher verhindern Zerrungen, Muskelrisse, Ermüdungsbrüche. Eigentlich sollte jeder mit »seiner« Sohle Sport treiben."

3 Richtig essen. „Die italienischen Fußballstars haben die besten Werte, was Spurenelemente, Mineralien, Enzyme betrifft. Die mediterrane Küche ist die ideale Ernährung", schwört der „Doc". „Sie sollten Wert auf ausgewogene und leichte Kost legen".

4 Richtig laufen. „Es kommt auf den Stil an: Mit dem vorderen Mittelfuß aufsetzen, leicht abfedern, den Schritt leicht überlang machen, sich harmonisch nach vorne entwickeln, abrollen. Sie müssen das Gefühl haben, daß Sie vollkommen »rund« und mühelos laufen".

5 Richtig kühlen. Eiswürfel sind out – ideal zum Kühlen von Verletzungen ist „hot ice": Wasser in Gefrierpunktnähe. Verhindert spätere Überwärmung. Besonders effektiv: auf das „hot ice" ein paar Stöße Eisspray. Das garantiert dann dauerhafte Kühlung.

6 Richtig sitzen. Der „Doc" verpaßt seinen Patienten, die viel im Büro sitzen müssen, einen Sitzkeil aus hartem Schaumstoff. „Dadurch ergibt sich von vornherein die richtige Stellung der Wirbelsäule".

50 Euro für Nichtraucher

„50 Euro für jeden, der das Rauchen aufgibt", sagte der Bielefelder Fahrradfabrikant Hans-Werner Schreiber zu seinen Angestellten. Gesagt, getan. Jeden Monat zahlt der Fabrikant 50 Euro an seine Nichtraucher. Das verlockende Angebot wirkte: Zwei Männer und drei Frauen hörten sofort mit dem Rauchen auf. Nach und nach folgten alle anderen Mitarbeiter - bis auf einen. Die Nichtraucher freuen sich natürlich über das zusätzliche Geld. Sven Harter (22 Jahre): „Ich bezahle damit jedes Jahr meinen Urlaub."

Her mit dem Salat!

Eine Mahlzeit ohne Salat, das ist wie Brot ohne Butter oder Tee ohne Zucker, eins gehört zum andern. Das Grün eines Salats erfreut unsere Augen, und ist er noch ganz frisch und knackig, so regt er auch unsern Gaumen an. Ob wir nun den Salat wirklich mögen oder nicht, ist eine andere Frage. Wir essen ihn, ob er uns schmeckt oder nicht. Wir essen ihn, weil er gesund ist. Und wir ziehen den Salat vor, der ohne Pestizide gewachsen ist, denn der ist noch gesünder. Der Salat ist unser gutes Gewissen für den dettigen Schweinsbraten.

2. Read the first sentence of the article about **Nichtraucher.** What is the topic? (*Hint:* What did Hans-Werner promise his employees?)

A Closer Look

3. Before you read the rest of the article on **Nichtraucher**, try to predict: a) how successful the manufacturer's offer has been, and b) what the employees might do with their 50 euros. Then read the article to confirm or correct your predictions.

4. Now think about the following questions: a) Was any reason given explicitly for the manufacturer's offer? b) Was a reason implied or hinted at? c) If not, could you assume, using your background knowledge, what the reason(s) might be?

5. Read the article about **Salat.** What does the author compare to bread without butter and tea without sugar? According to the author, what is not important when eating salad? If you know that **Gewissen** means *conscience,* what might the last sentence mean? How serious do you think the author is about how Germans view salad?

6. What are the six tips that Dr. Müller-Wohlfahrt offers? Read the boldface print after each number.

7. Read the first tip from Dr. Müller-Wohlfahrt. What two things help prevent injuries? Now skim over the third tip. According to the doctor, which athletes have the best diet? Look at the fifth tip. What is "out"? What is "in"? If you know that **Gefrier-** is freezing, what is "hot ice"?

8. Such dir einen Partner. Fragt die Schüler und Lehrer an eurer Schule, wie sie sich fit halten! Schreibt die Resultate auf Deutsch um! Schreibt danach einen Bericht über die Ergebnisse! Entwerft ein Poster mit Tipps dazu. Übungsheft, S. 48

Mehr Grammatikübungen

CD-ROM DISC 1

Visit Holt Online
go.hrw.com
KEYWORD: WK3 HAMBURG-4
Interaktive Spiele

Erste Stufe   Objective Expressing approval and disapproval

1 Bekommen deine Freunde genügend Schlaf? – Schreib die richtige Form von **schlafen** in jede Lücke. **(S. 100)**

1. Ich freue mich, dass du genügend _____ . Ich _____ auch acht Stunden.

2. Toll, dass der David acht Stunden _____ . Wir _____ auch so lange.

3. Wie lange _____ die Maike? _____ sie auch acht Stunden?

4. Es ist schade, dass ihr nicht genügend _____ . Wie lange _____ ihr?

5. Der Thorsten _____ genügend; nur der Nicolas _____ zu wenig.

2 Lebt dein Freund gesund oder nicht? – Vervollständige die **dass**-Sätze mit den Ausdrücken in Klammern. **(S. 101)**

1. (Sport machen)   Ich bin froh, dass du genügend _____ .

2. (genügend schlafen)   Es ist nicht gut, dass du nicht _____ .

3. (Rad fahren)   Ich finde es toll, dass du so viel _____ .

4. (nicht rauchen)   Ich freue mich, dass du _____ .

5. (gesund leben)   Es ist prima, dass du so _____ .

3 Du sagst, dass es schade ist, dass deine Freundin kein gesundes Leben führt. – Vervollständige die **dass**-Sätze mit den Ausdrücken in Klammern. **(S. 101)**

1. (nicht genügend schlafen)   Es ist schade, dass du _____ .

2. (nicht vernünftig essen)   Es ist schade, dass du _____ .

3. (kein Obst essen)   Es ist schade, dass du _____ .

4. (nicht die Sonne vermeiden)   Es ist schade, dass du _____ .

5. (nichts für die Gesundheit tun) Es ist schade, dass du _____ .

4 Du freust dich darüber, dass deine Freunde gesund leben. – Vervollständige die **dass-**Sätze mit den Ausdrücken, die die Symbole auf der linken Seite repräsentieren. **(S. 101)**

1. Ich freue mich, dass du _____ .

2. Wir freuen uns, dass ihr _____ .

3. Ich freue mich, dass Bob _____ .

4. Wir freuen uns, dass du _____ .

5. Oma freut sich, dass Inge _____ .

6. Mutti freut sich, dass Jenny _____ .

5 Wie fühlen sich diese Leute, und wie halten sie sich fit? – Schreib das richtige Reflexivpronomen in die Lücken. **(S. 102)**

1. Wie fühlst du _____ ? — Du, ich fühle _____ großartig!

2. Fühlt ihr _____ hier wohl? — Wir fühlen _____ hier sehr wohl.

3. Wie fühlt _____ die Maike? — Ich denke, sie fühlt _____ wohl.

4. Wie fühlen _____ die Schüler? — Sie fühlen _____ großartig.

5. Und hältst du _____ auch fit? — Klar! Ich halte _____ sehr fit.

6. Und ihr beiden? Haltet ihr _____ auch fit? — Klar! Wir halten _____ fit.

7. Herr Sauer, wie halten Sie _____ fit? — Ich halte _____ mit Sport fit.

6 Du bist froh, dass deine Freunde gesund leben. – Vervollständige die Sätze mit den Ausdrücken in Klammern. **(S. 102)**

1. (s. wohl fühlen)   Es ist prima, dass du _____ .

2. (s. fit halten)   Es ist gut, dass ihr _____ .

3. (s. richtig ernähren)   Ich finde es toll, dass ihr _____ .

4. (s. darüber freuen)   Wir sind froh, dass du _____ .

5. (s. fit halten)   Ich finde es prima, dass du _____ .

6. (s. hier wohl fühlen)   Ich freue mich, dass Nicolas _____ .

Mehr Grammatikübungen

CD-ROM
DISC **1**

go.
hrw
.com
WK3 HAMBURG-4

Zweite Stufe

Objective Asking for information and responding emphatically or agreeing with reservations

7 Eine Schulkollegin stellt dir viele Fragen. – Beantworte sie und schreib dabei die richtige Form von **jeder** in die Lücken. (S. 106)

1. Du schwimmst nicht gern? — Doch, ich schwimme sogar _____ Tag.
2. Du spielst nicht gern Fußball? — Doch, ich spiele _____ Woche, _____ Samstag.
3. Du wanderst nicht gern? — Doch! Ich wandre _____ Wochenende.
4. Du gehst nicht gern ins Konzert? — Doch, ich gehe _____ Monat ins Konzert.
5. Du hast keine CDs von Nena? — Du, ich habe sogar _____ CDs von ihr.
6. Du gibst keinem Freund ein Geschenk? — Ich geb _____ Freund etwas.

Dritte Stufe

Objective Asking and telling what you may or may not do

8 Du und deine Freunde, ihr dürft vieles nicht essen. – Schreib die richtige Form von **kein** in die Lücken. (S. 110)

1. Ja, du, ich darf _____ Fisch essen, _____ Erdbeeren, _____ Joghurt, dann darf ich auch _____ Milch trinken, und ich darf _____ Schokolade essen.
2. Und ich mag _____ Eier, _____ Butter, ja, auch _____ Blumenkohl, und dann mag ich auch _____ Reis und _____ Spinat.
3. Ich glaube, die Maike darf _____ Schweinefleisch essen, _____ Pilze und _____ Bananen, weil sie sehr allergisch dagegen ist.

9 Du erzählst, wer in eurer Familie etwas nicht essen oder trinken darf. – Schreib die richtige Form von **dürfen** in die Lücken. (S. 111)

Du sagst, du _____ alles essen. Das finde ich prima. Ich _____ zum

Beispiel keine Beeren essen, und meine Schwester _____ keine Milch

trinken. Wir sind allergisch gegen Beeren und Milch. Meine

Großeltern _____ keinen Kaffee trinken, und mein Vater _____ auch

keine Schokolade essen. Ja, was _____ ihr nicht essen und trinken?

10 Sieh dir die Zeichnungen an und schreib in die Lücken, was du und die anderen nicht essen oder trinken dürfen. Gebrauche eine Form von **dürfen**, eine Form von **kein**, und das Wort, das abgebildet ist. **(S. 111)**

BEISPIEL

1. Ich _____ _____ _____ essen.
   Ich **darf** **keine** **Erdbeeren** essen.

2. Max _____ _____ _____ trinken.

3. Mutti _____ _____ _____ essen.

4. Wir _____ _____ _____ essen.

5. Ihr _____ _____ _____ essen!

6. Ich _____ _____ _____ essen.

7. Du _____ _____ _____ trinken!

8. Wir _____ _____ _____ essen!

Anwendung

1 You will hear four radio ads trying to persuade you to do different things for your health and fitness. Match each of the summary statements below with one of the ads that you hear.

a. Du sollst so oft wie möglich Sport machen!

b. Man soll jeden Tag Obst und Gemüse essen!

c. Du sollst jeden Tag mindestens sieben Stunden schlafen!

d. Rauchen ist nicht gesund!

2 Read this letter to Dr. Müller-Meier, health columnist for the Dietzburger Zeitung. Then answer the questions below.

1. Warum schreibt Hans Giecht?

2. Was ist sein Problem?

3. Beschreib sein Leben!

3 As Dr. Müller-Meier's assistant, you often respond to the letters from his readers. Write a response to Hans Giecht, telling him what to do — or what not to do — in order to improve his health and regain his energy. Your response will appear in next Sunday's "Dietzburger Zeitung."

4 Your younger siblings look to you for advice. How often would you tell them to do or not to do the following?

> Sport machen
> Kuchen essen
> Obst und Gemüse essen
> Milch trinken
> rauchen
> Alkohol trinken
> schwimmen

5 You work as an assistant in a clinic. A student who hasn't been feeling well calls you to seek your advice. As he describes his symptoms, you fill out the following form for your records.

> Lieber Dr. Müller-Meier!
> Ich weiß nicht, was mit mir los ist! Vielleicht können Sie mir helfen. Ich fühle mich nie so richtig wohl — ich habe immer Kopfschmerzen, oder Magenschmerzen oder irgendetwas! Und das Schlimmste ist — ich habe überhaupt keine Energie! Ich bin Student an der Uni (ich studiere Germanistik), und ich muss jeden Tag lange am Schreibtisch sitzen und lesen und lernen. Ich brauche dafür viel Energie! Was soll ich tun? Ich esse genug, glaube ich — ich esse jeden Tag Brot, Nudeln, Fleisch — was es so eben in der Mensa gibt. Und ich rauche und trinke nicht viel. Ich rauche etwa fünf Zigaretten am Tag, und ich trinke ab und zu abends mit Freunden. Was soll ich tun, um meine Energie zurückzubekommen? Hilfe !!!
>
> Mit bestem Dank
> Hans Giecht

> Name: _____ Alter: _____ Beruf: _____
> Beschwerden: _____
> Diagnose: _____
> Empfehlung: _____

6 Zum Schreiben

You write a health column for the *Salzburger Nockerl Zeitung* and this week you are describing an ideal diet for a teenager. You give advice about what, how much, and how often a teenager should eat.

Schreibtipp Doing Research

In order for your article to be factual, you might want to interview the health or home economics teacher at your school or consult health and nutrition books in your school library. Take brief notes on 3 × 5 cards and include your source on each card.

Vorbereiten

After gathering your information, you need to organize it in a **logical manner**. Decide whether you want to recommend foods as sources of protein, carbohydrates, and fats, or whether you want to concentrate on a good day's or week's diet.

Ausführen

Start your paragraph with a **topic sentence,** which will introduce your subject and focus your writing. For instance, **Schüler müssen sich gut ernähren, denn sie brauchen viel Energie.** In order to convince students that they need to follow your diet, be sure to make it tempting by varying taste, color, and texture.

Überarbeiten

- After writing your paragraph, set it aside for a day and then reread it.
- Assess its strengths and weaknesses.
- Make changes, and then read your paper aloud, listening for confusing statements and awkward wording. Have a peer evaluate strengths and weaknesses of your paragraph.
- Revise, proofread, and submit your paragraph to your teacher.

7 Rollenspiel

Do the following activity with a partner or small group.

You work for a German marketing firm and need some good ideas for health-related advertisements to send to your firm back in Germany. Make a list of commercials you see on American television or hear on American radio that reflect health and fitness consciousness. Write down the ad (or the product being advertised) and, in German, tell what the health problem is and the basic message related to its cure. With your partner or group, select the commercial that you think is most effective, write it in German, and present it to the class. Use props and sound effects to make your commercial more interesting and fun. The rest of the class can serve as the "advisory board" in your German firm and select the commercial that they would most like to show on German television.

Kann ich's wirklich?

Can you express approval? (p. 100)

1 How would you react if your friend told you that he or she
 a. lives in a healthy way?
 b. eats properly?
 c. exercises regularly?

Can you express disapproval? (p. 100)

2 How would you react if your friend told you that he or she
 a. does not live in a healthy manner?
 b. does not get enough exercise?
 c. doesn't eat right?
 d. gets too little sleep?

Can you ask for information and respond to a question emphatically? (p. 107)

3 How would someone ask you if you
 a. play sports?
 b. eat correctly?
 c. exercise?

4 How would you respond emphatically to the questions in Activity 3 by saying that you
 a. play sports every week?
 b. eat fruit and vegetables every day?
 c. exercise every morning?

Can you agree with reservations? (p. 107)

5 How would you respond in the following situations?
 a. Your mom accuses you of eating too much chocolate, but you know that you also eat a lot of fruit.
 b. Your friend tells you that you watch too much television, but you also exercise three times a week.
 c. Your doctor says that you eat too much meat, but you tell him that you eat only lean meat.

Can you ask and tell what you may and may not do, using dürfen? (p. 110)

6 How would you tell someone that you
 a. may not eat meat?
 b. may not drink alcohol?
 c. may eat cheese?
 d. may not eat chocolate because you are allergic to it?

Erste Stufe

Expressing approval

Es ist prima, dass ...	It's great that ...
Ich finde es toll, dass ...	I think it's great that ...
Ich bin froh, dass ...	I'm happy that ...
Ich freue mich, dass ...	I'm happy that ...

Expressing disapproval

Es ist schade, dass ...	It's too bad that ...
Ich finde es nicht gut, dass ...	I think it's bad that ...

For your health

sich fit halten	to keep fit
sehr gesund leben	to live in a very healthy way
sich ernähren richtig	to eat and drink proper(ly)
viel für die Gesundheit tun	to do a lot for your health

vernünftig essen	to eat healthy foods
genügend schlafen er/sie schläft	to get enough sleep he/she sleeps
Gymnastik machen	to exercise
keinen Alkohol trinken	not to drink alcohol
die Sonne vermeiden	to avoid the sun
nicht rauchen	not to smoke
viel Obst essen	to eat lots of fruit
jeden Morgen joggen	to jog every morning
Rad fahren (sep)	to bicycle

Where?

an der Schule	at school
in der Klasse	in class
in der Clique	in the clique

in dieser Stadt	in this city
in der (Basketball-) mannschaft	on the (basket-ball) team

Talking about how you feel

sich fühlen	to feel
ganz wohl	extremely well
sehr, nicht, nicht sehr wohl	very, not, not very well
überhaupt nicht wohl	not well at all
großartig	wonderful
super-toll	really great

Reflexive pronouns, accusative case

mich	myself
dich	yourself
sich	herself, himself
uns	ourselves
euch	yourselves
sich	themselves, yourself, yourselves

Zweite Stufe

Asking for information

Ich habe eine Frage: ...	I have a question: ...
Sag mal, ...	Tell me, ...
(Essen Sie) eigentlich ...?	Do you really (eat) ...?
Wie steht's mit ...?	So what about ...?
Darf ich euch etwas fragen?	May I ask you something?

Responding emphatically

Ja, natürlich!	Certainly!
Na klar!	Of course!
Doch!	Yes, I do!

Agreeing with reservations

Ja, das kann sein, aber ...	Yes, maybe, but ...
Das stimmt, aber ...	That's true, but ...

Eigentlich schon, aber ...	Well yes, but ...

When?

selten	seldom
meistens	most of the time
gewöhnlich	usually
normalerweise	normally
wenig	little

Dritte Stufe

Food items

die Speise, -n	food
der Blumenkohl	cauliflower
der Brokkoli	broccoli
die Möhre, -n	carrot
der Pilz, -e	mushroom
die Kirsche, -n	cherry
die Aprikose, -n	apricot
die Erdbeere, -n	strawberry
die Blaubeere, -n	blueberry
die Forelle, -n	trout
das Rindfleisch	beef

das Huhn, ¨-er	chicken
der Reis	rice

Saying why you don't eat something

hat zu viel Fett	has too much fat
hat zu viele Kalorien	has too many calories
macht dick	is fattening
es schmeckt mir nicht	it doesn't taste good
allergisch sein gegen	to be allergic to

nicht gut für die Gesundheit	not good for your health
ungesund	unhealthy
alles	everything

Asking or telling what you may or may not do

dürfen	to be allowed to, may (for the forms of dürfen, see page 111.)

Objectives

In this chapter you will learn to

Erste Stufe

- express regret and downplay
- express skepticism and make certain

Zweite Stufe

- call someone's attention to something and respond

Dritte Stufe

- express preference and strong preference

◀ Tofu mit Sojasprossen! Lecker!

Los geht's! · *Wiebkes Pausenbrot*

DVD VIDEO

Strategie Verstehen

Look at the images for this story. In how many different places does the story take place? What do you think the students are talking about?

 Nicolas   **Wiebke**   **David**   **Thorsten**

Am Helene-Lange-Gymnasium in Hamburg können sich die Schüler in der Pause etwas zu essen und zu trinken kaufen. Alles ist gut, gesund und billig. Die „Verkäuferinnen" sind nämlich die Mütter der Schüler. Sie kaufen alles billig ein, sie bereiten die belegten Brötchen vor und stehen dann auch hinter der Theke.

1

Maike:	Ein Salamibrötchen, bitte!—Danke!
Nicolas:	Ich nehme heute mal einen Joghurt.
Thorsten:	Ein Eibrötchen!
Frau:	Eibrötchen gibt es heute nicht.
Thorsten:	Dann nehm ich eine Banane.
David:	Ich möchte eine Milch und ein Quarkbrötchen, bitte.

2

Nicolas: Was isst du denn da, Wiebke?

Wiebke: Das ist mein Pausenbrot. Das hab ich mir mitgebracht.

Nicolas: Und was hast du denn da auf dem Brot?

Wiebke: Guck mal! Lecker, nicht?

3

Nicolas: Und was soll das da sein für ein Gemüse?

Wiebke: Tofu mit Sojasprossen!

Thorsten: Igitt! Du isst wohl vegetarisch, was?

Wiebke: Nö, nicht unbedingt. Manchmal ess ich auch Fleisch.

Heute morgen beim Frühstück

4

Mutter: Ich hab hier noch ein Ei, Wiebke. Willst du es?

Wiebke: Nein, danke! Gib es doch dem Bernie! Aber ich nehme jetzt noch ein Stück Brot mit … hm …

Mutter: Hier ist Honig, Marmelade, Wurst …

Wiebke: Ich nehme mir eine Scheibe Wurst. Der Aufschnitt sieht echt prima aus.

5

Wiebke: Tofu ist gesund, Thorsten! Willst du mal probieren?

Thorsten: Hm, wirklich prima! Fast wie Quark.

6

Nicolas: Schaut mal da, der David! Du, David, wie willst du denn das alles essen? Da brauchst du ja drei Hände!

David: Einfach: Die Flasche in die Tasche; die Schokolade in die andere Tasche, und jetzt hab ich meine Hände frei für mein Quarkbrötchen.

Einmal hat Wiebke für ihre Freunde ein prima Mittagessen gemacht.

7

David: Was ist das für eine Suppe?

Wiebke: Eine Gemüsesuppe. Kommt aus dem Kühlschrank! Es ist ein Fertiggericht, man braucht sie nur noch aufwärmen.

David: Hm, gut! Ich mag Gemüse.

Wiebke: Welches Gemüse magst du am liebsten?

David: Eigentlich alles. Nur Spinat mag ich nicht.

Wiebke: Mensch, da bin ich aber froh, dass ich keinen Spinat gemacht habe.

8

Wiebke: Und dann gibt es Huhn, mit Nudeln oder Reis. Hier ist die Soße. Ach ja, und dann gibt es noch Salat, Kopfsalat mit Tomaten. —Und zum Nachtisch gibt es Obst. Und nun wünsch ich euch einen guten Appetit!

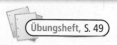
Übungsheft, S. 49

1 Was passiert hier?

Verstehst du alles, was diese Leute sagen? Beantworte die Fragen!

1. When do the students buy something to eat and drink? Who sells it to them?
2. What does Thorsten ask for? What does he buy? Why?
3. What does Wiebke have on her sandwich?
4. What did Wiebke have for breakfast?
5. What did Wiebke serve her friends the day she made lunch for them?

2 Genauer lesen

Lies den Text noch einmal, und beantworte diese Fragen!

1. Was hat Wiebke von zu Hause mitgebracht?
2. Was isst Wiebke zum Frühstück?
3. Wie findet Thorsten den Tofu?
4. Was isst David alles?
5. Was hat Wiebke für ihre Freunde nicht gemacht?
6. Welches Gemüse mag David nicht?

3 Stimmt oder stimmt nicht?

Wenn der Satz nicht stimmt, schreib die richtige Antwort!

1. Thorsten kauft ein Eibrötchen.
2. Das Eibrötchen kostet zwei Euro.
3. Wiebke hat Tofu mit Sojasprossen auf ihrem Pausenbrot.
4. Wiebke isst immer vegetarisch.
5. Auf ihrem Frühstücksbrot hat sie immer Honig.
6. Thorsten probiert den Tofu.
7. Wiebke braucht die Gemüsesuppe nur aufwärmen.
8. David mag jedes Gemüse.

4 Was passt zusammen?

Welche Sätze auf der rechten Seite passen zu den Sätzen auf der linken Seite?

1. Die Eibrötchen sind leider alle.
2. Du isst wohl nur vegetarisch?
3. Willst du mal den Tofu probieren?
4. Die Suppe schmeckt gut!
5. Was gibt's heute zum Mittagessen?

a. Dann nehme ich eben eine Banane.
b. Das ist ein Fertiggericht, kommt aus dem Kühlschrank.
c. Huhn mit Nudeln und Reis.
d. Hm, lecker! Fast wie Quark.
e. Nein, manchmal esse ich auch Fleisch und Wurst.

5 Und du?

Beantworte die Fragen!

1. Kaufst du dein Essen in der Schule, oder bringst du etwas von zu Hause mit?
2. Isst du nur vegetarisch?
3. Hast du schon mal Tofu mit Sojasprossen gegessen? Wie hat er dir geschmeckt?
4. Magst du Spinat?
5. Was kostet die Milch in deiner Schule?

Was isst du, was nicht?

CD-ROM
DISC 2

DVD
VIDEO

Übungsheft,
S. 50, Ü. 1

We have asked people from around Germany and Austria what kinds of food they usually eat and why. Before you read the responses, think about the most popular and unpopular foods in the United States. What do most teenagers like? Listen to the interviews, then read the texts.

Jens und Sabine, Berlin

Sabine: „Ich esse gerne Nudeln, Gemüse, Obst, besonders in Aufläufen, sehr gern auch Reisgerichte. Risotto schmeckt sehr gut."

Jens: „Ja, und wir haben uns gerade ein Buch gekauft über italienische Nudelgerichte. Und weil wir sehr gerne kochen, vor allem italienisch, wollen wir es mal ausprobieren."

Heidemarie, München

„Also, ich mag die italienische Küche und die chinesische Küche, und auch also chinesisch, weil das ist, das ist manchmal sehr interessant, hat 'nen interessanten Geschmack. Und nicht so gern ess ich Meeresfrüchte und so was mit Meeres …Fisch und so zu tun hat."

Gerhard, St. Ulrich

„Essen tu ich alles sehr gern, bis auf Innereien, Fisch weniger. Mehlspeisen, die mag ich überhaupt sehr gern. Alles, was so Hausmannskost ist, ist alles gefragt."

A. 1. Which person mentions "home cooking" as his or her favorite? What might a typical home-cooked meal in Germany look like? What do you think **Innereien** are, judging by the sound of it? If **Meer** means *sea* or *ocean*, what do you think **Meeresfrüchte** means? Read the interviews again and make a list of the different kinds of foods mentioned. Which foods do people say they like? Which don't they like?

2. Make a list of popular and unpopular foods in the United States. Are there any similarities between the two cultures with respect to food?

B. Both in Germany and Austria it is considered good manners to leave your lower arm (the one you're not eating with) on the edge of the table. It is also polite to eat with your fork in your left hand while holding your knife in your right hand. When your host is serving you food or a drink, you should let him or her know when to stop by saying **Danke!** Otherwise your host will keep on pouring!

Wortschatz

Was gibt es heute in der Pause? Und wie teuer ist es?

Milch

Kakao

Milchverkauf

Hier

Achtung!!

Neue Milchpreise

Milch : 0,65
Kakao : 0,70
Vanille : 0,70
Joghurt : 0,40

VANILLE-MILCH

Vanillemilch

KIRSCH-JOGHURT

Joghurt

Brötchenpreise

1 Salamibrötchen : 0,70
1 Käsebrötchen : 0,70
1/2 Quarkbrötchen : 0,30
1/2 Eibrötchen : 0,50
   nicht täglich

OBST

Banane...0,20
Apfel......0,10
Birne...0,10

Welche von diesen Speisen und Getränken kannst du an deiner Schule kaufen? Was kosten sie?

Grammatikheft, S. 37, Ü. 1

---

6 **Was kaufen sich die Schüler?**

Zuhören/Schreiben Vier Schüler kaufen sich in der Pause etwas zu essen und zu trinken. Schreib auf, was jeder kauft und was das kostet! Wie viel hat jeder Schüler ausgegeben?

	Was?	Wie viel?	insgesamt
1			
2			

Ein wenig Landeskunde

Am Helene-Lange-Gymnasium in Hamburg sorgen die Mütter der Gymnasiasten dafür, dass sich ihre Söhne und Töchter in den beiden Pausen etwas zu essen und zu trinken kaufen können, was gut, nahrhaft und auch billig ist. Und das ist nur möglich, weil die Mütter die Speisen und Getränke preisgünstig einkaufen und die belegten Brötchen selbst vorbereiten. Auch Obst ist immer reichlich vorhanden.

---

7 **Und du? Was möchtest du?**

Sprechen Was möchtest du in der Pause essen und trinken? Wähl einige Sachen aus! Du hast nur zwei Euro dabei. Sag deinen Mitschülern, was du möchtest! Wie viel Geld bekommst du zurück?

Expressing regret and downplaying

When you need to express regret, you could say:

Ich bedaure, die Eibrötchen sind alle.
Es tut mir Leid, die Milch kostet jetzt 70 Cent.
Was für ein Pech! Kein Joghurt mehr.
Ich hab **leider** nur Quarkbrötchen.

To respond to an expression of regret and to downplay your response, you could say:

Das macht nichts!   or   **Schon gut!**   or   **Nicht so schlimm!**

To indicate you'll do something else instead, use **eben** or **halt.**

Dann nehm ich **eben** ein Salamibrötchen.
Dann trink ich **halt** ein Mineralwasser.

Which of the expressions of regret sounds the most formal? The least formal? How would you express the last two statements in English?

> Übungsheft, S. 51, Ü. 1
>
> Grammatikheft, S. 37, Ü. 2

---

8 ### Es tut mir Leid!

Sprechen Together with a partner, choose a store that specializes in something, for example, food, clothing, musical instruments, furniture, pets, or gifts. See pages R12–R19 for additional vocabulary. Bring in photos or props of things that your shop sells. Your partner will make a shopping list of things she would like to buy at your store. Your partner asks if you have the things on her list. If you happen to be out of stock, express your regret and give a reason why. Your partner then responds, downplaying her response. Role-play your conversation in front of the class.

9 ### Was ist im Kühlschrank?

Zuhören/Schreiben Listen as four children ask their parents about what there is in the refrigerator to eat. Write down which children are satisfied with the parent's answer (and decide to have something else), and which are not.

SPRACHTIPP

Remember that when you ask for certain quantities, you do so by weight: **200 Gramm Wurst, bitte!** How would you ask for two pounds of plums? One kilogram of potatoes?[1]

10 ### Was für ein Pech!

Sprechen Such dir einen Partner! Stell dir vor, du bist auf einem Marktplatz, wo es gewöhnlich alles zu kaufen gibt! Aber jetzt ist es Samstagnachmittag, so um halb zwei. Vieles ist schon alle, denn die Stände machen um zwei Uhr zu. — Du bist jetzt der Verkäufer, dein Partner kauft bei dir ein. Tauscht dann die Rollen aus! Gebraucht die Wörter im Kasten, wenn ihr wollt!

Brokkoli	Möhren	Aprikosen
Zwetschgen	Blaubeeren	Erdbeeren
Wurst		Käse
Äpfel	Birnen	Kartoffeln

---

1. **Ich möchte bitte zwei Pfund Zwetschgen.
Ein Kilo Kartoffeln, bitte!**

Expressing skepticism and making certain

Grammatikheft, S. 38, Ü. 3–4

You may be skeptical about something you see or hear. You could say:

Was soll denn das sein, dieser Quark und dieses Gemüse?

You want to make certain and ask:

Du isst wohl vegetarisch, **was?**
Du isst wohl viel Fleisch, **ja?**
Du magst Joghurt, **oder?**
Du magst doch Quark, **nicht wahr?**

What do you think the first question means? How would you express this idea in English? What could **dieser** and **dieses** mean? How does adding a question (such as **was?**) at the end of the four statements change their meaning? How is **nicht unbedingt** different from the other responses?[1]

An answer may be:

Das ist Tofu, und das sind Sojasprossen.

And the response might be:

Ja! *or* **Nein!**
Nicht unbedingt!
Na klar!
Sicher!

Was soll denn das sein, dieses Gemüse?

The demonstrative **dieser**

1. **Dieser, diese, dieses** *(this)*, and **diese** *(pl) (these)* are called demonstratives. They are used to indicate specific items.

    Was soll denn das sein, **dieses Gemüse?**
    Kann ich bitte **diesen Apfel** haben?

2. **Dieser** has the following forms:

Mehr Grammatikübungen, S. 142, Ü. 1–3

Übungsheft, S. 51–53, Ü. 2–7

Grammatikheft, S. 39, Ü. 5–7

	Masculine	Feminine	Neuter	Plural
Nominative	dieser	diese	dieses	diese
Accusative	diesen	diese	dieses	diese
Dative	diesem	dieser	diesem	diesen

What other group of words that you have learned has similar endings?[2]

---

1. **nicht unbedingt** means *not necessarily* and leaves open the possibility the statement could be true.
2. The definite articles **der, die, das** have the same endings, as well as **jeder.**

11 **Grammatik im Kontext**

 Schreiben Schreib diese Sätze ab, und setz dabei die richtigen Endungen ein! Vergleiche dann deine Sätze mit den Sätzen eines Partners!

A: Dies ═══**1**═══ Eibrötchen sehen lecker aus! Schau!

B: Stimmt! Ich nehme dies ═══**2**═══ Brötchen, denn auf dies ═══**3**═══ Brötchen liegt mehr Ei drauf!

A: Hm, dies ═══**4**═══ Pausenbrot sieht gut aus! Dies ═══**5**═══ Sojasprossen, prima! Aber was ist denn dies ═══**6**═══ Pudding da drunter?

B: Dies ═══**7**═══ Pudding ist Tofu!

A: Willst du mal probieren? Dies ═══**8**═══ Schokolade schmeckt echt prima.

B: Nein, danke! Dies ═══**9**═══ Apfel schmeckt auch sehr gut.

A: Was ist in dies ═══**10**═══ Flasche, David? Orangensaft? Darf ich mal probieren?

B: Hm, dies ═══**11**═══ Saft schmeckt lecker. Dies ═══**12**═══ Orangensaft kauf ich mir auch!

12 **Was isst du denn heute?**

Zuhören Three students are asking their friends about the snacks they brought to school. Each also asks his or her friends about their eating habits. Match each of the friend's eating habits with the most appropriate photo below.

 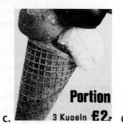   

a.　　　　b.　　　　c.　　　　d.　　　　e.

13 **Schreib mal eine Geschichte!**

 Schreiben Was sagt Calvin zu seinem Vater? Calvin betrachtet skeptisch, was auf seinem Teller ist. Schreib Sätze, die in die Sprechblasen passen!

CALVIN AND HOBBES © Watterson. Reprinted with permission of UNIVERSAL PRESS SYNDICATE. All rights reserved.

14 **Sprechen** Take a minute and draw on a piece of paper an item of food that you especially like to eat. Your partner, quite skeptical in nature, asks what it could be. After you tell what it is, she can make a general assumption about your eating habits, giving the statement one of the question tags from the **So sagt man das!** box. Switch roles.

15 **Für mein Notizbuch**

 Schreiben Was gibt es in deiner Schule zu essen und zu trinken? Was kaufst du, und was kostet das? Was bringst du von zu Hause mit? Oder isst du nur in der Schulcafeteria?

Zum Lesen

Wo ruht ihr euch aus?

Getting Started

1. Read the introduction to this article from JUMA. What and who is the focus of the article?

2. Where do you go when you want to get away? What do you like to do there to relax? Do **Ruhe** and **ungestört sein** play a role in your choice?

3. Scan the articles on these pages to find the favorite place for each student. Which place do you think was the most predictable? And the most unusual?

Hier hab ich meine Ruhe

Mal ganz für sich alleine sein, in Ruhe nachdenken oder lesen. Nicht gestört werden und machen können, was man will. Oder ganz einfach überhaupt nichts tun müssen, herumsitzen und an gar nichts denken. Das alles sind Dinge, die Jugendliche von ihrem Lieblingsplatz erwarten.
Sehr viele verschiedene Aspekte sind ihnen wichtig. Genauso wie jeder von ihnen einen ganz bestimmten Platz hat, wohin er sich am liebsten zurückzieht. Dabei ist erstaunlich, wie unterschiedlich diese sein können: Billardsalon oder Café, ein Baum im Wald, ein Strand am Meer, das eigene Zimmer, der Keller im Elternhaus, der Trainingsraum im Fitneß-Studio, eine Bibliothek, die Garage, das Büro, die Schulaula...JUMA stellt Euch vier Jugendliche und ihre Lieblingsplätze vor.

Markus (18), Student: „Ich mag dieses Café. Es ist etwas abgelegen, und darum kommen nicht so viele Leute hierher. Das ist genau das Richtige für mich – man ist relativ ungestört. Ich komme zwei bis dreimal pro Woche ins Café. Was ich hier liebe, ist die Atmosphäre: Gedämpftes Licht, schöne alte Möbel, ruhige Leute, das Rascheln von Zeitungen.
Ich trinke Tee oder Kaffee, denke nach, lese Zeitungen oder ein Buch. Ich habe hier auch schon mal versucht, Gedichte zu schreiben. Vielleicht probiere ich es noch einmal. Ob ich gut bin, weiß ich nicht, aber es macht Spaß und lenkt ab. Die Umgebung inspiriert mich jedenfalls.
Wie lange ich hier durchschnittlich sitze, kann ich eigentlich nicht so genau sagen. Mindestens eine Stunde, manchmal auch zwei Stunden. Am schönsten ist es, wenn ich genau weiß, daß ich am Nachmittag nichts mehr machen muß. Dann genieße ich meine Zeit so richtig."

Nicole (19), Handelsschülerin: „Mein Lieblingsplatz ist ein alter Turm im Stadtwald. Meistens gehe ich nach der Berufsschule dorthin. Am meisten genieße ich die Ruhe rund um den Turm. Nur wenige Leute kommen wochentags hierher.
Ich kann dort ungestört über alles mögliche nachdenken – über mich selbst, meine Freunde oder über Streß in der Schule. Ab und zu nehme ich auch unseren Hund mit. Auch wenn es verrückt klingt – manchmal unterhalte ich mich dann mit ihm. Ich stelle mir halt vor, daß er mir zuhört.
Dann gibt es Tage, da sitze ich hier und denke über gar nichts nach. Ich genieße einfach die Sonne und freue mich, daß es hier im Wald so schön ist.
Am meisten liebe ich den Platz im Frühling, wenn es grün wird und sich der Wald jede Woche verändert."

6 JUMA

Christian (16), Schüler: „Mein Lieblingsplatz ist vielleicht ein bißchen ungewöhnlich. Ich sitze gerne im Schülervertretungs-Büro unserer Schule. Man denkt vielleicht, daß hier viel los ist – ein ständiges Kommen und Gehen von Schülern, deren Interessen wir vertreten sollen – aber das ist gar nicht so. Am liebsten bin ich in den Pausen hier. Draußen toben die Schüler, hier im Büro ist es ruhig. Ich kann nachdenken, mich zwischen den Stunden ein bißchen entspannen. Wenn wir Post von Schülern haben, lese ich deren Briefe. Das lenkt auch von eigenen Problemen ab – man denkt über die Lage seiner Mitschüler nach.

Manchmal verschönere ich auch den Raum ein bißchen, hänge Plakate, Poster und Fotos auf. Auch dabei entspannt man sich, finde ich. Wenn ich hier aus dem Büro komme, habe ich eigentlich immer gute Laune. Und das ist der Zweck eines Lieblingsplatzes, denke ich."

Tanja (19), Auszubildende: „Mein Lieblingsplatz? Ganz einfach: Das ist mein eigenes kleines Zimmer unter dem Dach. Den Raum habe ich seit rund vier Jahren. Davor hatte ich zusammen mit meinen Schwestern ein Zimmer. Das war manchmal ganz schön eng.

In meinem Zimmer bin ich sehr gerne. Besonders dann, wenn ich Ärger an meiner Arbeitsstelle hatte. Ich will dann meine Ruhe haben. Je nach Stimmung liege ich auf meinem Bett, tue gar nichts oder höre Musik per Kopfhörer. Ab und zu lese ich auch, um auf andere Gedanken zu kommen – meistens nichts „Hochgeistiges". Am liebsten so ein paar richtig schöne Liebesromane mit Happy-End.

In den Ferien bummele (herumbummeln: umgangssprachlich für „etwas langsam machen") ich hier oben herum. Lange ausschlafen, meine Flaschensammlung sortieren, alte Zeitschriften durchblättern – das ist richtig schön."

Die interessantesten Lieblingsplätze stellen wir im JUMA vor. Die Gewinner erhalten wertvolle Bücher.
Schreibt an:
Redaktion JUMA
Stichwort: Lieblingsplatz
Frankfurter Straße 40
51065 Köln

A Closer Look

4. Read the articles more carefully. For each student jot down key words and phrases that describe the place and his or her favorite activities.

5. Search each article for occurrences of **Ruhe, ruhig,** and **ungestört.** Carefully read the contexts in which these words occur. What, if anything, is the writer seeking peace from? Specific people? Specific situations?

6. Notice the words that express tone in the sentences. Look at the following pairs of sentences and determine how the words in bold print give the second sentence of each pair a slightly different tone.

   a. Das weiß ich nicht.
   Das weiß ich **eigentlich** nicht.

   b. Da sitze ich zwei Stunden.
   Da sitze ich **mindestens** zwei Stunden.

   c. Mein Zimmer war eng.
   Mein Zimmer war **ganz schön** eng.

7. Locate the phrase **ab und zu** in Tanja's statement. What do you think **ab und zu** means?

8. What do you think Nicole means when she says: **Auch wenn es verrückt klingt — manchmal unterhalte ich mich dann mit ihm.**

9. Jeder in der Klasse schreibt an JUMA, aber ohne Namensangabe. Beschreib deinen Lieblingsplatz, und was du da gern tust! Zeichne ein Bild dazu, oder mach ein Foto! Häng die Beschreibung und Zeichnung an die Wand. Die Klasse übernimmt die Rolle von der JUMA Redaktion. Wählt die interessantesten Lieblingsplätze aus!

Übungsheft, S. 54

Wortschatz

Was hast du denn auf dem Brot?

Margarine und Wurst, Aufschnitt   Quark mit Schnittlauch   Tofu mit Sojasprossen

Was für Marmelade?   **Was für Käse?**

Erdbeermarmelade   Schweizer   Tilsiter
Himbeermarmelade   Camembert

Und dann noch...

Erdnussbutter   Schinkensalat
saure Gurken   Eiersalat
Thunfischsalat   Mayonnaise

Was hast du gewöhnlich auf deinem Pausenbrot?

Übungsheft, S. 55, Ü. 1–2   Grammatikheft, S. 40, Ü. 8

---

16 Was ist auf dem Pausenbrot?

Zuhören/Schreiben Was haben die Schüler gewöhnlich auf ihrem Pausenbrot? — Schreib die Namen von den Schülern auf, und schreib neben den Namen, was jeder Schüler auf seinem Pausenbrot hat!

17 Also, das schmeckt mir!

Sprechen Was hast du gewöhnlich auf deinem Brot oder Sandwich? Sag es einem Mitschüler! Dann frag einen Mitschüler, was er gewöhnlich isst, und so weiter!

So sagt man das!

Calling someone's attention to something and responding

If you want to call someone's attention to something, you may say:

Schau mal!
Guck mal!
Sieh mal!
Hör mal!
Hör mal zu!

And the response may be:

Ja? Was denn?
Ja, was bitte?
Was ist denn los?
Was ist?
Was gibt's?

How would you say these expressions in English? Are there other similar expressions in English? How would you call two friends' attention to something? An adult's?

Grammatikheft, S. 40, Ü. 9

Ein wenig Landeskunde

What Germans eat for a particular meal probably differs somewhat from your own habits. For breakfast, **das Frühstück,** they might eat a grain cereal, **das Müsli,** but you will generally find fresh rolls, **Brötchen,** on every table. Germans like to spread butter on them, adding honey, cheese, or even slices of meat or sausage. A boiled egg is also common. Lunch, **das Mittagessen,** is typically the only warm meal of the day, and usually includes meat or fish, potatoes, and a salad. Closing out the day is **das Abendbrot (das Abendessen),** usually a cold, less heavy meal consisting of bread, cold cuts, cheese, salad, and maybe soup, or even some heated-up leftovers from lunch.

18 ### Was haben alle auf ihrem Pausenbrot?

Die Schüler freuen sich auf die Pause. Sie können miteinander sprechen und auch etwas essen. Lies, was diese Schüler fragen! Achte dabei genau auf die Wörter, die vor dem Wort „Pausenbrot" stehen! Was bedeuten diese Wörter?

SPRACHTIPP

There are regional differences in many expressions: **Schau mal!** is used more in the South, **Guck mal!** or even **Kuck mal!** in the North of Germany. **Sieh mal!** is standard but also more formal.

Ein wenig Grammatik

You learned in **Kapitel 4** that the prepositions **an** and **in** are followed by the dative case when the phrase indicates location. The same is true for the preposition **auf** (*on, on top of*). To express where something is, you can say:

> **Wo ist der Käse? Er ist schon auf meinem Brot.**

Germans also use **auf** when referring to what is *in* their sandwiches:

> **Und was willst du auf deinem Sandwich?**

(Übungsheft, S. 55, Ü. 3)

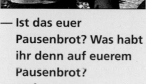

David isst jetzt sein Pausenbrot. Ich weiß, was er auf seinem Brot hat.

— Ist das euer Pausenbrot? Was habt ihr denn auf euerem Pausenbrot?
— Auf unserem Pausenbrot haben wir Käse, Schweizer Käse.

Wiebke isst ihr Pausenbrot. Weißt du, was sie auf ihrem Pausenbrot hat?

Die Schüler essen ihr Pausenbrot. Was haben sie denn auf ihrem Pausenbrot?

The possessives (Summary)

1. You have been using some possessives, such as **mein, dein, sein,** and **ihr.**
Here is a summary and the meaning of all of them.

Singular		Plural	
my	**mein**	*our*	**unser**
your	**dein**	*your*	**euer**
his, its	**sein**	*their*	**ihr**
her, its	**ihr**		
your, formal	**Ihr**	*your,* formal	**Ihr**

2. These are the endings you need when you use the possessives, using **mein** as a model.
What other group of words has the same endings?[1]

	Nominative **Das ist**	Accusative **Ich mag**	Dative **Was ist in**
masculine	**mein Kakao.**	**meinen Kakao.**	**meinem Kakao?**
feminine	Das ist **meine Milch.**	Ich mag **meine Milch.**	in **meiner Milch?**
neuter	Das ist **mein Brötchen.**	Ich mag **mein Brötchen.**	auf **meinem Brötchen?**
plural	Das sind **meine Brötchen.**	Ich mag **meine Brötchen.**	auf **meinen Brötchen?**

3. The dative plural of almost all nouns ends in **-n.**

   Was kaufst du deinen Freunde**n**?

4. If the plural form of the noun already ends in **-n,** no further **-n** is added.

   Was ist auf deinen Brötchen? (das Brötchen, die Brötchen)

Mehr Grammatikübungen,
S. 143, Ü. 4–5

Übungsheft, S. 56–57, Ü. 4–7   Grammatikheft, S. 41–42, Ü. 10–12

19 Grammatik im Kontext

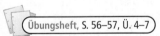

Schreiben Schreib, was alle auf ihren Brötchen haben! Gebrauche dabei die richtige
Form des Possessivpronomens!

A: David fragt Wiebke: „Was hast du auf ═══1═══ Brot?"

B: Wiebke antwortet: „Auf ═══2═══ Brot? Da hab ich Tofu drauf!"

A: David fragt die Lehrerin: „Was haben Sie auf ═══3═══ Brötchen, Frau Weber?"

B: „Auf ═══4═══ Brötchen? Nur Käse."

A: Wiebke fragt David: „Was hat Frau Weber auf ═══5═══ Brot?"

B: „Auf ═══6═══ Brot hat sie nur Käse."

A: David fragt Nicolas und Thorsten: „Was habt ihr auf ═══7═══ Brötchen?"

B: Thorsten antwortet: „Auf ═══8═══ Brötchen haben wir Quark mit Schnittlauch."

---

1. the indefinite articles **ein, eine, ein**

20 Mit wem sprechen sie?

Zuhören Hör die folgenden Gespräche während der Pause im Schulhof an! Entscheide für jedes Gespräch, ob der Schüler mit einem Freund, zwei Freunden oder einer älteren Person spricht!

	mit: einem Freund	zwei Freunden	einer alteren Person
1			
2			
3			

21 Ist das dein ...?

Sprechen Setzt euch in Gruppen von vier oder fünf Personen zusammen! Jeder muss einen oder mehrere Artikel von sich und von anderen Schülern in der Hand haben. Jetzt fragt ihr abwechselnd (*in turns*), wem das gehört.

Ist das dein ...?

Nein, das ist ihr ...

Ist das euer ...?

Das ist nicht mein ...

Heft Radiergummi Spitzer
Deutschbuch Taschenrechner Schultasche
Brille Pausenbrot Volleyball

22 Und auf eurem Sandwich?

Sprechen You and two friends are at an **Imbissstube** and want to order from the vendor. Unfortunately, it's very crowded and you have to order for your friends. Follow these guidelines:

a. the vendor asks for your order
b. you ask your friends for their wishes
c. they decide and one answers for both
d. the other friend asks you what you want
e. you tell the vendor all of your orders
f. the vendor repeats them

Was möchtest du auf deinem Sandwich?

Schinken Käse Quark
mit Tomaten Aufschnitt
Erdnussbutter Mayonnaise Marmelade
Senf Schnittlauch Butter Sojasprossen

23 Klar! Das ist mein ...

Schreiben/Sprechen Identify and make a list of several objects you see around you, marking down to whom each belongs. Then describe each item, saying "his/her/their/our ... is ..." Now go to various students and see if you were right about the ownership: „Das ist doch dein ...?"

24 Was planst du heute fürs Mittagessen?

Sprechen Fragt euch gegenseitig, ob ihr etwas zum Mittagessen mitgebracht habt oder ob ihr heute in der Cafeteria esst! Wenn du etwas mitgebracht hast, kannst du allen erklären „Schaut mal!" und zeigen, was du hast. Oder wenn du heute in der Cafeteria isst, dann sag ihnen „Hört mal zu!" und erkläre ihnen, was du dort essen willst!

Wortschatz

KAUFMANNS

Wir garantieren Qualität

Alle Angebote sind gültig ab Montag, den 3. September

TÄGLICH FRISCH

Trauben
aus Frankr.
kg **2.10**

frische Bohnen
kg **1.45**

Bananen
aus Guatem.
kg **1.49**

holländ. Möhren
kg **0.85**

Sauerkraut
aus dem Faß
kg **1.05**

Äpfel
Schwarzwald
kg **1.85**

TIEFKÜHLKOST AUS UNSERER FLEISCHABTEILUNG

Fischstäbchen
gefroren
300 g Packung **0.99**

Rindfleisch
mager
kg **4.99**

Pommes frites
1000 g Beutel **0.44**

Lamm
aus Austral.
kg **4.20**

Schweinefleisch
kg **3.80**

Gemüsesuppe
500 g Packung **1.13**

Rindersteak
zart, abgehangen
100 g **0.79**

Holl. Hühner
Kl. A
per kg **1.22**

Schnitzel
vom Schwein
100 g **0.62**

Spinat
gefroren
500 g Packung **0.89**

Schweinekoteletts
100 g **0.49**

IN UNSERER FISCHABTEILUNG

Heilbutt
100 g **0.70**

Forellen
100 g **0.65**

Karpfen
100 g **0.45**

Für Druckfehler keine Haftung!

Auf zu Kaufmanns!

Which of these foods do you recognize? Can you guess the meaning of words you don't know? What does **Tiefkühlkost** mean? Which food items confirm that? Which different places have shipped food to Kaufmanns? Which specialty stores would you go to if you didn't want to go to the **Supermarkt**?

Grammatikheft, S. 43, Ü. 13

25 ## Abendessen zu viert

a. Sprechen/Schreiben You and your partner are planning to invite two other friends to dinner and want to serve the following: a fish entrée, two vegetables, potatoes or noodles, and a fruit salad for dessert. Have a look at Kaufmanns' specials. With only ten euros, decide what and how much to buy of each thing (enough to feed four people). Make a shopping list.

b. Sprechen Go to Kaufmanns with your list. Your partner is the vendor. Order everything over the counter. Unfortunately, Kaufmanns is out of some things on your list. Downplay your disappointment and ask for a different item. Be polite!

Expressing preference and strong preference

(Grammatikheft, S. 43, Ü. 14)

When asking about someone's preference, you could ask:

And the answer may be:

Welche Suppe magst du **lieber?**
Nudelsuppe oder Gemüsesuppe?

Nudelsuppe mag ich **lieber.**

Welches Fleisch schmeckt dir **besser?**
Schwein oder Rind?

Rind schmeckt mir **besser.**

Asking for strong preference:

Welches Gemüse magst du **am liebsten?**
Welche Suppe schmeckt dir **am besten?**

Am liebsten mag ich Spinat.
Nudclsuppe schmeckt mir **am besten.**

---

26 Gespräche im Schulhof

Zuhören/Schreiben Im Schulhof sprechen einige Schüler über Essen und Trinken. Schreib auf, wer was lieber oder am liebsten isst, wem was besser oder am besten schmeckt!

27 Was schmeckt dir am besten?

Sprechen Such dir eine Partnerin! Frag sie, was ihr besser schmeckt! Du musst zwei Dinge nennen, und sie muss auswählen. Frag sie dann, was ihr am besten schmeckt! — Tauscht dann die Rollen aus!

Reis		Nudeln
Äpfel		Birnen
Fisch		Fleisch
Pudding		Joghurt
Tomaten	*oder*	Möhren
Kuchen		Eis
Schnitzel		Steak
Forelle		Karpfen

28 Eine Umfrage: Was schmeckt euch?

Schreiben/Sprechen Stellt euch vor, ihr müsst einen Brunch für alle Deutschschüler an der Schule organisieren! Was gibt es alles zu essen? Schreibt eure Gerichte auf ein Poster! — Vergleicht eure Poster und sagt, was euch besser und am besten schmeckt! Fragt auch euern Lehrer, was ihm besser schmeckt. Am Ende wählt ihr das schönste Poster aus.

Was schmeckt Ihnen besser, die Bohnen oder das Kraut?

Wem schmeckt das Rindfleisch?

Was schmeckt dir am besten?

Was schmeckt euch nicht?

Ein wenig Grammatik

There are some verbs that are always used with dative case forms, such as **gefallen.**

Dresden hat **mir** gut gefallen.

The verb **schmecken** can be used with or without a dative object.

Die Nudeln schmecken gut.
Die Suppe schmeckt **dem David.**
Die Soße hat **mir** nicht geschmeckt.

(Übungsheft, S. 58, Ü. 1–2)   Mehr Grammatikübungen, S. 144, Ü. 6

(Grammatikheft, S. 44, Ü. 15–17)

The interrogative welcher

1. The question word **welcher (welche, welches),** *which,* asks for specific information concerning two or more choices.

> **Welche Suppe möchtest du? Die Nudelsuppe oder die Gemüsesuppe?**

2. The interrogative **welcher** is used in front of nouns and has these forms:

	Masculine	Feminine	Neuter	Plural
Nominative	welcher	welche	welches	welche
Accusative	welchen	welche	welches	welche
Dative	welchem	welcher	welchem	welchen

Welcher Joghurt schmeckt gut? **Welches Obst** magst du?
Welchen Salat magst du am liebsten? Auf **welche Schule** gehen diese Schüler?
How would you express the last sentence in English? Of which word and forms does **welcher** remind you?[1]

Übungsheft, S. 59–60, Ü. 4–7   Grammatikheft, S. 45, Ü. 18

Mehr Grammatikübungen, S. 144, Ü. 7

---

29 ### Welches Obst magst du?

Sprechen Ask your partner which of these general categories of food he likes: **Fleisch, Salat, Fisch, Gemüse, Obst,** or **Wurst.** When your partner says he likes a certain category of food, find out which foods in that category he likes.

30 ### Grammatik im Kontext

a. Sprechen Behalte (*keep*) den gleichen Partner von Übung 29 und frag ihn, welche von zwei Speisen er lieber mag oder welche von zwei Speisen ihm besser schmeckt und warum!

Warum?

schmeckt mir am besten

ist gesund für mich   ist nicht so teuer

BEISPIEL	Du	Was magst du lieber, ====== oder ======?

PARTNER ======

Du Und welch-====== magst du am liebsten?

PARTNER ======

Du Und warum?

hat nicht so viele Kalorien

ist besser für mich

b. Schreiben Schreib jetzt drei Gespräche wie im Beispiel.

geht schnell zu kochen

Ein wenig Landeskunde

Für viele Deutsche besteht die Hauptmahlzeit noch immer aus einem warmen Mittagessen, das gewöhnlich zwischen 12 und 13 Uhr serviert wird. In kleineren Orten schließen die meisten Geschäfte zur Mittagszeit, und die Schulkinder kommen zu dieser Zeit von der Schule nach Hause. In größeren Betrieben gibt es Betriebskantinen, die ihren Angestellten eine kleine Auswahl an warmen Gerichten anbieten. Wer zu Mittag kalt essen möchte, der muss lange suchen, denn in Restaurants gibt es zur Mittagszeit keine kalte Küche.

---

1. dieser, jeder

The preposition **zu**

The preposition **zu** (*to*) is always followed by dative case forms. **Zu** and the definite articles **der** and **dem** contract to **zur** and **zum**.

> Ich gehe jetzt **zum Großvater**. (zu + dem = zum)
> Jetzt fahr ich immer mit dem Moped **zur Schule**. (zu + der = zur)
> **Zum Nachtisch** ess ich gewöhnlich Obst.
> Was gibt's heute **zum Abendessen**?

Zu has other meanings as well. Look at the last two sentences. Can you guess the meaning of **zu** in these sentences? Which other prepositions are always followed by the dative case?[1]

Mehr Grammatikübungen,
S. 144, Ü. 8

Übungsheft,
S. 58, Ü. 4–7

Grammatikheft,
S. 45, Ü. 19

---

31 ### Grammatik im Kontext

a. Sprechen Such dir eine Partnerin! Stell ihr diese Fragen! Dann fragt sie dich.

1. Was isst du gewöhnlich zum Frühstück?
2. Und was trinkst du zum Frühstück?
3. Was isst du meistens zum Mittagessen?
4. Was esst ihr gewöhnlich zum Abendessen?
5. Was esst ihr zu Hause zum Nachtisch?
6. Wenn es bei euch Fleisch gibt, was gibt es dazu?

b. Schreiben Schreib jetzt Antworten zu diesen Fragen.

> ein Stück Käse   eine Scheibe Wurst   ein Glas Milch   ein Stück Brot

---

32 ### Was ist das für ein ...?

Sprechen Du gehst mit einem deutschen Schüler durch einen Supermarkt in deiner Stadt. Er sieht sich alles an, weiß aber oft nicht, was das ist, und er hat viele Fragen. Du beantwortest sie. Gebrauch dabei die Wörter in den Kästen!

— Tauscht dann die Rollen aus!

> PARTNER **Was ist das für (ein ...) ...?**
> DU **Das ist ...**

SPRACHTIPP

When asking for a certain kind of information, you have been using the interrogative **was für ein**, as in:

> **Was für ein** Film ist das?

In colloquial German, the interrogative is often split:

> **Was** ist das **für ein** Film?
> **Was** ist das **für eine** Suppe?

Mehr Grammatikübungen,
S. 145, Ü. 9

Fragen

Suppe	Fleisch	
Kuchen	Eis	Gemüse
Salat	Brötchen	Joghurt
Marmelade	Fisch	Wurst

Antworten

Vanilleeis	
Karpfen	
Vollkornbrötchen	Käsekuchen
Salami	Erdbeermarmelade
Schweinefleisch	Gemüsesuppe
Spinat	Tomatensalat
Vanillejoghurt	

---

33 **Von der Schule zum Beruf**

Du arbeitest in einem Reformhaus (*health food store*), das Flugblätter (*flyers*) über gesunde Ernährung an seine Kunden verteilt. Du sollst das nächste Flugblatt schreiben.

---

1. bei, mit, nach, von

Erste Stufe

Objectives Expressing regret and downplaying; expressing skepticism and making certain

1 Du bedauerst, dass dir bestimmte Sachen nicht schmecken. – Schreib die richtige Form von **dieser** in die Lücken. (S. 130)

1. Ich habe leider nur noch _____ Joghurt.

2. Es tut mir Leid, _____ Joghurt kostet jetzt einen Euro.

3. Ich bedaure, dass _____ Erdbeeren nicht sehr süß sind.

4. Ich bedaure, _____ Fleisch schmeckt mir nicht.

5. Was für ein Pech! _____ Apfel ist zu sauer.

6. Es tut mir Leid, _____ Wurst ist schlecht. Ich kann sie nicht essen.

2 Du bist nicht sicher, was das ist. – Schreib die richtige Form von **dieser** in die Lücken. (S. 130)

1. Was soll denn das sein, _____ Gemüse da? — Du, _____ Gemüse da ist Spinat.

2. Was soll das sein, _____ Käse da? — Ja, _____ Käse da ist Tofu!

3. Was soll das sein, _____ Saft da? — Ja, trink mal _____ Saft! Gut, nicht?

4. Was soll das sein, _____ Butter da? — Na, _____ Butter da ist keine Butter.

5. Was soll das sein, _____ Wasser da? — Ja, _____ Wasser ist Mineralwasser.

6. Was soll das sein, _____ Möhre? — Ha, _____ Möhre ist eine Süßkartoffel!

3 Du bedauerst, dass du viele Dinge nicht essen oder trinken kannst. – Schreib die richtige Form von **dieser** und den Namen des Artikels in die Lücken. (S. 130)

BEISPIEL 1. Ich bedaure, dass ich _____ _____ nicht trinken kann.
Ich bedaure, dass ich **diese Milch** nicht trinken kann.

2. Ich kann leider _____ _____ nicht essen.

3. Es tut mir Leid, ich kann _____ _____ nicht essen.

4. Ich bedaure, dass ich _____ _____ nicht essen kann.

5. Ich kann leider _____ _____ nicht essen.

4 Was hast du und was haben deine Freunde auf dem Pausenbrot? – Schreib die richtige Form des Possessivpronomens (mein, dein, ihr, usw.) in die Lücken. **(S. 136)**

1. Schau mal, was ich auf _____ Brot habe! — Ja, sag mir doch, was du auf _____ Brot hast.

2. Guck doch mal, was die Wiebke auf _____ Pausenbrot hat! — Ja, sag doch, was sie auf _____ Pausenbrot hat!

3. Weißt du, was der David auf _____ Pausenbrot hat? — Du, ich denke, er hat Käse auf _____ Pausenbrot.

4. Schau mal, was wir auf _____ Pausenbroten haben! — Das interessiert mich nicht, was ihr auf _____ Pausenbroten habt.

5. Sieh mal, was Wiebke und Thorsten auf _____ Pausenbroten haben! — Du, sie haben Tofu mit Sojasprossen auf _____ Pausenbroten.

6. Herr Müller, was haben Sie denn auf _____ Brot? — Ganz einfach, ich habe Quark mit Schnittlauch auf _____ Brot.

5 Was habt ihr auf euren Pausenbroten? – Schreib was du auf dem Pausenbrot hast in die erste Lücke und die richtige Form des Possessivpronomens in die zweite Lücke. **(S. 136)**

BEISPIEL

1. Guck mal! Ich habe _____ auf _____ Pausenbrot.
   Guck mal! Ich habe **Käse** auf **meinem** Pausenbrot.

2. Schau! Die Wiebke hat _____ auf _____ Pausenbrot.

3. Sieh mal! Der Rolf hat _____ auf _____ Pausenbrot.

4. Was, du hast _____ auf _____ Pausenbrot?

5. Guck! Frau Wagner hat _____ auf _____ Brot.

Mehr Grammatikübungen

Dritte Stufe

Objective Expressing preference and strong preference

6 Du fragst deine Freunde, was ihnen gut schmeckt. – Schreib das richtige Pronomen oder das richtige Possessivpronomen in die Lücken. **(S. 139)**

1. Sag mal, Thorsten, was schmeckt _____ besser, Schweinefleisch oder Rindfleisch? — Hm, Rindfleisch schmeckt _____ besser.

2. Welche Suppe schmeckt _____ besser, Maike und David, Kartoffelsuppe oder Fischsuppe? — Kartoffelsuppe schmeckt _____ besser.

3. Und dein Vater, Wiebke? Welcher Käse schmeckt _____ besser, Camembert oder Tilsiter? — Ich denke, Camembert schmeckt _____ besser.

4. Und was schmeckt _____ Mutter besser, Brokkoli oder Blumenkohl? — Ich denke, Brokkoli schmeckt _____ Mutter besser.

7 Was isst du am liebsten? – Schreib die richtige Form von **welcher** in die Lücken. **(S. 140)**

1. _____ Gemüse isst du am liebsten? Und _____ Beeren?

2. _____ Fisch isst du am liebsten? Und _____ Fleisch?

3. _____ Joghurt isst du am liebsten? Und _____ Eis?

4. _____ Obst magst du am liebsten? Und _____ Gemüse?

5. _____ Reis magst du am liebsten? Und _____ Nudeln?

6. _____ Brot magst du am liebsten? Und _____ Kuchen?

8 Welche Beilagen *(side dishes)* isst du zu deinen Gerichten? – Such dir eine passende Präposition (plus Artikel) aus den Kasten aus und schreib sie in die Lücken. **(S. 141)**

zu	zum	zur

1. Schau mal, was es heute _____ Mittagessen gibt!

2. Also, ich esse gewöhnlich Obst _____ Nachtisch.

3. Was isst du _____ Schweinefleisch? Reis oder Kartoffeln?

4. Du, ich brauche ein Stück Brot _____ Suppe.

5. _____ Abendessen gibt es heute Fisch.

6. Was haben wir _____ Fisch? Nudeln oder Reis?

7. Sag, was gibt es _____ Forelle? Nur Brot?

9   Du möchtest wissen, was das alles ist. – Schreib je zwei Sätze für jede Abbildung und gebrauche dabei **was für ein** auf zwei verschiedene Arten, wie im Beispiel. **(S. 141)**

BEISPIEL

_____ _____ _____ _____ ist das?
Was <u>für</u> <u>eine</u> <u>Suppe</u> ist das? _oder_
_____ ist das _____ _____ _____
Was ist das **<u>für</u> <u>eine</u> <u>Suppe</u>?**

1. _____ _____ _____ _____ ist das ?
2. _____ ist das _____ _____ _____ ?

3. _____ ?
4. _____ ?

5. _____ ?
6. _____ ?

7. _____ ?
8. _____ ?

9. _____ ?
10. _____ ?

 1 Bernd und seine Familie sind heute Abend im **Café an der Elbe** zum Abendessen. Sie haben die Speisekarte gelesen und wollen bestellen. Hör ihrem Gespräch gut zu und schreib auf, was jedes Familienmitglied (Bernd, Vater, Mutter, Bernds Schwester Annette) mag, nicht mag, lieber mag und am liebsten mag! Stell deine eigene Tabelle her, und füll sie dann aus! Dann beantworte die Fragen!

1. Wer mag nur vegetarische Gerichte?

2. Wer trinkt wohl zu Hause am liebsten Saft? Was meinst du?

3. Glaubst du, dass die Annette auch Krabben mag? Warum oder warum nicht?

4. Glaubst du, dass Bernds Vater ein Stück Kuchen mit Sahne zum Nachtisch möchte? Warum oder warum nicht?

2 Lies diesen Text und beantworte die Fragen!

1. Hier sind einige Tipps für eine Party. Was für eine Party soll das sein? Woher weißt du das?

2. Was soll man nach der Kuchenschlacht (*run for the cake*) tun?

3. Was ist „Fleischsalat"? Was soll man mit dem Fleischsalat tun?

4. Was empfiehlt man hier zum Trinken? In welcher Jahreszeit soll man das servieren?

Wenn Kinder feiern ...

hat was los zu sein! Von klein auf wünschen sich Kinder Gäste, wenn sie Geburtstag haben: die Spielfreunde, die Kinder aus der Schule. Da sind Eltern gefordert, zu planen, zu organisieren, sich Spiele auszudenken und für Überraschungen zu sorgen, die eine Kinderparty zu einem richtigen Erlebnis machen.

Nach der Kuchenschlacht und dem Spielprogramm kommt Hunger auf — wetten daß? Gegen den gibt es:

Gefüllte Tomaten

Zutaten: 4 feste, mittelgroße Tomaten, wenig Salz, etwas Pfeffer, 200g Fleischsalat, 4 Scheiben Salatgurken, 4 Scheiben hart gekochte Eier, etwas leichte Mayonnaise, einige Salatblätter.

Zubereitung: Tomaten waschen, abtrocknen, einen Deckel abschneiden und vorsichtig mit einem Teelöffel aushöhlen. Die Innenräume mild würzen und gleichmäßig den Fleischsalat einfüllen. Jede Tomate mit einer Gurken- und Eischeibe belegen, den Tomatendeckel aufsetzen und mit einigen Tupfern

Mayonnaise versehen. Eine Platte mit gewaschenen Salatblättern auslegen, und die Tomaten daraufsetzen. Dazu steht aufgeschnittenes Stangenbrot bereit.

Was gibt es hier zu trinken? Kinder haben immer Durst, weil ihr Wasserhaushalt einen viel höheren Pegel hat als der von Erwachsenen. Im Sommer, wenn draußen gefeiert wird, gibt es leicht gekühlten Eistee, der mit Orangen- und Zitronensaft angereichert und mit Süßstoff oder wenig Zucker gesüßt wird. Außerdem empfiehlt sich — weil es irgendwie „erwachsen" wirkt — eine Früchte-Bowle.

Früchte-Bowle

Zutaten und Zubereitung: 200g Erdbeeren (auch aufgetaute Tiefkühlerdbeeren), 4 Kiwis, 1 kleine Melone, 4 Orangen, 4 EL Traubenzucker, 2 Päckchen Vanillezucker, Saft von 4 Zitronen, 1 Orangensaft, 2 Flaschen Mineralwasser.

Erdbeeren putzen und in Stückchen schneiden, das Fruchtfleisch der Melone herauslösen und ebenfalls stückeln, Orangen schälen, die Filets zwischen den Häuten herausschneiden. Alle Früchte in ein Bowle-Gefäß geben, mit den Zuckersorten bestreuen und etwa eine Stunde ziehen lassen. Dann mit Orangensaft und Mineralwasser aufgießen, noch einmal gut verrühren — und „Zum Wohl"!

3 Zwei Klassenkameraden und du, ihr plant eine Geburtstagsparty für kleine Kinder. Ihr macht die gefüllten Tomaten und die Früchte-Bowle. Zuerst müsst ihr einkaufen gehen. Schreibt zuerst eine Einkaufsliste! Dann geht ihr zu verschiedenen Geschäften. In jedem Geschäft spielt einer von euch die Rolle vom Verkäufer. Als Kunden seid ihr ab und zu nicht sicher, was verschiedene Sachen sind. Ihr müsst den Verkäufer danach fragen.

4

Zum Schreiben

Write an article for your school newspaper describing the best or worst holiday meal or holiday celebration you ever had.

> **Schreibtipp Arranging your ideas in a sequence** makes your writing easier for the reader to understand. When you write about a series of actions or events, it makes sense to arrange them according to the order in which they happened. Since this was a specific day on which exciting things happened, if you use a sequential arrangement you probably won't leave out notable events.

Vorbereiten

Use a **cluster diagram** to help you organize your memories of your holiday. Clusters might be labeled *People, Food, Activities, Gifts* (if it was a gift-giving occasion), and *Location*(s).

Ausführen

Begin your article with a **topic sentence**. This sentence should let the reader know what type of celebration it was, and how you felt about the day. Then go on to the first thing, second thing, etc. you did on that day. Write a few sentences about each activity and what made this day so special, or so especially bad.

Überarbeiten

• Check your spelling and proofread for errors.
• Print a revised copy of your article.
• Share your writing with your friends and decide who spent the best day.

Rollenspiel

Spiel mit drei Klassenkameraden die folgende Szene der Klasse vor!

Du und ein Freund, ihr habt eine kleine Imbissstube. Entwerft eine Speisekarte für alle Speisen, die ihr verkauft! Illustriert die Speisekarte! Die anderen zwei Schüler sind die Kunden bei euch. Sie müssen sich entscheiden (*to decide*), was sie essen und trinken möchten. Dein Partner oder du, ihr sagt, ob ihr diese Speise noch habt oder nicht. Die zwei Kunden sprechen darüber, was sie wollen und was für Speisen sie normalerweise essen.

Kann ich's wirklich?

Can you express regret and downplay something? (p. 129)

1 How would you tell someone that
  a. you're sorry that there isn't any more milk?
  b. you're sorry that **Salamibrötchen** now cost €1.10?
  c. he or she is out of luck — there isn't any more pudding?
  d. you unfortunately only have trout?

2 How would you respond to the above by saying that it doesn't matter or that it is all right?

3 How would you say that you'll just take a **Käsebrot** instead?

4 How would you ask a friend what in the world he has on his sandwich?

Can you express skepticism and make certain? (p. 130)

5 How would you make certain that
  a. your friend is a vegetarian?
  b. someone you know likes apples?
  c. someone you know likes chocolate milk?

6 How might the persons in 5a., 5b., and 5c. above respond to your questions?

Can you call someone's attention to something and respond? (p. 134)

7 How would you point something out to a friend? How would you tell him or her to listen?

8 How would you respond to the above and ask what is going on?

9 How would you ask someone
  a. what fish he or she eats often?
  b. what fruit there is?
  c. what soup costs EUR 1,90?

Can you express preference and strong preference? (p. 139)

10 How would you say that
  a. you like grapes?
  b. you prefer apples?
  c. you like bananas the best?

Erste Stufe

Expressing regret

Ich bedaure, …	I'm sorry, …
bedauern	to be sorry about
Was für ein Pech!	That's too bad!
Ich hab leider nur …	I only have …

Downplaying

(Das) macht nichts!	That's all right!
Schon gut!	It's okay.
Nicht so schlimm!	That's not so bad.

Adjusting

Dann nehm ich eben …	In that case I'll take …

Dann trink ich halt …	I'll drink … instead.

Expressing skepticism and making certain

Was soll denn das sein?	What's that supposed to be?
Du isst wohl vegetarisch, was?	You eat vegetarian, right?
Du isst wohl viel Fleisch, ja?	You eat a lot of meat, right?
Du magst Joghurt, oder?	You like yogurt, don't you?
Du magst doch Quark, nicht wahr?	You like quark, don't you?

Nicht unbedingt!	Not entirely!/ Not necessarily!

Food items

die Milch	milk
der Kakao	chocolate milk
die Vanillemilch	vanilla flavored milk
der Joghurt	yogurt
die Birne	pear

Other useful words and expressions

dies-	this

Zweite Stufe

Calling someone's attention to something and responding

Schau mal!	Look!
Guck mal!	Look!
Sieh mal!	Look!
Hör mal!	Listen!
Hör mal zu!	Listen to this!
Ja? Was denn?	Okay, what is it?
Ja, was bitte?	Yes, what?
Was ist?	What is it?
Was gibt's?	What is it?
Was ist denn los?	What's going on?

Food items

Was hast du denn auf dem Brot?	What do you have on your sandwich?
das Pausenbrot, -e	sandwich for class break

das Sandwich, -es	sandwich
die Margarine	margarine
der Quark	a soft cheese similar to ricotta or cream cheese
der Schnittlauch	chives
der Tofu	tofu
die Sojasprossen (pl)	bean sprouts
die Marmelade	marmalade
die Erdbeermarmelade	strawberry marmalade
die Himbeermarmelade	raspberry marmalade
der Schweizer Käse	Swiss cheese

der Tilsiter Käse	Tilsiter cheese
der Camembert Käse	Camembert cheese

Possessive pronouns

Ihr	your (formal, singular)
Ihr	your (formal, plural)
ihr	their
unser	our
euer	your (informal, plural)

Dritte Stufe

Expressing preferences and strong preferences

Welche Suppe magst du lieber?	Which soup do you prefer?
Rind schmeckt mir besser.	Beef tastes better to me.
Welches Gemüse magst du am liebsten?	Which vegetable is your favorite?
Welche Suppe schmeckt dir am besten?	Which soup tastes the best to you?

Talking about what you eat at meals

Zum Nachtisch ess ich …	For dessert I eat …
Zum Abendessen gibt es …	For dinner there is …
das Frühstück	breakfast

Food items

das Sauerkraut	sauerkraut
die Pommes frites (pl)	french fries
das Fischstäbchen, -	fish stick

der Heilbutt	halibut
das Rindersteak, -s	steak (beef)
das Schnitzel, -	cutlet (pork or veal)
das Schweinekotelett, -s	pork chop
das Schweinefleisch	pork
das Lammfleisch	lamb
die Traube, -n	grape
der Karpfen, -	carp

6
Gute Besserung!

Objectives

In this chapter you will learn to

Erste Stufe

- inquire about someone's health and respond
- make suggestions

Zweite Stufe

- ask about and express pain

Dritte Stufe

- ask for and give advice
- express hope

Visit Holt Online

go.hrw.com

KEYWORD: WK3 HAMBURG-6

Online Edition

◀ **Hast du dich verletzt, Nicolas?**

Los geht's! · *Was fehlt dir?*

DVD VIDEO

Strategie Verstehen
Look at the images for this story.
Where are the scenes taking place?
What do you think is the matter with
Maike? What do you think Maike's
friends are doing?

Nicolas **Maike** **David** **Thorsten** **Wiebke**

David und Thorsten sitzen im Alsterpark. Sie lernen zusammen ihre Englischvokabeln für den Englischtest.

Thorsten: Wollen wir aufhören?
David: Nie! Aber machen wir mal eine Pause!
Thorsten: Okay! Übrigens, wollen wir mal die Maike anrufen?
David: Klar! Die Maike, die war heute nicht in der Schule. Hoffentlich ist sie nicht krank.

①

Maike: Tag, Thorsten! Was gibt's?
Thorsten: Du warst heute nicht in der Schule. Ist was mit dir?
Maike: Mir ist nicht gut. Mir tut der Hals weh, und ich kann kaum schlucken.

②

Maike mit ihrer Mutter früh am Morgen

③

Mutter: Ich glaub, du hast Fieber. Du musst heute unbedingt zu Hause bleiben.
Maike: Aber ich hab heute eine Klassenarbeit!
Mutter: Ich mess mal, wie hoch deine Temperatur ist.

④

Maike: Mir ist so heiß!
Mutter: Mit Fieber kannst du nicht in die Schule gehen. Deine Stirn ist auch ganz schön heiß. 38,9, das ist ganz schön hoch!

Maike weiter am Telefon

Maike: Der Hals tut noch weh, aber es geht mir schon besser. Ich glaube, ich habe kein Fieber mehr.

Thorsten: Können wir etwas für dich tun?

Maike: Ihr könnt mir die Medizin aus der Apotheke holen, aus der Manstein Apotheke. Aber kommt erst vorher hier vorbei! Ihr müsst den Abholschein noch mitnehmen.

In der Apotheke

Apothekerin: Guten Tag! Ja bitte?

Thorsten: Einmal die Medizin für Johannsen, bitte! Hier ist der Abholschein.

Apothekerin: Einen Moment mal!

Thorsten: Danke! Bin ich Ihnen etwas schuldig?

Apothekerin: Nein, es war schon bezahlt. Tschüs!

Zu dieser Zeit sind Wiebke und Nicolas in einer Drogerie. Die beiden wollen sich später mit Maike, David und Thorsten treffen und Ball spielen.

Wiebke: Das ist meine Marke. Die nehme ich.

Nicolas: So eine große Tube?

Wiebke: Ja, nach jeder Mahlzeit putze ich mir meine Zähne. Schau! Da geht so eine Tube schnell weg.

Nicolas: Da, Sonnencreme, Schutzfaktor acht!

Wiebke: Das ist nicht hoch genug für mich. Meine Haut ist sehr empfindlich. Ich nehme gewöhnlich Schutzfaktor zwanzig.

Nicolas: Da, sogar fünfundzwanzig!

Wiebke: Das ist zu teuer.—Die nehme ich.

Verkäufer: Ja, danke schön!

Wiebke: Bitte schön!

Verkäufer: So.

Wiebke: Danke schön!

Verkäufer: Bitte schön! Wiedersehen!

Übungsheft, S. 61

1 Was passiert hier?

Verstehst du alles, was diese Schüler sagen? Beantworte die Fragen!

1. Warum rufen Thorsten und David die Maike an?
2. Warum will Maike heute in die Schule gehen? Warum kann sie nicht gehen?
3. Was machen Thorsten und David für Maike? Was müssen sie zuerst tun?
4. Was braucht Wiebke in der Drogerie? Warum braucht sie jeden Artikel?
5. Warum kauft Wiebke die Sonnenmilch nicht?

2 Genauer lesen

Lies den Text noch einmal und beantworte diese Fragen!

1. Was tut Maike weh?
2. Was kann sie kaum tun?
3. Was meint Maikes Mutter, was Maike hat?
4. Wo holen Thorsten und David die Medizin?
5. Was macht die Wiebke nach jeder Mahlzeit?
6. Welchen Schutzfaktor braucht Wiebke gewöhnlich?

3 Was passt zusammen?

Welche Ausdrücke auf der rechten Seite passen zu den Ausdrücken auf der linken Seite?

1. Maikes Hals tut ihr noch weh, aber
2. Du hast Fieber.
3. Maike war heute nicht in der Schule.
4. Schutzfaktor acht!
5. Du kannst mir die Medizin aus der Apotheke holen.
6. Machen wir mal eine Pause!

a. Hoffentlich ist sie nicht krank.
b. Okay!
c. es geht ihr schon besser.
d. Du musst unbedingt zu Hause bleiben.
e. Aber du brauchst erst den Abholschein.
f. Nicht hoch genug für mich.

4 Beschreibungen

Welche Beschreibung passt zu welcher Person?

1. Maike
2. Thorsten
3. David
4. Nicolas
5. Wiebke
6. Maikes Mutter

a. braucht eine große Tube Zahnpasta, weil sie sich nach jeder Mahlzeit die Zähne putzt.
b. will nicht mit dem Englischlernen aufhören, sondern will nur eine Pause machen.
c. misst Maikes Temperatur und sagt ihr, dass sie zu Hause bleiben muss.
d. hat heute Halsweh und geht nicht in die Schule.
e. will wissen, warum Wiebke so viel Zahnpasta braucht.
f. spricht mit Maike am Telefon und holt dann für sie die Medizin in der Apotheke.

5 Nacherzählen

Erzähle einem Partner, was in dieser Fotogeschichte passiert!

LANDESKUNDE · LANDESKUNDE

Was machst du, wenn dir nicht gut ist?

What do German students do when they don't feel well? Is it that different from what we do in the United States? Let's find out.

Übungsheft, S. 62, Ü. 1–3

Tim, Berlin

„Es kommt öfters vor, dass ich Magenprobleme habe, dass ich Magenkrämpfe habe. Und dagegen hab ich von meinem Arzt ein paar Tabletten bekommen, die ich dann also auch meistens nicht dabeihabe, also so schnell wie möglich nach Hause fahre und die Tabletten einnehme."

Birgit, Bietigheim

„Ja, so wenn's mir in der Schule halt schlecht wird, dann geh ich nach Hause, und ja, wenn halt, wenn ich jetzt stark krank bin, dann geh ich zum Arzt."

A. 1. Where does Birgit go when she is sick? What phrases does she use to describe how she feels?

2. What kind of problems does Tim describe? What does he do when he has this problem?

B. You may have heard that Germany has a national health-care system. Did you know that the first health-care system was introduced in Germany in 1883? Because of this long history, Germans have come to expect that every person has some kind of insurance. If you're an exchange student or visit Germany for any length of time, you are required to have insurance in order to stay in the country. For the average German, the amount paid for health insurance is relatively small. The government and employers carry much of the cost in this system.

C. What is the status of health-care reform in the United States? Do you think everyone should be insured? Who should pay for it? The individual, the government, or employers? Do you think America's tradition of individualism has influenced our views on this issue?

Wortschatz

Wie geht's dir denn? Was ist los mit dir?

CD-ROM DISC 2

Mir ist überhaupt nicht gut. Ich glaube, ich bin krank.

Ich habe Halsschmerzen. Ich kann kaum schlucken.

Ich fühl mich nicht wohl. Mir ist nicht gut.

Kopfschmerzen

Zahnschmerzen

Mir ist so schlecht. Ich habe Fieber.

Mir ist gar nicht gut. Ich hab eine Erkältung.

Ich hab Husten und Schnupfen.

Ohrenschmerzen

Bauchschmerzen

Übungsheft, S. 63, Ü. 1   Grammatikheft, S. 46, Ü. 1–2

6 Wie fühlen sich die Schüler?

Zuhören Vier Schüler erzählen, wie sie sich fühlen. Mach dir Notizen, dann beantworte die folgenden Fragen!

a. Wer hat Halsschmerzen?

b. Wer hat hohes Fieber?

c. Wer muss in die Apotheke gehen?

d. Wer fühlt sich heute wohl?

7 Was ist los mit dir?

Schreiben/Sprechen Was hast du, wenn du krank bist? Schreib auf, was du gewöhnlich hast und wie oft! Such dir dann einen Partner und fragt euch gegenseitig, was ihr manchmal habt!

oft	gewöhnlich	manchmal
ab und zu		nie

Inquiring about someone's health and responding

You have used the expression **Wie geht's?** to ask about general well-being. As a response to this question, you used such expressions as **Danke, gut! Danke, es geht! Nicht gut!** and **Miserabel!**

Here are some specific ways to inquire about someone's health.

You may ask:

> **Wie fühlst du dich?**
> **Wie geht es dir?**
> **Ist dir nicht gut?**
> **Ist was mit dir?**
> **Was fehlt dir?**

And the response may be:

> **Ich fühl mich wohl!**
> **Es geht mir nicht gut!**
> **Mir ist schlecht.**
> **Mir ist nicht gut. Ich bin krank.**
> **Nichts!**

If someone tells you that he or she is not doing well, you might say:

> **Ach schade!**
> **Gute Besserung!**
> **Hoffentlich geht es dir bald besser!**

How many dative pronouns do you recognize?

> Übungsheft, S. 63–65, Ü. 2–6
>
> Grammatikheft, S. 47, Ü. 3

---

8 **Wie fühlst du dich?**

Sprechen Such dir einen Partner! Frag ihn, wie er sich fühlt! Er sagt es dir. — Tauscht dann die Rollen aus! Dann beschreibt die beiden hier rechts!

9 **Was ist mit ...?**

Sprechen Such dir einen Partner! Dein Partner möchte wissen, was mit jemandem (*someone*) in der Klasse los ist, warum er so schlecht aussieht. Du sagst es ihm. — Tauscht dann die Rollen aus!

Ein wenig Grammatik

Schon bekannt

Remember to use the correct reflexive pronouns with **sich wohl fühlen.** It requires a reflexive pronoun in the accusative case. Can you name these pronouns?[1] How would you ask an older person how he or she feels? And two friends?[2]

Pay attention to the dative forms used with these phrases:

> Ist **dir** nicht gut?
> Nein, **mir** ist schlecht.
> Es geht **mir** nicht gut.

When using an adjective to describe how you feel, you use the dative pronoun **mir** to refer to yourself. When asking a friend or family member, you use **dir.**

Mehr Grammatikübungen, S. 170, Ü. 1–3 →

---

1. **mich, dich, sich, uns, euch** 2. **Fühlen Sie sich wohl? Fühlt ihr euch wohl?**

Ich fühl ═══ nicht wohl. Es geht ═══ nicht gut. ═══ ist schlecht, ich fühl ═══ miserabel!

Maike

Gestern hab ich ═══ nicht wohl gefühlt. ═══ war furchtbar schlecht, aber heute geht es ═══ viel besser!

David

Wir fühlen ═══ absolut prima. Es geht ═══ echt gut! ═══ fehlt nichts!

Saskia und Finn

10 Grammatik im Kontext

Was sagen diese Schüler?

a. Schreiben Schreib, was diese Schüler sagen! Welche Pronomen kommen in die Lücken?

b. Schreiben Jetzt schreib, was diese Schüler gesagt haben! Fang so an: Maike hat gesagt, sie fühlt …

11 Was hast du?

Sprechen Deine Partnerin war heute nicht in der Schule! Frag sie, warum sie nicht in der Schule war, was sie hat und wie sie sich jetzt fühlt! — Tauscht dann die Rollen aus!

Schnupfen	Husten	Kopfschmerzen
		Fieber
Zahnschmerzen	eine Erkältung	Halsschmerzen

So sagt man das!

Making suggestions

Here are some ways you have learned to make suggestions so far:

Möchtest du ins Kino gehen?   *or*   **Willst du** ins Café Freizeit gehen?

Du kannst für mich Brot **holen.**   *or*   **Kauf** es doch beim Bäcker!

Here are two other ways to make suggestions:

Rufen wir mal die Maike an!

Sollen wir mal die Maike anrufen?

What are the English equivalents of the last two sentences? What purpose does the word **mal** serve in these suggestions?

12 Sollen wir mal …?

Sprechen Such dir einen Partner! — Du weißt nicht so recht, was du tun sollst, und du fragst deshalb deinen Partner. Gebraucht die Ausdrücke in den Kästen! — Tauscht dann die Rollen aus!

> Du **Sollen wir mal …?**
> Partner **Prima Idee!**

Was tun?

in den Alsterpark gehen
die Englischvokabeln lernen
die … anrufen
den … besuchen
zu Hause bleiben
in die Drogerie gehen
in die Apotheke gehen

Ja?

Prima Idee!
Na klar!
Ja, gern!
Warum nicht?
Machen wir!

Nein?

Es geht nicht.
Ich hab keine Zeit.
Ich muss zu Hause bleiben.
Ich hab zu viel zu tun.
Ich …

Grammatik

The inclusive command

1. When making suggestions, the inclusive command can be used. It consists of the **wir-** form of the verb with the verb itself in first position followed by **wir.**

   gehen: wir gehen

   > **Gehen wir** mal ins Kino!
   > *Let's go to the movies!*

2. If a verb has a separable prefix, the prefix is at the end of the command.

   anrufen: wir rufen an

   > **Rufen wir** mal Maike **an!**
   > *Let's call Maike!*

Grammatikheft, S. 47, Ü. 4

Mehr Grammatikübungen, S. 171, Ü. 4

Ein wenig Grammatik

Schon bekannt

Read the following sentence.

> **Ich soll einkaufen gehen.**

What does the modal verb **sollen** mean here? **Sollen** is often used to express obligation, but it has other meanings as well.

> **Sollen wir ein Eis essen?**

In what way is **sollen** being used in the sentence above?[1]

Ein wenig Landeskunde

Traditionally, the **Apotheke** and the **Drogerie** in German towns and cities serve two different purposes. If you need medicine, whether prescription or over-the-counter, you go to the **Apotheke**. You can also get vitamins, herbal teas, and other health-related items at the **Apotheke**. If you need shampoo, toothpaste, or other such items, you would go to the **Drogerie**. In many larger cities, the **Drogerie** is being replaced by larger stores that sell everything from toiletries to books.

 13 Schade, es geht leider nicht!

Sprechen Such dir eine Partnerin! Ruf sie an und lade sie ins Kino oder ins Konzert ein! Sie kann aber leider nicht mitgehen. Sie fühlt sich nicht wohl, ihr ist nicht gut. Du fragst sie, was sie hat, und sie sagt es dir. — Tauscht dann die Rollen aus!

 14 Für dein Notizbuch

a. **Schreiben** Schreib in dein Notizbuch, wann du das letzte Mal krank warst, was du gehabt hast, wie du dich gefühlt hast und wie lange du nicht in der Schule warst!

b. **Sprechen** Sag es dann auch einer Partnerin!

---

1. To make a suggestion.

Viel los unter der Sonne!

Lesestrategie
Deciphering charts and graphs Charts and graphs can be confusing, even in your native language, but if you follow a few important steps before answering any questions, you can master the information: 1) read titles and subtitles; 2) check for a legend and become familiar with it; 3) understand what the numbers represent (percents, parts per thousand, etc.); and 4) check the source and the way survey questions are worded. Remember, charts and graphs require careful reading—shortcuts won't work.

Getting Started

1. Skim over the headline areas of the chart and the articles. What general concern do these texts all have in common? Is this information about work? fashion? health? leisure? Or some combination of topics?

2. Look at the title area of the chart. Notice that the chart depicts the results of an **Umfrage**. What does the slogan **„Bleich ist beautiful"** tell you to expect of the new trend? Locate the legend. What do the colored bars indicate? And the vertical lines? What do the numbers represent? Make sure you feel comfortable with the organization of information.

Kuren und Bäder

Baden-Baden

Bundesland:
Baden-Württemberg
Kfz-Kennzeichen: BAD
Höhe: 183 m ü.d.M. - Einwohnerzahl: 50 000
Postleitzahl: #76530
Telefonvorwahl: 07221

ⓘ Kurdirektion (Gäste-Information), Augustaplatz 1; Tel.: 27 52 00

⑭ Baden-Baden
Baden-Baden besitzt als Kurstadt Weltruf. Seit zweitausend Jahren werden die heißen Kochsalzquellen genutzt.
Friedrichsbad (→ Marktplatz): Der Renaissancebau ist eines der prächtigsten und traditionsreichsten Badehäuser der Welt. Das „Römisch-Irische Bad" bietet u. a. Heißluft-Dampfbad, Thermal-Vollbad, Sprudelbad und Tauchbad.
Römische Badruinen (unter dem → Römerplatz): Etwa 2000 Jahre alt sind die Reste einer römischen Badeanlage für die Legionäre, ein anschauliches Bild antiker Thermen.

Schwangau
Gesundzeit mit Heubad

Unter dem Motto „Gesundzeit in Bayern" bietet der heilklimatische Kurort Schwangau 2002 Gesundheitsurlaube von einwöchiger Dauer an. Darin enthalten sind: ärztliche Untersuchung mit Gesundzeitplan, drei medizinische Anwendungen (davon ein Heubad aus ungedüngtem Bergwiesenheu, eine Kneippsche Anwendung, eine Massage), zweimal Gymnastik, je eine geführte Wanderung zu den beiden Königsschlössern Hohenschwangau und Neuschwanstein. Außerdem gibt es Tips und Anleitungen vom Gesundheitsberater. Preis pro Person ab 190 Euro. Gültig ist die „Gesundzeit" ganzjährig.
Infos: Kurverwaltung Schwangau, Münchener Str. 2, 87645 Schwangau, Tel. 08362/8198-0

Bad Rotenfels
Neuer Saunapark lädt ein

Der Thermal-Mineral-Badeort Gaggenau-Bad Rotenfels im romantischen Murgtal präsentiert bis zum 30. April 2002 ein Bade- und Saunavergnügen zum Supersparpreis. Im Mittelpunkt stehen dabei das Thermal-Mineral-Badezentrum Rotherma mit über 600 qm Wasserfläche und der neue Saunapark mit einer Größe von über 3000 qm. Das Sparangebot ab 94 Euro beinhaltet fünf Übernachtungen mit Frühstück in Privat- oder Gästehäusern. Weiter sind vier Thermalbäder und ein Saunabesuch sowie Kurtaxe enthalten.
Infos: Gaggenau-Tourist-Info, Rathausstr. 11, 76571 Gaggenau-Bad Rotenfels, Tel. 07225/62301

Todtmoos
Schlittenhunde unterwegs

Am Wochenende vom 28. bis 30. Januar 2002 sind in Todtmoos im Südschwarzwald wieder die Hunde los! Bei den schon traditionellen Schlittenhunderennen, die bereits zum 19. Mai in Todtmoos ausgetragen werden, laufen die schnellsten Hunde Europas. Zu diesem Hundespektakel hat die Kurverwaltung Todtmoos ein interessantes Pauschalangebot zusammengestellt: Gültig vom 28. bis 30. Januar ab 48 Euro für Übernachtung mit Frühstück in Privatzimmern mit Dusche und WC. Die Kurtaxe ist im Preis inbegriffen. Das Pauschalpaket enthält außerdem die Eintritte für die Rennen, den großen Countryabend am 29. Januar und den Bustransfer zur Rennstrecke.
Infos: Kurverwaltung, 79682 Todtmoos, Tel. 07674/534

Bad Wurzach
Moor und vieles mehr

Zur Bad Wurzacher Gesundheitswoche lädt das älteste Moorheilbad Baden-Württembergs in der Zeit vom 9. Januar bis 30. April 2002 ein. Dabei werden nicht nur Mooranwendungen, sondern auch Wassergymnastik, Massagen und Gesundheitsvorträge angeboten. Zur Behandlung von rheumatischen Erkrankungen, Bandscheiben- und Wirbelsäulenschäden, Gelenkerkrankungen.
Infos: Städtische Kurverwaltung, Mühltorstr. 1, 88410 Bad Wurzach, Tel. 07564/302150

Tipp: If you know how to divide long compound words, you can usually guess their meaning. An -**s** following a masculine or neuter noun belongs with that word. The same is often true of -**n** following feminine nouns, as in **Sonnenbaden**. Also be aware of common prefixes, such as **er-** or **be-**. How would you divide **Alterserscheinungen**?

3. Read the two survey questions. What were the results? Try to summarize the data in two sentences.

4. Read the description of Baden-Baden. Give two reasons why it is world famous.

5. Read the articles from **Kuren und Bäder** and, together with a partner, fill out a chart with the following headings as you read: Place, Main Feature of **Kur,** Other Attractions, Cost, and Number of Days.

6. **Kuren** have long been a part of Germany's health traditions. How would you describe a typical **Kur** based on the information from the four descriptions you read? What are the general characteristics of a **Kur**? Is there anything comparable in the United States?

UMFRAGE

Der neue Trend:

„Bleich ist beautiful"

Wenn Sie in der Sonne baden und ein Sonnenschutzmittel benutzt haben: Glauben Sie, daß das Sonnenbaden...

... für Ihre Gesundheit auf jeden Fall schädlich ist?
- 17 %
- 20 %
- 14 %

Gesamt
Frauen
Männer

... nur schädlich ist, wenn Sie zu lange in der Sonne bleiben?
- 60 %
- 65 %
- 57 %

... nicht schädlich ist?
- 11 %
- 7 %
- 14 %

Oder sind Sie sich nicht ganz sicher, ob es für Ihre Gesundheit schädlich ist?
- 11 %
- 8 %
- 14 %

weiß nicht/keine Angabe
- 0 %
- 0 %
- 1 %

Wenn Sie einmal an die Zeit vor 10 Jahren denken: Würden Sie sagen, daß Sie heute häufiger, gleich oft oder seltener als vor 10 Jahren sonnenbaden?

häufiger
- 16 %
- 16 %
- 16 %

weiß nicht/keine Angabe
- 1 %
- 1 %
- 1 %

gleich oft
- 30 %
- 25 %
- 35 %

seltener
- 52 %
- 57 %
- 47 %

FOCUS-Magazin

Übungsheft, S. 66

Wortschatz

Was tut dir weh? — Mir tut / tun ... weh!

Mir tut der Hals weh.

Der Kopf tut mir weh.

Der Bauch tut mir weh.

die Schulter

der Rücken

die Hüfte

Hast du dich verletzt? Hast du dir etwas gebrochen?

die Beine

der Arm

Ich hab mir den Fuß gebrochen.

Ich hab mir den Knöchel verstaucht.

Ich hab mir das Knie verletzt.

(Übungsheft, S. 67, Ü. 1–2)   (Grammatikheft, S. 48, Ü. 5–6)

---

15 ### Was tut ihnen weh?

Zuhören Was ist mit diesen Leuten los? Schau diese Bilder an und hör gleichzeitig die Kassette an! Welches Bild passt zu welcher Beschreibung?

a.

b.

c.

d.

16 ### Tut dir was weh?

Sprechen Such dir einen Partner! Frag ihn, was ihm manchmal weh tut! Er muss dir zwei Dinge sagen, die ihm weh tun. — Tauscht dann die Rollen aus!

Asking about and expressing pain

To ask a friend if he or she is hurting, you say:

Tut's weh?
Tut es noch weh?

The response might be:

Au!   *or*   **Aua! Es tut weh!**
Nein, es geht!

To inquire what hurts, you ask:

Was tut dir weh?
Tut dir der Kopf weh?

And the response might be:

Die Ohren tun mir weh.
Ja, ich hab Kopfschmerzen.

Why do you think the verb form **tut** is used sometimes, and sometimes the form **tun?**[1]
What other verb does **wehtun** remind you of?

Ein wenig Grammatik

The verb **wehtun** acts like a separable prefix verb, with the adverb **weh** in last position in a simple statement. **Tun** is an irregular verb, but you need only two forms in this phrase:

Der Hals **tut** mir **weh.**
Die Augen **tun** ihm **weh.**

---

17 ## Grammatik im Kontext

Schreiben Wie viele Sätze kannst du schreiben?

BEISPIEL   Meinem Opa tun oft die … weh.

Wem?

| (mein) Opa |
| Oma |
| Mutter |
| Vater |
| Bruder |
| Schwester |
| Eltern |
| ich |

wehtun

Wie oft?

| ab und zu |
| oft |
| sehr oft |
| häufig |
| manchmal |
| nie |

Was?

Arm	Beine
Schulter	Hals
Ellbogen	Hüfte
Kopf	Hand
Knöchel	Füße
Bauch	Rücken
Knie	

Grammatik

Verbs used with dative case forms

There are verbs that require the direct object to be in the dative case.

wehtun	Was tut **dir** weh? — Der Hals tut **mir** weh.
(gut) gehen	Wie geht es **dir?** — Danke, es geht **mir** gut.
gefallen	Dresden hat **dem Frank** gut gefallen.
helfen	Der Robert hilft **seiner Oma** gern.
schmecken	Die Quarkbrötchen schmecken **den Schülern** gut.
fehlen	Was fehlt **dir?** — **Mir** fehlt nichts.

Name all the direct objects in these questions and statements.
Can you express these sentences in English?

Mehr Grammatikübungen,
S. 171, Ü. 5–7

Übungsheft, S. 68, Ü. 3

Grammatikheft, S. 49, Ü. 7

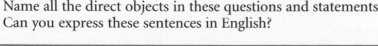

1. **Tut** is used with a singular subject, **tun** if the subject is plural.

Reflexive verbs used with dative case forms

1. You already know some reflexive verbs that require a reflexive pronoun in the accusative case, such as **sich freuen** and **sich fühlen.**

> Ich freue **mich,** dass du **dich** wohl fühlst.

2. When there is another object, a direct object, in the accusative case, the reflexive pronoun must be in the dative case.

> Ich habe **mir** *das Knie* verletzt.

3. Look at the chart. Are the dative reflexive pronouns the same as the personal pronouns? What difference do you observe?

Ich	habe	**mir**	
Du	hast	**dir**	
Er/ Sie/Es	hat	**sich**	
Wir	haben	**uns**	das Bein gebrochen.
Ihr	habt	**euch**	
Sie (pl)/Sie	haben	**sich**	

4. Also note the use of the definite article with the direct object:

> Ich habe mir **das** Bein gebrochen. *I broke* my *leg.*
> Er hat sich **den** Fuß verstaucht. *He sprained* his *ankle.*

What do you notice about the positions of the pronoun and the direct object?[1]

Mehr Grammatikübungen,
S. 172, Ü. 8

Grammatikheft, S. 50, Ü. 8–9

---

18 ## Grammatik im Kontext

Schreiben Schreib sieben Sätze mit den Wörtern in jedem Kasten.

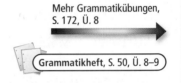

ich	haben	uns	Ellbogen	verletzt
wir	habt	euch	Arm Knöchel	gebrochen
unser Lehrer	habe	sich	Hand Bein	verstaucht
du	hast	mir	Knie Finger	
meine Oma	hat	dir	Fuß Auge	
ihr			Daumen Hüfte	
			Nase	

---

19 ## Und du?

Schreiben Lies die folgenden Fragen! Schreib, was für dich zutrifft (*what pertains to you*)!

1. Wie oft verletzt du dich?
2. Was hast du dir schon öfter verletzt?
3. Hast du dir schon einmal etwas verstaucht? Was? Wievielmal?
4. Was hast du dir schon einmal gebrochen?

---

1. The reflexive pronoun precedes the direct object.

20 Hast du dir etwas gebrochen?

Sprechen Frag jetzt einen Partner, ob er sich schon einmal etwas gebrochen, verstaucht oder verletzt hat! — Tauscht dann die Rollen aus! Erzähl danach deinen Mitschülern, was dein Partner gesagt hat!

Ein wenig Grammatik

The verb **waschen** has a stem-vowel change in the **du**-form and the **er/sie**-form of the present tense.

Wann **wäschst** du dir die Hände?
Jeden Tag **wäscht** er sich die Haare.

Mehr Grammatikübungen, S. 172, Ü. 9–10

21 Grammatik im Kontext

a. Sprechen Such dir einen Partner! Frag ihn:

1. wie oft er sich die Hände wäscht
2. wie oft er sein Auto wäscht
3. wie oft er sich die Haare kämmt
4. wie oft er (seine Katze) kämmt
5. wie oft er sich die Zähne putzt
6. wie oft er sein Fahrrad putzt
   Danach fragt er dich.

b. Schreiben Schreib jetzt die Fragen und die Antworten.

wann? und wie oft?

jeden Tag

abends

zweimal am Tag

vor dem Essen

morgens

nach dem Essen

nach jeder Mahlzeit

wenn ich (Zeit) habe

wenn (sie) schmutzig sind

Ein wenig Grammatik

The verb **brechen** has a stem-vowel change in the **du**-form and the **er/sie**-form of the present tense.

Was **brichst** du dir oft?
Wiebke **bricht** sich nie etwas!

Wortschatz

Er wäscht das T-Shirt.   Er wäscht sich die Hände.

Sie kämmt den Hund.   Sie kämmt sich.

Er putzt die Fenster.   Er putzt sich die Zähne.

Übungsheft, S. 68–69, Ü. 4–7   Grammatikheft, S. 51, Ü. 11

Vorsicht vor Sonnenstrahlen!

Ein Sonnenbad kann ein Genuss sein. Aber zu intensive Sonneneinstrahlung schadet nicht nur der Haut, sondern kann einen Sonnenstich oder sogar Hitzschlag verursachen.

Zu viel Sonne! Was passiert?

Die Symptome eines Sonnenstichs treten schon beim Sonnenbaden oder manchmal kurz danach auf. Die Haut ist heiß und trocken, der Kopf hochrot, der Puls läuft schnell. Die Körpertemperatur ist hoch. Es kommt zu Kopfschmerzen, Ohrensausen — der Patient fühlt sich unwohl.

Wann müssen Sie zum Arzt?

Bei erhöhter Temperatur nach einem Sonnenbad und bei eintretenden Kopfschmerzen unbedingt den Arzt anrufen. Nur er kann die Tätigkeit von Herz und Kreislauf stabilisieren.

Wie kann man sich schützen?

*Setzen Sie sich nie zu lange intensiver Sonneneinstrahlung aus!

*Trinken Sie viel Wasser, bis zu vier Liter am Tag, damit Sie genug schwitzen können!

*Vermeiden Sie körperliche Anstrengung in der Hitze!

*Vermeiden Sie Alkohol und essen Sie nur leichte Speisen!

Helfen Sonnenschutzmittel?

Einen absolut sicheren Sonnenschutz gibt es nicht. Wenn Sie unbedingt in der Sonne sein müssen, so schützen Sie Ihre Haut mit einer guten Sonnencreme! Eine Creme mit einem hohen Lichtschutzfaktor schützt die Haut vor schädlichen UV-Strahlen!

---

22 **Was hast du verstanden?**

Lesen/Sprechen Lies den Bericht! Dann diskutier die Antworten zu den folgenden Fragen mit deinen Mitschülern!

1. Was kann zu intensive Sonneneinstrahlung verursachen?

2. Was sind die Symptome eines Sonnenstichs?

3. Wann soll man sofort den Arzt anrufen?

4. Wie kann man sich vor einem Sonnenstich schützen?

5. Wie helfen Sonnenschutzmittel?

23 **Was fehlt dem Schüler?**

 **Zuhören** Ein Schüler kann heute nicht zur Schule kommen, weil er krank ist. Hör zu, als ein Freund ihn anruft und fragt, wie es ihm geht! Schreib dann auf, was dem Schüler fehlt, was er machen soll und wie sein Freund ihm helfen will!

Was soll ich tun? — Du musst unbedingt …!

die Sonne vermeiden

Alkohol vermeiden

viel Wasser trinken

nur Sonnencreme mit hohem Lichtschutzfaktor benutzen

nur leichte Speisen essen

den Arzt anrufen

Übungsheft, S. 70, Ü. 1

Grammatikheft, S. 52, Ü. 12

24 **Bist du vorsichtig?**

 Sprechen Frag deine Partnerin, was sie macht, wenn sie im Sommer in der großen Hitze zu einem Konzert unter freiem Himmel (*open-air concert*) geht! Und was machst du? Wie schützt du dich?

So sagt man das!

Asking for and giving advice

When asking for advice, you say:

> **Was soll ich machen?**
> **Was soll ich bloß tun?**

When giving advice, you say:

> **Du gehst am besten zum Arzt.**
> **Geh doch mal zum Arzt!**
> **Du musst unbedingt zum Arzt gehen!**

How does **bloß** affect the meaning of the question?
How would you say the responses in English?

 CD-ROM DISC **2**

Übungsheft, S. 70–71, Ü. 4–7

Grammatikheft, S. 52, Ü. 13

Wortschatz

das Fieber messen	*to measure one's temperature*
müde	*tired*
der Sonnenstich	*sunstroke*
die Haut	*skin*
die Temperatur	*temperature*

Grammatikheft, S. 53, Ü. 14

Ein wenig Grammatik

The verb **messen,** as in **Fieber messen,** has a stem-vowel change in the **du-** and **er/sie-** forms.

> **Misst** du mal mein Fieber?
> Er **misst** jetzt sein Fieber.

The **du-**command is **miss!**

> **Miss** doch mal deine Temperatur!

Übungsheft, S. 71–72, Ü. 4–7   *Grammatikheft, S. 53, Ü. 15*

---

25 **Du musst unbedingt ...!**

Sprechen Such dir eine Partnerin! — Deine Partnerin hat viele Beschwerden (*complaints*). Du sagst ihr, was sie tun muss. Gebraucht die Ideen in beiden Kästen! Eure Antworten müssen aber stimmen! — Tauscht dann die Rollen aus!

Beschwerden
Was soll ich bloß machen?

> Ich bin krank.
> Ich brauche Medizin.
> Ich glaub, ich hab einen Sonnenstich.
> Meine Haut ist ja ganz rot.
> Ich fühl mich nicht wohl.
> Ich bin so müde.
> Ich habe Hunger.
> Meine Stirn ist so heiß.

Was tun?
Du musst unbedingt ...

> die Sonne vermeiden
> den Arzt anrufen
> eine gute Sonnencreme benutzen
> etwas essen
> eine Pause machen
> in die Apotheke gehen
> (dein) Fieber messen
> zu Hause bleiben
> zum Arzt gehen

---

26 **Geh doch mal zum Arzt!**

Sprechen Such dir einen neuen Partner! — Macht jetzt die gleiche Übung noch einmal, aber diesmal mit der **du-**Form des Imperatives!

BEISPIEL	PARTNER	Ich bin so müde.
	DU	Mach doch mal eine Pause!
	PARTNER	Gute Idee!

27 **Beim Fußballspielen verletzt**

Zuhören Nach dem großen Fußballspiel am Samstag sprechen drei Schüler über das Spiel und die Verletzungen. Hör zu und schreib auf, über wen sie reden und welche Schmerzen diese Personen haben! Welche Personen drücken auch Hoffnung aus?

So sagt man das!

Expressing hope

To express hope, you may say:

> **Ich hoffe,** du hast kein Fieber.
> **Wir hoffen, dass** du dir nichts gebrochen hast.
> **Hoffentlich** hast du dir nur den Fuß verstaucht.

What do you notice about the word order in the **dass-**clause? What do you think **hoffentlich** means?

Grammatikheft, S. 53, Ü. 16

Mehr Grammatikübungen, S. 173, Ü. 11

Was hoffst du?

 **Sprechen** Sprich mit einem Partner am Telefon darüber, wie er sich fühlt und was ihm fehlt! Drück Hoffnung aus und sage ihm, wie du ihm helfen kannst! Wenn ihr wollt, könnt ihr die Wörter rechts als Hilfe benutzen.

kein Fieber mehr haben

morgen wieder in die Schule gehen können

wieder besser gehen

die Medizin nehmen

der Hals nicht mehr wehtun

nichts gebrochen haben

Wortschatz

Warum kaufst du dir nicht ...?

| Sonnencreme | Sonnenmilch | Haarshampoo | Zahnpasta |

6,90€ **4,90€** **3,35€** **0,89€**

| Seife | Handcreme |

1,25€ **1,95€**

Die Seife ist mir zu parfümlert.

Die Handcreme ist mir zu fett.

Die Sonnencreme ist mir zu teuer.

Schutzfaktor 8 ist mir nicht hoch genug.

Das Shampoo ist mir nicht gut genug.

Die Zahnpasta ist mir zu süß.

Übungsheft, S. 70, Ü. 2

Grammatikheft, S. 54, Ü. 17

 Warum kaufst du das nicht?

 **Sprechen** Such dir eine Partnerin! — Ihr seid in einer Drogerie! Sag ihr, dass du hoffst, dass sie sich etwas kauft, was dir gefällt, aber sie hat für alles eine Ausrede (*an excuse*).

Das ist mir zu teuer!

 In der Drogerie

Sprechen Du bist in einer Drogerie. Dein Partner ist der Drogist. Du brauchst drei ganz bestimmte Artikel. Du fragst, ob er diese Artikel hat und was sie kosten. Wenn es einen Artikel nicht gibt, sag, dass du etwas anderes nimmst!

Ein wenig Grammatik

You also use the dative-case forms to express the idea of something being "too expensive, too large, too small for you."

Die Creme ist **mir** zu teuer.
Die Seife ist **ihr** zu parfümiert.

 Sie wünschen, bitte?

Schreiben Schreib jetzt mit deinem Partner ein Gespräch, das du mit ihm in der Drogerie gehabt hast! Führt dann dieses Gespräch in der Klasse vor!

Grammatikheft, S. 54, Ü. 18

Mehr Grammatikübungen, S. 173, Ü. 12

  **Von der Schule zum Beruf**

Du arbeitest in einer Drogerie und deine Aufgabe ist es, jede Woche eine Werbung mit Sonderangeboten zu entwerfen. Die Werbeblätter bieten gewöhnlich sechs bis acht Produkte an, die für gewisse Krankheiten gut sind.

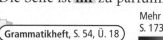

Mehr Grammatikübungen

 CD-ROM DISC 2

Visit Holt Online
go.hrw.com
KEYWORD: WK3 HAMBURG-6
Interaktive Spiele

Erste Stufe | **Objectives** Inquiring about someone's health and responding; making suggestions

1 Du fragst deine Freunde, wie es ihnen geht, und sie sagen es dir.—Schreib das richtige Pronomen in die Lücken. (**S. 157**)

1. Wiebke, wie geht es _____ ? Ist _____ wieder besser? — Ja, _____ geht's gut!

2. Wie geht's _____ beiden? Ist was mit _____ ? — Du, _____ ist nicht gut.

3. Ist _____ nicht gut, Herr Müller? Was fehlt _____ ? — Danke, _____ fehlt nichts.

4. Fehlt _____ etwas, David? Ist _____ nicht gut? — Ja, _____ ist nicht gut.

5. Maike und Wiebke, was ist mit _____ ? Was fehlt _____ ? — _____ fehlt nichts.

2 Du fragst, wie es deinen Freunden geht. Sie sagen es dir.—Schreib die richtigen Pronomen in die Lücken. (**S. 157**)

1. Wie fühlst du _____ , Maike? Ist _____ nicht gut? — Ich fühl _____ nicht wohl. Ich hab Kopfschmerzen. _____ ist gar nicht gut.

2. Und was ist mit _____ , David und Thorsten? Fühlt ihr _____ auch nicht wohl? — _____ ist nicht gut, wir fühlen _____ miserabel.

3. Wie fühlen Sie _____ , Herr Becker? Ist _____ nicht gut? Sagen Sie, was fehlt _____ ? — _____ fehlt nichts, _____ ist wieder besser.

3 Schau dir die Illustrationen an, und schreib die richtige Information in die Lücken. (**S. 157**)

1. Die Susanne fühlt _____ nicht wohl. Ich glaube, sie hat _____.

2. Wie geht es _____ , Sam? — Ich hab eine _____ , _____ ist nicht gut.

3. Ist was mit _____ , Jenny? — Ich fühle _____ nicht wohl; ich habe _____.

4. Ist _____ nicht gut, Bruce? — Es geht _____ schlecht. Ich habe furchtbare _____.

5. Wie fühlst du _____? Ist _____ nicht gut? — Ich fühle _____ miserabel. Und ich habe _____.

4 Du tust, was dein Freund vorschlägt. — Schreib jeden Satz zu Ende und gebrauche dabei den **wir**-Imperativ *(inclusive command form)*. **(S. 159)**

1. Sollen wir in den Park gehen? — Klar, _____ !
2. Sollen wir die Maike anrufen? — Klar, _____ !
3. Sollen wir einen Ball mitnehmen? — Klar, _____ !
4. Sollen wir zuerst zur Apotheke gehen? — Klar, _____ !
5. Sollen wir uns warm anziehen? — Klar, _____ !
6. Sollen wir etwas zum Trinken kaufen? — Klar, _____ !

Zweite Stufe

Objective Asking about and expressing pain

5 Viele Leute sagen dir, was ihnen fehlt. — Schreib die richtige Form des Pronomens in die Lücken. **(S. 163)**

1. Maike, was tut _____ weh? Tut _____ der Hals weh? — Ja, er tut _____ weh.
2. Was tut _____ weh, Wiebke und David? — Du, _____ tut der Kopf weh.
3. Herr Müller, was tut _____ weh? — Ach, _____ tut der Rücken so weh.
4. Was tut dem Thorsten weh? — Ich glaube, _____ tut der Fuß weh.
5. Was tut denn der Antje weh? — Ach, die Schulter tut _____ weh.
6. Was tut den Kindern weh? — Ich weiß nicht, was _____ wehtut.

6 Deinen Familienmitgliedern fehlt auch viel. — Schreib die richtige Form des Possessivpronomens in die Lücken. **(S. 163)**

In meiner Familie sind alle krank. _____ Vater tut die Hüfte weh,

_____ Mutter der Rücken, _____ Geschwistern die Beine; _____

Bruder der Fuß und _____ Schwester der Knöchel. Und _____

Großeltern tut auch immer was weh; _____ Oma tun oft die Beine

weh und _____ Opa die Füße.

7 Wie fühlen sich diese Leute? — Schreib die richtige Form der unterstrichenen Wörter aus dem ersten Satz in die Lücke im zweiten Satz. **(S. 163)**

1. Die Schüler essen die Beeren nicht. Die Beeren schmecken _____ nicht.
2. Meine Oma ist alt und krank. Deshalb helfe ich _____ gern im Garten.
3. Mein Bruder hat sich das Knie verletzt. Das Knie tut _____ weh.
4. Die Kinder haben sich verletzt, aber ich weiß nicht, was _____ wehtut.
5. Meine Geschwister mögen diese CD. Diese CD gefällt _____ sehr gut.
6. Der Tim hat immer Bauchweh. Ich weiß nicht, was _____ fehlt.
7. Mein Cousin schreibt nicht, aber ich glaube, dass es _____ gut geht.

8 Viele Leute verletzen sich beim Sport. — Schreib die richtige Form des Reflexivpronomens in die Lücken. **(S. 164)**

1. A: Sag, Tim, was hast du _____ beim Fußballspielen gebrochen?
   B: Ich hab _____ nichts gebrochen; ich hab _____ die Hand verstaucht.

2. A: Maike und David, habt ihr _____ beim Tennisspielen den Fuß gebrochen?
   B: Nein, wir haben _____ nur den Knöchel verstaucht.

3. A: Was hat _____ der David beim Radfahren gebrochen?
   B: Ich habe gehört, dass er _____ die Schulter gebrochen hat.

4. A: Weißt du, ob _____ zwei Schüler beim Skifahren etwas gebrochen haben?
   B: Ja, ich habe gehört, dass _____ die beiden überhaupt nichts gebrochen haben.

9 Was kann man tun, um sich frisch und sauber zu fühlen? — Schreib das richtige Pronomen in die Lücken. **(S. 165)**

1. Nach jeder Mahlzeit wasche ich _____ die Hände, putze _____ die Zähne und kämme _____ die Haare. Putzt du _____ auch die Zähne nach jeder Mahlzeit?

2. Maike, wie sehen deine Haare aus? Warum kämmst du _____ nicht? Du, kämm _____ doch die Haare! Du hast so schöne Haare! — Ich wasche _____ jetzt, ich wasche _____ auch die Haare, und danach kämme ich _____ .

3. So, wer wäscht _____ zuerst? Also, zuerst wäscht _____ der David, dann der Thorsten, und zuletzt wasche ich _____ . Ich muss _____ die Füße waschen; sie sind so schmutzig vom Fußballspielen.

10 Was tun diese Leute? — Schreibe ganze Sätze. **(S. 165)**

1. Der Junge _____ .

2. Das Mädchen _____ .

3. Der Junge _____ .

4. _____ .

5. _____ .

6. _____ .

11 Du hoffst, dass es deinem Partner besser geht. — Vervollständige die Sätze und benutze dabei die Wörter in Klammern. (S. 168)

1. (kein Fieber mehr haben)   Ich hoffe, du _____ .

   Ich hoffe, dass _____ .

   Hoffentlich _____ .

2. (s. nichts gebrochen haben)   Ich hoffe, du _____ .

   Ich hoffe, dass _____ .

   Hoffentlich _____ .

3. (s. nicht verletzt haben)   Ich hoffe, ihr _____ .

   Ich hoffe, dass _____ .

   Hoffentlich _____ .

12 Du schreibst, warum du nicht tun kannst, was man dir vorschlägt. — Schreib das richtige Pronomen in die Lücken. (S. 169)

1. Wiebke, kauf dir doch diese Creme! — Du, diese Creme ist _____ zu fett.
2. Warum kauft sich der David nicht diese Zahnpasta? — Sie ist _____ zu süß.
3. Kauft euch doch diese Sonnencreme! — Sie ist _____ viel zu teuer.
4. Warum kauft die Maike das Shampoo nicht? — Es ist _____ zu parfümiert.
5. Warum kaufst du diese Seife nicht? Ist sie _____ auch zu parfümiert?
6. Ich kann diesen Anzug nicht mehr tragen. Er ist _____ viel zu groß!
7. Du kannst den Pulli nicht anziehen, David. Er ist _____ viel zu eng.
8. Wir können uns diese Sachen nicht kaufen. Sie sind _____ einfach zu teuer.

1 Einige Leute erzählen, was sie haben, was ihnen fehlt und was sie brauchen. Wo muss jeder hingehen, um das zu bekommen, was er braucht? (Zum Beispiel: Wenn man Brot braucht, muss man zur Bäckerei.) Schreib auf, wo jeder hingehen muss!

2 Ab und zu mal hat jeder Schmerzen und muss etwas dagegen tun. In diesem Artikel von *Bunte* werden Vorschläge gemacht, wie man mit Schmerzen zurechtkommt.
What is this article about?

a. If you have pain, think about something like ice cream and the pain won't seem so severe.

b. If you force yourself to think about something else, your body will forget about the pain and it will go away.

c. If you concentrate on whatever is causing you pain, it will make it easier for the pain to go away.

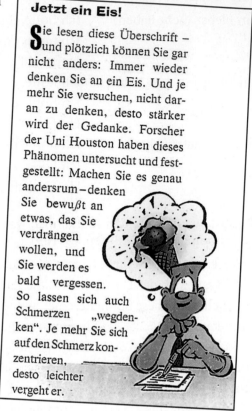

Jetzt ein Eis!

Sie lesen diese Überschrift – und plötzlich können Sie gar nicht anders: Immer wieder denken Sie an ein Eis. Und je mehr Sie versuchen, nicht daran zu denken, desto stärker wird der Gedanke. Forscher der Uni Houston haben dieses Phänomen untersucht und festgestellt: Machen Sie es genau andersrum – denken Sie bewußt an etwas, das Sie verdrängen wollen, und Sie werden es bald vergessen. So lassen sich auch Schmerzen „wegdenken". Je mehr Sie sich auf den Schmerz konzentrieren, desto leichter vergeht er.

3 Was für Schmerzen hast du gehabt? Was machst du, wenn du Schmerzen hast?
Schreib mindestens vier Sätze darüber in dein Notizbuch!

4 You are the health official in a new resort opening up soon. It is your responsibility to prepare a pamphlet informing tourists of what they should and should not do in order to stay healthy and safe while they are at the resort, and what they should do in case of sickness or an accident. Work with two other students, your team of health workers, to prepare this document. Use drawings or photos from magazines to illustrate your ideas.

5 Dein Brieffreund in Dresden will wissen, wie dein tägliches (*daily*) Leben in den USA aussieht. Schreib ihm einen Brief und erzähl ihm alles, was du an einem Tag machst — von früh morgens bis abends!

BEISPIEL **Ich stehe um 7 Uhr auf (*get up*). Dann wasche ich mich, putze mir …**

6 Tell a friend about several things you are planning to do. Your friend expresses hope that you will take care of yourself so that nothing bad happens. Du willst:

a. acht Stunden in Kalifornien am Strand liegen

b. ein hartes Fußballspiel gegen eine College-Mannschaft spielen

c. eine tolle Party in einer anderen Stadt besuchen

d. heute Abend gar nicht für den großen Test lernen

7 ❙ Zum Schreiben

Write a dialogue between a doctor and some sick students. You are the doctor on call at a boarding school in Germany and plan on using actual examples in a radio program about health. In order to make the program interesting, you have decided to use dialogues between doctor and patient with several students playing the parts of patients. You sorted through your charts and found a number of students who had complained of various ailments. You gave each advice on how to handle his or her illness and recommendations about staying healthy in the future. You use these charts as a basis for your dialogue.

> **Schreibtipp** Peer evaluation is reading and commenting on someone else's writing. It trains you to read critically and helps you see your writing from someone else's point of view.

Vorbereiten

Brainstorm different ailments, and then write down advice for someone with those problems. Using this as a base, begin your doctor/patient dialogues. Remember also the recommendations for leading a healthy life that are discussed in Chapter 4 as well as in this chapter.

Ausführen

Try to make your dialogue realistic. Make the questions and answers flow logically from one to another. Give logical advice for each ailment and give logical health advice.

Überarbeiten

- Reread your dialogue. For each piece of advice given, ask yourself if an actual doctor would agree with what you advise.
- Trade papers with a partner and read each other's dialogues. Ask questions when necessary, and suggest where your partner might add details or make changes.
- Proofread for spelling and punctuation errors. Rewrite and share your final draft. You might want to present your radio program to the class.

8 ❙ Rollenspiel

Work with several students to act out the following situation.

You are an **Apotheker** in a German city. Several people come to you during the day and explain their injuries, aches, or pains. You listen to their explanations, ask questions to get more specific information, then make recommendations about what they can do to remedy the situation. Take turns playing the **Apotheker**. Bring props to make the situation livelier.

Kann ich's wirklich?

Can you inquire about someone's health and respond? (p. 157)

1 How would you ask someone how he or she is doing? How would you ask if something is wrong?

2 How would you respond to the question above in the following situations?
  a. You have a sore throat and can hardly swallow.
  b. You have an earache.
  c. You have a toothache.
  d. You have a cold, with coughing and a stuffy nose.

Can you make suggestions? (p. 158)

3 How would you tell the following people what they should do?
  a. Hanna / go to the pharmacy
  b. your little brother / not to go to school
  c. your good friend / stay at home
  d. Thorsten and Wiebke / go to the **Drogerie**
  e. you and your friends / go to the movies

Can you ask about and express pain? (p. 163)

4 How would you ask someone what is hurting him or her? How would you say that these people have the following problems?
  a. your mother's arm hurts often
  b. your throat hurts
  c. your sister's head hurts sometimes
  d. your dad's tooth hurts

5 How would you say that you are doing great — that nothing hurts?

Can you ask for and give advice? (p. 167)

6 What advice would you give to these people?

Can you express hope? (p. 168)

7 How would you express hope that
  a. Birgit's throat doesn't hurt anymore
  b. your sister hasn't broken her leg
  c. you don't have a fever anymore
  d. Wiebke can go to school tomorrow

Inquiring about someone's health and responding

Wie fühlst du dich?	*How do you feel?*	Ach schade!	*That's too bad.*
Wie geht es dir?	*How are you?*	Gute Besserung!	*Get well soon!*
Ist dir nicht gut?	*Are you not feeling well?*	Hoffentlich geht es dir bald besser!	*I hope you'll get better soon.*
Ist was mit dir?	*Is something wrong?*		
Was fehlt dir?	*What's wrong with you?*	**Talking about health**	
Ich fühle mich wohl!	*I feel great!*	Ich kann kaum schlucken.	*I can hardly swallow.*
Es geht mir (nicht) gut!	*I'm (not) doing well.*	Ich habe Husten und Schnupfen.	*I have a cough and stuffy nose.*
Mir ist schlecht.	*I'm feeling sick.*	das Fieber	*fever*
Ich bin krank.	*I'm sick.*	die Erkältung	*cold*
Mir ist nicht gut.	*I'm not doing well.*	die Halsschmerzen, (pl)	*sore throat*

die Kopfschmerzen, (pl)	*headache*
die Zahnschmerzen, (pl)	*toothache*
die Ohrenschmerzen, (pl)	*earache*
die Bauchschmerzen, (pl)	*stomachache*

What to do when you are sick

zu Hause bleiben	*to stay at home*
in die Drogerie gehen	*to go to the drugstore*
in die Apotheke gehen	*to go to the pharmacy*

Zweite Stufe

Asking about and expressing pain

Tut's weh?	*Does it hurt?*	das Bein, -e	*leg*
Au!, Aua!	*Ouch!*	der Arm, -e	*arm*
Es tut weh!	*It hurts!*	der Fuß, ⸚e	*foot*
Was tut dir weh?	*What hurts?*	der Knöchel, -	*ankle*
Tut dir … weh?	*Does your …hurt?*	das Knie, -	*knee*
… tut mir weh.	*My …hurts.*	sich etwas brechen	*to break something*
der Hals, ⸚e	*throat*	er/sie/es bricht sich	*he/she/it breaks*
der Kopf, ⸚e	*head*	sich verstauchen	*to sprain something*
der Bauch, ⸚e	*stomach*		
die Schulter, -n	*shoulder*	sich verletzen	*to injure (oneself)*
der Rücken, -	*back*		
die Hüfte, -n	*hip*		

Reflexive pronouns, dative case

See p. 164

Verbs that can be both reflexive and non-reflexive

(sich) waschen	*to wash*
er/sie/es wäscht	*he/she/it washes*
(sich) kämmen	*to comb*
(sich) putzen	*to clean*
sich die Zähne putzen	*to brush one's teeth*

Dritte Stufe

Talking about health

nur leichte Speisen essen	*to only eat light foods*
Ich bin so müde.	*I am so tired.*
der Arzt, ⸚e	*doctor*
der Lichtschutzfaktor, -en	*sun protection factor*
der Sonnenstich, -e	*sunstroke*
die Haut	*skin*
die Temperatur	*temperature*
Fieber messen	*to take one's temperature*
er/sie/es misst	*he/she measures*

Asking for and giving advice

Was soll ich bloß tun?	*What should I do?*
Geh doch mal (zum Arzt)!	*Go to (the doctor)!*
Du musst unbedingt (zum Arzt) gehen!	*You have to go to (the doctor)!*

Expressing hope

Ich hoffe, (dass) …	*I hope that …*
hoffentlich …	*hopefully …*

Other useful words

die Sonnenmilch	*suntan lotion*
die Sonnencreme	*suntan lotion*
das Shampoo, -s	*shampoo*
die Zahnpasta	*toothpaste*
die Seife, -n	*soap*
die Handcreme	*hand cream*
benutzen	*to use*
süß	*sweet*
fett	*greasy*
parfümiert	*perfumed*

Komm mit nach Stuttgart!

Einwohner: 550 000

Flüsse: Neckar

Berühmte Gebäude: Schloss Solitude, Stiftskirche, Weißenhofsiedlung, Staatsgalerie

Bedeutende Stuttgarter: Georg Wilhelm Friedrich Hegel (1770-1831, Philosoph), Wilhelm Hauff (1802-27, Schriftsteller), Robert Bosch (1861-1942, Erfinder), Marcia Haydée (1937-, Choreografin)

Industrie: Automobilindustrie, Elektrotechnik, Maschinenbau, Textilindustrie, Verlage

Beliebte Gerichte: Spätzle, Maultaschen, Flädlesuppe

Nordsee

DÄNEMARK   Ostsee

Kiel

NIEDER-
LANDE   Hamburg

Berlin   POLEN

BEL.

Frankfurt

LUX.   TSCHECHIEN

Karlsruhe
FRANK-   •Stuttgart
REICH   Ulm• München
        •Freiburg

SCHWEIZ   ÖSTERREICH

go.
hrw
.com
WK3 STUTTGART

DVD
VIDEO

CD-ROM
DISC 2

**Stuttgart, in einem Talkessel ▶
gelegen, ist von Obstgärten
und Weinbergen umrahmt**

Stuttgart

Stuttgart, die Hauptstadt des südwest-
deutschen Bundeslandes Baden-
Württemberg, hat viele Attraktionen.
Institutionen wie die Staatsgalerie, die
Württembergische Landesbibliothek,
das Stuttgarter Ballett, sowie der
Süddeutsche Rundfunk bezeugen die
kulturelle Bedeutung dieser Stadt. Der
Großraum Stuttgart ist außerdem ein
Industriestandort ersten Ranges. Neben
Weltfirmen in der Automobilbranche
gibt es hier auch hunderte von hoch
spezialisierten kleinen Betrieben in
den Bereichen Feinmechanik und
Maschinenbau.

Visit Holt Online

go.hrw.com

KEYWORD: WK3 STUTTGART

Internet Aktivitäten ⬍

1 Die Königstraße
Die Königstraße ist eine beliebte Einkaufsstraße
in der Stuttgarter Innenstadt.

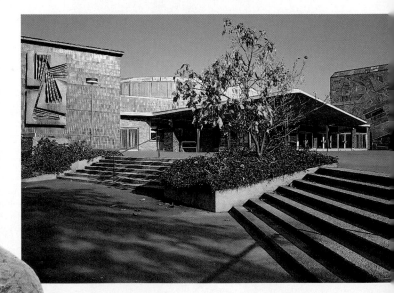

2 Liederhalle
Die Stuttgarter Liederhalle ist ein modernes
Konzerthaus ersten Ranges.

3 Staatsgalerie
Die Stuttgarter Staatsgalerie ist eine der
größten Kunstsammlungen Deutschlands,
mit circa 4000 Gemälden aus der Zeit vom
14. Jahrhundert bis zur Gegenwart. Vor
dem Eingang der Galerie ist diese
Bronzefigur von Henry Moore.

4 Das Neue Schloss
Dieses Schloss ist im Stil französischer Schlösser erbaut.

Kapitel 7, 8, 9

In den Kapiteln 7, 8 und 9 besuchen wir Stuttgart, die Großstadt zwischen „Wald und Reben". Dort treffen wir Boris, Katrin, Roland und Judith, die auf das Dillmann-Gymnasium gehen.

5 Judith, Roland, Katrin und Boris

6 Schillerplatz mit Schillerdenkmal
Friedrich v. Schiller (1759 - 1805), der große deutsche Dichter, schaut auf den wöchentlichen Blumenmarkt auf dem nach ihm benannten Platz herab.

7 Weinberge am Neckar
Obst- und Weinberge, wie diese am Neckar, sieht man auch in der Stadt Stuttgart.

7

Stadt oder Land?

Objectives

In this chapter you will learn to

Erste Stufe

- express preferences and give a reason

Zweite Stufe

- express wishes

Dritte Stufe

- agree, with reservations
- justify your answers

Visit Holt Online

go.hrw.com

KEYWORD: WK3 STUTTGART-7

Online Edition

◀ **Ich wohne gern in einer Stadt.**

Los geht's! · *Das Interview*

 Katrin   **Frank**   **Bettina**   **Judith**

1

Katrin: Hallo! — Hallo, darf ich dich mal etwas fragen? Und dürfen wir dich filmen?

Frank: Ja, schon. Aber erst mal, worum geht's?

2

Katrin: Wir machen eine Umfrage für unsern Deutschunterricht. Ich möchte dich fragen, wo du wohnst, wohnst du gern dort und warum oder warum nicht?

3

Katrin: Aber erst mal, wie heißt du?

Frank: Ja, ich heiße Frank Härtle, und ich wohne hier in Stuttgart — wir, das ist meine Mutter und ich, meine Mutter ist geschieden. Wir haben eine nette Wohnung in der Innenstadt.

Katrin: Und du wohnst gern in der Stadt?

Frank: Ja, eigentlich schon. Alles ist eben in der Nähe, die Geschäfte und so …

4

Frank: Ja, das sind schon Vorteile, wenn man in der Stadt wohnt. Aber leider gibt es auch Nachteile. Es sind oft zu viele Leute in der Stadt. Und der Verkehr ist größer, und damit ist die Luft auch schmutziger als in der Umgebung. Aber, ehrlich gesagt, ich möchte nicht fort von hier, nicht fort von Stuttgart!

5

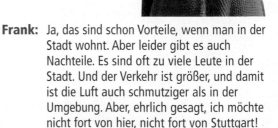

Katrin: Wo wohnst du, und wie gefällt dir dein Wohnort?

Bettina: Ich heiße Bettina, und ich wohne in der Umgebung von Stuttgart, in Bietigheim. Also, ich möchte nicht in einer großen Stadt wie Stuttgart wohnen. Ich ziehe eine kleine Stadt wie Bietigheim vor. Das Leben ist hier ruhiger, wir haben weniger Verkehr, und die Luft ist hier besser als in einer großen Stadt.

Bettina: Tja, was wünsche ich mir noch? Was es hier in Bietigheim nicht gibt, gibt es in Stuttgart. Und Stuttgart ist mit der Bahn nur fünfundzwanzig Minuten entfernt.

Katrin: Vielen Dank, Bettina! Das war ein toller Bericht!

Bettina: Das freut mich. Viel Glück! Tschüs!

Bei Katrin zu Hause

Katrin: Hallo! Übrigens, ich bin die Katrin. Und das ist die Judith, eine Klassenkameradin von mir.

Katrin: Hallo, Oma, Opa! Meine Großeltern wohnen auch bei uns. Sie sind gern im Garten, immer aktiv! Ja, hier bin ich zu Hause. Ein schönes Haus, nicht? — Komm! Meine Eltern sind nicht da. Sie arbeiten.

Judith: Wie viele Zimmer habt ihr denn?

Katrin: Ach ja, was haben wir? Eine Küche, ein großes Wohnzimmer, vier Schlafzimmer, ja … ein Badezimmer und zwei Toiletten. — Aber komm! Ich zeig dir mein Zimmer.

Judith: Toll! Ein eigenes Zimmer!

Katrin: Ja, das ist schon prima! Aber ich wünsch mir noch so viele Dinge: einen größeren Schreibtisch, einen bequemeren Sessel und einen größeren Schrank für meine vielen Klamotten.

Judith: Wirklich? Der ist doch groß genug!

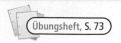

Übungsheft, S. 73

1 Was passiert hier?

Verstehst du alles, was diese Leute sagen? Beantworte die Fragen!

1. Wer macht eine Umfrage?
2. Wofür ist diese Umfrage?
3. Wen hat Katrin interviewt?
4. Woher ist Frank?
5. Wo wohnt Bettina?
6. Was hast du über Katrins Familie gehört?
7. Und über Katrins Haus?
8. Was wünscht sich Katrin?

2 Genauer lesen

Lies den Text noch einmal und beantworte diese Fragen!

1. Frank wohnt gern in Stuttgart. — Welche Vorteile hat Stuttgart?
2. Er nennt auch drei Nachteile. Was sind diese?
3. Bettina zieht das Leben in einer Kleinstadt vor. Welche Vorteile nennt sie?
4. Was tut Bettina, wenn sie etwas braucht, was es in ihrer Stadt nicht gibt?

3 Was ist richtig?

Ergänze die folgenden Aussagen mit der besten Antwort!

1. Frank wohnt ____ .
   a. in Bietigheim   **b.** bei seiner Mutter   **c.** gern in einer Kleinstadt
2. Es gibt in Stuttgart Nachteile wie ____ .
   a. viel Verkehr   **b.** nicht genug Geschäfte   **c.** bessere Luft
3. Bettina fährt nach Stuttgart ____ .
   a. …, wenn es viel Lärm in Bietigheim gibt   **b.** mit der Bahn   **c.** …, weil es ruhiger ist
4. Katrin wünscht sich ____ .
   a. einen größeren Schrank   **b.** immer mehr Klamotten   **c.** ihr eigenes Zimmer

4 Ein Interview

Beantworte die folgenden Fragen auf Deutsch, bitte!

1. How does Katrin initiate her interview with Frank? What does she say? How does he respond?
2. What does Frank want to know first? What does he ask her?
3. What does Katrin give as a reason for the interview?
4. What does Katrin say to Bettina at the close of the interview?
5. Using your answers to these questions as a guide, write a "framework" for an interview that you will do later in this chapter.

5 Und du?

 Das Leben in einer Großstadt hat Vorteile (*advantages*) und Nachteile (*disadvantages*), wie auch das Leben auf dem Land. Wohnst du in der Stadt oder auf dem Land? In einer Großstadt oder in einer Kleinstadt? Welche Vorteile und Nachteile hat dein Wohnort? Schreib sie auf!

Wo wohnst du lieber?
In der Stadt oder auf dem Land?

Diese Frage haben wir zwei jungen Leuten gestellt.
Lies, was sie gesagt haben!

Britta
17 Jahre

„Ich heiße Britta Wegener, bin 17 Jahre alt und gehe hier auf die Oberschule in Weißensee. Weißensee ist ein Stadtteil hier im Osten Berlins, also — ich meine auch im früheren Osten."

Wohnst du gern hier in Weißensee?

„Eigentlich schon, aber… na ja, die Gegend sieht im Moment noch nicht sehr schön aus. Unsere Häuser sind alt, alles sieht halt noch ziemlich grau aus und ist nicht so piekfein wie im Westen."

Möchtest du lieber woanders wohnen?

„Nö. Berlin gefällt mir. Berlin ist eine internationale Stadt; hier ist eben immer was los! Mir gefällt zum Beispiel Berlin besser als Hamburg oder sogar München. Berlin hat so viele Seen und Kanäle. Wir können segeln und Kajak fahren, im Winter können wir sogar Ski laufen auf unserm Teufelsberg.[1] Und es gibt billige öffentliche Verkehrsmittel: U-Bahn, S-Bahn, Busse."

Norbert
17 Jahre

„Ich bin Norbert Seemüller, bin 17 Jahre und lerne Schreiner. Ich bin im zweiten Lehrjahr. Ich wohne auf dem Land außerhalb von Besigheim."

Wo wohnst du? Und bist du dort zufrieden?

„Ja, klar! Ich wohne bei meinen Eltern, und wir haben ein schönes Haus mit einem großen Garten. Ja, und ich habe meine Lehrstelle hier — ich muss noch ein Jahr lernen, bis ich meine Gesellenprüfung machen kann."

Du möchtest also nicht woanders wohnen, zum Beispiel in Stuttgart?

„Nein. Und warum denn? Ich hab hier halt alles, was ich brauche: eine schöne Umgebung, viel mehr Platz als in der Stadt. Ja, was noch? Die Luft ist eben hier viel sauberer als in einer großen Stadt und der Verkehr geringer. Ja, ich bin hier schon sehr zufrieden."

---

1. The **Teufelsberg,** an artificial mountain in the Grunewald section of Berlin, was built after World War II from the rubble of the destroyed city. Now beautifully landscaped, it is the site of many sports events, grass-skiing in the summer, and skiing and sledding in the winter.

6 Ein Fragebogen: Britta und Norbert

Schreiben Nimm ein Blatt Papier zur Hand und mach deinen eigenen Fragebogen!
Schreib auf, was du über Britta und Norbert gelesen hast!

1. Nachname
2. Alter
3. Wohnort
4. Beschreibung des Wohnorts
5. Vorteile des Wohnorts
6. Nachteile des Wohnorts

	Britta	Norbert
Nachname		
Alter		

7 Britta oder Norbert?

Sprechen Such dir einen Partner! — Nimm deinen ausgefüllten Fragebogen zur Hand
und sag deinem Partner, was du alles über Britta weißt! — Dann sagt dir dein Partner,
was er über Norbert weiß. Stimmt das, was dein Partner sagt?

Wortschatz

Wo wohnst du? Ich wohne ...

in einer Großstadt

in einem Vorort   an einem See
in den Bergen   an einem Fluss

in einem Dorf

in einer Kleinstadt

Und dann noch...

am Stadtrand
mitten in der Stadt
im Stadtzentrum
im Stadtteil (Degerloch)
im Kreis (Ludwigsburg)
  in (Ludwigsburg) County

(Übungsheft, S. 74, Ü. 1)   (Grammatikheft, S. 55, Ü. 1)

8 Wo wohnst du?

Sprechen Erzähl deinen Mitschülern
möglichst genau (*in as much detail as possible*), wo du wohnst! Gebrauche auch die
Wörter rechts, die dir schon bekannt sind!

auf dem Land   in der Stadt

in (Chicago)   in der ...straße   in der Innenstadt

(nicht) weit von hier   am ...platz   in der Nähe von ...

Expressing preference and giving a reason

You already know some ways to express preference and favorites:

> **Ich sehe lieber einen Actionfilm.**
> **Am liebsten lese ich Sciencefiction.**
> **Mein Lieblingsstar ist Tom Cruise.**

Here are some other ways to express preference:

> **Mir gefällt Berlin besser als Hamburg.**
> **Ich finde die Innenstadt von Hamburg schöner.**
> **Ich ziehe eine kleine Stadt wie Bietigheim vor.**

You may also want to give a reason for your preference:

> **Ich wohne lieber in einem Dorf. Da ist die Luft besser.**
> **Wir ziehen die Stadt vor, weil da einfach mehr los ist.**

Which words or phrases help to make a comparison and show preference? What might the verb **vorziehen** mean? Where is the conjugated verb in a **weil**-clause?

Grammatikheft, S. 55, Ü. 2

Wortschatz

Vorteile		Nachteile	
Land:	**Stadt:**	**Stadt:**	**Land:**
Wohnungen billiger	mehr los	mehr Menschen	weniger Geschäfte
Umgebung schöner	mehr zu tun	Wohnungen teurer	weniger los
weniger Verkehr	Geschäfte in der Nähe	mehr Verkehr	keine Theater, Museen
weniger Lärm	Theater, Museen,	Lärm größer	keine Oper, kein Ballett
Luft sauberer	Oper, Ballett	Luft schmutziger	keine U-Bahn oder
Leben ruhiger	öffentliche		S-Bahn
	Verkehrsmittel		
	(Bus, U-Bahn)		

Grammatikheft, S. 56, Ü. 3–4

9 ### Stadt oder Land? Warum?

Zuhören In der Radiosendung „Guten Morgen!" diskutieren zwei Zuhörer über das Thema: Stadt oder Land? Vorteile oder Nachteile. Schreib die Vorteile und Nachteile auf, die diese Leute für jeden dieser Orte erwähnen!

1. Stuttgart **2.** Bietigheim **3.** Esslingen **4.** Schönaich

10 ### Für mein Notizbuch

Schreiben Schreib in dein Notizbuch

a. warum dir dein Wohnort gefällt!

b. warum dir dein Wohnort besser gefällt als dein Nachbarort!

Grammatik

Comparative forms of adjectives

1. Words such as *larger, cleaner,* and *more beautiful* are called comparatives. In English, most comparatives have the ending *-er.* In German, almost all comparatives end in **-er.**

Positive	Comparative
Die Umgebung ist **schön.**	Die Umgebung hier ist aber **schöner.**
Die Wohnungen sind **billig.**	Die Wohnungen hier sind **billiger.**

2. Most one-syllable adjectives with stem-vowels **a, o, u** add an umlaut in the comparative:

    alt **älter**   groß **größer**   jung **jünger**

3. As in English, some comparative forms are completely different from the positive forms.

    gern **lieber**   gut **besser**   viel **mehr**

4. To compare two things that are equal, the words **so … wie** are used:

    Die Luft ist hier **so** schlecht **wie** in der Großstadt.

5. To compare two things that are not equal, the comparative form and the word **als** are used.

    Die Luft ist hier **schlechter als** in der Großstadt.

 Übungsheft, S. 74–76, Ü. 2–7   Grammatikheft, S. 57, Ü. 5–7   Mehr Grammatikübungen, S. 202–203, Ü. 1–4

---

11 **Grammatik im Kontext**

Schreiben/Sprechen Setzt euch in Gruppen von vier oder fünf Personen zusammen! Ihr vergleicht euren Heimatort mit einem Nachbarort.

a. Macht zuerst zusammen eine Liste mit Vor- und Nachteilen von euerm Heimatort! Dann macht eine Liste mit Vor- und Nachteilen von dem Nachbarort! Schreibt dann alle Vor- und Nachteile auf kleine Karteikarten. Legt die Karten in vier Stapel (*piles*)!

b. Ein Partner in der Gruppe fragt dann einen anderen Schüler, welchen Ort er schöner findet. Dieser Schüler gibt eine Antwort und zieht (*draws*) eine Karte von einem der vier Stapel. Er sagt dann seinen Grund dafür.

c. Macht weiter, bis alle ihre Meinung gesagt haben!

BEISPIEL	DU	**Welche Stadt gefällt dir besser, Denver oder Colorado Springs?**
	PARTNER	**Colorado Springs** (Zieh eine Karte!) **… , weil es dort weniger Verkehr gibt.**

---

12 **Und du? Wo wohnst du lieber?**

Sprechen Am Anfang des Kapitels (Übung 6, S. 188) hast du einen Grundriss (*framework*) für ein Interview gemacht. Verwende ihn jetzt, um deine Partnerin zu interviewen. Frag sie, wo sie wohnt, wie es ihr dort gefällt und welche Vor- und Nachteile ihr Wohnort hat! Möchte sie lieber woanders wohnen? Wo und warum?

LANDESKUNDE · LANDESKUNDE

Wo wohnst du lieber? Auf dem Land? In der Stadt?

Where do teenagers in Germany like to live? In the big cities, in the country, or somewhere in between? We asked many students about their preferences and this is what some of them said.

CD-ROM DISC 2
DVD VIDEO

Übungsheft, S. 77, Ü. 1–3

Ilse, Wedel

„Ja, also, ich wohn gerne in Wedel, weil Wedel halt 'ne nette Kleinstadt ist. Es ist nicht allzu dreckig, es ist nicht dieser Stress mit dem vielen Verkehr, und … es ist einfach lustig. Man kann viel unternehmen, dafür, dass es so 'ne Kleinstadt ist. Und … na ja, es ist einfach nett hier."

Iwan, Bietigheim

„Also, ich würde lieber in 'ner Kleinstadt wohnen, so wie hier in Bietigheim, weil hier es doch ruhiger ist. Und es ist besser für … ich mein, besser auch für kleinere Kinder, weil die hier besser aufwachsen können als in 'ner großen Stadt. In 'ner großen Stadt ist halt auch schlecht, dass die Luftverschmutzung dort groß ist. Aber andererseits, in einer großen Stadt kann man natürlich alles bekommen, was in 'ner kleinen Stadt nicht zu haben ist."

Hans, Hamburg

„Ja, Hamburg ist schön, hat viele grüne Flächen, aber ich würde auch eigentlich auch mal gern auf dem Lande leben, für 'ne Weile auf jeden Fall. Ja, weil eben hier viel Verkehr ist eben, stickige Luft auch, eben typische Großstadt, eben."

Heide, Berlin

„Ich leb eigentlich relativ gerne in Berlin, obwohl Berliner, Berlin sowohl Nachteile als auch Vorteile hat. Die Nachteile sind halt, dass immer relativ schlechtes Wetter ist und dann die Luft stickig ist und man Kopfschmerzen hat. Aber dann Vorteil halt ist auch, dass in Berlin immer relativ viel los ist, so konzertmäßig und partymäßig, und von daher ist es ganz schön, hier zu leben."

A. 1. What do you think a **Kleinstadt** is? And a **Großstadt?** In which categories do the places where these students live belong?

2. Which advantages and disadvantages does each student mention? What seems to be the big disadvantage to living in a large city, according to most of these students? Did that surprise you?

3. Think about where you live and places you've visited in the United States. What would you say are the advantages and disadvantages of living in a) cities, b) small towns, and c) the country? Are they similar to what these students said?

B. Germany's population density is 593 people per square mile compared to seventy-one per square mile in the United States. How do you think Germany's population density might affect Germans' daily lives, their habits, and their concerns? Write a short essay on this question. Be sure to include any facts or first-hand information from Germans that help to illustrate the effects of Germany's dense population.

Nicco, 15

„Ich wünsch mir erst mal ein eigenes Zimmer mit neuen Möbeln, eine größere Stereoanlage und vor allem meinen eigenen Fernseher mit einem Videorecorder."

Nadine, 16

„Ich möchte gern mal ein großes aber gemütliches Haus haben mit bequemen Möbeln. Dann wünsch ich mir einen großen Garten mit vielen Blumen und Sträuchern und vielen Bäumen, und ein kleiner Pool wäre auch nicht schlecht."

Sven, 17

„Meine Wünsche? Ja, einen guten Wagen, einen tollen Job, später einmal eine nette Frau, gute Freunde, ja, ich wünsch mir mal ein schönes Leben. Warum nicht?"

André, 16

„Was ich mir wünsche und was ich dringend brauche sind gute Noten in der Schule, damit ich später eine gute Ausbildung bekomme und einmal einen guten Job."

Jeanine, 16

„Mein großer Wunsch ist ein guter Schulabschluss, das heißt bei mir ein gutes Abitur, damit ich einen Platz an der Uni bekomme und studieren kann. Dann wünsch ich mir einen netten Freundeskreis, ein schönes Familienleben und vor allem ein gutes und sicheres Einkommen."

Britta, 16

„Ich wünsche mir und meinen Mitmenschen vor allem eine saubere Umwelt und ein friedliches Leben, ohne Armut, ohne Hunger und ohne Krieg."

13 **Wer wünscht sich was?**

Lesen/Sprechen Lies, was sich diese Schüler wünschen und beantworte die Fragen!

1. Welche Schüler wünschen sich mehr materielle Dinge? Welche nicht?
2. Mit welchen Schülern kannst du dich identifizieren? Warum?

Ein wenig Grammatik

Look again at the first interview above. What do you notice about the pronoun that follows the verb **wünschen**? Here, **wünschen** is used reflexively (**sich wünschen**), and the reflexive pronoun is always in the dative case.

Was wünschst du **dir**?
Ich wünsche **mir** einen großen Garten.

Grammatikheft, S. 58, Ü. 8

Mehr Grammatikübungen, S. 203, Ü. 5

So sagt man das!

Expressing wishes

Grammatikheft, S. 58, Ü. 9

When asking someone about his or her wishes, you may ask:

| | | And the answer may be: |

Was möchtest du gern mal haben?   Ich möchte gern mal einen tollen Wagen!

or   Was wünschst du dir mal?   Ich wünsche mir mal eine schöne Wohnung!

Und was wünscht ihr euch?   Wir wünschen uns ein eigenes Zimmer.

Name the noun phrases in the right-hand column. What are the genders of the three nouns? How do you know? To how many people is the third question addressed?

Für mein Traumhaus wünsch ich mir

einen kleinen Pool

einen Garten mit Blumen, Sträuchern und Bäumen

auch:

eine moderne Küche
ein nettes Wohnzimmer
ein gemütliches Esszimmer
ein hübsches Schlafzimmer
ein eigenes Badezimmer
einen hellen Flur
zwei Toiletten
einen kühlen Keller
eine ruhige Terrasse
mein eigenes Computerzimmer

Ich wünsch mir auch:

eine gute Ausbildung   *a good education*
einen tollen Job   *a great job*
ein friedliches Leben   *a peaceful life*
eine saubere Umwelt   *a clean environment*
ein sicheres Einkommen   *a secure income*
keine Armut   *no poverty*
keinen Hunger   *no hunger*
keinen Krieg   *no war*

Sag deinen Klassenkameraden, was du dir wünschst!

 (Übungsheft, S. 78–79, Ü. 1–3)   (Grammatikheft, S. 59, Ü. 10)

---

 14 ### Was wünschen sich die Schüler?

 Zuhören Hör zu, was sich diese Schüler wünschen! Wer wünscht sich was? Schreib zuerst die Namen auf, die du hörst! Dann schreib neben jeden Namen, was sich diese Person wünscht!

 15 ### Was sind deine Wunschträume?

 Sprechen Such dir einen Partner! Er fragt dich nach deinen Wunschträumen, und du sagst ihm, was du dir wünschst. Tauscht dann die Rollen aus!

Was du dir wünschst:

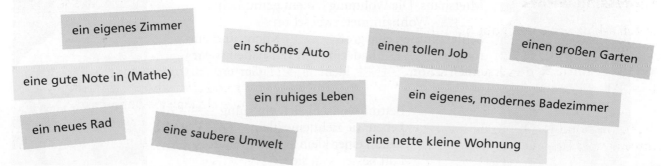

ein eigenes Zimmer
ein schönes Auto
einen tollen Job
einen großen Garten
eine gute Note in (Mathe)
ein ruhiges Leben
ein eigenes, modernes Badezimmer
ein neues Rad
eine saubere Umwelt
eine nette kleine Wohnung

Adjective endings following **ein**-words

1. Adjectives following **ein**-words (**ein, kein,** and the possessives **mein, dein, sein, ihr,** etc.) have these endings:

Nominative	Das ist	ein	groß **er** Garten.	*masculine nouns*
Accusative	Ich wünsche mir	einen	groß **en** Garten.	
Nominative	Das ist	eine	nett **e** Wohnung.	*feminine nouns*
Accusative	Ich wünsche mir	eine	nett **e** Wohnung.	
Nominative	Das ist	ein	schön **es** Zimmer.	*neuter nouns*
Accusative	Ich wünsche mir	ein	schön **es** Zimmer.	
Nominative	Das sind	keine	modern **en** Möbel.	*plural nouns*
Accusative	Ich möchte	keine	modern **en** Möbel.	

2. Since **ein** has no plural form itself, the plural adjective ending is **e** in both the nominative and the accusative.

	Singular		Plural	
Nominative	Das ist ein	toll **er** Garten!	Das sind	toll **e** Gärten!
Accusative	Ich habe eine	neu **e** Lampe.	Ich habe zwei	neu **e** Lampen.

3. In the dative case, the adjective endings are **-en** for nouns of all gender and for plural nouns.

Ich möchte mal in { einem klein **en** Vorort / einer groß **en** Stadt / einem schön **en** Haus / groß **en** Städten } wohnen.

4. When more than one adjective is used, both have the same ending.

Das ist aber ein schön**es**, klein**es** Haus, nicht?

Übungsheft, S. 79–80, Ü. 4–7 Grammatikheft, S. 59–60, Ü. 11–13

Mehr Grammatikübungen,
S. 203–205, Ü. 6–9

---

16 ## Grammatik im Kontext

Schreiben Schreib, was sich diese Schüler wünschen und setz dabei die richtigen Endungen ein!

Ich habe alles, was ich brauche. Wir haben eine nett ===== Wohnung in einem groß ===== Mietshaus. Die Wohnung hat ein gemütlich ===== Wohnzimmer, zwei schön ===== Schlafzimmer, eine groß ===== Küche und ein modern ===== Badezimmer. Wir haben sogar einen schön =====, klein ===== Garten.

Bettina wünscht sich ein ruhig ===== Leben; sie zieht eine klein ===== Stadt vor. In einer klein ===== Stadt ist die Luft besser, sagt sie.

17 Ein Briefpartner schreibt

Lesen/Schreiben Stell dir vor, dein Briefpartner aus Deutschland hat dir geschrieben!
Lies das Ende seines Briefes! Dann beantworte die Fragen!

1. What is Jochen talking about in the first part of the letter?
2. How does Jochen describe where he lives?
3. Does he have his own room?
4. What is special about the cellar?

> immer Tennis spielen.
> Nun, genug über Sport. Jetzt möchte ich deine Fragen beantworten. Also, wir wohnen in einem kleinen Vorort von Stuttgart, in Eßlingen. Dort haben wir ein schönes Haus mit einem großen Garten. Wir haben eine moderne Küche, ein sonniges Wohnzimmer und drei große Schlafzimmer. Mein Bruder und ich, wir haben jeder unser eigenes Schlafzimmer.
> Ach ja, im Keller haben wir einen schönen Hobbyraum.
> Schreib mal, wie du wohnst!
> Viele Grüße   Jochen

18 Lieber Jochen!

Schreiben/Lesen Schreib deinem Briefpartner Jochen, wie du wohnst! Lies danach deinem Partner deinen Brief vor, und er tut das Gleiche (*the same*)!

19 Für mein Notizbuch

Schreiben Überleg dir (*think about*), was du dir wirklich einmal wünschst, und schreib deine Wünsche in dein Notizbuch!

Wo wohnst du?

Stadtrand
Kleinstadt
Vorort
Dorf
Großstadt

Was habt ihr?

Haus
Wohnung
Garten
Schlafzimmer
Wohnzimmer
Küche
Toilette
Bad
Terrasse
Garage

Und dein Traumhaus?

Getting Started

1. Do you think having one's own room might be something German teenagers dream about? Considering what you have learned about the kinds of clothes German teens wear and their lifestyles in general, could you make any predictions about what a **Traumzimmer** would look like? Or would it depend on the individual?

2. Skim quickly over the readings. What theme do they all have in common? What are the different formats? How will you adjust your reading strategy to get the most out of each text?

A Closer Look

3. Read the paragraph about **Kinderzimmer.** Convert the size of the average child's room in Germany from square meters to square feet (1 square meter equals approximately 11 square feet). Do you think the average child's room in the United States

MEIN TRAUMHAUS IST AUS SCHOKOLADE

Kinderzimmer in deutschen Mietwohnungen sind zwischen 8 und 12 Quadratmeter groß. Zieht man die notwendigen Flächen für Bett, Schrank und Tisch ab, bleiben 1,20m x 1,80m für Spiel und Bewegung übrig. In Wohn- und Schlafzimmern, tagsüber meistens leer, dürfen nur wenige Kinder spielen.

Traumhaus

Mein Traumhaus ist aus Schokolade, und im Schwimmbecken fließt Limonade. Aus Marzipan sind die Gardinen, und das Bett ist aus Rosinen. Mein Sofa ist aus Kaubonbons, und daran hängen Luftballons. Die Treppe ist aus Joghurteis, da lauf' ich rauf mit sehr viel Fleiß. Zwei Türme, die sind auch noch dran, worin man sehr gut zeichnen kann.

Test

Was bist Du für ein Wohntyp?

1. Stell Dir vor, Du kannst Dein neues Bett selber aussuchen. Was wählst Du?
   a) Ein rosarotes Himmelbett in Herzform.
   b) Eine neonfarbene Couch.
   c) Du würdest am liebsten auf dem Fußboden schlafen, weil das alle tun.
   d) Dir ist das Design egal — Hauptsache bequem.

2. Wie würdest Du Dich bei einem Umzug verhalten?
   a) Der Umzug ist Dir egal. Hauptsache, Dein Teddybär kommt mit.
   b) Du würdest Deinen Hamster mit Punkfrisur mitnehmen. Was sonst!
   c) Du nimmst keine Möbel mit. Du kaufst neue, die gerade „in" sind.
   d) Du nimmst alles Brauchbare mit, was Dir zur Verfügung steht.

3. Du brauchst Geld und mußt etwas verkaufen.
   Wovon trennst Du Dich als erstes?
   a) Von dem Drahtbett, das Dir ein Freund geschenkt hat.
   b) Von dem braunen Kleiderschrank, den Deine Eltern gekauft haben.
   c) Von Deiner Zahnbürste, weil Zähneputzen „uncool" ist.
   d) Von Deinem Computer, weil er schädlich für Dich ist.

4. Du bist umgezogen. Mit wem freundest Du Dich zuerst an?
   a) Mit Lisa, weil sie eine schöne Kuschelecke hat.
   b) Mit dem Punker von nebenan, weil Du seine Klamotten „cool" findest.
   c) Mit dem Typen, der den Schaukelstuhl (siehe Bild) entworfen hat, weil Du solche Sachen gut findest.
   d) Mit Hannelore, weil sie Dir giftfreie Farbe für Deine Wände geschenkt hat.

5. Du hast nach Deiner dritten Mahnung die Miete noch nicht gezahlt.
   Nun klingelt der Vermieter. Wie verhältst Du Dich?
   a) Du versuchst, ihn mit echten Tränen einzuschüchtern.
   b) Du vertreibst ihn mit einem Heavy-Metal-Song.
   c) Du sagst: „Mann, ich bin Kick-Boxer. Das schwöre ich Dir!"
   d) Du bietest ihm Deinen selbstgebackenen Bio-Kuchen an.

Lösung

Du hast a) am meisten angekreuzt. Du bist ein verspielter Schmuse-Typ. Dein Zimmer würdest Du am liebsten nur mit Stofftieren einrichten. Du träumst davon, in einem großen Stofftier zu leben.

Du hast b) am meisten angekreuzt. Du liebst grelle Farben und Verrücktes. Sanfte Farben findest Du langweilig. Bist Du vielleicht ein Punker?

Du hast c) am meisten angekreuzt. Du magst moderne Möbel, die nicht unbedingt bequem sein müssen. Man findet bei Dir das Nagelbett eines Fakirs — wenn es gerade modern ist.

Du hast d) am meisten angekreuzt. Du bist der praktische Öko-Typ. Du faßt nichts an, was Du nicht vorher desinfiziert hast. Wer mit Dir reden will, muß sich mindestens fünfmal täglich waschen. Frage: Übertreibst Du da nicht ein bißchen?

is bigger or smaller? What about your own room?

4. Now read the poem slowly two times. Then listen as a classmate reads it aloud. What is it about? What terms does the writer use in his or her description? Could you sketch the **Traumhaus?**

5. Look at the self-test. Who wrote it, and what is it designed to reveal?

6. Read the first three questions of the test once. Then look back at the individual sentences and try to guess the meanings of the following words from the words on the right. First determine the part of speech, then look for clues to its meaning.

sich vorstellen	*to sell*
Himmelbett	*to choose*
Umzug	*to imagine*
sich verhalten	*harmful*
verkaufen	*move*
wählen	*to behave*
schädlich	*canopy bed*

7. Reread the questions and answer them for yourself. Follow the same procedure with questions four and five and the solutions. What type are you?

Kuschelecke	*non-toxic*
giftfrei	*to intimidate*
anbieten	*to offer*
vertreiben	*to drive away*
einschüchtern	*quiet corner*
Schmuse-Typ	*to furnish*
einrichten	*cuddly type*

8. Schreib jetzt nach dem Muster unten dein eigenes, fünfzeiliges Gedicht über dein Traumhaus!

a noun	*Apfel*
two adjectives	*rot, vergiftet*
three verbs	*essen, schmecken, geben*
an idea	*Ein schöner Apfel ist nicht immer gut.*
a noun	*Schein*

Übungsheft, S. 81

Wortschatz

Was produziert Lärm?

Übungsheft, S. 82–83, Ü. 1–3   Grammatikheft, S. 61, Ü. 14–15

LKWs (Lastkraftwagen)

Flugzeuge

Motorräder

Man produziert auch Lärm, wenn man…

zu schnell in die Kurven fährt

die Autotür oder den Kofferraumdeckel zuschlägt

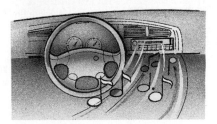

das Autoradio zu laut spielt

Sieh dir die Illustrationen an! Was kann man tun, um Lärm zu vermeiden?

langsam fahren

den Motor abstellen

nicht hupen

20 Probleme mit der Umwelt

Zuhören Zwei Schüler, Markus und Ute, sprechen über den Lärm in ihrer Stadt. Markus nennt einige Probleme, und Ute macht Vorschläge *(suggestions)*, wie man das Problem lösen *(solve)* kann. Wie reagiert Markus auf Utes Vorschläge? Hör dem Gespräch zweimal zu! Schreib zuerst die Probleme auf, die Markus erwähnt! Dann schreib Utes Vorschläge auf und wie Markus darauf reagiert!

Und dann noch...

PKWs (Personenkraftwagen)
Mofas und Mopeds
Busse
zu viel Verkehr
Motorboote

Der Lärm wird größer!

Der Lärm in unseren größeren Städten nimmt zu.

Mehr als 50 Prozent der Bevölkerung fühlt sich durch Lärm belästigt. Verkehrslärm steht mit 70% an erster Stelle. Lastkraftwagen und Busse verursachen einen größeren Lärm als Personenkraftwagen. Unsere motorisierten Zweiräder, besonders die Leichtkrafträder und Motorräder, machen einen größeren Lärm als zum Beispiel Mofas und Mopeds. Als Kraftfahrer können Sie aber durch ein lärmbewusstes Verhalten zur Lärmminderung beitragen.

Hier sind einige Tipps:

- Vermeiden Sie Kavalierstarts!
- Fahren Sie nicht zu schnell in Kurven!
- Schlagen Sie Ihre offene Autotür und den Kofferraumdeckel nicht zu!
- Drehen Sie Ihr Autoradio auf Normalstärke!
- Machen Sie keine unnötigen Fahrten, vor allem in Wohngebieten!
- Stellen Sie den Motor an Bahnübergängen ab!
- Beachten Sie strikt die Geschwindigkeitsbeschränkungen aus Lärmschutzgründen!

21 Was tun, um Lärm zu beseitigen?

Sprechen/Schreiben Beantworte die folgenden Fragen!

1. Welcher Lärm belästigt die Bevölkerung am meisten?
2. Welche Fahrzeuge machen den größten Lärm? Welche machen weniger Lärm?
3. Bist du ein Lärmmuffel? — Was tust du selbst, um Verkehrslärm zu mindern? Schau dir die Tipps an und nenne zwei Dinge, die du selbst tust!

So sagt man das!

Agreeing, with reservations

If someone wants to know about your preference, he or she might ask:

> **Findest du Boston schöner als New York?**
> **Ich finde die Innenstadt von Baltimore schöner. Du auch?**
> **Wohnst du auch lieber in der Stadt als auf dem Land?**
> **Das Leben auf dem Land ist todlangweilig, nicht wahr?**

In your answer, you may want to express reservations by saying:

> **Ja schon, aber ...** (Boston hat im Winter mehr Schnee).
> **Ja, aber ...** (New York hat bessere Theater).
> **Eigentlich schon, aber ...** (in einer Großstadt gibt es schönere Museen).
> **Ja, ich stimme dir zwar zu, aber ...** (es ist viel gesünder).

Which words or phrases show that the speaker has reservations?

Übungsheft, S. 83, Ü. 4

Grammatikheft, S. 62, Ü. 16–17

22 Eigentlich schon, aber...

Schreiben/Sprechen Schreib drei Vorteile deiner Heimatstadt auf einen Zettel. Deine Partnerin schreibt drei Nachteile auf. Sag ihr jetzt, was du über deine Heimatstadt denkst! Sie stimmt dir zwar zu, aber sie hat dazu auch etwas anderes zu sagen. — Tauscht dann die Rollen aus!

Grammatik

Adjective endings of comparatives

Read the following pairs of sentences.

Adjectives before nouns	Comparatives before nouns
Das ist ein **groß er** Garten.	Aber dort ist ein viel **größer er** Garten!
Wir haben einen **groß en** Garten.	Schmitts haben einen **größer en** Garten.
Frank hat ein **klein es** Zimmer.	Sein Bruder hat ein **kleiner es** Zimmer.
Wir wohnen in einer **klein en** Stadt.	Webers wohnen in einer **kleiner en** Stadt!
Meiers haben keine **modern en** Möbel.	Sie wollen keine **moderner en** Möbel.

What do you notice about the endings of the comparative forms of adjectives?[1]

Übungsheft, S. 83–84, Ü. 5–6   Grammatikheft, S. 63, Ü. 18–19

Mehr Grammatikübungen, S. 205, Ü. 10–11

23 Grammatik im Kontext

Schreiben Peter glaubt, in der Stadt ist alles besser. Schreib auf, was er sagt!

1. In der Stadt gibt es modern ===== Häuser!
2. Ihr wohnt bestimmt in einer bess ===== Gegend.
3. In der Stadt gibt es immer größ ===== Wohnungen.
4. Hier gibt es auch ein bess ===== Theater.
5. Es gibt auch einen schön ===== Tennisplatz als bei uns.

24 Ich stimme dir zwar zu, aber ... !

Sprechen Such dir eine Partnerin! — Du sagst deiner Partnerin etwas über deine Wohnung. Deine Partnerin stimmt dir zuerst zu, aber dann sagt sie, dass bei ihr doch alles besser, schöner oder größer ist! Tauscht dann die Rollen aus!

ein toller Swimmingpool

ein schöner Garten

eine ruhige Terrasse

ein gutes Haus

ein großer Tennisplatz

ein großes Wohnzimmer

eine moderne Küche

ein schöner Hobbyraum

ein neuer Wagen

eine alte Wohnung

---

1. The endings are the same for both comparative and positive adjectives.

25 Nach Gründen suchen

Lesen Lies noch einmal, was Britta und Norbert auf Seite 187 gesagt haben! Such beim Lesen die Gründe heraus, die die Wörter „eben" und „halt" enthalten! Welche Aufgabe, glaubst du, erfüllen diese beiden Wörter?

So sagt man das!

Justifying your answers

If someone asked you about your preferences, for example:

Warum gefällt es dir in Stuttgart besser als in Bietigheim?

You might answer:

Mir gefällt es in Stuttgart besser, weil da **halt** alles in der Nähe ist. Hier kann man **eben** schnell einmal ins Theater gehen.

Eben and **halt** are often used when giving a reason, justifying something, or giving an explanation.

26 Ein guter Grund?

Lesen/Sprechen Für jede Aussage auf der linken Seite gibt es einen guten Grund auf der rechten Seite. Für jeden Grund gebrauche entweder „eben" oder „halt".

1. Wir wohnen jetzt in einer kleinen Stadt in der Nähe von Stuttgart.
2. Wir wohnen jetzt in einer schönen Gegend.
3. Wir haben jetzt viel mehr Platz, und einen Garten. Die Großeltern können jetzt auch bei uns wohnen.
4. Ich hab jetzt mein eigenes Zimmer.
5. Und einen kleinen Swimmingpool haben wir auch!

a. Da hab ich alles, was ich brauche.
b. Da kann ich schnell mal schwimmen gehen.
c. Da können wir alle zusammen sein.
d. Aber da sind die Häuser und die Wohnungen teurer.
e. Die Luft ist da viel besser als in Stuttgart.

27 Bei uns ist alles besser, oder?

a. **Sprechen** Bildet zuerst zwei Gruppen! Eure Aufgabe ist, etwas über eure Gegend zu berichten oder über eine Gegend, in der ihr gern wohnen möchtet. Welche Vor- und Nachteile bietet diese Gegend?

b. **Sprechen** Dann trägt jemand aus der Gruppe den Bericht vor, den ihr gemeinsam erarbeitet habt. Die Mitglieder der anderen Gruppe dürfen sich dabei Notizen machen.

c. **Sprechen** Sprecht eure Vorbehalte (*reservations*) aus!

28 Für mein Notizbuch

Sprechen/Schreiben Frag zuerst deine Eltern (oder andere Verwandte oder Bekannte), ob sie gern oder nicht gern in deiner Gegend wohnen! Welche Vor- und Nachteile erwähnen sie? Schreib danach in dein Notizbuch, was sie gesagt haben!

29

  Von der Schule zum Beruf

Ein Häusermakler (*realtor*) hat dich in der Werbeabteilung angestellt. Deine Aufgabe ist es, Häuser zu beschreiben, die zum Kauf angeboten werden. Die Beschreibung soll die Häuser und die Umgebung im besten Licht zeigen.

Mehr Grammatikübungen

 CD-ROM DISC 2

Visit Holt Online
go.hrw.com
KEYWORD: WK3 STUTTGART-7
Interaktive Spiele

Erste Stufe   Objectives Expressing preference and giving a reason

1 Wo wohnst du gern? – Schreib den Komparativ des Wortes in Klammern in die erste Lücke und die deutsche Form von "than" in die zweite Lücke. **(S. 190)**

1. (gern)   Ich wohne _____ in einer Kleinstadt _____ in einer Großstadt.
2. (schön)   In einem Dorf ist es _____ _____ in einer Kleinstadt.
3. (billig)   Die Wohnungen sind hier _____ _____ in einer Stadt.
4. (alt)   Oft sind in einem Dorf die Häuser _____ _____ in einer Stadt.
5. (gut)   Die Luft ist _____ auf dem Land _____ in der Stadt.
6. (viel)   Aber in einer Stadt gibt es _____ zu sehen _____ auf dem Land.
7. (groß)   In einer Stadt sind die Häuser _____ _____ auf dem Land.

2 **Wie** oder **als?** - Schreib die richtigen Komparativformen in die Lücken. **(S. 190)**

1. Die Luft in Berlin ist _____ gut _____ die Luft in München; aber die Luft im Schwarzwald ist _____ _____ die Luft in Berlin und München.
2. Die Insel Juist ist _____ groß _____ die Insel Norderney; aber die Insel Rügen ist _____ _____ Juist und Norderney.
3. Die Stadt Berlin hat _____ viel Verkehr _____ München; aber die Stadt New York hat _____ Verkehr _____ Berlin und München.
4. Ich habe die Umgebung von Hamburg _____ gern _____ die Umgebung von Berlin; aber die Umgebung von München habe ich _____ _____ die Umgebungen von Hamburg und Berlin.

3 Schau auf die Liste vom Milchverkauf und schreib vier Sätze mit dem Komparativ von „billig" und „teuer". **(S. 190)**

Milchverkauf

Hier

Achtung!!

Neue Milchpreise
Milch : 0,65
Kakao : 0,70
Vanille : 0,70
Joghurt : 0,40

1. _____
2. _____
3. _____
4. _____

4 Vergleiche die gegebenen Aussagen und drücke die Unterschiede *(differences)* mit dem Komparativ aus. **(S. 190)**

Peter ist 1,80 m groß.   1. _____ .
Heidi ist 1,85 m groß.   2. _____ .

Das T-Shirt kostet € 10,– .   3. _____ .
Das Hemd kostet € 14, – .   4. _____ .

Meine Oma ist 70 Jahre alt.   5. _____ .
Mein Opa ist 72 Jahre alt.   6. _____ .

In Berlin ist es 8 Grad C.   7. _____ .
In Prag ist es - 4 Grad C.   8. _____ .

Art läuft die 100 m in 16 Sek.   9. _____ .
Kara läuft die 100 m in 14 Sek. 10. _____ .

Zweite Stufe   Objective **Expressing wishes**

5 Was wünschen sich diese Schüler? – Schreib das richtige Reflexivpronomen in die Lücken. **(S. 192)**

1. Was wünschst du _dir_ mal, liebe Katrin? Wünschst du _dir_ mal ein schönes Haus? — Ich wünsche _mir_ mal ein tolles Auto.
2. Bettina und Judith, was wünscht ihr _euch_ mal? Wünscht ihr _euch_ mal ein tolles Auto? — Ja, wir wünschen _uns_ mal ein tolles Auto.
3. Was wünscht _sich_ Frank? Glaubst du, dass er _sich_ ein Auto wünscht?—Ich glaube, dass er _mir_ ein Motorrad wünscht.

6 Was sind deine Wünsche für die Zukunft? – Schreib die richtige Form des unbestimmten Artikels (**ein, eine,** etc.) und die richtige Form des Adjektivs in Klammern in jede Lücke. **(S. 194)**

1. Ich wünsche mir mal (schön) _____ Haus mit (groß) _____ Garten und (klein) _____ Swimmingpool.
2. Und ich wünsche mir (toll) _____ Job, (sicher) _____ Einkommen und vor allem (sauber) _____ Umwelt.
3. Ich wünsche mir (gut) _____ Ausbildung, (nett) _____ Familie und natürlich auch (friedlich) _____ Leben.
4. Ich ziehe (klein) _____ Stadt wie Ulm vor. In (klein) _____ Stadt ist die Luft viel besser, denn (klein) _____ Stadt hat wenig Verkehr.
5. Ich möchte mal (modern) _____ Küche, (gemütlich) _____ Wohnzimmer und natürlich auch (groß) _____ Wagen.
6. Ich möchte mal an (klein) _____ See wohnen oder in (klein) _____ Dorf mit (schön) _____ Umgebung.

7 Was für Klamotten wünschst du dir? – Schreib die richtige Form des unbestimmten Artikels (**ein, eine,** etc.) und die richtige Form des Adjektivs in Klammern in jede Lücke. (**S. 194**)

1. Ich wünsche mir (blau) _____ Pulli und (rot) _____ T-Shirt.
2. Ich möchte (weiß) _____ Hemd und (schwarz) _____ Hose.
3. Ich brauche (grau) _____ Rock und (hellblau) _____ Bluse.
4. Ich wünsche mir (rot) _____ Kleid und (weiß) _____ Gürtel.
5. Ich möchte (kurz) _____ Shorts und (leicht) _____ Turnschuhe.
6. Und ich brauche (braun) _____ Jogging-Anzug.

Dritte Stufe

Objectives Agreeing with reservations; justifying your answers

8 Was ist das?—Schreib die richtige Form des unbestimmten Artikels in die erste Lücke, ein passendes Adjektiv mit der richtigen Endung in die zweite Lücke und den Namen des abgebildeten Artikels in die dritte Lücke. (**S. 194**)

1. Das ist _____ _____ _____.

2. Das ist _____ _____ _____.

3. Das ist _____ _____ _____.

4. Das ist _____ _____ _____.

5. Das ist _____ _____ _____.

6. Das ist _____ _____ _____.

9 Du sagst, was du mal gern möchtest. – Schreib die richtigen Adjektivendungen in die Lücken. **(S. 194)**

1. Das ist aber ein groß_____ Garten! Ich möchte auch mal einen groß_____ Garten. Ich finde groß_____ Gärten Spitze. In einem groß_____ Garten fühle ich mich wohl.

2. Das ist ein alt_____ Haus. Ich habe mal in einem alt_____ Haus gewohnt. Ich liebe alt_____ Häuser. Ich möchte mal ein alt_____ Haus kaufen. Alt_____ Häuser können aber sehr teuer sein.

3. Was für eine modern_____ Küche! Ich liebe modern_____ Küchen. Ich möchte mal eine modern_____ Küche. In einer groß_____ , modern_____ Küche koche ich lieber als in einer klein_____ , alt_____ Küche. Aber modern_____ Küchen sind teuer!

10 Alles ist größer oder besser. – Schreib die richtige Form des unbestimmten Artikels (**ein, eine,** etc.) und die richtige Komparativform des Adjektivs in Klammern in jede Lücke. **(S. 200)**

1. Ich weiß, ihr habt (groß) _____ Garten, aber wir haben dafür (groß) _____ Haus mit (groß) _____ Swimmingpool.

2. Ja schon, aber wir haben (alt) _____ Haus in (ruhig) _____ Umgebung in (klein) _____ Vorort von Stuttgart.

3. Du weißt, ich wohne lieber in (klein) _____ Wohnung, aber in (groß) _____ Stadt, wo es (gut) _____ Museum gibt als hier bei uns.

4. Ich weiß, du hast (neu) _____ Wagen und (gut) _____ Motorrad als ich; aber ich habe (gut) _____ Wagen als du.

11 Schreib, was du mal gern möchtest. – Schreib die richtigen Komparativformen des gegebenen Adjektivs in die Lücken. **(S. 200)**

1. Ich möchte mal (ein) _____ (groß) _____ Garten haben. Ich finde (groß) _____ Gärten toll. In (groß) _____ Gärten kann man auch (ein) _____ (groß) _____ Party haben.

2. Ich möchte auch einmal (ein) _____ (neu) _____ Wagen fahren. Ich liebe (neu) _____ Autos. In (neu) _____ Autos kann man (schnell) _____ fahren.

3. Ich möchte gern mal (ein) _____ (alt) _____ Haus haben. Ich finde (alt)_____ Häuser Klasse. Ich weiß, (alt) _____ Häuser können Probleme haben, aber ich möchte gern in (ein) _____ (alt) _____ Haus wohnen.

1 Ein paar Leute sagen, wo sie lieber wohnen und warum. Mach eine Tabelle wie diese und füll sie dann aus!

Person	wo?	warum?
1		

2 Zeichne dein Traumhaus! Zeichne zuerst das Haus auf ein großes Blatt Papier! Danach beschreibe deinem Partner das Haus! Dein Partner hört dir zu und zeichnet dein Traumhaus. Vergleicht dann die beiden Zeichnungen! Hat dein Partner alles richtig gehört? Dann erzählt dir dein Partner, wie sein Traumhaus aussieht, und du zeichnest sein Traumhaus auf ein Blatt Papier.

3 Lies den Text unten und beantworte die folgenden Fragen!

1. Worüber berichtet der Text?

2. Wo ist der Garten?

3. Was wächst im Garten?

4. Wie finden die Schüler den Garten? Warum? Was sagen sie?

5. Was, meinst du, lernen die Schüler von der „Schule im Garten"?

SCHULE IM GARTEN

Schüler ziehen mit Spaten, Hacken, Heckenscheren und Schubkarren hinaus ins Freie, um an „ihrer" Oase zu arbeiten. Und wie die blüht und wächst! Es gibt Gemüse- und Blumenbeete sowie einen Kräutergarten. Die Schüler beliefern die Schulküche mit Zwiebeln, Karotten, Tomaten, Kartoffeln und Erdbeeren. Nicht nur der Garten, auch die Klassenzimmer werden immer grüner: Im Sommer gibt es dort jetzt frische Blumensträuße. Die jungen Hobbygärtner sind ganz begeistert. „Die Penne (Schule) macht viel mehr Spaß, weil etwas ganz Eigenes entsteht", meint Lizzy. „Klar kostet das Arbeit, aber dann siehst du etwas wachsen, kannst riechen, es anschauen." Am Ende kann man einiges sogar schmecken, essen und davon satt werden.

4 Die Schüler im Bericht haben einen Garten angelegt, um ihr Schulleben zu bereichern *(enrich)*. Was kannst du tun, um deine Schule oder dein Schulleben zu bereichern? Such dir zwei Klassenkameraden! Ihr macht ein Poster von allem, was ihr wünscht, um die Schule zu verbessern. Auf der linken Seite schreibt die Verbesserungsvorschläge auf, und auf der rechten Seite schreibt Ideen, wie ihr diese Wünsche erfüllen könnt! Dann erzählt euren Klassenkameraden etwas über eure Ideen!

5   Zum Schreiben

You moved from the country to the city six months ago. Write a short composition comparing and contrasting what you used to do when you lived in the country with what you now do in the city.

> **Schreibtipp Comparing and contrasting** helps your reader understand an unfamiliar idea or see something familiar in a new way. Comparing is telling how two things are alike, and contrasting is telling how two things are different.

Vorbereiten

Make three lists: "Things I did in the country," "Things I do in the city," "Things I can do in both places." Then cross the items on the third list off of the first two lists. You will then have one list of similarities and two lists of differences. This will make organizing comparisons and contrasts easy.

Ausführen

Begin with a **topic sentence** that states your purpose in writing. For example, **Das Leben auf dem Land und das Leben in der Stadt sind fast gleich.** Or you could take the opposite viewpoint and say that life in the country and life in the city are not at all alike. Then write six to eight sentences supporting your viewpoint by comparing and contrasting life in both places.

Überarbeiten

- Check for clarity. Have you clearly stated your activities in both places?
- Proofread for spelling and punctuation errors, and then exchange with a partner and use your peer editing skills to help each other.
- Write and share a final draft.

6   Rollenspiel

Using props, role-play the following scene in front of the class.

You and three of your classmates are participants in a television talk show. The topic of the day is "The best place in the world to live." One of you will play the role of the host and ask questions of the others, who will play the guests. Everyone in the class writes the name of a large city anywhere in the world on a slip of paper and puts it in a box. Each guest draws a city from the box. He or she must think of some reasons and justifications for why he or she thinks this city is the best place in the world to live. The host will ask specific questions about the guest's interests to try to find out more information about why each person thinks he or she lives in the best place in the world.

Kann ich's wirklich?

Can you express preference and give a reason? (p. 189)

1 How would you say you prefer to live in the following places and give a reason for it?
a. in a small town
b. in a big city
c. in the country
d. in the mountains
e. by a river
f. by a lake

2 How would you ask a friend's opinion about different locations, using the following expressions?
a. lieber
b. gefallen

Can you express your wishes, and ask others about their own? (p. 192)

3 How would you say you wish for the following things?
a. a television and a VCR
b. a great job
c. a secure income
d. a peaceful life
e. a clean environment
f. no war

4 How would you ask someone what he or she wishes for?

Can you agree, with reservations? (p. 199)

5 How would you say to your friend that you agree that he or she does everything possible to avoid making excessive noise, but that you have the following reservations? He or she …
a. drives too fast around curves
b. slams the car door
c. plays the car radio too loud

Can you justify your answers, using halt and eben? (p. 201)

6 How would you now tell your friend he or she actually does make too much noise, and use the same arguments to justify your opinion?

Erste Stufe

Expressing preference

Mir gefällt ... besser als ...	I like ... better than ...
da ist einfach mehr los	there's simply more going on
vorziehen (sep)	to prefer
Ich ziehe ...vor	I prefer ...
so ...wie	as ... as
(schlechter) als	(worse) than
älter	older
größer	bigger
jünger	younger

Talking about where you live

in einer Großstadt	in a big city

in einem Vorort	in a suburb
der Vorort, -e	suburb
in einer Kleinstadt	in a town
in einem Dorf	in a village
das Dorf, ¨er	village
in den Bergen	in the mountains
der Berg, -e	mountain
an einem See	on a lake
der See, -n	lake
an einem Fluss	on a river
der Fluss, ¨e	river

Living in your community

der Vorteil, -e	advantage

der Nachteil, -e	disadvantage
mehr Menschen	more people
weniger Geschäfte	fewer stores
öffentliche Verkehrsmittel (pl)	public transportation
die Wohnung, -en	apartment
die Umgebung, -en	surrounding area
der Verkehr	traffic
der Lärm	noise
die Luft	air
das Leben	life
sauber	clean
schmutzig	dirty
ruhig	calm

Zweite Stufe

Around the house

das Haus, ¨er	house
der Flur, -e	hallway
das Wohnzimmer, -	living room
das Esszimmer, -	dining room
die Küche, -n	kitchen
das Schlafzimmer, -	bedroom
das Badezimmer, -	bathroom
die Toilette, -n	bathroom, toilet
der Keller, -	cellar
die Terrasse, -n	terrace, porch
der Garten, ¨	garden, yard

der Pool, -s	pool
der Strauch, ¨er	bush
der Baum, ¨e	tree

Expressing wishes

sich wünschen	to wish
Was wünschst du dir (mal)?	What would you wish for?
Ich wünsche mir ...	I wish for ...
die Ausbildung, -en	education
der Job, -s	job

das Einkommen	income
die Umwelt	environment
die Armut	poverty
der Krieg, -e	war

Useful words for describing things

friedlich	peaceful
gemütlich	comfortable, cozy
hell	bright
sicher	secure
eigen	(one's) own

Dritte Stufe

Talking about noise pollution

der Lärm	noise
Was produziert Lärm?	What produces noise?
der Lastkraftwagen (LKW), -	truck
das Flugzeug, -e	airplane
das Motorrad, ¨er	motorcycle
langsam	slow, slowly
abstellen (sep)	to switch off
der Motor, -en	motor
Stellen Sie den Motor ab!	Turn your engine off!
hupen	to honk the horn

Du fährst zu schnell in die Kurve!	You're taking the curve too fast!
Er schlägt die Autotür (den Kofferraumdeckel) zu!	He's slamming the car door (the trunk)!
He, Sie da! Sie spielen das Autoradio zu laut!	Hey you there! You're playing your car radio too loud!

Agreeing, but with reservations

Ja schon, aber ...	Well yes, but ...
Eigentlich schon, aber ...	I suppose so, but ...

Ja, ich stimme dir zwar zu, aber ...	Yes, I do agree with you, but ...
todlangweilig	extremely boring

Giving reasons or justifications

halt: Die Kleinstadt gefällt mir gut, weil es da halt ruhiger ist.	I like a small town because it's just quieter there.
eben: Man kann eben den Groß- stadtlärm vermeiden.	You can really avoid big city noise.

8
Mode?
Ja oder nein?

Objectives

In this chapter you will learn to

Erste Stufe

- describe clothes

Zweite Stufe

- express interest, disinterest, and indifference
- make and accept compliments

Dritte Stufe

- persuade and dissuade

Visit Holt Online

go.hrw.com
KEYWORD: WK3 STUTTGART-8

Online Edition ⬍

◀ **Diese Klamotten sind nicht mehr in Mode.**

Los geht's! · *Ein starkes Outfit*

DVD VIDEO

Strategie Verstehen

Look at the photos on this page. What might the topic of the conversation be? Now look at the photos on the next page. What is the topic there? What roles do the two boys play?

 Katrin

 Judith

 Roland

 Boris

1

Judith: Was machst du denn da? Willst du verreisen?

Katrin: Nö! Ich muss mal ein bisschen Ordnung in meine Sachen bringen und sehen, was ich hab.

2

Katrin: Das Zeug da muss ich waschen, und das kommt in die Reinigung. Und das dort möchte ich am liebsten wegwerfen.

3

Judith: Hm! Diesen Pulli willst du wirklich wegwerfen?

Katrin: Ja, schau! Er passt mir nicht. Er ist viel zu weit, und er ist aus Acryl! Kauf dir nie etwas aus Acryl! Ich kaufe mir jetzt auch nur noch Sachen aus Baumwolle oder Wolle.

Judith: Wie findest du meine grüne Bluse?

Katrin: Die ist echt stark, und sie steht dir gut. Sie passt gut zu der weißen Jeans. Das ist ein echt heißes Outfit!

Judith: Meinst du?

Katrin: Ja, wirklich! Du interessierst dich eben mehr für Mode als ich.

4

Katrin: Du bist wie dein Bruder, der Roland.

Judith: Ja, der Roland, das ist ein richtiger Mode-Freak. Wie stolz er auf seine Klamotten ist!

5

Roland: Mode ist für mich ziemlich wichtig. Im Moment trage ich Schwarz. Meine Lieblingsklamotten sind …dieser schwarze Rollkragenpullover, diese schwarze Jeans und leichte Schuhe.

6

Katrin: Dieses schwarze Outfit steht deinem Bruder aber auch gut. Er sieht toll aus.

Judith: Stimmt! Aber der Typ da in der 10b, wie hieß er denn schnell …?

Katrin: Du meinst wohl den Boris?

Judith: Ja, der Boris, der sieht doch immer scharf aus. Hast du ihn heute Morgen gesehen? Das rote Hemd, die grüne Weste und die schwarzweiße Baumwollhose. Er ist ein wirklich lässiger Typ.

Katrin: Gefällt dir der Boris?

Judith: Er sieht gut aus, stimmt! Aber er ist nicht mein Typ. Magst du ihn vielleicht?

Katrin: Hm, vielleicht, ich weiß nicht. Aber der redet bestimmt nicht über uns.

Judith: Bist du so sicher?

7

Boris: Die Katrin ist ein nettes Mädchen, sehr gescheit. Was mir an ihr so gefällt, ist …sie ist einfach, sie interessiert sich nicht für Mode. Sie trägt keine verrückten Sachen, und am allerbesten gefällt mir, dass sie so natürlich und humorvoll ist.

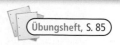

Übungsheft, S. 85

1 Was passiert hier?

Verstehst du alles, was diese Leute sagen? Beantworte die Fragen!

1. What is this text about?
2. Why does Judith think that Katrin is going on a trip?
3. What does Katrin intend to do with her clothes?
4. What are her favorite materials? What clothes will she never buy again?
5. Which one of the two girls is interested in fashion? How does that show?
6. What does Judith's brother like to wear?
7. Whom do the girls seem to like and why?
8. What does this person like about Katrin?

2 Stimmt oder stimmt nicht?

Wenn der Satz nicht stimmt, schreib die richtige Antwort!

1. Katrin möchte verreisen.
2. Sie möchte den Pulli in die Reinigung geben.
3. Sie kauft sich jetzt nur noch Klamotten aus Acryl.
4. Katrin interessiert sich sehr für Mode.
5. Der Roland trägt am liebsten Schwarz.
6. Die Katrin mag den Boris nicht.
7. Der Boris ist ein lässiger Typ.

3 Welche Sätze passen zusammen?

Welche Sätze auf der rechten Seite passen zu den Sätzen auf der linken Seite?

1. Katrin bringt Ordnung in ihre Klamotten.
2. Der grüne Pullover passt ihr nicht.
3. Judiths grüne Bluse passt gut zu der weißen Jeans.
4. Der Roland ist ein richtiger Mode-Freak.

   a. Das ist ein heißes Outfit.
   b. Er ist stolz auf seine Klamotten.
   c. Sie möchte sehen, was sie hat.
   d. Er ist ihr viel zu weit, und er ist aus Acryl.

4 Welche Wörter passen in die Lücken?

1. Ich muss mal ___1___ in meine Klamotten bringen.
2. Das muss ich waschen, und das muss in die ___2___.
3. Diesen Pullover willst du ___3___?
4. Der Roland ist ein ___4___ Mode-Freak.
5. Er ist ___5___ auf seine Klamotten.
6. Mode ist für ihn ziemlich ___6___.
7. Der Boris ist ein wirklich lässiger ___7___.

Ordnung	richtiger	Reinigung
stolz	wegwerfen	Typ	wichtig

5 Und du?

Wie beschreibst du dich selbst? Was ist dein Stil? Gebrauche drei Adjektive aus dem Kasten, um dich zu beschreiben.

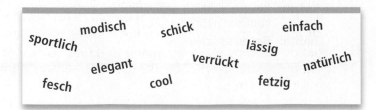

sportlich   modisch   schick   einfach   lässig   elegant   verrückt   natürlich   fesch   cool   fetzig

Was trägst du am liebsten?

We asked several teenagers the question **Was trägst du am liebsten und warum?** Based on what you already know about what German students like to wear, think about the kinds of clothing these teenagers might mention. What reasons might they give for wearing certain kinds of clothing? Listen to and then read the interviews.

Grammatikheft, S. 86, Ü. 1

Monika, Hamburg

„Also, ich wechsle mein Outfit auch je nach Gelegenheit. Entweder zieh ich mich total gruftimäßig an oder im siebziger Jahrestil, wie man das jetzt so sieht. Nicht zu eng. Oder, na ja, ich geh halt ganz normal zeckig, ganz normal richtig links."

Rosi, Berlin

„Ich trage am liebsten 'ne Jeans und T-Shirt, also, weil es ist in der Schule so, da zieht keiner schicke Sachen an, also mit Kleidern nur wenige Ausnahmen, und ich fühl mich darin am wohlsten."

Uli, München

„Also, Kleidung muss natürlich bequem sein, in erster Linie, und es unterscheidet sich natürlich, ob ich abends weggehe mit Freunden oder ob ich arbeite. Also, wenn man mich jetzt sieht, das ist eine typisch bequeme Arbeitsklamotte, sag ich mal, die ich anhab, also mit Turnschuhen, in denen ich bequem laufen kann, weil ich doch

Jens, Berlin

„Also, was ich gerne anziehe, kann ich nicht sagen. Ich ...kleide mich gerne sportlich, weil ich fein nicht so mag, weil das was Besonderes ist. Und meine Lieblingsfarbe ist Dunkelblau."

viel unterwegs bin. Wenn ich abends weggehe, zieh ich mich gerne etwas feiner an, also sprich weg, so dass ich meine, ich sehe besser aus, in dann engen Hosen oder mal ein ausgeschnittenes T-Shirt."

A. 1. What kinds of clothing do each of these people say they like to wear the best? What reasons do they give for their choices? Which person says he or she likes to dress up? Who mentions comfort? The athletic look? Does Uli make a distinction between clothes she wears every day and clothes she wears when she goes out in the evening? What does she say? Describe the two outfits she wears.

2. With a partner choose one of the interviews above and jot down a few notes about what that person said. Then summarize in German (in your own words) the interview. Describe that person to your classmates using the phrase **Diese Person ...** to identify him or her. Let your classmates guess which person you are describing.

B. What do these people's statements and their choice of clothes tell you about them? Do you think their parents would make the same choices? How does their taste in clothes compare to yours and your friends'?

Objective Describing clothes

6 **Hast du alles verstanden?**

Lesen/Sprechen Lies zuerst den Text unten, und dann beantworte die Fragen!

1. Was ist heute in der jungen Mode anders als früher?
2. Die Jugend experimentiert. Wie zeigt sich das?
3. Nenne die Adjektive, die diese Modeartikel beschreiben!

Wortschatz

Was ist heute „in"?

Früher hat es in der jungen Mode gewöhnlich nur zwei Stile gegeben: konservativ und modisch. Und heute? — Heute geht alles. Die Jugend von heute experimentiert und kombiniert: Hosen aus den 60er Jahren mit geblümten Hemden aus den 70er Jahren. Und farblich? Alles geht! Aber Schwarz ist zur Zeit „in".

Richtig cool ist die schwarze Jeans und das bunte Shirt darüber, das am besten offen bleibt.

Jeans 63,50
Shirt 40,90

Für jeden sportlichen Typ: Käppis! Am liebsten natürlich von US-Baseball-Mannschaften.

Käppis ab 14,00

Immer noch „in": Die schon klassischen Turnschuhe gibt's jetzt in tollen Farben.

Turnschuhe 39,60

Echt toll ist dieser blaue Blazer und das lässige, weite Hemd darunter.

Blazer 95,00
Hemd 34,50

Lässig für den kalten Winter: diese gefütterte Wind- und Wetterjacke über der Jeansweste und dem karierten Wollhemd.

Windjacke 93,00
Jeansweste 48,00
Wollhemd 27,50

Diese bunten Krawatten passen besonders gut zu dem blauen Jeansshirt.

Krawatten ab 13,00

Dieser bunte Anorak sieht auch von hinten scharf aus – ein Anorak mit Patches! Darunter trägt man, was man will. Dieses witzige T-Shirt vielleicht?

Anorak 54,00
T-Shirt 19,90

Welche Adjektive beschreiben die Kleidungsstücke von deinen Klassenkameraden?

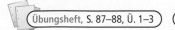

Übungsheft, S. 87–88, Ü. 1–3   Grammatikheft, S. 64, Ü. 1

7 Wie kleiden sich die Schüler?

Zuhören Ein Schüler beschreibt die Kleidung von vier neuen Klassenkameraden. Mach dir Notizen (zum Beispiel Adjektive) über die verschiedenen Kleidungsstile! Wer von den Klassenkameraden kleidet sich a. modisch? b. sportlich? c. witzig? d. konservativ?

8 Du und dein Partner

Lesen/Sprechen Du und dein Partner, ihr müsst euch jeder einen Artikel aus der Reklameseite (Seite 216) heraussuchen. Was gefällt euch? Was nicht? Was kauft sich dann jeder von euch?

So sagt man das!

Describing clothes

When describing clothes, as well as other things, you want to use adjectives in your description.

> **Diese schwarze Jeans und das bunte Shirt sind echt cool.**
> **Für den kalten Winter bei uns brauch ich diese gefütterte Windjacke.**
> **Dieser bunte Anorak sieht sehr gut aus.**

Identify the adjectives in the noun phrases above. Why do you think **schwarze, bunte,** and **gefütterte** have an **-e** ending, but **kalten** an **-en** ending?

Grammatik

Adjectives following **der** and **dieser**-words

1. Adjectives following **der** and **dieser**-words (**dieser, jeder, welcher**) have these endings.

Nominative:	Dieser bunt**e**	Anorak sieht toll aus.	} *Masculine*
Accusative:	Diesen bunt**en**	Anorak kauf ich mir.	
Nominative:	Die schwarz**e**	Jacke ist echt cool.	} *Feminine*
Accusative:	Die schwarz**e**	Jacke kauf ich mir auch.	
Nominative:	Das weit**e**	Hemd ist lässig.	} *Neuter*
Accusative:	Das weit**e**	Hemd trag ich gern.	
Nominative:	Diese bunt**en**	Krawatten sehen gut aus.	} *Plural*
Accusative:	Diese bunt**en**	Krawatten mag ich nicht.	

2. In the dative case, the adjective endings are **-en** for all nouns of all genders, and for the plural.

> *Dative:* Das passt echt gut zu { diesem grün**en** Anorak.
> dieser weiß**en** Jacke.
> diesem bunt**en** Hemd.
> diesen bunt**en** Turnschuhen.

3. When more than one adjective is used to describe a noun, all adjectives have the same ending: Du willst diese schön**e**, grün**e** Bluse wegwerfen?

Übungsheft, S. 88–89, Ü. 4–7) (Grammatikheft, S. 65, Ü. 2)

Mehr Grammatikübungen,
S. 230–231, Ü. 1–3

9 **Grammatik im Kontext**

a. Sprechen Setz dich mit einer Partnerin zusammen, und sprecht über die Leute auf den Fotos! Welche Kleidungsstücke gefallen euch? Welche nicht? Sagt, welche Farben diese Kleidungsstücke haben!

b. Schreiben Beschreibe die Kleidungsstücke in jedem Bild. Was gefällt dir, was nicht?

Schon bekannt

rot	blau	grau	grün	gelb
weiß		schwarz		braun

Und dann noch...

Mehr Farben

feuerrot	knallgelb
wollweiß	hellbraun
türkisblau	dunkelgrau
olivgrün	tiefschwarz

10 **Waschen? In die Reinigung? Oder wegwerfen?**

Sprechen Katrin bringt Ordnung in ihre Klamotten. Aber was soll sie nur mit den vielen Klamotten tun? Welche Stücke soll sie waschen? Welche soll sie in die Reinigung bringen? Welche soll sie wegwerfen? Sag deinen Mitschülern, was Katrin machen soll!

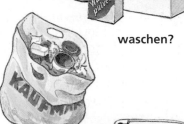

waschen?

wegwerfen?

in die Reinigung bringen?

11 **Ottos Outfit**

Zuhören Hör zu, wie Erik ein Outfit von seinem Freund Otto beschreibt! Otto trägt nämlich gern ganz verrückte Klamotten. Mach eine Skizze von Ottos Outfit, in Farbe natürlich! Vergleiche dann deine Skizze mit denen deiner Mitschüler! Wer hat den schönsten Otto gezeichnet?

12 Reklame für Klamotten

Sprechen Jeder in der Klasse muss eine Reklameseite aus einem Katalog mit in die Klasse bringen. Sprecht über die einzelnen Artikel! Was gefällt euch? Was gefällt euch nicht? Wo gibt es diese Sachen? Wie teuer sind sie?

13 Typen wie der Boris?

Sprechen Bildet Gruppen von drei Personen! Jede Gruppe muss einen Mode-Freak haben, der gern „verrückte" Kleidung trägt. Wenn keiner ein Mode-Freak sein will, verwendet die beste Otto-Zeichnung! Sprecht jetzt über euren Mode-Freak oder Otto!

a. Beschreibt das Outfit!

b. Sagt, was euch besonders gefällt oder überhaupt nicht gefällt!

c. Wie passen die Klamotten?

> bei Beck
>
> bei Karstadt
>
> zu Weihnachten
>
> im Kaufhaus
>
> zum Geburtstag

14 Dieses Hemd gefällt mir!

Sprechen Get together with three other classmates. Find something about each person's outfit that you really like and tell him or her how much you like it. Then find out where each person bought that clothing article. Your classmate will tell you where he or she bought it or if he or she received it as a present. Try to find out how much it costs. The phrases above can help.

| BEISPIEL | DU | Das Kleid gefällt mir sehr. Wo hast du es gekauft? |
| | PARTNER | Ich hab das nicht gekauft, ich hab es zum Geburtstag bekommen. |

Ein wenig Landeskunde

Heutzutage ist es fast unmöglich, junge Deutsche der Kleidung nach von jungen Amerikanern zu unterscheiden: die Jugend ist in ihrer Freizeit locker und lässig gekleidet.

Beim Sport legen die jungen Deutschen vielleicht ein bisschen mehr Wert auf richtige Kleidung. Man wandert in bequemen Wanderhosen mit den richtigen Schuhen dazu, man reitet in Reithosen und Stiefeln und man spielt Tennis in Weiß — vielleicht auch deshalb, weil man viele Tennisplätze nur im weißen Outfit betreten darf.

In manchen Gegenden, besonders in Bayern und in Österreich, trägt die Jugend auch Tracht, besonders an Sonntagen oder zu Festtagen, wie zum Beispiel beim Besuch von Volksfesten.

15 Der tolle Sommerjob

Lesen/Schreiben Du hast einen Sommerjob in der Reklameabteilung eines Kaufhauses bekommen. Du arbeitest in der Layout-Abteilung. Such dir einen Partner und entwerft (*create*) zusammen eure eigene Reklameseite! Schneidet Artikel aus einem Katalog aus, klebt (*glue*) sie auf ein Blatt Papier und beschreibt die Artikel!

Hast du Interesse an Mode?

Roland

„Mode ist für mich ziemlich wichtig. Ich trag eigentlich schon, was ‚in' ist. Im Moment trage ich Schwarz."

Stefan

„Mode? — Nein. Ich zieh mir auch Klamotten an, die nicht in Mode sind. Ich kauf mir zum Beispiel viele Klamotten auf dem Trödelmarkt, weil sie dort billiger sind."

Sandra

„Ich interessier mich schon für Mode. Vor allem müssen die Farben passen. Zum blauen Hemd zum Beispiel passen die grüne Jacke und diese weiße Jeans. Toll! Was?"

Lin

„Es ist mir ziemlich egal, was ich anhab. Es muss nur sauber sein. Ich lieb aber fetzige Klamotten, bedruckte T-Shirts und Jacken mit bunten Prints."

Johanna

„Ja, für Mode interessiere ich mich schon ein bisschen. Die Kleidung muss mir auch gut passen und gut stehen. Ich trag furchtbar gern Kleider. Und zu diesem braunen Kleid trag ich schwarze Strümpfe und schwarze Schuhe mit hohen Hacken."

16 **Verschiedene Interessen**

Lesen/Sprechen Lies, was diese jungen Leute über Mode sagen! Beantworte die folgenden Fragen!

1. Wer interessiert sich für Mode? Wer nicht?
2. Wie drücken die Schüler ihr Interesse oder Desinteresse aus? Was sagen sie?
3. Wer ist dir sympathisch? Warum?

Was trägst du zu deinen Klamotten? Ich trage ...

Socken

Schuhe mit flachen Absätzen

Schuhe mit hohen Absätzen

Strümpfe

Was gefällt dir...

diese gepunktete Jeans?
oder gestreifte,
abgeschnittene Jeans?

die ärmellose Bluse?

diese weiche Lederjacke?

Und dann noch...	
bedruckt	monoton
einfarbig	mehrfarbig
gemustert	locker

Übungsheft, S. 90, Ü. 1–2

Grammatikheft, S. 66, Ü. 3

So sagt man das!

Expressing interest, disinterest, and indifference

When asking about someone's interests, you ask:

> **Interessierst du dich für Mode?**
> **Wofür interessierst du dich?**

When expressing interest, you say:

> **Mode interessiert mich sehr.**
> **Ich interessiere mich für Mode.**

When expressing disinterest, you may answer:

> **Mode interessiert mich nicht.**
> **Ich hab kein Interesse an Mode.**

When expressing indifference, you may say:

> **Mode ist mir egal.**

Which of the two questions is more general? What do you notice about the verb **interessieren**? What case follows the preposition **für**?[1]

Grammatikheft, S. 66, Ü. 4

---

1. **Für** is always followed by accusative-case forms.

17 Viele Interessen

1. Zuhören Schüler berichten über ihre Interessen. Hör dir die Berichte zweimal an!

   a. Schreiben Schreib zuerst auf, welche Interessen jeder Schüler hat!

   b. Schreiben Dann schreib die Gründe neben die Interessen der einzelnen Schüler!

2. Sprechen Such dir dann einen Schüler aus und erzähl deinem Partner von ihm!

18 Man kann sich für vieles interessieren

Schreiben Mach eine Liste mit mindestens drei Dingen, für die du dich interessierst und für die du dich nicht interessierst! Schreib auch Gründe dafür auf! Hier sind einige Ideen:

Umwelt — die Natur lieben

Geografie — gern reisen

Bücher — gern lesen

Kameras — gern fotografieren

Sport — gern aktiv sein

19 Wofür interessierst du dich?

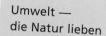

Sprechen Such dir eine Partnerin! Frag sie nach ihren Interessen und Desinteressen! In ihrer Antwort muss sie dir auch einen Grund nennen. Verwende dabei die Information von Übung 18! — Tauscht dann die Rollen aus!

20 Was trägst du gern?

Sprechen Frag einen Mitschüler, was er gern im Sommer trägt! Er sagt es dir. Dann darf er auch einen Mitschüler fragen, was dieser gern im Sommer, im Winter, usw. trägt. Frag auch, was deine Lehrerin gerne trägt!

Ein wenig Grammatik

Sich interessieren (*to be interested*) requires a reflexive pronoun in the accusative case. To talk about your or someone else's interest *in* something, the preposition **für** is used:

   Ich interessiere mich für alte Autos.

How would you ask two classmates what they are interested in? How might they respond?[1]

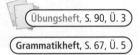

Übungsheft, S. 90, Ü. 3

Grammatikheft, S. 67, Ü. 5

Mehr Grammatikübungen, S. 231, Ü. 4

Ein wenig Grammatik

The verb **tragen,** *to wear,* has a stem-vowel change in the **du-** and **er/sie/es-**forms:

   Was **trägst du** gern?
   Und was **trägt** Roland?

There is no umlaut in the **du-**command.

   Trag dieses Kleid nicht!

Grammatikheft, S. 67, Ü. 6

Mehr Grammatikübungen, S. 231, Ü. 5

So sagt man das!

Making and accepting compliments

When making a compliment, you could say:

   Deine Jeans steht dir gut.
   Sie passt dir auch echt gut.
   Und diese Jacke passt dir prima!
   Sie passt gut zu deiner blauen Bluse.

And the responses might be:

   Meinst du wirklich?
   Ist sie mir nicht zu eng?
   Ehrlich?
   Echt?

How would you reassure your friend that you really meant it?

Grammatikheft, S. 68, Ü. 7

---

1. **Wofür interessiert ihr euch? Wir interessieren uns für Politik.**

Grammatik

Further uses of the dative case

1. In **Kapitel 6** you learned that there are certain verbs that are usually used with dative-case forms, such as **passen**, *to fit*, and **(gut) stehen**, *to look* (*good*).

> Diese Jeans passt **dir** sehr gut.
> Dieses fetzige Outfit steht **deinem Bruder** gut.

2. Dative-case forms are always used after the preposition **zu**.

> Das grüne Hemd passt gut **zu dieser blauen Jacke**.

3. When expressing personal comfort, dative-case forms are also usually used.

> Diese Jacke ist **mir** viel zu eng.
> Sind **dir** diese Schuhe nicht zu groß?

Mehr Grammatikübungen, S. 232, Ü. 6

Übungsheft, S. 91–92, Ü. 4–6

Grammatikheft, S. 68, Ü. 8

---

21 ### Grammatik im Kontext

a. **Sprechen** Du bist mit deiner Partnerin in der Stadt, und ihr seht diese Leute auf dem Marktplatz. Erzählt euch gegenseitig, was diese Leute tragen und wie ihnen die Kleidung passt! Gefällt euch ihre Kleidung? Ist sie zu konservativ oder zu fetzig?

b. **Schreiben** Beschreibe alle sechs Leute in dieser Zeichnung.

---

22 ### Komplimente machen

Sprechen Such dir einen Partner und bewundere, was er anhat! Mach ihm Komplimente! — Tauscht dann die Rollen aus!

zu kurz	zu lang	zu fetzig
zu eng	zu weit	zu teuer
zu klein	zu groß	zu konservativ
zu monoton	zu bunt	zu unpraktisch

---

23 ### Für mein Notizbuch

Schreiben Schreib in dein Notizbuch, ob du dich für Mode interessierst! Schreib, was du gern trägst und warum, und welche von deinen Klamotten besonders gut zusammenpassen oder dir gut stehen!

---

24 ### Dein Job: Modefachmann oder Modefachfrau

Sprechen/Schreiben Du arbeitest in einem Modegeschäft. Ein Kunde hat keine Ahnung, was er sich kaufen soll. Er weiß nicht, was ihm gut steht und was nicht, was ihm gut passt und was nicht, und welche Farben er tragen soll. Du berätst (*advise*) ihn. Entwickelt ein Rollenspiel und spielt es der Klasse vor!

25 Aus dem Modekatalog

Lesen/Sprechen Lies die folgende Werbung aus dem Katalog der Firma Berger!
Dann beantworte die Fragen!

1. Welche Kleidungsstücke sind für Frauen? Für Männer? Für beide?
2. Welche Kleidungsstücke sind aus Naturfasern? Aus Kunstfasern?
3. Such dir zwei Angebote aus, und sag einem Partner, warum du diese Sachen haben möchtest!

7 Fischerhose. Mit Gummibund. Reine Baumwolle. **37.-**

13 Shorts. Gestreift. Mit Reißverschluss. 100% Baumwolle. **11.50**

19 Minirock. Reine Baumwolle. Mit Gürtelschlaufen. Ohne Gürtel. **12.50**

21 Jeans-Röhre. 5 Taschen. 98% Baumwolle, 2% Elasthan. Ohne Gürtel. **19.50**

23 Jeans-Jacke. Bund verstellbar. Denim. Stone-washed. **34.00**

31 Hemdbluse. Mit 2 Brusttaschen. 100% Viskose. **18.-**

37 Rollkragen-Pullover. Lang. 80% Polyacryl, 20% Wolle. **18.95**

41 Rock. 67% Polyester, 33% Viskose. Ohne Gürtel. **34.95**

43 Steghose. Mit Gürtelschlaufen. 63% Polyester, 30% Wolle, 7% sonstige Fasern. **38.95**

47 Träger-Top. Einfarbig. Mit Knöpfen. Hinten elastisch. 100% Viskose. **7.50**

101 Parka. Mit Brusttaschen. Ärmel mit Gummibund. 65% Polyester, 35% Baumwolle. **35.-**

103 Jeans. Fetzig u. fransig, wie's junge Leute mögen. Denim. Reine Baumwolle, stone-washed. **19.95**

108 Jacke. Mit vielen Taschen. Vorn mit Reißverschluss und Druckknöpfen. 100% Nylon. **24.95**

112 Sakko. Leichte Qualität. 55% Leinen, 45% Baumwolle. **49.-**

116 Shorts. Mit Bundfalten, Gürtelschlaufen, Taschen und Gesäßtasche. Ohne Gürtel. 100% Baumwolle. **18.-**

126 Anzug. Zweireiher. 2 Innentaschen, 1 Gesäßtasche. 55% Leinen, 45% Baumwolle. Ohne Gürtel. **65.-**

127 Anzug. Einreiher. 4 Innentaschen. 67% Polyester, 33% Viskose. Ohne Gürtel. **104.-**

134 Bundfaltenhose. Vollwaschbar, mit Reißverschluss. 100% Polyester. **29.-**

Aus welchem Material?

Aus Naturfasern:

Wolle	*wool*
Baumwolle	*cotton*
Leinen	*linen*
Seide	*silk*

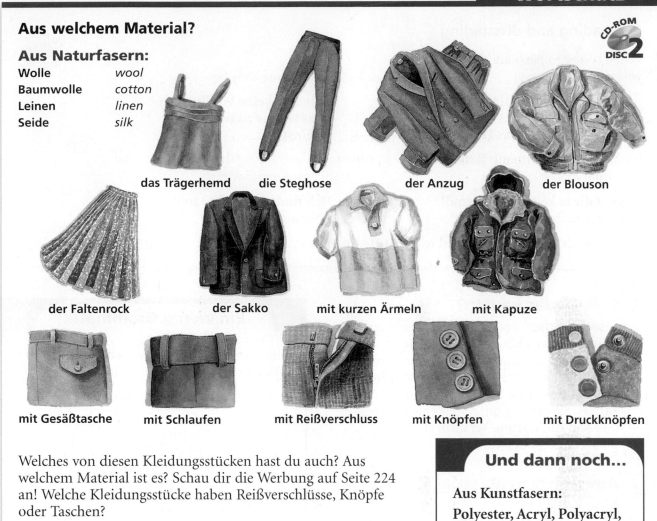

das Trägerhemd   die Steghose   der Anzug   der Blouson

der Faltenrock   der Sakko   mit kurzen Ärmeln   mit Kapuze

mit Gesäßtasche   mit Schlaufen   mit Reißverschluss   mit Knöpfen   mit Druckknöpfen

Welches von diesen Kleidungsstücken hast du auch? Aus welchem Material ist es? Schau dir die Werbung auf Seite 224 an! Welche Kleidungsstücke haben Reißverschlüsse, Knöpfe oder Taschen?

Und dann noch...

Aus Kunstfasern:

Polyester, Acryl, Polyacryl, Nylon, Kunstseide

Übungsheft, S. 93, Ü. 1–2   Grammatikheft, S. 69, Ü. 9–10

26 Wer kauft sich Klamotten?

Zuhören Schüler sprechen über ihre Einkäufe. Wer von diesen Schülern will sich etwas kaufen und wer nicht? Warum? Warum nicht? Mach dir Notizen!

27 Was möchtest du dir kaufen?

Lesen/Sprechen Such dir eine Partnerin! Nenne ihr zwei Angebote aus dem Berger-Katalog und sag ihr, warum du dir diese Sachen kaufen möchtest!

BEISPIEL Ich möchte mir die Jacke kaufen, dic Nummer hundertacht, weil sie viele Taschen hat und auch einen Reißverschluss und Druckknöpfe.

28 Was trägt dein Klassenkamerad?

Sprechen Such dir einen Partner und beschreibe seine Kleidung! Sag ihm, was dir gefällt und warum, und sag ihm, was dir nicht gefällt und warum nicht! — Tauscht dann die Rollen aus!

Persuading and dissuading

When trying to persuade someone,
you may want to say:

> **Warum kaufst du dir kein Wollhemd?**
> **Kauf dir doch dieses karierte Hemd!**
> **Trag doch mal etwas Lustiges!**

When trying to dissuade someone, you
may want to say:

> **Kauf dir ja kein Seidenhemd!**
> **Trag ja nichts aus Polyester!**

The response may be:

> **Ich mag keine Wollhemden!**
> **Das ist mir zu teuer.**
> **Meinst du?**

The response may be:

> **Ich finde Seide aber toll!**
> **Warum nicht?**

Which words or phrases are used to persuade someone? And dissuade?

> Grammatikheft, S. 70, Ü. 11–12

---

29 ### Soll ich das kaufen?

Lesen/Sprechen Such dir einen Kleidungsartikel aus dem Katalog oder aus dem
Wortschatz aus, und sag deiner Partnerin,
dass du dir diesen Artikel kaufen möchtest!
Sie hat ihre eigene Meinung über diesen
Artikel. Sie stimmt dir zu oder auch nicht
und sagt dir, warum. Versuch, sie zu
überzeugen (*convince*)!

30 ### Aus welchem Material ist eure Kleidung?

Sprechen Bildet kleine Gruppen und fragt
euch gegenseitig, aus welchem Material
eure Kleidungsstücke sind! Sind sie aus
Naturfasern? Aus Kunst- oder
Mischfasern?

Ein wenig Grammatik

The verb **kaufen** is often used with a
reflexive pronoun in the dative case.

> **Kauf dir doch ein Wollhemd!**

Do you remember the reflexive pronouns?[1]
How would you tell two friends to buy
themselves jackets? How would you say
you want to buy yourself shoes?[2]

> Übungsheft, S. 94, Ü. 3
>
> Grammatikheft, S. 71, Ü. 13–14
>
> Mehr Grammatikübungen,
> S. 232–233, Ü. 7–8

aus Polyester
aus Kunstseide

aus Wolle:
Wollhemden, Wolljacken

aus Leinen:
Leinensakko, Leinenhosen

aus Seide:
Seidenhemden, Seidenschals

aus Baumwolle:
Baumwollsocken, Baumwollhosen

31 ### Eine Auswahl aus deinem Katalog

Sprechen Such dir zu Hause einen Katalog mit Kleidungsreklame heraus! Dann such
dir zwei Kleidungsstücke aus, für die du dich interessierst und zwei, für die du dich
nicht interessierst! Bring die Reklame mit in den Deutschunterricht! Sag deiner Gruppe,
für welche Klamotten du dich interessierst und warum, und für welche du dich nicht
interessierst und warum! Erwähne Farbe, Material und Preis!

---

1. **mir, dir, sich, uns, euch, sich.** 2. **Kauft euch Jacken! Ich kaufe mir Schuhe.**

32 **Was die Schüler tun**

Zuhören Listen as four different students talk about what they like to do and under what conditions they usually do this. For each description you hear, match the activity with the condition the student mentions.

1. Mit dem Auto fahren
2. segeln
3. Schach spielen
4. Lebensmittel einkaufen

a. I visit Grandma
b. my bicycle is broken
c. it rains
d. it's warm and sunny

33 **Grammatik im Kontext**

a. Lesen/Sprechen Finde heraus, welche Satzteile logisch zusammenpassen, und verbinde sie dann mit einem wenn-Satz!

Ich gehe ins Kino.
Wir spielen alle Tennis.
Ich muss mein Zimmer aufräumen.
Wir gehen ins Restaurant.
Ich fahre nach Deutschland.
Ich gehe nicht in die Schule.

Wir haben großen Hunger.
Das Wetter ist wunderbar.
Es ist Weihnachten.
Ich habe genug Geld.
Dort ist Chaos.
Das Wetter ist schlecht.

b. Schreiben Schreib wenn-Sätze, die zusammenpassen.

> ### Ein wenig Grammatik
>
> Read the following sentences:
>
> **Ich spiele gern Fußball, wenn das Wetter schön ist.**
> **Aber ich bastle zu Hause, wenn es regnet.**
>
> What do you think the conjunction **wenn** means? How would you say these two sentences in English? Here, the conjunction **wenn** has the meaning of *whenever*. Don't confuse this word with the question word **wann,** which asks about specific time. What do you notice about the word order in clauses beginning with **wenn?**[1] What other conjunctions have you seen that have the same word-order rule?[2]
>
> Übungsheft, S. 94–95, Ü. 4–7   Mehr Grammatikübungen, S. 233, Ü. 9
> Grammatikheft, S. 72, Ü. 15

34 **Was trägst du, wenn …?**

Sprechen Sag deiner Partnerin, welche Klamotten du gern trägst, wenn du …

BEISPIEL   **Ich trage …, wenn ich Sport mache.**

a. Sport machst
b. zur Schule gehst
c. arbeitest
d. zu Hause bist
e. in ein Konzert gehst
f. auf eine Fete gehst

35 **Wie trägst du deine Sachen gern?**

Sprechen Sag deinem Partner, wie du deine Sachen gern trägst!

weiter *oder* enger

länger *oder* kürzer

einfarbig *oder* mehrfarbig

36 **Für mein Notizbuch**

Schreiben Schreib in dein Notizbuch etwas über deine Kleidung! Deine Beschreibung muss folgende Fragen beantworten:

einfach *oder* gemustert

a. Wofür interessierst du dich und warum?
b. Was für Sachen kaufst du dir gewöhnlich und warum?
c. Wie gut müssen die Sachen passen, und welche Farben magst du gern?
d. Aus welchem Material sind deine Sachen und warum?

37  **Von der Schule zum Beruf**

Du arbeitest in der Werbeabteilung eines Modehauses. Mit zwei anderen Mitarbeitern musst du eine Damenseite oder eine Herrenseite für den Katalog entwerfen, der die Modeartikel detailliert beschreibt.

---

1. The conjugated verb is in last position. 2. **weil, dass,** and **ob.**

Was bedeutet „reich und schön sein"?

Lesestrategie Understanding relationships between and within sentences. Cohesive devices are words or phrases that help "glue" a text together and show relationships between ideas, such as time sequence or cause and effect. Cohesive devices can be pronouns, conjunctions (**aber, wenn**), or adverbs (**leider, danach**). Read the following sentences: *My mother is a banker. My mother does volunteer work. My mother is a banker, but she also does volunteer work.* Several words in the last sentence help tie the two ideas together. *But* is a conjunction that joins the two sentences, and *she* is a pronoun that refers back to (and thus forms a connection to) the subject of the first sentence.

Getting Started

1. Read the title, subtitle, and introduction to the list of results from the text on the left. What kind of article is this? What question is the focus of the article? Choose a German noun that would sum up your answer to this question. Now answer the question by completing this statement: **Um reich zu sein, muss man ...**

2. Look at the survey summary list. With a partner, see how many words you can understand. Can you identify the three false cognates?

3. Skim the survey responses to get the gist of each student's answer. Most answers contain

Eltern—UMFRAGE

Reich ist, wer nix mehr lernen muss!

Realschüler, 12 Jahre

Neben Geld gibt es ganz andere Güter, die den Menschen reich machen – das finden unsere Kinder. Nachdenkenswertes Ergebnis der neuesten ELTERN-Umfrage

Großes Herz und volle Kasse

ELTERN fragte 1880 Schülerinnen und Schüler, zehn bis 16 Jahre alt: Was muß man haben, um reich zu sein? Am häufigsten genannt:

1. soziale Einstellung (Hilfsbereitschaft, Großzügigkeit);
2. materieller Besitz (Geld, Aktien, Häuser, Fabriken);
3. Luxusgüter (teuerste Autos, Yachten, Schmuck, Kunstsammlungen);
4. gesunde Umwelt;
5. kluger Steuerberater;
6. Personal (Diener, Köchin, Chauffeur);
7. liebevoller Lebenspartner;
8. gute Freunde;
9. Bescheidenheit und Zufriedenheit;
10. Kinder;
11. Titel (Professor, Doktor, Minister);
12. Gesundheit

Das Wichtigste, was man braucht, um sich reich zu fühlen, ist die Zufriedenheit. Aber leider hat man immer neue Wünsche, die nicht erfüllt werden. Orientierungsstufenschülerin, 12 Jahre

Tolle Klamotten und ein schnelles Auto, damit jeder sieht, daß da einer kommt, der Mäuse in der Tasche hat.
Hauptschüler, 13 Jahre

Ich brauche nichts, um reich zu sein. Ich fühl' mich sauwohl, besonders wenn ich mit meinen Eltern in Urlaub fahre.
Gesamtschüler, 11 Jahre

Einen tollen Bungalow mit viel Kunst an den Wänden. Möglichst ein Bild von Chagall und eines von Hundertwasser.
Gymnasiast, 15 Jahre

Eine saubere Umwelt. Was hab' ich vom Geld, wenn ich in Dreck ersticke? Gymnasiastin, 14 Jahre

Einen Computer, damit ich immer genau ausrechnen kann, wieviel ich noch habe und wieviel ich ausgeben darf.
Gesamtschüler, 13 Jahre

Eine gute Gesundheit, sonst hat man nichts von all dem Geld und Luxus. Hauptschülerin, 13 Jahre

Tina

Das Mädchen aus dem Kataloy

Zur Zeit arbeitet Tina (18) als Modell für eine Agentur. Was sagen sie, ihre Eltern, und ihre Freunde dazu? Tina meint: „Es macht mir Spaß. Ich mag meinen Nebenjob, denn man kann reisen und lernt viele interessante Leute kennen." Ihre Eltern freuen sich, Tina auf Fotos für Werbung oder Modenschauen zu sehen. Andererseits sagen sie: „Vergiß die Schule nicht. Sie ist wichtiger als gutes Aussehen." Und die Freunde? „Die finden mich ganz normal, auch wenn ich Modell bin. Am Anfang, als ich einen Schönheits-wettbewerb gewonnen hatte, gab es sehr viele häßliche Bemerkungen. Viele Mädchen waren neidisch. Ich war darüber sehr geschockt. Denn ich habe doch meine Persönlichkeit nicht verändert. Und ein guter Charakter ist für mich bei Freunden viel wichtiger als Schönheit. Wenn man gut aussieht, hat man vielleicht nicht so viele Freunde, wie man glaubt." Simona (16), Tinas Freundin, sagt: „Ich finde wichtig, daß Tina trotz ihres Erfolgs als Modell genauso nett wie früher ist. Natürlich, sie ist wirklich sehr hübsch, und manche unserer Mitschüler denken: ‚Sie ist bestimmt eingebildet und arrogant.' Aber ich glaube, sehr viele Jugendliche sind neidisch oder haben Vorurteile. Wenn wir zusammen einkaufen gehen, wird Tina von vielen Jungen bewundert. Manchmal ist Schönheit auch lästig. Man fällt überall auf. Vielleicht möchten schöne Menschen viel lieber ganz normal aussehen und in ein Café gehen, ohne angestarrt zu werden."

---

one noun that sums up the person's opinion. Can you identify these words?

A Closer Look

4. What does the thirteen-year-old girl say about health? How does the word **sonst** affect the meaning of the sentence?

> **Tipp:** If you see a word that looks like a form for *the* (**der, die, das,** etc.), but it is not followed by a noun, it is usually a pronoun. Try translating it as either *who* or *that.*

5. Look at the two 13-year-old boys' responses. What function does **damit** (*so that*) serve in their answers?

6. What does the eleven-year-old boy say about being rich? How does **besonders** affect the meaning of his sentence?

7. Now skim the article *Tina.* Who is the article about? On which characteristic of this person does the article focus?

8. Reread the article. What is Tina's job? Does she like it? What do her parents think about her job?

9. Do you think that Tina has an easy life because she is pretty? Which sentence(s) from the article can support your answer?

10. Together with your classmates, think of ten answers to the *Eltern* survey question. Form groups of four and, using these choices, design your own questionnaire. Be sure to include instructions on how people should fill out your form. Each person will survey four people (including oneself). With your group, tally the results, then do the same with your class as a whole. With the final results each group will design a summary chart like the one from the *Eltern* survey.

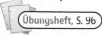

Übungsheft, S. 96

Mehr Grammatikübungen

CD-ROM DISC 2

Visit Holt Online

go.hrw.com

KEYWORD: WK3 STUTTGART-8

Interaktive Spiele

Erste Stufe

Objective Describing clothes

1 Du beschreibst einem Freund verschiedene Klamotten. – Schreib die richtige Form von **dieser** und die richtige Form des Adjektivs in die Lücken. (S. 217)

1. (bunt) _____ Anorak sieht echt toll aus. Darf ich _____ Anorak einmal anprobieren? Ich glaube, ich sehe gut aus in _____ Anorak.

2. (weiß) _____ Hemd steht dir gut. Probier doch mal _____ Hemd an! Ja, in _____ Hemd siehst du wirklich fesch aus.

3. (grün) _____ Jacke ist echt cool. Probier doch mal _____ Jacke an! Ja, wirklich, in _____ Jacke siehst du sehr fesch aus.

4. (schwarz) _____ Turnschuhe passen gut zu _____ Jeans.

5. (blau) _____ Hemd passt nicht zu _____ Anorak.

6. (rot) _____ Krawatte passt nicht zu _____ Hemd.

2 Was gefällt dir, und was brauchst du? – Schreib die richtige Endung in jede erste Lücke (oder keine Endung, wenn keine Endung nötig ist), die richtige Form des Adjektivs in jede zweite Lücke und den Namen des Kleidungsstücks in jede dritte Lücke. (S. 217)

BEISPIEL

Dies_____ _____ _____ gefällt mir.

Dies**es blaue Hemd** gefällt mir.

Ich brauche ein_____ _____ _____.

Ich brauche **ein blaues Hemd.**

1. Dies_____ _____ _____ gefällt mir.
2. Ich brauche ein_____ _____ _____ .

3. Dies_____ _____ _____ gefällt mir.
4. Ich brauche ein_____ _____ _____ .

5. Dies_____ _____ _____ gefällt mir.
6. Ich brauche ein_____ _____ _____ .

7. Dies_____ _____ _____ gefällt mir.
8. Ich brauche ein _____ _____ _____ .

9. Dies_____ _____ _____ gefällt mir.
10. Ich möchte ein_____ _____ _____ .

3 Du erzählst, was du gern trägst. – Schreib die richtige Adjektivendung in die Lücken. (S. 217)

1. Ich möchte ein_____ rot_____ Krawatte zu dies_____ grün_____ Hemd.
2. Ich möchte ein_____ weiß_____ Hemd zu dies_____ blau_____ Jacke.
3. Trägst du ein_____ gelb_____ Pulli zu dies_____ weiß_____ T-Shirt?
4. Trägst du ein_____ schwarz_____ Käppi zu dies_____ grün_____ Anorak?
5. Ich brauche ein_____ braun_____ Gürtel für dies_____ braun_____ Hose.
6. Ich brauche ein_____ weiß_____ T-Shirt für dies_____ blau_____ Shorts.

Zweite Stufe

Objectives Expressing interest, disinterest, and indifference; making and accepting compliments

4 Wofür interessieren sich diese Schüler? – Schreib das richtige Reflexivpronomen in die Lücken. (S. 222)

1. Boris, wofür interessierst du _____ ? Interessierst du _____ für Musik oder für Sport?
   — Ich interessiere _____ für Musik, Sport und Politik.

2. Weißt du, wofür _____ der Roland interessiert? Interessiert er _____ auch für Musik und Sport? — Der Roland interessiert _____ nur für Sport.

3. Katrin und Judith, wofür interessiert ihr _____ ? Interessiert ihr _____ für Sport oder Politik? — Wir interessieren _____ für Bücher und Musik.

4. Ja, viele Schüler interessieren _____ für Sport und Musik, aber viele interessieren _____ auch für Politik und für die Umwelt.

5 Was für Klamotten tragen die Schüler gern? – Schreib die richtige Form von **tragen,** *to wear,* in die Lücken. (S. 222)

Was für Klamotten _____ die Schüler gern? Die Judith _____ gern

weiße Outfits, und der Roland _____ alles gern, was schwarz ist. Die

Katrin _____ nichts aus Acryl, und der Boris _____ lässige Klamotten

gern. So, jetzt wissen wir, was unsere vier Schüler gern _____ .

6 Du sagst deinen Freunden, dass sie in ihren Klamotten gut aussehen. – Schreib die richtigen Pronomen und die richtigen Endungen in die Lücken. (S. 223)

1. Boris, diese Jacke steht _____ gut. Sie passt gut zu dies_____ blau_____ Hose.

2. Judith, diese Bluse passt _____ nicht; sie ist _____ viel zu eng. Die grüne Bluse passt besser zu dein_____ weiß_____ Jeans.

3. Dieser schwarze Pulli passt d_____ Roland ausgezeichnet; Schwarz steht _____ sehr gut. Die Jeans passt auch gut zu dies_____ schwarz_____ Pulli.

4. Die Turnschuhe passen d_____ Kindern nicht. Sie sind _____ viel zu eng!

5. Dieses Käppi steht dein_____ Schwester gut. Es passt _____ prima, und die Farbe passt auch gut zu ihr_____ grün_____ Bluse.

6. Frau Meier, dieses Kleid steht _____ gut!

Dritte Stufe   Objective Persuading and dissuading

7 Was sollen sich diese Leute kaufen? Du sagst es ihnen. – Schreib das richtige Reflexivpronomen in die erste Lücke, die richtige Endung in die zweite Lücke, die richtige Form des Adjektivs in die dritte Lücke und den Namen des Artikels in die vierte Lücke. (S. 226)

BEISPIEL   Michelle, kauf _____ doch dies_____ _____ _____ !
Michelle, kauf **dir** doch dies**es rote Trägerhemd!**

1. Katrin, kauf _____ doch dies_____ _____ _____ !

2. Roland und Boris, kauft _____ doch dies_____ _____ _____ !

3. Herr Meier, kaufen Sie _____ doch dies_____ _____ _____ !

4. Jack, kauf _____ doch dies_____ _____ _____ !

5. Katie und Sara, kauft _____ doch dies_____ _____ _____ !

6. Frau Weiß, kaufen Sie _____ doch dies_____ _____ _____ !

8 Schreib das richtige Reflexivpronomen in die erste Lücke, die richtige Endung des Artikels in die zweite Lücke und die richtige Endung des Adjektivs in die dritte Lücke. (S. 226)

1. Katrin, kauf _____ doch dies_____ kariert_____ Hemd!
2. Katrin und Judith, kauft _____ dies_____ braun_____ Schuhe!
3. Herr Wagner, kaufen Sie _____ doch dies_____ toll_____ T-Shirt!
4. Judith, kauf _____ ja nicht dies_____ blöd_____ Pulli!
5. Boris und Roland, kauft _____ ja nicht dies_____ bunt_____ Krawatte!
6. Frau Moser, kaufen Sie _____ ja nicht dies_____ geblümt_____ Anorak!

9 Schreib die folgenden **wenn**-Sätze zu Ende und gebrauche dabei die Sätze in den Klammern. (S. 227)

1. (Das Wetter ist schlecht.)   Ich bleibe zu Hause, wenn _____ .
2. (Ich habe genug Geld.)   Ich kaufe mir eine CD, wenn _____ .
3. (Ich gehe ins Kino.)   Ich rufe dich an, wenn _____ .
4. (Du hast Geburtstag.)   Ich kaufe dir ein Buch, wenn _____ .
5. (Wir gehen ins Café.)   Ich hole euch ab, wenn _____ .
6. (Es regnet nicht.)   Wir spielen Fußball, wenn _____ .

 Katrin sagt ihren Freunden Judith und Boris, was sie kaufen und nicht kaufen sollen. Sie gibt auch Gründe dafür. Hör gut zu und schreib auf, was Judith und Boris kaufen und nicht kaufen sollen, und aus welchen Gründen!

 Auf Seite 224 sind einige Sachen aus einem Modekatalog abgebildet. Schau dir mit einer Freundin diese Sachen an! Jeder von euch möchte zwei Sachen bestellen *(order)*. Schau dir jetzt die Bestellkarte an und beantworte die folgenden Fragen zusammen mit einem Partner!

BESTELLKARTE

WITT WEIDEN   WKZ 81   IWL 05

Sag' ja zur Qualität!

PERSÖNLICHE BESTELLKARTE

JA, ich möchte Qualität von WITT!

890	Bestellnummer	Größe	Anzahl/Menge	Gesamtpreis	Abb.Seite
1					
2					
3					
4					
5					
6					
7					
8					
9					
10					

Schneller geht's per Telefon! ☎ 0961/400 400

Mindestbestellwert: 15,-!

Witt Weiden garantiert Ihnen ein uneingeschränktes Rückgaberecht - 14 Tage lang, nachdem Sie die Ware erhalten haben. Zur Wahrung der Frist reicht es aus, wenn Sie die Ware, oder bei Artikeln, die nicht per Postpaket zurückgeschickt werden können, das schriftliche Rücknahmeverlangen rechtzeitig an WITT Weiden, Schillerstr. 4-12, 92630 Weiden abschicken. Der Kaufvertrag wird erst nach Ablauf der 14-tägigen Rückgabefrist wirksam.

Datum   X   Unterschrift

WITT-Komplett-Lieferung
(bitte ankreuzen!)
☐ Möchten Sie Ihre Ware in nur einer Sendung innerhalb von ca. 3 Wochen? WITT macht's möglich, ohne Aufpreis!

Mein Zahlungswunsch
(bitte ankreuzen!)
☐ **6** MONATSBETRÄGE   Aufschlag: 0,75% pro Monat = 16,0% effektiver Jahreszins.
☐ **3** MONATSBETRÄGE   Aufschlag: 0,75% pro Monat = 13,6% effektiver Jahreszins.
☐ **1** BETRAG AUF RECHNUNG   zur Zahlung innerhalb 14 Tagen.
☐ NACHNAHMEKAUF   Post zusätzlich 3.- DM Nachnahmegebühr.

Versandkostenanteil pro Bestellung nur €2,45.

Bitte nicht vergessen!
Ihr Geburtsdatum:
Tag	Monat	Jahr

Ihre Telefonnummer für Rückfragen:
☎ ____ / ____
Vorwahl   Telefonnummer

1. What would you write in the columns with these labels: **Bestellnummer? Größe? Anzahl/Menge? Gesamtpreis? Abb. Seite?**

2. What should you do if you want to receive your order within three weeks?

3. What are the different possibilities for paying for your merchandise?

4. What information should you not forget (**Bitte nicht vergessen!**) to include?

5. What on the form tells you that you may order the goods more quickly?

 Such dir drei Sachen aus dem Katalog, Seite 224, aus! Schreib die Information auf, die du brauchst, um diese Sachen zu bestellen!

 Du möchtest die drei Sachen schneller bekommen. Ruf die Nummer an, die auf der Bestellkarte steht, und sag der Verkäuferin (deiner Partnerin), was du bestellen möchtest! Die Verkäuferin stellt Fragen, und du beantwortest sie, um die Bestellkarte auszufüllen.

5 Deine Oma möchte dir etwas kaufen, aber sie weiß nicht genau, was dir gefällt. Schreib ihr einen Brief, und beschreib darin das neue „Outfit", das du gestern im Kaufhaus gesehen hast!

6 Such dir einen Partner für dieses kleine Projekt! Entwerft zusammen eine Reklameseite, auf der ihr eure Lieblingskleidungsstücke zeichnet und genau beschreibt! Gebraucht dabei so viele Details wie nur möglich! — Zeigt eure Reklame den anderen Mitschülern! Wer hat die beste Reklameseite?

7

Zum Schreiben

You are a fashion model who wants to become a movie star, and have been asked for an interview by a fashion magazine. Write a dialogue between yourself and the interviewer in which the interviewer asks questions about what is "in" today, about what clothing you prefer to wear, and about what activities you enjoy doing. Men, as well as women, are fashion models.

> **Schreibtipp** **Tone and word choice** can influence the effect of your writing on your readers. The tone might be serious, formal, humorous, or cheerful. Decide on the tone that will most interest your readers. Adjectives and adverbs are particularly effective for setting a tone; think about the difference in feeling between the words **gut** and **super**.

Vorbereiten

What general feeling do you want your readers to have about you, and what image do you want to project as a highly visible model who wants to go into the movies? What questions can the interviewer use to grab the reader's interest? How do you want to respond to those questions? You could be humorous or serious, depending on what image you want to project.

Ausführen

Begin with a question that will immediately **grab the reader's attention**. Write the first response to include something rather ingenious in order to focus the reader's interest on you as a person and not as just another nameless model.

Überarbeiten

- Read your dialogue to a partner. Ask your partner if the responses address the questions asked, and if the dialogue will hold the reader's interest. Has the tone you wanted to use actually been conveyed to your partner?
- Change any words or phrases that need improvement. Proofread and make corrections.
- Print a final copy and then present the interview to the class.

8

Rollenspiel

Get together with a classmate and role-play the following scene.

You are a salesperson in the clothing department of a large department store. A customer with really bizarre taste wants to buy certain items of clothing that either do not fit, do not match, or are simply not the right style for this person. Your job is to convince the customer to buy the right clothes, without being offensive.

Can you describe clothes, using adjectives? (p. 217)

1 How would you ask a friend what he or she likes to wear?

2 How might your friend respond if he or she likes to wear the following clothes?
a. black jeans and a colorful shirt/blouse
b. a red skirt with white stockings and brown shoes
c. a striped shirt and a leather bomber jacket
d. a blue wool blazer and gray pants

Can you ask someone about his or her interests and disinterests? Can you express indifference? (p. 221)

3 How would you ask a friend what he or she is interested in?

4 How might your friend respond
a. that he or she is interested in soccer?
b. that he or she has no interest in fashion?
c. that he or she is indifferent to sports?

Can you make and accept compliments? (p. 222)

5 How would you make the following compliments to someone?
a. this jacket looks great on you
b. these socks go very well with your gray pants

6 How would that person respond?

Can you persuade and dissuade? (p. 226)

7 How would you try to persuade someone to buy a silk shirt or blouse?

8 How might that person respond
a. that silk shirts/blouses are too expensive for him or her?
b. that he or she doesn't like silk shirts/blouses?
c. that he or she is not sure?

Erste Stufe

Describing clothing

Wo hast du die neuen Stiefel gekauft?	Where did you buy the new boots?
das Käppi, -s	(baseball) cap
die Krawatte, -n	tie
die Wind-, Wetterjacke, -n	windbreaker
der Blazer, -	blazer
das Wollhemd, -en	wool shirt
der Anorak, -s	parka

die Jeansweste, -n	jeans vest
der Typ, -en	guy, type
der Stil, -e	style

Useful adjectives for describing clothing

konservativ	conservative
modisch	fashionable
cool	cool
geblümt	flowery

kariert	checked
scharf	sharp
gefüttert	padded
sportlich	sporty
bunt	colorful
witzig	fun
darunter	under it, underneath
darüber	over it
von hinten	from behind

Zweite Stufe

More clothing and descriptions

die Lederjacke, -n	leather jacket
die Socke, -n	sock
der Strumpf, ¨e	stocking
Schuhe mit flachen/ hohen Absätzen	flats, high heels
ärmellos	sleeveless
abgeschnitten	cut-off
weich	soft
fetzig = toll	really sharp
tragen	to wear, carry
du trägst	
er/sie/es trägt	

Expressing interest

Interessierst du dich für Mode?	Are you interested in fashion?
Wofür interessierst du dich?	What are you interested in?

Expressing disinterest

Mode interessiert mich nicht.	Fashion doesn't interest me.
Ich hab kein Interesse an Mode.	I'm not interested in fashion.

Expressing indifference

Mode ist mir egal.	I don't care about fashion.

Making and accepting compliments

Die schöne Bluse passt (toll) zu dem blauen Rock.	The nice blouse goes (really) well with the blue skirt.
Das steht dir prima!	That looks great on you!
Das ist dir zu eng.	It's too tight on you.
Echt?	Really?

Dritte Stufe

Persuading and dissuading

Kauf dir doch …!	Why don't you just buy …
Trag doch mal …!	Go ahead and wear …
Kauf dir ja kein …!	Just don't buy …
Trag ja nichts aus …!	Just don't wear anything made of …

More clothing

der Faltenrock, ¨e	pleated skirt
die Steghose, -n	stirrup pants

das Trägerhemd, -en	camisole
der Sakko, -s	business jacket
der Blouson, -s	bomber jacket
der Anzug, ¨-e	suit
die Kapuze, -n	hood
das Seidenhemd, -en	silk shirt
die Gesäßtasche, -n	back pocket
die Tasche, -n	pocket
die Schlaufe, -n	belt loop
der Reißverschluss, ¨e	zipper
der Knopf, ¨-e	button
der Druckknopf, ¨-e	snap

mit langen, kurzen Ärmeln	with long, short sleeves

Talking about the material

aus Naturfasern	made from natural fibers
die Wolle	wool
die echte Seide	real silk
das Leinen	linen

Other useful words

wenn (conj.)	whenever

9
Wohin in die Ferien?

Objectives

In this chapter you will learn to

Erste Stufe

- express indecision
- ask for and make suggestions

Zweite Stufe

- express doubt, conviction, and resignation

Dritte Stufe

- ask for and give directions

internet

ADRESSE: go.hrw.com
KENNWORT:
    WK3 STUTTGART-9

◀ **Ich schlage vor, wir fahren nach Seefeld in Tirol.**

Los geht's! · *Verpatzte Ferien*

Strategie Verstehen

Look at the images for the story. Judging by
Katrin's expressions, what might be
happening in this story? Who do you think
are all the characters in the story?

Katrin   **Judith**   **Roland**   **Boris**   **Mutter**   **Vater**

1

Katrin:	Ja, was macht ihr denn? Ihr seht fern so früh am Nachmittag!
Mutter:	Wir haben eben den österreichischen Wetterbericht gesehen. Unsere Reise nach Tirol ist wahrscheinlich ins Wasser gefallen.
Katrin:	Bist du sicher? Warum? Was ist passiert?

2

Vater:	Die hatten ein Hochwasser, und die Brücke auf der Straße nach Mittersill ist kaputt.
Katrin:	Da gibt's doch bestimmt eine andere Straße.
Vater:	Eben nicht.
Katrin:	Ruf doch mal an!
Vater:	Das hab ich schon zweimal probiert. Ich glaube nicht, dass ich jetzt durchkomme.

3

Katrin: Katrin Simon. Ja, der ist da. Einen Moment!

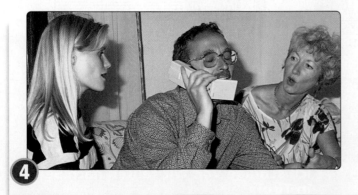

4

Vater: Simon. Ja. Ja. Ja, das haben wir eben zufällig im Fernsehen gesehen. Glauben Sie, dass bis Freitag ... Ja, das ist sehr schade. Wir sind alle sehr enttäuscht. Aber da kann man nichts machen ... Gut! Vielleicht klappt's im nächsten Jahr ... Gut, Herr Mooslechner. Ade!

Katrin mit ihren Freunden

5

6

Boris: Ja, was machen wir jetzt? Jetzt musst auch du die Pfingstferien zu Hause verbringen.

Judith: Ich bin dafür, dass wir einmal zusammen nach Ulm fahren.

Boris: Blödsinn! Das kennen wir doch schon alle.

Katrin: Dann schlage ich vor, wir fahren nach Würzburg. Wir können uns dort die Stadt anschauen.

Judith: Das kostet zu viel Geld mit der Bahn.

Roland: Ich habe eine bessere Idee! Wir spielen Touristen in einer Stadt. In Bietigheim!

Alle: Spitze! Aber wie?

Als „Touristen" in Bietigheim

7

Roland: Entschuldigung! Wo ist bitte das Rathaus?

Mann: Da geht ihr diese Straße entlang bis zur nächsten Ecke, nach rechts in die Hauptstraße, und dann seht ihr es schon.

8

Boris: Entschuldigung! Wissen Sie vielleicht, wo das Kronenzentrum ist?

Frau: Ja, da geht ihr gleich links um die Ecke und dann die erste Straße rechts, und dann steht ihr direkt vorm Kronenzentrum.

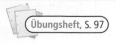
Übungsheft, S. 97

1 Was passiert hier?

Verstehst du alles in der Fotostory? Beantworte die Fragen!

1. Why is Katrin surprised when she comes home?
2. Why do her parents feel disappointed?
3. Why can't the family go where it wanted to go?
4. Why doesn't Katrin's father call Austria again?
5. Who is calling and why?
6. What are Katrin and her three friends talking about?
7. What idea does one of her friends come up with?

2 Stimmt oder stimmt nicht?

Wenn der Satz nicht stimmt, schreib die richtige Antwort!

1. Katrin wollte mit ihrer Familie nach Österreich fahren.
2. Aber Österreich hatte furchtbar viel Regen.
3. Es gibt viele Straßen nach Mittersill.
4. Katrins Vater hat Herrn Mooslechner angerufen.
5. Die vier Freunde fahren jetzt nach Würzburg.
6. Am Ende spielen sie Touristen in einer kleinen Stadt in der Nähe von Stuttgart.

3 Was passt zusammen?

Welche Ausdrücke auf der rechten Seite passen zu den Satzanfängen auf der linken Seite?

1. Die Reise nach Tirol   a. Hochwasser.
2. Die Brücke nach Mittersill   b. kann nicht stattfinden.
3. Österreich hatte   c. ist kaputt.
4. Katrin und ihre Eltern   d. kostet zu viel Geld.
5. Aber da kann man nichts   e. machen.
6. Katrin will die Pfingstferien   f. nicht zu Hause verbringen.
7. Nach Würzburg fahren   g. sind enttäuscht.
8. Jetzt spielen die Freunde   h. Touristen in Bietigheim.

4 Genauer lesen

Lies den Text noch einmal und beantworte diese Fragen!

1. Which word in the text expresses "probability"?
2. Which word expresses "doubt"?
3. Which words and phrases express "disappointment"?
4. Which phrase expresses "resignation"?
5. Which phrases are used to "make a proposal"?

5 Welche Wörter passen in die Lücken?

Welches Wort aus dem Kasten passt in welche Lücke?

enttäuscht	gesehen	klappt	passiert
gefallen	ferngesehen	hatte	

1. Katrins Eltern haben früh am Nachmittag ___1___ .
2. Im Wetterbericht haben sie ___2___ , dass Österreich Hochwasser ___3___ .
3. Katrin fragt, was ___4___ ist.
4. Ihr Vater sagt, die Reise ist ins Wasser ___5___ .
5. Die Familie ist ___6___ , aber vielleicht ___7___ die Reise im nächsten Jahr.

LANDESKUNDE LANDESKUNDE

CD-ROM DISC 3

DVD VIDEO

Übungsheft, S. 98, Ü. 1–2

Wohin fährst du in den nächsten Ferien?

We asked students from around Germany where they were planning to go during their next school holidays. Before you read their answers, think about where students in the United States usually go or what they like to do during summer vacation. Come up with a list of the top ten most popular vacation spots for U.S. teenagers. Then listen to the interviews and read the texts.

Paolo, Stuttgart

„Also meistens verbring ich meine Ferien in Italien aufgrund dessen, dass ich selber Italiener bin, aus Salerno komm, die Amalfiküste gerne besuch, zum Beispiel Capri oder Pompeji, Paestum, das gehört ja alles dazu, sehr schöne Gegend."

Gerd, Bietigheim

„Also meistens fahr ich in den Ferien überhaupt nicht in Urlaub. Ich mach halt dann Ferienjob und verdien mir 'n bisschen Geld dazu. Da kann ich mir halt auch entweder 'ne neue Gitarre oder 'nen neuen Verstärker, oder halt irgendwas kaufen, was ich halt haben möchte."

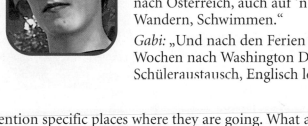

Gabi und Anja, München

Gabi: „Also ich, wir fahren in den Ferien zusammen eine Woche zum Reiten auf einen Bauernhof in Niederbayern, ja, in den Urlaub."

Anja: „Ja, weil wir beide sehr gern reiten. Jetzt fahren wir zusammen weg."

Gabi: „Genau. Und ich fahr dann noch zwei Wochen nach Bad Gastein, in Österreich, auch Wandern und Schwimmen, ja."

Anja: „Und ich fahr 'n bissel vielleicht auch noch mit 'ner anderen Freundin auch noch nach Österreich, auch auf 'n Dorf, auch zum Wandern, Schwimmen."

Gabi: „Und nach den Ferien fahr ich acht Wochen nach Washington D.C. Genau. — Ein Schüleraustausch, Englisch lernen."

A. 1. Three of these students mention specific places where they are going. What are they? Which of these students mentions three different trips? Are all three trips vacations? What does the fourth student say she is going to do during vacation?

2. What do each of these students plan to do in each of the places they talked about?

3. How do their plans compare to what you thought most teenagers in the United States would do for summer vacation? Did any German teenagers mention something that was on your list of most popular vacation spots?

B. High school students in Germany attend school year round. Although each **Bundesland** has its own schedule, students typically have one or two weeks off for fall holidays, two weeks for Christmas, two weeks in the spring, and six weeks off during the summer. The summer vacation dates for **Bundesländer** are staggered, with the beginning dates about one week apart. Knowing that Germany is very densely populated, can you guess why this is done? How does this vacation schedule compare with your schedule? Who has more vacation time? What do you think the advantages and disadvantages of year-round school might be?

6 Sieben Ferienangebote

Zuhören Hör dir die Beschreibung von jedem der sieben Ferienangebote an! Welches Angebot passt zu welchem Foto? Trag die Lösung in den Rabattcoupon rechts unten ein!

URLAUB IN LETZTER MINUTE
Unsere heißen Reisetipps

Für diese Kurzreisen sind noch Plätze erhältlich. Rufen Sie an und kommen Sie dann persönlich vorbei, um sich Ihren Platz zu sichern! Mit einem richtig ausgefüllten Coupon erhalten Sie 10% Rabatt:

1. Mit der Bahn drei Tage an die Nordsee in das kleine Fischerdorf Bensersiel. In diesem Dorf direkt an der Küste sind noch Zimmer frei. Entspannen Sie im Hallenbad, beim Reiten und Strandwandern. Ein Besuch im Buddelschiffmuseum lohnt sich!

2. Einmalig preiswert! Eine Drei-Tage-Busfahrt nach Dresden und in die Sächsische Schweiz. In Dresden besuchen Sie den berühmten Zwinger, und Sie erleben die einmalig schönen Sandsteinfelsen der Bastei.

3. Eine Tagesfahrt an den Bodensee nach Unteruhldingen und weiter mit dem Schiff auf die Insel Mainau, wo Sie unter Palmen spazieren und die Blumenwelt bewundern können. Abfahrt: 6.00.

4. Eine Wochenendfahrt (Sa/So) in die Schweiz. Übernachtung in Brienz. Am nächsten Vormittag mit der Bergbahn aufs Brienzer Rothorn, die Schweizer Bergwelt genießen. Ein Superangebot!

5. Sonderfahrt mit dem Bus nach Ulm zum bekannten Fischerstechen auf der Donau. Am Vormittag Gelegenheit zum Messebesuch im Dom. Mittagessen in einem soliden Gasthaus. Das Fischerstechen beginnt um 14 h. Rückkehr gegen 19.30 h.

6. Drei Tage mit dem Bus durch die schönsten Täler in der Schweiz. Im Emmental Besichtigung eines typischen Bauernhauses und Besuch einer Käserei.

7. Drei Tage (Di. - Do.) mit dem Bus nach Österreich, nach Alpbach in Tirol. Sehr preisgünstig. Ideal für Bergwanderer und solche, die's noch werden wollen!

10% RABATT!

1. _____
2. _____
3. _____
4. _____
5. _____
6. _____
7. _____

7 Wohin geht's?

Lesen/Sprechen Lies die Reisetipps und beantworte die Fragen!

1. Schreib auf, wohin diese sieben Reisen gehen!

2. Für wie viele Tage ist jede Reise?

3. Welche Reisen führen ans Meer oder an einen See? Welche in die Berge? Welche sind Stadtbesichtigungen?

4. Für welche Reise interessierst du dich? Warum?

Beliebte Verkehrsmittel:

die Bahn

das Flugzeug

das Schiff

Wohin gehst du in den Ferien?

auf den Tennisplatz

ins Hallenbad

Wer steigt auf einen Berg?
Aufs Brienzer Rothorn?
Auf die Zugspitze?

Mit welchem Verkehrsmittel fährst du gewöhnlich in die Ferien?
Und was machst du in den Ferien? Wohin gehst du?

Übungsheft, S. 99, Ü. 1   Grammatikheft, S. 73, Ü. 1

So sagt man das!

Expressing indecision, asking for and making suggestions

When expressing indecision about your plans, you could say:

> **Was machen wir im Urlaub?**
> **Was sollen wir bloß machen?**

If you need specific suggestions, you might ask:

> **Wohin fahren wir? Hast du eine Idee?**
> *or* **Was schlägst du vor?**

When making suggestions, you might say:

> **Wir können mal an die Nordsee fahren.**
> *or* **Fahren wir mal in die Schweiz!**
> *or* **Ich schlage vor, dass wir mal in die Schweiz fahren.**
> *or* **Ich bin dafür, dass wir an den Rhein fahren.**

Which of these expressions are new to you?

Grammatikheft, S. 73, Ü. 2

Ein wenig Grammatik

Many mountains in the German-speaking countries are named (**das**) **Horn** or (**die**) **Spitze,** as in **Matterhorn** and **Zugspitze.** Sometimes mountains are also named for nearby towns. In this case, the ending **-er** is added to the name of the town. For example, near the town of **Brienz** is the **Brienzer Rothorn.**

8 **Wohin jetzt?**

Sprechen Katrins Familie kann nicht nach Mittersill fahren. Katrin hat die Reisetipps gelesen und schlägt den Eltern ein paar Kurzreisen vor. Die Eltern haben keine große Lust dazu. Spiel die Rolle von Katrin, und such dir einen Partner für die Rolle von Katrins Vater oder Mutter!

Grammatik

Expressing direction: the prepositions **nach**, **in**, **an**, and **auf**

To express directions toward a place, German uses different prepositions depending on the nature of the place. The prepositions **nach, in, an,** and **auf** all convey here the meaning of "to a place."

1. The preposition **nach** is used with names of cities, states, countries, and islands that are not preceded by an article (such as **die Schweiz**).

Wohin fahren wir?	Nach Ulm.	(*city*)
	Fahren wir mal **nach Bayern!**	(*state*)
	Ich fahre **nach Österreich.**	(*country*)
	Fahren wir heute **nach Mainau!**	(*island*)

2. The preposition **in** is used with the names of countries and geographic areas that require the use of the definite article.

Wohin fahrt ihr?	Ich fahre mal **in die Schweiz.**	
	Wir fliegen **in die Vereinigten Staaten.**	(*countries*)
	Wir fahren **in die Berge, in die Alpen.**	(*areas*)
	Ihr fahrt **in den Schwarzwald?**	

3. The preposition **an** is used when referring to bodies of water.

Wohin fahrt ihr?	Ich fahre **an die Nordsee.**	
	Wir fahren **an den Rhein.**	(*bodies of water*)
	Wir fahren **an den Bodensee.**	

4. The preposition **auf** is used when referring to heights or flat surfaces.

| Was macht ihr? | Wir steigen **auf einen Berg, aufs Brienzer Rothorn.** |
| Wohin geht ihr jetzt? | **Auf den Tennisplatz.** |

5. The prepositions **an, auf,** and **in** form contractions with the definite article **das.**

an + das = **ans**   auf + das = **aufs**   in + das = **ins**

Which case is used with noun phrases following **in, an,** and **auf** to express going somewhere?[1]

Übungsheft, S. 99–101, Ü. 2–6   Grammatikheft, S. 74, Ü. 3–4

Mehr Grammatikübungen, S. 258, Ü. 1–2

---

9 Grammatik im Kontext

a. **Schreiben** Schreib fünf Reiseziele auf einen Zettel! Diese Ziele können in Deutschland, in den Vereinigten Staaten oder irgendwo anders sein! Schreib auch auf, was du an jedem Ziel machen möchtest! Danach ordne deine Reiseziele! Wohin fährst du zuerst? Danach? Zuletzt? Mit wem fährst du? Im Kasten stehen ein paar Reiseziele in den Vereinigten Staaten.

b. **Sprechen** Such dir eine Partnerin! Frag sie über ihre Reisepläne für den nächsten Sommer! Frag sie, wohin sie fährt und mit wem, und ob sie mit dem Auto fährt oder fliegt! Frag sie auch, was sie überall macht!

nach (Kalifornien)

an den (Michigansee)

in die (Blue Ridge) Mountains

an den Strand in (Mississippi)

auf den (Pikes) Peak

---

1. the accusative case

10 Franks Reisepläne

Lesen/Sprechen Frank und seine Familie (sie wohnen in Stuttgart) haben für die großen Ferien eine lange Reise geplant. Schau auf diese Karte, auf der Frank die Reiseziele eingetragen hat! Sag, wohin er fährt, und was er an jedem Ort bestimmt macht!

Die Reiseroute

1. München
2. Starnberger See
3. Garmisch
4. Tirol/Innsbruck
5. Zürich/Zürichsee
6. Bodensee
7. Schwarzwald
8. Frankfurt/Main
9. Hamburg
10. Lübeck/Ostsee
11. Insel Rügen
12. Potsdam
13. nach Hause

11 Meine Sommerreise

a. Schreiben Plane deine Sommerreise! Schreib auf, wohin du fahren möchtest, und was du dort machen möchtest!

b. Sprechen Dann erzähle deinen Klassenkameraden von deiner geplanten Reise! Zeig ihnen deine Reiseroute auf einer Landkarte!

12 Im Reisebüro

Sprechen Du arbeitest in einem Reisebüro. Dein Partner ist ein Kunde. Er ist sehr enttäuscht, denn er kann nicht dorthin fahren, wohin er fahren wollte. Du schlägst ihm ein anderes Reiseziel vor und erzählst ihm, was er dort alles machen kann! Gefällt ihm dein Vorschlag? Wenn nicht, schlag etwas anderes vor! Bring Reisebroschüren mit in die Klasse, die du den Kunden zeigen kannst! — Tauscht dann die Rollen aus!

Ein wenig Landeskunde

Die Deutschen machen gerne Urlaub. Sie sind viel und gewöhnlich sehr lange unterwegs. Wie fahren die Deutschen in den Urlaub? Hier ist eine kleine Statistik darüber.

mit dem Auto	62,6%
mit dem Flugzeug	17,6%
mit der Bahn	8,6%
mit dem Bus	11,2%

13 Warum so unsicher?

Lesen/Sprechen Lies den Text und beantworte die folgenden Fragen!

1. Warum kann Boris vielleicht nicht nach Italien fahren?
2. Warum hat es Nadine dieses Jahr schwer, sich für einen Ferienort zu entscheiden?
3. Warum fliegt Katrins Familie gern nach Spanien?

BORIS

WEISST DU SCHON,

„Ja, das ist so 'ne Sache. Wir wollen nach Italien, an die Adria. Aber meine Eltern haben zu spät gebucht, und wir glauben nicht, dass wir noch eine Unterkunft bekommen, also etwas, was einigermaßen preiswert ist. In teuren Hotels, da bin ich sicher, gibt's bestimmt noch Zimmer. Aber so viel Geld wollen wir auch wieder nicht ausgeben."

WO DU DIE FERIEN

NADINE

„Also ich hab's dieses Jahr sehr schwer. Ich kann von der Schule aus einen Segelkurs am Gardasee, also in Italien, mitmachen. Aber ich weiß nicht, ob das so eine gute Idee ist. Im Kurs sprechen alle Deutsch, und ich bezweifle, dass ich dort mein Italienisch verbessern kann. Also, ich fahr wohl lieber mit meinen Eltern nach Südfrankreich. Dort kann ich auch segeln, und ich kann ganz bestimmt mein Französisch verbessern. Ich hab in Französisch bloß 'ne Vier. Schlecht, was?"

VERBRINGST?

KATRIN

„Ja, wie ihr wisst, ist unsere Reise ins Wasser gefallen. Ins Hochwasser! Ich bezweifle, dass meine Eltern in den Bergen Urlaub machen wollen. Das Wetter ist eben zu unsicher. Ich bin nicht sicher, ob wir wieder in die Staaten fliegen, wie letztes Jahr. Das war eine sehr teure Reise. Aber vielleicht geht's nach Spanien. Dort gibt's viel Sonne, das könnt ihr mir glauben! Wir waren schon zweimal dort. Wir fahren immer ans Meer, an die Costa Brava und so. Echt super-toll!"

Ich fahr ans Meer, denn dort kann ich ...

Übungsheft, S. 102, Ü. 1   Grammatikheft, S. 75, Ü. 5–7

CD-ROM DISC 3

segeln

windsurfen

tauchen

angeln

Boot fahren

In unserm Hotel gibt es ...

einen Pool

einen Golfplatz

einen Sandstrand

einen Fitnessraum

eine Diskothek

einen Tennisplatz

eine Liegewiese

eine Sauna

einen Whirlpool

einen Fernsehraum

1. Wo übernachtest du gewöhnlich, wenn du mit deinen Eltern in die Ferien fährst?
2. Was gibt es gewöhnlich in dem Hotel oder Motel, wo ihr übernachtet?
3. Was machst du, wenn du an einem See oder am Meer Ferien machst?

Und dann noch...

rudern	Tretboot fahren
schnorcheln	River Rafting machen
Kajak fahren	Motorboot fahren

So sagt man das!

Expressing doubt, conviction, and resignation

When expressing doubt, you might say:

Ich weiß nicht, ob (wir die Reise schon gebucht haben).
Ich bezweifle, dass (es dort einen Golfplatz gibt).
Ich bin nicht sicher, dass (wir dort surfen können).

When expressing conviction, you might say:

Du kannst mir glauben, dass (es dort einen Golfplatz gibt).
Ich bin sicher, dass (wir dort surfen können).

When expressing resignation, you might say:

Da kann man nichts machen.   *or*   **Das ist leider so.**

What do you think the conjunction **ob** means in the first sentence?

Mehr Grammatikübungen, S. 259, Ü. 3

Grammatikheft, S. 76, Ü. 8–9

14 Pläne für die Ferien

Zuhören Einige Leute unterhalten sich über ihre Pläne für die Ferien und drücken dabei Zweifel *(doubts)* aus. Schreib zuerst auf, woran sie zweifeln und danach, ob ihre Gesprächspartner zustimmen oder eine andere Meinung haben!

15 Grammatik im Kontext

a. Sprechen Du und deine Partnerin, ihr streitet euch *(argue)* über eure Reiseziele. Sie bezweifelt, was du ihr sagst, aber du bist sicher, dass es an dem Ferienort alles gibt, was sie gern möchte. — Tauscht dann die Rollen aus!

DU	**Wohin fährst du denn?**
PARTNERIN	**Wir …**
DU	**Dort kannst du/gibt es bestimmt …**
PARTNERIN	**Ich weiß nicht, ob …**
DU	**Aber ich bin sicher, dass …**
PARTNERIN	**…**

Was?

teure Hotels

eine Unterkunft bekommen

einen Pool

Deutsch sprechen

viel Geld ausgeben

eine Diskothek

segeln/tauchen

Ein wenig Grammatik

The conjunction **ob** means *if* or *whether.* Look at the **So sagt man das!** box. What do you notice about the position of the verb in **ob**-clauses? What other conjunctions require verb-last position?[1]

---

b. Schreiben Schreib mit deiner Partnerin zwei Gespräche wie in dem Beispiel.

Grammatik

Expressing direction and location (Summary)

Read these two blocks of sentences carefully. Which group refers to location? Which to direction? Which question word is used to elicit responses like the ones on the left? And on the right?

Wir fahren **nach Frankfurt.**	Ich war auch schon mal **in Frankfurt.**
Roland fährt **in die Schweiz.**	Ich war auch schon **in der Schweiz.**
Boris fliegt **in die Vereinigten Staaten.**	Ich war letztes Jahr **in den Vereinigten Staaten.**
Katrin fährt **an die Nordsee.***	Ich war auch schon **an der Nordsee.**
Wir fahren morgen **an den Bodensee.***	Ich bin auch schon **am Bodensee** gewesen.
Roland fährt **aufs Brienzer Rothorn.**	Ich war auch schon mal **auf dem Brienzer Rothorn.**

*Note the two meanings of the word **See: die See** means *sea,* **der See** means *lake.*

1. To answer a **wo**-question (a question that asks about location), dative-case forms are used after the prepositions **an, in, auf,** and some others.

   Wo warst du in den Ferien? Ich war **an der Nordsee.**

2. To answer a **wohin**-question (a question that asks about direction), accusative-case forms are used after these prepositions.

   Wohin fährst du? Ich fahre **an die Nordsee.**

Mehr Grammatikübungen, S. 259, Ü. 4–5

Übungsheft, S. 102–104, Ü. 2–6

Grammatikheft, S. 77–78, Ü. 10–13

---

1. **weil** and **dass**

16 Anrufe. Von wo?

 Zuhören Einige Freunde haben angerufen und eine Nachricht auf dem Anrufbeantworter hinterlassen. Rufen sie aus dem Ferienort an oder auf dem Weg dahin? Mach dir Notizen!

	aus dem Ferienort	auf dem Weg dorthin
Katja		
Bernd		

17 Grammatik im Kontext

Sprechen/Schreiben Frank ist von seiner Reise zurück. Er war mit seinen Eltern an allen Orten, die er auf der Landkarte eingetragen hat. — Schau auf die Karte auf Seite 247 und erzähle oder schreibe, wo Frank überall gewesen ist und was er wahrscheinlich dort gemacht hat!

18 Für mein Notizbuch

 Schreiben Wohin fährst du mit deinen Eltern oder Verwandten in den nächsten Ferien, oder wohin möchtest du mal fahren? — Beschreibe eine kurze Reise, die drei verschiedene Reiseziele hat! Erwähne:

a. mit wem du fährst

b. wohin ihr fahrt

c. wie ihr dorthin kommt

d. wo ihr übernachtet

e. was ihr dort alles tun könnt

19 Deine Pläne diskutieren

 Sprechen Such dir einen Partner! Erzähle ihm von deiner Reise!

20 Du arbeitest als Reiseberater

 Schreiben/Sprechen Du arbeitest in einem Reisebüro. Deine Partnerin, eine Kundin, möchte mit dir ihre Ferienpläne besprechen, eine Reise planen und bei dir buchen. Sie hat Fragen über verschiedene Reiseziele. Sie möchte zum Beispiel wissen, was sie an jedem Reiseort unternehmen kann. Als Reiseberater bist du bestens informiert, denn du bist schon überall gewesen und kannst deshalb ihre Fragen beantworten. Schreibt ein Rollenspiel und führt es der Klasse vor!

Stadtrundgang durch Bietigheim

Parken Sie Ihren Wagen auf dem Parkplatz am Japangarten. Von hier aus sind es nur zwei Gehminuten in die Stadt.

Vom Parkplatz gehen Sie auf der Holzgartenstraße über unser kleines Flüsschen, die Metter, und Sie kommen direkt in die Hauptstraße und damit in die Fußgängerzone in der Innenstadt.

An der Hauptstraße gehen Sie nach links. Vor Ihnen sehen Sie jetzt das

1. **Parkplatz**
2. **Stadttor**
3. **Backhaus**
4. **Bürgerhaus**
5. **Kachelsches Haus**
6. **Posthalterei**
7. **Marktbrunnen**
8. **Rathaus**
9. **Hormoldhaus**
10. **Evangelische Stadtkirche**
11. **Kleines Bürgerhaus**
12. **Bietigheimer Schloss**

einzige noch gut erhaltene Stadttor. (Es hat einmal vier davon gegeben.) Das imposante Mauerwerk stammt aus dem Ende des 14. Jahrhunderts.

Sie gehen jetzt weiter durch dieses Tor, immer die Hauptstraße entlang bis zur Fräuleinstraße, wo Sie rechts in die Fräuleinstraße einbiegen. An der Ecke Schieringsbrunnerstraße sehen Sie das alte Backhaus auf der rechten Seite. Früher war dieses Haus außerhalb der Stadt.

Nach etwa 60 Metern kommen Sie zur Schieringerstraße. Hier biegen Sie links ein. Auf der linken Seite, Nr. 20, ist das stattliche Bürgerhaus, ein Fachwerkhaus aus dem 17. Jahrhundert.

Neben dem Bürgerhaus befindet sich das Kachelsche Haus, ein repräsentatives Wohnhaus aus dem 16. Jahrhundert.

Schräg gegenüber vom Kachelschen Haus ist die alte Posthalterei, ein schönes Fachwerkhaus aus dem 18. Jahrhundert.

Jetzt kommen Sie bald wieder auf die Hauptstraße. Sie gehen nach rechts, und gleich ein paar Schritte weiter kommen Sie zum Bietigheimer Rathaus mit dem schönen Marktbrunnen davor.

Lesen/Sprechen Lies zuerst den Text auf Seite 252! Dann such dir einen Partner, und beantwortet dann zusammen diese Fragen! Seht euch dabei den Stadtplan von Bietigheim an!

1. Wo kann man den Wagen parken, wenn man die Innenstadt von Bietigheim besuchen will?
2. Wie kommt man vom Parkplatz in die Hauptstraße?
3. Wie kommt man jetzt zum Stadttor?
4. Wie kommt man vom Stadttor in die Fräuleinstraße?
5. Wo steht das Alte Backhaus?
6. Wo ist das Bürgerhaus?
7. Wo befindet sich das Kachelsche Haus?
8. Wo ist die Posthalterei?
9. Wohin kommt man, wenn man wieder rechts in die Hauptstraße einbiegt?

in der ... straße

bis zum ... platz

am ... platz

bis zur ... straße

nach rechts

nach links

dann geradeaus

die erste (zweite) Straße nach rechts

und dann wieder nach links

Wortschatz

Übungsheft, S. 105–106, Ü. 1–4   Grammatikheft, S. 79, Ü. 14

Der Parkplatz befindet sich an der Holzgartenstraße.

Die Metter läuft zwischen der Innenstadt und dem Palmengarten entlang.

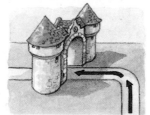

Gehen Sie links um die Ecke; dann kommen Sie zum Stadttor!

Die Hauptstraße führt durch das Stadttor.

Das Rathaus steht hier schon seit dem 16. Jahrhundert.

Vor dem Rathaus steht der Ulrichsbrunnen.

Dieses Fachwerkhaus stammt aus dem 17. Jahrhundert.

Dieses Wohnhaus ist beim Rathaus.

Can you identify the prepositions above? What do you think they mean and how would you express them in English? What case follows each of these prepositions?

 Wo ist der Tourist jetzt?

Zuhören Du hörst drei Kurzbeschreibungen von einem Rundgang durch Bietigheim. Schau auf die Stadtkarte und schreib auf, wo sich der Tourist am Ende der Beschreibung befindet!

Grammatik

Prepositions followed by dative-case forms

Mehr Grammatikübungen, S. 260, Ü. 6–7

1. The prepositions **mit** and **zu** are always followed by dative-case forms:

   Jens kommt **mit dem** Moped **zur Schule.** Ich muss jetzt **zum Bäcker** gehen.

Grammatikheft, S. 80, Ü. 15

2. There are other prepositions that must be used with dative-case forms.

aus	*from*	Das Tor ist **aus dem 14. Jahrhundert.**
bei	*by, near*	Das Hormoldhaus ist **beim Rathaus.**
nach	*after*	**Nach 60 Metern** ist man **am** Brunnen.
von	*from*	**Vom Parkplatz** sind es nur zwei Gehminuten.
seit	*since*	Es steht hier **seit dem 16. Jahrhundert.**
gegenüber	*across from*	**Gegenüber dem Kachelschen Haus** ist die Posthalterei.

3. Like **zu,** the prepositions **bei** and **von** also form contractions.

   bei + dem = **beim**   von + dem = **vom**

---

23 ### Grammatik im Kontext

Schreiben Your German pen pal is coming to visit. Send him a short description of your town. Rewrite your note with dative prepositions and the correct articles.

… Also, die Amtrakstation ist gar nicht weit vom Stadtzentrum. ═══ d═══ Station bis zur Innenstadt sind es nur zehn Minuten zu Fuß. Da ist das alte Rathaus. Es stammt ═══ d═══ neunzehnten Jahrhundert. Das ist schon alt in den Vereinigten Staaten! ═══ d═══ Rathaus siehst du das alte Postgebäude. Auf der anderen Straßenseite, ═══ d═══ Rathaus, ist ein schöner Park. Dort spiele ich Baseball ═══ d═══ Schule.

Ein wenig Grammatik

The prepositions **durch,** *through,* and **um,** *around,* are always followed by accusative-case forms.

   Wir gehen **durch das** Stadttor.
   Das Rathaus ist **um die Ecke.**

Which other two prepositions do you know that are always followed by the accusative case?[1]

Grammatikheft, S. 80, Ü. 16

So sagt man das!

Asking for and giving directions

When asking for directions, you might ask:

   Entschuldigung! Wo ist bitte das Rathaus?
   or
   Wie komme ich bitte zum Stadttor? *or*
   Verzeihung! Wissen Sie vielleicht, wie ich zur Post komme?

When giving directions, you might say:

   Sie biegen hier rechts ein. Dann kommen Sie zum Rathaus.
   Das ist hier rechts um die Ecke.
   Tut mir Leid. Ich weiß es leider nicht. Ich bin nicht von hier.

What do the prepositions **zum** and **zur** indicate? Look at the responses on the right. How would you say them in English?

Grammatikheft, S. 81, Ü. 17

---

1. **für** and **gegen**

24 Verzeihung! Wissen Sie, wo ...?

Sprechen Zwei Partner sind Touristen. Du kennst dich in Bietigheim aus, und gibst ihnen Auskunft.

Hier sind die Partner:	Sie wollen dorthin:
1. am Rathaus	Evangelische Stadtkirche
2. auf dem Parkplatz	Fußgängerzone
3. in der Fräuleinstraße	Marktbrunnen
4. bei der Stadtkirche	Hormoldhaus

25 Touristen in der Stadt

Sprechen Zwei verschiedene Gruppen von Touristen sprechen dich auf dem Parkplatz in Bietigheim an. Eine Gruppe möchte zur Evangelischen Stadtkirche, die andere zum Bietigheimer Schloss. Sag ihnen, wie man dahin kommt!

26 Für mein Notizbuch

Schreiben Schreib in dein Notizbuch

a. wie du mit dem Rad von zu Hause zur Schule kommst!

b. wie du von zu Hause zu einem Freund kommst!

27 Geh vor den Schreibtisch!

Sprechen Take turns with your classmates giving different students commands to move around your classroom. Use the prepositions **an, vor, zwischen,** and **neben.** Each student will do what you tell him or her. When he or she is in the proper place, that student will tell the class where he or she is now located using these same prepositions.

BEISPIEL	DU	**Geh an die Tafel!** *(classmate walks to the chalkboard)*
	MITSCHÜLER	**Ich stehe an der Tafel.**

28 So kommst du zu mir!

Sprechen Du machst eine Party und lädst ein paar Klassenkameraden ein. Zwei Klassenkameraden wissen gar nicht, wo du wohnst. Du hast für sie auf einem Zettel eine Route vorbereitet, wie sie am besten zu dir kommen. Gib ihnen den Zettel und erklär es ihnen persönlich!

29  Von der Schule zum Beruf

Du arbeitest im Vermessungsamt *(surveyor's office)* in deiner Stadt. Du musst ein Layout deiner Stadt erstellen, das die wichtigsten Straßen und Gebäude zeigt.

Ein wenig Grammatik

In this chapter you learned that the prepositions **in, an** and **auf** can be followed by either accusative or dative noun phrases. Do you remember in which instances the accusative forms are used? And the dative forms? Here are three other prepositions that also follow this rule:

vor *in front of*
neben *next to*
zwischen *between*

Like **in, an,** and **auf,** these prepositions must be used with the accusative case when indicating direction and with the dative case when indicating location.

Übungsheft, S. 107, Ü. 5–6

Grammatikheft, S. 81, Ü. 18

 Mehr Grammatikübungen, S. 261, Ü. 8–10

Zum Lesen

Was ist dein Lieblingsreiseziel?

Getting Started

1. Read the following sentences and determine which ones are fact and which are opinion.
    a. **Solche Ferien sind besser als nach Mallorca zu fahren.**
    b. **Nachts machen wir Waldspiele.**
    c. **Keine Autos fahren vorbei.**
    d. **Ein Ferienparadies soll ein Urlaub mit Freunden sein.**

2. Look at the title, subtitle, and drawings on these two pages. What is the article about? Scan the article. What kind of information is summarized here?

3. Now read the summary of results **Tiere sind Trumpf**. What are the ten most popular vacations for German teenagers?

4. Does this survey focus on facts or opinions? If the question were **Wo warst du in den**

Eltern — UMFRAGE

Gesucht: Bauernhof zum Ausschlafen

Realschüler, 14 Jahre

Wo Mädchen und Jungen am liebsten Ferien machen

„Für die meisten Menschen ist wohl Hawaii der Urlaubstraum. Für mich ist es das Dorf, wo meine Großmutter wohnt. Da ist ein See mit dem Paddelboot von meinem Opa. Ich habe dort mehrere Freunde. Und Großmutter kocht nur, was mir wirklich schmeckt."

Realschülerin, 13 Jahre

„Es ist und bleibt ein Bauernhof. Es soll ein Urlaub mit Freunden, ohne Eltern sein. Man kann bei der Arbeit freiwillig helfen. Alles, was ich nicht muß wie in der Schule, macht mir Freude. Nachts darf ich mit Freunden schon mal auf dem Heuboden schlafen. Dann hört man plötzlich was. Ist es eine Maus oder ein Siebenschläfer oder ein Marder oder eine der vielen Katzen vom Hof? Dann wird's einem ganz gruselig. Solche Ferien sind besser als nach Mallorca zu müssen in den Ölsardinensitzen."

Realschüler, 13 Jahre

„Mein Ideal ist ein Pfadfinderlager. Nachts machen wir Waldspiele mit

Tiere sind Trumpf

Eltern fragte 2220 Schülerinnen und Schüler acht bis 16 Jahre alt. Was ist für dich ein Ferienparadies? Am häufigsten genannt wurden:
1. Bauernhof, Reiterhof
2. bei Großeltern oder anderen Verwandten
3. Zelten, Jugendlager, Wohnmobil
4. Trampen
5. Strand an südlichen Meeren
6. zu Hause (Ausschlafen)
7. Bergtour
8. Aktivferien (Surfen, Klettern, Angeln)
9. USA/Kanada (Nationalparks, Disney World)
10. Abenteuerreise (Dschungel, Wüste, Vulkane)

Rund zehn Prozent der Befragten bringen zum Ausdruck, daß für sie der Ferienort eigentlich Nebensache ist—sie empfinden es als viel wichtiger, daß die Eltern Zeit haben, entspannt und gutgelaunt sind.

Taschenlampen. Wir haben ein Lagerfeuer. Wenn der Wind ums Zelt heult, kuschelt man sich in seinen Schlafsack."

Realschüler, 14 Jahre

„Für mich muß es ganz, ganz weit weg sein. Wenn ich wieder zu Hause bin, kann ich allen meinen Freunden erzählen, wie weit weg ich war."

Hauptschüler, 14 Jahre

„Meine Eltern gehen immer ins Reisebüro und suchen sich was Tolles aus. Meistens Urlaubsziele, wo sich Menschenmassen

zusammenballen: Mallorca, Gran Canaria, Italien, Kreta, Meran usw. Mein Urlaubstraum aber ist ein kleiner See mit nettem Strand und dahinter etwas weg ein Dorf. Auf dem Strand steht mein Zelt, und daneben liegt mein Paddelboot. Leider habe ich weder ein Boot noch ein Zelt. Nur Träume."

Gymnasiastin, 15 Jahre

„Für mich sind die schönsten Ferien, wenn wir eine Fahrradtour machen. An einem Fluß vorbei und über Waldwege. Daran sieht man, daß es im Urlaub nicht die Super-Luxus-Hotels machen, um echte Freude zu kriegen."

Gymnasiast, 13 Jahre

„Wo keine Abgase sind. Wo man nachts schlafen kann, weil keine Autos und Lastwagen vorbeidonnern."

Realschüler, 13 Jahre

„Viele Urlaubsparadiese kann man erleben, wenn man eine Radtour macht. Am schönsten war für mich der Weg von Passau nach Wien. Im Flugzeug, im Auto, im Bus sieht man doch alles nur hinter Glasscheiben. Aber auf dem Fahrrad ist alles ganz nahe. Die wunderbarsten Waldwege kann man fahren, und an Flüssen und Bächen vorbei."

Realschüler, 15 Jahre

„Wir haben in der Lüneburger Heide ein kleines Ferienhaus. Das ist unser Urlaubsparadies. Wir wandern oder fahren mit einem Pferdewagen durch die Heide. Meine Eltern, meine Schwester und ich, wir fühlen uns dort sehr wohl. Nur manchmal ist es ein bißchen langweilig. Aber diese Stille ist am besten für die Erholung, für mich vom Schulstreß, für meine Eltern von der Firma."

Gymnasiastin, 14 Jahre

„Ein Bauernhof wie in dem Roman ‚Herbstmilch!' So ganz urgemütlich. Betten mit karierten hohen Plümos in einem ganz kleinen Zimmer mit zwei ganz kleinen Fenstern. Aus den Ställen hört man das Vieh brüllen. Pferde sind da und Schafe. Es ist einfach wunderbar, mitten in der Landwirtschaft zu leben. Abends sitzen alle an einem langen Holztisch und essen aus einem Topf und aus einer Pfanne. Es gibt herrliche Suppe, leckere Braten, feine Nachtische und viel Obst. Alles ist deftig gekocht. Und abends sitzen wir an einem alten Kamin. Ja, so erträume ich mir das."

Gymnasiastin, 15 Jahre

letzten Ferien? would the answers be facts or opinions?

5. Skim the interviews. For each interview, jot down the student's age, the main idea (in this case, usually the vacation place or the people with whom the vacation is spent), and one specific fact supporting that person's opinion.

A Closer Look

6. What does the thirteen-year-old **Realschülerin** think most people would describe as a vacation paradise? How does her own opinion differ?

7. What does the thirteen-year-old **Gymnasiast** like about bicycle tours? Which parts of his response are opinion and which are fact?

> **Tipp:** You may not know the expression **weder … noch,** but you can guess its meaning from context because you know the word **leider.**

8. How does the fifteen-year-old **Gymnasiastin**'s idea differ from her parents' idea about a vacation paradise? What does she say about a boat and tent? Is this a fact or opinion?

9. Where does the fourteen-year-old **Gymnasiastin**'s family have a vacation house? What is the only drawback, in her opinion?

10. You have probably formed some impressions and opinions of your own about the readings on these pages. How many of these students do you think are city-dwellers? (Why do you think so?) How many of them are describing vacations they have actually taken, and how many are describing a "daydream?" Which tells you more about a person: his or her real life or his or her hopes and dreams?

(Übungsheft, S. 108)

Mehr Grammatikübungen

CD-ROM
DISC 3

Visit Holt Online
go.hrw.com
KEYWORD: WK3 STUTTGART-9
Interaktive Spiele

Erste Stufe

Objective Expressing indecision, asking for and making suggestions

1 Du und deine Freunde, ihr wisst nicht, wo ihr eure Ferien verbringen wollt. Du fragst sie um Rat, und sie machen Vorschläge. Schreib die folgenden Sätze ab, und schreib dabei die richtige Präposition und, wenn nötig, den richtigen bestimmten *(definite)* Artikel in die Lücken. Wenn möglich, verwende Kurzformen *(contractions)*. **(S. 246)**

1. Sollen wir mal _____ Ostsee fahren? Was meinst du? — Ich schlage vor, dass wir mal _____ Rhein fahren.

2. Wir können mal _____ Schweiz fahren, _____ Zürich. — Der Boris ist dafür, dass wir _____ Schwarzwald fahren, _____ Freiburg.

3. Oder sollen wir _____ Berge fahren? Vielleicht _____ Alpen? — Ach, fahren wir doch mal _____ Nordsee, _____ Sylt.

4. Sollen wir mal _____ Österreich fahren, _____ Wien? — Ich bin dafür, dass wir _____ Schweiz fahren und _____ Brienzer Rothorn steigen.

5. Fahren wir doch mal _____ Bayern, _____ Starnberger See. — Ja, du, dann bin ich aber dafür, dass wir _____ Garmisch und _____ Zugspitze fahren.

2 Du willst nicht dorthin fahren, wohin dein Freund oder deine Freundin fährt. – Schreib **wenn**-Sätze, wie in dem Beispiel. Verwende dabei die gegebenen Orte mit der richtigen Präposition und dem richtigen Artikel, wenn nötig. **(S. 246)**

BEISPIEL **Berlin / München**
Ich fahre nach Berlin, wenn du nach München fährst.

1. Deutschland / Schweiz

2. Nordsee / Rhein

3. Alpen / Bodensee

4. Mexiko / Vereinigte Staaten

5. Berge / Ostsee

6. Schwarzwald / Bayern

3 Du planst mit deinen Eltern die kommenden Ferien. Du bezweifelst aber, dass euer Ferienort all die Einrichtungen hat, die du dir wünschst. Ergänze die folgenden Sätze, und schreib die in Klammern gegebene Information in die Lücken. **(S. 249)**

1. (Wir können dort segeln.)   Ich weiß nicht, ob _____ .
2. (Es gibt dort einen Golfplatz.)   Ich bezweifle, dass _____ .
3. (Es gibt einen Fitnessraum.)   Ich bin nicht sicher, dass _____ .
4. (Du kannst dort Boot fahren.)   Ich weiß nicht, ob _____ .
5. (Es gibt dort einen Pool.)   Ich weiß nicht, ob _____ .
6. (Es gibt dort eine Disko.)   Ich weiß nicht, ob _____ .

4 Du erzählst, wo du die letzten Ferien verbracht hast, und du drückst mit Sicherheit aus, wo du die kommenden Ferien verbringen wirst. Schreib die folgenden Sätze ab, und schreib die richtige Präposition und, wenn nötig, den richtigen bestimmten *(definite)* Artikel in die Lücken. Wenn möglich, verwende Kurzformen *(contractions)*. **(S. 250)**

1. Letztes Jahr waren wir _____ Schweiz, und ich bin sicher, dass wir diesen Urlaub nicht wieder _____ Schweiz fahren.
2. Den letzten Urlaub haben wir _____ Ostsee verbracht, und du kannst mir glauben, dass wir in diesem Urlaub nicht wieder _____ Ostsee fahren.
3. Wir waren letztes Jahr _____ Alpen, und ich bin sicher, dass wir in diesem Jahr nicht wieder _____ Alpen fahren.
4. Den letzten Urlaub haben wir _____ Schwarzwald verbracht, und du kannst mir glauben, dass wir diesen Urlaub nicht wieder _____ Schwarzwald fahren.
5. Letztes Jahr waren wir _____ Vereinigten Staaten, und ich bin sicher, dass meine Eltern dieses Jahr wieder _____ Vereinigten Staaten fliegen.
6. Die letzten Ferien habe ich bei meiner Tante _____ Frankfurt verbracht, und ich bin sicher, dass ich die nächsten Ferien wieder _____ Frankfurt fahre.

5 Eine Bekannte fragt dich, wohin du gehst, und du sagst ihr, dass du schon dort warst. Schreib die folgenden Fragen und Antworten ab, und schreib die richtige Präposition und, wenn nötig, den richtigen bestimmten *(definite)* Artikel in die Lücken. Wenn möglich, verwende Kurzformen *(contractions)*. **(S. 250)**

1. Gehst du _____ Golfplatz? — Du, ich war heute schon _____ Golfplatz.
2. Gehst du _____ Fitnessraum? — Ich war heute schon _____ Fitnessraum.
3. Gehst du heute _____ Sauna? — Ich war heute schon _____ Sauna.
4. Gehst du _____ Tennisplatz? — Ich war heute schon _____ Tennisplatz.
5. Gehst du jetzt _____ Strand? — Ich war heute schon _____ Strand.
6. Gehst du _____ Liegewiese? — Ich war den ganzen Tag _____ Liegewiese.
7. Gehst du jetzt _____ Pool? — Ich war heute schon _____ Pool.

Mehr Grammatikübungen

Dritte Stufe **Objective** Asking for and giving directions

6 Eine Freundin fragt dich, wo du warst und du sagst es ihr. – Schau dir das Piktogramm an, und schreibe den Satz zu Ende. Gebrauche die richtige Präposition, den richtigen bestimmten Artikel und den Namen des Piktogramms. **(S. 254)**

Wo warst du?
Ich war _____ _____ .

Ich war _____ _____ _____ .

Ich war _____ _____ _____ .

Ich war _____ _____ .

Ich war _____ _____ _____ .

Ich war _____ _____ .

Ich war _____ _____ .

7 Du gibst verschiedenen Leuten Auskunft. Schreib die folgenden Sätze ab, und schreib dabei den richtigen bestimmten Artikel in die Lücken. Gebrauche die üblichen Kurzformen! **(S. 254)**

1. Wenn Sie aus _____ Rathaus kommen, gehen Sie rechts um _____ Ecke!
2. Sie gehen durch _____ Stadttor, und der Brunnen ist gleich bei _____ Rathaus!
3. Dieses Fachwerkhaus ist aus _____ 17. Jahrhundert; es ist gegenüber _____ Post.
4. Von _____ Kirche bis zu _____ Rathaus sind es nur zwei Minuten.
5. Von _____ Parkplatz bis zu _____ Kirche sind es nur drei Gehminuten.
6. Sie wollen zu _____ Stadttor? Es ist in der Nähe von _____ Parkplatz.

8 Welche Präposition passt? Such dir die richtige Präposition aus dem Kasten aus und schreib sie in die Lücke. (**S. 255**)

> aus zu um von vor neben seit

1. Geh hier rechts _____ die Ecke, und da siehst du das Rathaus _____ dir.
2. Dieses Rathaus stammt _____ dem 17. Jahrhundert.
3. Es steht also _____ über 300 Jahren hier.
4. Ein schöner Brunnen steht _____ dem Rathaus.
5. Wie weit ist es _____ der Kirche bis _____ dem Parkplatz?
6. Das Rathaus ist gleich hier _____ die Ecke.

9 Du gibst weitere Auskünfte, besonders übers Parken. Schreib die folgenden Sätze ab, und schreib dabei den richtigen bestimmten Artikel in die Lücken. (**S. 255**)

1. Zwischen _____ Rathaus und _____ Schloss ist das Hormoldhaus.
2. Der Brunnen steht auf _____ Marktplatz vor _____ Rathaus.
3. Ein kleiner Parkplatz ist neben _____ Kirche und neben _____ Rathaus.
4. Ein großer Parkplatz ist vor _____ Innnenstadt, an _____ Holzgartenstraße.
5. Neben _____ Kirche kann man nicht parken, aber neben _____ Post.
6. Neben _____ alten Schloss und vor _____ Kirche kann man auch nicht parken.

10 Schreib Sätze mit den Begriffen (*expressions*), die in Klammern stehen. (**S. 254**)

(*through*)	**1.**	Wir gehen _____ _____ Stadttor.
(*around*)	**2.**	Geh hier _____ _____ Ecke.
(*next to me*)	**3.**	Robert sitzt _____ _____ und Gitta.
(*between us*)	**4.**	Er sitzt _____ _____ .
(*in front of*)	**5.**	Der Brunnen steht _____ _____ Rathaus.
(*in front of*)	**6.**	Fahr das Auto _____ _____ Rathaus.

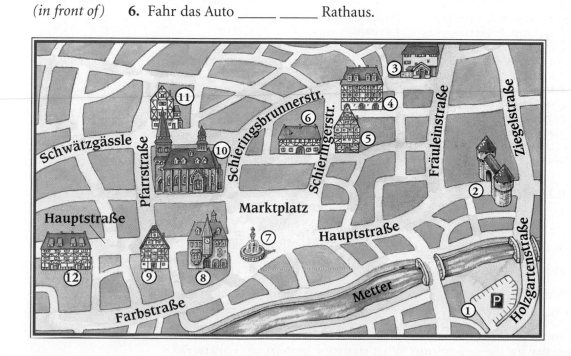

1 The German exchange student who lived with your family last summer calls you early one morning and tells you about her trip to Austria. Take notes so that you can tell the rest of your family about her vacation.

2 Schau die Tabelle unten an und dann diese Aussagen! Wenn eine Aussage nicht stimmt, ändere sie so, damit sie stimmt!

1. Die deutschen Jugendlichen fahren am liebsten nach Frankreich.

2. Die 17-19-Jährigen fahren nicht so oft nach Portugal wie die 14-16-Jährigen.

3. Die Niederlande sind ein sehr beliebtes Reiseziel.

4. Deutsche Jugendliche fahren lieber nach Jugoslawien als nach Spanien.

5. Nicht sehr viele Jugendliche fahren nach London.

6. Die 14-28-Jährigen fahren genauso oft nach Dänemark wie nach Griechenland.

Das Ausland steht an erster Stelle

Wohin geht die Haupturlaubsreise der Jugendlichen? Im Inland bleibt nur jeder fünfte. Hier sind vor allem die Küsten von Schleswig-Holstein attraktiv.

Renner sind die Auslandsreisen. Spanien, Frankreich und Italien stehen an den ersten Stellen (siehe Tabelle).

In Spanien ist „schwer was los"

Die Niederlande, Italien, Jugoslawien und die Türkei sind für Deutsche preisgünstig. Großbritannien, Österreich, Italien, Griechenland und die USA bieten nach Ansicht von deutschen Jugendlichen gute Möglichkeiten, neue Leute kennen zu lernen. Die Inseln Spaniens, Italien, Jugoslawien, Griechenland und die Türkei bieten eine prima Urlaubsatmosphäre. In Großbritannien, Spanien und Italien ist „schwer was los".

Die wichtigsten Reiseziele der deutschen Jugendlichen im Ausland (2000)

	14-28 Jahre	14-16 Jahre	17-19 Jahre
Spanien (Inseln und Festland):	17,9	12	20
Frankreich:	11,4	7	12
Italien (mit Inseln):	10,8	7	13
Jugoslawien:	5,9	5	6
Griechenland:	5,4	3	3
Österreich:	5,4	7	6
Dänemark:	4,0	6	5
Portugal:	4,0	-	2
Niederlande:	3,7	2	6
Großbritannien:	3,5	7	6

(alle Angaben in Prozent; durch andere Reiseziele und Mehrfachnennungen ergeben sich keine 100 Prozent)

---

3 Lies den obigen (*above*) Artikel und beantworte die Fragen auf Englisch!

1. What is the topic of the article?

2. According to the report, what are the different advantages each country has to offer as a vacation spot?

3. Do more German young people choose to travel to another country or to stay within Germany for their vacations? What statistics support your answer?

4 Get together with three other classmates. Each of you chooses (without telling others) one place to go or thing to do in your hometown. Each begins by suggesting to the others his or her desire and tries to persuade them to come along. The other two should try to express some reservation about the idea. Everyone gets a turn to suggest and persuade. In the end, all of you must agree on one thing to do together.

5

Zum Schreiben

You took a bicycle tour of a small mountainous area in the US or in a German-speaking country and are now writing a short informative piece about your adventures for a high school German club newspaper.

> **Schreibtipp Organize your thoughts** around a main idea, then **choose details that support your point of view** and that appeal to your audience. This focuses your writing, keeps you on track, and aids you in persuading someone to see your point of view.

Vorbereiten

Keeping a **writer's journal** is an excellent technique to organize information. By keeping a journal of daily observations, thoughts, and feelings, you can organize your ideas in order to write an article that contains lots of interesting details about your trip. Write daily entries that include what you did, how you felt, and observations about the areas you visited.

Ausführen

In this case, your **main idea** could be that the place you visited is well worth the trip. **Es gibt in dieser Gegend viele Jugendherbergen, wo man billig übernachten kann,** might be a detail that would convince some of your readers that this is a type of vacation they could actually afford.

Überarbeiten

- Reread your paper, checking for good details and descriptions. Have you given facts about the area, included humorous anecdotes, and adequately expressed your feelings about the area you visited?

- Exchange papers with a partner and check each other's paper for details, descriptions, facts, anecdotes, and feelings.

- Proofread, make corrections and changes, and read your paper to the class.

6 # Rollenspiel

With two partners, pick a vacation spot in the United States that you will have to present to a group of German students who are prospective travelers to the United States. Market and "sell" the spot, making it as attractive as possible. Get photos of the area and find out the main attractions and conveniences. Orient your presentation to the interests of German students. Then make your presentation to the class.

Kann ich's wirklich?

Can you express indecision? (p. 245)

1 How would you ask someone what you should do?

Can you ask for and make suggestions? (p. 245)

2 How would you ask your friends for specific suggestions on what you all could do this evening?

3 How would your friend suggest that you go to these places?
a. to Switzerland
b. to New York
c. to Lake Constance (**der Bodensee**)

4 How might your friends respond if
a. they like the idea
b. they do not like the idea

Can you express doubt, conviction, and resignation? (p. 249)

5 How would you convey to a friend
a. that you doubt you will be able to go on vacation?
b. that you are sure you will go to Florida?

6 How would you say to someone that it will rain all summer and that unfortunately nothing can be done about it?

Can you ask for and give directions? (p. 254)

7 How would you ask your teacher how to get to the post office?

8 How would you give directions to someone
a. who needs to go to the post office from your school?
b. who is looking for the shopping center?

9 How would you answer if someone asked you for directions, but you were new in town?

Erste Stufe

Expressing indecision

Was machen wir jetzt?	What are we going to do now?
Was soll ich bloß machen?	Well, what am I supposed to do?

Talking about going on vacation

die Bahn, -en	train
das Flugzeug, -e	airplane
das Schiff, -e	ship
der Urlaub, -e	vacation (time off from work)
die See, -n	ocean, sea
die Nordsee	the North Sea

das Hallenbad, ¨er	indoor pool
der Tennisplatz, ¨e	tennis court
steigen	to climb
beliebt	popular

Asking for and making suggestions

Wohin fahren wir?	Where are we going?
Hast du eine Idee?	Do you have an idea?
Was schlägst du vor?	What do you suggest?

Ich schlage vor, dass …	I suggest that …
Ich bin dafür, dass …	I am for doing …
Fahren wir nach … !	Let's go to … !

Useful prepositions for expressing direction

nach	to, toward
an	to, at
in	in, into
auf	to, onto

Zweite Stufe

Words for describing a vacation by the water

das Meer, -e	ocean
segeln	to sail
windsurfen	to windsurf
tauchen	to dive
angeln	to fish
Boot fahren	to go for a boat ride
das Boot, -e	boat

Hotel activities

die Liegewiese, -n	lawn for relaxing and sunning
der Golfplatz, ¨e	golf course
der Strand, ¨e	beach

der Sandstrand, ¨e	sand beach
die Sauna, -s	sauna
der Fitnessraum, ¨e	training and weight room
der Whirlpool, -s	whirlpool
die Diskothek, -en	discotheque
der Fernsehraum, ¨e	TV room

Expressing doubt

Ich weiß nicht, ob …	I don't know whether …
Ich bezweifle, dass …	I doubt that …

Ich bin nicht sicher, dass/ob …	I'm not sure that/whether …

Expressing conviction

Ich bin sicher, dass …	I am certain that …
Das kannst du mir glauben!	You can believe me on that!

Expressing resignation

Da kann man nichts machen.	There's nothing you can do.
Das ist leider so.	That's the way it is, unfortunately.

Dritte Stufe

Asking for and giving directions

Entschuldigung!	Excuse me!
Verzeihung!	Pardon me!
Das ist hier um die Ecke.	That's right around the corner.
die Ecke, -n	corner
Biegen Sie hier ein!	Turn in here!
Tut mir Leid. Ich bin nicht von hier.	I'm sorry. I'm not from here.

Describing a city

der Parkplatz, ¨e	parking lot
das Stadttor, -e	city gate
die Hauptstraße, -n	main street

aus dem (16.) Jahrhundert	from the (16th) century
der Brunnen, -	fountain
das Wohnhaus, ¨er	residence
Das Fachwerkhaus ist aus dem fünfzehnten Jahrhundert.	The half-timbered house is from the fifteenth century.
aus	from, out of
bei	by, near
nach	after
von	from, of
seit	since, for
gegenüber	across from
durch	through

um	around
neben	next to
vor	in front of
zwischen	between

Other useful words and expressions

Das ist gerade passiert.	That just happened.
kaputt	ruined, broken
eine andere, ein anderer, ein anderes	another (a different) one
eben nicht	actually not
das Jahrhundert, -e	century

Komm mit nach Berlin!

Einwohner: 3,5 Millionen

Flüsse: Spree, Havel

Berühmte Gebäude: Kaiser-Wilhelm-Gedächtniskirche, Schloss Charlottenburg, Pergamonmuseum, Brandenburger Tor, Reichstag, Kongresshalle, Nationalgalerie

Bedeutende Berliner: Wilhelm von Humboldt (1767-1835, Diplomat und Linguist), Alexander von Humboldt (1769-1859, Naturforscher), Rahel Varnhagen (1771-1833, Schriftstellerin), Karl Friedrich Schinkel (1781-1841, Architekt), Werner von Siemens (1816-1892, Erfinder), George Grosz (1893-1959, Maler), Marlene Dietrich (1901-1992, Schauspielerin)

Industrie: Elektrotechnik, Textilindustrie, Metallindustrie, Verlage, Pharmazeutische Industrie

Beliebte Gerichte: Berliner Pfannkuchen, Eisbein, Buletten, Grüner Aal

go.hrw.com
WK3 BERLIN

DVD VIDEO

CD-ROM DISC 3

▶ **Das wieder aufgebaute Reichstagsgebäude mit der neuen Glaskuppel von Sir Norman Foster**

Berlin

Berlin ist eine Kulturmetropole von Weltrang, in der alle Künste blühen: Literatur, Musik, Malerei, Theater, Baukunst. Die multikulturelle Bevölkerung verleiht Berlin eine Vitalität, die das Stadtbild prägt. Die interessante Architektur vieler neuer Bauwerke zeigt ein neues Berlin, in dem der letzte Weltkrieg, die Mauer und die Trennung langsam zur Vergangenheit werden. Berlin ist auch die größte deutsche Stadt und seit 1990 wieder die Hauptstadt des vereinten Deutschlands.

Visit Holt Online

go.hrw.com
KEYWORD: WK3 BERLIN

Internet Aktivitäten ⬍

1 Maueropfer
Dieses Mahnmal ist den Menschen gewidmet, die an der ehemaligen Berliner Mauer erschossen wurden, als sie versuchten in den Westen zu gelangen.

2 Brandenburger Tor
Das Brandenburger Tor wurde in den Jahren 1788 bis 1791 von Carl Gotthard Langhans errichtet und ist eines der bedeutendsten Bauwerke des deutschen Klassizismus. Auf dem Dach steht die Quadriga von Gottfried Schadow.

3 Kaiser-Wilhelm Gedächtniskirche
Die Kirche, im neoromanischen Stil erbaut, wurde im zweiten Weltkrieg zerstört. Der zerstörte Turm steht heute als symbolisches Kriegsmahnmal. Daneben steht die neue Kirche, die 1961 nach Plänen von Egon Eiermann errichtet wurde.

5 **Ein Leierkastenmann**
Leierkastenspieler, wie der „Orgel-Hermi" hier, sieht und hört man überall in Berlin. Sie geben der Stadt einen besonderen Charm.

4 **Am Potsdamer Platz: Debis-Haus und Berliner Volksbank**
Neue Gebäude wie das Debis-Haus und die Berliner Volksbank bilden nur einen kleinen Teil des ganzen Areals am Potsdamer Platz, das aus Hotels, Restaurants, Theatern, Kinos, Einkaufszentren, Büros und Wohnungen besteht.

Kapitel 10, 11, 12
Die letzten Kapitel in unserem Buch zeigen uns Berlin, die alte und neue deutsche Hauptstadt. Die sechs Schüler in diesen Kapiteln gehen aufs Max-Beckmann-Gymnasium in Reinickendorf.

6 Sandra, Astrid, Andreas, Binh, Ismar und Lars

10
Viele Interessen!

Objectives

In this chapter you will learn to

Erste Stufe

- ask about and express interest

Zweite Stufe

- ask for and give permission
- ask for information and express an assumption

Dritte Stufe

- express surprise, agreement, and disagreement
- talk about plans

Visit Holt Online

go.hrw.com

KEYWORD: WK3 BERLIN-10

Online Edition ◆

◀ **Du interessierst dich für Autos, Ismar?**

Los geht's! ▪ *Mensch, zieh die Handbremse an!*

Strategie Verstehen

Look at the images for the story. What are the boys doing at first? What do you think they are talking about? What do you think is happening with the car?

Ismar   **Andreas**

1

Andreas: Du, Ismar, lass mal sehen! Das kann doch nicht stimmen. Du hast dich ganz bestimmt verrechnet. Ich meine …

Ismar: Hier, du darfst nachrechnen.

2

Andreas: Du, ich hab ein ganz anderes Ergebnis. Das gibt's doch nicht! Was machen wir jetzt?

Ismar: Ich meine, wir sind müde. Machen wir mal eine kleine Pause!

Andreas: Einverstanden! – Schauen wir mal, was es jetzt im Fernsehen gibt! Um diese Zeit kommt gewöhnlich nichts Besonderes.

3

Ismar: Du hast bestimmt Recht, aber schauen wir mal! – Habt ihr ein Fernsehmagazin?

Andreas: Ja schon. Aber ich weiß nicht, wo es liegt. Gib mir lieber mal die Fernbedienung rüber!

Ismar: Hier!

Andreas: Danke! Schauen wir mal, was es im Ersten Programm gibt!

4

Ismar: Ach, etwas über die Umwelt. Normalerweise interessiert mich so was, aber nicht jetzt. Mach weiter!

Andreas: Ach, Mensch, Politik! Politik interessiert mich wenig.

Ismar: Da stimm ich dir zu.

Andreas' Mutter kommt nach Hause.

⑤

Andreas: Und für welche Fernsehsendungen interessierst du dich am meisten?

Ismar: Ich? Ich interessiere mich für Actionfilme und Sport. Und du?

Andreas: Bei mir steht Sport ganz oben. Und dann mag ich eigentlich so ältere Spielfilme ganz gerne, so richtig lustige Filme, so wie mit Peter Sellers.

⑥

Andreas: Mutti, das ist Ismar, ein Klassenkamerad!

Mutter: Hallo, Ismar!

Ismar: Hallo!

Mutter: Andreas, du musst mir heute noch das Auto sauber machen, ja?

Ismar hilft Andreas das Auto sauber zu machen.

⑦

Ismar: Der Ölstand ist gut, aber ich meine … das Öl müsst ihr bald mal wechseln, das sieht alt aus.

Andreas: Du interessierst dich für Autos?

Ismar: Und wie! – Toller Wagen! Da ist keine Klimaanlage eingebaut.

Andreas: Die brauchen wir nicht. Die Mutti kann Klimaanlagen sowieso nicht leiden.

⑧

Ismar: Echt super. Mit dem möcht ich mal auf der Autobahn dahinflitzen, wenn ich den Führerschein habe.

Andreas: Da musst du noch lange warten!

Ismar: In einem halben Jahr kann ich den Führerschein machen.

Andreas: Ich spar jetzt schon auf meinen Führerschein, aber ich muss noch fast ein Jahr darauf warten, bis ich ihn machen kann.

Ismar: Was machst du denn, Andreas? Zieh die Handbremse an!

KNACKS!

⑨

Übungsheft, S. 109

1 **Was passiert hier?**

Verstehst du alles, was die Leute in **Los geht's!** sagen? Beantworte die Fragen!

1. What are Andreas and Ismar doing at the beginning?
2. Why do they take a break? What do they do during the break?
3. What do you find out about Andreas and Ismar's interests in television?
4. Who interrupts them? What does Andreas get reminded of?
5. Does Ismar know a lot about cars? How do you know?
6. What happens at the end? What do you think is going to happen next?

2 **Genauer lesen**

Lies den Text noch einmal und beantworte diese Fragen!

1. Which phrases express compliments? Interest? Permission? Surprise? Agreement? Making suggestions?

3 **Was passt zusammen?**

Welche Ausdrücke auf der rechten Seite beenden die Satzanfänge auf der linken Seite?

1. Du hast dich verrechnet, denn …
2. Andreas will die Fernbedienung, denn …
3. Ismar braucht das Fernsehmagazin, denn …
4. Andreas interessiert sich für ältere Spielfilme, denn …
5. Ismar darf bald Auto fahren, denn …

a. sie sind oft sehr lustig.
b. ich habe ein anderes Ergebnis.
c. in einem halben Jahr kann er den Führerschein machen.
d. er will wissen, was jetzt am Nachmittag kommt.
e. er will das Fernsehgerät einschalten.

4 **Stimmt oder stimmt nicht?**

Wenn der Satz nicht stimmt, schreib die richtige Antwort!

1. Die Jungen haben das gleiche Ergebnis in den Matheaufgaben.
2. Am Nachmittag kommen Sendungen im Fernsehen, für die sie sich interessieren.
3. Ismar schaut im Fernsehmagazin nach, um zu sehen, was am Nachmittag läuft.
4. Normalerweise interessiert sich Ismar für Umweltprobleme.
5. Ismar und Andreas sehen die gleichen Filme gern.
6. Ismar versteht viel von Autos.
7. Er hat auch schon seinen Führerschein.

5 **Welche Wörter passen?**

Welche Wörter aus dem Kasten passen in die Zusammenfassung von **Los geht's!?**

Andreas und Ismar machen ___1___ in Mathe zusammen. Sie machen ___2___, weil sie müde sind. Sie wollen ___3___ schauen, aber finden ___4___ nicht und versuchen mit der ___5___ herauszufinden, was es im Ersten Programm gibt. Normalerweise interessieren sie sich für ___6___, die mit der Umwelt zu tun haben, aber heute nicht. Sie wollen lieber einen ___7___ oder Sport schauen. Die Mutter kommt und erinnert (*reminds*) Andreas daran, ___8___ heute noch sauber zu machen. Sie machen das zusammen und sprechen über Autos, Autofahren und ___9___.

das Auto	Actionfilm
das Fernsehmagazin	
den Führerschein	
	eine Pause
Fernsehen	
	Fernbedienung
Sendungen	
	Hausaufgaben

Wer guckt was?

Lies, worüber sich Ismar und Andreas unterhalten und beantworte die Fragen!

ISMAR Für welche Sendungen interessierst du dich am meisten?

ANDREAS Das ist leicht zu sagen, wofür ich mich interessiere: für Nachrichtensendungen und ab und zu vielleicht mal für einen tollen Krimi.

ISMAR Dann bist du ein wirklich typischer Fernsehgucker. — Schau, hier ist eine Statistik über die beliebtesten Fernsehsendungen der Deutschen.

ANDREAS Das gibt's doch nicht! — Interessant! Und wofür interessierst du dich?

ISMAR Wir sehen uns zu Hause Nachrichten, Sport und Politik an. Und danach diskutieren wir immer heftig über alles ...

ANDREAS Das find ich toll! — Aber jetzt checken wir schnell mal das Nachmittagsprogramm durch!

> Ich freu mich schon immer auf ‚Tatort'. Der läuft sonntags um 20 Uhr 15 im Ersten Programm.

1. Wofür interessiert sich Andreas? Worauf freut sich Ismar?
2. Warum ist Andreas ein typischer Fernsehzuschauer?
3. Für welche Sendungen interessiert sich Ismars Familie?
4. Was passiert gewöhnlich nach einer Sendung bei ihm zu Hause?
5. Für welche Sendungen interessieren sich die Deutschen am meisten? Am wenigsten?
6. Welche amerikanischen Sendungen passen in diese Kategorien?

Die TV-Hits der Deutschen	
Nachrichtensendungen	74%
Kriminalfilme	57%
Wetterbericht	50%
Ratesendungen/Spielshows	43%
Sportübertragungen	43%
Tier-/Natursendungen	42%
Familiensendungen	42%
Lustspiele/Komödien	39%
Wildwest-/Abenteuerfilme	37%
Gesundheits-/Medizinthemen	37%
Talkshows	36%
Politikerdiskussionen	36%

6 **Wer interessiert sich für was?**

Für welche Fernsehsendungen interessieren sich diese Leute und warum? Mach dir Notizen! Vergleiche dann deine Notizen mit den Notizen deiner Mitschüler!

Was läuft im Fernsehen?

Für welche Sendungen interessierst du dich?
Sag es deinen Klassenkameraden!

die Nachrichten,
Nachrichtensendungen

der Wetterbericht

Sportsendungen,
Sportübertragungen

Natursendungen

Ratesendungen

Diskussionen über Politik

Übungsheft, S. 110, Ü. 1–2   Grammatikheft, S. 82, Ü. 1

Und dann noch...

Familiensendungen	Tiersendungen
Kriminalfilme	Lustspiele
Wildwestfilme	Komödien
Abenteuerfilme	Sendungen über
Spielshows	Gesundheit
Talkshows	Werbesendungen

---

7 **Grammatik im Kontext**

Schreiben Schreib **weil**-Sätze, die zusammen passen.

Ismar interessiert sich für ...

Sportsendungen
den Wetterbericht
die Nachrichten
Natursendungen
Komödien
Kriminalfilme

weil er ...

gern lustige Sachen sieht
Tiere furchtbar gern hat
sie sehr spannend findet
wissen möchte, was in der Welt passiert
nur bei gutem Wetter im Gebirge wandert
selbst gern Sport macht

So sagt man das!

Asking about and expressing interest   *Schon bekannt*

You already know several ways of asking someone about his or her interests:

> **Was für Interessen hast du?**
> **Wofür interessierst du dich?**

and of expressing your interests:

> **Ich interessiere mich für Sport.**

8 **Wofür interessierst du dich und warum?**

Sprechen Bevor du mit deinem Partner die vielen Sendungen durchcheckst, frag ihn, wofür er sich besonders interessiert und warum! Danach sag ihm, wofür du dich interessierst und warum!

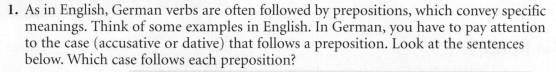

Verbs with prepositions; **wo-** and **da-**compounds

1. As in English, German verbs are often followed by prepositions, which convey specific meanings. Think of some examples in English. In German, you have to pay attention to the case (accusative or dative) that follows a preposition. Look at the sentences below. Which case follows each preposition?

> **sprechen über: Die Jungen sprechen über das Ergebnis.**
> **sich freuen auf: Andreas freut sich auf den Krimi.**
> **sich interessieren für: Er interessiert sich für lustige Filme.**

2. When using verbs with prepositions in a question or response, you must do the following:

a. When referring to people, use the preposition plus the question word **wen** in your questions:

> **Für wen interessierst du dich?**
> **Ich interessiere mich für ihn, den Ralph.**

b. When referring to things or ideas, you use a **wo**-compound (**wo** + preposition) in your question:

> **Wofür interessierst du dich?**   **Ich interessiere mich für Politik.**

If you want to refer to the thing or idea in a statement using a pronoun (*it*), you have to use a **da**-compound (**da** + preposition):

> **Ich interessiere mich für Politik. — Ja? Ich interessiere mich auch dafür.**
> **Er freut sich auf den Krimi. — Ich freue mich auch darauf.**

3. If a preposition begins with a vowel, an **r** is inserted between **wo** and **da** and the preposition to facilitate pronunciation:

> **auf: worauf, darauf**   **über: worüber, darüber**

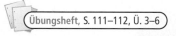 Übungsheft, S. 111–112, Ü. 3–6    Grammatikheft, S. 82–83, Ü. 2–4

Mehr Grammatikübungen, S. 290–291, Ü. 1–5 ➡

---

9 Grammatik im Kontext

Schreiben Schreib mindestens acht Sätze mit den Wörtern in den Kästen.

ich meine Freunde und ich, wir meine Eltern mein Freund	sprechen diskutieren s. freuen s. interessieren	gewöhnlich immer ab und zu ganz selten	auf für über	die Nachrichten Sportsendungen Natursendungen Ratesendungen Krimis Kultursendungen Problemfilme Kindersendungen Werbung

10 Wofür interessierst du dich?

Sprechen Frag deine Partnerin, wofür sie sich interessiert! Sag ihr, ob du dich auch dafür interessierst oder nicht!

11 Was gucken wir?

Sprechen Du möchtest mit deiner Partnerin heute Abend Fernsehen gucken. Du weißt aber nicht genau, wofür sie sich interessiert. Habt ihr die gleichen Interessen? Auf welches Programm freust du dich? Und sie?

12 Für mein Notizbuch

Schreiben Schreib in dein Notizbuch, für welche Sendungen du dich interessierst und was du gewöhnlich guckst! Wann kommen deine Lieblingssendungen? Auf welchem Fernsehsender (*channel*)? Gibt es eine Sendung, auf die du dich besonders freust?

13 Werbung im Fernsehen

Schreiben/Sprechen Guck dir mal die Werbesendungen im Fernsehen an! Für welche Artikel werben die Sender am meisten? —Mach eine Rangliste mit Werbeartikeln, wie im Beispiel unten! Erwähne auch deine Lieblingswerbung und beschreibe sie! Berichte deiner Klasse über dein Ergebnis!

Rang Werbeartikel
1 Fast-foods
2 Geschirrspülmittel
3 Waschpulver
4 Kaffee
5 Video-Spiele
6 Textilien
7 Rasierklingen

SO ÜBERSICHT		
18.00 ZDF	Ein Heim für Tiere Bobby hat zwei Zuhause.	60 Min.
18.00 RTL	Mord ist ihr Hobby mit Angela Lansbury	45 Min.
19.00 3SAT	heute	30 Min.
19.00 RTL	Hans Meiser Audience Participation Show	70 Min.
20.00 BR3	Die Sterngucker Sind wir allein im Universum?	45 Min.
20.00 N3	Der amerikan. Bürgerkrieg Letzter Teil: Robert E. Lee	60 Min.
20.00 SW3	Agatha Christie Krimiserie: Hercule Poirot	60 Min.
20.00 PRO 7	Matlock Krimiserie	45 Min.
22.15 ZDF	Die Sport-Reportage	30 Min.
22.30 SAT1	Fußball Berichte der 1. Liga	30 Min.

LANDESKUNDE LANDESKUNDE

Was machst du, um zu relaxen?

You've learned a lot already about the way German-speaking students like to spend their free time. Now we've asked people from around Germany what they do after school or work in order to relax and unwind. Think about what you've learned so far about Germans' free time interests. Then think about what you and your friends do after school or after work to relax. Afterwards, listen to the interviews, then read the text.

CD-ROM DISC 3
DVD VIDEO
Übungsheft, S. 113, Ü. 1–3

Sabine, Berlin

„In der Freizeit viel lesen, schwimmen gehen, Sport, und ich würde gerne mal Fallschirm springen, diese Tandemsprünge würde ich gerne mal machen. Und was ich vor allen Dingen in der Freizeit mache, ist Schlafen, das finde ich ganz besonders schön."

Uwe, Hamburg

„So, ich mach Hausaufgaben, mit sehr viel Musik dazwischen, und, ja dann entweder treff ich mich mit meinen Freunden und spiel Basketball oder Fußball, oder etliches, ja, oder ich faulenze einfach, leg mich aufs Bett und schlafe."

Philipp, Stuttgart

„In der Freizeit, also da fahr ich speziell … fahr Rollerblade und mal fahr … Mountainbike, und das hab ich mit-gekriegt, weil mal welche aus Amerika da waren — von dem Film ‚Rollerboys', und dann hab ich das angefangen. Rollerblade fahren, es macht mir ziemlich viel Spaß, ich finde das irgendwie … andere Welt für mich und macht mir sehr viel Spaß. Und mit ihm [meinem Freund] speziell mach ich hobbymäßig noch Computer, und da möchten wir dann später auch mal beruflich einsteigen."

A. 1. Write the names of the people interviewed on a piece of paper and next to each the activities or hobbies that he or she talks about.

2. What does Sabine like to do best? What phrase does she use to describe that? Name one thing Sabine would like to do, but has not yet done.

3. What else does Uwe like to do when he's doing homework?

4. When did Philipp first become interested in in-line skating?

5. Scan through the activities again. Which other activities are mentioned that are also popular in the United States? Based on what you already knew about German culture, were you surprised that so many trends popular in the United States are also popular in Germany?

B. 1. People often think the habits of other cultures are somewhat "strange" and difficult to understand. At some time in your life, you may have heard this about German culture. However, once people get to know the other culture (as you've gotten to know German culture) they find it's not so very different from their own. What's your impression? Think about everything you've learned about Germany so far. Are there more similarities between our two cultures or are there more differences?

2. Write an essay in German stating your own opinion. Be sure to support your opinion with several examples based on what you've learned in the **Landeskunde** sections.

Was läuft im Fernsehen?

Lesestrategie **Predicting the content of a text.** You're likely to read more quickly and more easily if you are able to make some predictions ahead of time about the content of a text. You have already learned how to predict using pictures, format, titles, and subtitles as clues. In this lesson you will continue to practice predicting using pictures and titles, but you will also develop your ability to predict *while* reading a text.

Getting Started

1. Judging by their format, what kind of texts are these?

2. With your classmates, think of five different kinds of information that you would usually find in a TV schedule at home and list these on the board.

Lesetipp: When reading a schedule, you are usually looking for specific information, for instance, dates or times. To orient yourself, you need to scan the schedule to find out what kind of information is given and where it is located.

3. Locate the following kinds of information in the **Fernsehprogramm** excerpts:

   a. times
   b. channels
   c. types of shows
   d. length of shows
   e. day/date

SAMSTAG 10-20 UHR

13.20 RTL Serie **Der Prinz von Bel-Air**
Ist die Katze unterwegs, tanzten die Mäuse auf den Tischen – da macht Bel-Air keine Ausnahme

Will (M. hinten) sitzt ganz schön in der Klemme: Phil muß helfen

Vivian und Phil sind für zwei Tage unterwegs. Hilary übernimmt in ihrer Abwesenheit die Aufsicht über die Kinder. Will nutzt die Gelegenheit für einen Abstecher in die Stadt, läßt sich zu einem Billardspiel mit Einsatz überreden – und verliert prompt 500 Dollar. **25 Min.**

17.25 ARD Serie **Praxis Bülowbogen**
„Schuldgefühle" plagen Thomas: Nach dem Autounfall bleibt Freundin Susanne gelähmt

Behandeln Thomas: Dr. Katrin (l.) und Peter Brockmann (M.)

Seit Susanne durch seine Schuld im Rollstuhl sitzen muß, hat sich Thomas' ganzes Leben verändert. Er kümmert sich rührend um seine Freundin. Doch sie ist überzeugt, daß er sie eines Tags verlassen wird. **65 Min.**

70 TV GUIDE   FILMBE

13.15 PRO 7 Doku **Im Reich der wilden Tiere**
Auf Flußpferdfang in Afrika und Karibus in Kanada

Flußpferden sieht man nicht an, wie gefährlich sie werden können. Die Wildhüter des Krüger-Nationalparks haben eine spezielle Fangmethode entwickelt: Eine schwere Straßenbauma-schine schützt die Männer bei ihrem gefährlichen Job. Bei den kanadischen Karibus versuchen die Wissenschaftler, der hohen Sterblichkeit unter den Jungtieren auf die Spur zu kommen. **55 Min.**

Hippopotamus amphibius – das Flußpferd und seine Drohgebärde

15.00 EURO. Sport — Eishockey WM live!

Aus der Olympiahalle, München: Zweiter der Gruppe B gegen den Dritten der Gruppe A

Die Vorrunde ist ausgespielt. Nun werden im K.O.-System die Endspielgegner ermittelt: Die ersten vier Teams der beiden Vorrundengruppen kommen weiter. Die Deutschen haben bei dieser WM mit Heimvorteil gute Chancen. **180 Min.**

Eine Spielszene der Begegnung BRD – Kanada

16.09 ZDF Serie — Raumschiff Enterprise

„Illusion oder Wirklichkeit": Ein schwarzes Loch im Universum zieht die Enterprise magisch an

Opfer einer fremden Geisteskraft: Picard, Haskell, Data (o.)

Bei dem Versuch, ein Schwarzes Loch im All näher zu untersuchen, wird die Enterprise verschlungen. Gleich darauf kommt es zu seltsamen Sinnestäuschungen: Die Mannschaft kämpft gegen ein romulanisches Kriegsschiff, das gar nicht existiert! **51 Min.**

11.30 ZDF Kinder — Der Junge mit dem großen schwarzen Hund

Ulf und der Neufundländer – eine schwierige Freundschaft

Im Schrebergarten von Oskar hat Nepomuk genug Auslauf

Ulf ist zehn und will schon lange einen eigenen Hund. Eines Tages läuft ihm ein schwarzer Neufundländer hinterher. Ulf gibt ihm den Namen Nepomuk und nimmt ihn mit nach Hause. Seine Eltern sind nicht gerade begeistert, aber für eine Nacht darf er bleiben. **75 Min.**

10-20 UHR 24, APRIL

To what do the initials **ARD, ZDF,** etc. refer? If you had time between 3:00 P.M. and 5:30 P.M. on Saturday, what could you watch on German TV?

A Closer Look

4. If you're reading this section of the TV guide, you probably want to figure out what these shows are about or if you've already seen them. For the following shows, look at the photos and read the captions, titles, and subtitles: a science fiction series, an American sitcom, a documentary, and a children's TV show. Then, based on this information alone, predict what each show or episode is about.

5. Read the previews of these shows to confirm or adapt your original prediction. How close were you in predicting the content of the show?

6. Previews of TV shows never give the ending away. However, based on everything you know about the shows so far and on your own knowledge of different kinds of shows, predict the endings for the following shows. Then write, in German, one or two concluding sentences for each summary.

   a. *Raumschiff Enterprise*
   b. *Der Junge mit …*
   c. *Praxis Bülowbogen*
   d. *Der Prinz von Bel-Air*

7. Write a preview for one episode of your favorite show. Write one sentence about the main idea of the episode and four sentences that develop the main idea. Use connecting words such as those in the texts on these pages. Be sure not to give away the ending!

8. Write a movie and TV trivia quiz. Everyone will write three trivia questions in German on three separate cards and then put all the cards in a container. Divide up into two teams and play trivia.

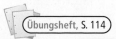

Übungsheft, S. 114

Rang	Sendung	Datum	Anstalt	Zuschauer (Mio)
	Fernseh-Hits in Deutschland 2000			
1	Wetten daß . . ?	13. 4.	ZDF	17,56
2	Wetten daß . . ?	2. 3.	ZDF	17,50
3	Die Rudi Carrell Show	26. 1.	ARD	16,60
4	ARD-Sport Extra: EM-Quali-fikation Deutschland–Wales	16. 10.	ARD	16,43
5	Die Rudi Carrell Show	26. 10.	ARD	16,12
6	Die Rudi Carrell Show	20. 4.	ARD	15,90
7	Wetten daß . . ?	14. 12.	ZDF	15,89
8	Wetten daß . . ?	2. 11.	ZDF	15,72
9	Das Traumschiff	1. 1.	ZDF	15,57
10	Die Rudi Carrell Show	7. 12.	ARD	15,51
11	ZDF-Sport Extra: Fußball Belgien – BRD	20. 11.	ZDF	15,38
12	Tagesschau	3. 2.	ARD	15,35
13	Tagesschau	20. 1.	ARD	15,25
14	Derrick	15. 3.	ZDF	15,09
15	Ein Fall für zwei	25. 1.	ZDF	14,76

Die erfolgreichsten Sendungen

In den Fernsehanstalten weiß man morgens ganz genau, für welche Fernsehprogramme sich die meisten Haushalte am Abend zuvor interessiert haben, denn für alle Sendungen werden die Einschaltquoten gemessen.

Solche Statistiken sind heutzutage für alle Fernsehanstalten für die Planung von neuen Programmen unentbehrlich. Auch wollen die Werbesponsoren diese Einschaltquoten wissen.

Die Gesellschaft für Konsum-, Markt- und Absatzforschung (GfK) in Nürnberg ermittelt diese Einschaltquoten. Fernsehgeräte von ausgewählten Haushalten werden mit kleinen Computern versehen, die der Zentrale sekundengenau anzeigen, wann und wie viele Haushalte die verschiedenen Fernsehprogramme eingeschaltet haben.

PRO 7 und RTL haben das jüngste Publikum

Wenn im Vorabendprogramm die „Real Ghostbusters" oder „Lassie", die „Little Wizards" oder „Doogie Howser" auftauchen, dann ist entweder PRO 7, RTL 2 oder der Kabelkanal eingeschaltet, die Sender mit dem „jüngsten" Publikum (siehe Tabelle rechts). Vor allem Kinder und Jugendliche sehen sich die US-Produktionen an — und die Werbespots für „McDonald's", „Murmel-Mikado" und das Elektronikspiel „Super Nintendo".

Aber Vorsicht mit diesen Zahlen! Die „jüngsten" TV-Sender haben zwar die meisten Zuschauer unter 50 Jahren, doch ist ihr Marktanteil wesentlich geringer als der von ARD und ZDF.

HITPARADE der „jüngsten" TV-Sender im Juni 2000

RANG	SENDER	ZUSCHAUER	
		unter 50 Jahre	über 50 Jahre
1	PRO 7	76,6%	23,3%
2	RTL 2	74,4%	25,6%
3	KABK	65,1%	34,9%
4	VOX	56,1%	43,9%
5	RTL	56,1%	44,0%
6	DSF	54,5%	45,5%
7	SAT.1	51,2%	48,8%
8	NTV	45,8%	58,3%
9	ARD	43,7%	56,3%
10	ZDF	35,4%	64,6%

14 Beliebte Sendungen

Lesen/Sprechen Lies die beiden Artikel und beantworte die Fragen!

1. Was haben beide Artikel gemeinsam (*in common*)?
2. Für wen sind die Einschaltquoten von Interesse und warum?
3. Welche Sendungen sehen sich die jüngeren Zuschauer an? Auf welchen TV-Sendern kommen diese Sendungen?
4. Welche sind die beiden größten deutschen Fernsehanstalten?

Wortschatz

- 68 cm, 2X30 Watt
- Kabeltuner für 39 Programme
- LED-Programmanzeige
- Kopfhöreranschluss
- Fernbedienung
- mit Videotext

Stereo-Farbfernsehgerät

Dieser Fernseh- und Video-wagen kommt mit zwei Ablagefächern für Ihre Videocassetten.

Dieser Stereo-Kopfhörer kommt mit einem Lautstärkeregler.

Eine Zimmerantenne für UHF und VHF

Diese Fernbedienung steuert bequem Ihr Gerät.

Übungsheft, S. 115, Ü. 1   Grammatikheft, S. 84, Ü. 5

Rolfs Fernseh- und Videowagen

Zuhören Rolf has just bought himself a new entertainment system with all the latest features. On a piece of paper, draw the outlines of a **Fernseh- und Videowagen.** Then listen to Rolf's description and sketch what you hear. Draw in all the equipment and features he mentions and pay attention to where the features are located.

16 ### Und du?

Sprechen Beantworte die Fragen!

1. Was für ein Fernsehgerät habt ihr? Wie groß ist es?
2. Wie viele Programme könnt ihr empfangen (*receive*)?
3. Welche Ausstattung (*features*) hat euer Fernsehgerät?
4. Habt ihr Kabelfernsehen oder eine Zimmerantenne?
5. Wie steuert ihr euer Fernsehgerät?
6. Wie viele Fernsehgeräte habt ihr? Wo stehen sie?
7. Wann gebrauchst du einen Kopfhörer?
8. Hast du einen eigenen Fernseher? Wenn ja, was für einen?

So sagt man das!

Asking for and giving permission

You have been using the helping verbs **dürfen** and **können** in questions such as:

> **Warum darfst du keine Bananen essen?**
> **Kann ich bitte Andrea sprechen?**

When asking for permission, you could say:

> **Darf ich (bitte) das Fernsehgerät einschalten?**
> **Kann ich bitte mal die Fernbedienung haben?**
> **He, du! Lass mich mal das Fernsehmagazin sehen!**

When giving permission, you may say:

> **Ja, natürlich! Bitte schön!**
> **Bitte! Hier!**
> **Gern! Hier ist es!**

Which one of these questions seems to be the most formal or polite?

Grammatikheft, S. 84, Ü. 6

Ein wenig Grammatik

17 ### Lass mal ...!

Sprechen Frag deinen Partner, ob du die folgenden Sachen sehen oder haben darfst! Er erlaubt es dir.

> Fernbedienung
> Wetterbericht
> Zimmerantenne
> Kopfhörer
> Fernsehmagazin
> Fernsehgerät
> Sportsendung
> Programmanzeige

One of the many meanings of the verb **lassen** is *to let,* in questions and statements asking for permission.

> **Lass mich bitte mal sehen!**
> **Lässt du mich bitte fernsehen?**

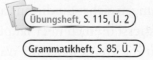

The verb **lassen** has a stem-vowel change in the **du-** and **er/sie-**forms.

Übungsheft, S. 115, Ü. 2

Grammatikheft, S. 85, Ü. 7

Mehr Grammatikübungen, S. 292, Ü. 6

So sagt man das!

Asking for information and expressing an assumption

You already know one way of asking for information using *yes/no* questions:

Hat das Gerät eine Fernbedienung?

Here is another way of asking a *yes/no* question, using an **ob**-clause:

Wissen Sie, ob das Gerät eine LED-Programmanzeige hat?
Können Sie mir sagen, ob das Gerät einen Kopfhöreranschluss hat?

As a response, you may express an assumption by saying:

Ich glaube schon, dass (er eine LED-Programmanzeige hat).
Ich meine doch, dass (das Gerät einen Kopfhöreranschluss hat).

What position does the conjugated verb occupy in the **dass**-clause? And in the **ob**-clause? How would you ask a friend the above questions, using **ob**-clauses? What about asking two friends?

Grammatikheft,
S. 85, Ü. 8

---

18 Du brauchst Information

Sprechen Du brauchst einen neuen Fernseher*, aber bevor du ihn kaufst, hast du viele Fragen. Spiel die Rollen von Kunde und Verkäufer mit einem Klassenkameraden und frag, welche Ausstattung der Fernseher hat!

> **BEISPIEL** **KUNDE** Können Sie mir sagen, ob …

19 Weißt du, ob …?

Sprechen Die neue Fernsehsaison beginnt bald. Du möchtest etwas über deine Lieblingssendung wissen. Dein Partner hat ein Fernsehprogramm von zu Hause mitgebracht. Du möchtest Folgendes wissen (verwende dabei **ob-Sätze,** *if-clauses*):

a. wann die Sendung kommt

b. um welche Zeit sie kommt

c. wer wieder mitspielt

Ausstattung
Farbfernsehgerät
Stereogerät
Kabelfernsehen
LED-Programmanzeige
Fernbedienung
Kopfhöreranschluss

> **BEISPIEL** **DU** Weißt du, ob … noch am Samstag kommt?

20 Und du?

Sprechen/Schreiben Eure Schule macht eine Umfrage über die Fernsehgewohnheiten *(viewing habits)* von Schülern! Beantworte die Fragen des Reporters der Schülerzeitung! Such dir einen Partner und spielt die Rollen von Reporter und Schüler! Mach dir Notizen!

1. Wie viel Zeit verbringst du vor dem Fernsehgerät?
2. Welches Programm siehst du dir am meisten an?
3. Zu welcher Zeit siehst du fern?
4. Welches sind deine Lieblingssendungen? Warum?
5. Welche Sendungen siehst du dir nur ab und zu an? Warum?
6. Wofür interessierst du dich überhaupt nicht?
7. Schaust du dir die Werbespots an? Warum? Warum nicht?

---

*Fernseher** is a popular way of referring to a **Fernsehgerät.**

21 **Was steht im Fernsehprogramm?**

Lesen/Sprechen Lies, was Andreas über das Fernsehprogramm sagt! Was bedeuten die Wörter **montags, dienstags,** usw.?

> Montags läuft immer eine Krimiserie. Die kommt abends im ARD. Dienstags kommt auf SAT 1 das „Glücksrad" ... und samstags kommt im ZDF immer „Das aktuelle Sport-Studio."

Wortschatz

montags	freitags
dienstags	samstags
mittwochs	sonntags
donnerstags	

Grammatikheft, S. 86, Ü. 9

Übungsheft, S. 117, Ü. 5–6

22 **Grammatik im Kontext**

a. Lesen/Sprechen Dein Partner, ein deutscher Austauschschüler, möchte wissen, wann in der Woche im Fernsehen etwas läuft, wofür er sich vielleicht interessiert. Sieh in deinem Fernsehmagazin nach und sag es ihm! Tauscht dann die Rollen aus!

b. Schreiben Schreib mindestens sechs kurze Gespräche, wie im Beispiel.

BEISPIEL　PARTNER **Was läuft denn samstags so im Fernsehen?**

DU **Samstags läuft fast nie etwas Besonderes. Aber sonntags läuft immer ...**

Ein wenig Grammatik

The verb **laufen,** *to walk* or *run*, is also used to talk about what *is on* TV. How would you say the following sentence in English?

Läuft *60 Minutes* **noch am Sonntag?**

Laufen has a stem-vowel change in the **du** and **er/sie**-forms:

Läufst du schnell zum Zeitungsstand?
Ich will sehen, was im Fernsehen läuft.

Übungsheft, S. 116, Ü. 3–4

Grammatikheft, S.86, Ü. 10–11

DVD Tutor DISC **2**

Mehr Grammatikübungen, S. 292, Ü. 7

Wann?	Wie oft?	Was?
montags 　　　dienstags mittwochs 　　donnerstags freitags 　　　samstags 　sonntags	immer　regelmäßig fast immer　manchmal meistens　kaum 　　　　fast nie häufig　selten 　　　　nie sehr oft　oft	etwas/nichts Besonderes etwas ganz Tolles: ... eine super Sendung: ... ein ganz gutes Programm: ... ein toller Film

23 **Eine Reportage**

Schreiben Du musst jetzt einen kurzen Bericht über die Fernsehgewohnheiten von deinem Partner, einem typischen Schüler, für deine Schülerzeitung schreiben. Schau auf deine Notizen von Übung 20, und schreib einen kurzen Bericht über ihn!

Autofahren kostet viel Geld!

Für einen neuen Wagen muss man heute so um die 10 000 Euro auf den Tisch legen, und der Preis kann noch höher sein, wenn man sich eine Menge Auto-Extras dazu kauft, wie zum Beispiel eine Servolenkung oder Breitreifen. Auch sind die monatlichen Unterhaltungskosten ziemlich hoch, was die Statistik nebenan beweist.

1. Wie viele Extras haben deutsche PKWs?
2. Wie viel muss der Auto-fahrer monatlich für sein Auto zahlen?

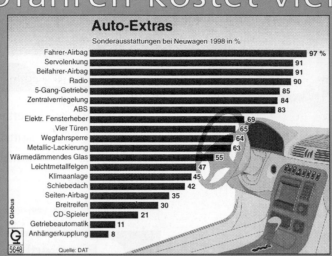

Auto-Extras
Sonderausstattungen bei Neuwagen 1998 in %

	%
Fahrer-Airbag	97
Servolenkung	91
Beifahrer-Airbag	91
Radio	90
5-Gang-Getriebe	85
Zentralverriegelung	84
ABS	83
Elektr. Fensterheber	69
Vier Türen	65
Wegfahrsperre	64
Metallic-Lackierung	63
Wärmedämmendes Glas	55
Leichtmetallfelgen	47
Klimaanlage	45
Schiebedach	42
Seiten-Airbag	35
Breitreifen	30
CD-Spieler	21
Getriebeautomatik	11
Anhängerkupplung	8

© Globus 5648
Quelle: DAT

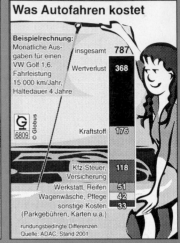

Was Autofahren kostet

Beispielrechnung: Monatliche Ausgaben für einen VW Golf 1.6, Fahrleistung 15 000 km/Jahr, Haltedauer 4 Jahre

© Globus 6809

insgesamt	787
Wertverlust	368
Kraftstoff	176
Kfz-Steuer, Versicherung	118
Werkstatt, Reifen	51
Wagenwäsche, Pflege	42
sonstige Kosten (Parkgebühren, Karten u.a.)	33

rundungsbedingte Differenzen
Quelle: ADAC, Stand 2001

Wortschatz

Jedes Auto hat ...

Übungsheft, S. 118, Ü. 1–2   Grammatikheft, S. 87, Ü. 12   CD-ROM DISC 3

Scheinwerfer

Scheibenwischer

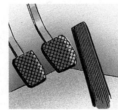

eine Fußbremse

eine Handbremse

Es gibt auch Extras, zum Beispiel . . .

eine Klimaanlage

ein Schiebedach

Breitreifen

Und dann noch...

ein Stereo-Radio, einen Kassettenspieler
eine Automatik *automatic transmission*
eine Servolenkung *power steering*
Servobremsen *power brakes*
ein 5-Gang Getriebe *five-speed transmission*
eine Zentralverriegelung *automatic locks*
eine Alarmanlage *an alarm system*
Sitzschoner *seat covers*
Alufelgen *aluminum rims*
Rallyestreifen *rally stripes*
Aufkleber *(bumper) stickers*

24 Welche Extras haben die beiden Autos?

Zuhören Zwei Leute beschreiben ihre Autos. Mach dir Notizen! Welche Extras haben beide Autos? Welche Extras hat ein Auto, die das andere nicht hat?

25 Und du?

Sprechen Such dir eine Partnerin und tauscht Informationen zu den folgenden zwei Fragen aus!

1. Welche Ausstattung hat euer Auto zu Hause?
2. Was für ein Auto wünschst du dir einmal? Was für ein Auto muss es sein? Welche Extras muss es haben? Welche Extras brauchst du nicht?

So sagt man das!

Expressing surprise, agreement, and disagreement

You already know many expressions to express surprise, such as:

Was? Wirklich?

Here are some others:

Das ist ja unglaublich! *or* **Das ist nicht möglich!** *or* **Das gibt's doch nicht!**

You also know many expressions for expressing agreement, such as:

Gut! Na klar! Gern! Ja, das stimmt!

Here are some others:

Da stimm ich dir zu! *or* **Da hast du (bestimmt) Recht!** *or* **Einverstanden!**

When expressing disagreement, you may say:

Das finde ich nicht. *or* **Das stimmt (überhaupt) nicht!**

Grammatikheft, S. 87–88, Ü. 13–16

Ein wenig Grammatik

Schon bekannt

Remember to use **kein,** *not, not any, no,* to negate a noun rather than an entire sentence.

Es hat **keine** Klimaanlage.
Ich brauche **kein** Schiebedach.

Mehr Grammatikübungen, S. 292, Ü. 8

26 Ja, das gibt's doch nicht!

Sprechen Bring Werbung für Autos mit in die Deutschstunde! Zeig deinem Partner, welches Auto du dir gern kaufen möchtest und warum! Dein Partner ist überrascht, dass dieses Auto nicht viele Extras hat. Du sagst ihm, dass du das nicht brauchst und nennst einen Grund dafür. Dein Partner stimmt dir zu oder auch nicht.

BEISPIEL	**DU**	Ich möchte mir gern dieses Auto kaufen; es sieht toll aus und ist nicht so teuer.
	PARTNER	Aber schau! Es hat keine (Klimaanlage). Das gibt's doch nicht!
	DU	Ich brauch keine. Es ist nicht so heiß bei uns.
	PARTNER	Da hast du Recht. *oder* Das finde ich nicht. Ich …

Ein wenig Landeskunde

In Deutschland muss man 18 Jahre alt sein, um den Führerschein für einen PKW machen zu können. Jeder Bewerber muss erst einmal eine Fahrschule besuchen. Der theoretische Unterricht besteht aus mindestens zehn Doppelstunden zu je 90 Minuten. Für die Fahrpraxis sind heute 20 normale Fahrstunden vorgeschrieben und zehn Sonderfahrten — auf Landstraßen, auf der Autobahn, auch Fahrten bei Regen und in der Nacht. Um den Führerschein zu bekommen, braucht man also ziemlich viel Zeit — und auch viel Geld. Die Durchschnittskosten für einen PKW-Führerschein liegen heute bei EUR 1500. — Wie bekommt man einen Führerschein in den Vereinigten Staaten?

So sagt man das!

Talking about plans

You have been talking about plans in sentences that contain a word referring to future time, such as:

Morgen gehe ich schwimmen. *or* **Wir gehen am Samstag ins Kino.**

If you want to express your future plans in a very definite manner, you can say:

Ich werde mir einmal einen tollen Wagen kaufen.
In einem halben Jahr werde ich den Führerschein machen.

Name the verbs used in each of these two sentences. Which one is the conjugated verb? The infinitive? How would you say these sentences in English?

---

27 ### Über Fernsehen und Autos

Zuhören Zwei Schüler unterhalten sich übers Fernsehen und über Autos. Hör ihrem Gespräch gut zu, und schreib nur die Dinge auf, die jeder ganz bestimmt machen wird!

Was?
ein Auto

> mit einem Schiebedach
> mit einer Klimaanlage
> mit Zentralverriegelung
> mit einer Alarmanlage
> mit …

28 ### Was wirst du dir kaufen?

Du sagst einem Partner, was du dir ganz bestimmt kaufen wirst. Er ist überrascht, aber du gibst ihm einen guten Grund.

einen Fernseher

> mit einer Fernbedienung
> mit einem Kabeltuner
> mit einer LED-Anzeige
> mit …

BEISPIEL	DU	Ich werde mir mal ein Auto mit einem Schiebedach kaufen.
	PARTNER	Wirklich? Was willst du denn mit einem Schiebedach?
	DU	Ein Schiebedach ist sehr praktisch — Luft und Sonne können ins Auto!
	PARTNER	Das finde ich nicht. Ich meine, dass …

The future tense with **werden**

1. Future time can be expressed by using the present tense with a word indicating future time, such as **morgen, nächste Woche,** etc.

   Morgen gehen wir schwimmen.

2. Another way to express future events is to use the verb **werden** as an auxiliary verb together with another verb in the infinitive.

   In einem halben Jahr **werde** ich den Führerschein **machen.**

3. The present tense forms of **werden** are:

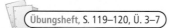

ich	**werde**	wir	**werden**
du	**wirst**	ihr	**werdet**
er, sie, es, man	**wird**	sie, Sie	**werden**

4. In clauses beginning with **dass, ob, wenn,** or **weil,** the conjugated form of **werden** is in last position, preceded by the infinitive.

   Ich weiß nicht, ob ich mir diesen Wagen kaufen **werde.**

Übungsheft, S. 119–120, Ü. 3–7   Grammatikheft, S. 89–90, Ü. 17–19

Mehr Grammatikübungen, S. 293, Ü. 9–11

---

29 **Grammatik im Kontext**

a. **Sprechen** Dein Partner macht eine Bemerkung, oder er fragt dich etwas. Du sagst ihm, was du tun wirst. Denk an so viele Antworten wie möglich!

   PARTNER **Du bist wirklich sehr müde.**

   DU **Das stimmt! Und ich werde gleich mal eine kleine Pause machen.**

b. **Schreiben** Schreib mindestens sechs Antworten zu den Bemerkungen, die dein Partner gemacht hat.

30 **Du und dein Partner**

1. **Sprechen** Frag deinen Partner, was er sich dieses Wochenende im Fernsehen ganz bestimmt ansehen wird! Er nennt dir mindestens drei Sendungen, und er sagt dir auch, warum er sich diese Programme ansehen wird.

2. **Sprechen** Dein Partner fragt dich, was für ein Auto du dir einmal kaufen wirst. Du sagst es ihm, und du sagst ihm auch, was für eine Ausstattung und welche Extras es haben wird und warum.

3. **Sprechen** Frag deine Partnerin, ob sie schon ihren Führerschein hat oder wann sie ihn machen wird! Frag sie auch, wie man sich auf den amerikanischen Führerschein vorbereiten muss! Würdest du lieber den deutschen Führerschein machen? Warum oder warum nicht?

31  **Von der Schule zum Beruf**

Du arbeitest in der Sportabteilung für ein TV-Magazin. Deine Aufgabe ist, Reklame für eine kommende Sportübertragung zu schreiben.

Erste Stufe   Objective Asking about and expressing interest

1 Sieh dir die Illustrationen an und schreib, für welche Sendungen du dich interessierst und wofür sich deine Freunde interessieren. Schreib die richtigen Formen des Verbs und des Reflexivpronomens in den Fragesatz, und die richtige Form des Verbs und des Reflexivpronomens in die Antwort. Schreib auch die Antwort auf die Frage. **(S. 277)**

BEISPIEL

Wofür _____ du _____ ?
Wofür **interessierst** du **dich?**
Ich _____ _____ für _____ .
Ich **interessiere mich** für **Ratesendungen.**

Wofür _____ ihr _____ ?
Wir _____ _____ für _____ .

Wofür _____ Sie _____ ?
Ich _____ _____ für _____ .

Wofür _____ er _____ ?
Er _____ _____ für _____ .

Wofür _____ du _____ ?
Ich _____ _____ für _____ .

2 Du drückst deine eigenen Interessen und die deiner Freunde aus, und du fragst andere, was für Interessen sie haben. Schreib die folgenden Sätze und Fragen ab, und schreib dabei in zwei Lücken das richtige Reflexivpronomen und in die andere Lücke das richtige **wo**-Adverb (*wo-compound*). **(S. 277)**

1. Ja, ich interessiere _____ für Sport. Und du, _____ interessierst du _____ ?

2. Wir interessieren _____ für Politik. Und ihr, _____ interessiert ihr _____ ?

3. Ismar interessiert _____ für Autos. Und _____ interessiert _____ Andreas?

4. Astrid interessiert _____ für Mode. Und _____ interessiert _____ Antja?

5. Ich interessiere _____ für Filme. Und ihr, _____ interessiert ihr _____ ?

6. Wir interessieren _____ für CDs. Und du, _____ interessierst du _____ ?

3 Du sprichst über deine eigenen Interessen, und du fragst Freunde nach ihren Interessen. Schreib die folgenden Sätze und Fragen ab, und schreib dabei die fehlenden Reflexivpronomen und **wo**-Adverbien (**wo**-compounds) in die Lücken. (S. 277)

1. Ich freue _____ auf den Krimi. Und _____ freust du _____ ?
2. Ismar spricht über seinen Führerschein. Und _____ spricht Andreas?
3. Andreas interessiert _____ für CDs. Und _____ interessierst du _____ ?
4. Wir freuen _____ auf die Ferien. Und _____ freut ihr _____ ?
5. Ich spreche heute über Politik. Und _____ sprichst du heute?
6. Ich interessiere _____ für Sport. Und _____ interessierst du _____ ?

4 Welches **da**-Wort passt? Such dir das richtige **da**-Adverb im Kasten aus und schreib es in die Lücken. (S. 277)

darauf	damit	darüber	dafür	daran	dagegen

1. Du sagst, du interessierst dich für Politik. Ich interessiere mich auch _____ .
2. Du denkst schon an die Ferien, und ich denke auch schon _____ .
3. Du diskutierst gern über Sport, und ich diskutiere auch gern _____ .
4. Du bist für die Sportsendungen, und ich bin auch _____ .
5. Du sprichst gern übers Wetter, und ich spreche nicht gern _____ .
6. Du freust dich auf viel Schnee, und ich freue mich auch _____ .
7. Du schreibst gern mit diesem Kuli, und ich schreibe auch gern _____ .
8. Du bist gegen zu viel Fernsehen, und ich bin auch _____ .

5 Du drückst deine eigenen Interessen aus, und du fragst deine Freunde, ob sie die gleichen Interessen haben. Schreib die folgenden Sätze und Fragen ab, und schreib dabei das richtige **da**-Adverb (**da**-compound) und das richtige Reflexivpronomen, wenn nötig, in die Lücken. (S. 277)

1. Ich freue _____ auf den Krimi. Freust du _____ auch _____ ?
2. Ich spreche über die Umwelt. Sprichst du auch _____ ?
3. Ich interessiere _____ für Politik. Interessierst du _____ auch _____ ?
4. Wir freuen _____ auf die Ferien. Freut ihr _____ auch _____ ?
5. Wir sprechen über die Talkshow. Sprecht ihr auch _____ ?
6. Wir interessieren _____ für Mode. Interessiert ihr _____ auch _____ ?

Zweite Stufe

Objectives Asking for and giving permission; asking for information and expressing an assumption

6 Du fragst, ob du fernsehen darfst. Schreib den folgenden Absatz ab, und schreib dabei die richtigen Formen des Verbs **lassen** in die Lücken! (S. 283)

„Mutti, _____ du mich jetzt fernsehen?" — „Ich _____ dich fernsehen, wenn du mir heute Abend hilfst." Viele Eltern _____ ihre Kinder immer fernsehen, aber es gibt Eltern, die ihre Kinder nur bestimmte Programme sehen _____ . Mein Großvater _____ mich alle Programme sehen, aber der Opa hat kein Kabelfernsehen.

7 Du brauchst Informationen übers Fernsehen. Schreib den folgenden Absatz ab, und schreib dabei die richtigen Formen des Verbs **laufen** in die Lücken! (S. 285)

Weißt du, was heute Abend im Fernsehen _____ ? Ich glaube, dass um acht Uhr ein Krimi _____ . Heute _____ gleich zwei Krimis, und ich weiß nicht, welchen ich mir ansehen soll. Schau mal nach, was im ZDF _____ . Ich habe mein Programmheft nicht; _____ doch mal in den Garten, Peter! Es liegt auf dem Gartentisch.

Dritte Stufe

Objectives Expressing surprise, agreement, and disagreement; talking about plans

8 Du bist überrascht, dass eine bestimmte Automarke oder ein bestimmtes Fernsehgerät nicht die Ausrüstung hat, die du erwartest. Schreib die folgenden Sätze ab, und ergänze dabei die Lücken mit der richtigen Form von **kein**! (S. 287)

1. Es ist unglaublich, dass dieses Auto _____ Schiebedach hat.
2. Es ist nicht möglich, dass dieser Wagen _____ Breitreifen hat.
3. Das gibt's doch nicht, dass dieses Modell _____ Klimaanlage hat.
4. Ich kann es nicht glauben, dass du _____ Farbfernseher hast.
5. Es ist nicht möglich, dass der Fernseher _____ Fernbedienung hat.
6. Es ist unglaublich, dass dieses Gerät _____ Lautstärkeregler hat.

9 Du sprichst mit verschiedenen Leuten über Dinge, die in der Zukunft liegen. Schreib die folgenden Sätze ab, und ergänze dabei die Lücken mit der richtigen Form des Verbs **werden**! (S. 289)

1. Andreas, was für einen Wagen _____ du dir einmal kaufen? — Ja, ich _____ mir bestimmt mal einen deutschen Wagen kaufen.

2. Was _____ ihr einmal tun, wenn ihr aus der Schule kommt? — Ja, wir _____ zuerst einmal an einer Universität studieren.

3. Weißt du vielleicht, was der Ismar einmal machen _____ ? — Ich glaube, dass der Ismar für seinen Vater arbeiten _____ .

4. Frau Wagner, wissen Sie, was Sie machen _____ , wenn die Schule aus ist? — Ich _____ Urlaub machen.

10 Du bist dir nicht ganz sicher über deine Pläne. Schreib die folgenden Sätze ab und ergänze sie mit der Information, die in Klammern steht. Gebrauche das Futur! (S. 289)

1. (einen Wagen kaufen)   Ich weiß nicht, ob ich mir _____ .
2. (den Führerschein machen) Ich weiß nicht, ob ich _____ .
3. (heute Abend fernsehen)   Ich weiß nicht, ob ich _____ .
4. (morgen Fußball spielen)   Ich weiß nicht, ob ich _____ .
5. (in die Schweiz fahren)   Ich weiß nicht, ob ich _____ .
6. (morgen ins Kino gehen)   Ich weiß nicht, ob ich _____ .

11 Worauf freuen sich diese Leute? Vervollständige diese Sätze und schreib dabei das richtige Reflexivpronomen in die erste Lücke, den abgebildeten Gegenstand in die zweite Lücke und die richtige Form von **werden** in die dritte Lücke. (S. 289)

BEISPIEL

1. Ich freue _____ , dass du dir _____ kaufen _____ .
   Ich freue **mich,** dass du dir **ein Auto** kaufen **wirst.**

2. Er freut _____ , dass ich mir _____ kaufen _____ .

3. Wir freuen _____ , dass ihr euch _____ kaufen _____ .

4. Sie freut _____, dass sie sich _____ kaufen _____ .

5. Ich freue _____ , dass du dir _____ kaufen _____ .

Anwendung

Visit Holt Online

go.hrw.com

KEYWORD: WK3 BERLIN-10

Self-Test

1 **Umfrage halten!** The German channel ZDF is planning a satellite feed into German classes across the United States, and they have hired you to do market research of TV viewing habits. In groups of three, choose one of the categories below and design a questionnaire with at least three questions relating to your topic. Poll the class, tally your results in the group, and present them (in German) to the class.

- **Fernsehkonsum (wie viele Stunden? an welchen Tagen?** usw.)
- **beliebte und unbeliebte Programme**
- **beliebte Werbesendungen**
- **Sportsendungen**
- **Musiksendungen**
- **Spielfilme**
- **Serien** (*sitcoms*)
- **Spielshows**

2 Your partner will describe to you the dream car he or she will one day buy (using **werden**). As your partner describes it, draw a picture according to his or her description. When you're finished, find out if you understood everything by describing the drawing in front of you back to your partner. Then switch roles. Below are types of cars and features your dream car might have.

Aufkleber (bumper stickers)
Schiebedach
Rallyestreifen
Sportwagen
Kleinlaster
große Boxen (big loudspeakers)
Kabriolett (convertible)
Breitreifen
Alufelgen (aluminum rims)
Kombiwagen (station wagon)

3 Listen to the Bauer family discuss the evening lineup on TV. As you listen, look at the schedule on page 278 and fill in a chart like the one on the right. For each time slot write the channel the family decides to watch.

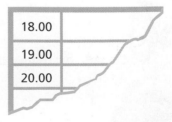

18.00	
19.00	
20.00	

4 Schreib in dein Notizbuch deine eigene Meinung zum Thema: Was sind die Vorteile und Nachteile vom Kabelfernsehen?

5 | Zum Schreiben

ZDF plans to cancel your favorite television show! You have written a petition and it has been signed by hundreds of people. Now you need to write a persuasive letter to the network convincing them to leave the show on its program schedule.

Schreibtipp The purpose of a **persuasive letter** is not just to inform, but also to convince someone to do or think about something from a different perspective. Consider the person or persons to whom you are writing; what would make them change their minds? What are their expectations, goals, concerns? Your letter should be logical and serious and have a rather formal tone. If you write that the TV show should not be cancelled because it is "way cool," the network might not take your opinion very seriously and would probably not be persuaded.

Vorbereiten

First you need to choose a "favorite show." There are a number of programs listed in this chapter, or you could make up your own program. Then **brainstorm** reasons why people would like this program and use this list to write your letter.

Ausführen

Begin your letter with a sentence that clearly states your reason for writing. Back up your opinion with some facts and good reasons why it is in the best interest of the network to leave your favorite show on the program schedule. One of the facts you could mention is the number of people who signed the petition. You might include "testimonials" by these people. You might also mention any good media reviews the show has received.

Überarbeiten

- Exchange your letter with a partner who should read it and determine whether you have been convincing with your arguments. Have you used strong, clear reasons and believable facts?

- Make changes, proofread for spelling and punctuation errors, revise, print a final copy, and submit it to your teacher.

6 | Rollenspiel

In groups of three, pick any product and produce your own commercial for German TV. Try to sell your product to your German audience using the phrases you've learned in this chapter. Be sure to use props or glossy photos!

Kann ich's wirklich?

Can you ask about and express interests? (p. 276)

1 How would you ask a friend, using a **wo**-compound,
   a. what his or her interests are?
   b. what he or she is talking about?
   c. what he or she is looking forward to?

2 How would you ask your friend whom he or she is interested in?

3 How would you say, using a **da**-compound, that
   a. something interests you?
   b. you don't talk about that?
   c. you are looking forward to that?

Can you ask for and give permission? (p. 283)

4 How would you politely ask someone if you may turn on the TV? How might that person respond?

5 How might you be less polite when asking to have the headphones?

Can you ask for information and express an assumption? (p. 284)

6 How would you ask
   a. a classmate if he or she knows whether you have German today, using an **ob**-clause? How would that person answer that he or she thinks you have class, using a **dass**-clause?
   b. a salesman if a particular car has a lot of extras? How would he respond?

Can you express surprise, agreement, and disagreement? (p. 287)

7 How would you respond if someone told you that
   a. he or she won $10,000,000 in a sweepstakes?
   b. winning $10,000,000 is difficult?
   c. winning $10,000,000 is very easy?

Can you talk about plans? (p. 288)

8 How would you say that
   a. you will get your driver's license in a year?
   b. your sister will travel to Berlin soon?

9 How would you ask a friend if he will buy himself a color TV-set?

Talking about television programs

Sehen wir nachher fern?	*Are we going to watch TV later?*	**das Programm, -e**	*schedule of shows*	**die Übertragung, -en**	*telecast, transmission*
fernsehen (sep)	*to watch TV*	**der Sender, -**	*station, transmitter, channel*	**die Natursendung, -en**	*nature program*
s. freuen auf (acc)	*to look forward to*	**die Nachrichten** (pl)	*the news*	**die Ratesendung, -en**	*quiz show*
Fernseh gucken	*to watch TV (colloquial)*	**der Wetterbericht, -e**	*weather report*	**eine Diskussion über Politik**	*political discussion*
die Sendung, -en	*show, program*	**die Sportübertragung, -en**	*sport telecast*	**die Diskussion, -en**	*discussion*
				wo- and **da-**	*compounds (see page 277)*

Zweite Stufe

Talking about a TV set

Habt ihr ein Farbfernsehgerät zu Hause?	*Do you have a color television set at home?*
das Stereo-Farbfernsehgerät, -e	*color stereo television set*
der Fernseher, -	*television set*
die Fernbedienung, -en	*remote control*
der (Stereo-) Kopfhörer, -	*(stereo) head-phones*
die Zimmerantenne, -n	*indoor antenna*
der Lautstärkeregler, -	*volume control*
der Fernseh- und Videowagen, -	*TV and video cart*
das Ablagefach, ̈-er	*storage shelf*
die Videocassette, -n	*videocassette*

Asking for and giving permission

Darf ich (bitte) …?	*May I (please) …?*
einschalten (sep)	*to turn on*
Kann ich bitte …?	*Can I (please) …?*
Lass mich mal …	*Let me …*
Ja, natürlich!	*Yes, of course!*
Bitte! Hier!	*Here you go!*
Gern! Hier ist es!	*Here! I insist!*
lassen	*to let, allow*
er/sie lässt	*he/she lets, allows*

Asking for information

Weißt du, ob …?	*Do you know whether …?*
Können Sie mir sagen, ob …?	*Can you tell me whether …?*
Was läuft im Fernsehen?	*What's on TV?*

Expressing an assumption

Ich glaube schon, dass …	*I do believe that …*
Ich meine doch, dass …	*I really think that …*

Expressing recurring time: days of the week

montags	*Mondays*
dienstags	*Tuesdays*
mittwochs	*Wednesdays*
donnerstags	*Thursdays*
freitags	*Fridays*
samstags	*Saturdays*
sonntags	*Sundays*

Dritte Stufe

Talking about cars

der Scheinwerfer, -	*headlight*
der Scheibenwischer, -	*windshield wiper*
die (Fuß-, Hand-) Bremse, -n	*(foot, hand) brake*
die Klimaanlage, -n	*air conditioning*
das Schiebedach, ̈-er	*sunroof*
der Breitreifen, -	*wide tire*
der Führerschein, -e	*driver's license*

Expressing surprise

Das ist ja unglaublich!	*That's really unbelievable!*

(Das ist) nicht möglich!	*(That's) impossible!*
Das gibt's doch nicht!	*There's just no way!*

Expressing agreement and disagreement

Da stimm ich dir zu!	*I agree with you on that!*
Da hast du (bestimmt) Recht!	*You're right about that!*
Einverstanden!	*Agreed!*

Das finde ich nicht.	*I don't think so.*
Das stimmt (überhaupt) nicht!	*That's not right (at all)!*

Talking about plans

Ich werde mir einen tollen Wagen kaufen.	*I'm going to buy myself a great car.*
werden	*will*
du wirst	*you will*
er/sie/es wird	*he/she will*

11
Mit Oma ins Restaurant

Objectives

In this chapter you will learn to

Erste Stufe

- ask for, make, and respond to suggestions

Zweite Stufe

- express hearsay

Dritte Stufe

- order in a restaurant
- express good wishes

Visit Holt Online

go.hrw.com

KEYWORD: WK3 BERLIN-11

Online Edition

◀ **Guten Appetit, Oma!**

Los geht's! · *Pläne für Omas Geburtstag*

DVD VIDEO

Strategie Verstehen

Look at the images for the story. Who do you think these people are, and what do you think they are doing?

Andreas Astrid Oma Bedienung Mutter Vater

1

Astrid: Hier ist etwas, was Oma vielleicht gefallen würde, ein Sommerkonzert in der Philharmonie.

Andreas: Ja, Musik mag sie gerne. Vati möchte ja am liebsten nach Schwerin fahren, um dort essen zu gehen.

Astrid: Wirklich? Bei diesem Verkehr? Ich bin dafür, dass wir hier etwas unternehmen.

Andreas: Ich schlage vor, dass ich die Oma mal fragen werde, was sie am liebsten machen möchte.

Astrid: Na, das ist doch keine Überraschung mehr!

Andreas: Das weiß ich.

Astrid: Na gut! Wie du meinst.

2

Andreas: Hallo, Omi! Ich hab dir ein paar Blumen mitgebracht, aus unserm Garten.

Oma: Hallo, Andreas! Schön, dass du mich besuchst.

Andreas: Du hast doch Geburtstag, Omi. Astrid und ich, wir möchten wissen, was du am liebsten machen möchtest. Aber es läuft so viel.

Oma: Ach, ich liebe so viele Dinge.

Andreas: Eben! Nun, Omi, sag schon! Möchtest du vielleicht ein Konzert besuchen, oder möchtest du in eine Oper oder Operette gehen?

Oma: Ich möchte gern ins Theater gehen, aber nicht im Sommer, sondern später, wenn es kühler ist.

3

Andreas: Möchtest du vielleicht in ein griechisches oder italienisches Restaurant? Oder wie wär's mit einem typischen Berliner Lokal?

Oma: Ich würde am liebsten in ein Lokal gehen, wo wir draußen sitzen können.

Andreas: Prima, Oma! Aber, sag nichts dem Vati, dass ich dich gefragt habe! Tschüs!

Oma: Auf Wiedersehen, Andreas! Und noch mal vielen Dank für die Blumen!

Andreas: Ja, hier ist Schmidt. Ich möchte einen Tisch bestellen, beziehungsweise reservieren, für Samstag, für 12 Uhr 30, und wir sind fünf Personen ...Ja, der Name ist Schmidt, mit d-t. Danke! Tschüs!

4

Bedienung:	So, bitte, die Speisekarte! Möchten Sie zuerst etwas trinken?
Mutter:	Ich hätte gern einen Weißwein, aber trocken.
Oma:	Ich auch.
Astrid:	Ein Mineralwasser, bitte!
Andreas:	Und ich hätte gern einen Apfelsaft.
Vater:	Für mich ein Bier, ein alkoholfreies, bitte!

Vater:	Der Fisch hier soll sehr gut sein, hab ich gehört. Worauf hättest du denn Appetit, Mutter?
Oma:	Ich nehme mal die Seezunge.
Andreas:	Ich würde gern das Wiener Schnitzel essen, aber ich weiß nicht, ob ich Salzkartoffeln oder Pommes frites dazu bestellen soll.
Astrid:	Ich würde die Salzkartoffeln nehmen.
Andreas:	Ja, du!

5

Bedienung:	Haben Sie schon gewählt?
Vater:	Ja, ich denke, wir sind so weit.
Mutter:	Ja, ich hätte gern ein Schweinerückensteak, mit Käse überbacken.
Oma:	Ich nehme die Seezunge mit Salzkartoffeln und Salat.
Vater:	Bringen Sie mir bitte das Seebarschfilet mit Salzkartoffeln und einem kleinen Salat!
Astrid:	Ich hätte gerne … Königsberger Klopse und einen kleinen gemischten Salat.
Andreas:	Und ich hätte gern das Wiener Schnitzel, aber mit Pommes, bitte!

6

Vater:	Also, jetzt trinken wir erst einmal auf dein Wohl, Mutter. Alles Gute!
Mutter:	Zum Wohl! Und bleib uns recht lange gesund!
Oma:	Zum Wohle, meine Lieben!
Astrid:	Prost, Oma! Alles Gute!
Andreas:	Alles Gute, Oma! Prost!

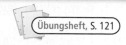

Übungsheft, S. 121

1 **Was passiert hier?**

Verstehst du alles, was diese Leute sagen? Beantworte die Fragen!

1. For whom are Astrid and Andreas making plans?
2. What does their father want to do? What does Astrid suggest?
3. Why does Andreas go to Oma's?
4. What does Oma like to do on her birthday?
5. Why is Oma not to say anything about Andreas' visit?
6. What does Andreas do after he gets home from Oma's?
7. What does the family order first in the restaurant?
8. What has the father heard about this place?
9. What does Andreas have trouble deciding about?
10. What kinds of side dishes do they order?
11. What happens at the end of the story?

2 **Stimmt oder stimmt nicht?**

Wenn der Satz nicht stimmt, schreib die richtige Antwort!

1. Der Vater würde am liebsten zu Omas Geburtstag nach Schwerin fahren.
2. Astrid möchte lieber etwas in Berlin unternehmen.
3. Die Oma würde gern mal in eine Oper gehen.
4. Sie würde aber auch gern in ein griechisches Lokal gehen.
5. Andreas bestellt einen Tisch für vier Personen.
6. Andreas' Vater trinkt im Restaurant ein alkoholfreies Bier.
7. Als Hauptgericht bestellt sich die Oma Königsberger Klopse.
8. Alle trinken auf Vaters Wohl.

3 **Welche Sätze passen zusammen?**

Welche Satzteile auf der rechten Seite passen zu den Satzteilen auf der linken Seite?

1. Die beiden Geschwister planen etwas Besonderes,
2. Ihr Vater möchte nach Schwerin fahren
3. Andreas schlägt vor,
4. Die Oma freut sich sehr,
5. Andreas möchte die Omi fragen, was sie zum Geburtstag tun will,
6. Am liebsten möchte die Oma in ein Lokal gehen,
7. Die Oma soll dem Vater nichts von Andreas' Besuch bei ihr sagen,

a. dass Andreas sie besucht und ihr Blumen mitbringt.
b. dass er die Oma besucht und sie fragt, was sie tun will.
c. denn die Geburtstagsfeier soll eine Überraschung sein.
d. denn in Berlin läuft so viel.
e. und dort ins Restaurant gehen.
f. weil ihre Oma bald Geburtstag hat.
g. wo sie alle draußen sitzen können.

4 **Was passt?**

Welches Wort im Kasten passt zu welchem Ausdruck unten?

1. Musik ======
2. eine Operette ======
3. den Geburtstag ======
4. mit dem Auto ======
5. in ein Konzert ======
6. einen Tisch ======
7. Appetit ======
8. auf das Wohl ======
9. Blumen ======

feiern	hören	haben	trinken
reservieren	wegfahren
gehen	sehen	mitbringen

LANDESKUNDE · LANDESKUNDE

Für welche kulturellen Veranstaltungen interessierst du dich?

We asked people from around Germany what kinds of cultural interests they have. Listen to the interviews, then read the texts.

CD-ROM DISC 3

DVD VIDEO

Übungsheft, S. 122, Ü. 1–3

Günther, Berlin

„Zu Konzerten und Ausstellungseröffnungen, und zwar Martin-Gropius-Bau ‚Amerikanische Kunst im zwanzigsten Jahrhundert'. Zu so was. Ab und zu Musical, aber eher selten, eigentlich Konzerte mehr."

Herr und Frau Heine, Goslar

„Ja, als Kultur … wir gehen ganz gern nun mal ins Konzert, ins Theater … und das ist natürlich etwas, was man in der Kleinstadt nicht so hat, das ist ganz klar. In der Kleinstadt müssen wir ungefähr so eine Fahrzeit von ein bis anderthalb Stunden rechnen, um in die nächstgrößere Stadt zu kommen, die dann etwa so 250- bis 500 000 Einwohner hat. In der Großstadt Berlin, oder in 'ner anderen Stadt der Größe oder ähnlicher Größe, wär es natürlich so, dass man ein sehr viel höheres Angebot in der Stadt an Kultur angeboten bekommt — da sind Museen, Theater, Schauspielhäuser, Konzerte. Die Philharmonie hier, die hab ich vor einigen Monaten das erste Mal besuchen können. Das ist schon sehr beeindruckend, überwältigend, auch vom Klang her."

Claudia und Ursel, Düsseldorf

Claudia: „Also, wir zeigen da eigentlich sehr vielseitige Interessen, zum Beispiel auch Kino oder Theater, und …"

Ursel: „Samstags abends gehen wir auch ganz mal gern in die Disko zum Beispiel."

Claudia: „Oder wir sind ja hier nach Hamburg gekommen, um uns das *Phantom der Oper* anzuschauen, also Musicals auch, also das ist eigentlich sehr weit gefächert."

A. 1. What different kinds of cultural events do these people mention?

2. Reread Mr. Heine's interview. To what is he referring when he says **Das ist etwas, was man in einer Kleinstadt nicht hat?** What does a city like Berlin have to offer? What phrase does he use to sum this up and make a comparison?

B. Berlin has always been a diverse city with something exciting for everyone. Since unification there is more to see in Berlin than ever. How many of the places below do you recognize? Test your cultural and geographic savvy by matching each name with a photo.

Das Pergamonmuseum

Schloss Charlottenburg

Die Weltzeituhr am Alexanderplatz

Mahnmal (Opfer der Mauer)

Erste Stufe

Objectives Asking for, making, and responding to suggestions

go.
hrw
.com

WK3 BERLIN-11

Berlin ist eine Reise wert. Ein deutsches Sprichwort heißt: „Wer die Wahl hat, hat die Qual." Das trifft besonders auf Berlin zu, denn die neue Metropole Deutschlands macht es den Berlinern selbst und den vielen Besuchern nicht leicht, sich für einige von den vielen kulturellen Möglichkeiten zu entscheiden, die diese Stadt bietet. Sie wollen Berlin ja nicht nur sehen, sondern es auch wirklich erleben.

Ein kleiner Auszug aus dem kulturellen Programm:

Sonntag, 26.Januar, 16 Uhr
Philharmonie
Konzert für die ganze Familie in Zusammenarbeit mit der Seehausverwaltung für Schule, Jugend und Sport so wie dem JugendKulturService (GmbH).

Dirigent: **Niels Muus — Moderator: Otto Sander — Entezami:** "Die Maus und der Löwe". Ein musikalisches Märchen für Erzähler und Orchester (Uraufführung) —**Wüsthoff:** "Das Kuscheltierkonzert" für großes Orchester und Sprecher (Uraufführung)

Karten an den bekannten Vorverkaufskassen, an den jeweiligen Veranstaltungsorten sowie Berliner Symphoniker. Telefon 325 55 62 Mo. - Fr. 10-14 Uhr.

Sa, 4.9., Deutschlandhalle,
20 Uhr Berlin 88,8 präsentiert

«Das Phantom Traumpaar ist zurück»

Peter Hofmann
Anna Maria **Kaufmann**

singen

Musical Classics

mit Mitgliedern des

NDR-Sinfonieorchesters
Leitung:

Carl Robert Helg

BERLINER DOM

Sonnabend, 4. August, 19.30 Uhr
Streichkonzert
Israel Camerata
Women's String Orchestra
Werke von Bach u.a.

Sonntag, 5. August, 17 Uhr
Orgelkonzert
Dr. Dieter Hiller (Berlin)
Werke von Schumann, Liszt, Guilmant u.a.

		Deutsche Oper Berlin	Staatsoper Unter den Linden	Theater am Kurfürstendamm	Komödie	Hansa Theater	Berliner Kammerspiele
		Charlottenburg, Bismarckstr. 35, ☎ 3 41 02 49; ☎ 34 38-1 (Zentrale); Ⓤ Dt. Oper; Bus: 101	Mitte, Unter den Linden 7, ☎ 2 00 47 62; Ⓤ Ⓢ Friedrichstraße; Bus: 100, 157	Charlottenburg, Kurfürstendamm 206, ☎ 8 82 78 93; Ⓤ Uhlandstraße; Bus: 119, 129	Charlottenburg, Kurfürstendamm 206, ☎ 8 82 78 93; Ⓤ Uhlandstraße; Bus: 119, 129	Tiergarten, Alt-Moabit 48, ☎ 3 91 44 60; Ⓤ Turmstraße; Bus: 101, 123, 245	Tiergarten, Alt-Moabit 99, ☎ 3 91 55 43; Ⓤ Turmstraße; Bus: 123, 245
2.	Do	19.30 Aida (in ital. Sprache)	20.00 Romeo und Julia (in ital. Sprache)	Keine Vorstellung	20.00 Ausreißer	20.00 Don Camillo und Peppone	19.00 Andorra
3.	Fr	19.30 Ballett: Dornröschen	19.30 Hoffmanns Erzählungen	20.00 Herr im Haus bin ich (Premiere)	20.00 Ausreißer	20.00 Don Camillo und Peppone	19.00 Andorra
4.	Sa	18.30 Liederabend (siehe 'Konzerte')	19.30 Ballett: Nacht/ Verklärte Nacht/Der wunderbare Mandarin	20.00 Herr im Haus bin ich	20.00 Ausreißer	19.00 Don Camillo und Peppone	19.00 Andorra
5.	So	17.00: Der Ring des Nibelungen: Götterdämmerung	19.00: Ballett: Nacht/ Verklärte Nacht/Der wunderbare Mandarin	20.00 Herr im Haus bin ich	18.00 Ausreißer	15.30 Don Camillo und Peppone	Keine Vorstellung

5 Viel zu tun in Berlin!

Lesen/Sprechen Lies den Text „Berlin ist eine Reise wert", und beantworte die folgenden Fragen!

1. Was bedeutet das Sprichwort „Wer die Wahl hat, hat die Qual"?

2. In welcher Weise passt das Sprichwort zu Berlin?

3. Für welche kulturellen Veranstaltungen ist dieser Auszug aus dem Berlin Programm?

4. Wohin musst du gehen, wenn du Folgendes sehen oder hören willst?
   a. am Sonnabend „Herr im Haus bin ich"
   b. am Donnerstag „Romeo und Julia"
   c. am Sonntag das Orgelkonzert

Was kann man in Berlin alles sehen?

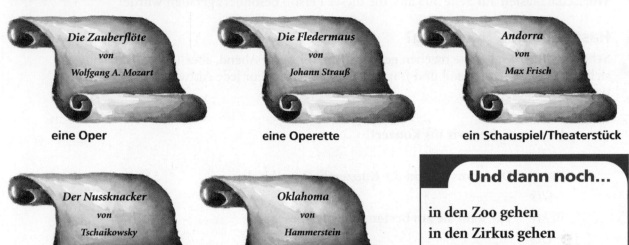

Die Zauberflöte
von
Wolfgang A. Mozart

eine Oper

Die Fledermaus
von
Johann Strauß

eine Operette

Andorra
von
Max Frisch

ein Schauspiel/Theaterstück

Der Nussknacker
von
Tschaikowsky

ein Ballett

Oklahoma
von
Hammerstein

ein Musical

Und dann noch...

in den Zoo gehen
in den Zirkus gehen
ein Symphoniekonzert hören
ein Chorkonzert hören
ins Kabarett gehen

Und man kann **Stadtrundfahrten** machen — mit dem Bus oder mit dem Schiff — und sich die vielen kulturellen **Baudenkmäler** Berlins ansehen.

Busausflug

Ausflugsschiff

"HANSEATIC"oder"PRÄSIDENT"
von Montag–Freitag
Rundfahrt zum Lehnitzsee
(Oranienburg)
11.30 Uhr

Mondschein - Tanzparty
Country - Time :

Anschlag für Ausflüge

Berliner Synagoge

Übungsheft, S. 123, Ü. 1–2   Grammatikheft, S. 91, Ü. 1

---

6   Was kann man alles machen?

Sprechen Erzähl deinen Freunden alles, was man in Berlin machen kann, indem du die Verben mit den richtigen Hauptwörtern verbindest (*by connecting*).

Man kann ...

in den Zoo	
den Dom	
eine Stadtrundfahrt	gehen
ein Symphoniekonzert	machen
ein Schauspiel	besichtigen
ins Kabarett	besuchen
Baudenkmäler	sehen
eine Kunstausstellung	hören
ein Schloss	

ERSTE STUFE

7 Für welche Veranstaltungen interessieren sich diese Schüler?

Zuhören Einige Schüler erzählen, für welche kulturellen Veranstaltungen sie sich interessieren und warum. Wähle für jede Beschreibung eine Aktivität aus dem Wortschatzkasten auf Seite 305 aus, die dieser Person besonders gefallen würde!

8 Hast du einen Vorschlag?

Schreiben Ulf und Beate machen gerade Pläne für heute Abend, aber Ulf ist gar nicht sicher, wie das ablaufen soll und fragt nach Vorschlägen. Für jede Antwort schreib eine passende Frage!

ULF	═══
BEATE	**Gehen wir ins Konzert!**
ULF	═══
BEATE	**Du kannst schon die Konzertkarten abholen.**
ULF	═══
BEATE	**Tja, kauf sie am besten im Musikgeschäft!**
ULF	═══
BEATE	**Na, ich schlage vor, dass wir um sechs dahin fahren.**
ULF	═══
BEATE	**Ich? Ich möchte mal einfach nach Hause fahren. Also, bis dann!**

9 Ich schlage vor, ...

Sprechen Du bist mit deiner Familie und einigen Freunden in Berlin, und alle wollen etwas Tolles unternehmen. Als einziger, der Deutsch spricht, musst du eurem Reiseleiter Vorschläge machen. Schau den Wortschatzkasten auf Seite 305 an, und sage, für welche Veranstaltungen sich deine Eltern interessieren und für welche sich deine Freunde interessieren! Teile deine Ideen deinen Mitschülern mit! Danach mach dem Reiseleiter vier Vorschläge, und schreib sie auf ein Blatt Papier!

So sagt man das!

Asking for, making, and responding to suggestions

Here are some new ways of asking for, making, and responding to suggestions:

You could ask for a suggestion by saying:

> **Was sollen wir mit der Oma machen? Wofür bist du?**

And you could make a suggestion by saying:

> **Ich bin dafür, dass wir in Berlin etwas unternehmen.**

When making suggestions, you might say:

> **Würdest du gern mal in ein italienisches Restaurant gehen?**
> **Wie wär's mit einem typischen Berliner Lokal?**

When responding to suggestions, you might say:

> **Nein, ich würde am liebsten in ein deutsches Lokal gehen.**
> **Das wär' nicht schlecht.**

> Übungsheft, S. 124, Ü. 3

Identify the verb forms in the second and third questions and answers. Of what do these constructions remind you? How would you express these in English? Which case always follows the preposition **mit**?[1]

> Grammatikheft, S. 92–93, Ü. 2–4

---

1. **Mit** is always followed by the dative case.

10 Einverstanden?

Zuhören Verschiedene Schüler versuchen, mit Freunden Pläne zu machen. Die Schüler machen einige Vorschläge. Für jedes Gespräch, das du hörst, entscheide dich, ob der Freund mit dem Vorschlag einverstanden ist oder nicht.

Grammatik

The **würde**-forms

1. Using a form of **würde** followed by **gern, lieber,** or **am liebsten** and an infinitive lets you make suggestions and express wishes in a new way.

> **Würdest du** gern mal in ein italienisches Restaurant **gehen?**
> **Ich würde** gern mal wieder eine Scholle **essen.**

2. Here are the **würde**-forms:

ich	**würde**	wir	**würden**
du	**würdest**	ihr	**würdet**
er, sie, es	**würde**	sie, Sie	**würden**

Mehr Grammatikübungen,
S. 318, Ü. 1–2

Übungsheft, S. 124–125, Ü. 4–7

Grammatikheft, S. 93, Ü. 5

11 Grammatik im Kontext

a. Sprechen Wofür würdet ihr euch (du, deine Familie und Freunde) in Berlin interessieren?

Meine Eltern Mein Bruder Meine Schwester Ich Meine Freunde und ich, wir	bin dafür ist dafür sind dafür würde würden	dass wir gern mal am liebsten	eine Stadtrundfahrt machen ein Konzert im Berliner Dom hören eine Ausstellung besuchen die Mauerreste sehen einen Ausflug nach Potsdam machen Schloss Sanssouci besichtigen in den Zirkus gehen in ein typisches Berliner Restaurant gehen

b. Schreiben Schreib, wofür ihr euch (du, deine Familie und Freunde) in Berlin interessieren würdet.

Ein wenig Landeskunde

In Germany the arts are state supported. This enables most cities and even smaller towns to offer most cultural events at reasonable prices. The arts receive such generous support due to a long tradition of art patronage in German-speaking countries. High school students can also take advantage of inexpensive tickets that schools acquire to performances that are not sold out, and university students can make use of sharply reduced tickets at the box office just prior to performances.

12 Was würdest du gern mal tun?

Sprechen Frag deinen Partner, was er mal gern in Berlin tun würde und warum! Er muss dir drei verschiedene Dinge aufzählen! — Danach fragt er dich.

Zweite Stufe

Objective Expressing hearsay

go.
hrw
.com

WK3 BERLIN-11

Berliner und ausländische Küche

Friedrich
Altberliner Restaurant
Neue deutsche & vegetarische Küche
Büffet & Veranstaltungsservice
auch außer Haus
Täglich 16-1 Uhr·Küche 16-24 Uhr
Tel.: 421 65 27
Sophie-Charlotten-Str. 80
1000 Berlin 19

SURYA
INDISCHES RESTAURANT
Genießen Sie in indischer
Atmosphäre unsere Spezialitäten,
Huhn, Lamm, vegetarische
Speisen zu kleinen Preisen.
Grolmanstr. 22 · 10623 Berlin-Charlottenbg.
(am Savignyplatz) ☎ 312 91 23
täglich geöffnet 12.00 - 1.00 Uhr

CHINA RESTAURANT
»HO LIN WAH«
Chinesische Spezialitäten und
»DIM SAM«-Köstlichkeiten.
Auch außer Haus Verkauf.
Täglich von 12 bis 24 Uhr geöffnet.
Kurfürstendamm 218 Tel. 8 82 11 71
(in der Passage) 8 82 32 71

... von 11-24 (außer montags; Küche bis 23 Uhr): Folgen Sie einer Empfehlung: Schisch-Kebab - Lammlachs, 24 Stunden in einer Spezialmarinade eingelegt, die einen besonderen Geschmack verspricht. Er wird auf Lavastein gegrillt und mit gebratenen Kartoffeln oder Reis, dazu Sesamsauce und gemischter frischer Salat auf ägyptischer Art, serviert für EUR 14,-. Restaurant El Pharao-Wiesenbaude, Steglitz, Goerzallee 1 ☎ 8 33 78 74.

... von 11-24 Uhr: Ausgewählte Köstlichkeiten, mediterrane Delikatessen, Vollwertkost und vegetarische Speisen erwarten Sie im Restaurant Seaside, Reinickendorf, An der Mühle 5-9, Reservierung ☎ 3 61 90 27.

... von 12-24 Uhr: (Küche bis 22 Uhr): deutsche und internationale Spezialitäten sowie zahlreiche Fischgerichte im gepflegten Restaurant mit maritimer Einrichtung. Yachthafen-Restaurant Blau-Rot, das Restaurant mit Terrasse direkt an der Havel. Spandau, Scharfe Lanke 103-107, Reservierung: ☎ 3 61 90 21.

... von 12-24 Uhr: türkische Köstlichkeiten in Berlins erstem türkischen Speiserestaurant Istanbul. Charlottenburg, Knesebeckstr. 77 ☎ 8 83 27 77.

... von 12-1 Uhr: gutbürgerliche Küche und vorzügliche Pfannengerichte, z.B.: 1/2 Bauernente mit Rotkohl und Kartoffelkloß für EUR 13,60. Restaurant Hardtke, Wilmersdorf, Hubertusallee 48 ☎ 8 92 58 48.

... ab 18 Uhr: herzhafte Spezialitäten im rustikalen Pferdestall im Haus Dannenberg am See. Reinickendorf, Alt-Heiligensee 52-54 ☎ 4 31 30 91.

... von 9-14 Uhr: Brunch im Sommergarten (nur bei schönem Wetter) - warme Braten, deftige Wurst- und Käsespezialitäten, Schinken, Lachs, Eier, Rollmops, Salate, dazu süßer Aufstrich und Obst, außerdem Cornflakes oder Müsli und Rote Grütze, Kaffee, Tee oder Fruchtsaft für EUR 8,65, 1/2 Portion EUR 5,10. Britzer Mühle, Neukölln, Buckower Damm 130, neben der restaurierten Mühle am Britzer Garten ☎ 6 04 10 05.

RESTAURANTS

13 **Berliner und ausländische Küche**

Lesen/Sprechen Lies diese Anzeigen und beantworte die Fragen!

1. Wohin kann man gehen, wenn man chinesisch essen will?
2. Wo bekommt man neue deutsche und vegetarische Küche?
3. Was bekommt man alles im Restaurant „Blau-Rot"?
4. Was bekommt man zum Brunch im Sommergarten? Nenne fünf Gerichte!
5. Was für ein Restaurant ist „Istanbul"? Was gibt es dort?
6. Wo kann man indische Atmosphäre genießen und indisch essen?

Ausländische und deutsche Spezialitäten:

eine chinesische
Spezialität: Peking Ente

Was gibt's zum Brunch?

deftige Wurst- und
Käsespezialitäten

rohen Schinken

eine ägyptische
Köstlichkeit: Schisch-Kebab

marinierten Lachs

Rote Grütze

mediterrane
Delikatessen:
Hummer, Austern,
Krabben

geräucherten Fisch

kalten Braten

ägyptisch	italienisch
chinesisch	mexikanisch
deutsch	russisch
französisch	spanisch
griechisch	türkisch
indisch	typisch Berlin

Übungsheft,
S. 126, Ü. 1

eine gutbürgerliche Küche: Pfannengerichte,
z.B. Mastente mit Rotkohl und Kartoffelkloß

14 ## Typische Gerichte

Sprechen Nenne drei typische Gerichte der Länder, für die im Kasten ein Adjektiv steht!

BEISPIEL Ein typisches französisches Gericht ist …

15 ## Worauf hast du Appetit?

Sprechen Ihr seid den ganzen Tag in Berlin herumgelaufen und habt viel gesehen. Ihr
habt großen Hunger und wollt essen gehen. Aber wohin? Die Auswahl ist so furchtbar
groß! Mach deinem Partner einen Vorschlag von den Restaurants auf Seite 308!
Akzeptiert er ihn? Oder würde er lieber woanders essen? Warum oder warum nicht?
Frag ihn mal!

16 In welches Lokal gehen diese Schüler?

 Zuhören Zwei Berliner Schüler unterhalten sich darüber, in welches Lokal sie zum Essen gehen wollen. Schreib die verschiedenen Möglichkeiten auf, über die sie sprechen! Wohin gehen sie schließlich und warum?

17 Isst du mal gern ein ausländisches Gericht?

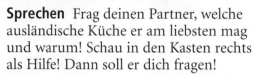 **Sprechen** Frag deinen Partner, welche ausländische Küche er am liebsten mag und warum! Schau in den Kasten rechts als Hilfe! Dann soll er dich fragen!

Wortschatz

So kann man verschiedene Küchen beschreiben:

scharf	*hot, spicy*
würzig	*spicy*
herzhaft	*hearty*
gegrillt	*grilled*
viel Knoblauch	*lots of garlic*
mild	*mild*
deftig	*robust*
gebraten	*fried*

Grammatikheft, S. 94, Ü. 6–7

So sagt man das!

Expressing hearsay

To pass on something that you have heard, you may say in informal conversation:

Ich habe gehört, dass das Essen dort sehr gut ist.
Man hat mir gesagt, dass die Musik dort toll sein soll.
Der Fisch **soll** dort ausgezeichnet **sein.**

How would you express these ideas in English?

Grammatikheft, S. 95, Ü. 8–9

Ein wenig Landeskunde

In den deutschen Großstädten hat es schon immer eine große Anzahl von ausländischen Restaurants gegeben. Ausländische Besucher sollen sich wie zu Hause fühlen, und die Deutschen wollen die internationale Küche genießen.

Heute kann man auch sehr viele ausländische Restaurants und Lokale in kleinen Städten und Dörfern finden, besonders italienische, griechische und türkische Lokale. Und diese findet man sogar in Häusern, die typisch deutsch aussehen, und wo früher mal ein deutsches Lokal war.

18

Welches Restaurant?

Zuhören Two students from Potsdam are visiting Berlin. Listen as they discuss three restaurants where they might go for dinner and what they have heard about it from their friends. For each category, write what they heard from their friends about each restaurant.

Essen	Bedienung	Atmosphäre	Preise

19

Wo sollen wir heute Abend hingehen?

Sprechen Together with your partner, decide where you might take a German visitor out for dinner in your town or a large city nearby. Make a suggestion and tell him or her the things you have heard about the restaurant. Your partner will also make a suggestion and say what he or she has heard. Come to a consensus and share your results with your classmates. Ask them if they have heard anything about the restaurant you decided on.

Grammatik

Unpreceded adjectives

1. When an adjective is not preceded by an article (**ein, der, dieser,** etc.), the adjective must show gender and case. Such adjectives get the same endings as the **der** and **dieser-** words would in their place.

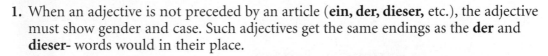

Der Salat schmeckt prima.	Griechischer Salat schmeckt prima.
Ich mag den Käse nicht.	Ich mag französischen Käse nicht.
Diese Milch schmeckt gut.	Kalte Milch schmeckt gut.
Dieses Obst ist gesund.	Frisches Obst ist gesund.
Wir empfehlen diese Wurstspezialitäten.	Wir empfehlen deftige Wurstspezialitäten.

2. When there are two or more adjectives in a series, they both share the same ending.

   Ich esse gern frischen grünen Salat.

(Übungsheft, S. 126–128, Ü. 2–7)   (Grammatikheft, S. 96, Ü. 11–11)

Mehr Grammatikübungen, S. 319–320, Ü. 3–5

Grammatik im Kontext

20

a. Sprechen It's German-American Day and the German chancellor's personal chef is coming to your class to cook an international meal. Tell him one thing you like and one thing you don't like from the list of possibilities. (Be sure to use the correct adjective endings!)

b. Schreiben Schreib vier Gerichte auf, die dir schmecken und zwei Gerichte, die dir nicht schmecken.

bulgarisch	Schisch-Kebab	
kalifornisch	Salat	
italienisch	Eis	
hausgemacht	Wurst	
polnisch	Lachs	schmeckt mir
griechisch	Brot	(nicht).
norwegisch	Käse	
französisch	Spezialitäten	
deutsch	Gulasch	
türkisch	Trauben	
ungarisch	Kuchen	

21

Für mein Notizbuch

Schreib auf, was für Spezialitäten du am liebsten isst, was du gewöhnlich zum Brunch isst und welche Spezialitäten du nicht gern isst!

HOTEL-RESTAURANT
HAUS *Dannenberg* AM SEE
Speisenkarte

VORSPEISEN

Gefülltes Ei auf Gemüsesalat	2,70
Geräuchertes Forellenfilet	3,25

SUPPEN

Nudelsuppe mit Huhn	2,10
Frische Gemüsesuppe	2,00

BEILAGEN

Portion Sauerkraut	1,90
Portion Pommes frites	1,75
Portion Gemüse	2,10
Salatteller	2,25
Kloß	1,50
Scheibe Brot	0,35

HAUPTGERICHTE

FISCHGERICHTE

Mit Lachs gefüllte Seezungenröllchen mit Brokkoli-Rahmsauce	12,50
Filets vom Babysteinbutt mit Walnusssauce auf einem Gemüsebett serviert	11,25
Gegrilltes Seebarschfilet m. Salzkartoffeln und gemischtem Gemüse	12,30
Frische Seezunge nach Art des Hauses m. Salzkartoffeln u. gem. Salat	13,25

FLEISCHGERICHTE

Wiener Schnitzel m. Salzkartoffeln oder Pommes frites	11,25
Königsberger Klopse m. Nudeln und gemischtem Salat	8,40
Ungarisches Gulasch mit Kloß	5,95
Frische mecklenburgische Mastente mit Kartoffelkloß	9,25
Schweinerückensteak mit Kräuterbutter u. Pommes frites	10,65

NACHSPEISEN

Rote Grütze mit Vanillesauce	2,30
Apfelstrudel	1,90
Frische Erdbeeren mit Sahne	3,45

GETRÄNKE

WARME GETRÄNKE

1 Tasse Kaffee	1,90
1 Kännchen Kaffee	3,00
1 Tasse Tee	1,90
1 Tasse Kaffee Hag	2,15

ALKOHOLFREIE GETRÄNKE

Mineralwasser	0,3 l	1,90
Apfelsaft	0,4 l	1,80
Orangensaft	0,3 l	1,50
Fruchtlimo	0,3 l	1,50

ALKOHOLISCHE GETRÄNKE
Verlangen Sie bitte unsere Getränkekarte

22 Was steht auf der Speisekarte?

Sprechen Such dir einen Partner! Stellt euch gegenseitig Fragen über die Speisekarte*
von „Haus Dannenberg am See"!

1. Was für ein Gericht ist (Seezunge)?
2. Was für Suppen gibt es?
3. Was für Hauptgerichte gibt es?
4. Welche Fischgerichte gibt es? Welche Fleischgerichte?
5. Welche Beilagen gibt es? Und was für Getränke?
   Nenne drei!
6. Welche Vor- und Nachspeisen gibt es?
   Nenne eine Vorspeise und eine Nachspeise!

Wortschatz

Was bestellt man gewöhnlich in einem Restaurant?

eine Vorspeise

gefülltes Ei

ein Hauptgericht

Schweinerückensteak mit Kroketten

eine Beilage

Klöße

eine Nachspeise

Erdbeeren mit Sahne

ein Getränk

Spezi

Was bestellst du gewöhnlich?

Und dann noch...

Bratkartoffeln
gemischter Salat
eine Scheibe Brot

(Übungsheft, S. 129–130, Ü. 1–3) (Grammatikheft, S. 97, Ü. 12–13)

23 Beantworte die Fragen!

Sprechen Such dir einen anderen Partner und beantwortet abwechselnd diese Fragen!

1. Was möchtest du dir bestellen? Welche Vorspeise? Eine Suppe? Welches Gericht? Eine
   Beilage dazu? Welche Nachspeise? Welches Getränk?
2. Welches von diesen Gerichten möchtest du am liebsten essen? Warum? Welches
   möchtest du nicht essen? Warum nicht?

---

*Both words **Speisenkarte** (usually printed on a German menu) and **Speisekarte** are acceptable,
the latter being used in everyday speech.

So sagt man das!

Ordering in a restaurant

Grammatikheft, S. 98, Ü. 14

You have been using various expressions to order food in a restaurant.

Here are some other ways to order:

The waitperson may ask:

> **Haben Sie schon gewählt?**
> **Und was hätten Sie gern?**

You could order by saying:

> **Ja, bringen Sie mir bitte das Seebarschfilet!**
> **Ich hätte gern das Wiener Schnitzel.**

Identify the verb forms in the last question and response. What do these verb forms remind you of? Do these statements refer to the past? What do you think these forms express? How would the waitperson ask several customers at the same time for their order?

---

24 Was bestellen die Schüler?

Zuhören Die Schüler aus der Beckmann-Oberschule machen heute ihre Schulfeier und fahren zum Haus Dannenberg am See. Hör zu, wie sie ihr Essen und ihre Getränke bestellen! Schreib auf, was drei Schüler bestellen, und dann beantworte diese Fragen!

1. Wer bestellt nur ein Hauptgericht?
2. Wer möchte auch eine Beilage zum Hauptgericht?
3. Wer bestellt keinen Nachtisch?

Grammatik

The hätte-forms

When ordering a meal you can use the **hätte**-forms together with **gern** or **lieber.**

> Ich **hätte gern** eine Suppe.
> Was **hättest** du denn **gern?**
> Andreas **hätte gern** Rote Grütze.
> Wir **hätten gern** Bratkartoffeln.
> Und was **hättet** ihr **gern** dazu?
> Die Kinder **hätten lieber** einen Salat.

From what verb are the **hätte**-forms derived? How are they like the imperfect form of this verb? What is different? How would you express **hätte gern** in English?

Übungsheft, S. 130, Ü. 4

Grammatikheft, S. 98, Ü. 15

Mehr Grammatikübungen, S. 320–321, Ü. 6–8

SPRACHTIPP

When ordering from a menu, Germans normally use the definite article before the name of the dish, even though the item may not be listed with an article.
Here is how the dish may be listed on the menu:

> **Geräuchertes Forellenfilet**
> **Gegrilltes Seebarschfilet**
> **Frische Erdbeeren**

Here is how you would order that dish:

> **Ich hätte gern das geräucherte Filet.**
> **Das gegrillte Seebarschfilet, bitte!**
> **Ich nehme die frischen Erdbeeren.**

Mehr Grammatikübungen, S. 320, Ü. 5

---

25 Grammatik im Kontext

a. Sprechen Such dir vier Partner! Frag drei von ihnen, was jeder gern zu essen oder zu trinken hätte! Jeder Partner wählt etwas auf der Speisekarte aus. Du gibst die Bestellung weiter an den vierten Partner. — Tauscht dann die Rollen aus!

b. Schreiben Du hast Geburtstag und deine Eltern gehen mit dir in ein Restaurant. Schreib auf, was für Gerichte du gern hättest.

---

26 Und was hätten Sie gern?

Sprechen Du bist mit deinem Partner in einem guten Restaurant in Berlin. Du feierst deinen Geburtstag und bestellst dir deshalb ein großes Essen, mit Vorspeise, Hauptgericht, Beilage, Nachspeise und Getränk. Ein dritter Schüler übernimmt die Rolle der Bedienung. Was bestellst du alles? Was bestellt dein Partner? Entwickelt ein Rollenspiel und spielt die Szene der Klasse vor!

27 Wer sind diese Leute?

Zuhören Einige Gruppen feiern heute im Haus Dannenberg am See. Als Kellner hörst du verschiedene Gespräche. Was feiert jede Gruppe, und was ist das Verhältnis der Leute in jeder Gruppe zueinander? Sind es Familienmitglieder, Freunde oder Geschäftsleute?

So sagt man das!

Expressing good wishes

When toasting someone, you say:

> **Zum Wohl!** *oder* **Auf dein Wohl!**
> **Prost!** *oder* **Auf euer Wohl!**

In response to a toast you say:

> **Prost!** *oder* **Zum Wohl!**
> **Auf Ihr Wohl!** *oder* **Danke! Zum Wohl!**

Before beginning your meal, you say:

> **Guten Appetit!**
> **Mahlzeit!**

In response you can say:

> **Danke! Dir auch!** *oder* **Danke, gleichfalls!**
> *oder* **Mahlzeit! Guten Appetit!**

Which of these expressions would you use with an older person whom you do not know well? Which ones would you use with friends and family?

Übungsheft, S. 131, Ü. 5–6

Grammatikheft, S. 99, Ü. 16–18

---

28 Zum Wohl!

Sprechen Du bist mit verschiedenen Leuten in einem Restaurant. Du trinkst auf ihr Wohl. Was sagst du zu ihnen? Was sagst du …

a. zu einem Freund? **c.** zu zwei Klassenkameraden?

b. zu deinen Eltern? **d.** zu deiner Deutschlehrerin?

29 Wir gehen zusammen aus

Sprechen At the end of the school year, you and your classmates and German teacher go out to a German restaurant where the waitstaff speaks German. With the people at your table and/or the waiter

— discuss what you will order and why
— suggest to your friends what they should order
— order your food and drink
— toast each other

— begin the meal with good wishes
— talk about how the food tastes
— order dessert and more drinks
— ask for and pay the bill
— arrange for a decent tip

30 Von der Schule zum Beruf

Du arbeitest für das Stadt-Magazin deiner Stadt. Du lernst alle Resorts kennen—du hast schon in der Sportabteilung und in der Fitnessabteilung gearbeitet. Jetzt bist du in der Restaurant-Abteilung gelandet. Deine Aufgabe ist es, für zwei neue Restaurants in der Stadt die Reklame zu schreiben.

Das Leben im fremden Land

Lesestrategie Reading for comprehension. When reading a short story in German, you need to focus on understanding ideas rather than isolated words. You'll be surprised to find out how much you can understand if you use the following strategy: 1) read at least one-third of the text without looking up any words; 2) reread the same passage and ask yourself what you *do* understand; 3) if you have a general idea of what is happening, read to the end without stopping; and 4) read the story a third time, pausing at intervals to see if you can summarize what you have read.

Getting Started

Weißt du noch? Always look at the title before you begin to read a story or poem.

1. Who are the two people in the title of this story? What does **seltsam** mean? And **komisch?** Knowing that there are two people in the story, can you guess the purpose of the dashes?

2. Use your background knowledge about ethnic groups in Germany and the United States to come up with three possible characteristics of life for Turks in Germany. How do you think they fit into society?

3. Complete steps 1 and 2 of the strategy outlined in the **Lesestrategie** box. In one sentence, summarize what the story is

Seltsamer Deutscher, komischer Türke

- Grüßgott! Du fahren mich das Adresse?
- Ja mei, wozu sind wir denn da, geben's mir mal den Zettel her …(halblaut) Mehmet Öztürk. Klugstr. 19. (laut) Aha, die Klugstraße, in Neuhausen ist die. Steigen S' ein, ich bring Sie hin! (abgewendet) Also, Sepp, Servus. Ich fahr' grad mal nach Neuhausen rüber, vielleicht sehn wir uns noch, die Nacht …
- (Sepp: Wenn nicht, funk mich halt an!)

- Dein Auto gutes Auto. Ich arbeite auch in der BMW. Schichtarbeit. Nach der Arbeit mit Kollegen Bier trinken gehen. Jetzt Alkohol trinken, nix Auto fahren.
- Mit wem sind Sie denn zum Biertrinken gegangen — mit deutschen oder türkischen Kollegen?
- Türkische Kollegen. Deutsche Kollegen sagen immer: Keine Zeit, keine Zeit! Meine alte Freunde erzählen, 1960, 1965, 1968 Deutsche immer freundlich; aber jetzt nix freundlich, immer schimpfen, immer sagen „Kanacke" …
- Tja, schön ist das nicht, wie sich manche Deutsche im Alltag gegenüber Türken benehmen …
  (Pause)
- Die ganze Nacht regnet's schon! Würden Sie mal bitte mit dem Tuch hier das Fenster abwischen. Damit ich an der Kreuzung die rechte Seite sehen kann. So, es reicht schon, danke schön.
- In Türkei jetzt sehr heiß, sehr schön, immer Sonne.
- Jaja, das glaube ich Ihnen schon, daß in der Türkei sehr schönes Wetter ist …
- Deutschland immer Regen, kalt. Die Deutsche sagen immer „Türken raus!" — Warum? Wir keine schlechte Menschen. Wir immer arbeiten.
- Tja, wissen Sie, die Frage kann ich auch nicht so recht beantworten. Wir sind alle Menschen, da mach' ich überhaupt keinen Unterschied, ob einer Türke ist, Grieche oder Deutscher …
- Sie sind aber ein guter deutsche Mensch. Du sagen nicht, Ausländer nehmen mir Arbeit weg.
- Ja mei, es gibt halt solche und solche …Wir alle versuchen eben, irgendwie über die Runden zu kommen. So, jetzt sind wir gleich da!
- Du sehr gut fahren Auto!
- Danke für das Kompliment!
- Was muß ich bezahlen?
- Yediseksen ediyor arkadasim?

- Was bitte?

- Dedim ya yediseksen ediyor.

- Hier nehmen Sie, 10 Mark, reicht es?

- Moment mal, ich hab's Ihnen doch schon auf türkisch gesagt. Sagen Sie, sind Sie jetzt eigentlich Türke, oder was!

- Hm, um ehrlich zu sein …Ich muß Ihnen gestehen, ich bin gar kein Türke, äh, ich bin Deutscher, also ich meine …

- Ja um Gottes willen, wieso haben Sie dann die ganze Zeit dieses Theater gespielt?

- Tja, ich wollt' eben mal ausprobieren, wie ein deutscher Taxifahrer einen türkischen Fahrgast behandelt und wollt' mal wissen, wie Sie auf mein Verhalten reagieren würden. Aber sagen Sie mal, was haben Sie da gerade zu mir gesagt? War das tatsächlich Türkisch? Jetzt sagen Sie bloß, Sie sind wirklich Türke!

- Ja, ja, ich bin ein Türke.

- Aber warum sprechen Sie denn so ausgezeichnet Deutsch?

- Tja, ganz einfach. Ich lebe seit 23 Jahren hier in Deutschland, beziehungsweise, ich bin hier geboren.

- Ja! Da mußte mein Versuch ja danebengehen! Es war trotzdem eine lustige Fahrt, oder?

- Jaja, kann man wohl sagen.

- Hier, das Geld. Stimmt schon so! Also dann — Viel Glück noch heut nacht! Wiedersehen!

- Ja, danke, danke! Wiederschaun!

- (aus dem Hintergrund) Hallo, sind Sie frei?

- Ja freilich. Steigen Sie ein!
  Hab gerade so einen „komischen Türken" gefahren …

- Jaja. Unsere Kanacken sind halt so komisch!

Cengiz Kip

ZUM LESEN

about thus far. Where is it taking place? Which character do you think is the Turk? Which is the German?

A Closer Look

> **Tipp:** Summarizing the action of a story every paragraph or so will help you determine how much you understand and what you might need to read again.

4. Complete steps 3 and 4 of the reading strategy. As you read through the third time, try to summarize the action or topics of the dialogue at regular intervals. What are some of the topics of conversation between the German and the Turk?

5. What is the sudden twist in the dialogue? Who is the passenger really and why is he riding in a taxi?

6. Why does the passenger's experiment fail? How does the passenger react when he finds out who the driver really is? What is he so surprised about?

7. What do you think the point of this story is? That is, what message is the author trying to get across? What happens in the final scene to illustrate the author's point?

8. Schreib eine Zusammenfassung (*summary*) von der Geschichte, die du gerade gelesen hast, mit sieben bis acht Sätzen! Verwende dabei so viele Bindewörter (*connecting words*) wie möglich, zum Beispiel Pronomen (er, sie, es usw.) und Zeitausdrücke (zuerst, dann, zuletzt usw.)!

Übungsheft, S. 132

Mehr Grammatikübungen

CD-ROM DISC 3

Visit Holt Online
go.hrw.com
KEYWORD: WK3 BERLIN-11
Interaktive Spiele

Erste Stufe

Objectives Asking for, making, and responding to suggestions

1 Du machst verschiedenen Leuten Vorschläge. Sie reagieren darauf und sagen dir, dass sie lieber etwas anderes tun wollen. Schreib die folgenden Fragen und Sätze ab, und schreib dabei in eine Lücke die richtige **würde**-Form und in die andere ein passendes Verb! **(S. 307)**

1. Du, Astrid, _____ du gern mal in den Zoo _____ ? — Das wäre toll, aber ich _____ lieber mal in den Zirkus _____ .

2. Ismar und Andreas, _____ ihr gern mal ein Musical _____ ? — Ja klar, aber wir _____ lieber mal eine Oper _____ , nicht wahr, Ismar?

3. Herr Schmidt, _____ Sie gern mal ein Symphoniekonzert _____ ? — Ja, natürlich, aber ich _____ lieber mal ein Chorkonzert _____ .

2 Du sagst, was du und deine Freunde **am liebsten** tun würdet. Ergänze die folgenden Satzanfänge mit der in Klammern stehenden Information! **(S. 307)**

1. (eine Stadtrundfahrt machen)   Also, ich _____ .
2. (einen Ausflug machen)   Ja, wir _____ .
3. (in den Zoo gehen)   Ismar _____ .
4. (in ein Museum gehen)   Nun, ich _____ .
5. (ein Musical sehen)   Und wir _____ .
6. (ein Chorkonzert hören)   Astrid _____ .

3 Du sagst einem Freund, was du über verschiedene Lebensmittel gehört hast. Schreib die folgenden Sätze ab, und schreib dabei die richtige Form des Adjektivs, das in Klammern steht! (S. 311)

1. (geräuchert)   Der _____ Fisch soll hier ausgezeichnet sein. — Sag mal, magst du denn überhaupt _____ Fisch?

2. (hausgemacht)   Die _____ Wurst soll hier sehr gut sein. — Sag mal, magst du denn überhaupt _____ Wurst?

3. (italienisch)   Das _____ Eis soll in diesem Café am besten schmecken. Sag mal, magst du denn überhaupt _____ Eis?

4. (dunkel)   Das _____ Brot soll gut für die Gesundheit sein. — Sag, magst du denn überhaupt _____ Brot?

5. (mariniert)   Der _____ Lachs soll in diesem Delikatessenladen viel besser sein. — Magst du denn überhaupt _____ Lachs?

6. (griechisch)   Die _____ Spezialitäten sollen in diesem Restaurant am besten sein. — Magst du denn _____ Spezialitäten?

7. (roh)   Der _____ Schinken soll in diesem Lokal furchtbar gut sein. — Magst du denn überhaupt _____ Schinken?

4 Was würdest du und was würden deine Freunde gern mal essen? Schreib die richtige **würde**-Form in die Fragesätze und die richtige **würde**-Form und das abgebildete Gericht in die Lücken der Antworten. (S. 311)

BEISPIEL

Was _____ Maria gern mal essen?
Sie _____ gern mal _____ _____ essen.
Was **würde** Maria gern mal essen?
Sie **würde** gern mal **kalten Braten** essen.

1. Was _____ du gern mal essen?
   Ich _____ gern mal _____ _____ essen.

2. Was _____ Andreas gern mal essen?
   Er _____ gern mal _____ _____ essen.

3. Was _____ ihr gern mal essen?
   Wir _____ gern mal _____ _____ essen.

4. Was _____ Astrid gern mal essen?
   Sie _____ gern mal _____ _____ essen.

5. Und was _____ ich gern mal essen?
   Ich _____ gern mal _____ _____ essen.

5 Du hast gehört, dass das Essen in einem gewissen Restaurant ausgezeichnet sein soll. Auf der Speisekarte stehen folgende Gerichte. Schreib diese Gerichte ab, und schreib dabei die richtige Form des Adjektivs vor den Namen jedes Gerichtes! (S. 311)

1. (geräuchert) _____ Forellenfilet
2. (gekocht) _____ Schinken
3. (frisch) _____ Gemüsesuppe
4. (gefüllt) _____ Ei
5. (gemischt) _____ Salat
6. (bayrisch) _____ Sauerkraut
7. (griechisch) _____ Käse
8. (süß) _____ Trauben
9. (indisch) _____ Reis

10. (frisch) _____ Obst
11. (deutsch) _____ Eis
12. (heiß) _____ Tee
13. (kalt) _____ Milch
14. (rot) _____ Grütze
15. (roh) _____ Eier
16. (kalt) _____ Braten
17. (italienisch) _____ Pizza
18. (gebraten) _____ Fisch

Dritte Stufe

Objectives Ordering in a restaurant; expressing good wishes

6 Wenn du in einem Restaurant ein Gericht bestellst, so kannst du das mit verschiedenen Ausdrücken tun. Schreib die folgenden Sätze ab, und ergänze die Lücken mit der richtigen Endung des Adjektivs! (S. 314)

1. Ich hätte gern die frisch_____ Gemüsesuppe und den roh_____ Schinken.
2. Ich nehme das gegrillt_____ Seebarschfilet und den gemischt_____ Salat.
3. Ich hätte gern die hausgemacht_____ Nudelsuppe und den geräuchert_____ Lachs.
4. Bringen Sie mir bitte den kalt_____ Braten mit einem gemischt_____ Salat.
5. Und für mich den griechisch_____ Salat und danach das italienisch_____ Eis.
6. Und ich möchte das Wien_____ Schnitzel und danach frisch_____ Erdbeeren.

7 Deine Klasse geht zum Abendessen in ein gutes Restaurant. Du fragst deine Klassenkameraden und deinen Lehrer, was sie essen möchten. Schreib die folgenden Fragen und Sätze ab, und schreib dabei die richtige **hätte**-Form in die Lücken! (S. 314)

1. John, was _____ du denn gern? _____ du lieber Bratkartoffeln oder Kroketten? — Ja, ich _____ lieber Bratkartoffeln.
2. Und ihr beiden? Was _____ ihr denn lieber? _____ ihr lieber das Seebarschfilet oder das Schnitzel? — Wir _____ lieber ein Steak!
3. Herr Balcke, was _____ Sie denn gern? _____ Sie lieber Fleisch oder Fisch? — Ja, ich _____ lieber Fisch, die frische Seezunge.
4. Wo ist denn der Mark? Weißt du, was er gern _____ ? _____ er lieber Huhn oder Fisch? — Ich glaube, er _____ lieber Huhn.
5. Wer von euch _____ lieber eine Vorspeise oder eine Nachspeise? —Du, wir _____ alle lieber eine Nachspeise als eine Vorspeise.

Was hätten diese Leute gern mal zu essen oder zu trinken? Schreib die richtige **hätte-**Form in die erste Lücke, die richtige Form eines passenden Adjektivs aus dem Kasten in die zweite Lücke und den Namen des abgebildeten Artikels in die dritte Lücke. **(S. 314)**

deutsch	gefüllt	französisch	grün
hausgemacht	kalt	roh	schwarz

1. Du, ich _____ gern mal _____ _____.

2. Andreas _____ gern mal _____ _____ mit Tofu.

3. Oma _____ gern mal _____ _____.

4. Opa _____ gern mal _____ _____.

5. Wir _____ gern mal _____ _____.

6. Ihr _____ doch gern mal _____ _____.

7. Herr Mai _____ gern mal _____ _____.

8. Ich _____ gern mal _____ _____.

1 Einige Touristen sprechen über ihre Pläne für Berlin. Hör gut zu! Was wollen sie sich ansehen? Was schlagen sie vor? — Schreib auf, wo jeder gern mal hingehen würde! Aber was tun sie wirklich?

2 Ein Slogan heißt: Berlin ist eine Reise wert! Sieh dir diesen Auszug für Stadtrundfahrten aus dem Berlin Programm an! Welche Sehenswürdigkeiten kennst du schon? Schlag deinem Partner vor, was du dir gern mit ihm ansehen würdest! Was meint er dazu? Hat er bessere Vorschläge?

3 Schreib drei Sehenswürdigkeiten auf, die du dir gern einmal ansehen würdest! Schreib auch auf, warum du daran interessiert bist!

4 Such dir eine Partnerin! Schlag ihr vor, dass sie sich mit dir die Sehenswürdigkeiten ansieht, die du dir ausgesucht hast! Sag ihr auch, was du darüber schon gehört hast! Geht sie mit dir mit? Sie muss ihre Antwort begründen.

Tägliche Stadtrundfahrten / Daily Sightseeingtours + Potsdam

Tickets in Ihrem Hotel und am Bus / in your hotel and at the bus

In unserer BBS City Tour zeigen und erklären wir unter anderem:
In our BBS City Tour you will see and have explained among others:

- Gedächtniskirche
- Europa Center
- KaDeWe
- Urania
- Checkpoint Charlie
- Gendarmenmarkt
- Schauspielhaus
- Deutscher Dom
- Französischer Dom
- Friedrichs. Kirche
- Nicolaiviertel
- Rotes Rathaus
- Alexanderplatz
- T.V.Tower
- Museumsinsel

- Siegessäule
- Schloß Bellevue
- Berliner Dom
- Staatsbibliothek
- Humboldt Universität
- Unter den Linden
- Staatsoper
- Kronprinzenpalais
- Prinzessinnenpalais
- St. Hedwigs Kathedrale
- Forum Fredericianum
- Brandenburger Tor
- Reichstag
- Haus der Kulturen
- Tiergarten

- Charlottenburger Tor
- Technische Universität
- Ernst-Reuter-Platz
- Deutsche Oper
- Rathaus Charlottenburg
- Schloß Charlottenburg
- Ägyptisches Museum
- Funkturm
- ICC
- Messegelände
- Ku'damm Carée
- Kempinski
- Ku'damm Eck
- Kurfürsten...

			3	19-
10.00	Gr. / Big Berlin-Tour	täglich / daily	2	15-
11.00	Berlin City-Tour	täglich / daily	1,5	12-
11.30	Berlin in Kürze/in brief	täglich / daily	2	15-
13.30	Berlin City-Tour	täglich / daily	ca. 4	24-
14.00	*Potsdam / Sanssouci[1]	täglich / daily	4	22-
14.00	Super Berlin-Tour incl. Pergamon-Museum	täglich / daily	1,5	12-
14.30	Berlin in Kürze/in brief	täglich / daily	2	15-
16.00	Berlin City-Tour	täglich / daily	ca. 5	49-
21.00	Nightclub-Tour	Sa / Sat		39-
Superspar/Discount Ticket 10.00 Gr./ Big Berlin Tour + 14.00 Potsdam / Sanssouci Kinder / children		täglich / daily		34-

Berlin–Touren: Kinderermäßigung / Reduction for children 0 bis 6 Jahre / Years gratis / free of charge, 7–13 Jahre / Years 50%.
Ausflüge / Excursions: Kinderermäßigung / Reduction for children

* **Platzreservierung erforderlich / Advance booking required.**
[1] Siehe Tourbeschreibung / see description.

BBS Berliner Bären Stadtrundfahrt GmbH

Rankestraße 35 · D-10789 Berlin · Tel. 213 40 77 · Fax 213 73 54 · Telex 183 794 bbs · Alexanderplatz · D-10178 Berlin · Tel. 242 43 62

5 **Zum Schreiben**

Your friend has just opened a restaurant and has asked you, the editor of a gourmet magazine, to advertise the restaurant in your magazine by vividly describing five special dishes offered by the restaurant.

> **Schreibtipp** If you focus on all five senses, instead of just the sense of sight as we usually do, you will have a wide variety of specific details for your writing. Food can be experienced through all five senses (sight, smell, hearing, taste, and touch), and can therefore be described using a wide variety of adjectives.

Vorbereiten

Make a **list** of adjectives that can be used to indicate taste. **Salzig** and **scharf** are adjectives you could use. In describing aromas you might write that **es riecht nach frischem Kaffee.** The sound of a sizzling steak or of crisp lettuce being cut could be mentioned. You may want to describe the green of lettuce against the red of a tomato. What would the food feel like on your tongue? Ice cream could be described as **kremig** or **kalt.**

Ausführen

Decide on the menu you would like to recommend, and using your list of adjectives, match the foods on your menu with adjectives that describe them. Be sure to make your descriptions as complete and as enticing as possible.

Überarbeiten

- Ask another student to close his or her eyes and listen as you read your descriptions. Can this student visualize your dish? Are your descriptions pleasing to him or her?

- After getting input from your classmate, make corrections, proofread for errors in spelling and grammar, and present your menu to the class.

6 **Rollenspiel**

Groups of six split into pairs of three: travelers and travel agents. Both groups should review by themselves what they know about famous Berlin places and reasons they have heard for going there. Set up rows of desks to simulate a travel agency. The travelers then have to go to the agents and ask about some sights they have heard of. The agents should corroborate that information, urging the travelers to go there (or not) and make suggestions of their own. The travel agents tell the travelers which of the city tours listed on page 322 they should take in order to see those sights, what time the tours are, and how much they cost.

Can you ask for, make, and respond to suggestions? (p. 306)

1 How would you ask a friend what he or she would like to do? Think of three different ways!

2 How would you tell a friend you are in favor of eating Chinese food? How would you ask your friend if he or she would like that, using **würde?**

3 How would your friend respond that it wouldn't be bad, but that he or she would rather eat at a Mexican restaurant? How would you then say: "What about 'Los Compadres'?"

Can you express hearsay? (p. 310)

4 How would you say
a. that you heard the food is very good at Hardtke's?
b. that Klaus told you the pizza is excellent at "La Bussola"?
c. that the service is supposed to be very bad at "Jean-Marc's"?

Can you order in a restaurant? (p. 314)

5 How would a waiter ask you
a. if you have made your choice?
b. what you would like?

6 How would you say
a. that you would like a bottle of mineral water?
b. "Please bring me the goulash!"?

7 How would you ask your sister if she would prefer French fries?

Can you express good wishes? (p. 315)

8 How would you say "Enjoy your meal!" to someone? How would that person respond?

9 How would you toast
a. a friend?
b. a group of friends?
c. a teacher?
How would those persons respond?

Erste Stufe

Asking for, making, and responding to suggestions

Würdest du gern mal …?	Wouldn't you like to …?	Das wär' nicht schlecht.	That wouldn't be bad.	die Stadtrundfahrt, -en	city tour
Wie wär's mit …?	How about …?			das Baudenkmal, ¨er	monument
Ich bin dafür, dass …	I'm for … (in favor of)	**Talking about cultural events**		die Synagoge, -n	synagogue
Nein, ich würde am liebsten …	No, I would rather …	die Operette, -n	operetta	der Ausflug, ¨e	excursion
		das Schauspiel, -e	play	der Anschlag, ¨e	announcement
		das Theaterstück, -e	play	würde	would
		das Ballett, -e	ballet	du würdest	
		das Musical, -s	musical	er/sie/es würde	

Zweite Stufe

Expressing hearsay

Ich habe gehört, dass …	I heard that …	türkisch	Turkish	das Pfannengericht, -e	pan-cooked entrée
Man hat mir gesagt, dass …	Someone told me that …	ausländisch	foreign	der Braten, -	roast
Der Fisch soll prima sein.	The fish is supposed to be great.	**Talking about German and international foods**		der Rotkohl	red cabbage
		die Köstlichkeit, -en	delicacy	der Kloß, ¨e	dumpling
Describing international foods		die Spezialität, -en	specialty	der Knoblauch	garlic
chinesisch	Chinese	die Delikatesse, -n	delicacy	Rote Grütze	red berry dessert
mediterran	Mediterranean	die Peking Ente, -n	Peking duck	**Ways to describe food**	
ägyptisch	Egyptian	die Mastente, -n	fattened duck	deftig	robust
italienisch	Italian	das Schisch-Kebab	shish kebab	herzhaft	hearty
französisch	French	der Hummer, -	lobster	roh	raw
griechisch	Greek	die Auster, -n	oyster	mariniert	marinated
indisch	(Asian) Indian	die Krabbe, -n	crab	würzig	spicy
mexikanisch	Mexican	der Lachs, -e	salmon	scharf	spicy, hot
russisch	Russian	gutbürgerliche Küche	good home-cooked cuisine	mild	mild
spanisch	Spanish	die Küche	cuisine	gebraten	fried
		der Schinken	ham	gegrillt	grilled
				geräuchert	smoked

Dritte Stufe

Ordering in a restaurant

Haben Sie schon gewählt?	Have you decided? Are you ready to order?	Erdbeeren mit Sahne	strawberries with whipped cream	das Spezi, -s	mix of cola and lime soda
wählen	to choose, select	das Getränk, -e	drink	**Expressing good wishes**	
Bringen Sie mir bitte …	Please bring me …	**More German specialties**		Zum Wohl!	To your health!
Ich hätte gern …	I would like …	das Schweinerücken-steak, -s	pork loin steak	Auf dein/Ihr/euer Wohl!	To your health!
Ordering from food categories		das Wiener Schnitzel, -	veal cutlet	Prost!	Cheers!
die Vorspeise, -n	appetizer	das Seebarschfilet, -s	fillet of perch	Guten Appetit!	Bon appétit!
die Beilage, -n	side dish	die Kroketten (pl)	potato croquettes	Mahlzeit!	Bon appétit!
das Hauptgericht, -e	main dish	die Bratkartoffeln (pl)	fried potatoes	Danke! Dir/Ihnen auch!	Thank you! The same to you!
die Nachspeise, -n	dessert	das gefüllte Ei, -er	deviled egg	Danke, gleichfalls!	Thank you and the same to you!

12

Die Reinickendorfer Clique

Objectives

In this chapter you will review and practice how to

Erste Stufe

- report past events
- ask for, make, and respond to suggestions

Zweite Stufe

- order food, express hearsay and regret
- persuade and dissuade

Dritte Stufe

- ask for and give advice
- express preference
- express interest, disinterest, and indifference

Visit Holt Online

go.hrw.com

KEYWORD: WK3 BERLIN-12

Online Edition ⬍

◀ Echt super! Lässt du mich mal fahren? Absolute Spitze!

Los geht's! · *Echt toll, Ismar!*

DVD VIDEO

Strategie Verstehen

Look at the images for the story. Where are the students? What are they doing? What do you think they are talking about?

Andreas **Astrid** **Ismar** **Lars** **Binh**

1

Astrid: Das machst du echt toll, Ismar! Du wirst bestimmt mal ein bekannter Chefkoch werden!

Ismar: Du wirst es mir nicht glauben, aber Kochen macht mir großen Spaß. Du musst mal zu uns kommen, dann mach ich für dich ein bosnisches Gericht, Cevapcici. Echt super!

Astrid: Du musst mich eben mal einladen.

Ismar: Mach ich!

Andreas: Hm, prima! Das sieht echt lecker aus.

Astrid: Hat Ismar gemacht. — He, Finger weg! Du darfst dir nichts vom Teller nehmen.

Andreas: Ich hab aber Hunger.

Astrid: Pech gehabt! Na gut! Ich mach dir ein belegtes Brot. Was willst du denn drauf haben?

Andreas: Käse und Schinken! Doppelt gemoppelt hält besser.

Astrid: So, hier! Schwirr ab!

2

3

Andreas: Hallo, Sandra! Was, du weißt nicht, wie du herkommst? … Ach so, du kommst mit dem Rad. Ja, du biegst von der Müllerstraße rechts in die Ungarnstraße rein … fährst diese geradeaus bis zur Basler Straße. Ja … da biegst du links hinein … fährst diese weiter geradeaus …

4

5

Andreas: Hallo! — Das ist also dein neues Moped. Echt super! Wie lange hast du es jetzt schon?

Lars: Seit ich den Führerschein hab, also seit Anfang der Ferien. Gefällt dir, was?

Andreas: Ich mach den Vierer in sechs Monaten. Du lässt mich doch dann mal fahren, oder?

Lars: Na klar!

Andreas: So, kommt rein! Ismar ist auch schon da, schwer am Arbeiten, und Sandra wird auch gleich da sein.

Binh: Rohes Gemüse, hm! Wohl für mich?

Astrid: Warum? Bist du etwa Vegetarierin? Das ist mir neu.

Binh: Nein, so schlimm ist das nicht. Ich esse eben gern Obst und Gemüse. Nur Bananen kann ich nicht essen.

Astrid: Warum nicht?

Binh: Ich bin allergisch gegen Bananen.

Astrid: Echt? Das hab ich nicht gewusst.

6

7

Binh: Hm, super! Die hast du aber mit viel Liebe vorbereitet.

Astrid: Ehrlich gesagt hab ich gar nichts gemacht. Das hat alles Ismar gemacht — und so schön dekoriert!—Greif zu!

8

Ismar: Mensch, Lars, du siehst heute so anders aus. Ich erkenn dich kaum wieder: weißes Hemd, schwarze Hosen …

Lars: Tja, ich hatte es einfach satt, in Jeans und T-Shirt rumzurennen.

Ismar: Wirklich? Das soll ich dir glauben?

9

Astrid: Mensch, Binh, deine Jacke gefällt mir. Die sieht echt toll aus. Und die steht dir auch. Ist sie neu?

Binh: Die hab ich mir vor den Ferien gekauft.

Astrid: Super, echt super! So eine würde ich auch gern mal haben. Darf ich sie mal anprobieren?

Binh: Natürlich! Hier, probier sie an!

10

Andreas: Was hast du denn mit deinem Arm? Hast du dich verletzt?

Binh: Ich bin vom Fahrrad gefallen.

Andreas: Das hat wohl wehgetan.

Binh: Am Anfang schon. Aber jetzt geht's.

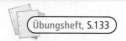 Übungsheft, S.133

1 Was passiert hier?

Verstehst du alles, was diese Schüler sagen? Beantworte die folgenden Fragen!

1. Why are these students getting together? Where is the story taking place?
2. What are Astrid and Ismar discussing in the opening scene?
3. Why does Astrid say **Pech gehabt** to Andreas? What does Astrid do for him instead?
4. Why is Sandra calling? What kind of information does Andreas give her?
5. What do Andreas and Lars discuss when Lars and Binh arrive? What kind of deal does Andreas make with Lars?
6. Why does Binh mention bananas?
7. In what way does Lars look different today? Does Ismar believe the reason Lars gives for the change?
8. What does Astrid say to Binh about her jacket?
9. Why does Andreas ask Binh about her arm? What happened to her?
10. In what way does Astrid compliment Ismar at the end of the story?

2 Genauer Lesen

a. Lies den Text noch einmal! Such die Wörter oder Ausdrücke aus, die das Folgende ausdrücken!

1. compliments or praise
2. a warning or reprimand
3. surprise
4. concern for someone else

b. Beantworte die folgenden Fragen!

1. Astrid makes a prediction. What is it?
2. What wish does Astrid express? What words does she use to say this?
3. Several people instruct others to do something. Find at least three examples.
4. Find three instances in which people ask for specific information. Which phrases do they use to do this?

3 Welche Sätze passen zusammen?

Welche Nebensätze auf der rechten Seite passen zu den Satzanfängen auf der linken Seite?

1. Du darfst dir nichts vom Teller nehmen,
2. Du darfst noch nicht Moped fahren,
3. Ich darf das nicht essen,
4. Ich trage heute mal etwas anderes,
5. Der Arm tut mir weh,
6. Das schmeckt echt gut,

a. denn ich bin vom Rad gefallen.
b. weil du alles mit viel Liebe vorbereitet hast.
c. denn ich bin dagegen allergisch.
d. denn das ist für unsere Gäste.
e. weil du noch keinen Führerschein hast.
f. weil ich es satt habe, immer in denselben Klamotten herumzulaufen.

4 Nacherzählung

Erzähl die Geschichte nach, indem du die folgenden Sätze in die richtige Reihenfolge bringst! Zuerst hilft Ismar der Astrid in der Küche.

— Am Ende sitzen alle am Tisch und essen.

— Danach ruft die Sandra an.

— Andreas findet es toll und möchte bald damit fahren.

— Andreas sagt Sandra, wie man zu ihm kommt.

— Später sprechen die Schüler über das Essen, Klamotten, und wie Binh sich verletzt hat.

— Dann kommt der Andreas und will schon ein Sandwich probieren.

— Kurz danach kommen Lars und Binh mit dem Moped an.

— Das geht aber nicht. Astrid macht ihm aber schnell ein belegtes Brot.

CD-ROM
DISC 3

DVD VIDEO

Übungsheft,
S. 134, Ü. 1–2

Welche ausländische Küche hast du gern?

What kinds of ethnic cuisine do Germans enjoy? Before you read the responses below, think about what you know about popular foods in Germany. Which foreign cuisine do you think is the most popular among German teenagers?

Werner, Berlin

„Ja, ausländische Küche …
würd ich sagen mit Vorliebe
italienisch, Spaghetti in jeder
Variante, mit Tomatensoße, mit
Cremesoßen, Joghurtsoßen,
und alles, was zur italienischen
Küche dazugehört.“

Monika, Hamburg

„Ich ess gerne chinesisch,
griechisch, ja auch italienisch, weil
es ist halt…es schmeckt halt gut.
Und Fastfood ess ich auch gerne,
weil so schön viele Kalorien drin
sind. Wenn du richtig gut Fastfood essen willst, musst du nach
Berlin, und dann gehst du ins
Hard Rock Café, und dann
bestellst du dir 'nen Hamburger.“

Margit, Stuttgart

„Ich interessier mich am
meisten für die italienische
Küche, koch das auch sehr
gerne, les gerne viel darüber.
Am meisten eigentlich
Nudelgerichte oder auch
spezielle Nachtische von
dort, weil ich's sehr
schmackhaft finde und sehr
variationsreich auch.“

Hans, Hamburg

„Amerikanische Küche mag
ich eigentlich nicht, kein
Fastfood, kein Big Mac, mal
ab und zu. Aber so, eben so
typisch deutsche Gerichte
mag ich auch eigentlich
gerne, Kartoffeln mit 'nem
Steak und Bohnen…und,
ja, das ist eigentlich alles.“

A. 1. Which ethnic cuisines do these people say they like? Which is the most popular cuisine? Is this what you guessed beforehand?

2. What does Hans think of as American food? Why might he think this? How do you feel about this stereotype?

3. What other foreign cuisines popular in Germany were not mentioned by these particular people?

B. 1. There are many different kinds of eateries in Germany, and you are already familiar with some of them. Which ones can you recall and what are their characteristics? You already know about **Fastfood Restaurants** from your own experience, and there are many American franchises now in Germany. Germany also has some of its own chains, for example, **Nordsee.** Can you guess what kind of food they serve?

2. In addition to fast food, you'll find in every village and town at least one **Gaststätte. Gaststätten** reflect the local color and traditions of the region they are in, both in terms of decor and the type of food served. When the weather is good, Germans flock to the outdoors and often congregate in **Biergärten.** These have a definite family atmosphere, much like the English pub. By custom, patrons can buy food there or bring their own, but must purchase beverages from the establishment.

Die Deutschen – die Europameister im Reisen

DIE DEUTSCHEN SIND ein reiselustiges Volk. Allein im Jahr 1996 gaben sie bei Auslandsreisen $25 Milliarden aus. Damit stehen sie mit weitem Abstand an der Spitze der Europäer. Das liegt wohl zum einen daran, daß die Deutschen ein wohlhabendes Volk sind und über viel Freizeit verfügen. Zum andern suchen sie ihr Urlaubsglück häufiger jenseits der Grenzen als daheim. Andere Europäer verbringen ihre Ferien bevorzugt im eigenen Land.

Spanien **Kanarische Inseln** **Lanzarote**

Sport, Spaß und Erholung

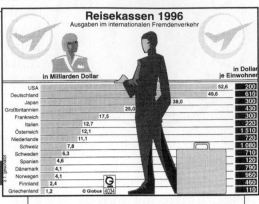

Reisekassen 1996
Ausgaben im internationalen Fremdenverkehr

	in Milliarden Dollar	in Dollar je Einwohner
USA	52,6	200
Deutschland	49,6	610
Japan	38,0	300
Großbritannien	25,0	430
Frankreich	17,5	300
Italien	12,7	220
Österreich	12,1	1 510
Niederlande	11,1	720
Schweiz	7,8	1 080
Schweden	6,3	710
Spanien	4,6	120
Dänemark	4,1	790
Norwegen	4,1	960
Finnland	2,4	460
Griechenland	1,2	110

© Globus 4034

Eine Entdeckungsreise auf der ca. 795 Quadratkilometer großen Insel führt Sie vorbei an kleinen, sauberen Dörfern mit weißen Häusern, abwechslungsreichen Stränden mit hellem oder dunklem Sand, Klippen und einsamen Buchten.

Club „La Santa"

Unter Insidern und Top-Athleten gilt er längst als Geheimtip. Jetzt steht der exklusive Club „La Santa", auf der schwarzen Insel Lanzarote, nur etwa 4 Flugstunden von Deutschland entfernt und ca. 150 km vor der afrikanischen Küste, auch den Gästen von Sport-Scheck Reisen offen. Werfen Sie einen Blick hinein in die Traumanlage der fast unbegrenzten Sportmöglichkeiten, wo sich Olympiasieger wie Claudia Losch, Ulrike Meifarth, die Zehnkämpfer Guido Kratschmer, Jürgen Hingsen und ganze Bundesligateams erholen und auf neue Erfolge vorbereiten — Sie werden begeistert sein.

Um den Club „La Santa" zu besuchen, müssen Sie aber kein Spitzensportler sein — Kinder, Erholungssuchende, Aktive, Familien, Gruppen ... im „Club La Santa" ist jeder herzlich willkommen.

Das „Grüne Team"

Junge, profitrainierte Sportleute (vorwiegend englischsprechend) stehen im „Club La Santa" den Gästen mit Rat und Tat zur Seite. Angeboten wird Unterricht im Squash, Badminton, Tennis, Schwimmen, Schnorcheln, Windsurfen, sowie Fitneß-Test und Gewichttraining — je nach Programm unterteilt in Gruppen für Anfänger, Fortgeschrittene, Erfahrene und Kinder.

Weltklasse Einrichtungen für mehr als 20 Sportarten

„La Santa" ist ausgerüstet wie eine kleine Olympiastadt: Mit Fußball- und Leichtathletikstadion, 50-Meter-Swimmingpool, Badminton- und Handballhalle, Squashcourts, Tauchschule, Surfstation, Tennisplätzen, Fitneß-Studio, Tischtennisräumen, Basketballplatz, großes Fahrrad-Depot. Oft beginnen Fitneß und Entspannung auf Lanzarote mit Entdeckungstouren auf Rennrad oder Mountainbike.

Wohnen im Club „La Santa"

Sämtliche Sportanlagen und Einrichtungen sind um das gepflegte Appartement-Dorf, etwa 250 Meter vom offenen Meer entfernt, gruppiert. Obwohl die 400 Wohnungen Platz für mehr als tausend Gäste bieten, entsteht nie der Eindruck von Enge. Restaurants, Bars, Disco, Shops, Video-Kino, Friseur ... sorgen für eine dörfliche Atmosphäre. Der Supermarkt in der Anlage ist sehr gut sortiert — auch die verwöhnten Genießer und ernährungsbewußten Sportler können dort gut einkaufen.

Die Appartements (Varianten von 1 bis 3 Personen) sind einfach und zweckmäßig eingerichtet. Sie verfügen über Bad/WC, Kitchenette mit Kühlschrank, Schlafraum und Wohnraum sowie Patio (keine Aussicht). Ganz nach Lust und Laune wird selbst gekocht oder in einem der zahlreichen Restaurants innerhalb oder außerhalb des Clubs gespeist. Oder aber Sie nehmen die Halb- bzw. Vollpension, die aus europäischem Frühstücksbuffet und wahlweise Mittag- oder Abendbuffet besteht, in Anspruch. Auch am Abend braucht „Jung und Alt" sich nicht zu langweilen. Grill- und Strandfeste, Kinoabende und Kinder-Bühnen-Show, Ausflüge und Turniere verschiedenster Art erwarten Sie. Das „Grüne Team" stellt sich zweimal wöchentlich einmal ganz anders vor — lassen Sie sich überraschen. Selbstverständlich ist auch in den Bars und in der Club-Disco immer was los.

| das Meer und der Strand | die Küste und die Klippen | eine Insel | eine Bucht | eine Oase |

auf Deutsch erklärt:

der Anfänger =
   Schüler, Greenhorn

der Fortgeschrittene =
   weiß mehr als ein
   Anfänger

der Erfahrene =
   Experte

der Olympiasieger =
   hat in der Olympiade
   gewonnen

der Zehnkämpfer =
   kämpft in zehn
   verschiedenen
   Sportarten

der Geheimtipp =
   nicht alle sollen
   das wissen

abwechslungsreich =
   nicht langweilig

s. langweilen =
   nichts zu tun haben

zahlreiche = viele

Sportanlagen
   der Court
   der Platz
   der Pool
   die Anlage
   die Halle
   das Fahrrad-Depot

Was würdest du auf dieser Insel tun? Welche Sportanlagen würdest du benutzen und warum?

(Übungsheft, S. 135, Ü. 1)   (Grammatikheft, S. 100–101, Ü. 1)

---

5 **Der Ferien Club**

Lesen/Schreiben/Sprechen Lies den Artikel auf Seite 332! Schreib die Antworten zu den folgenden Fragen auf ein Blatt Papier! Such dir dann einen Partner! Stellt euch abwechselnd diese Fragen und beantwortet sie!

1. Wer gibt am meisten für Auslandsreisen aus?
2. Wo verbringen die meisten Deutschen ihren Urlaub?
3. Warum können die Deutschen so viel Geld für ihren Urlaub ausgeben?
4. Warum besuchen sie gern den Club „La Santa"?
5. Was kann man beim „grünen Team" lernen?
6. Welche Einrichtungen gibt es im Club „La Santa"?
7. Was gibt es alles im Appartement-Dorf?
8. Wie sind die Appartements eingerichtet?
9. Warum braucht sich niemand im Club zu langweilen?

6 **Überhört**

Zuhören Du stehst in der Schlange vor dem Bankschalter und hörst, wie sich zwei junge Leute über ihr letztes Wochenende unterhalten. Sind sie in der Stadt geblieben, oder haben sie eine längere Reise unternommen? Wer hat am meisten Spaß gehabt? Warum müssen sie jetzt auf die Bank?

Ein wenig Grammatik

Schon bekannt

When talking about the past, you generally use two verb forms, a helping verb and a past participle.

  Wo **bist** du **gewesen?**
  Wir **haben** Tennis **gespielt.**

For past participles of verbs that you should know, see the Grammar Summary. You know two verbs that also have a single verb form to refer to the past. What are these verbs? And their forms?

(Grammatikheft, S. 101, Ü. 2)   Mehr Grammatikübungen, S. 348–349, Ü. 1–4 →

Reporting past events

Schon bekannt

When reporting past events, you use special verb forms. Pay special attention to the verbs here:

> **Die Osterferien habe ich mit meinen Eltern in der Schweiz verbracht. Wir waren in Brienz, in den Bergen. Wir hatten wunderschönes Wetter und haben viel unternommen. Nach dem Frühstück sind wir gewöhnlich ein paar Stunden gewandert und haben irgendwo zu Mittag gegessen. Nach dem Essen haben wir ein bisschen gefaulenzt, und dann …**

When would you use **haben** with the past tense? And **sein**?

Übungsheft, S. 135–136, Ü. 2–3

---

7   **Andreas' und Astrids Ferien**

Sprechen   Die letzten Weihnachtsferien haben Astrid und Andreas mit ihren Eltern auf den Kanarischen Inseln verbracht. Du willst von ihnen wissen, wie es war und was sie dort alles gemacht haben. — Such dir zwei Partner, die die Rollen von Astrid und Andreas spielen!

Du willst folgendes wissen:

a. wo sie waren

b. wo das liegt

c. wo sie gewohnt haben

d. wie das Appartement eingerichtet war

e. welche Sporteinrichtungen es gibt

f. was sie neu gelernt haben

g. welche Spitzensportler sie kennen gelernt haben

h. wie sie ihre Abende verbracht haben

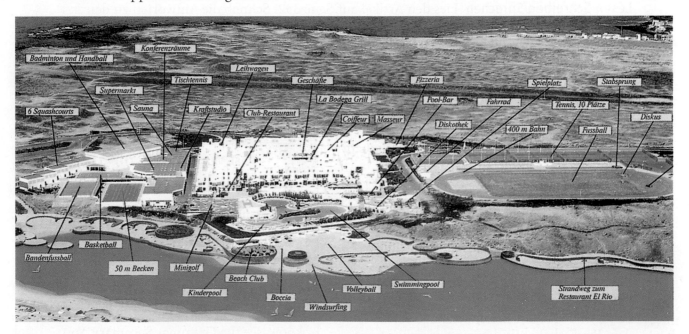

---

8   **Ein großes Angebot**

Schreiben   „La Santa" ist ausgerüstet wie eine kleine Olympiastadt, und für mehr als 20 Sportarten gibt es Weltklasse Einrichtungen. Sieh dir diesen Plan von „La Santa" an, und schreib sechs Sportarten auf, die du dort gern machen würdest!

9 Grammatik im Kontext

a. Sprechen Erzähl deinem Partner, wo du überall im Club gewesen bist und was du dort alles gemacht hast und wie oft!

Wo?

in der Minigolfanlage

in der Pizzeria

am Meer

am Strand

am Pool

im Kraftstudio

in der Diskothek

im Beach Club

im Stadion

im Squashcourt

im Supermarkt

in der Sauna

in der Bucht

in der Basketballhalle

auf dem Tennisplatz

Ein wenig Grammatik

Schon bekannt

You have used questions and statements such as:

Wart ihr am Pool?
Nein, in der Minigolfanlage.

What case follows these two prepositions? Why? For more on two-way prepositions, see the Grammar Summary.

Übungsheft, S. 136–137, Ü. 4–6

Grammatikheft, S.102, Ü. 3

b. Schreiben Schreib in dein Tagebuch, was du alles an einem Wochenende im Club gemacht hast.

10 Wohin im Urlaub?

Zuhören Die Familie Kohl bespricht ihren kommenden Urlaub. Leider würden die Kinder, Markus und Annette, lieber ganz andere Dinge machen als ihre Eltern. Schreib auf, welche Vorschläge die Eltern und die Kinder machen. Welche Gründe geben sie an?

So sagt man das!

Asking for, making, and responding to suggestions   *Schon bekannt*

When asking for suggestions, you could say:

Wohin sollen wir fahren? Was schlägst du vor?

When making suggestions, you could say:

Würdest du gern mal an die Küste fahren?
Wie wär's denn mit einem Flug nach Spanien?

And you could respond by saying:

Eine gute Idee!
Das wäre toll! Super!

Ein wenig Grammatik

Schon bekannt

For the forms of **sollen** and the **würde**-forms, see the Grammar Summary.

Mehr Grammatikübungen, S. 349, Ü. 5

11 Grammatik im Kontext

Sprechen/Schreiben Erzähl deinem Partner, was du gern mal in den kommenden Ferien tun würdest. Schreib es dann auf.

12 Auf in die Ferien!

Deine Eltern haben dich und deine Schwester gebeten, zahlreiche Reiseprospekte zu besorgen, damit ihr zusammen am Wochenende eure Pläne für die kommenden Ferien machen könnt.

a. Schreiben Schreib drei Ferienziele auf ein Blatt Papier!

b. Schreiben Schreib daneben ein oder zwei Gründe, warum du gern dorthin fahren würdest!

c. Sprechen Such dir jetzt drei Partner für die Rollen von deinen Eltern und deiner Schwester! Schlag den Eltern einen Ferienort vor und begründe deinen Vorschlag! Was meinen die Eltern dazu?

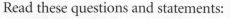

Ein wenig Grammatik

Schon bekannt

Read these questions and statements:

> **Fahrt ihr wieder ans Meer?**
> **Wir waren im Juli am Meer.**
> **Fahren wir heute in die Berge?**
> **In den Bergen regnet es.**
> **Fliegst du nach Österreich?**
> **Ich war schon in Österreich.**

What case follows these prepositions and why? What kind of preposition is **nach**? For more on prepositions, see the Grammar Summary.

Grammatikheft, S. 103, Ü. 4

Mehr Grammatikübungen,
S. 350, Ü. 6

13 Im Reisebüro

Ihr habt euch in der Familie auf drei Reiseziele geeinigt, aber bevor ihr euch endgültig für einen Ferienort entscheidet, braucht ihr noch mehr Information. Du sollst diese Information besorgen.

a. Schreiben Schreib die drei Reiseziele auf eine Liste und trag die Sehenswürdigkeiten (*sights*) ein, die ihr an jedem Ziel besuchen wollt!

b. Schreiben Schreib mindestens acht Dinge auf, über die du Auskunft möchtest, zum Beispiel, ob der Ferienort einen großen Swimmingpool hat oder ob die Pension einen schönen Tennisplatz hat!

c. Sprechen Such dir jetzt einen Partner! Er übernimmt die Rolle von einem Angestellten im Reisebüro. Er fragt dich, wofür du dich interessierst, und du sagst es ihm. Leider muss der Angestellte dir sagen, dass es nicht alles gibt, was du willst.

> **BEISPIEL**   **ANGESTELLTER**   **Ja, wofür interessieren Sie sich denn?**
> **DU**   **Ich interessiere mich für eine Reise nach …und ich möchte wissen, ob …**

14 Für mein Notizbuch

Schreiben Du warst mit deiner Familie in einem schönen Ferienort. Schreib einen Bericht über deine Ferien in dein Notizbuch! Er muss Antworten zu folgenden Fragen enthalten (*include*):

1. Wo wart ihr und wie lange?
2. Wo habt ihr gewohnt, und wie waren die Zimmer?
3. Was für Sportarten habt ihr dort ausgeübt?
4. Wo habt ihr gegessen, und wie hat es euch geschmeckt?
5. Wie habt ihr die Abende verbracht?
6. Was hat euch gefallen und was nicht?
7. Würdet ihr gern noch einmal dorthin fahren oder fliegen? Warum? Warum nicht?

15 Und wo bist du gewesen?

Sprechen Frag deine Partnerin über ihre letzten Ferien! Wo ist sie gewesen, und was hat sie alles gemacht? Danach erzählst du ihr von deinen Ferien.

Andreas Elsholz präsentiert sein bestes Spaghettirezept!

Man nehme 300 Gramm italienische Nudeln, ein halbes Pfund Hackfleisch, einen großen Topf und — natürlich einen begabten Koch . . .

„Seit ich in meiner eigenen Bude in Berlin-Köpenick wohne, bin ich der perfekte Koch geworden", erzählt Andreas Elsholz (21) stolz beim POP/Rocky-Interview. „Spaghetti sind meine besondere Stärke." Das wollten wir genauer wissen — und stellten Andreas mit einem Kochtest auf die Probe. Null problemo für Andi, der sich beim Nobel-Italiener „La Locanda" in München-Giesing sofort begeistert in die Küche verdrückte. Chefkoch Nicola staunte nicht schlecht, als Andreas ganz fachmännisch zunächst einige Spritzer Olivenöl in das Spaghettiwasser tat. „Nudeln dürfen nicht zu lange kochen, müssen „al dente" sein, das heißt, sie müssen noch Biss haben", erklärt Andreas seine Nudelphilosophie. Und dann legte er wie ein Wirbelwind los: Er hackte die Zwiebeln und den Paprika für die Sauce, rührte zwischendrin die Nudeln um, würzte den Tomatenfond — so, als wäre er in einer Restaurantküche groß geworden. Nach zwanzig Minuten stand das Gourmetgericht dampfend auf dem Tisch. Koch Nicola durfte als erster kosten. Sein Urteil: „Molto bene, grandioso!" Doch das Jobangebot als Koch musste der „Heiko" aus „Gute Zeiten — schlechte Zeiten" leider ablehnen. „Ich präsentiere meinen Fans dafür einen Ohrenschmaus mit meinem ersten Hit, „Immer noch verrückt nach dir …"

SPAGHETTI
MIT PAPRIKA UND PILZEN
❀ ✳ ❀

225 g Pilze,
    in Scheiben geschnitten
115 g kleingeschnittene
    Paprika
60 g Butter oder Margarine
300 g Spaghetti
    Salz und Pfeffer
1 EL gehackte Petersilie
60 g geriebener Parmesan

Die Pilze und die Paprika in der Hälfte der Butter anbraten. Inzwischen die Spaghetti in reichlich Salzwasser zehn Minuten kochen. Dann ablaufen lassen und zurück in den Topf geben. Den Rest der Butter, Salz, reichlich frisch gemahlenen schwarzen Pfeffer, die Pilze und den Paprika zugeben. Alles gut vermengen. Anschließend die gehackte Petersilie darüberstreuen und geriebenen Parmesan dazu servieren. **Die Rezeptmenge reicht für vier Personen.**

16 Beantwortet diese Fragen!

Lesen/Sprechen Lies den Artikel auf Seite 337! Dann such dir einen Partner! Stellt euch abwechselnd diese Fragen und beantwortet sie!

1. Wo wohnt Andreas, und was tut er besonders gern?
2. Wo hat Andis Kochtest stattgefunden?
3. Was ist Andis „Nudelphilosophie"?
4. Woraus besteht sein Gourmetgericht?
5. Wie beurteilt Chefkoch Nicola das Gericht?
6. Warum hat Andi das Jobangebot als Koch nicht angenommen?

17 Ausländische Gerichte

Sprechen Such dir eine Partnerin und stell ihr folgende Fragen!

1. Was für ein Gericht ist (Paella)?
2. Welches ist ein (griechisches) Gericht?
3. Welche von diesen Gerichten hast du schon gegessen?
4. Welches Gericht würdest du gern einmal probieren? Warum?
5. Welches Gericht wirst du dir bestimmt bestellen, wenn du einmal nach (Griechenland) kommst?

18 Gerichte beschreiben

Sprechen Alle sollen ein internationales Kochbuch zur Schule mitbringen. Jeder von euch sucht sich ein Gericht aus, das er den Mitschülern genauer beschreiben soll. Ihr müsst euch Fragen ausdenken, um herauszufinden, was das ist.

BEISPIEL	FRAGE	**Was ist Paella?**
	ANTWORT	**Paella ist ein spanisches Reisgericht.**
	FRAGE	**Woraus besteht dieses Gericht?**
	ANTWORT	**Aus Huhn, Wurst, Krabben, Muscheln …**
	FRAGE	**Wie macht (kocht) man das?**
	ANTWORT	**Man …**

Internationale Gerichte

CD-ROM DISC 3

Moussaka

Cevapcici

Paella

Fettucine

Crêpes Suzette

Tacos

Wiener Schnitzel

Steak

Couscous

In was für ein Lokal würdest du gern einmal gehen? Was würdest du dir dort bestellen? Welche Gerichte kennst du? Welche hast du schon gegessen?

Übungsheft, S. 138–139, Ü. 1–3

So sagt man das!

Ordering food, expressing hearsay and regret

Schon bekannt

When you order food, you may say:

> **Ich hätte gern die Paella.**

You might tell your friend what you heard about it:

> **Ich habe gehört, die Paella soll hier ausgezeichnet sein.**

But the waiter may have bad news:

> **Tut mir Leid. Die Paella ist heute schon alle.**

Übungsheft, S. 139–140, Ü. 4–6

Grammatikheft, S.104, Ü. 5

19 Wer bestellt was?

Zuhören Zwei Leute sind in einem Restaurant, wo es viele internationale Gerichte gibt. Sie kennen einige Gerichte überhaupt nicht und unterhalten sich mit der Bedienung darüber. Schreib auf, welches Gericht sich jeder am Ende bestellt, was für ein Gericht das ist und warum sich jeder dieses Gericht bestellt hat!

20 Macht nichts! Dann nehme ich eben ...

Zu deinem Geburtstag gehen deine Eltern mit dir in ein nettes Restaurant, wo du schon ab und zu warst. Du erinnerst dich (*recall*) an ein Gericht, das dir besonders gut geschmeckt hat, und du möchtest es wieder bestellen.

a. Schreiben Schreib auf einen Zettel, was du damals gegessen und getrunken hast! (Vorspeise, Hauptgericht, Beilage, Nachspeise, Getränk.)

b. Sprechen Such dir einen Partner, der die Rolle der Bedienung übernimmt! Du bestellst das Gericht, das dir so gut geschmeckt hat, aber leider ist es schon alle. Deshalb bestellst du dir eben ein anderes Gericht, das auch sehr gut sein soll.

Ein wenig Landeskunde

In den meisten deutschen Lokalen sucht man sich selbst den Tisch aus. Man muss nur darauf achten, dass man sich nicht an einen reservierten Tisch setzt oder an einen „Stammtisch", der immer für eine bestimmte Gruppe reserviert ist. Wenn man keinen leeren Tisch findet, dann setzt man sich eben zu anderen Leuten, nachdem man vorher höflich gefragt hat: „Ist hier noch frei?" Es ist daher nicht ungewöhnlich, dass drei oder vier verschiedene Gruppen am gleichen Tisch essen und sich miteinander unterhalten. Und unter dem Tisch liegt oft ganz friedlich des Menschen „bester Freund", der Hund, denn in den meisten Lokalen ist es gestattet, seinen Vierbeiner mitzubringen. Gastwirte sind hundelieb. Im Sommer, wenn es sehr heiß ist, stellen viele Wirte einen Wassernapf neben die Eingangstür, damit sich Hunde erfrischen können.

Persuading and dissuading

When trying to persuade someone, you might say:

> **Geh doch einmal griechisch essen!**
> **Iss doch mal etwas, was du**
> **noch nie gegessen hast!**

The response might be:

> **Du, die griechische Küche ist mir zu scharf.**
> **Das ist ein guter Vorschlag.**

When trying to dissuade someone, you might say:

> **Iss dort ja keinen Fisch!**
> **Trink dort ja kein ungekochtes Wasser!**

The response might be:

> **Warum nicht?**
> **Gut! Mach ich nicht!**

Grammatikheft, S. 105, Ü. 6

---

21 **Grammatik im Kontext**

a. Sprechen Deine Verwandten fahren in Urlaub. Sie fahren dorthin, wo du mit deinen Eltern letztes Jahr warst. Such dir eine Partnerin, die die Rolle von deiner Kusine übernimmt! — Sag ihr zwei Dinge, die sie am Ferienort unbedingt tun soll und zwei, die sie nicht tun soll! Begründe deine Aussagen! Einige Ideen stehen im Kasten unten. — Tauscht dann die Rollen aus!

Ein wenig Grammatik

Schon bekannt

Do you remember the command forms of various strong verbs? Here are some you should recognize: **Iss! Lies! Nimm! Vergiss!** For command forms, see the Grammar Summary.

Mehr Grammatikübungen S. 351, Ü. 8

Einige Ideen

ja:

sich richtig ausruhen
etwas Sport machen
in die Disko gehen
Sonnenschutz nicht vergessen
die tollen Fischgerichte essen

nein:

nicht zu viele Klamotten mitnehmen
nicht zu lange in der Sonne liegen
kein ungekochtes Wasser trinken

b. Schreiben Schreib deinem Freund drei Dinge auf, die er in den Ferien machen soll, und drei Dinge, die er nicht machen soll!

22 **Mensch, hab ich einen Bärenhunger!**

Schreiben Deine Eltern haben am Ferienort ein Appartement gemietet, und ihr bereitet euer eigenes Frühstück und Abendessen vor.

a. Schreib mindestens zehn Lebensmittel auf, die deine Familie im Kühlschrank haben würde! Zum Beispiel: frisches Obst, geräucherten Fisch, usw.

b. Sprechen Du bringst einen Freund mit nach Hause ins Appartement. Ihr habt Basketball gespielt, und ihr seid jetzt hungrig und durstig. Du schlägst vor, ein paar belegte Brote zu machen, und du fragst deinen Freund, was er gern drauf hätte. Er sagt dir, was er gern mag und was nicht. Frag ihn, ob es etwas gibt, was er nicht essen darf! Er sagt es dir. — Tauscht dann die Rollen aus!

ICH BIN KEIN WUNDERKIND!

Ihr Hippie-Outfit soll beweisen, daß sie auch als Schwimmstar auf dem Boden bleibt . . .

In Action: Franzi ist im Wasser nicht zu bremsen

Supercool: Franziska van Almsick beim Jux mit Bruder Sebastian

„Peace"— nein, mit dem Hippie-Gruß aus den sechziger Jahren, der prima zu ihrem Outfit passen würde, empfängt Franzi unseren Fotografen nicht. Die vierfache Medaillengewinnerin der Olympischen Spiele von Barcelona 1992 fährt neuerdings völlig auf Kluft à la Woodstock ab. Strickstirnband, Schlabberpulli im Ringelmuster, John-Lennon-Sonnenbrille, Schlaghosen-Jeans mit zerissenem Saum, die eher einer Patchworkdecke gleichen: der Jungstar des deutschen Schwimmsports (geboren am 5. April 1978), der bereits im zarten Alter von fünf Jahren mit dem Hochgeschwindigkeitsbaden begann, zeigt allen Beobachtern sein wahres Ich. Viele haben versucht, ihr das Image eines Nesthäkchens und Wunderkindes anzuhängen. „Alles Quatsch", meint Franzi ganz cool dazu. Und unsere Bilder beweisen es. Franziska ist ein ganz normales Mädchen — und dazu noch total süß und natürlich. Sie kann halt nur ein bisschen schneller schwimmen als die meisten anderen . . .

(Übungsheft, S. 141, Ü. 1)

23 Habt ihr alles verstanden?

Lesen/Sprechen Lies den obigen Artikel und beantworte die Fragen!

1. Wovon handelt dieser Artikel?
2. Wer ist die Franziska, auch Franzi genannt?
3. Was für Klamotten trägt Franzi zur Zeit?
4. Manche Leute nennen sie ein Wunderkind. Was meint sie dazu?

Ein wenig Grammatik

Schon bekannt

Be careful to watch the adjective endings! Can you explain why these endings are correct?

Kalt**er** Kaffee schmeckt mir nicht! Ich mag dies**es** frische**s** Brot.

For adjective endings, see the Grammar Summary.

Mehr Grammatikübungen, S. 351, Ü. 9 ➡

Wie bist du gekleidet? Bist du ...

salopp angezogen, mit Pulli und Jeans, die Löcher haben?

gut angezogen, mit weißem Hemd, schwarzer Hose?

elegant angezogen, mit weißem Hemd und Fliege?

Was ziehst du gern an? Vielleicht ...

Was ziehst du zu Festlichkeiten an?

einen Pulli mit Ringelmuster?

ein Hemd mit großen Karos?

schwarze Lackschuhe?

ein modisches Abendkleid mit weitem Rock und Schleife?

einen dunkelblauen Smoking, mit weißem Hemd, Fliege und Kummerbund?

eine braune Wildlederjacke?

eine Bluse mit Streifen?

Wie kleidest du dich gewöhnlich? Was ziehst du zu Festlichkeiten an?

(Übungsheft, S. 141–142, Ü. 2–4)   (Grammatikheft, S. 106, Ü. 7)

---

24 ### Was wir heute Abend anziehen!

Zuhören Schüler erzählen, was sie sich heute Abend anziehen. Rate, für welchen Anlass sich jeder anzieht! Anlässe stehen in den beiden Kästen unten.

25 ### Was trägst du gern?

Schreiben Mach eine Liste mit den Kleidungsstücken, die du gern zu drei verschiedenen Anlässen anziehst! Schreib daneben, warum du dir diese Sachen anziehst!

Anlässe

zu Hause
in der Schule
zum Sport
in den Ferien
zum Einkaufen
zu einer Geburtstagsfete

zu Festlichkeiten, wie:
zu einer Hochzeit
zu einem Ball
zu einer Schulfeier

26 Was ziehst du dir gern an?

Sprechen Frag deine Partnerin, was sie gern anzieht, wenn sie zu Hause ist und wenn sie zu einer Geburtstagsfete geht! Was zieht sie an und warum? Danach fragt sie dich.

So sagt man das!

Asking for and giving advice

Schon bekannt

When asking for advice, you might say:

Welchen Pulli soll ich mir zur Fete anziehen, diesen roten Pulli oder den blauen?

When giving advice, you may say:

Zieh doch deinen blauen Pulli an! *or* **Ich würde mir diesen blauen Pulli anziehen. Der passt besser zu deiner weißen Jeans.**

Grammatikheft, S. 107, Ü. 8

27 Was soll ich mir anziehen?

Sprechen A classmate has invited you to his birthday. Ask your partner which of the different clothing items or styles you should wear to the party. He or she will advise you and say why you should choose one or the other. To get an idea of how the whole outfit will look, sketch a picture as your partner advises you. Then switch roles. Afterwards, share your pictures with the class. Who has given the best advice, judging by the pictures?

—saloppe Kleidung oder gut angezogen?

—Jeans oder dunkle Hose?

—Hemd: einfarbig, gestreift oder kariert?

—bunte Krawatte oder (rote) Fliege?

—T-Shirt: einfach oder modisch?

—hübsches Kleid oder Rock und Bluse?

—Bluse: lange oder kurze Ärmel?

—Lackschuhe oder einfache Sneakers?

Ein wenig Grammatik

Schon bekannt

Look at the adjectives in these sentences. What are their endings? What do these endings indicate?

Zieh doch den blauen Pulli an!
Der blaue Pulli ist schöner.
Ich zieh das grüne Hemd an.
Ein grünes Hemd passt gut zu dieser bunten Hose.

For adjective endings, see the Grammar Summary.

Mehr Grammatikübungen, S. 351, Ü. 10

So sagt man das!

Expressing preference

Schon bekannt

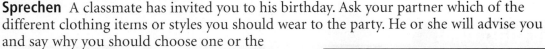

Grammatikheft, S. 107, Ü. 9

When asking what someone prefers, you might say:

Welches Hemd findest du schöner, dieses weiße Hemd oder das gestreifte?
Welche Schuhe gefallen dir besser?

Welches Muster ziehst du vor?
Was soll ich anziehen? Jeans oder ein Kleid? Was meinst du?

When expressing preference, you might say:

Ich finde das gestreifte Hemd schöner.

Also, mir gefallen eigentlich diese schwarzen Schuhe besser.
Du, ich ziehe den Pulli mit dem Karomuster vor.
Also, ich würde mir ein Kleid anziehen.

28 **Wer die Wahl hat ...**

 Schreiben/Sprechen Du hast einfach zu viele Klamotten und weißt nicht, welches Outfit du zum Sting-Konzert anziehen sollst. — Zeichne drei Outfits, die dir gefallen, auf ein Blatt Papier! Beschreibe jedes Outfit und notiere den Namen, Farbe und Stoff von jedem Kleidungsstück! Zeig deinen Mitschülern die Zeichnungen!

> ## Ein wenig Grammatik
>
> *Schon bekannt*
> How would you compare two things in German? Is it the same as in English? Some adjectives are irregular. Can you name some? For comparative adjectives, see the Grammar Summary.

29 **Was findest du schöner?**

Sprechen Du hast dich noch nicht entschieden, was du zur Fete anziehst. Du beschreibst deinem Partner die drei Outfits, die du dir in Übung 28 ausgesucht hast und fragst ihn, welches Outfit er schöner findet. Dein Partner vergleicht die Outfits. Stimmst du ihm zu? Warum? Warum nicht? — Tauscht dann die Rollen aus!

So sagt man das!

Expressing interest, disinterest, and indifference   *Schon bekannt*

When asking about someone's interests, you might say:

> **Wofür interessieren Sie sich?**

When expressing interest, you might say:

> **Ich interessiere mich für nette Klamotten, nicht zu salopp, nicht zu fein.**

When expressing disinterest, you might say:

> **Soll die Bluse aus Acryl sein?**

> **Nein, ich interessier mich nicht für Acryl.**

When expressing indifference, you might say:

> **Welche Farbe soll es sein?**

> **Ach, das ist mir eigentlich egal.**

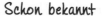
(Grammatikheft, S. 108, Ü. 10)

30 **Also doch etwas Neues kaufen!**

Du hast beschlossen, dass du wirklich kein flottes Outfit für die Fete hast und dass du dir lieber ein neues Kleidungsstück kaufen möchtest.

 a. Schreiben Schreib dir zwei Kleidungsstücke auf, die du dir kaufen möchtest! Welche Farbe? Welches Material? Welche Accessoires?

b. Sprechen Deine Partnerin ist Verkäuferin in einem Bekleidungsgeschäft. Sie fragt dich, wofür du dich interessierst. Sag es ihr! Sag ihr auch, wofür du dich nicht interessierst!

(Übungsheft, S. 143, Ü. 5–6)

31 **Für eine lange Reise planen**

Schreiben/Sprechen Nächsten Sommer darfst du mit deiner Klasse und deiner Deutschlehrerin vier Wochen lang die deutschsprachigen Länder besuchen. Aber bevor ihr fliegt, müsst ihr gemeinsam die Reise planen, und jeder von euch muss sich individuell auf diese Reise vorbereiten. Setzt euch in Gruppen von vier oder fünf Personen zusammen, und arbeitet gemeinsam einen detaillierten Reiseplan aus, den ihr aufschreibt und später der ganzen Klasse vortragt! Euer Plan muss Folgendes enthalten:

a. Wie sieht eure Reiseroute aus? Welche Orte wollt ihr besuchen, und was würdet ihr dort machen?

b. Würdet ihr nur Städte besuchen, oder möchtet ihr auch viel von der schönen deutschen Landschaft sehen? Was interessiert euch am meisten und warum?

c. Was für Kleidung müsst ihr mitnehmen, denn es kann ziemlich kühl oder auch sehr warm sein?

d. Wo würdet ihr wohnen? Bei deutschen Familien? In Jugendherbergen oder Pensionen?

e. Wie würdet ihr euch ernähren? Möchtet ihr immer nur in Gasthäusern essen, oder würdet ihr euch auch oft Lebensmittel in Läden und Supermärkten kaufen? Warum?

f. Welche einheimischen Gerichte möchtet ihr unbedingt einmal probieren? Habt ihr von diesen Gerichten gehört oder gelesen?

g. Wie würdet ihr euch auf der Reise fit halten?

h. Was würdet ihr tun, wenn ihr euch in Deutschland plötzlich nicht wohl fühlt?

i. Welche Fernsehsendungen würdet ihr euch in Deutschland ansehen?

j. Welche sportlichen oder kulturellen Veranstaltungen würdet ihr gern besuchen? In welchen Städten? Welche Gründe habt ihr für den Besuch von solchen Veranstaltungen?

32 **Reisebericht an die Klasse**

Sprechen Nun tragen abwechselnd die einzelnen Mitglieder jeder Gruppe ihren detaillierten Reiseplan der ganzen Klasse vor. Ist der Rest der Klasse mit dem Plan einverstanden? Welche Teile des Plans gefallen oder missfallen den andern in der Klasse? Diskutiert dann über die einzelnen Teile des Plans! — Nachdem jede Gruppe ihren Plan vorgetragen hat, muss ein gemeinsamer Plan von allen Schülern ausgearbeitet (*worked out*) werden!

33 **Von der Schule zum Beruf**

Du arbeitest für ein Reise-Magazin. Nach 3-jähriger guter Arbeit hat man dich befördert (*you advanced*), und du hast jetzt einen ganz tollen Job. Du musst für deine Firma im Inland und im Ausland neue Reiseziele finden und diese genau fürs Reise-Magazin beschreiben: Lage, Angebot, Essen und Trinken, Klima, Kosten und Kleidung, die für dieses Reiseziel geeignet sind.

Nach dem Krieg

Lesestrategie Note-taking. In this chapter you will practice taking notes that summarize a short story. Note-taking is a strategy that you can use in all of your classes. When you take summarizing notes as you read, you can gauge whether or not you understand what is going on, and you'll remember the content better and longer. You can also use those same notes to save time when studying for a test.

Getting Started

Tipp: The title of a short story often holds the key to what the story is about. If the title refers to an object, the key is usually the relationship of the object to the main character(s).

1. Another word for **Abendessen** is **Abendbrot.** Does this tell you anything about the role of **das tägliche Brot** in German life? If the title were *Der Apfelkuchen* or *Die Pommes frites,* you might expect certain kinds of characters or a certain atmosphere. What kind of atmosphere does *Das Brot* suggest?

2. Use the reading strategy you learned in **Kapitel 11** (p. 316) to get a general idea of what the story is about. On your third reading, try to summarize the story in three or four sentences. Where and when is the action taking place? How many characters are there?

Das Brot
VON
Wolfgang Borchert

Plötzlich wachte sie auf. Es war halb drei. Sie überlegte, warum sie aufgewacht war. Ach so! In der Küche hatte jemand gegen einen Stuhl gestoßen. Sie horchte nach der Küche. Es war still. Es war zu still und als sie mit der Hand über das Bett neben sich fuhr, fand sie es leer. Das war es, was es so besonders still gemacht hatte: sein Atem fehlte. Sie stand auf und tappte durch die dunkle Wohnung zur Küche. In der Küche trafen sie sich. Die Uhr war halb drei. Sie sah etwas Weißes am Küchenschrank stehen. Sie machte Licht. Sie standen sich im Hemd gegenüber. Nachts. Um halb drei. In der Küche.

Auf dem Küchentisch stand der Brotteller. Sie sah, daß er sich Brot abgeschnitten hatte. Das Messer lag noch neben dem Teller. Und auf der Decke lagen Brotkrümel. Wenn sie abends zu Bett gingen, machte sie immer das Tischtuch sauber. Jeden Abend. Aber nun lagen Krümel auf dem Tuch. Und das Messer lag da. Sie fühlte, wie die Kälte der Fliesen langsam an ihr hochkroch. Und sie sah von dem Teller weg.

„Ich dachte, hier wär was", sagte er und sah in der Küche umher.

„Ich habe auch was gehört", antwortete sie und dabei fand sie, daß er nachts im Hemd doch schon recht alt aussah. So alt wie er war. Dreiundsechzig. Tagsüber sah er manchmal jünger aus. Sie sieht doch schon alt aus, dachte er, im Hemd sieht sie doch ziemlich alt aus. Aber das liegt vielleicht an den Haaren. Bei den Frauen liegt das nachts immer an den Haaren. Die machen dann auf einmal so alt.

„Du hättest Schuhe anziehen sollen. So barfuß auf den kalten Fliesen. Du erkältest dich noch."

Sie sah ihn nicht an, weil sie nicht ertragen konnte, daß er log. Daß er log, nachdem sie neununddreißig Jahre verheiratet waren.

„Ich dachte, hier wäre was", sagte er noch einmal und sah wieder so sinnlos von einer Ecke in die andere, „ich hörte hier was. Da dachte ich, hier wäre was."

„Ich hab auch was gehört. Aber es war wohl nichts." Sie stellte den Teller vom Tisch und schnippte die Krümel von der Decke.

„Nein, es war wohl nichts", echote er unsicher.

Sie kam ihm zu Hilfe. „Komm man. Das war wohl draußen. Komm man zu Bett. Du erkältest dich noch. Auf den kalten Fliesen."

Er sah zum Fenster hin. „Ja, das muß wohl draußen gewesen sein. Ich dachte, es wäre hier."

Sie hob die Hand zum Lichtschalter. Ich muß das Licht jetzt ausmachen, sonst muß ich nach dem Teller sehen, dachte sie. Ich darf doch nicht nach dem Teller sehen. „Komm man", sagte sie und machte das Licht aus, „das war wohl draußen. Die

Dachrinne schlägt immer bei Wind gegen die Wand. Es war sicher die Dachrinne. Bei Wind klappert sie immer."

Sie tappten sich beide über den dunklen Korridor zum Schlafzimmer. Ihre nackten Füße platschten auf den Fußboden.

„Wind ist ja", meinte er. „Wind war schon die ganze Nacht."

Als sie im Bett lagen, sagte sie: „Ja, Wind war schon die ganze Nacht. Es war wohl die Dachrinne."

„Ja, ich dachte, es wäre in der Küche. Es war wohl die Dachrinne." Er sagte das, als ob er schon halb im Schlaf wäre.

Aber sie merkte, wie unecht seine Stimme klang, wenn er log.

„Es ist kalt", sagte sie und gähnte leise, „ich krieche unter die Decke. Gute Nacht."

„Nacht", antwortete er und noch: „Ja, kalt ist es schon ganz schön."

Dann war es still. Nach vielen Minuten hörte sie, daß er leise und vorsichtig kaute. Sie atmete absichtlich tief und gleichmäßig, damit er nicht merken sollte, daß sie noch wach war. Aber sein Kauen war so regelmäßig, daß sie davon langsam einschlief.

Als er am nächsten Abend nach Hause kam, schob sie ihm vier Scheiben Brot hin. Sonst hatte er immer nur drei essen können.

„Du kannst ruhig vier essen", sagte sie und ging von der Lampe weg. „Ich kann dieses Brot nicht so recht vertragen. Iß du man eine mehr. Ich vertrag es nicht so gut."

Sie sah, wie er sich über den Teller beugte. Er sah nicht auf. In diesem Augenblick tat er ihr leid.

„Du kannst doch nicht nur zwei Scheiben essen", sagte er auf seinen Teller.

„Doch. Abends vertrag ich das Brot nicht gut. Iß man. Iß man."

Erst nach einer Weile setzte sie sich unter die Lampe an den Tisch.

(published posthumously in 1949)

Using context as a clue, determine the meaning of the words below.

1. überlegen   a. *to lie*
2. Atem   b. *breath*
3. verheiratet   c. *gutter*
4. ertragen   d. *to chew*
5. lügen   e. *to listen to*
6. horchen nach   f. *married*
7. Dachrinne   g. *to think about*
8. kauen   h. *to endure*

A Closer Look

4. Read the story again. As you read, you and your partner will take summarizing notes in English, jotting down the main points under these categories: Actions/Dialogues and Thoughts.

5. Compare your summary chart (**Zusammenstellung**) with those of your classmates. Did you understand, in general, the sequence of events and the thoughts of the woman?

6. What excuse did the woman make up for coming down to the kitchen? Why was she upset with her husband?

7. After they went back to bed, what did she hear? What did she seem to have realized by the next day?

8. From whose perspective is the story told? What is the significance of the title? What is implied about the man's motives, but never stated? What kind of social conditions might give rise to the kind of conflict portrayed in this story?

9. Schau noch einmal auf deine Zusammenstellung und stell fest, was durch die Gedanken der Frau erzählt wurde! Rekonstruiere jetzt die Erzählung aus der Perspektive des Mannes! (Vergiss nicht, Zeitausdrücke, wo nötig, zu verwenden!)

Übungsheft, S. 144

Mehr Grammatikübungen

Visit Holt Online

go.hrw.com

KEYWORD: WK3 BERLIN-12

Interaktive Spiele

Erste Stufe   **Objectives** Reporting past events; asking for, making, and responding to suggestions

1   Ein Bericht aus den Ferien: Schreib die richtigen Partizipien aus dem Kasten in die Lücken. **(S. 333)**

gefahren	gefallen	gegessen	gelaufen	gelesen
geschwommen	gesehen	gespielt	getrunken	
gewesen	gewohnt			

1. Sag mal, wo bist du denn in den Ferien _____ ?
2. Ich bin mit meinen Eltern an die Norsee _____ .
3. Das kleine Dorf an der Nordsee hat mir gut _____ .
4. Ich bin viel am Strand _____ , und ich habe Tennis _____ .
5. An warmen Tagen bin ich in der Nordsee _____ .
6. An schlechten Tagen habe ich Bücher _____ .
7. Wir haben in einem schönen Gasthaus _____ .
8. Wir haben viel Fisch _____ und Tee _____ .
9. Im Hafen haben wir viele Segelschiffe _____ .

2   Du möchtest wissen, wo deine Freunde während der Ferien waren. Schreib die folgenden Fragen und Antworten ab, und schreib dabei die richtigen Vergangenheitsformen des Verbs **sein** in die Lücken! **(S. 333)**

1. Mark, wo _____ du denn in den Ferien? — Ich _____ in den Bergen.
2. Wie _____ denn das Wetter? — Es _____ eigentlich immer schön.
3. Und ihr beiden, wo _____ ihr denn? — Wir _____ in der Schweiz.
4. _____ ihr allein oder mit den Eltern? — Wir _____ mit den Eltern dort.
5. Wo _____ Sie, Herr Strom? — Ich _____ in Bayern beim Wandern.
6. Weiß jemand, wo der Mark _____ ? — Ich glaube, er _____ in Berlin.

3   Du erzählst, wo verschiedene Freunde gestern waren. Ergänze jeden der folgenden Satzanfänge mit der Information, die in Klammern steht, und mit der richtigen Vergangenheitsform des Verbs **sein**! **(S. 333)**

1. (Astrid; Tennisplatz)   Die Astrid _____ .
2. (Andreas; Kraftstudio)   Der Andreas _____ .
3. (Mark und Uwe; Kino)   Mark und Uwe _____ .
4. (ich; Pizzeria)   Ich _____ .
5. (wir; Diskothek)   Wir _____ .
6. (ihr; am Meer)   Ihr _____ , nicht?

4 Du erzählst, was du während der Ferien alles getan hast. Schreib die folgenden Absätze ab, und schreib dabei die richtige Vergangenheitsform des Verbs, das in Klammern steht, in die Lücken! Achte dabei auf die richtige Form von **haben** oder **sein**! (S. 333)

1. (verbringen) Die Sommerferien _____ ich mit den Eltern in Bayern _____ .
   (wohnen) Wir _____ in einer Pension in einem kleinen Dorf _____ .
   (wandern) Jeden Tag _____ wir viele Stunden in den Bergen _____.
   (bleiben) Bei schlechtem Wetter _____ wir in der Pension _____ ,
   (spielen) und wir _____ dort mit anderen Besuchern Karten _____ .

2. (fahren) Ja, ich _____ mit meinen Freunden an die Nordsee _____ .
   (übernachten) Wir _____ dort in einer ganz tollen Jugendherberge _____ ,
   (wandern) wir _____ viele Kilometer den Sandstrand entlang _____ und
   (schwimmen) wir _____ im kalten Nordseewasser _____ . Am Nachmittag
   (gehen) _____ wir oft in ein kleines Dorf _____ . Das war ganz toll!

3. (sein) Ich _____ in den Osterferien bei meinen Großeltern _____ .
   (faulenzen) Die meiste Zeit _____ ich in Opas Garten _____ . Manchmal
   (helfen) _____ ich meinem Opa im Garten _____ . Einmal in der
   (mähen) Woche _____ ich für meinen Opa den Rasen _____ , und ich
   (gießen) _____ die vielen Blumen und Sträucher im Garten _____ .

4. (besuchen) Meine Schwester _____ unsere Tante in Frankfurt _____ .
   (sehen) Die Astrid _____ in Frankfurt wirklich sehr viel _____ . Sie
   (spazieren) _____ mit meiner Tante durch die Zeil _____ , aber die beiden
   (kaufen) _____ nichts _____ . In Frankfurt kann man so viel sehen,
   (gefallen) und ich glaube, dass es meiner Schwester gut _____ _____ .

5 Du bittest um Vorschläge, und du machst selbst Vorschläge, bestimmte Ferienorte zu besuchen. Schreib die folgenden Fragen und Sätze ab, und schreib dabei die richtige **würde**-Form in die erste Lücke und eine Präposition mit dem richtigen bestimmten Artikel in die zweite! Gebrauche Kurzformen, wenn möglich! (S. 335)

1. Peter, _____ du gern mal _____ Nordsee fahren?
2. Astrid und Katja, _____ ihr gern mal _____ Schwarzwald fahren?
3. Wir _____ wirklich gern mal _____ Berge fahren.
4. Und ich _____ gern mal _____ Vereinigten Staaten fliegen.
5. Meine Geschwister _____ gern _____ Küste fahren, _____ Sylt.
6. Und wohin _____ ihr gern fahren? _____ Ostsee vielleicht?

6 Du schlägst einem Freund verschiedene Ferienorte vor, und er sagt, dass er bald dorthin fahren wird. Schreib die folgenden Fragen und Sätze ab, und schreib dabei die richtigen Präpositionen und, wenn nötig, die richtige Form des bestimmten Artikels (*definite article*) in die Lücken! Gebrauche Kurzformen, wenn möglich! (**S. 336**)

1. Warst du schon mal _____ Meer? — Ich fahre diesen Sommer _____ Meer.
2. Warst du mal _____ Schwarzwald? — Ich fahre heute _____ Schwarzwald.
3. Warst du mal _____ Bayern? — Ich fahre im Winter _____ Bayern.
4. Warst du mal _____ Bergen? — Ich fahre im Herbst _____ Berge.
5. Warst du mal _____ Ostsee? — Ich fahre in den Ferien _____ Ostsee.
6. Warst du mal _____ Schweiz? — Ich fahre im Frühjahr _____ Schweiz.
7. Warst du schon mal _____ Rhein? — Ich fahre nächste Woche _____ Rhein.

7 Wie heißen diese Gerichte? Schreib den Namen des Gerichts in die erste Lücke und woher dieser Gericht kommt in die zweite Lücke. (**S. 338**)

Das ist ___ , ein ___ Gericht.
Das ist **Couscous**, ein **marokkanisches** Gericht.

1. Das ist ___ , ein ___ Gericht.

2. Das ist ___ , ein ___ Gericht.

3. Das sind ___ , ein ___ Gericht.

4. Das sind ___ , ein ___ Gericht.

5. Das sind ___ ___ , ein ___ Gericht.

6. Das ist ein ___ ___ , ein ___ Gericht.

8   Du bist mit Freunden in einem Restaurant. Du empfiehlst erst einem Freund und dann zwei Freunden, gewisse Gerichte zu bestellen. Schreib die folgenden Empfehlungen zweimal ab, und schreib dabei die Befehlsformen des Verbs, das in Klammern steht, in die Lücken! (**S. 340**)

1. (gehen) _____ doch einmal griechisch essen!
2. (essen) _____ doch lieber Fisch als Fleisch!
3. (bestellen) _____ doch mal ein Wiener Schnitzel!
4. (trinken) _____ doch ein kühles Spezi dazu!
5. (geben) _____ mir doch mal den Kartoffelsalat!
6. (nehmen) _____ doch noch eine Portion Fleisch!
7. (sagen) _____ mir, was ich hier noch bekommen kann!
8. (vergessen) _____ nicht, dem Kellner ein Trinkgeld zu geben!

9   Du erzählst, was für Getränke und Gerichte du nicht so gern hast und was du lieber magst. Schreib die folgenden Sätze ab, und schreib dabei die richtige Adjektivendung in die Lücken! (**S. 341**)

1. Kalt_____ Kaffee schmeckt mir nicht; ich trinke heiß_____ Kaffee lieber.
2. Alt_____ Brot ist nicht so gut; ich esse frisch_____ Brot viel lieber.
3. Warm_____ Getränke mag ich nicht; ich habe kalt_____ Getränke lieber.
4. Mild_____ Käse mag ich nicht so gern, ich habe scharf_____ Käse lieber.
5. Griechisch_____ Käse schmeckt mir nicht; ich habe deutsch_____ Käse lieber.
6. Gebraten_____ Fisch schmeckt mir nicht, ich esse gegrillt_____ Fisch lieber.
7. Roh_____ Schinken mag ich nicht; mir schmeckt gekocht_____ Schinken besser.
8. Geräuchert_____ Fisch mag ich nicht, mariniert_____ Fisch mag ich lieber.

10   Du berätst deine Freunde welche Klamotten sie tragen sollen. Schreib die folgenden Sätze ab, und schreib dabei die richtige Adjektivendung in die Lücken! (**S. 343**)

1. Zieh doch dies_____ blau_____ Pulli an; dies_____ blau_____ Pulli ist schöner!
2. Kauf doch dies_____ grün_____ Hemd; dies_____ grün_____ Hemd ist schöner!
3. Kauf dies_____ rot_____ Fliege; dies_____ rot_____ Fliege sieht besser aus!
4. Nimm dies_____ schwarz_____ Anzug; dies_____ schwarz_____ Anzug ist toll!
5. Nimm dies_____ klein_____ Schleife; dies_____ klein_____ Schleife ist schön!
6. Kauf dies_____ gelb_____ T-Shirt; dies_____ gelb_____ T-Shirt passt besser!
7. Nimm dies_____ braun_____ Schuhe; dies_____ braun_____ Schuhe sind toll!
8. Kauf dies_____ blau_____ Smoking; blau_____ Smokings sind in Mode!

Can you report past events? (p. 334)

1 How would you tell a friend what you did yesterday after school? How would you tell someone about the last vacation you enjoyed?

Can you ask for, make, and respond to suggestions? (p. 335)

2 How would you ask your father to suggest a place to go on vacation? How would you suggest that you would like to fly to Austria? How could your father respond positively?

3 How would you say that you would like to order a veal cutlet and a glass of mineral water?

Can you order food, and express hearsay and regret? (p. 339)

4 How would you say that you heard
   a. that the French fries are very spicy?
   b. that the shish kebab at "The Slovenia" is excellent?

5 How would a waiter say that there are no dumplings?

Can you persuade and dissuade someone? (p. 340)

6 How would you persuade someone to go eat Mexican food? How would a friend dissuade you from eating a salad?

Can you ask for and give advice? (p. 343)

7 How would you ask a friend's advice on what to wear
   a. to a birthday party?
   b. for a day at the beach?

8 How would you suggest the same things to your friend?

Can you express preference? (p. 343)

9 How would you ask a friend if she prefers
   a. the blue blouse or the green one?
   b. the striped pants or the checkered ones?

10 How would you say that
   a. you really prefer the brown leather shoes?
   b. you prefer the T-shirt with the Germany motif?

Can you express interest, disinterest, and indifference? (p. 344)

11 How would you ask someone what he or she is interested in? How would you say you're interested in colorful clothes, but don't care for sweaters made of wool?

12 How would you say to your friend that it doesn't really matter to you which shoes he or she wears?

Erste Stufe

Reporting past events

Ich bin gern im Mittelmeer geschwommen.	I enjoyed swimming in the Mediterranean Sea.
Ich habe auch viel gesehen.	I saw a lot, too.

Talking about travel

Ich war (in, an, auf) …	I was (in, at, on) …
die Küste, -n	coast
die Klippe, -n	cliff
die Insel, -n	island
die Bucht, -en	bay
die Oase, -n	oasis

die Sportanlage, -n	sport facility
die Anlage, -n	grounds, site
der Court, -s	court
der Platz, ¨e	place
der Pool, -s	swimming pool
die Halle, -n	hall
das Fahrrad-Depot, -s	bicycle shed
der Flug, ¨e	flight

Other useful words

der Anfänger, -	beginner
der Fortgeschrittene, -n	advanced (person)
der Erfahrene, -n	experienced (person)

der Olympiasieger, -	olympic champion
der Zehnkämpfer, -	decathlete
der Geheimtipp, -s	secret tip
abwechslungsreich	varied, diversified
sich langweilen	to be bored
zahlreich	numerous

Responding to suggestions

Gute Idee!	Good idea!
Das wäre toll!	That would be great!

Zweite Stufe

Talking about international foods
see page 338

Expressing regret

Tut mir Leid, aber der Couscous ist leider schon alle.	Sorry, but unfortunately we're all out of couscous.

Responding to persuasion

Das ist ein guter Vorschlag.	That's a good suggestion.
der Vorschlag, ¨e	suggestion
ungekocht	unboiled

Dritte Stufe

Talking about clothing

gekleidet sein	to be dressed
salopp	casual
elegant	elegant
weit	big, broad
fein	fine, exquisite
der Ringel, -	ringlet

das Muster, -	pattern
das Karo, -s	check, diamonds
der Streifen, -	stripe
das Loch, ¨er	hole
die Schleife, -n	loop, bow
die Fliege, -n	bow tie

die Wildlederjacke, -n	suede jacket
das Abendkleid, -er	evening gown
der Smoking, -s	tuxedo
der Kummerbund, -e	cummerbund
der Lackschuh, -e	patent-leather shoe

Reference Section

▶ **Summary of Functions** R2

▶ **Additional Vocabulary** R12

▶ **Grammar Summary** R20

▶ **German-English Vocabulary** R38

▶ **English-German Vocabulary** R64

▶ **Grammar Index** R78

▶ **Acknowledgments and Credits** R83

Summary of Functions

Functions are probably best defined as the ways in which you use a language for specific purposes. When you find yourself in specific situations, such as in a restaurant, in a grocery store, or at school, you will want to communicate with those around you. In order to do that, you have to "function" in the language so that you can be understood: you place an order, make a purchase, or talk about your class schedule.

Such functions form the core of this book. They are easily identified by the boxes in each chapter that are labeled SO SAGT MAN DAS! These functions are the building blocks you need to become a speaker of German. All the other features in the chapter—the grammar, the vocabulary, even the culture notes—are there to support the functions you are learning.

Here is a list of the functions presented in this book and the German expressions you will need in order to communicate in a wide range of situations. Following each function is the chapter and page number where it was introduced.

Socializing

Saying hello
I, Ch. 1, p. 21
Guten Morgen!
Guten Tag!
Morgen!
Tag! } *shortened forms*
Hallo!
Grüß dich! } *informal*

Saying goodbye
I, Ch. 1, p. 21
Auf Wiedersehen!
Wiedersehen! *shortened form*
Tschüs!
Tschau! } *informal*
Bis dann!

Offering something to eat and drink
I, Ch. 3, p. 74
Was möchtest du trinken?
Was möchte *(name)* trinken?
Was möchtet ihr essen?

Responding to an offer
I, Ch. 3, p. 74
Ich möchte *(beverage)* trinken.
Er/Sie möchte im Moment gar nichts.
Wir möchten *(food/beverage)*, bitte.

Saying please
I, Ch. 3, p. 76
Bitte!

Saying thank you
I, Ch. 3, p. 76
Danke!
Danke schön!
Danke sehr!

Saying you're welcome
I, Ch. 3, p. 76
Bitte!
Bitte schön!
Bitte sehr!

Giving compliments
I, Ch. 5, p. 139
Der/Die/Das *(thing)* sieht *(adjective)* aus!
Der/Die/Das *(thing)* gefällt mir.

II, Ch. 8, p. 222
Dein/Deine *(clothing item)* sieht echt fetzig aus.
Sie/Er/Es passt dir auch echt gut.
Und dieser/diese/dieses *(clothing item)* passt dir prima!
Sie/Er/Es passt gut zu deiner/deinem *(clothing item)*.

Responding to compliments
I, Ch. 5, p. 139
Ehrlich?
Wirklich?
Nicht zu *(adjective)*?
Meinst du?

II, Ch. 8, p. 222
Meinst du wirklich?
Ist er/sie/es mir nicht zu *(adjective)*?

Das ist auch mein/meine Lieblings (clothing item).
Echt?

Starting a conversation
I, Ch. 6, p. 161

Wie geht's?
Wie geht's denn? } *Asking how someone is doing*

Sehr gut!
Prima!
Danke, gut!
Gut!
Danke, es geht.
So lala.
Nicht schlecht.
Nicht so gut.
Schlecht.
Sehr schlecht.
Miserabel. } *Responding to* **Wie geht's?**

Making plans
I, Ch. 6, p. 166

Was willst du machen?	Ich will (activity).
Wohin will (person) gehen?	Er/Sie will in/ins (place) gehen.

Ordering food and beverages
I, Ch. 6, p. 170

Was bekommen Sie?	Ich bekomme (food/beverage).
Ja, bitte?	
Was essen Sie?	Ein(e)(n) (food), bitte.
Was möchten Sie?	Ich möchte (food/beverage), bitte.
Was trinken Sie?	Ich trinke (beverage).
Was nimmst du?	Ich nehme (food/beverage).
Was isst du?	Ich esse (food).

II, Ch. 11, p. 314

Haben Sie schon gewählt?	Ja, bringen Sie mir bitte den/die/das (menu item).
Und was hätten Sie gern?	Ich hätte gern den/die/das (menu item).

Talking about how something tastes
I, Ch. 6, p. 172

Wie schmeckt's?	Gut! Prima! Sagenhaft! Der/die/das (food/beverage) schmeckt lecker! Der/die/das (food/beverage) schmeckt nicht. Ja, gut! Nein, nicht so gut. Nicht besonders.
Schmeckt's?	

Paying the check
I, Ch. 6, p. 172

Hallo! Ich will/ möchte zahlen.	Das macht (zusammen) (total).
Stimmt schon!	

Extending an invitation
I, Ch. 7, p. 194; Ch. 11, p. 313

Willst du (activity)?
Wir wollen (activity). Komm doch mit!
Möchtest du mitkommen?
Ich habe am (day/date) eine Party. Ich lade dich ein. Kannst du kommen?

Responding to an invitation
I, Ch. 7, p. 194; Ch. 11, p. 313

Ja, gern!
Toll!
Ich komme gern mit. } *accepting*
Aber sicher!
Natürlich!
Das geht nicht.
Ich kann leider nicht. } *declining*

Expressing obligations
I, Ch. 7, p. 195

Ich habe keine Zeit. Ich muss (activity).

Offering help
I, Ch. 7, p. 199

Was kann ich für dich tun?
Kann ich etwas für dich tun? } *asking*
Brauchst du Hilfe?
Gut! Mach ich! *agreeing*

Asking what you should do
I, Ch. 8, p. 222

Was soll ich für dich tun?	Du kannst für mich (chore).
Wo soll ich (thing/ things) kaufen?	Beim (Metzger/ Bäcker). In der/Im (store).
Soll ich (thing/things) in der/im (store) kaufen?	Nein, das kannst du besser in der/im (store) kaufen.

Getting someone's attention
I, Ch. 9, p. 250

Verzeihung!
Entschuldigung!

Offering more
I, Ch. 9, p. 258

Möchtest du noch etwas?
Möchtest du noch ein(e)(n) *(food/beverage)*?
Noch ein(e)(n) *(food/beverage)*?

Saying you want more
I, Ch. 9, p. 258

Ja, bitte. Ich nehme noch ein(e)(n)
   (food/beverage).
Ja, bitte. Noch ein(e)(n) *(food/beverage)*.
Ja, gern.

Saying you don't want more
I, Ch. 9, p. 258

Nein, danke! Ich habe keinen Hunger mehr.
Nein, danke! Ich habe genug.
Danke, nichts mehr für mich.
Nein, danke, kein(e)(n) *(food/beverage)* mehr.

Using the telephone
I, Ch. 11, p. 310

Hier *(name)*.
Hier ist *(name)*.
Ich möchte bitte *(name)*
   sprechen.   } *starting a conversation*
Kann ich bitte *(name)*
   sprechen?
Tag! Hier ist *(name)*.

Wiederhören!
Auf Wiederhören!   } *ending a conversation*
Tschüs!

Talking about birthdays
I, Ch. 11, p. 314

Wann hast du   Ich habe am *(date)*
   Geburtstag?   Geburtstag.
                    Am *(date)*.

Expressing good wishes
I, Ch. 11, p. 314

Alles Gute zu(m)(r) *(occasion)*!
Herzlichen Glückwunsch zu(m)(r) *(occasion)*!

II, Ch. 11, p. 315

Zum Wohl!
Prost!
Auf dein/euer/Ihr Wohl!
Guten Appetit!
Mahlzeit!

Exchanging Information

Asking someone his or her name and giving yours
I, Ch. 1, p. 22

Wie heißt du?   Ich heiße *(name)*.
Heißt du *(name)*?   Ja, ich heiße *(name)*.

Asking and giving someone else's name
I, Ch. 1, p. 22

Wie heißt der   Der Junge
   Junge?   heißt *(name)*.
Heißt der Junge   Ja, er heißt
   (name)?   *(name)*.
Wie heißt das   Das Mädchen
   Mädchen?   heißt *(name)*.
Heißt das Mädchen   Nein, sie heißt
   (name)?   *(name)*.

Asking and telling who someone is
I, Ch. 1, p. 23

Wer ist das?   Das ist der/die *(name)*.

Asking someone his or her age and giving yours
I, Ch. 1, p. 25

Wie alt bist du?   Ich bin *(number)* Jahre alt.
                  Ich bin *(number)*.
                  (Number).
Bist du schon
   (number)?   Nein, ich bin *(number)*.

Asking and giving someone else's age
I, Ch. 1, p. 25

Wie alt ist der Peter? Er ist *(number)*.
Und die Monika? Ist
   sie auch *(number)*? Ja, sie ist auch *(number)*.

Asking someone where he or she is from and telling where you are from
I, Ch. 1, p. 28

Woher kommst du?   Ich komme aus *(place)*.
Woher bist du?   Ich bin aus (place).
Bist du aus *(place)*?   Nein, ich bin aus *(place)*.

Asking and telling where someone else is from
I, Ch. 1, p. 28

Woher ist *(person)*?   Er/sie ist aus *(place)*.
Kommt *(person)* aus   Nein, sie kommt aus
   (place)?   *(place)*.

Talking about how someone gets to school
I, Ch. 1, p. 31

Wie kommst
   du zur Schule?   Ich komme mit der/dem
                  (mode of transportation).

Kommt Ahmet zu
   Fuß zur Schule?   Nein, er kommt auch mit
                  der/dem *(mode of
                  transportation)*.

Wie kommt
   Ayla zur Schule?   Sie kommt mit der/dem
                  (mode of transportation).

Talking about interests
I, Ch. 2, p. 48

Was machst du in
deiner Freizeit? — Ich *(activity)*.
Spielst du *(sport/
instrument/game)*? — Ja, ich spiele *(sport/
instrument/game)*.
— Nein, *(sport/
instrument/
game)* spiele ich
nicht.
Was macht *(name)*? — Er/Sie spielt *(sport/
instrument/game)*.

Asking about interests
II, Ch. 8, p. 221; Ch. 10, p. 276

Interessierst du dich für *(thing)*?
Wofür interessierst du dich?
Was für Interessen hast du?

Expressing interest
II, Ch. 8, p. 221; Ch. 10, p. 276

Ja, *(thing)* interessiert mich.
Ich interessiere mich für *(thing)*.

Expressing disinterest
II, Ch. 8, p. 221

(Thing) interessiert mich nicht.
Ich hab kein Interesse an *(thing)*.

Expressing indifference
II, Ch. 8, p. 221

(Thing) ist mir egal.

Saying when you do various activities
I, Ch. 2, p. 55

Was machst du nach
der Schule? — Am Nachmittag
(activity).
— Am Abend *(activity)*.
Und am Wochenende? — Am Wochenende
(activity).
Was machst du im
Sommer? — Im Sommer *(activity)*.

Talking about where you and others live
I, Ch. 3, p. 73

Wo wohnst du? — Ich wohne in
(place).
— In *(place)*.
Wo wohnt der/die *(name)*? — Er/Sie wohnt in
(place).
— In *(place)*.

Describing a room
I, Ch. 3, p. 79

Der/Die/Das *(thing)* ist alt.
Der/Die/Das *(thing)* ist kaputt.

Der/Die/Das *(thing)* ist klein, aber ganz bequem.
Ist *(thing)* neu? — Ja, er/sie/es ist neu.

Talking about family members
I, Ch. 3, p. 82

Ist das dein(e)
(family member)? — Ja, das ist mein(e)
(family member).
Und dein(e) *(family
member)*? Wie
heißt er/sie? — Er/Sie heißt *(name)*.
Wo wohnen deine
(family members)? — In *(place)*.

Describing people
I, Ch. 3, p. 84

Wie sieht *(person)* aus? — Er/sie hat *(color)* Haare
und *(color)* Augen.

Talking about class schedules
I, Ch. 4, p. 106

Welche Fächer hast du? — Ich habe *(classes)*.
Was hast du am *(day)*? — *(Classes)*.
Was hat die Katja am *(day)*? — Sie hat *(classes)*.
Welche Fächer habt ihr? — Wir haben
(classes).
Was habt ihr nach der
Pause? — Wir haben
(classes).
Und was habt ihr am
Samstag? — Wir haben frei!

Using a schedule to talk about time
I, Ch. 4, p. 107

Wann hast du *(class)*? — Um *(hour)* Uhr
(minutes).
Was hast du um
(hour) Uhr? — *(Class)*.
Was hast du von *(time)*
bis *(time)*? — Ich habe *(class)*.

Sequencing events
I, Ch. 4, p. 109

Welche Fächer
hast du am *(day)*? — Zuerst hab ich
(class), dann
(class), danach
(class) und
zuletzt *(class)*.

Talking about prices
I, Ch. 4, p. 115

Was kostet *(thing)*? — Er/Sie kostet nur
(price).
Was kosten *(things)*? — Sie kosten *(price)*.
Das ist (ziemlich) teuer!
Das ist (sehr) billig!
Das ist (sehr) preiswert!

Pointing things out
I, Ch. 4, p. 116

Wo sind die *(things)*?	Schauen Sie!
	Dort!
	Sie sind dort drüben!
	Sie sind da hinten.
	Sie sind da vorn.

Expressing wishes when shopping
I, Ch. 5, p. 134

Was möchten Sie?	Ich möchte ein(e)(n) *(thing)* sehen, bitte.
	Ich brauche ein(e)(n) *(thing)*.
Was bekommen Sie?	Ein(e)(n) *(thing)*, bitte.
Haben Sie einen Wunsch?	Ich suche ein(e)(n) *(thing)*.

Describing how clothes fit
I, Ch. 5, p. 137

Es passt prima.
Es passt nicht.

Talking about trying on clothes
I, Ch. 5, p. 143

Ich probiere den/die/das *(item of clothing)* an.
Ich ziehe den/die/das *(item of clothing)* an.

If you buy it:	*If you don't:*
Ich nehme es.	Ich nehme es nicht.
Ich kaufe es.	Ich kaufe es nicht.

Telling time
I, Ch. 6, p. 162

Wie spät ist es jetzt?	Es ist *(time)*.
Wie viel Uhr ist es?	Es ist *(time)*.

Talking about when you do things
I, Ch. 6, p. 162

Wann gehst du *(activity)*?	Um *(time)*.
Um wie viel Uhr *(action)* du?	Um *(time)*.
Und du? Wann *(action)* du?	Um *(time)*.

Talking about how often you do things
I, Ch. 7, p. 198

Wie oft *(action)* du?	(Einmal) in der Woche.
Und wie oft musst du *(action)*?	Jeden Tag.
	Ungefähr (zweimal) im Monat.

Explaining what to do
I, Ch. 7, p. 190

Du kannst für mich *(action)*.

Talking about the weather
I, Ch. 7, p. 203

Wie ist das Wetter heute?	Heute regnet es. Wolkig und kühl.
Wie ist das Wetter morgen?	Sonnig, aber kalt.
Regnet es heute?	Ich glaube schon.
Schneit es am Abend?	Nein, es schneit nicht.
Wie viel Grad haben wir heute?	Ungefähr 10 Grad.

Talking about quantities
I, Ch. 8, p. 226

Wie viel *(food item)* bekommen Sie?	500 Gramm *(food item)*.
	100 Gramm, bitte.

Asking if someone wants anything else
I, Ch. 8, p. 227

Sonst noch etwas?
Was bekommen Sie noch?
Haben Sie noch einen Wunsch?

Saying that you want something else
I, Ch. 8, p. 227

Ich brauche noch ein(e)(n) *(food/beverage/thing)*.
Ich bekomme noch ein(e)(n) *(food/beverage/thing)*.

Telling someone you don't need anything else
I, Ch. 8, p. 227

Nein, danke.
Danke, das ist alles.

Giving a reason
I, Ch. 8, p. 230

Jetzt kann ich nicht, weil …
Es geht nicht, denn …

Saying where you were
I, Ch. 8, p. 231

Wo warst du heute Morgen?	Ich war in/im/ an/am *(place)*.
Wo warst du gestern?	Ich war war in/im/ an/am *(place)*.

Saying what you bought
I, Ch. 8, p. 231

Was hast du gekauft?	Ich habe *(thing)* gekauft.

Talking about where something is located
I, Ch. 9, p. 250

Verzeihung, wissen Sie, wo der/die/das *(place)* ist?	In der Innenstadt.
	Am *(place name)*.
	In der *(street name)*.

Wo ist der/die/das *(place)*? Es tut mir Leid. Das
weiß ich nicht.

Entschuldigung! Weißt du,
wo der/die/das *(place)* ist? Keine Ahnung! Ich
bin nicht von hier.

Asking for directions
I, Ch. 9, p. 254

Wie komme ich zu(m)(r) *(place)*?
Wie kommt man zu(m)(r) *(place)*?

II, Ch. 9, p. 254

Entschuldigung! Wo ist bitte *(place)*.
Verzeihung! Wissen Sie vielleicht, wie ich
zum/zur *(place)* komme?

Giving directions
I, Ch. 9, p. 254

Gehen Sie geradeaus bis zu(m)(r) *(place)*.
Nach rechts/links.
Hier rechts/links.

II, Ch. 9, p. 254

Sie biegen hier *(direction)* in die *(streetname)*
ein. Dann kommen Sie zum/zur *(place)*.
Das ist hier *(direction)* um die Ecke.
Ich weiß es leider nicht. Ich bin nicht von hier.

Talking about what there is to eat and drink
I, Ch. 9, p. 257

Was gibt es hier
zu essen? Es gibt *(foods)*.
Und zu trinken? Es gibt *(beverage)* und
auch *(beverage)*.

Talking about what you did in your free time
I, Ch. 10, p. 292

Was hast du *(time
phrase)* gemacht? Ich habe …
(person/thing) gesehen.
(book, magazine, etc.)
gelesen.
mit *(person)* über *(subject)*
gesprochen.

Discussing gift ideas,
I, Ch. 11, p. 318

Schenkst du *(person)*
ein(e)(n) *(thing)*
zu(m)(r) *(occasion)*? Nein, ich schenke
ihm/ihr ein(e)(n)
(thing).
Was schenkst du *(person)*
zu(m)(r) *(occasion)*? Ich weiß noch nicht.
Hast du eine Idee?
Wem schenkst du
den/die/das *(thing)*? Ich schenke *(person)*
den/die/das *(thing)*.

Asking about past events
II, Ch. 3, p. 65; Ch. 3, p. 71

Was hast du *(time phrase)* gemacht?
Was hat *(person)* *(time phrase)* gemacht?

Asking what someone did
II, Ch. 3, p. 65

Was hast du *(time phrase)* gemacht?
Was hat *(person)* *(time phrase)* gemacht?

Telling what someone did
II, Ch. 3, p. 65

Ich habe *(activity + past participle)*.
Er/Sie hat *(activity + past participle)*.

Asking where someone was
II, Ch. 3, p. 71

Wo bist du gewesen?
Und wo warst du?

Telling where you were
II, Ch. 3, p. 71

Ich bin in/im/an/am *(place)* gewesen.
Ich war in/im/an/am *(place)*.
Ich war mit *(person)* in/im/an/am *(place)*.

Asking for information
II, Ch. 4, p. 107; Ch. 10, p. 284

Ich habe eine Frage: …?
Sag mal, …?
Wie steht's mit *(thing)*?
Darf ich dich etwas fragen? …?
Wissen Sie, ob …?
Können Sie mir sagen, ob …?

Stating information
II, Ch. 10, p. 284

Ich glaube schon, dass …
Ich meine doch, dass …

Responding emphatically
II, Ch. 4, p. 107

Ja, natürlich!
Na klar!
Aber sicher!

Agreeing, with reservations
II, Ch. 4, p. 107

Ja, das kann sein, aber …
Das stimmt, aber …
Eigentlich schon, aber …

Asking what someone may or may not do
II, Ch. 4, p. 110

Was darfst du (nicht) tun?
Was darfst du (nicht) essen/trinken?
Darfst du *(activity)*?

Telling what you may or may not do
II, Ch. 4, p. 110

Ich darf (nicht) *(activity)*.
Ich darf *(food/drink)* (nicht) essen/trinken.

Expressing skepticism
II, Ch. 5, p. 130

Was soll denn das sein, dieser/diese/dieses *(thing)?*

Making certain
II, Ch. 5, p. 130

Du isst nur vegetarisch, was?	Ja/Nein.
Du isst wohl viel Fleisch, ja?	Nicht unbedingt!
Du magst Joghurt, oder?	Na klar!
Du magst doch Quark, nicht wahr?	Sicher!

Calling someone's attention to something and responding
II, Ch. 5, p. 134

Schau mal!	Ja, was denn?
Guck mal!	Ja, was bitte?
Sieh mal!	Was ist denn los?
Hör mal!	Was ist?
Hör mal zu!	Was gibt's?

Inquiring about someone's health
II, Ch. 6, p. 157

Wie fühlst du dich?
Wie geht es dir?
Ist dir nicht gut?
Ist was mit dir?
Was fehlt dir?

Responding to questions about your health
II, Ch. 6, p. 157

Ich fühl mich wohl!
Es geht mir (nicht) gut!
Mir ist schlecht
Mir ist nicht gut.

Responding to statements about someone's health
II, Ch. 6, p. 157

Ach schade!
Gute Besserung!
Hoffentlich geht es dir bald besser!

Asking about pain
II, Ch. 6, p. 163

Tut's weh?
Was tut dir weh?
Tut dir was weh?
Tut dir *(body part)* weh?

Expressing pain
II, Ch. 6, p. 163

Au!
Aua!
Es tut weh!
Der/Die/Das *(body part)* tut mir weh.
Ja, ich hab *(body part)* Schmerzen.

Expressing wishes
II, Ch. 7, p. 192

Was möchtest du gern mal haben?	Ich möchte gern mal einen/eine/ein *(thing)!*
Was wünschst du dir mal?	Ich wünsche mir mal …
Und was wünscht ihr euch?	Wir wünschen uns …

Talking about plans
II, Ch. 10, p. 288

Ich werde *(activity).*
(Time phrase) werde ich *(activity).*

Expressing hearsay
II, Ch. 11, p. 310

Ich habe gehört, dass …
Man hat mir gesagt, dass …
(Thing) soll *(adjective)* sein.

Expressing Attitudes and Opinions

Asking for an opinion
I, Ch. 2, p. 57; Ch. 9, p. 260

Wie findest du *(thing/activity/place)?*

Expressing your opinion
I, Ch. 2, p. 57; Ch. 9, p. 260

Ich finde *(thing/activity/place)* langweilig.
(Thing/Activity/Place) ist Spitze!
(Activity) macht Spaß!
Ich finde es toll, dass …
Ich glaube, dass …

Agreeing
I, Ch. 2, p. 58

Ich auch!
Das finde ich auch!
Stimmt!

II, Ch. 10, p. 287

Da stimm ich dir zu!
Da hast du (bestimmt) recht!
Einverstanden!

Disagreeing
I, Ch. 2, p. 58

Ich nicht!
Das finde ich nicht!
Stimmt nicht!

II, Ch. 10, p. 287

Das stimmt (überhaupt) nicht!

Agreeing, with reservations
II, Ch. 7, p. 199

Ja, schon, aber …

Ja, aber …
Eigentlich schon, aber …
Ja, ich stimme dir zwar zu, aber …

Commenting on clothes
I, Ch. 5, p. 137
Wie findest du
den/die/das   Ich finde ihn/sie/es
(clothing item)?   *(adjective)*.
           Er/Sie/Es gefällt mir (nicht).

Expressing uncertainty, not knowing
I, Ch. 5, p. 137; Ch. 9, p. 250
Ich bin nicht sicher.
Ich weiß nicht.
Keine Ahnung!

Expressing regret
I, Ch. 9, p. 250
Es tut mir Leid.
II, Ch. 5, p. 129
Ich bedaure, …
Was für ein Pech, …
Leider, …

Downplaying
II, Ch. 5, p. 129
Das macht nichts!
Schon gut!
Nicht so schlimm!
Dann *(action)* ich eben *(alternative)*.
Dann *(action)* ich halt *(alternative)*.

Asking how someone liked something
II, Ch. 3, p. 76
Wie war's?
Wie hat dir Dresden gefallen?
Wie hat es dir gefallen?
Hat es dir gefallen?

Responding enthusiastically
II, Ch. 3, p. 76
Na, prima!
Ja, Spitze!
Das freut mich!

Responding sympathetically
II, Ch. 3, p. 76
Schade!
Tut mir Leid!
Das tut mir aber Leid!

Expressing enthusiasm
II, Ch. 3, p. 76
Phantastisch!
Es war echt super!
Es hat mir gut gefallen.
Wahnsinnig gut!

Expressing disappointment
II, Ch. 3, p. 76
Na ja, soso!
Nicht besonders.
Es hat mir nicht gefallen.
Es war furchtbar!

Expressing approval
II, Ch. 4, p. 100
Es ist prima, dass …
Ich finde es toll, dass …
Ich freue mich, dass …
Ich bin froh, dass …

Expressing disapproval
II, Ch. 4, p. 100
Es ist schade, dass …
Ich finde es nicht gut, dass …

Expressing indecision
II, Ch. 9, p. 245
Was machen wir jetzt?
Was sollen wir bloß machen?

Asking for suggestions
II, Ch. 9, p. 245; Ch. 11, p. 306
Hast du eine Idee?
Was schlägst du vor?
Was sollen wir machen?
Wofür bist du?

Making suggestions
II, Ch. 9, p. 245; Ch. 11, p. 306
Wir können mal *(activity)*.
Ich schlage vor, …
Ich schlage vor, dass …
Ich bin dafür, dass …
Wie wär's mit *(activity/place)*?

Responding to suggestions
II, Ch. 11, p. 306
Das wäre nicht schlecht.

Expressing Feelings and Emotions

Asking about likes and dislikes
I, Ch. 2, p. 50; Ch. 4, p. 110; Ch. 10, p. 282
Was *(action)* du gern?
(Action) du gern?
Magst du *(things/activities)*?
Was für *(things/activities)* magst du?

Expressing likes
I, Ch. 2, p. 50; Ch. 4, p. 110; Ch. 10, p. 282
Ich *(action)* gern.
Ich mag *(things/activities)*.
(Thing/Activities) mag ich (sehr/furchtbar) gern.

Expressing dislikes
I, Ch. 2, p. 50; Ch. 10, p. 282
Ich *(action)* nicht so gern.
Ich mag *(things/action)* (überhaupt) nicht.

Talking about favorites
I, Ch. 4, p. 110

Was ist dein Lieblings*(category)*?	Mein Lieblings*(category)* ist *(thing)*.

Responding to good news
I, Ch. 4, p. 112
Toll!
Das ist prima!
Nicht schlecht.

Responding to bad news
I, Ch. 4, p. 112
Schade!
So ein Pech!
So ein Mist!
Das ist sehr schlecht!

Expressing familiarity
I, Ch. 10, p. 284

Kennst du *(person/place/thing)*?	Ja, sicher! Ja, klar! or Nein, den/die/das kenne ich nicht. Nein, überhaupt nicht.

Expressing preferences
I, Ch. 10, p. 285

(Siehst) du gern …?	Ja, aber … (sehe) ich lieber. Und am liebsten (sehe) ich …
(Siehst) du lieber … oder …?	Lieber …

II, Ch. 5, p. 139; Ch. 7, p. 189

Welche *(thing)* magst du lieber? *(Thing)* oder *(thing)*?	*(Thing)* mag ich lieber.
Welcher/Welche/Welches *(food item)* schmeckt dir besser? *(Food item)* oder *(food item)*?	*(Food item)* schmeckt mir besser.

Mir gefällt *(person/ place/thing)* besser als *(person/place/thing)*.
Ich finde die *(person/ place/thing)* schöner.
Ich ziehe *(person/place/ thing)* vor.

Expressing strong preference and favorites
I, Ch. 10, p, 285

Was (siehst) du am liebsten?	Am liebsten (sehe) ich …

II, Ch. 5, p. 139

Welches *(thing)* magst du am liebsten?	Am liebsten mag ich *(thing)*.
Welche *(food item)* schmeckt dir am besten?	*(Food item)* schmeckt mir am besten.

Expressing hope
II, Ch. 6, p. 168
Ich hoffe, …
Wir hoffen, …
Hoffentlich …

Expressing doubt
II, Ch. 9, p. 249
Ich weiß nicht, ob …
Ich bezweifle, dass …
Ich bin nicht sicher, ob …

Expressing resignation
II, Ch. 9, p. 249
Da kann man nichts machen.
Das ist leider so.

Expressing conviction
II, Ch. 9, p. 249
Du kannst mir glauben: …
Ich bin sicher, dass …

Expressing surprise
II, Ch. 10, p. 287
Das ist ja unglaublich!
(Das ist) nicht möglich!
Das gibt's doch nicht!

PERSUADING

Telling someone what to do
I, Ch. 8, p. 223
Geh bitte *(action)*!
(Thing/Things) holen, bitte!

Making suggestions
II, Ch. 6, p. 158
Möchtest du *(activity)*?
Willst du *(activity)*?
Du kannst für mich *(activity)*.
(Activity) wir mal!
Sollen wir mal *(activity)*?

Asking for advice
II, Ch. 6, p. 167
> Was soll ich machen?
> Was soll ich bloß tun?

Giving advice
II, Ch. 6, p. 167
> Am besten …
> Du musst unbedingt …

Persuading
II, Ch. 8, p. 226
> Warum kaufst du dir keinen/keine/kein *(thing)*?
> Kauf dir doch diesen/diese/diese *(thing)*!
> Trag doch mal etwas *(adjective)*!

Dissuading
II, Ch. 8, p. 226
> Kauf dir ja keinen/keine/kein *(thing)*!
> Trag ja nichts aus *(material)*!

Asking for permission
II, Ch. 10, p. 283
> Darf ich (bitte) *(activity)*?
> Kann ich bitte mal *(activity)*?
> He, du! Lass mich mal *(activity)*!

Giving permission
II, Ch. 10, p. 283
> Ja, natürlich!
> Bitte schön!
> Bitte!
> Gern!

Additional Vocabulary

This list includes additional vocabulary that you may want to use to personalize activities. If you can't find the words you need here, try the German–English and English–German vocabulary sections beginning on page R38 and R64 respectively.

Sport und Interessen
(Sports and Interests)

angeln	to fish
Baseball spielen	to play baseball
Bodybuilding machen	to lift weights
Brettspiele spielen	to play board games
fotografieren	to take photographs
Gewichtheben	lift weights
Handball spielen	to play handball
joggen	to jog
Kajak fahren	to kayak
kochen	to cook
malen	to paint
Münzen sammeln	to collect coins
nähen	to sew
Rad fahren	to ride a bike
reiten	to ride (a horse)
Rollschuh laufen	to roller skate
rudern	to row
schnorcheln	to snorkle
segeln	to sail
Skateboard laufen	to ride a skateboard
Ski laufen	to (snow) ski
stricken	to knit
Tischtennis spielen	to play table tennis
Videospiele spielen	to play video games

Familie (Family)

der Halbbruder, ¨	halfbrother
die Halbschwester, -n	halfsister
der Stiefbruder, ¨	stepbrother
die Stiefmutter, ¨	stepmother
die Stiefschwester, -n	stepsister
der Stiefvater, ¨	stepfather

Zum Diskutieren (Topics to Discuss)

die Armut	poverty
die Gesundheit	health
der Präsident	the president
die Politik	politics
die Reklame	advertising
die Umwelt	the environment
das Verbrechen	crime
der Wehrdienst	military service
der Zivildienst	alternate service

Haustiere (Pets)

die Eidechse, -n	lizard
der Fisch, -e	fish
der Frosch, ¨e	frog
der Hamster, -	hamster
der Hase, -n	hare
der Kanarienvogel, ¨	canary
das Kaninchen, -	rabbit
die Maus, ¨e	mouse
das Meerschweinchen, -	guinea pig
der Papagei, -en	parrot
das Pferd, -e	horse

die Schildkröte, -n	turtle
die Schlange, -n	snake
das Schwein, -e	pig
der Vogel, ⸚	bird

Getränke (Beverages)

die Limo, -s	lemon-flavored drink
ein Glas Milch	a glass of milk
ein Glas Tee	a glass of tea
eine Tasse, -n Kaffee	a cup of coffee

Speisen (Foods)

die Ananas, -	pineapple
der Apfelstrudel, -	apple strudel
die Banane, -n	banana
die Birne, -n	pear
die Bratkartoffeln (pl)	pan-fried potatoes
der Chip, -s	potato chip
das Ei, -er	egg
der Eintopf	stew
die Erdbeere, -n	strawberry
die Erdnussbutter	peanut butter
das Gebäck	baked goods
der gemischte Salat	tossed salad
das Gulasch, -e	gulash
die Gurke, -n	cucumber
die Himbeere, -n	raspberry
der Joghurt	yogurt
die Karotte, -n	carrot
die Magermilch	low-fat milk
die Marmelade, -n	jam, jelly
die Mayonnaise	mayonnaise
die Melone, -n	melon
die Möhre, -n	carrot
das Müsli	muesli (cereal)
die Nuss, ⸚e	nut
die Orange, -n	orange
das Plätzchen, -	cookie
die Pommes frites (pl)	french fries
der Pudding, -s	pudding
die Sahne	cream
der Spinat	spinach

die Vollmilch	whole milk
die Zwiebel, -n	onion

Farben (Colors)

beige	beige
bunt	colorful
gepunktet	polka-dotted
gestreift	striped
golden	gold
lila	purple
orange	orange
rosa	pink
silbern	silver
türkis	turquoise

Kleidungsstücke (Clothing)

der Anzug, ⸚e	suit
der Badeanzug, ⸚e	swimsuit
der Blazer, -	blazer
das Halstuch, ⸚er	scarf
der Handschuh, -e	glove
der Hut, ⸚e	hat
die Krawatte, -n	tie
der Mantel, ⸚	coat
der Minirock, ⸚e	miniskirt
die Mütze, -n	cap
der Parka, -s	parka
der Rollkragenpullover, -	turtleneck sweater
die Sandalen (pl)	sandals
der Schal, -s	shawl
die Steghose, -n	stirrup pants
die Strumpfhose, -n	panty hose
die Weste, -n	vest

Stoffe (Materials)

Acryl	acrylic
Kunstfasern	synthetic fibers
Kunstseide	rayon
Nylon	nylon
Polyacryl	acrylic
Polyester	polyester
Viskose	viscose

Fächer (School Subjects)

Algebra	*algebra*
Band	*band*
Chemie	*chemistry*
Chor	*chorus*
Französisch	*French*
Hauswirtschaft	*home economics*
Informatik	*computer science*
Italienisch	*Italian*
Japanisch	*Japanese*
Latein	*Latin*
Orchester	*orchestra*
Physik	*physics*
Russisch	*Russian*
Spanisch	*Spanish*
Sozialkunde	*social studies*
Werken	*shop*
Wirtschaftskunde	*economics*

Körperteile (Parts of the body)

das Auge, -n	*eye*
die Augenbraue, -n	*eyebrow*
das Augenlid, -er	*eyelid*
die Faust, ‥e	*fist*
die Ferse, -n	*heel*
das Gesicht, -er	*face*
der Kiefer, -	*jaw*
das Kinn, -e	*chin*
der Nacken, -	*neck*
der Oberschenkel, -	*thigh*
die Stirn, -en	*forehead*
der Unterschenkel, -	*shin*
die Wade, -n	*calf*
die Wange, -n	*cheek*
die Wimper, -n	*eyelash*

die Stirn
die Wange
das Kinn
der Oberschenkel
der Unterschenkel

Instrumente (Instruments)

die Blockflöte, -n	*recorder*
die Bratsche, -n	*viola*
das Cello (Violoncello), -s	*cello*
die Flöte, -n	*flute*

die Geige, -n	*violin*
die Harfe, -n	*harp*
die Klarinette, -n	*clarinet*
der Kontrabass, ‥e	*double bass*
die Mandoline, -n	*mandolin*
die Mundharmonika, -s	*harmonica*
die Oboe, -n	*oboe*
die Posaune, -n	*trombone*
das Saxophon, -e	*saxophone*
das Schlagzeug, -e	*drums*

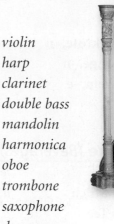

die Trompete, -n	*trumpet*
die Tuba, (pl) Tuben	*tuba*

Wetter (Weather)

feucht	*damp*
gewittrig	*stormy*
halbbedeckt	*partly cloudy*
heiter	*bright*
kühl	*cool*
neblig	*foggy*
nieslig	*drizzly*
trüb	*murky*
windig	*windy*

Computer (Computer)

die Anzeige	*prompt*
das Bedienungsfeld, -er	*control panel*
der Benutzer, -	*user*

ADDITIONAL VOCABULARY

der Bildschirm, -e	*screen*
der Browser	*browser*
CD-ROM	*CD-ROM*
die CD-ROM	*CD-ROM disc*
das CD-ROM Laufwerk, -e	*CD-ROM drive*
der Computer, -	*computer*

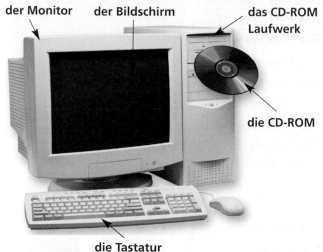

der Monitor   der Bildschirm   das CD-ROM Laufwerk

die CD-ROM

die Tastatur

der Crash	*crash*
die Datei, -en	*(data)file*
die Diskette, -n	*diskette, floppy disk*
die E-Mail	*e-mail*
die E-Mailadresse	*e-mail address*
der Cursor	*cursor*
die Entferntaste, -n	*delete key*
das Feedback	*feedback*
die Festplatte, -n	*hard drive*
die Feststelltaste, -n	*caps lock*
die Hardware	*hardware*
die Homepage	*homepage*
das Internet	*internet*
das Kennwort, ¨er	*password*
das Laufwerk, -e	*disc drive*
das Lesezeichen, -	*bookmark*
der Link, -s	*link*
die Löschtaste, -n	*delete key*
die Maus	*mouse*

der Mausklick	*click*
das Modem	*modem*
der Monitor, -e	*monitor*
das Netz (das Internet)	*internet*
das Netzwerk, -e	*network*
der Papierkorb, ¨e	*trash*
die Pfeiltaste, -n	*arrow key*
die Rücktaste, -n	*back space*
das Schlüsselwort, ¨er	*keyword*
die Schnittstelle, -n	*interface*
der Server	*server*
die Steuerung	*control*
die Software	*software*
die Suchmaschine, -n	*search engine*
das Symbol, -e	*icon*
der Tabulator	*tab*
die Textverarbeitung	*word processing*
die Umschalttaste, -n	*shift*
das Verzeichnis, -se	*directory*
die Webpage	*Web site*
der Zeilenschalter	*return key*
die Zentraleinheit (auch: der Prozessor)	*central processing unit*
abbrechen	*to cancel/abort*
abrufen (die E-Mail abrufen)	*to check the e-mail*
anklicken	*to click*
bearbeiten	*edit*
beenden	*to close*
bei (auch: at)	*at (@)*
Bild ⇓ (Bild runter)	*page down*
Bild ⇑ (Bild rauf)	*page up*
blättern	*to scroll*
drucken	*to print*
drücken auf	*to press*
eingeben (Daten)	*enter (data)*
einfügen	*to insert*
einladen (sep)	*to upload*
einloggen (sep)	*to log on*

entfernen	*to delete*
erstellen	*to create*
formatieren	*to format*
herunterladen (sep)	*to download*
kopieren	*to copy*
löschen	*to cancel*
neu starten	*to reboot, restart*
öffnen	*to open*
online	*online*
senden	*to send*
speichern	*save*
suchen	*to search*
surfen	*to surf*
versenden	*to post*
ziehen (auf ein Symbol)	*to drag (to an icon)*

Hausarbeit *(Housework)*

das Auto polieren	*to polish the car*
das Auto waschen	*to wash the car*
den Fußboden kehren	*to sweep the floor*
den Müll wegtragen	*to take out the trash*
putzen	*to clean*

Staub wischen	*to dust*
sauber machen	*to clean*
die Wäsche waschen	*to do the laundry*
trocknen	*to dry*
aufhängen	*to hang*
zusammenlegen	*to fold*
bügeln	*to iron*
einräumen	*to put away*

Fernsehen *(Television)*

der Abenteuerfilm, -e	*adventure film*
die Familiensendung, -en	*family program*
die Komödie, -n	*comedy*
der Kriminalfilm, -e	*detective film*
das Lustspiel, -e	*comedy*
die Sendung, -en (über Gesundheit)	*program (about health)*

die Spielshow, -s	*game show*
die Talkshow, -s	*talk show*
die Tiersendung, -en	*animal program*
der Wildwestfilm, -e	*western*
die Werbesendung, -en	*commercial, advertisement*

Möbel *(Furniture)*

das Bett, -en	*bed*
das Bild, -er	*picture*
der Computer, -	*computer*
die Couch, -s *or* -en	*couch*
der Kleiderschrank, ⸚	*wardrobe*
die Kommode, -n	*chest of drawers*
die Lampe, -n	*lamp*

der Nachttisch, -e	*night stand*
das Regal, -e	*bookshelf*
der Sessel, -	*armchair*
der Schreibtisch, -e	*desk*
das Sofa, -s	*sofa*
der Stuhl, ⸚e	*chair*
der Teppich, -e	*carpet, rug*
der Tisch, -e	*table*
der Vorhang, ⸚e	*curtain*

In der Stadt *(Places around Town)*

die Brücke, -n	*bridge*
die Bücherei, -en	*library*
die Diskothek, -en	*dance club*
der Flughafen, (pl) Flughäfen	*airport*
das Fremdenverkehrsamt, ⸚er	*tourist office*
der Frisiersalon, -s	*beauty shop*
das Krankenhaus, ⸚er	*hospital*
der Kreis, -e	*district; county*
die Minigolfanlage, -n	*mini-golf course*
der Park, -s	*park*
die Polizei	*police station*
das Stadion, (pl) Stadien	*stadium*

| der Stadtrand | outskirts |
| der Stadtteil, -e | urban district |

das Stadtzentrum, (pl) Stadtzentren	downtown
der Tennisplatz, -̈e	tennis court
der Zoo, -s	zoo

Kulturelle Veranstaltungen
(Cultural Events)

die Ausstellung, -en	exhibit
das Chorkonzert, -e	choir concert
das Kabarett, -e	cabaret
das Symphoniekonzert, -e	symphony
der Zirkus	circus

Geographische Adjektive
(Geographic Adjectives)

amerikanisch	American
ägyptisch	Egyptian
chinesisch	Chinese
deutsch	German
englisch	English
französisch	French
griechisch	Greek
indisch	Indian
italienisch	Italian
japanisch	Japanese
mexikanisch	Mexican
österreichisch	Austrian
polnisch	Polish
russisch	Russian
Schweizer	Swiss
spanisch	Spanisch
türkisch	Turkish

Geschenkideen (Gift Ideas)

das Bild, -er	picture
die Kette, -n	chain, necklace
der Ohrring, -e	earring
die Puppe, -n	doll
das Puppenhaus, -̈er	dollhouse
der Ring, -e	ring
aus Silber	made of silver
aus Gold	made of gold
die Schokolade	chocolate
das Spielzeug, -e	toy

Auto (Automobiles)

die Alarmanlage, -n	alarm system
die Alufelge, -n	aluminum rims, mag wheels
der Aufkleber, -	(bumper) sticker
die Automatik, -en	automatic transmission
die Lautsprecherbox, -en	speaker

das 5-Gang Getriebe	five-speed (standard) transmission
das Kabriolett, -s	convertible
der Kassettenspieler	cassette player
der Kombiwagen, -	station wagon
der Rallyestreifen, -	racing stripes
die Servolenkung, -en	power steering
die Servobremsen (pl)	power brakes
der Sitzschoner, -	seat cover
das Stereo-Radio, -s	stereo
die Zentralverriegelung, -en	automatic locks

ERDKUNDE *(GEOGRAPHY)*

Here are some terms you will find on German-language maps:

Länder *(States)*

Most of the states in the United States (**die Vereinigten Staaten**) have the same spelling in German that they have in English. Listed below are those states that have a different spelling.

Kalifornien	*California*
Neumexiko	*New Mexico*
Nordkarolina	*North Carolina*
Norddakota	*North Dakota*
Südkarolina	*South Carolina*
Süddakota	*South Dakota*

Staaten *(Countries)*

Ägypten	*Egypt*
Argentinien	*Argentina*
Brasilien	*Brazil*
China	*China*
England	*England*
Frankreich	*France*
Griechenland	*Greece*
Indien	*India*
Indonesien	*Indonesia*
Italien	*Italy*
Japan	*Japan*
Kanada	*Canada*
Mexiko	*Mexico*
Polen	*Poland*
Russland	*Russia*
Spanien	*Spain*
Türkei	*Turkey*
die Vereinigten Staaten	*The United States*

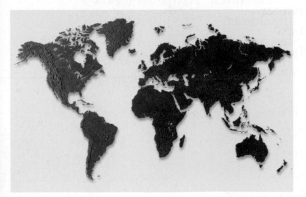

Kontinente *(Continents)*

Afrika	*Africa*
die Antarktis	*Antarctica*
Asien	*Asia*
Australien	*Australia*
Europa	*Europe*
Nordamerika	*North America*
Südamerika	*South America*

Meere *(Bodies of Water)*

der Atlantik	*the Atlantic*
der Golf von Mexiko	*the Gulf of Mexico*
der Indische Ozean	*the Indian Ocean*
das Mittelmeer	*the Mediterranean*
der Pazifik	*the Pacific*
das Rote Meer	*the Red Sea*
das Schwarze Meer	*the Black Sea*

Geographical terms

der Breitengrad	*latitude*
die Ebene, -n	*plain*
der Fluss, ̈e	*river*
das ... Gebirge	*the ... mountains*

die Grenze, -n	*border*
die Hauptstadt, ̈e	*capital*
der Kontinent, -e	*continent*
das Land, ̈er	*state*
der Längengrad	*longitude*
das Meer, -e	*ocean, sea*
der Nordpol	*the North Pole*
der See, -n	*lake*
der Staat, -en	*country*
der Südpol	*the South Pole*
das Tal, ̈er	*valley*

DEUTSCHE NAMEN (GERMAN NAMES)

Here are some names that you will hear when you visit a German-speaking country.

Mädchen (girls)

Andrea	Erika	Katrin
Angela,	Eva	Kirstin
Angelika	Gabriele	Liselotte
Anja	(Gabi)	(Lotte)
Anna/Anne	Gertrud	Marie
Anneliese	(Trudi(e))	Marta
Annette	Gisela	Martina
Antje	Grete	Meike
Barbara	Gudrun	Michaela
Bärbel	Hannelore	Monika
Beate	Heidi/	Nicole
Birgit	Heidemarie	Petra
Brigitte	Heike	Regina
Britta	Helga	Renate
Christa	Hilde	Roswitha
Christiane	Hildegard	Rotraud
Christine	Ilse	Sabine
Claudia	Ina	Sara
Connie	Inge	Silke
Cordula	Ingrid	Simone
Danielle	Irmgard	Sonja
Dorothea	Jennifer	Stephanie
Dorothee	Julie	Susanne
Elfriede	Jutta	Susie
Elisabeth	Karin	Silvia
(Lisa)	Katharina	Tanja
Elke	Katja	Ulrike (Uli)
		Ursel
		Ursula (Uschi)
		Ute
		Veronika
		Waltraud

Jungen (boys)

Adam	Helmar	Otto
Alexander	Helmut	Patrick
Andreas	Ingo	Paul
Axel	Jan	Peter
Bastian	Jens	Philipp
Bernd(t)	Joachim	Rainer
Bernhard	Jochen	(Reiner)
Bruno	Johann	Ralf
Christian	Johannes	Reinhard
Christoph	Jörg	Reinhold
Daniel	Josef	Robert
David	Jürgen	Rolf
Detlev	Karl	Rudi
Dieter	Karl-Heinz	Rüdiger
Dietmar	Klaus	Rudolf
Dirk	Konrad	Sebastian
Eberhard	Kurt	Stefan
Erik	Lars	(Stephan)
Felix	Lothar	Thomas
Frank	Lutz	Udo
Franz	Manfred	Ulf
Friedrich	Markus	Ulrich (Uli)
Fritz	Martin	Uwe
Georg	Mathias	Volker
Gerd	Max	Werner
Gerhard	Michael	Wilhelm
Gottfried	Norbert	(Willi)
Gregor	Oskar	Wolfgang
Günter		
Gustav		
Hannes		
Hans		
Hans-Georg		
Hans-Jürgen		
Harald		
Hartmut		
Hauke		
Heinrich		
Heinz		
Heinz-Dieter		

Grammar Summary

NOUNS AND THEIR MODIFIERS

In German, nouns (words that name a person, place, or thing) are grouped into three classes or genders: masculine, feminine, and neuter. All nouns, both persons and objects, fall into one of these groups. There are words used with nouns that signal the class of the noun. One of these is the definite article. In English there is one definite article: *the*. In German, there are three, one for each class: **der, die,** and **das**.

THE DEFINITE ARTICLE

SUMMARY OF DEFINITE ARTICLES

	Nominative	Accusative	Dative
Masculine	der	den	dem
Feminine	die	die	der
Neuter	das	das	dem
Plural	die	die	den

When the definite article is used with a noun, a noun phrase is formed. Noun phrases that are used as subjects are in the nominative case. Nouns that are used as direct objects or the objects of certain prepositions (such as **für**) are in the accusative case. Nouns that are indirect objects, the objects of certain prepositions (such as **mit, bei**), or the objects of special verbs (see page R30) are in the dative case. Below is a summary of the definite articles combined with nouns to form noun phrases.

SUMMARY OF NOUN PHRASES

	Nominative	Accusative	Dative
Masculine	der Vater der Ball	den Vater den Ball	dem Vater dem Ball
Feminine	die Mutter die Kassette	die Mutter die Kassette	der Mutter der Kassette
Neuter	das Mädchen das Haus	das Mädchen das Haus	dem Mädchen dem Haus
Plural	die Kassetten die Häuser	die Kassetten die Häuser	den Kassetten den Häusern

DIESER-WORDS

The determiners **dieser, jeder, welcher,** and **alle** are called **dieser**-words. Their endings are similar to those of the definite articles. Note that the endings of the **dieser**-words are very similar to the definite articles.

SUMMARY OF DIESER-WORDS

dieser	*this, that, these*
jeder	*each, every*
alle	*all*
welcher	*which, what*

	Nominative			Accusative			Dative		
Masculine	dieser	jeder	welcher	diesen	jeden	welchen	diesem	jedem	welchem
Feminine	diese	jede	welche	diese	jede	welche	dieser	jeder	welcher
Neuter	dieses	jedes	welches	dieses	jedes	welches	diesem	jedem	welchem
Plural	diese	alle	welche	diese	alle	welche	diesen	allen	welchen

THE INDEFINITE ARTICLE

Another type of word that is used with nouns is the *indefinite article:* **ein, eine, ein** in German, *a, an* in English. There is no plural form of **ein**.

SUMMARY OF INDEFINITE ARTICLES

	Nominative	Accusative	Dative
Masculine	ein	einen	einem
Feminine	eine	eine	einer
Neuter	ein	ein	einem
Plural	—	—	—

THE NEGATING WORD KEIN

The word **kein** is also used with nouns and means *no, not,* or *not any*. Unlike the **ein-** words, **kein** has a plural form.

	Nominative	Accusative	Dative
Masculine	kein	keinen	keinem
Feminine	keine	keine	keiner
Neuter	kein	kein	keinem
Plural	keine	keine	keinen

THE POSSESSIVES

These words also modify nouns and tell you *whose* object or person is being referred to (*my* car, *his* book, *her* mother). These words have the same endings as **kein**.

SUMMARY OF POSSESSIVES

	Before Masculine Nouns			Before Feminine Nouns		Before Neuter Nouns		Before Plural Nouns	
	Nom	**Acc**	**Dat**	**Nom & Acc**	**Dat**	**Nom & Acc**	**Dat**	**Nom & Acc**	**Dat**
my	mein	meinen	meinem	meine	meiner	mein	meinem	meine	meinen
your	dein	deinen	deinem	deine	deiner	dein	deinem	deine	deinen
his	sein	seinen	seinem	seine	seiner	sein	seinem	seine	seinen
her	ihr	ihren	ihrem	ihre	ihrer	ihr	ihrem	ihre	ihren
our	unser	unseren	unserem	usere	unserer	unser	unserem	unsere	unseren
your	euer	eueren	euerem	euere	euerer	euer	euerem	euere	eueren
their	ihr	ihren	ihrem	ihre	ihrer	ihr	ihrem	ihre	ihren
your	Ihr	Ihren	Ihrem	Ihre	Ihrer	Ihr	Ihrem	Ihre	Ihren

Commonly used short forms for unseren:	unsren *or* unsern	*for* unsere:	unsre
eueren:	euren *or* euern	euere:	eure
for unserem:	unsrem *or* unserm	*for* unserer:	unsrer
euerem:	eurem *or* euerm	euerer:	eurer

NOUN PLURALS

Noun class and plural forms are not always predictable. Therefore, you must learn each noun together with its article (**der, die, das**) and with its plural form. As you learn more nouns, however, you will discover certain patterns. Although there are always exceptions to these patterns, you may find them helpful in remembering the plural forms of many nouns.

Most German nouns form their plurals in one of two ways: some nouns add endings in the plural; some add endings and/or change the sound of the stem vowel in the plural, indicating the sound change with the umlaut (¨). Only the vowels **a, o, u,** and the diphthong **au** can take the umlaut. If a noun has an umlaut in the singular, it keeps the umlaut in the plural. Most German nouns fit into one of the following five plural groups.

1. Nouns that do not have any ending in the plural. Sometimes they take an umlaut.
   NOTE: There are only two feminine nouns in this group: **die Mutter** and **die Tochter.**

der Bruder, die Brüder	der Schüler, die Schüler	das Fräulein, die Fräulein
der Lehrer, die Lehrer	der Vater, die Väter	das Mädchen, die Mädchen
der Onkel, die Onkel	die Mutter, die Mütter	das Poster, die Poster
der Mantel, die Mäntel	die Tochter, die Töchter	das Zimmer, die Zimmer

2. Nouns that add the ending **-e** in the plural. Sometimes they also take an umlaut.
   NOTE: There are many one-syllable words in this group.

der Bleistift, die Bleistifte	der Sohn, die Söhne	das Jahr, die Jahre
der Freund, die Freunde	die Stadt, die Städte	das Spiel, die Spiele

3. Nouns that add the ending **-er** in the plural. Whenever possible, they take an umlaut, i.e., when the noun contains the vowels **a, o,** or **u,** or the diphthong **au. NOTE:** There are no feminine nouns in this group. There are many one-syllable words in this group.

das Buch, die Bücher	das Haus, die Häuser
das Fach, die Fächer	das Land, die Länder

4. Nouns that add the ending **-en** or **-n** in the plural. These nouns never add an umlaut.
   NOTE: There are many feminine nouns in this group.

der Herr, die Herren	die Klasse, die Klassen	die Tante, die Tanten
der Junge, die Jungen	die Karte, die Karten	die Wohnung, die Wohnungen
die Briefmarke, die Briefmarken	der Name, die Namen	die Zahl, die Zahlen
die Familie, die Familien	der Vetter, die Vettern	die Zeitung, die Zeitungen
die Farbe, die Farben	die Küche, die Küchen	
die Frau, die Frauen	die Schwester, die Schwestern	

   Feminine nouns ending in **-in** add the ending **-nen** in the plural.

die Freundin, die Freundinnen	die Verkäuferin, die Verkäuferinnen
die Lehrerin, die Lehrerinnen	

5. Nouns that add the ending **-s** in the plural. These nouns never add an umlaut.
   NOTE: There are many words of foreign origin in this group.

der Kuli, die Kulis	das Auto, die Autos
die Kamera, die Kameras	das Hobby, die Hobbys

SUMMARY OF PLURAL ENDINGS

Group	1	2	3	4	5
Ending:	-	-e	-er	-(e)n	-s
Umlaut:	sometimes	sometimes	always	never	never

PRONOUNS

PERSONAL PRONOUNS

REFLEXIVE

	Nominative	Accusative	Dative	Accusative	Dative
Singular					
1st person	ich	mich	mir	mich	mir
2nd person	du	dich	dir	dich	dir
3rd person *m.* er	ihn	ihm		
f. sie	sie	ihr	sich	sich
n. es	es	ihm		
Plural					
1st person	wir	uns	uns	uns	uns
2nd person	ihr	euch	euch	euch	euch
3rd person	sie	sie	ihnen	sich	sich
you (formal, sing. & pl.)	Sie	Sie	Ihnen	sich	sich

DEFINITE ARTICLES AS DEMONSTRATIVE PRONOUNS

The definite articles can be used as demonstrative pronouns, giving more emphasis to the sentences than the personal pronouns **er, sie, es.** Note that these demonstrative pronouns have the same forms as the definite articles: An exception is **denen.**

Wer bekommt *den* Cappuccino? *Der* ist für mich.

	Nominative	Accusative	Dative
Masculine	der	den	dem
Feminine	die	die	der
Neuter	das	das	dem
Plural	die	die	denen

INTERROGATIVES

INTERROGATIVE PRONOUNS

	People		Things	
Nominative	**wer?**	*who?*	**was?**	*what?*
Accusative	**wen?**	*whom?*	**was?**	*what?*
Dative	**wem?**	*to, for whom?*		

OTHER INTERROGATIVES

wann?	*when?*	**wie viele?**	*how many?*	**welche?**	*which?*
warum?	*why?*	**wo?**	*where?*	**was für (ein)?**	*what kind of (a)?*
wie?	*how?*	**woher?**	*from where?*		
wie viel?	*how much? how many?*	**wohin?**	*to where?*		

PREPOSITIONS

Accusative	durch, für, gegen, ohne, um
Dative	aus, bei, mit, nach, seit, von, zu, gegenüber

Two-Way:
  Dative–**wo?**
  Accusative–**wohin?**
	an, auf, hinter, in, neben, über, unter, vor, zwischen

WORD ORDER

POSITION OF **VERBS** IN A SENTENCE

The conjugated verb is in **first** *position in:*	yes/no *questions (questions that do not begin with an interrogative)* **Trinkst du Kaffee?** **Spielst du Tennis?** **Möchtest du ins Konzert gehen?** *both formal and informal commands* **Kommen Sie bitte um 2 Uhr!** **Geh doch mit ins Kino!**
The conjugated verb is in **second** *position in:*	*statements with normal word order* **Wir spielen heute Volleyball.** *statements with inverted word order* **Heute spielen wir Volleyball.** *questions that begin with an interrogative* **Wohin gehst du?** **Woher kommst du?** **Was macht er?** *sentences connected by* **und, oder, aber, denn** **Ich komme nicht, denn ich habe keine Zeit.**
The conjugated verb is in **second** *position and the infinitive or past participle is* **final** *in:*	*statements with modals* **Ich möchte heute ins Kino gehen.** *statements in conversational past* **Ich habe das Buch gelesen.** *statements with* **werde** *and* **würde** **Ich werde im Mai nach Berlin fliegen.** **Die Oma würde gern ins Theater gehen.**
The conjugated verb is in **final** *position in:*	*clauses that begin with interrogatives* (**wo, wann, warum,** etc.) **Ich weiß, wo das Hotel ist.** **Ich weiß nicht, wer heute Morgen angerufen hat.** *clauses that begin with* **weil, dass,** *or* **ob** **Ich gehe nicht ins Kino, weil ich kein Geld habe.** **Ich glaube, dass er Rockmusik gern hört.** **Ich komme morgen nicht, weil ich zu Hause helfen muss.** **Ich weiß nicht, ob er den Film schon gesehen hat.**

POSITION OF **NICHT** IN A SENTENCE

To negate the entire sentence, as close to end of sentence as possible:	**Er fragt seinen Vater**		**nicht.**
Before a separable prefix:	**Ich rufe ihn**	**nicht**	**an.**
Before any part of a sentence you want to negate, contrast, or emphasize:	**Er kommt**	**nicht**	**heute.** (**Er kommt morgen.**)
Before part of a sentence that answers the questions **wo?**	**Ich wohne**	**nicht**	**in Berlin.**

ADJECTIVES

ENDINGS OF ADJECTIVES AFTER
DER- AND **DIESER-** WORDS

	Nominative	Accusative	Dative
Masculine *Feminine* *Neuter*	der **-e** Vorort die **-e** Stadt das **-e** Dorf	den **-en** Vorort die **-e** Stadt das **-e** Dorf	dem **-en** Vorort der **-en** Stadt dem **-en** Dorf
Plural	die **-en** Vororte	die **-en** Vororte	den **-en** Vororten

NOTE: Names of cities used as adjectives always have the ending **-er: der Frankfurter Zoo, das Münchner Oktoberfest**

ENDINGS OF ADJECTIVES AFTER **EIN**

	Nominative	Accusative	Dative
Masculine *Feminine* *Neuter*	ein **-er** Vorort eine **-e** Stadt ein **-es** Dorf	einen **-en** Vorort eine **-e** Stadt ein **-es** Dorf	einem **-en** Vorort einer **-en** Stadt einem **-en** Dorf

ENDINGS OF ADJECTIVES AFTER
KEIN AND THE POSSESSIVES

	Nominative	Accusative	Dative
Masculine *Feminine* *Neuter*	kein **-er** Vorort keine **-e** Stadt kein **-es** Dorf	keinen **-en** Vorort keine **-e** Stadt kein **-es** Dorf	keinem **-en** Vorort keiner **-en** Stadt keinem **-en** Dorf
Plural	keine **-en** Vororte	keine **-en** Vororte	keinen **-en** Vororten

ENDINGS OF UNPRECEDED ADJECTIVES

	Nominative		Accusative		Dative	
Masculine	**-er**	Salat	**-en**	Salat	**-em**	Salat
Feminine	**-e**	Suppe	**-e**	Suppe	**-er**	Suppe
Neuter	**-es**	Eis	**-es**	Eis	**-em**	Eis
Plural	**-e**	Getränke	**-e**	Getränke	**-en**	Getränken

MAKING COMPARISONS

	Positive	*Comparative*
1. *All comparative forms end in* **-er.**	schnell	schneller
2. *Most one-syllable forms have an umlaut.*	alt	älter
3. *Exceptions must be learned as they appear.*	dunkel gut	dunkler besser

Equal Comparisons:	Er spielt **so gut wie** ich (spiele). *He plays as well as I (do).*
Unequal Comparisons:	Sie spielt **besser als** ich (spiele). *She plays better than I (do).*
Comparative adjectives before nouns:	der **bessere** Wagen ein **schöneres** Auto

NOTE: Comparative adjectives before nouns have the same endings as descriptive adjectives (see page R27).

VERBS

PRESENT TENSE VERB FORMS

		Regular	-eln Verbs	Stem Ending with t/d	Stem Ending with s/ß
INFINITIVES		spiel -en	bastel -n	find -en	heiß -en
PRONOUNS		stem + ending	stem + ending	stem + ending	stem + ending
I	ich	spiel -e	bastl -e	find -e	heiß -e
you	du	spiel -st	bastel -st	find -est	heiß -t
he *she* *it*	er sie es	spiel -t	bastel -t	find -et	heiß -t
we	wir	spiel -en	bastel -n	find -en	heiß -en
you (plural)	ihr	spiel -t	bastel -t	find -et	heiß -t
they	sie	spiel -en	bastel -n	find -en	heiß -en
you (formal)	Sie	spiel -en	bastel -n	find -en	heiß -en

NOTE: There are important differences between the verbs in the above chart:

1. Verbs ending in **-eln** (**basteln, segeln**) drop the **e** of the ending **-eln** in the **ich**-form: **ich bastle, ich segle** and add only **-n** in the **wir-, sie-,** and **Sie**-forms. These forms are always identical to the infinitive: **basteln, wir basteln, sie basteln, Sie basteln.** Verbs ending in **-ern** (**wandern**) sometimes drop the **e** of the ending **-ern** in the **ich**-form: **ich wandre** and add only **-n** in the **wir-, sie-,** and **Sie**-forms. These forms are always identical to the infinitive: **wandern.**

2. Verbs with a stem ending in **d** or **t**, such as **finden,** add an **e** before the ending in the **du**-form (**du findest**) and the **er-** and **ihr**-forms (**er findet, ihr findet**).

3. All verbs with stems ending in an **s**-sound (**heißen**) add only **-t** in the **du**-form: **du** heißt.

VERBS WITH A STEM-VOWEL CHANGE

There are a number of verbs in German that change their stem vowel in the **du-** and **er/sie-** forms. A few verbs, such as **nehmen** (*to take*), have a change in the consonant as well. You cannot predict these verbs, so it is best to learn each one individually. They are usually irregular only in the **du-** and **er/sie-** forms.

	e → i			e → ie		a → ä	
	essen	geben	nehmen	lesen	sehen	fahren	einladen
ich	esse	gebe	nehme	lese	sehe	fahre	lade ein
du	isst	gibst	nimmst	liest	siehst	fährst	lädst ein
er, sie	isst	gibt	nimmt	liest	sieht	fährt	lädt ein
wir	essen	geben	nehmen	lesen	sehen	fahren	laden ein
ihr	esst	gebt	nehmt	lest	seht	fahrt	ladet ein
sie	essen	geben	nehmen	lesen	sehen	fahren	laden ein
Sie	essen	geben	nehmen	lesen	sehen	fahren	laden ein

SOME IMPORTANT IRREGULAR VERBS: **HABEN, SEIN, WISSEN, AND WERDEN**

	haben	sein	wissen	werden
ich	habe	bin	weiß	werde
du	hast	bist	weißt	wirst
er, sie	hat	ist	weiß	wird
wir	haben	sind	wissen	werden
ihr	habt	seid	wisst	werdet
sie	haben	sind	wissen	werden
Sie	haben	sind	wissen	werden

VERBS FOLLOWED BY AN OBJECT IN THE DATIVE CASE

antworten, *to answer*	**gratulieren,** *to congratulate*
danken, *to thank*	**helfen,** *to help*
gefallen, *to like*	**passen,** *to fit*
glauben, *to believe*	

Es geht (mir) gut.	Es steht (dir) gut.
Es schmeckt (mir) nicht.	Es macht (mir) Spaß.
Es tut (mir) Leid.	Es tut (mir) weh.
Was fehlt (dir)?	

MODAL (AUXILIARY) VERBS

The verbs **dürfen, können, müssen, sollen, wollen, mögen** (and the **möchte**-forms) are usually used with an infinitive at the end of the sentence. If the meaning of that infinitive is clear, it can be left out: **Du musst sofort nach Hause!** (**Gehen** is understood and omitted.)

	dürfen	können	müssen	sollen	wollen	mögen	möchte
ich	darf	kann	muss	soll	will	mag	möchte
du	darfst	kannst	musst	sollst	willst	magst	möchtest
er, sie	darf	kann	muss	soll	will	mag	möchte
wir	dürfen	können	müssen	sollen	wollen	mögen	möchten
ihr	dürft	könnt	müsst	sollt	wollt	mögt	möchtet
sie	dürfen	können	müssen	sollen	wollen	mögen	möchten
Sie	dürfen	können	müssen	sollen	wollen	mögen	möchten

VERBS WITH SEPARABLE PREFIXES

Some verbs have separable prefixes: prefixes that separate from the conjugated verbs and are moved to the end of the sentence.

	Infinitive: aussehen
ich sehe ... aus	Ich sehe heute aber sehr schick aus!
du siehst ... aus	Du siehst heute sehr fesch aus!
er/sie/es sieht ... aus	Sieht sie immer so modern aus?
	Sieht dein Zimmer immer so unordentlich aus?
wir sehen ... aus	Wir sehen heute sehr lustig aus.
ihr seht ... aus	Ihr seht alle so traurig aus.
sie sehen ... aus	Sie sehen sehr schön aus.
Sie sehen ... aus	Sie sehen immer so ernst aus.

Here are the separable-prefix verbs you learned in Level 1 and Level 2.

abheben	aufräumen	fernsehen	weggeben
abräumen	ausgehen	herausnehmen	wegtragen
anprobieren	aussehen	mitkommen	wegwerfen
anrufen	einkaufen	vorschlagen	wehtun
anziehen	einladen	vorziehen	zustimmen
auflegen	einstecken		

COMMAND FORMS

Regular Verbs	gehen	spielen
Persons you address with **du** (singular) with **ihr** (plural) with **Sie** (sing & pl) "let's" form	Geh! Geht! Gehen Sie! Gehen wir!	Spiel! Spielt! Spielen Sie! Spielen wir!

Separable-prefix Verbs	mitkommen	anrufen	aufräumen	anziehen	ausgehen
	Komm mit! Kommt mit! Kommen Sie mit! Kommen wir mit!	Ruf an! Ruft an! Rufen Sie an! Rufen wir an!	Räum auf! Räumt auf! Räumen Sie auf! Räumen wir auf!	Zieh an! Zieht an! Ziehen Sie an! Ziehen wir an!	Geh aus! Geht aus! Gehen Sie aus! Gehen wir aus!

Stem-changing Verbs	essen	nehmen	geben	sehen	fahren
	Iss! Esst! Essen Sie! Essen wir!	Nimm! Nehmt! Nehmen Sie! Nehmen wir!	Gib! Gebt! Geben Sie! Geben wir!	Sieh! Seht! Sehen Sie! Sehen wir!	Fahr! Fahrt! Fahren Sie! Fahren wir!

Note: The vowel changes **e → i** and **e → ie** are maintained in the **du**- form of the command. The vowel change **a → ä** does not occur in the command form.

EXPRESSING FUTURE TIME

In German, there are three ways to express future time:

1. present tense verb forms	Ich **kaufe** eine Jeans. Ich **finde** bestimmt etwas.	*I'm going to buy a pair of jeans.* *I will surely find something.*
2. present tense verb forms with words like *morgen, später*	Er kommt **morgen.** Elke ruft **später** an.	*He's coming tomorrow.* *Elke will call later.*
3. **werden,** *will,* plus infinitive	Ich **werde** ein Hemd **kaufen.** Er **wird** bald **gehen.**	*I'll buy a shirt.* *He'll go soon.*

SUBJUNCTIVE FORMS

THE FORMS HÄTTE, WÄRE, KÖNNTE, AND WÜRDE

ich	hätte	wäre	könnte	würde
du	hättest	wärest	könntest	würdest
er, sie, es	hätte	wäre	könnte	würde
wir	hätten	wären	könnten	würden
ihr	hättet	wäret	könntet	würdet
sie, Sie	hätten	wären	könnten	würden

NOTE: In spoken German the forms **wärest** and **wäret** are often shortened to **wärst** and **wärt.**

PAST TENSE VERB FORMS

In this book, you learned the simple past of **haben** and **sein:**

THE SIMPLE PAST OF HABEN AND SEIN

	haben	sein
ich	**hatte**	**war**
du	**hattest**	**warst**
er, sie	**hatte**	**war**
wir	**hatten**	**waren**
ihr	**hattet**	**wart**
sie	**hatten**	**waren**
Sie (formal)	**hatten**	**waren**

THE CONVERSATIONAL PAST

German verbs are divided into two groups: weak verbs and strong verbs. Weak verbs usually follow a regular pattern, such as the English verb forms *play — played — has played*. Strong verbs usually have irregularities, like the English verb forms *run — ran — has run* or *go — went — has gone*.

The conversational past tense of weak and strong verbs consists of the present tense of **haben** or **sein** and a form called the past participle, which is usually in last position in the clause or sentence.

| Die Schüler | **haben** | ihre Hausaufgaben schon | **gemacht.** |
| Sabine | **ist** | gestern zu Hause | **geblieben.** |

Formation of Past Participles				
Weak Verbs	spielen	(er) spielt	gespielt	Er hat gespielt.
with inseparable prefixes	besuchen	(er) besucht	besucht	Er hat ihn besucht.
with separable prefixes	aufräumen	(er) räumt auf	aufgeräumt	Er hat aufgeräumt.
Strong Verbs	kommen	(er) kommt	gekommen	Er ist gekommen
with inseparable prefixes	bekommen	(er) bekommt	bekommen	Er hat es bekommen.
with separable prefixes	mitkommen	(er) kommt mit	mitgekommen	Er ist mitgekommen.

NOTE: For past participles of strong verbs and irregular verbs, see pages R34–R36.

WEAK VERBS FORMING THE PAST PARTICIPLE WITH **SEIN**

| **bummeln,** *to stroll* | ist gebummelt | **surfen,** *to surf* | ist gesurft |
| **reisen,** *to travel* | ist gereist | **wandern,** *to hike* | ist gewandert |

PRINCIPAL PARTS OF THE VERBS PRESENTED IN LEVELS 1 AND 2

This list includes all verbs included in the **Wortschatz** sections of Level 1 and Level 2. Both strong and weak verbs, including verbs with separable prefixes, stem-vowel changes, and other irregularities are listed. Though most of the verbs in this list form the conversational past with **haben**, a few of the verbs you have learned take **sein** in the present perfect tense.

STRONG VERBS

Infinitive	Present (stem-vowel change and/or separable prefix)	Past Participle		Meaning
abheben	hebt ab		abgehoben	to lift (the receiver)
anrufen	ruft an		angerufen	to call up
anziehen	zieht an		angezogen	to put on (clothes)
aussehen	sieht aus		ausgesehen	to look, appear
bekommen	bekommt		bekommen	to get, receive
beschreiben	beschreibt		beschrieben	to describe
bleiben	bleibt	(ist)	geblieben	to stay
brechen	bricht		gebrochen	to break
einladen	lädt ein		eingeladen	to invite
essen	isst		gegessen	to eat
fahren	fährt	(ist)	gefahren	to drive, ride
fernsehen	sieht fern		ferngesehen	to watch tv
finden	findet		gefunden	to find
geben	gibt		gegeben	to give
gefallen	gefällt		gefallen	to like, be pleasing to
gehen	geht	(ist)	gegangen	to go
gießen	gießt		gegossen	to pour; to water
haben	hat		gehabt	to have
halten	hält		gehalten	to keep
heißen	heißt		geheißen	to be called
helfen	hilft		geholfen	to help
herausnehmen	nimmt heraus		herausgenommen	to take out
kommen	kommt	(ist)	gekommen	to come
lassen	lässt		gelassen	to let
laufen	läuft	(ist)	gelaufen	to run
lesen	liest		gelesen	to read
messen	misst		gemessen	to measure
nehmen	nimmt		genommen	to take
Rad fahren	fährt Rad	(ist)	Rad gefahren	to bicycle
scheinen	scheint		geschienen	to shine
schlafen	schläft		geschlafen	to sleep
schlagen	schlägt		geschlagen	to slam
schreiben	schreibt		geschrieben	to write
schwimmen	schwimmt	(ist)	geschwommen	to swim
sehen	sieht		gesehen	to see
sein	ist	(ist)	gewesen	to be
sprechen	spricht		gesprochen	to speak
tragen	trägt		getragen	to wear
trinken	trinkt		getrunken	to drink
tun	tut		getan	to do

Infinitive	Present (stem-vowel change and/or separable prefix)	Past Participle	Meaning
vermeiden	vermeidet	vermieden	*to avoid*
vorschlagen	schlägt vor	vorgeschlagen	*to suggest*
vorziehen	zieht vor	*vorgezogen	*to prefer*
waschen	wäscht	gewaschen	*to wash*
weggeben	gibt weg	weggegeben	*to give away*
wegtragen	trägt weg	weggetragen	*to take away*
wegwerfen	wirft weg	weggeworfen	*to throw away*
wehtun	tut weh	wehgetan	*to hurt*
wissen	weiß	gewusst	*to know*

*These verbs have a consonant change in the past participle.

WEAK VERBS

Infinitive	Present (stem-vowel change and/or separable prefix)	Past Participle	Meaning
abräumen	räumt ab	abgeräumt	*to clear away*
angeln	angelt	geangelt	*to fish*
anprobieren	probiert an	anprobiert	*to try on*
arbeiten	arbeitet	gearbeitet	*to work*
auflegen	legt auf	aufgelegt	*to hang up (receiver)*
aufräumen	räumt auf	aufgeräumt	*to pick up/clean room*
basteln	bastelt	gebastelt	*to do arts and crafts*
bedauern	bedauert	bedauert	*to be sorry about*
bedienen	bedient	bedient	*to serve*
besichtigen	besichtigt	besichtigt	*to sight see*
besuchen	besucht	besucht	*to visit*
bezweifeln	bezweifelt	bezweifelt	*to doubt*
brauchen	braucht	gebraucht	*to need*
bringen	bringt	**gebracht	*to bring*
bügeln	bügelt	gebügelt	*to iron*
decken	deckt	gedeckt	*to set (the table)*
einkaufen	kauft ein	eingekauft	*to shop*
einlegen	legt ein	eingelegt	*to insert*
einstecken	steckt ein	eingesteckt	*to insert (coin)*
ernähren	ernährt	ernährt	*to nourish*
faulenzen	faulenzt	gefaulenzt	*to be lazy*
fotografieren	fotografiert	fotografiert	*to photograph*
s. freuen	freut s.	gefreut	*to be happy about*
s. fühlen	fühlt s.	gefühlt	*to feel*
füttern	füttert	gefüttert	*to feed*
glauben	glaubt	geglaubt	*to believe*
gucken	guckt	geguckt	*to look*
hoffen	hofft	gehofft	*to hope*
holen	holt	geholt	*to get*
hören	hört	gehört	*to hear*

Infinitive	Present (stem-vowel change and/or separable prefix)	Past Participle	Meaning
s. interessieren	interessiert s.	interessiert	to be interested in
kämmen	kämmt	gekämmt	to comb
kaufen	kauft	gekauft	to buy
kennen	kennt	**gekannt	to know
kosten	kostet	gekostet	to cost
leben	lebt	gelebt	to live
machen	macht	gemacht	to do or make
mähen	mäht	gemäht	to mow
meinen	meint	gemeint	to think, be of the opinion
passen	passt	gepasst	to fit
polieren	poliert	poliert	to polish
putzen	putzt	geputzt	to clean
rauchen	raucht	geraucht	to smoke
regnen	regnet	geregnet	to rain
sagen	sagt	gesagt	to say
sammeln	sammelt	gesammelt	to collect
schauen	schaut	geschaut	to look (at)
schenken	schenkt	geschenkt	to give (a gift)
schmecken	schmeckt	geschmeckt	to taste
segeln	segelt	(ist) gesegelt	to sail
sortieren	sortiert	sortiert	to sort
spielen	spielt	gespielt	to play
spülen	spült	gespült	to wash dishes
suchen	sucht	gesucht	to look for
tanzen	tanzt	getanzt	to dance
tauchen	taucht	getaucht	to dive
telefonieren	telefoniert	telefoniert	to call (on the phone)
trocknen	trocknet	getrocknet	to dry
verbringen	verbringt	**verbracht	to spend time
s. verletzen	verletzt s.	verletzt	to injure
s. verstauchen	verstaucht s.	verstaucht	to sprain
wählen	wählt	gewählt	to dial
wandern	wandert	(ist) gewandert	to hike
wischen	wischt	gewischt	to dust
wohnen	wohnt	gewohnt	to live
wünschen	wünscht	gewünscht	to wish
zahlen	zahlt	gezahlt	to pay
zeichnen	zeichnet	gezeichnet	to draw
zustimmen	stimmt zu	zugestimmt	to agree

**Although weak, these verbs have a vowel and/or consonant change in the past participle.

German-English Vocabulary

German-English Vocabulary

This vocabulary includes almost all words in this textbook, both active (for production) and passive (for recognition only). Active words and phrases are practiced in the chapter and are listed in the Wortschatz section at the end of each chapter. You are expected to know and be able to use active vocabulary. An entry in black, heavy type indicates that the word or phrase is active. All other words—some in the opening dialogs, in exercises, in optional and visual material, in the Landeskunde, Zum Lesen and Kann ich's wirklich? sections—are for recognition only. The meaning of these words and phrases can usually be understood from the context or may be looked up in this vocabulary.

With some exceptions, the following are not included: proper nouns, verb conjugations, and forms of determiners.

Nouns are listed with definite article and plural form, when applicable. The numbers in the entries refer to the level and chapter where the word or phrase first appears or where it becomes an active vocabulary word. Vocabulary from the location openers is followed by a Loc and the chapter number directly following the location spread.

The following abbreviations are used in this vocabulary: adj (adjective), pl (plural), prep (preposition), sep (separable-prefix verb), poss adj (possessive adjective), sing (singular), dat (dative), acc (accusative), s. (*sich*, or reflexive), and conj (conjunction).

A

der Aal, -e *eel*, Loc 10
die Aalsuppe, -n *eel soup*, Loc 4
ab (prep) *down, off*, II1
ab und zu *now and then*, II4
der Abend, -e *evening*, I; **am Abend** *in the evening*, I
das Abendbrot, -e *dinner*, II12
das Abendbuffet, -s *dinner buffet*, II12
das Abendessen, - *dinner, evening meal*, II5
das Abendkleid, -er *evening gown*, II12
abends *evenings*, II1
das Abenteuer, - *adventure*, II11
der Abenteuerfilm, -e *adventure movie*, I
die Abenteuerreise, -n *exotic vacation*, II9
aber (conj) *but*, I; **aber sicher!** *but of course!*, I
die Abfahrt, -en *departure*, II9
das Abgas, -e *exhaust*, II9
abgebildet *depicted*, II2
abgehakt *crossed off*, II3
abgelegen *remote*, II5
abgeschnitten *cut-off*, II8
abgestanden *stale, flat*, II2
abgewendet *turned away*, II11
abheben (sep) *to pick up*, I; **den Hörer abheben** *to pick up the receiver*, I

abholen (sep) *to come for, pick up*, II11
der Abholschein, -e *receipt to pick up a prescription*, II6
abladen (sep) *to unload*, II2
das Ablagefach, ⸚er *storage shelf*, II10
ablaufen (sep) *to flow or run off; to elapse, expire*, II11
ablehnen (sep) *to decline, turn down*, II12
abräumen (sep) *to clean up, clear off*, I
der Absatz, ⸚e *shoe heel*, II8
die Absatzforschung, -en *marketing research*, II10
abschaffen (sep) *to abolish*, II10
abschneiden (sep) *to cut off*, II5
abschreiben (sep) *to copy*, II5
abschwirren (sep) *to buzz off*, II12
absichtlich *on purpose*, II12
absolut *absolute(ly), unconditional(ly)*, II6
der Abstand, ⸚e *distance, gap*, II12
der Abstecher, - *detour*, II10
abstellen (sep) *to switch off*, II7
die Abteilung, -en *division, department*, II1
abtrocknen (sep) *to dry off*, II5
abwechselnd *alternating, one after the other*, II3
die Abwechslung, -en *change, variety*, II3
abwechslungsreich *varied, diverse*, II12
die Abwesenheit *absence*, II10

abwischen (sep) *to erase, wipe up*, II11
Ach *Oh!*, I; **Ach ja!** *Oh yeah!*, I
Ach schade! *That's too bad.*, II6
achten auf (acc) *to pay attention to*, II12
das Acryl *acrylic*, II8
der Actionfilm, -e *action movie*, I
das Adjektiv, -e *adjective*, II8
die Adresse, -n *address*, II11
afrikanisch (adj) *African*, II12
die Agentur, -en *agency*, II8
ägyptisch (adj) *Egyptian*, II11
ähnlich *similar*, II1
die Ahnung, -en *idea, notion*, II8; **Keine Ahnung!** *I have no idea!*, I
die Aktie, -n *share, stock*, II8
aktiv *active*, II8
die Aktivität, -en *activity*, II4
aktuell *current, contemporary*, II1
akzeptiert *accepted*, II11
die Alarmanlage, -n *alarm system*, II10
der Alkohol, -e *alcohol*, II4
alkoholfrei *non-alcoholic*, II11
all- *all*, II8
allein *alone*, II2
allerbesten: am allerbesten *best of all*, II8
die Allergie, -n *allergy*, II4
allergisch (gegen) *allergic (to)*, II4
alles *everything*, II4
der Alltag, -e *weekday, workday routine*, II9

allzu *much too, far too,* II7
als *than,* II7
also (conj) *so, therefore,* II6; (particle) *well, okay;* II1
alt *old,* I
älter *older,* II7
die Alterserscheinung, -en *sign of old age,* II6
die Alufelge, -n *aluminum rim,* II10
am=an dem *at the,* I; **am …platz** *on … Square,* I; **am Abend** *in the evening,* I; **am ersten (Juli)** *on the first (of July),* I; **am letzten Tag** *on the last day,* II3; **am liebsten** *most of all,* I; **am Tag** *during the day,* II4; **an der Schule** *at school,* II4; **am besten** *best (of all),* II5
der Amerikaner, - *American,* II4
amerikanisch (adj) *American,* II11
die Ampel, -n *traffic light,* I; **bis zur Ampel** *until you get to the traffic light,* I
an *to, at,* II9
anbieten (sep) *to offer,* II7
anbraten (sep) *to grill, roast,* II12
ander- *other,* I; **ein(-) ander-** *another (a different) one,* II9
andererseits *on the other hand,* II7
ändern *o change,* II9
der Anfang, ⸚e *beginning,* II8
der Anfänger, - *beginner,* II12
die Angabe, -en *information,* II6
angeben (sep) *to indicate, state,* II2
das Angebot, -e *offer,* I; **Angebot der Woche** *weekly special,* I
angeboten *offered,* II12
angeln *to fish,* II9
angenommen *accepted, assumed,* II12
angeregt *lively,* II3
angeschlossen *joined,* II3
angestarrt werden *to be stared at,* II8
der Angestellte, -n *employee,* II4
angezogen *dressed,* II8
angucken (sep) *to look at,* II10
anhaben (sep) *to have on,* II1
anhören (sep) *to listen to,* II1
ankommen (sep) *to arrive,* II12
ankreuzen (sep) *to cross, mark off,* II3
die Anlage, -n *grounds, site,* II12; *system, installation,* II2
der Anlass, ⸚e *occasion,* II2
die Anleitung, -en *instruction,* II6
der Anorak, -s *parka,* II8
anprobieren (sep) *to try on,* I
anregen (sep) *stimulate,* II4
die Anregung, -en *stimulation, incitement,* II1; **zur Anregung** *as a start,* II1
der Anrufbeantworter, - *answering machine,* II9

anrufen (sep) *to call (on the phone),* I
anschauen (sep) *to look at,* II7
der Anschlag, ⸚e *announcement,* II11
die Anschlagtafel, -n *bulletin board,* II2
anschließend *following, adjacent,* II12
s. ansehen (sep) *to have a look at,* II2
die Ansicht, -en *view, point of view,* II9; **nach Ansicht von** *in the opinion of,* II9
ansonsten *otherwise,* II3
die Ansprache, -n *speech, address,* II3
ansprechen (sep) *to talk to,* II9
der Anspruch, ⸚e *claim; right,* II12
die Anstalt, -en *institute, establishment,* Loc 7
die Anstrengung, -en *exertion, effort, strain,* II6
die Antwort, -en *answer,* II2
antworten (dat) *to answer,* II2
die Anwendung, -en *application, use,* II3
die Anzahl, -en *number, quantity,* II8
die Anzeige, -n *ad,* II10
anzeigen (sep) *to show, indicate or record,* II10
anziehen (sep) *to put on, wear,* I
der Anzug, ⸚e *suit,* II8
der Apfel, ⸚ *apple,* I
der Apfelkuchen, - *apple cake,* I
der Apfelsaft, ⸚e *apple juice,* I; **ein Glas Apfelsaft** *a glass of apple juice,* I
die Apotheke, -n *pharmacy,* II6
der Apotheker, - *pharmacist,* II6
der Apparat, -e *telephone,* I
das Appartement, -s *apartment,* II12
der Appetit: **Guten Appetit!** *Bon appétit!,* II11
die Aprikose, -n *apricot,* II4
der April *April,* I
die Arbeit, -en *work,* II2
arbeiten *to work,* II3
die Arbeitsklamotte, -n *work clothes,* II8
die Architektur *architecture,* II3
arg *very; annoying,* II4
ärgerlich *annoying,* II3
der Arm, -e *arm,* II6
das Armband, ⸚er *bracelet,* II1
die Armbanduhr, -en *wristwatch,* I
der Ärmel, - *sleeve,* II1
ärmellos *sleeveless,* II8
die Armut *poverty,* II7
der Artikel, - *article, commodity,* II2
der Arzt, ⸚e *doctor,* II6
assoziieren *to associate,* II3
der Atem *breath, breathing,* II12
der Athlet, -en *athlete,* II12
atmen *to breathe,* II12
die Atmosphäre, -n *atmosphere, environment,* II11
attraktiv *attractive,* II1

Au!, Aua! *Ouch!,* II6
auch *also,* I; **Ich auch.** *Me too.,* I; **auch noch** *also,* II9; **auch schon** *also, already,* II3
auf (prep) *on, onto, to,* II1; **Auf dein/Ihr/euer Wohl!** *To your health!,* II11; **auf dem Land** *in the country,* I; **Auf Wiederhören!** *Goodbye!,* I; **auf einer Fete** *at a party,* II8
aufdrehen (sep) *to turn up,* II2
der Aufdruck *print impression,* II1
die Aufgabe, -n *assignment,* II3
aufgeben (sep) *to give up,* II4
aufgelistet *listed,* II4
aufgeschnitten *cut open,* II5
aufgießen (sep) *to brew a drink (tea, coffee),* II5
aufgrund dessen *because of that,* II9
aufhängen (sep) *to hang out, up,* II4
aufheben (sep) *to lift or raise,* II2
aufhören (sep) *to stop,* II6
der Aufkleber, - *sticker,* II10
aufkommen (sep) *to get up; to arise,* II5
der Auflauf, ⸚e *soufflé,* II5
auflegen (sep) *to hang up (the telephone),* I
aufliegen (sep) *lie (on),* II1
aufräumen (sep) *to clean up,* I
der Aufsatz, ⸚e *essay,* II12
der Aufschnitt *cold cuts,* I
aufschreiben (sep) *to write down,* II12
aufsetzen (sep) *to put or place on,* II5
die Aufsicht, -en *supervision,* II10
aufstehen (sep) *to get up,* II6
der Aufstrich, -e *spread,* II11
auftauchen (sep) *to turn up, arise,* II10
auftreten (sep) *to appear,* II6
aufwachen (sep) *to wake up,* II12
aufwachsen (sep) *to grow up,* II7
aufwärmen (sep) *to warm up,* II5
aufzählen (sep) *to enumerate,* II11

das Auge, -n *eye,* I
der Augenblick, -e *moment,* II12
die Augenfarbe, -n *eye color,* II1
der August *August,* I
aus (prep) *from, out of,* II1; **aus Baumwolle** *made of cotton,* I; **aus dem (16.) Jahrhundert** *from the (16th) century,* II9; **aus den 60er Jahren** *from the sixties,* II8; **aus welchen Gründen** *for what reasons,* II8
die Ausbildung, -en *education,* II7
der Ausdruck, ⸚e *expression,* II2
ausdrücken (sep) *to express,* II6

der Ausflug, -̈e *excursion,* II11
das Ausflugsschiff, -e *excursion boat,* II11
das Ausflugsziel, -e *destination,* II9
das Ausführen, *developing,* II9
ausfüllen *to fill out,* II4
ausgeben (sep) *to give out; to spend (money),* II12
ausgehen (sep) *to go out,* II1
ausgeschnitten *low-cut,* II8
ausgewählt *chosen,* II11
ausgezeichnet *excellent, outstanding,* II1
aushöhlen (sep) *to hollow out,* II5
s. auskennen (sep) *to know all about,* II9
die Auskunft, -̈e *information,* II3
der Ausländer, - *foreigner,* II11
das Ausland *foreign country,* II9
ausländisch *foreign,* II11
die Auslandsreise, -n *foreign travel, trip,* II9
der Auslauf *run,* II10
auslegen (sep) *to lay out (money, etc.),* II5
ausmachen (sep) *to make up, constitute,* II12
die Ausnahme, -n *exception,* II8
ausprobieren (sep) *to try out,* II5
ausquatschen (sep) *to have a good chat,* II2
ausrechnen (sep) *to calculate; to figure out,* II8
die Ausrede, -n *excuse,* II6
ausreden (sep) *to finish speaking,* II2
der Ausreißer, - *deserter, runaway,* II11
ausrufen (sep) *to call out,* II2
s. ausruhen (sep) *to relax, rest,* II5
die Ausrüstung, -en *equipment, outfit,* II10
die Aussage, -n *statement,* II7
aussagen (sep) *to state, express,* II9
s. ausschlafen *to sleep one's fill,* II9
der Ausschnitt, -e *excerpt,* II4
aussehen (sep) *to look like, to appear,* I; **der Rock sieht … aus.** *The skirt looks …,* I; **Wie sieht er aus?** *What does he look like?,* I
außerdem *besides,* II5
die Aussicht, -en *view,* II12
die Ausstattung, -en *equipment, furnishing,* II10
die Ausstellung, -en *exhibition,* II11
die Ausstellungseröffnung, -en *opening of an exhibition,* II11
aussuchen (sep) *to choose,* II7
austauschen (sep) *to exchange,* II2
der Austauschschüler, - *exchange student (male),* II4
die Austauschwoche, -n *exchange week,* II2
die Auster, -n *oyster,* II11

die Auswahl, -en *choice, selection,* II8
auswählen (sep) *to choose from,* II5
s. ausdenken (sep) *to think up,* II5
ausfüllen (sep) *to fill in (a form),* II8
außer (prep) *except for,* II11
außerdem *besides,* II5
außereuropäisch *outside of Europe,* II12
außerhalb (prep) *outside of,* II3
der Auszug, -̈e *excerpt,* II11
das Auto, -s *car,* I; **mit dem Auto** *by car,* I
die Autobahn, -en *highway,* II10
der Autofahrer, - *driver,* II10
der Automat, -en *vending machine; robot,* II2
die Automatik *automatic transmission,* II10
die Automobilindustrie, -n *automobile industry,* Loc 1
die Autotür, -en *car door,* II7
der Autounfall, -̈e *car accident,* II10

der Bach, -̈e *creek,* II9
der Bäcker, - *baker,* I
die Bäckerei, -en *bakery,* I
das Backhaus, -̈er *bakehouse,* II9
das Bad, -̈er *bath,* II6
baden *to swim,* I; **baden gehen** *to go swimming,* I
der Badestrand, -̈e *beach,* II3
das Badezimmer, - *bathroom,* II7
die Bahn, -en *train,* II9
der Bahnhof, -̈e *train station,* I
der Bahnübergang, -̈e *train crossing,* II7
das Ballett, -e *ballet,* II11
die Banane, -n *banana,* II2
die Bank, -en *bank,* I
der Bankschalter, - *bank counter,* II12
der Bärenhunger *hungry as a bear,* II12
barfuß *barefoot,* II12
die Barockstadt, -̈e *baroque city,* II3
Basketball *basketball,* I
die Basketballhalle, -n *basketball gym,* II12
der Basketballplatz, -̈e *basketball court,* II12
basteln *to do crafts,* I
der Bau *construction,* II3
der Bauch, -̈e *stomach,* II6
die Bauchschmerzen (pl) *stomachache,* II6
das Baudenkmal, -̈er *monument,* II11
bauen *to build,* II2
der Bauer, -n *farmer,* II10

die Bauernente, -n *farm-raised duck,* II11
das Bauernhaus, -̈er *farm house,* II9
der Bauernhof, -̈e *farm,* II3
der Baum, -̈e *tree,* II7
die Baumwolle, *cotton,* I
bayerisch (adj) *Bavarian,* II1
Bayern (das) *Bavaria,* II4
beachten *to notice, heed, regard,* II7
beantworten *to answer,* II2
der Becher, - *cup,* II2
bedauern *to be sorry about,* II5
bedeuten *to mean,* II1
bedeutend *meaningful,* Loc 1
bedienen *to serve,* II 3; **die Kamera bedienen** *to operate the camera,* II 3
die Bedienung, -en *wait person,* II1
bedruckt *printed,* II8
beeindruckend *impressive,* II11
beenden *to end,* II10
die Beere, -n *berry,* II4
s. befinden *to find oneself, to be,* II9
befragen *to ask questions,* II9
begabt *talented,* II12
begeistert *enthusiastic,* II1
beginnen *to begin,* II12
begleiten *to accompany,* II4
begründen *to found; to give a reason for,* II2
beherbergt *given shelter,* II3
bei (prep) *by, near, at,* II9; **bei uns** *with us at home,* II10; **beim Bäcker** *at the baker's,* I
beide *both,* II2
die Beilage, -n *side dish,* II11
das Bein, -e *leg,* II6
das Beispiel, -e *example,* II1
beitragen zu (sep) *to contribute to,* II7
bekannt *known,* II3
der Bekannte, -n *acquaintance (male),* II1
die Bekleidungsabteilung, -en *clothing department,* II1
das Bekleidungsgeschäft, -e *clothing store,* II12
bekommen *to get, receive,* I
belästigen *to annoy,* II7
belegen *to cover; to register for,* II5
beliebt *popular,* II9
beliefern *to supply (with),* II7
bemerken *to notice,* II7
die Bemerkung, -en *comment, remark,* II10
s. benehmen *to behave,* II11
benutzen *to use,* II6
das Benzin *gasoline, fuel,* II10
der Beobachter, - *observer,* II12
bequem *comfortable,* I
beraten *to advise,* II8
der Bereich, -e *area,* Loc 7
bereit *willing; prepared,* II5
bereits *already,* II12
der Berg, -e *mountain,* II7

die Bergbahn, -en *mountain or alpine railway,* II9

das Bergsteigen *mountain climbing,* II3

die Bergtour, -en *tour or trip in the mountains,* II9

der Bergwanderer, - *mountain hiker,* II9

berichten (über) *to report on,* Loc 1

beruflich *professional(ly),* II10

die Berufsschule, -n *vocational school,* II5

berühmt *famous,* II3

beschäftigt *busy,* II3

die Bescheidenheit, -en *modesty,* II8

beschlossen *decided,* II12

beschreiben *to describe,* II1

die Beschreibung, -en *description,* II1

beschrieben *described,* II1

beschriften *to inscribe,* II8

die Beschwerde, -n *trouble, complaint,* II6

beseitigen *to remove, abolish,* II7

besetzt *busy* (telephone), I

besichtigen *to sightsee, visit a place,* II3

die Besichtigung, -en *sightseeing, visit,* II9

der Besitz, -e *ownership,* II1

besonders *especially,* I

besorgen *to provide,* II12

besprechen *to discuss,* II9

besser *better,* I

die Besserung, -en *improvement,* II6; **Gute Besserung!** *Get well soon!,* II6

bestehen *to pass,* II2

bestehen aus *to consist of,* II2

bestellen *to order,* II1

die Bestellkarte, -n *order form,* II8

die Bestellnummer, -n *order number,* II8

die Bestellung, -en *order,* II11

besten: **am besten** *the best,* II5

bestens *very well, best,* II1

bestimmt *certainly, definitely,* I

bestreuen *to sprinkle,* II5

der Besuch, -e *visit,* II2

besuchen *to visit,* I

der Besucher, - *visitor,* II11

betreten *to step on; to enter,* II8

der Betrieb, -e *business, firm,* Loc 10

das Bett, -en *bed,* I

beugen *to bend,* II12

beurteilen *to judge,* II12

die Bevölkerung *population, inhabitants,* II4

bevor (conj) *before,* II2

bevorzugen *to prefer, to favor,* II12

beweisen *to prove,* II12

der Bewerber, - *applicant,* II10

bewundern *to admire,* II9

bewusst *conscious,* II6

bezahlen *to pay,* II11

bezahlt *paid for,* II1

bezeugen *to testify to,* Loc 10

beziehungsweise=bzw. *respectively, that is to say,* II11

das Bezirksamt, ⸚er *local government office,* II11

bezweifeln *to doubt,* II9

die Bibliothek, -en *library,* II5

biegen *to bend, turn,* II9; **einbiegen** (sep): **Biegen Sie hier ein!** *Turn here!,* II9

der Biergarten, ⸚ *open-air restaurant, beer garden,* II12

das Biertrinken *drinking beer,* II11

bieten *to offer,* II7

das Bild, -er *picture,* II5

bilden *to form, shape, construct,* II1

billig *cheap,* I

der Bioladen, ⸚ *natural foods store,* II4

die Biologie=Bio *biology,* I

die Biologielehrerin, -nen *biology teacher (female),* I

die Birne, -n *pear,* II5

bis (prep) *until,* II1; bis auf *except for, all but,* II5; **Bis dann!** *Till then! See you later!,* I; bis zu *up to,* II9

der Bischof, ⸚e *bishop,* II3

der Biss, -e *bite, sting,* II12

bisschen: **ein bisschen** *a little,* I

bissel=bisschen *a little,* II4

bitte *please,* I; **Bitte (sehr/schön)!** *You're (very) welcome!,* I; **Bitte! Hier!** *Here you go!,* II10

bitter *bitter,* II1

das Blatt, ⸚er *leaf; page,* II12

blau *blue,* I

die Blaubeere, -n *blueberry,* II4

der Blazer, - *blazer,* II8

bleiben *to stay, remain,* II3

bleich *pale,* II6

der Bleistift, -e *pencil,* I

der Blick, -e *glance, view,* II3

blöd *dumb,* I

der Blödsinn *nonsense,* II9

blond *blonde,* I

bloß *only,* I; **Was soll ich bloß tun?** *What should I do?,* II6

der Blouson, -s *bomber jacket,* II8

die Blume, -n *flower,* I

das Blumenbeet, -e *flower bed,* II7

der Blumenkohl *cauliflower,* II4

der Blumenmarkt, ⸚e *flower market,* Loc 7

der Blumenstrauß, ⸚e *flower bouquet,* I

die Bluse, -n *blouse,* I

der Boden *floor, ground,* II12

das Bogenschießen *archery,* II1

die Bohne, -n *bean,* II2

das Boot, -e *boat,* II9; **Boot fahren** *to go for a boat ride,* II9

botanisch *botanical,* II3

boxen *to box, punch,* II10

braten *to roast, bake,* II9

der Braten *roast,* II11

die Bratkartoffeln (pl) *fried potatoes,* II11

die Bratwurst, ⸚e *fried sausage,* II2

brauchen *to need,* I

braun *brown,* I

bräunen *to dye brown; to tan,* II8

s. brechen (etwas) *to break (something),* II6; **er/sie bricht** *he/she breaks,* II6

breit *large, wide,* II1

die Bremse, -n *brake,* II10

bremsen *to brake,* II12

das Brettspiel, -e *board game,* I; **ein Brettspiel spielen** *to play a board game,* I

die Brezel, -n *pretzel,* I

der Brieffreund, -e *pen pal,* II6

die Briefmarke, -n *stamp,* I

der Briefpartner, - *pen pal,* II7

die Brille, -n *a pair of glasses,* I

bringen *to bring,* II8; zum Ausdruck bringen *to express,* II9; etwas in Ordnung bringen *to get something in order,* II8

der Brokkoli *broccoli,* II4

die Bronzefigur, -en *bronze figure,* Loc 7

das Brot, -e *bread,* I

das Brötchen, - *breakfast roll,* II5

der Brotkrümel, - *bread crumb,* II12

der Brotteller, - *bread plate,* II12

die Brücke, -n *bridge,* II9

der Bruder, ⸚ *brother,* I

brüllen *to shout, holler,* II9

der Brunnen, - *fountain,* II9

die Brusttasche, -n *breast pocket,* II8

brutal *brutal, violent,* I

das Buch, ⸚er *book,* I

buchen *to book, reserve,* II9

der Buchstabe, -n *letter* (of the alphabet), II1

die Bucht, -en *bay,* II12

das Buddelschiffmuseum, -museen *museum of bottled boats,* II9

die Bude, -n *hut, room,* II12

bügeln *to iron,* II2

die Bühne, -n *stage,* II12

die Bulette, -n *meatball,* Loc 10

bulgarisch (adj) *Bulgarian,* II11

der Bummel *stroll,* II1

bummeln *to stroll,* II1

das Bund *bunch,* II2

der Bund *waistband,* II8

das Bundesland, ⸚er *(German or Austrian) federal state,* I

das Bundesligateam, -s *team in the federal league,* II12

die Bundfalte, -n *pleat,* II8

die Bundfaltenhose, -n *pleated pants,* II8

bunt *colorful,* II8

das Bürgerhaus, ⸚er *home of a prosperous citizen,* II9

der Bürgerkrieg, -e *civil war,* II10

bürgerlich *civic, civil,* II11; **gutbürgerliche Küche** *good home-cooked food,* II11

der Bürgermeister, - *mayor,* II3

das Büro, -s *office,* II3

der Bus, -se *bus*, I
der Busausflug, ̈e *bus excursion*, II11
die Busfahrt, -en *bus trip*, II9
die Butter *butter*, I
die Buttermilch *buttermilk*, II2
das Butterschmalz *shortening*, I
  bzw.=beziehungsweise
  respectively, that is to say, II12

das Café, -s *café*, I
der Camembert Käse, - *Camembert cheese*, II5
der Cappuccino, -s *cappuccino coffee*, II2
die CD, -s *compact disc*, I
der Cent, - *cent, (smallest unit of the euro; 1/100th of a euro)*, I
  Cevapcici *(Serbocroat: rolled spicy ground meat)*, II12
  Chanukka *Hanukkah*, I; **Frohes Chanukka-Fest!** *Happy Hanukkah!*, I
der Charakter *character, personality, quality*, II8
  charakterisieren *to characterize*, II1
  checken *to check*, II10
der Chefkoch, ̈e *head chef*, II12
die Chemie *chemistry*, I
  chemisch *chemical*, II4
  chic *smart (looking)*, I
der Chinese, -n *Chinese (male)*, II12
  chinesisch *(adj) Chinese*, II11
das Chorkonzert, -e *choir concert*, II11
die Clique, -n *clique*, II4
das Cola, -s *cola (also: die Cola)*, I
die Comics *(pl) comic books*, I
der Computer, - *computer*, I
  cool *(adj) cool*, II8
die Couch, -en *couch*, I
der Court, -s *court*, II12
der Couscous=Kuskus *couscous*, II12
der Cousin, -s *cousin (male)*, I
die Creme, -s *cream*, II6
die Cremesoße, -n *cream sauce*, II12
die Crêpes *(pl) crepes*, II12

da *there*, II1; **Da hast du (bestimmt) Recht!** *You're right about that!*, II10; **da hinten** *there in the back*, I; **da vorn** *there in the front*, I; **Da stimm ich dir zu!** *I agree with you about that!*, II10
  dabei *by it; near it; beside it, with it*, II2

die Dachrinne, -n *rain gutter*, II12
dafür *for it*, II10; **Ich bin dafür, dass …** *I am for doing …*, II11; *I prefer that …*, II11
  daheim *at home, in one's own country*, II12
  daher *from there; (conj) for that reason*, II7
  dahin *to that place*, II9
  dahinflitzen *(sep) to speed along*, II10
  dahinter *behind it*, II9
  damals *then, in those days*, II12
  damit *with it; (conj) so that*, II1
der Damm, ̈e *dam, dike*, II7
  dampfend *steaming*, II12
danach *after that*, I
  daneben *next to it*, II1
  danebengehen *(sep) to be way off, miss the mark*, II11
  Dänemark (das) *Denmark*, II9
Danke! *Thank you!*, I; **Danke (sehr/schön)!** *Thank you (very much)!*, I; **Danke! Dir/Ihnen auch!** *Thank you! Same to you!*, II11; **Danke gleichfalls!** *Thank you and the same to you!*, II11
  danken *(dat) to thank*, II1
dann *then*, II1; **Dann nehm ich eben …** *In that case I'll take …*, II5; **Dann trink ich halt …** *I'll drink instead …*, II5
  daran *at it; on it*, II4
  darauf *on it; to it*, II3
Darf ich (bitte) …? *May I (please) …?*, II10
  darin *in it*, II8
  darüber *over it*, II8
  darüberstreuen *(sep) to sprinkle over something*, II12
  darunter *under it, underneath*, II8
dass *(conj) that*, I
der Dativ *dative case*, II6
die Datscha, (pl) Datschen *(Russian) garden house*, II11
die Dauer *duration*, II6
der Daumen, - *thumb*, II6
  davon *away from it; of it*, II7
  davor *in front of it*, II9
  dazu *for it; with it*, II2
  dazwischen *between it*, II10
der Decathlet, -en *decathlete (male)*, II12
die Decke, -n *blanket, cover*, II12
der Deckel, - *lid*, II5
  decken *to cover*, II2; **den Tisch decken** *to set the table*, I
deftig *hearty*, II11
dein *(poss adj) your*, I
  dekoriert *decorated*, II12
die Delikatesse, -n *delicacy*, II11
  denken *to think*, II2
das Denkmal, ̈er *monument*, Loc 1
denn *(particle)*, I, *(conj) because, for*, I

  derselbe *the same*, II3
  des *of the*, II1
  deshalb *(conj) for this reason*, II2
  desinfizieren *to disinfect*, II7
das Desinteresse *disinterest*, II8
  dessen *of him, it; of whose*, II9
  deswegen *(conj) because of that, for this reason*, II1
  detailliert *detailed*, II12
das Deutsch *German (language)*, I; *(school subject)*, I
die Deutschklasse, -n *German class*, II2
  Deutschland (das) *Germany*, I
der Deutschlehrer, - *German teacher (male)*, I
die Deutschlehrerin, -nen *German teacher (female)*, I
der Deutschschüler, - *German student (male)*, II5
  deutschsprachig *German-speaking*, II12
der Dezember *December*, I
das Dia, -s *slide*, II3
die Diätmargarine *diet margarine*, II2
der Dichter, - *writer, poet*, II3
  dick *(adj) fat*, II4; **dick machen** *to be fattening*, II4
der Dienstag *Tuesday*, I
  dienstags *Tuesdays*, II10
  dies- *this*, II5
  dieselbe *the same*, II6
  diesmal *this time*, II3
das Diktatschreiben, - *dictation*, II2
das Ding, -e *thing*, II1; **vor allen Dingen** *especially*, II10
  dir *to you*, II3
  direkt *direct*, II9
die Dirigentin, -nen *conductor (of an orchestra) (female)*, II11
die Disko, -s *disco*, I; **in eine Disko gehen** *to go to a disco*, I
die Diskothek, -en *discothek*, II9
die Diskussion, -en *discussion*, II10
das Diskuswerfen *discus throw*, II1
  diskutieren *to discuss*, II7
  DM=Deutsche Mark *German mark (former German monetary unit)*, I
  doch *(particle) yes, it is!*, I; **Ich meine doch, dass …,** *I really think that …*, II10
der Doktor, -en *doctor*, II8
der Dom, -e *cathedral*, II3
der Donnerstag *Thursday*, I
  donnerstags *Thursdays*, II10
  doof *dumb*, I
die Doppelstunde, -n *two-hour block*, II10
  doppelt gemoppelt *something done twice*, II12
das Dorf, ̈er *village*, II7
die Dorfgemeinde, -n *village community*, II3
die Dorfkirche, -n *village church*, II3
  dörflich *rural*, II12

der Dorfplatz, ⸚e *village square*, II3
die Dorfplatzeinweihung, -en *village square dedication*, II3
dort *there*, I; **dort drüben** *over there*, I
dorthin *to there*, II9
das Drahtbett, -en *wire-frame bed*, II7
drauf=darauf *on top of it*, II5
draußen *outside*, II5
der Dreck *dirt*, II2
dreckig *dirty*, II7
drehen *to turn*, II7
das Dreikörnerbrot *three-grain bread*, II2
drin=darin *in it*, II8
dringend *urgent*, II7
dritt- *third*, II1
die Drogerie, -n *drugstore*, II6
der Drogist, -en *druggist (male)*, II6
die Drogistin, -nen *druggist (female)*, II6
drücken *to press, squeeze*, II6
der Druckfehler, - *printing error*, II2
der Druckknopf, ⸚e *snap*, II8
drunter=darunter *underneath it*, II5
der Dschungel, - *jungle*, II9
der Duft, ⸚e *scent, perfume*, II2
dumm *dumb, stupid*, I
dummerweise *stupidly*, II3
das Düngemittel, - *fertilizer*, II4
dunkel *dark*, II1
dunkelgrau *dark gray*, II8
durch (prep) *through*, II9
durchchecken (sep) *to check through*, II10
durchkommen (sep) *to get through*, II9
durchschnittlich *average*, II5
die Durchschnittskosten (pl) *average cost*, II10
dürfen *to be allowed to*, II4; **er/sie/es darf** *he/she/it is allowed to*, II4
der Durst *thirst*, II2; **Durst haben** *to be thirsty*, II2

eben (particle), II5; **Dann nehm ich eben …** *In that case I'll take …*, II5; **eben nicht** *actually not*, II9
ebenfalls *likewise*, II5
echt *real(ly)*, I; *genuine*, II1
die Ecke, -n *corner*, II9
eckig *with corners*, I
egal *alike, equal*, II5; **egal sein: Mode ist mir egal.** *I don't care about fashion.*, II8
eher *sooner; rather*, II3
ehrlich *honestly*, I
das Ei, -er *egg*, I

der Eifer *enthusiasm*, II7
eigen *(one's) own*, II7
die Eigenschaft, -en *quality, property, attribute*, II1
eigentlich *actual(ly)*, II1; **Eigentlich schon, aber …** *Well yes, but …*, II4
ein(-) ander- *another (a different) one*, II9
einander *one another*, II7
einbiegen (sep) *to turn*, II9
der Eindruck, ⸚e *impression*, II12
Einfach! *That's easy!*, I
einfarbig *one-colored*, II8
einfüllen (sep) *to fill in*, II5
der Eingang, ⸚e *entrance*, II1
die Eingangstür, -en *entrance door*, II12
eingebildet *arrogant*, II8
eingeweiht *dedicated*, II3
einheimisch *local, native*, II9
einige *some*, II2
s. einigen auf (acc) *to agree on*, II12
einigermaßen *to a certain extent*, II4
der Einkauf, ⸚e *purchase*, II8
einkaufen (sep) *to shop*, I; **einkaufen gehen** *to go shopping*, I, II5
der Einkaufsbummel *window shopping*, II9
die Einkaufsliste, -n *shopping list*, II5
das Einkaufszentrum *shopping center*, II2
der Einkaufszettel, - *shopping list*, II2
das Einkommen, - *income*, II7
einladen (sep) *to invite*, I; **er/sie lädt … ein** *he/she invites*, I
die Einladung, -en *invitation*, II1
einlegen (sep): **ein Video einlegen** *to insert a video*, II3
einmal *once*, I; **einmal am Tag** *once a day*, II4
einmalig *unique*, II9
einnehmen (sep) *to take*, II6
der Einreiher, - *coat with one row of buttons*, II8
einrichten (sep) *to arrange*, II7
die Einrichtung, -en *arrangement*, II11
einsam *lonely*, II12
der Einsatz, ⸚e *stake*, II10
einschalten (sep) *turn on*, II10
die Einschaltquote, -n *number of viewers*, II10
einschlafen (sep) *to fall asleep*, II12
einschüchtern (sep) *to intimidate*, II7
einsetzen (sep) *to put, fill in*, II7
einsteigen (sep) *to get into, onto a vehicle*, II10
die Einstellung, -en *attitude, outlook*, II8
eintragen (sep) *to record (an entry)*, II2

eintreten (sep) *to enter*, II6
Einverstanden! *Agreed!*, II10
die Einweihung, -en *(formal) opening*, II3
der Einwohner, - *resident*, Loc 1
einzeln *single, individual, solitary*, II2
einzig *only; unique*, II9
das Eis *ice cream*, I
der Eisbecher, - *a dish of ice cream*, I
das Eisbein *pickled knuckle of pork*, Loc 10
die Eischeibe, -n *slice of egg*, II5
der Eistee *iced tea*, II5
elastisch *elastic*, II8
elegant *elegant*, II12
die Elektroindustrie, -n *electrical appliances industry*, Loc 1
die Elektrotechnik *electrical engineering*, Loc 4
der Ellbogen, - *elbow*, II6
die Eltern (pl) *parents*, I
empfangen *to greet, receive*, II10
empfehlen *to recommend*, II11
die Empfehlung, -en *recommendation*, II11
empfinden *to feel*, II9
das Ende, -n *end*, II2
endgültig *final(ly), last(ly)*, II12
endlich *at last*, II8
die Endung, -en *ending*, II5
die Energie, -n *energy*, II4
eng *tight*, I
englisch (adj) *English*, II1
das Englisch *English (school subject)*, I; (language), I
das Englischlernen *learning English*, II6
englischsprechend *English-speaking*, II12
die Englischvokabel, -n *English vocabulary word*, II6
die Entdeckungsreise, -n *voyage of discovery or exploration*, II12
die Entdeckungstour, -en *discovery tour*, II12
die Ente, -n *duck*, II11
entfernt *far-off, distant*, II3
enthalten *to contain*, II2
entlang *along*, II9
s. entscheiden *to decide*, II9
entscheidend sein *to be crucial*, II9
Entschuldigung! *Excuse me!*, I
s. entspannen *to relax*, II9
die Entspannung, -en *relaxation*, II12
entsprechen (dat) *to correspond to, to agree with*, II2
entstehen *to come into existence*, II12
enttäuscht *disappointed*, II9
entweder: entweder … oder *either … or*, II3
entwerfen *to draw up, draft, design*, II2
entwickeln *to develop*, II11
die Epoche, -n *epoch*, II3
er *he*, I; *it*, I

erarbeiten *to get or gain by working for*, II7
erbaut *built, constructed*, Loc 1
die Erbse, -n *pea*, II2
die Erdbeere, -n *strawberry*, II4; **Erdbeeren mit Sahne** *straw-berries with whipped cream*, II11
die Erdkunde *geography*, I
die Erdnussbutter *peanut butter*, II5
erfahren *to experience*, II3
der Erfahrene, -n *experienced (person)*, II12
erfinden *to invent*, II3
der Erfolg, -e *success*, II12
erfolgreich *successful*, II10
erfragen *to ascertain by questioning*, II3
erfrischen *to refresh, revive*, II12
erfüllen *to fulfill*, II7
ergänzen *to add to, complete*, II4
ergeben *to produce, yield*, II9
das Ergebnis, -se *result*, II2
erhalten: **gut erhalten** *well maintained*, II9
erhältlich *obtainable*, II9
erhöht *raised*, II6
s. erholen *to recover*, II12
die Erholung, -en *recovery*, II9
der Erholungssuchende, -n *person looking to recuperate*, II12
s. erinnern an (acc) *to remember, to remind one of*, II3
s. erkälten *to catch cold*, II12
die Erkältung, -en *cold* (illness), II6
erkennen *to recognize*, II3
erklären *to explain*, II5
erlaubt *permitted*, II10
erleben *to experience*, II9
das Erlebnis, -se *experience*, II5
ermitteln *to find out*, II10
s. ernähren *to feed, nourish*, II4
die Ernährung *food*, II4
der Ernährungsbewusste, -n *person conscious of his diet*, II12
erraten *solve a riddle, guess correctly*, II1
erscheinen *to appear*, II4
erst *first*, II1
erstaunlich *astonishing*, II5
erstellen *to make available*, II9
ersten: **am ersten** *on the first*, I
erstens *first of all*, II4
ersticken *to suffocate*, II8
ertragen *to bear*, II12
erträumen *to dream of or about, imagine*, II9
erwachsen (pp) *grown up*, II5
erwähnen *to mention*, II3
erwarten *to expect*, II11
erzählen *to tell* (a story), II1
die Erzählung, -en *story*, II12
essen *to eat*, I; **er/sie isst** *he/she eats*, I
der Esslöffel=EL *tablespoon*, II5
der Esstisch, -e *dining table*, I
das Esszimmer, - *dining room*, II7
etlich- *some, a certain*, II10

das Etui, -s *case*, II1
etwa *about, more or less*, II4
etwas *something*, I; **Sonst noch etwas?** *Anything else?*, I
euch (pl, acc case) *you*, I; (pl, dat case) *to you*, II3; (reflexive) *yourselves*, II4
euer (poss adj) *your*, II3
der Euro, - *euro* (the national currency of most European countries), I
der Europäer, - *European*, II12
europäisch (adj) *European*, II12
evangelisch *Protestant*, II9
exklusiv *exclusive*, II12
experimentieren *to experiment*, II8
der Experte, -n *expert*, II12

die Fabrik, -en *factory*, II8
das Fach, ¨er *school subject*, I
fachmännisch (adj) *expert, competent*, II12
das Fachwerkhaus, ¨er *cross-timbered house*, II3
fahren *to go, ride, drive* (using a vehicle), I; **er/sie fährt** *he/she drives*, I; **Fahren wir mal nach … !** *Let's go to … !*, II9
der Fahrgast, ¨e *passenger*, II11
die Fahrpraxis *driving experience*, II10
das Fahrrad, ¨er *bicycle*, II4
das Fahrrad-Depot, -s *bicycle shed*, II12
die Fahrradclique, -n *bicycle group*, II1
die Fahrradtour, -en *tour by bicycle*, II9
die Fahrschule, -n *driving school*, II10
die Fahrstunde, -n *driving lesson*, II10
die Fahrt, -en *ride, drive, journey*, II2
die Fahrzeit, -en *travel time*, II11
das Fahrzeug, -e *vehicle*, II7
der Fakir, -e *fakir*, II7
der Fall, ¨e *case*, II3
das Fallschirmspringen *sky-diving*, II10
der Faltenrock, ¨e *pleated skirt*, II8
die Familie, -n *family*, I
das Familienmitglied, -er *family member*, II5
die Familiensendung, -en *family program*, II10
der Fantasyroman, -e *fantasy novel*, I
das Farbbild, -er *color photograph*, II3
die Farbe, -n *color*, I
das Farbfernsehgerät, -e *color TV set*, II10
farblich *colorful*, II8
die Faser, -n *thread, material*, II8
faszinierend *fascinating*, Loc 10
faul *lazy*, II1

faulenzen *to be lazy*, II3
der Februar *February*, I
fechten *to fence*, II1
fehlen: **Was fehlt dir?** *What's wrong with you?*, II6
der Fehler, - *mistake*, II2
die Feier, -n *celebration, party*, II2
der Feiertag, -e *holiday*, I
fein *fine, exquisite*, II12
der Feind, -e *enemy*, II4
die Feinmechanik *precision tool mechanics*, Loc 7
der Fels, -en *boulder*, II9
feminin *feminine*, II5
das Fenster, - *window*, I
die Ferien (pl) *vacation* (from school), II3
das Ferienangebot, -e *special vacation offer*, II9
der Ferienjob *summer job*, II9
der Ferienort, -e *resort*, II3
das Ferienparadies, -e *vacation paradise*, II9
der Ferienplan, ¨e *vacation plan*, II9
das Ferienziel, -e *vacation destination*, II12
die Fernbedienung, -en *remote control*, II10
Fernseh gucken *to watch TV* (colloquial), II10
der Fernseh- und Videowagen *TV and video cart*, II10
die Fernsehanstalt, -en *TV station*, II10
fernsehen (sep) *to watch TV*, II10
Fernsehen schauen *to watch TV*, I
der Fernseher, - *television set*, II10
das Fernsehgerät, -e *television set*, II10
die Fernsehgewohnheit, -en *TV viewing habit*, II10
der Fernsehgucker, - *TV viewer*, II10
der Fernsehkonsum *time spent watching television*, II10
das Fernsehmagazin, -e *TV magazine*, II10
das Fernsehprogramm, -e *TV schedule*, II10
der Fernsehrat *TV advisory board*, II10
der Fernsehraum, ¨e *TV room*, II9
die Fernsehsaison, -s *programming season*, II10
die Fernsehsendung, -en *TV program, show*, II12
der Fernsehzuschauer, - *TV viewer*, II10
fertigen *to finish*, II9
das Fertiggericht, -e *frozen food*, II5
fesch *stylish, smart*, I
fest *firm*, II12
das Festland *mainland*, II9
die Festlichkeit, -en *party, cele-bration*, II12
feststellen (sep) *determine*, II6
der Festtag, -e *holiday, festival*, II8
fett *fat, greasy*, II6

das Fett: **hat zu viel Fett** *has too much fat*, II4
die **Fettucine**, (pl) *fettucine*, II12
fetzig *really sharp (looking)*, II8
feuerrot *bright red*, II8
das **Fieber**, - *fever*, II6
der **Film**, -e *movie*, I; *roll of film*, II3
filmen *to film, videotape*, II3
der **Filzstift**, -e *felt-tip pen*, II1
die **Finanzmetropole**, -n *financial center*, II3
finden *to think about, to find*, I; **Das finde ich auch.** *I think so, too.*, I; **Das finde ich nicht.** *I disagree.*, I; *I don't think so.*, II10; **Ich finde es gut/schlecht, dass …** *I think it's good/bad that …*, I; **Ich finde den Pulli stark!** *The sweater is awesome!*, I; **Wie findest du (Tennis)?** *What do you think of (tennis)?*, I
die **Firma**, (pl) **Firmen** *company*, II3
der **Fisch**, -e *fish*, I
das **Fischerdorf**, -er *fishing village*, II9
die **Fischerhose**, -n *pedal pushers*, II8
das **Fischgericht**, -e *fish entrée*, II11
das **Fischstäbchen**, - *fish stick*, II5
s. fit halten *to stay fit*, II4
die **Fitness** *fitness*, II12
die **Fitnessgewohnheit**, -en *fitness habit*, II4
der **Fitnessraum**, ̈-e *training and weight room*, II9
flach *flat*, II8
die **Fläche**, -n *flat area, surface*, Loc 1
die **Flasche**, -n *bottle*, II5
die **Fledermaus**, ̈-e *bat*, II11
das **Fleisch** *meat*, I
das **Fleischgericht**, -e *meat dish*, II11
der **Fleischsalat**, -e *meat salad*, II5
der **Fleiß** *diligence*, II7
fleißig *hard-working*, II1
die **Fliege**, -n *bow tie*, II12
fliegen *to fly*, II9
die **Fliese**, -n *tile*, II12
der **Flohmarkt**, ̈-e *flea market*, II1
flott *lively, brisk*, II12
der **Flug**, ̈-e *flight*, II12
der **Flughafen**, ̈- *airport*, II3
die **Flugstunde**, -n *hour of flying time*, II12
das **Flugzeug**, -e *airplane*, II7
der **Flur**, -e *hallway*, II7
der **Fluss**, ̈-e *river*, II7
das **Flüsschen**, - *streamlet*, II9
das **Flusspferd**, -e *hippopotamus*, II10
folgen (dat) *to follow*, II8
folgend- *following*, II2
fordern *to demand*, II5
die **Forelle**, -n *trout*, II4
das **Forellenfilet**, -s *trout fillet*, II11
die **Forstwirtschaft** *forestry*, Loc 1
der **Fortgeschrittene**, -n *advanced (person)*, II12
das **Foto**, -s *photo*, II1
die **Fotogeschichte**, -n *photo story*, II6

der **Fotograf**, -en *photographer*, II12
fotografieren *to photograph*, II3
die **Frage**, -n *question*, II4
der **Fragebogen**, ̈- *questionnaire*, II3
fragen *to ask*, II4
(das) **Frankreich** *France*, II4
fransig *frayed*, II8
französisch (adj) *French*, II11
die **Frau**, -en *woman; Ms.*, I
die **Frauenrechtlerin**, -nen *supporter of equal rights for women (female)*, Loc 7
frei *free*, II9; **Wir haben frei.** *We have off (from school).*, I
freilich *to be sure, quite so*, II11
der **Freitag** *Friday*, I
freitags *Fridays*, II10
freiwillig *voluntary*, II9
die **Freizeit** *free time, leisure time*, I
die **Freizeitbeschäftigung**, -en *free time activity*, II3
das **Freizeitzentrum**, (pl) **-zentren** *leisure time meeting area*, II1
fremd *foreign; strange*, II11
der **Fremdenverkehrsverein**, -e *tourist bureau*, II3
das **Fremdwort**, ̈-er *foreign word*, II2
die **Freude** *happiness*, II9
s. freuen auf (acc) *to look forward to*, II10
s. freuen über (acc) *to be happy about*, II4; **Ich freue mich, dass …** *I am happy that …*, II4
der **Freund**, -e *friend (male)*, I
die **Freundin**, -nen *friend (female)*, II1
freundlich *friendly*, II1
die **Freundschaft**, -en *friendship*, II10
friedlich *peaceful*, II7
frisch *fresh*, I
der **Friseur**, -e *hair stylist*, II12
froh *happy*, II4
fröhlich *cheerful, happy*, II2
der **Froschschenkel**, - *frog's leg*, II5
die **Frucht**, ̈-e *fruit*, II5
das **Fruchtfleisch** *fruit pulp*, II5
der **Fruchtsaft**, ̈-e *fruit juice*, II11
früh *early*, II6
früher *former, earlier*, II7
der **Frühling** *spring* (season), I
das **Frühstück**, -e *breakfast*, II5
s. fühlen *to feel*, II4; **Ich fühle mich wohl!** *I feel great!*, II6
führen *to lead*, II9
der **Führerschein**, -e *driver's license*, II10
die **Fülle**, -n *fullness, abundance*, II4
fünft- *fifth*, II9
fünftgrößt- *fifth biggest*, II3
fünfzeilig *five line*, II7
funken *to radio*, II11
für (prep) *for*, I
furchtbar *terrible, awful*, I; **furchtbar gern haben** *to like a lot*, I
fürs=für das *for it*, II1
der **Fuß**, ̈-e *foot*, II6

der **Fußball** *soccer*, I
der **Fußboden**, ̈- *floor*, II12
die **Fußbremse**, -n *foot brake*, II10
die **Fußgängerzone**, -n *pedestrian zone*, II9
füttern *to feed*, I

G

gähnen *to yawn*, II12
ganz *really, quite*, I; *all, whole*, II1; **Ganz klar!** *Of course!*, I; **ganz wohl** *extremely well*, II4
ganz schön eng *quite narrow*, II5
gar nicht gern haben *not to like at all*, I
die **Garage**, -n *garage*, II2; **die Garage aufräumen** *to clean the garage*, II2
die **Gardine**, -n *curtain*, II7
der **Garten**, ̈- *garden, yard*, I
die **Gartenarbeit**, -en *yard work*, II2
der **Gast**, ̈-e *guest*, II3
der **Gastgeber**, - *host*, II2
das **Gasthaus**, ̈-er *hotel, bed and breakfast*, II3
der **Gasthof**, ̈-e *restaurant, inn*, II3
das **Gastland**, ̈-er *host country*, II9
die **Gastronomie** *gastronomy*, II3
die **Gaststätte**, -n *restaurant, coffee house*, II12
der **Gastwirt**, -e *owner of a restaurant, hotel*, II12
der **Gaumen**, - *palate*, II4
das **Gebäude**, - *building*, Loc 4
geben *to give*, I; **er/sie gibt** *he/she gives*, I; **es gibt** *there is, there are*; **Das gibt's doch nicht!** *There's just no way!*, II10
gebeten *asked*, II12
das **Gebirge**, - *mountains*, II3
geblieben *remained, stayed*, II3
geblümt *flowery*, II8
geboren *born*, II3
das **Gebot**, -e *commandment*, II4
gebracht *brought*, 8
gebraten *fried*, II11
gebrauchen *to use*, II1
gebrochen *broken*, II6
der **Geburtstag**, -e *birthday*, I; **Alles Gute zum Geburtstag!** *Best wishes on your birthday!*, I; **Herzlichen Glückwunsch zum Geburtstag!** *Best wishes on your birthday!*, I; **Ich habe am … Geburtstag.** *My birthday is on …*, I
die **Geburtstagsfeier**, -n *birthday celebration*, II11
die **Geburtstagsfete**, -n *birthday party*, II2

die Gedächtniskirche *Memorial Church*, Loc 10
gedämpft *subdued*, II5
der Gedanke, -n *thought, idea*, II5
das Gedicht, -e *poem*, II7
gefächert *varied*, II11
gefährlich *dangerous*, II10
gefallen *to like;* **Hat es dir gefallen?** *Did you like it?*, II3; **Wie hat es dir gefallen?** *How did you like it?*, II3
das Gefäß, -e *container for liquid*, II3
gefüllt: das gefüllte Ei, -er *deviled egg*, II11
gefüttert *padded*, II8
gegangen *gone*, II3
gegen (prep) *against*, II1
die Gegend, -en *area*, II7
gegenseitig *mutual(ly)*, II1
gegenüber (prep) *across from*, II9
gegessen *eaten*, II3
der Gegner, - *opponent*, II1
gegrillt *grilled*, II11
gehackt *chopped*, II12
der **Geheimtipp, -s** *secret tip*, II12
gehen *to go*, I; **Das geht nicht.** *That won't work*, I; **Es geht.** *It's okay*, I; **Wie geht's (denn)?** *How are you?*, I; **Gehen wir mal auf den Golfplatz!** *Let's go to the golf course!*, II9
geholfen *helped*, II3
der Geigenbau *violin making*, Loc 1
gekauft *bought*, I; **Was hast du gekauft?** *What did you buy?*, I
gekleidet *dressed*, II12
geknotet *knotted, tied*, II1
gekrönt *crowned*, II3
gekühlt *cooled*, II5
gekürzt *shortened, abbreviated*, II3
gelähmt *paralyzed*, II10
gelaunt: **gut gelaunt** *in a good mood*, II1; **schlecht gelaunt** *in a bad mood*, II1
gelb *yellow*, I
das **Geld** *money*, I
die Gelegenheit, -en *opportunity*, II2
gelesen (pp) *read*, I; **Was hast du gelesen?** *What did you read?*, I
gemacht *done*, I; **Was hast du am Wochenende gemacht?** *What did you do on the weekend?*, I
gemahlen (pp) *milled, ground*, II12
das **Gemälde, -** *painting*, II2
die Gemäldegalerie, -n *gallery*, II3
gemeinsam *in common; joint, together*, II3
die Gemeinschaft, -en *community*, II3
gemietet *rented*, II12
gemischt *mixed*, II11
das **Gemüse** *vegetables*, I; **im Obst- und Gemüseladen** *at the produce store*, I
die Gemüsefrau *produce vendor (female)*, II2
der **Gemüseladen, ¨** *produce store*, I

der Gemüsemann *produce vendor (male)*, II2
die Gemüsesuppe, -n *vegetable soup*, II5
gemustert *patterned*, II8
gemütlich *comfortable*, II7
genannt *named*, II3
genau *exact(ly)*, II4
genauso wie *just as …*, II8
das Genie, -s *genius*, II12
genießen *to enjoy*, II9
genossen *enjoyed*, II3
genug *enough*, I; **Ich habe genug.** *I have enough.*, I
genügend *enough*, II4; **genügend schlafen** *to get enough sleep*, II4
der Genuss, ¨-e *pleasure*, II6
die Geografie *geography*, I
gepflegt *well cared for, well groomed*, II12
gepunktet *polka-dotted*, I
gerade *straight*, II2; *precisely, just*, II9; **Das ist gerade passiert.** *It just happened.*, II9
geradeaus *straight ahead*, I
das Gerät, -e *appliance*, II10
geraten: in Schwierigkeiten geraten *to get into trouble*, II4
geräuchert *smoked*, II11
das **Gericht, -e** *meal, entrée*, II11
gerieben *grated*, II12
gering *small, unimportant*, II7
die Germanistik (sing) *German studies*, II4
gern (machen) *to like (to do)*, I; **gern haben** *to like*, I; **Gern geschehen!** *My pleasure!*, I; **besonders gern** *especially like*, I; **Gern! Hier ist es!** *Here! I insist!*, II10
gerne=gern, II2
der Gesamtpreis, -e *total price*, II8
der Gesamtschüler, - *student at a comprehensive school*, II8
die **Gesäßtasche, -n** *back pocket*, II8
das **Geschäft, -e** *store; business*, I
die Geschäftsleute (pl) *business people*, II11
gescheit *intelligent*, II8
das **Geschenk, -e** *gift*, I
die **Geschenkidee, -n** *gift idea*, I
die **Geschichte** *history*, I
das **Geschirr** *dishes*, I; **Geschirr spülen** *to wash the dishes*, I
das Geschirrspülmittel, - *dishwashing detergent*, II10
geschlossen *closed*, II7
der Geschmack, ¨-e *taste*, II5
geschnitten (pp) *cut*, II12
geschrieben *written*, II2
die Geschwindigkeitsbeschränkung, -en *speed limit*, II7
die **Geschwister** (pl) *brothers and sisters*, I
geschwommen *swum*, II3
die Gesellenprüfung, -en *apprentice's final exam*, II7

die Gesellschaft, -en *social group; society*, II10
das Gespräch, -e *conversation*, II1
gesprochen *spoken*, I; **Worüber habt ihr gesprochen?** *What did you (pl) talk about?*, I
gestatten *to allow, permit*, II12
gestehen *to admit*, II11
gestern *yesterday*, I; **gestern Abend** *yesterday evening*, I
gestiegen *climbed*, II3
gestoßen *shoved*, II12
gestreift *striped*, I
gesund *healthy*, II4
die **Gesundheit** *health*, II4
der Gesundheitsfanatiker, - *health fanatic*, II4
der Gesundheitstipp, -s *health tip*, II4
gesüßt *sweetened*, II5
das **Getränk, -e** *drink*, II11
die Getränkekarte, -n *beverage menu*, II11
das Getriebe, - *transmission*, II10
gewesen (pp) *been*, II3
das Gewichttraining *weight training*, II12
das Gewissen, - *conscience*, II4
das **Gewitter, -** *thunderstorm*, I
die Gewohnheit, -en *habit*, II4
gewöhnlich *usually*, II3
das Gewölbe, - *archway, vault*, II3
gewonnen *won*, II8
geworden (pp) *became*, II12; **er ist groß geworden** *he got big, grew up*, II12
gezeigt *shown*, II2
gießen *to water*, I; **Blumen gießen** *to water the flowers*, I
giftfrei *non-toxic*, II7
die **Gitarre, -n** *guitar*, I
glänzen *to shine*, II3
das **Glas, ¨-er** *glass*, I; **ein Glas Apfel- saft** *a glass of apple juice*, I
die Glasscheibe, -n *pane of glass*, II9
glauben *to believe*, I; **ich glaube** *I think*, I; **Ich glaube nicht, dass …** *I don't think that …*, II9
gleich *immediately; equal*, II2
gleichaltrig *of the same age*, II9
das Gleiche *the same*, II7
gleichfalls: **Danke, gleichfalls!** *Thank you and the same to you!*, II11
gleichmäßig *even, symmetrical*, II5
glotzen *to stare*, II10; **Fernseh glotzen** *to watch TV*, II10
das **Glück** *luck*, I; **So ein Glück!** *What luck!*, I
das **Glücksrad, ¨-er** *lotto wheel, wheel of fortune*, II10
das **Goethehaus** (Goethe's birthplace), II3
Golf *golf*, I
der **Golfplatz, ¨-e** *golf course*, II9
der Gott, ¨-er *God*, II1; um Gottes willen *for God's sake*, II11

die Götterdämmerung, -en *twilight of the gods*, II11
der **Grad** *degree(s)*, I; **zwei Grad** *two degrees*, I; **Wie viel Grad haben wir?** *What's the temperature?*, I
das **Gramm** *gram*, I
das Gras, ¨-er *grass* II4
grau *gray*, I; **in Grau** *in gray*, I
grausam *cruel*, I
die Grenze, -n *border*, II12
der Grieche -n *Greek*, II9
Griechenland (das) *Greece* II9
griechisch (adj) *Greek*, II11
groß *big*, I
großartig *wonderful*, II4
Großbritannien (das) *Great Britain*, II9
die **Größe, -n** *size*, I
die **Großeltern** (pl) *grandparents*, I
größer *bigger*, II7
die **Großmutter,** ¨ *grandmother*, I
der **Großraum, -¨e** *metropolitan area*, Loc 10
die **Großstadt, -¨e** *big city*, II7
der **Großvater,** ¨ *grandfather*, I
die **Großzügigkeit, -en** *generosity*, II8
gruftimäßig *grunge*, II8
grün *green*, I; **in Grün** *in green*, I
der **Grund, -¨e** *reason*, II2
der Grundriss, -e *framework*, II7
der Grundschüler, - *elementary school student*, II2
die **Gruppe, -n** *group*, I
gruselig *horrible, frightening*, II9
der **Gruselroman, -e** *horror novel*, I
der **Gruß, -¨e** *greeting*, II7; **grüßen** *to greet*, II1; **Grüß dich!** *Hi!*, I; **Grüß Gott!** *Hello!*, II1
die Grütze: **Rote Grütze** (name of a dessert), II11
gucken *to look*, II5; **Guck mal!** *Look!*, II5; **Fernseh gucken** *to watch TV* (colloquial), II10
das Gulasch, -e *goulash*, II11
das Gummiband, -¨er *rubber band*, II8
günstig *favorable*, II9
die **Gurke, -n** *cucumber*, II2
die Gurkenscheibe, -n *cucumber slice*, II2
der **Gürtel, -** *belt*, I
gut *good*, I; **Gut!** *Good! Well!*, I; **gut gelaunt** *in a good mood*, II1; **Gut! Mach ich!** *Okay, I'll do that!*, I; **gut sein: Ist dir nicht gut?** *Are you not feeling well?*, II6
die Gürtelschlaufe, -n *belt loop*, II8
guterhalten *well-preserved*, II9
der Gymnasiast, -en *student in Gymnasium (male)*, II2
die Gymnasiastin, -nen *student in Gymnasium (female)*, II2
die Gymnastik *exercise, calisthenics*, II4; **Gymnastik machen** *to exercise*, II4
das **Gyros** *gyros*, I

H

das **Haar, -e** *hair*, I
die Haarfarbe *hair color*, II1
die Haarlänge *hair length*, II1
haben *to have*, I; **er/sie hat** *he/she has*, I; **Haben Sie das auch in Rot?** *Do you also have that in red?*, I
die Hacke, -n *hoe*, II7
der Hacken, - *heel*, II8
das **Hackfleisch** *ground meat*, I
die Haftung, -en *liability*, II2
das **Hähnchen, -** *chicken*, I
halb *half*, I; **halb (eins, zwei, usw.)** *half past (twelve, one, etc.)*, I
halblaut (adj) *whispering*, II11
die **Hälfte, -n** *half*, II12
die **Halle, -n** *hall*, II12
das **Hallenbad, -¨er** *indoor pool*, II9
Hallo! *Hi! Hello!*, I
der **Hals, -¨e** *throat*, II6
die **Halskette, -n** *necklace*, II1
die **Halsschmerzen** (pl) *sore throat*, II6
das Halstuch, -¨er *kerchief*, II1
das Halsweh *sore throat*, II6
halt (particle), I; **Die Kleinstadt gefällt mir gut, weil es da halt ruhiger ist.** *I like a small town because it's just quieter there.*, II7
halten *to stop, hold*, II4; **(für)** *to consider as*, II9; **s. fit halten** *to keep fit*, II4
der Hamster, - *hamster*, II7
die **Hand, -¨e** *hand*, II6
die **Handbremse, -n** *emergency brake*, II10
die **Handcreme** *hand cream*, II6
der Handel *business, trade*, Loc 7
handeln von *to be about*, II12
der Handelsplatz, -¨e *trading center*, Loc 4
die **Handtasche, -n** *handbag*, II1
das **Handy, -s** *cell phone*, I
hängen *to hang*, II3
hart *hard, tough*, II6; **hart gekocht** *hard-boiled*, II5
hassen *to hate*, II5
hässlich *ugly*, I
hätte: Ich hätte gern … *I would like …*, II11
der Haufen, - *pile*, II7
häufig *frequent(ly)*, II6
das **Hauptgericht, -e** *main dish*, II11
der Hauptpunkt, -e *main point*, II3
der Hauptschüler, - *(male) student at the Hauptschule*, II8
die Hauptschülerin, -nen *(female) student at the Hauptschule*, II8
die **Hauptstadt, -¨e** *capital*, I
die **Hauptstraße, -n** *main street*, II9
die Haupturlaubsreise, -n *main vacation trip*, II9
das Hauptwort, -¨er *noun*, II11

das **Haus, -¨er** *house*, II7; **zu Hause bleiben** *to stay at home*, II6
Haus halten *to keep house*, II10
die Hausarbeit, en *housework*, II2
die **Hausaufgaben** (pl) *homework*, I; **Hausaufgaben machen** *to do homework*, I
hausgemacht *home-made*, II11
der Haushalt, -e *household*, II10
die Hausmannskost *simple, hearty food*, II5
das **Haustier, -e** *pet*, I
die **Haut, -¨e** *skin*, II6
die Heckenschere, -n *pruning shears*, II7
das **Heft, -e** *notebook*, I
heftig *intense*, II10
die Heide *heath*, II7
der **Heilbutt** *halibut*, II5
das **Heim, -e** *home; institute*, II10
der Heimatort, -e *native place*, II7
die Heimatstadt, -¨e *native city*, II7
die **Heimfahrt** *trip home*, II2
das **Heimweh** *homesickness*, II4
heiß *hot*, I
heißen *to be called*, I; **er heißt** *his name is*, I
helfen (dat) *to help*, I; **zu Hause helfen** *to help at home*, I
hell *bright*, II7
hellbraun *light brown*, II1
das **Hemd, -en** *shirt*, I
die Hemdbluse, -n *shirt*, II8
heraus *out*, II3
herausfinden (sep) *to find out*, II5
herauslösen (sep) *to filter out, to remove*, II5
herausnehmen (sep) *to take out*, II3
herausschneiden (sep) *to cut out*, II5
heraussuchen (sep) *to pick out, select*, II8
der **Herbst** *fall* (season), I; **im Herbst** *in the fall*, I
der **Herd, -e** *stove*, I
herstellen (sep) *to manufacture, produce*, II5
der **Herr** *Mr.*, I
herrlich *fantastic*, II9
die Herrschaft, -en *rule, dominion; person*, II3
herumlaufen (sep) *to run around*, II11
das **Herz, -en** *heart*, II6
herzhaft *hearty*, II11
herzlich *heartfelt*, II12; **Herzlichen Glückwunsch zum Geburtstag!** *Best wishes on your birthday!*, I
der **Herzog, -¨e** *duke*, II1
das **Heu** *hay*, II 4
der Heuboden, -¨ *hayloft*, II9
heulen *to cry*, II9
heute *today*, I; **heute Morgen** *this morning*, I; **heute Nachmittag**

this afternoon, I; **heute Abend** *tonight, this evening,* I

heutzutage *nowadays,* II8

hier *here,* I; **Hier bei …** *The … residence.,* I; **Hier ist …** *This is …,* I

die Hilfe, -n *help,* II11

die Hilfsbereitschaft *cooperation,* II8

die Himbeere, -n *raspberry,* II2

die Himbeermarmelade, -n *raspberry marmalade,* II5

die Himbeertorte, -n *raspberry cake,* II1

der Himmel, - *sky, heaven,* II6

das Himmelbett, -en *canopy bed,* II7

hin *to,* II1

hinaus *out,* II7

hinausziehen (sep) *to go outside,* II7

hinein *into,* II12

hineinwerfen (sep) *to throw into,* II12

hingehen (sep) *to go to,* II2

hinten *at the back,* II1; **da hinten** *there in the back,* I

der Hintergrund, ⁻e *background,* II11

hinterlassen *to leave behind,* II9

der Hinweis, -e *hint, direction,* II4

historisch *historical,* II1

die Hitze *heat,* II6

der Hitzschlag, ⁻e *heat stroke,* II6

hob (past) *lifted,* II12

das Hobby, -s *hobby,* II1

hobbymäßig *for a hobby,* II10

hoch *high,* II6

hochkriechen (sep) *to creep up,* II12

hochrot *deep red, crimson,* II6

das Hochwasser, ⁻ *flood,* II9

die Hochzeit, -en *wedding,* II12

der Hof, ⁻e *court, courtyard,* II9

hoffen *to hope,* II6

hoffentlich … *hopefully …,* II6; **Hoffentlich geht es dir bald besser!** *I hope you'll get better soon.,* II6

die Hoffnung, -en *hope,* II6

höflich *polite, courteous,* II12

hoh- *high,* II1

höher: noch höher *still higher,* II10

holen *to get, fetch,* I

holländisch *Dutch,* II5

das Holz, ⁻er *wood,* I; **aus Holz** *out of wood,* I

der Holztisch, -e *wooden table,* II9

der Honig *honey,* II5

hören: **Hör mal zu!** *Listen to this!,* II5; **Hör mal!** *Listen!,* II5; **Musik hören** *to listen to music,* I; **Hör gut zu!** *Listen carefully.,* I

horchen *to listen carefully,* II12

der Hörer, - *listener; receiver,* I; **den Hörer abheben** *to pick up the receiver,* I; **den Hörer auflegen** *to hang up (the telephone),* I

der Horrorfilm, -e *horror movie,* I

die Hose, -n *pants,* I

das Hotel, -s *hotel,* I

hübsch *pretty,* I

die Hüfte, -n *hip,* II6

das Huhn, ⁻er *chicken,* II4

der Hummer, - *lobster,* II11

humorvoll *humorous,* II8

der Hund, -e *dog,* I

hundelieb *fond of dogs,* II12

der Hunger *hunger,* I; **Ich habe Hunger.** *I am hungry,* II6

hungrig *hungry,* II12

hupen *to honk the horn,* II7

der Hürdenlauf, ⁻e *hurdling,* II1

der Husten, - *cough,* II6

der Hut, ⁻e *hat,* II1

ich *I,* I; **Ich auch.** *Me too.,* I; **Ich nicht.** *I don't.,* I

die Idee, -n *idea,* II9; **Gute Idee!** *Good idea!,* II12; **Hast du eine Idee?** *Do you have an idea?,* II9

identifizieren *to identify,* II1

s. identifizieren mit *to identify yourself with,* II7

das Idol, -e *idol,* II1

ihm *to, for him,* I

ihn *it, him,* I

ihnen *to them,* II3

Ihnen (formal) *to you,* II3

ihr (poss adj) *her, their,* I; *to, for her,* I; (pl) *you,* I

Ihr (poss adj, formal, pl, sing) *your,* II5

die Illustration, -en *illustration,* II7

die Illustrierte, -n *magazine,* II5

im=in dem; im Frühling *in the spring,* I; **im Januar** *in January,* I; (einmal) **im Monat** *(once) a month,* I; **im Wohnzimmer** *in the living room,* I

der Imbissstand, ⁻e *fast-food stand,* II2

die Imbissstube, -n *snack bar,* I

immer *always,* I

das Imperfekt *past tense,* II3

imposant *impressive, majestic,* II9

in (prep) *in, into,* II9; **in Blau** *in blue,* I; **in der (Basketball) Mannschaft** *on the (basketball) team,* II4; **in die Apotheke gehen** *to go to the pharmacy,* II6

indem (conj) *in that,* II11

indisch (adj) *Indian,* II11

individuell (adj) *individual,* II12

die Industrie, -n *industry,* Loc 1

der Industriestandort, -e *industrial location,* Loc 7

das Infoblatt, ⁻er *information brochure,* II4

die Informatik, ⁻e *computer science,* I

die Information, -en *information,* II4

der Innenraum, ⁻e *interior, inside,* II5

die Innenstadt, ⁻e *downtown,* II9

die Innentasche, -n *inside pocket,* II8

die Innereien (pl) *innards,* II5

innerhalb (prep) *within, on the inside,* II12

die Insel, -n *island,* II12

insgesamt *altogether,* II5

das Instrument, -e *instrument,* I

intelligent *intelligent,* II1

intensiv *intensive,* II6

interessant *interesting,* I

das Interesse, -n *interest,* I; **Hast du andere Interessen?** *Do you have any other interests?,* I; **Ich habe kein Interesse an Mode.** *I am not interested in fashion.,* II8

s. **interessieren für** *to be interested in,* I18; **Interessierst du dich für Mode?** *Are you interested in fashion?,* II8

international *international,* II7

das Internet *Internet,* I

interviewen *to interview,* II7

inzwischen *in the meantime,* II12

irgendein- *someone, something,* II2

irgendwas *anything, something,* II2

irgendwelch- *some, any,* II2

irgendwie *somehow,* II1

irgendwo *somewhere,* II2

irgendwohin *to somewhere,* II1

das Islandpferd, -e *Iceland pony,* II3

ist: **er/sie/es ist** *he/she/it is,* I; **sie ist aus** *she's from,* I; **Ist was mit dir?** *Is something wrong?,* II6

Italien (das) *Italy,* II9

der Italiener, - *Italian,* II9

italienisch (adj) *Italian,* II11

J

ja *yes,* I; **Ja klar!** *Of course!,* I; **Das ist ja unglaublich!** *That's really unbelievable!,* II10; **Ja, kann sein, aber …** *Yes, maybe, but …,* II4; **Ja, natürlich!** *Certainly!,* II4; *Yes, of course!,* II10; **Ja, schon, aber …** *Well yes, but …,* II7; **Ja? Was denn?** *Okay, what is it?,* II5

die Jacke, -n *jacket,* I

das Jahr, -e *year,* I; **Ich bin … Jahre alt.** *I am …years old.,* I

der Jahrestil, -e *year's style,* II8

die Jahreszeit, -en *season,* II5

das Jahrhundert, -e *century,* II9; **aus dem 17. Jahrhundert** *from the 17th century,* II9

jährig *year-old,* II9

jahrzehntelang *for decades,* Loc 4

der **Januar** *January*, I; **im Januar** *in January*, I

der **Japangarten** *Japanese garden*, II9

je *each, every*, II8; **je nach Gelegenheit** *according to the occasion*, II8

die **Jeans** (mostly sing) *jeans*, I

die **Jeansjacke, -n** *jeans jacket*, II1

die **Jeansweste, -n** *jeans vest*, II8

jed- *every*, II2; **jede Woche** *every week*, II4; **jeden Tag** *every day*, I; **jedes Wochenende** *every weekend*, II4

jemand *someone, somebody*, II6

jenseits (prep) *on the other side, beyond*, II12

jetzt *at present, now*, I

der **Job, -s** *job*, II7

das **Jobangebot, -e** *job offer*, II12

joggen *to jog*, I

der **Jogging-Anzug, ⸚e** *jogging suit*, I

der **Joghurt, -s** (or **das**) *yogurt*, I

die **Jugend** *youth*, II3

die **Jugendherberge, -n** *youth hostel*, II3

das **Jugendlager, -** *youth camp*, II9

der **Jugendliche, -n** *teenager (male)*, II8

die **Jugendliche, -n** *teenager (female)*, II8

die **Jugendpflege, -n** *youth welfare*, II11

der **Juli** *July*, I

jung *young*, II7

der **Junge, -n** *boy*, I

jünger *younger*, II7

der **Juni** *June*, I

der **Jux** *practical joke*, II12

das **Kabarett, -e** *cabaret*, II11

das **Kabelfernsehen** *cable TV*, II10

der **Kabeltuner, -** *cable tuner*, II10

das **Kabriolett, -s** *convertible, cabriolet*, II10

der **Kaffee** *coffee*, I

der **Kajak, -s** *canoe, kayak*, II7

der **Kakao** *chocolate milk*, II5

der **Kalender, -** *calendar*, I

kalifornisch (adj) *Californian*, II11

die **Kalorie, -n** *calorie*, II1

kalt (adj) *cold*, I

die **Kälte, -n** *cold, coldness*, II12

die **Kamera, -s** *camera*, II3

der **Kamin, -e** *fireplace, chimney*, II9

s. kämmen *to comb*, II6

die **Kammerspiele** (pl) *(small) theater*, II11

kämpfen *to fight*, II12

der **Kanake -n,** *also* **der Kanacke, -n,** *derogatory term for foreigner*, II11

der **Kanal, ⸚e** *canal*, II1

das **Kapitel, -** *chapter*, II1

das **Käppi, -s** *(baseball) cap*, II8

kaputt *ruined, broken*, I, II9

die **Kapuze, -n** *hood*, II8

kariert *checked*, II8

das **Karo, -s** (pattern) *check, diamond*, II12

die **Karotte, -n** *carrot*, II7

der **Karpfen, -** *carp*, II4

die **Karte, -n** *card; ticket*, I

die **Karteikarte, -n** *index card*, II7

die **Kartoffel, -n** *potato*, I

der **Käse, -** *cheese*, I

das **Käsebrot, -e** *cheese sandwich*, I

der **Käsekuchen, -** *cheese cake*, II5

die **Käserei, -en** *cheese dairy*, II9

die **Kasse, -n** *cash register*, II8

die **Kassette, -n** *cassette*, I

der **Kassettenspieler, -** *cassette deck*, II10

der **Kasten, ⸚** *box*, II1

der **Katalog, -e** *catalogue*, II8

die **Kategorie, -n** *category*, II1

der **Katholik, -en** *Catholic*, II3

die **Katze, -n** *cat*, I

das **Kaubonbon, -s** *chewy candy*, II7

kauen *to chew*, II4

kaufen *to buy*, I

das **Kaufhaus, ⸚er** *department store*, II2

der **Kaufmann, (pl) Kaufleute** *salesman*, II11

der **Kaugummi, -s** *chewing gum*, II1

kaum *barely, hardly*, II6

der **Kavalierstart, -s** *jack-rabbit start*, II7

die **Kegelbahn, -en** *bowling alley*, II3

kegeln *to bowl*, II3

kein *no, none, not any*, I; **Ich habe keine Zeit.** *I don't have time.*, I; **Ich habe keinen Hunger mehr.** *I'm not hungry any more.*, I; **Keine Ahnung!** *I have no idea!*, I

der **Keks, -e** *cookie*, I

der **Keller, -** *cellar*, II7

der **Kellner, -** *waiter*, II11

kennen *to know, be familiar or acquainted with*, I

kennen lernen (sep) *to get to know*, II12

das **Kilo=Kilogramm, -** *kilogram*, I

das **Kind, -er** *child*, II1

die **Kinderermäßigung, -en** *discount for children*, II11

kinderlieb *fond of children*, II1

das **Kinderzimmer, -** *nursery, playroom*, II7

die **Kindheit** *childhood*, II3

das **Kinn, -e** *chin*, II3

das **Kino, -s** *cinema*, I; **ins Kino gehen** *to go to the movies*, I

die **Kirche, -n** *church*, I

die **Kirsche, -n** *cherry*, II4

die **Klamotten** (pl) *casual term for clothes*, I

der **Klang, ⸚e** *sound, ring*, II11; **vom Klang her** *as far as the sound goes*, II11

klappen *to go smoothly, work*, II9

klappern *to rattle, clatter*, II12

klar *clear*, II2

Klasse! *Great!; Terrific!*, I

die **Klasse, -n** *grade level*, I; *class*, II4

die **Klassenarbeit, -en** *(written) class test*, II6

der **Klassenkamerad, -en** *classmate (male)*, II2

die **Klassenkameradin, -nen** *classmate (female)*, II2

das **Klassenzimmer, -** *classroom*, II2

klassisch *classic(al)*, I

das **Klavier, -e** *piano*, I; **Ich spiele Klavier.** *I play the piano.*, I

kleben *to glue, stick*, II8

das **Kleid, -er** *dress*, I

die **Kleidung** *clothing*, II1

der **Kleidungsartikel, -** *article of clothing*, II8

die **Kleidungsreklame, -n** *clothing ad*, II8

der **Kleidungsstil, -e** *clothing style*, II8

das **Kleidungsstück, -e** *piece of clothing*, II12

klein *small*, I; **klein geschnitten** *cut small*, II12

die **Kleinstadt, ⸚e** *town*, II7

klettern *to climb*, II9

die **Klimaanlage, -n** *air conditioning*, II10

klingeln *to ring (the bell)*, II7

klingen *to sound*, II5

die **Klippe, -n** *cliff*, II12

der **Klops, -e** *meat ball*, II11

der **Kloß, ⸚e** *dumpling*, II11

das **Kloster, ⸚** *monastery*, Loc 1

der **Klub, -s** *club*, II3

das **Klubmitglied, -er** *club member*, II3

die **Kluft** *gap, crevice*, II12

klug *intelligent*, II8

knabbern *to gnaw, nibble*, II2

knackig *crispy*, II4

knallgelb *glaring yellow*, II8

das **Knie, -** *knee*, II6

knien *to kneel*, II1

der **Knoblauch** *garlic*, II11

der **Knöchel, -** *ankle*, II6

der **Knochen, -** *bone*, II2

der **Knopf, ⸚e** *button*, II8

der **Koch, ⸚e** *cook (male)*, II12

das **Kochbuch, ⸚er** *cookbook*, II2

kochen *to cook*, II1

die **Köchin, -nen** *cook (female)*, II8

der **Kofferraumdeckel, -** *trunk lid*, II7

der **Kohl** *cabbage*, II12

der **Kollege, -n** *colleague*, II11

der **Kombi, -s** (Kombiwagen) *station wagon*, II2

kombinieren *to combine*, II8

komisch *funny; strange*, II11

kommen *to come*, I; **er kommt aus** *he's from*, I; **Komm doch mit!** *Why don't you come along?*, I; **Wie komme ich zum (zur) … ?** *How do I get to …?*, I
die **Komödie, -n** *comedy*, I
das Kompliment, -e *compliment*, II1
der Komponist, -en *composer*, Loc 1
die Kondition, -en *condition, shape*, II4
der König, -e *king*, II3
königlich *royal*, II3
können *to be able to*, I; **Kann ich bitte Andrea sprechen?** *Could I please speak with Andrea?*, I; **Was kann ich für dich tun?** *What can I do for you?*, I
konservativ *conservative*, II8
der Konsum *consumption*, II10
die Kontaktlinse, -n *contact lens*, II1
konvertiert *converted*, II3
das **Konzert, -e** *concert*, I; **ins Konzert gehen** *to go to a concert*, I
konzertmäßig *as far as concerts go*, II7
der **Kopf, -̈e** *head*, II6
der **Kopfhörer, -** *headphones*, II10
der Kopfhöreranschluss, -̈e *headphone outlet*, II10
der Kopfsalat, -e *head of lettuce*, II2
die **Kopfschmerzen** (pl) *headache*, II6
kopieren *to copy*, II1
körperlich *physical(ly)*, II6
die Körpertemperatur, -en *body temperature*, II6
der Korridor, -e *hallway*, II12
die Kost *food, board*, II4
kosten *to cost*, I; *to taste*, II4
köstlich *delicious, charming*, II2
die **Köstlichkeit, -en** *delicacy*, II11
die **Krabbe, -n** *crab*, II11
der Kraftfahrer, - *driver*, II7
das Kraftstudio, -s *weight gym*, II12
der Kraftwagen, - *motor vehicle*, II7
krank *sick*, II5
das Krankenhaus, -̈er *hospital*, II4
das Kraut, -̈er *herb*, II5
der Kräutergarten, -̈ *herb garden*, II7
die **Krawatte, -n** *tie*, II8
der Kreis, -e *circle; district*, II7
der Kreislauf *circulation (of the blood)*, II6
die Kreuzung, -en *crossing, junction*, II11
kriechen *to crawl*, II12
der **Krieg, -e** *war*, II7
kriegen *to get, receive*, II9
der **Kriegsfilm, -e** *war movie*, I
das Kriegsschiff, -e *battleship*, II10
die Kriegszerstörung *war destruction*, II1
der **Krimi, -s** *detective movie*, I
der Kriminalfilm, -e *detective film*, II10

die Krimiserie, -n *detective series*, II10
kritisieren *to criticize*, II7
die **Kroketten** (pl) *potato croquettes*, II11
der Krümel, - *crumb*, II12
die **Küche, -n** *kitchen; cuisine*, I, II7
der **Kuchen, -** *cake*, I
der Küchendienst, -e *kitchen duty*, II2
die Kuchenschlacht, -en *run for the cake*, II5
der Küchenschrank, -̈e *kitchen cabinet*, II12
der Kugelschreiber, - *ballpoint pen*, II1
das **Kugelstoßen** *shot put*, II1
kühl *cool*, I
kühlen *to cool*, II7
der **Kühlschrank, -̈e** *refrigerator*, I
der **Kuli, -s** *ballpoint pen*, I
die Kultur, -en *culture*, II9
kulturell *cultural*, II3
die Kulturmetropole, -n *cultural metropolis*, II1
die Kultursendung, -en *cultural program*, II10
die Kulturstadt, -̈e *city of great cultural significance*, II3
der **Kummerbund, -e** *cummerbund*, II12
der Kunde, -n *customer (male)*, II1
die Kundin, -nen *customer (female)*, II9
die **Kunst, -̈e** *art*, I
die Kunstausstellung, -en *art exhibition*, II11
die Kunstfaser, -n *synthetic fabric*, II8
die Kunstsammlung, -en *art collection*, II8
die Kunstseide, -n *synthetic silk, rayon*, II8
der **Kunststoff, -e: aus Kunststoff** *made of plastic*, I
die Kur, -en *(course of) treatment*, II6
der Kurfürst, -en *Elector (of a king)*, II3
der Kurs, -e *course*, II9
die **Kurve, -n** *curve*, II7
kurz *short*, I
kürzer *shorter*, II8
die Kuschelecke, -n *a place to cuddle*, II7
kuscheln *to cuddle*, II9
die **Kusine, -n** *cousin (female)*, I
die **Küste, -n** *coast*, II12

lachen *to laugh*, II2
lachend *laughing*, II2
der **Lachs, -e** *salmon*, II11
der **Lackschuh, -e** *patent leather shoe*, II12

der **Laden, -̈** *store*, I
die Lage, -n *setting, place*, II12
das Lagerfeuer, - *campfire*, II9
das **Lammfleisch** *lamb*, II5
die **Lampe, -n** *lamp*, I
das **Land, -̈er** *country*, I; **auf dem Land** *in the country*, I
die Land- und Forstwirtschaft *agriculture and forestry*, II1
der Landesfürst, -en *sovereign, prince*, II3
die Landeshauptstadt, -̈e *state capital*, II1
die Landeskunde *culture*, II3
die Landeszeitung, -en *newspaper (distributed statewide)*, II3
die Landkarte, -n *map of the country*, II9
die Landschaft, -en *countryside*, II9
die Landstraße, -n *highway*, II10
die Landwirtschaft *agriculture*, II9
lang *long*, I
länger *longer*, II8
der Langlauf *cross-country skiing*, II4
langsam *slow(ly)*, II7
längst *long ago, since*, II12
der **Langstreckenlauf, -̈e** *long distance run*, II1
s. **langweilen** *to be bored*, II12
langweilig *boring*, I
der **Lärm** *noise*, II7
lärmbewusst *conscious of noise*, II7
die Lärmminderung, -en *lessening of noise*, II7
der Lärmschutz *noise protection*, II7
Lärmschutzgründe: aus Lärmschutzgründen *for noise protection*, II7
lassen *to let, allow*; **er/sie lässt** *he/she lets*, II10; **Lass mich mal …** *Let me …*, II10
lässig *casual*, I
das Laster, - *vice*, II4
lästig *bothersome*, II8
der **Lastkraftwagen (Lkw), -** *truck*, II7
das **Latein** *Latin*, I
der **Lauf, -̈e** *run*, II1; **der 100-Meter-Lauf** *the 100 meter dash*, II1
laufen *to run*, II3; **er/sie läuft** *he/she runs*, II3; **Was läuft im Fernsehen?** *What's on TV?*, II10
die Laune, -n *temper, mood*, II12
laut *loud*, II2
lauten *to sound, read*, II2
der Lautstärkeregler, - *volume control*, II10
leben *to live*, II2
das **Leben** *life*, II7
die **Lebensmittel** (pl) *groceries*, I
die Leber *liver*, II2
der **Leberkäs** *(a Bavarian specialty)*, I
lecker *tasty, delicious*, I

das **Leder** *leather*, I
die **Lederjacke, -n** *leather jacket*, II8
  leer *empty*, II3
  legen *to lay*, II2
der **Lehrer, -** *teacher (male)*, I
die **Lehrerin, -nen** *teacher (female)*, I
das **Lehrjahr, -e** *apprenticeship year*, II7
der **Lehrplan, ⁻e** *teaching curriculum*, II2
die **Lehrstelle, -n** *apprenticeship*, II7
  leicht *easy, simple*, II1; *light*, II6
die **Leichtathletik** *track and field*, II1
das **Leichtkraftrad, ⁻er** *motorbike*, II7
  Leid: Es tut mir Leid. *I'm sorry.*, I
  leiden: Ich kann dich nicht leiden. *I can't stand you.*, II10
  leider *unfortunately*, I; **Ich kann leider nicht.** *Sorry, I can't.*, I; **Das ist leider so.** *That's the way it is unfortunately.*, II10; **Ich hab leider nur …** *I only have …*, II5
der **Leierkastenmann** *organ grinder*, II1, Loc 1
das **Leinen, -** *linen*, II8
  lcisc *soft, lightly*, II12
  leiten *to direct*, II3
die **Leitung, -en** *direction, conduit*, II3
  lesen *to read*, I; **er/sie liest** *he/she reads*, I
  letzt- *last*, I; **letzte Woche** *last week*, I; **letztes Wochenende** *last weekend*, I
die **Leute** (pl) *people*, I
das **Licht, -er** *light, lamp*, II12
der **Lichtschalter, -** *light switch*, II12
der **Lichtschutzfaktor, -en** *sun protection factor*, II6
die **Liebe** *love*, II1
  lieber: lieber mögen *to prefer*, I
der **Liebesfilm, -e** *romance*, I
der **Liebesroman, -e** *romance novel*, I
  liebevoll *loving, caring*, II8
  Lieblings- *favorite*, I
  liebst: Ich würde am liebsten … *I would rather …*, II11
das **Lied, -er** *song*, I
der **Liederabend, -e** *evening of songs*, II11
  liegen *to lie on*, II6; das liegt an dir *it's your fault*, II12
die **Liegewiese, -n** *lawn for relaxing and sunning*, II9
die **Liga,** (pl) **Ligen** *league*, II10
die **Limo, -s** (**Limonade, -n**) *lemon drink*, I
die **Linie, -n** *line*, II8; in erster Linie *first of all*, II8
die **Liste, -n** *list*, II1
dcr **Liter,** *liter*, I
der **Lkw=Lastkraftwagen, -** *truck*, II7
das **Loch, ⁻er** *hole*, II12
  locker *loose*, II8
  logisch *logical*, II4
  s. lohnen *to be worth it*, II9
das **Lokal, -e** *small restaurant*, II3

  los *detached*, II3
  lösen *to solve*, II7
die **Lücke, -n** *blank*, II9
die **Luft** *air*, II7
der **Luftballon, -s** *air-balloon*, II7
die **Lüftlmalerei, -en** *frescoes on houses (in Bavaria)*, Loc 1
die **Luftverschmutzung** *air pollution*, II7
  lügen *to tell a lie*, II11
  lustig *funny*, I
das **Lustspiel, -e** *comedy*, II10
der **Luxus** *luxury*, II8
die **Luxusgüter** (pl) *luxury items*, II8

  machen *to do*, I; **Das macht (zusammen) …** *That comes to …*, I; **Gut! Mach ich!** *Okay, I'll do that!*, I; **Machst du Sport?** *Do you play sports?*, I; **Hausaufgaben machen** *to do homework*, I; **macht dick** *is fattening*, II4; **Macht nichts!** *That's all right*, II5
das **Mädchen, -** *girl*, I
  mag: *see* **mögen**
das **Magazin, -e** *journal*, II10
der **Magenkrampf, ⁻e** *stomach cramp*, II6
die **Magenschmerzen** (pl) *stomach pains*, II4
  mager *lean*, II4
die **Magermilch** *skim milk*, II4
  mähen *to mow*, I
  Mahlzeit! *Bon appétit!* II11
die **Mahlzeit, -en** *meal*, II6
das **Mahnmal, -e** *memorial*, Loc 10
die **Mahnung, -en** *warning*, II7
der **Mai** *May*, I; **im Mai** *in May*, I
  mal (particle), I
  malen *to paint*, II1
der **Maler, -** *painter*, II1
  malerisch *picturesque*, II1
  man *one, you* (in general), *people*, I; **Man hat mir gesagt, dass …** *Someone told me that …*, II11
  manche *some*, II4
  manchmal *sometimes*, I
der **Mann, ⁻er** *man*, I
die **Mannschaft, -en** *team*, II4
der **Marder, -** *marten*, II9
die **Margarine** *margarine*, II5
  mariniert *marinated*, II11
die **Mark, -** *mark* (former German monetary unit), I
die **Markenbutter** *brand-name butter*, II2
der **Markt, ⁻e** *market*, II10
der **Marktanteil** *market share*, II10

der **Marktbrunnen, -** *market fountain*, II9
der **Marktplatz, ⁻e** *market square*, I, II3
die **Marmelade** *marmalade*, II5
  marschieren *to march*, II3
der **März** *March*, I
das **Marzipan, -e** *marzipan*, II7
der **Maschinenbau** *mechanical engineering*, II1
die **Mastente, -n** *fattened duck*, II11
  materiell (adj) *material*, II7
die **Mathematik=Mathe** *math*, I
die **Mauer, -n** *wall*, II11
der **Mauerrest, -e** *remnant of wall*, II11
das **Mauerwerk** *masonry*, II9
die **Maus, ⁻e** *mouse*, II9
die **Mayonnaise** *mayonnaise*, II5
die **Medaillengewinnerin, -nen** *medal winner (female)*, II12
  mediterran *Mediterranean*, II11
die **Medizin** *medicine*, II6
das **Meer, -e** *ocean*, II9
die **Meeresfrüchte** (pl) *seafood*, II5
das **Mehl** *flour*, I
die **Mehlspeise, -n** *food made of flour*, II5
  mehr *more*, I; **Ich habe keinen Hunger mehr.** *I'm not hungry anymore.*, I
die **Mehrfachnennung, -en** *repeated reference*, II9
  mehrfarbig *many-colored*, II8
  meiden *to avoid*, II4
  mein (poss adj) *my*, I
  meinen: Meinst du? *Do you think so?*, I
die **Meinung, -en** *opinion*, II8
  meist *most*, II9
  meistens *most of the time*, II4
der **Meister, -** *master, champion*, II3
das **Meisterstück, -e** *masterpiece*, II3
die **Melone, -n** *melon*, II5
die **Mcngc, -n** *quantity, heap*, II8
die **Mensa** *student cafeteria*, II4
der **Mensch, -en** *human, person*, II1; **mehr Menschen** *more people*, II7
die **Menschenmasse, -n** *mass of people*, II9
  merken *to notice, pay attention to*, II12
die **Messe, -n** *fair*, II3; *Catholic Mass*, II9
  messen: Fieber messen *to take someone's temperature*, II6; **er/sie misst** *he/she measures*, II6
das **Messer, -** *knife*, II12
die **Metallkette, -n** *metal chain*, II1
der **Meter, -** *meter*, II9
die **Metropole, -n** *metropolis*, II11
der **Metzger, -** *butcher*, I
die **Metzgerei, -en** *butcher shop*, I
  mexikanisch (adj) *Mexican*, II11
  mich *me, myself*, I
  miesest *the worst*, II2

German-English Vocabulary

die Miete, -n *rent*, II7
das Mietshaus, ⁀er *rental house*, II7
die Mietwohnung, -en *apartment*, II7
die Milch *milk*, I
mild *mild*, II11
die Milliarde, -n *billion*, II12
mindern *to lessen*, II7
mindestens *at least*, II3
das Mineralwasser *mineral water*, I
mir *to, for me*, II3; **Mir gefällt … besser als …** *I like … better than …*, II7
die Mischfasern (pl) *blended fibers*, II8
miserabel *miserable*, I
missfallen (dat) *to displease, offend*, II12
Mist: So ein Mist! *Darn it!*, I
mit (prep) *with, by*, I; **mit Brot** *with bread*, I; **mit dem Auto** *by car*, I
mitbringen (sep) *to bring along*, II9
miteinander *with one another*, II5
mitgebracht *brought along*, II5
mitgehen (sep) *to go along*, II1
mitgekommen (pp) *come along*, II3
mitgekriegt *understood*, II10
mitgenommen *took along*, II3
das Mitglied, -er *member*, II9
mitkommen (sep) *to come along*, I
mitmachen (sep) *to take part*, II1
der Mitmensch, en *fellow-being*, II7
mitnehmen (sep) *to take along*, II2
der Mitschüler, - *schoolmate (male)*, II1
die Mitschülerin, -nen *schoolmate (female)*, II1
der Mittag *noon*, II1
das Mittagessen *lunch*, II3
die Mitte *middle*, II11
mitteilen (sep) *to communicate; to share*, II4
das Mittelalter *the Middle Ages*, Loc 7
mittelgroß *middle-sized*, II5
mittellang *medium-length*, II1
der Mittwoch *Wednesday*, I; **am Mittwoch** *on Wednesday*, I
mittwochs *Wednesdays*, II10
die Möbel (pl) *furniture*, I
möchten *would like to*, I; **Ich möchte … sehen.** *I would like to see …*, I; **Ich möchte noch ein …** *I'd like another …*, I; **Ich möchte kein … mehr.** *I don't want another …*, I
die Mode, -n *fashion*, I
die Modefachfrau, -en *fashion consultant (female)*, II8
der Modefachmann, ⁀er *fashion consultant (male)*, II8

das Modell, -e *model*, II8
die Modenschau, -en *fashion show*, II8
die Moderatorin, -nen *moderator (female)*, II11
modern *modern*, I
modisch *fashionable*, II8
das Mofa, -s *moped*, II7
mögen *to like, care for*, I; **Ich mag kein …** *I don't like …*, II4
möglich *possible*, II10
die Möglichkeit, -en *possibility*, II9
möglichst *as … as possible*, II8
die Möhre, -n *carrot*, II4
der Moment, -e *moment*, I; **Einen Moment, bitte!** *Just a minute, please.*, I; **im Moment gar nichts** *nothing at the moment*, I
der Monat, -e *month*, I; **einmal im Monat** *once a month*, I
monatlich *monthly*, II10
die Monatsausgabe, -n *monthly expenditure*, II10
monoton *monotonous*, II8
der Montag *Monday*, I; **am Montag** *on Monday*, I
montags *Mondays*, II10
das Moor(bad) *mud-bath*, II6
das Moped, -s *moped*, I; **mit dem Moped** *by moped*, I
der Mord, -e *murder*, II10
morgen *tomorrow*, I
der Morgen, - *morning*, I; **Guten Morgen!** *Good morning!*, I; **Morgen!** *Morning!*, I
morgens *in the mornings*, II2
das Motiv, -e *motif*, II3
der Motor, -en *motor*, II7
das Motorboot, -e *motorboat*, II9
motorisiert *motorized*, II7
das Motorrad, ⁀er *motorcycle*, II7
die Moussaka *moussaka*, II12
müde *tired*, II6
der Muffel, - *a person not interested in something*, II4
die Mühle, -n *mill*, II11
der Müll *trash*, I; **den Müll sortieren** *to sort the trash*, I
der Müllhaufen, - *pile of trash*, II2
die Münze, -n *coin*, I; **Münzen einstecken** *to insert coins*, I
murmeln *to murmur, to mutter*, II10
die Muschel, -n *mussel*, II5
das Museum, (pl) Museen *museum*, I
das Musical, -s *musical*, II11
die Musik *music*, I; **klassische Musik** *classical music*, I
das Musikgeschäft, -e *music shop*, II11
die Musikkapelle, -n *musical band*, II3
der Musikkapellmeister, - *band-leader*, II3
der Musikraum, ⁀e *music room*, II2
das Müsli *grain cereal*, II11
müssen *to have to*, I; **ich muss** *I have to*, I

das Muster, - *pattern*, II12
die Mutter, ⁀ *mother*, I
der Muttertag *Mother's Day*, I; **Alles Gute zum Muttertag!** *Happy Mother's Day!*, I
die Mütze, -n *cap*, II1

Na ja, soso. *Oh, all right.*, II3
Na klar! *Of course!*, II4
nach (prep) *after*, I; **nach der Schule** *after school*, I; **nach links** *to the left*, I; **nach rechts** *to the right*, I; **nach Hause gehen** *to go home*, I; **nach dem Mittagessen** *after lunch*, II3
der Nachbarort, -e *neighboring town*, II7
nachdem (conj) *after*, II12
nachdenken (sep) *to think, to reflect*, II5
nachdenkenswert *worthy of reflection*, II8
nacherzählen (sep) *to retell*, II6
die Nacherzählung, -en *retelling*, II12
nachher *afterwards*, II10
der Nachmittag, -e *afternoon*, I
das Nachmittagsprogramm, e *afternoon program*, II10
der Nachnahmekauf *collect on delivery (COD)*, II8
der Nachname, -n *last name*, II7
nachrechnen (sep) *check*, II10
die Nachricht, -en *message*, II9
die Nachrichten (pl) *the news*, II10
nachsehen (sep) *to look up, look again*, II10
die Nachspeise, -n *dessert*, II11
nächst- *next*, II2; **die nächste Straße** *the next street*, I
nächstgrößer- *next-largest*, II11
die Nacht, ⁀e *night*, II10
der Nachteil, -e *disadvantage*, II7
der Nachtisch, -e *dessert*, II5
nachts *nights, at night*, II9
der Nachtzug, ⁀e *overnight train*, II2
nackt *bare, naked*, II12
das Nagelbett, -en *bed of nails*, II7
nah *near*, II9
die Nähe *vicinity*, II3; **in der Nähe von** *near to*, II9
die Nahrungsmittel (pl) *food*, II5
der Name, -n *name*, II4
nämlich *namely*, II2
die Nase, -n *nose*, II6
nass *wet*, I
die Nationalversammlung, -en *National Assembly*, II3
die Natur *nature*, II3
der Naturforscher, - *natural scientist (male)*, Loc 4
Natürlich! *Certainly!*, I

R52 GERMAN-ENGLISH VOCABULARY

die **Natursendung, -en** *nature program*, II10
neben (prep) *next to*, II9
nebenan *close by*, II10
der **Nebenjob, -s** *second job*, II8
die **Nebensache, -n** *matter of minor importance*, II9
der **Nebensatz, ̈e** *dependent clause*, II12
negativ *negative*, II4
nehmen *to take*, I; **er/sie nimmt** *he/she takes*, I; **Ich nehme ...** *I'll take ...*, I
neidisch *envious*, II8
nein *no*, I
nennen *to name*, II2
nervös *nervous*, III1
das **Nesthäkchen, -** *baby of the family*, II12
nett *nice*, III1
neu *new*, I
neuerdings *recently*, II12
neuest *newest*, II8
der **Neufundländer, -** *Newfoundland dog*, II10
neugierig *curious*, III1
nicht *not*, I; **Nicht besonders.** *Not really.*, I; *Not especially.*, II3; **nicht gern haben** *to dislike*, I; **nicht schlecht** *not bad*, I; **Ich nicht.** *I don't.*, I
der **Nichtraucher, -** *non-smoker*, II4
nichts *nothing*, I; **Nichts mehr, danke!** *Nothing else, thanks!*, I
nie *never*, I
die **Niederlande** *Netherlands*, II9
niemand *no one*, II12
nix=nichts II8
noch *yet, still*, I; **Haben Sie noch einen Wunsch?** *Would you like anything else?*, I; **Ich brauche noch ...** *I also need ...*, I; **Möchtest du noch etwas?** *Would you like something else?*, I; **Noch einen Saft?** *Another glass of juice?*, I; **noch höher** *still higher*, II10; **noch nie** *not yet, never*, II3
normal *normal*, II2
normalerweise *normally, usually*, II4
die **Normalstärke** *normal volume*, II7
norwegisch *Norwegian*, II11
die **Not, ̈e** *need, want*, II5
die Note, -n *grade*, I
notieren *to note, jot down*, II12
nötig *necessary*, II4
die **Notiz, -en** *note*, III1
der **Notizblock, ̈e** *note pad*, II9
das **Notizbuch, ̈er** *notebook*, III1
notwendig *necessary*, II7
der **November** *November*, I
die **Nudel, -n** *noodle*, II4
das **Nudelgericht, -e** *noodle dish*, II5
die Nudelsuppe, -n *noodle soup*, I
null *zero*, I

die **Nummer, -n** *number*, II8
nur *only*, II1; nicht nur ... sondern auch *not only ... but also*, II3
der **Nussknacker, -** *nutcracker*, II11

die **Oase, -n** *oasis*, II12
ob (conj) *whether*, II9
oben *above*, II2
ober- *upper*, II3
die **Oberschule, -n** (same as Gymnasium), II7
das **Objekt, -e** *project*, II7
das Obst *fruit*, I
der **Obst- und Gemüseladen, ̈** *fresh produce store*, I
der **Obstgarten, ̈e** *orchard*, Loc 7
obwohl (conj) *although*, II7
oder (conj) *or*, I
der **Ofen, ̈** *oven*, I
offen *open*, II8
öffentliche Verkehrsmittel (pl) *public transportation*, II7
offiziell *official*, II3
die **Öffnungszeiten** (pl) *opening hours*, II2
oft *often*, I
öfters *quite often*, II6
ohne (prep) *without*, II2
ohne ... zu *without ...*; ohne zu schlafen *without sleeping*, II4
das **Ohrensausen** *ringing in the ears*, II6
der **Ohrenschmaus** *musical treat*, II12
die **Ohrenschmerzen** (pl) *ear-ache*, II6
der **Ohrring, -e** *earring*, III1
der **Oktober** *October*, I
das **Olivenöl, -e** *olive oil*, II12
olivgrün *olive green*, II8
der **Ölstand, ̈e** *oil level*, II10
die **Olympiade** *Olympiad*, II12
der **Olympiasieger, -** *olympic champion*, II12
olympisch *olympic*, II12
die Oma, -s *grandmother*, I
der Onkel, - *uncle*, I
der Opa, -s *grandfather*, I
die Oper, -n *opera*, I
die Operette, -n *operetta*, II11
das **Opfer, -** *victim*, Loc 10
der **Optimist, -en** *optimist*, II9
die **Orange, -n** *orange*, II5
der Orangensaft *orange juice*, I
die **Ordnung** *order*, II8
die **Organisation, -en** *organization*, II9
organisieren *to organize*, III1
das **Orgelkonzert, -e** *organ concert*, II11

die **Orientierungsstufenschülerin, -nen** (student in the beginning years of Gymnasium) (female), II8
der **Ort, -e** *place; location*, II3
die **Osterferien** (pl) *Easter vacation*, II12
das Ostern *Easter*, I; **Frohe Ostern!** *Happy Easter*, I
Österreich (das) *Austria*, I
österreichisch (adj) *Austrian*, II3
die **Ostküste** *east coast*, II3

paar: **ein paar**, *a few*, I
das **Päckchen, -** *small package*, I15
das **Paddelboot, -e** *paddle boat*, II9
die Paella, -s *paella*, II12
die **Palme, -n** *palm tree*, II9
der **Palmengarten, ̈** *garden of palm trees*, II9
der **Pantoffel, -n** *slipper*, II2
das **Papier, -e** *paper*, III1
die **Paradejacke, -n** *marching band uniform*, III1
das Parfüm, -e *perfume*, I
parfümiert *perfumed*, II6
der Park, -s *park*, I; **in den Park gehen** *to go to the park*, I
parken *to park*, II9
der Parkplatz, ̈e *parking spot, lot*, II9
der Partner, - *partner (male)*, I
die Partnerin, -nen *partner (female)*, I
die Party, -s *party*, I
partymäßig *for parties*, II7
passen *to fit*, I; **Der Rock passt prima!** *The skirt fits great!*, I
passend *fitting*, II11
passieren *to occur*, III1; **Das ist gerade passiert.** *It just happened.*, II9
Passt auf! *Pay attention!*, I
die **Patchworkdecke, -n** *quilt*, II12
der **Patient, -en** *patient*, II6
die Pause, -n *break*, I
das **Pausenbrot, -e** *sandwich* (made especially for class break), II5
das **Pausenklingeln** *recess bell*, II2
das Pech *bad luck*, I; **So ein Pech!** *Bad luck!*, I; **Was für ein Pech!** *That's too bad!*, II5
der **Pegel, -** *level*, II5
die Peking Ente, -n *Peking duck*, II11
die **Penne** (casual term for) *school*, II7
die Pension, -en *inn, bed and breakfast*, II3
pensioniert *retired*, II4
perfekt *perfect*, II12
die **Person, -en** *person*, III1
die **Personenbeschreibung, -en** *personal description*, II7

der Personenkraftwagen, - (Pkw) *car*, II7
persönlich *personal(ly)*, II7
die Persönlichkeit, -en *personality*, II8
die Perspektive, -n *perspective*, II12
der Pessimist, -en *pessimist*, II9
das Pestizid, -e *pesticide*, II4
die Petersilie *parsley*, II12
das Pfadfinderlager, - *boy scout camp*, II9
die Pfanne, -n *pan*, II9
das Pfannengericht, -e *pan-cooked entrée*, II11
der Pfannkuchen, - *pancake*, Loc 10
das Pfd.=Pfund *pound*, I
der Pfeffer, *pepper*, II5
der Pfennig, - (smallest unit of former German currency; 1/100 of a mark), I
das Pferd, -e *horse*, II9
der Pferdestall, ⁻e *stable*, II11
der Pferdewagen, - *horse-drawn carriage*, II9
die Pfingstferien (pl) *Pentecost vacation*, II9
der Pfirsich, -e *peach*, II2
die Pflanze, -n *plant*, II2
die Pflaume, -n *plum*, II2
das Pfund, - (**Pfd.**) *pound*, I
das Phänomen, -e *phenomenon*, II6
phantasievoll *imaginative*, I
Phantastisch! *Fantastic!*, II3
pharmazeutisch *pharmaceutical*, II10
piekfein *very fine*, II7
der Pilz, -e *mushroom*, II4
die Pizza, -s *pizza*, I
der Pkw, -s *car*, II7
plagen *to bother*, II10
der Plan, ⁻e *plan*, II1
planen *to plan*, II5
die Planung, -en *planning*, II10
platschen *to make a flapping sound*, II12
der Platz, ⁻e *place, site*, II12
plötzlich *sudden(ly)*, II9
das Plumeau, -s *comforter*, II9
der Pokal, -e *trophy*, II1
polieren *to polish*, II2
die Politik (sing) *politics*, I
polnisch *Polish*, II11
die Pommes (frites) (pl) *French fries*, II5
das Ponyreiten *pony ride*, II3
der Pool, -s *swimming pool*, II7
der Popstar, -s *pop star*, II1
populär *popular*, Loc 7
positiv *positive*, II4
die Post *post office*, I
der Posten, - *place, position*, II2
das Poster, - *poster*, I
die Posthalterei, -en *stable for post horses*, II9
die Pracht *splendor*, II3
prächtig *magnificent*, II6
praktisch *practical*, II10

die Praline, -n *fancy chocolate*, I
präsentieren *to present*, II12
die Praxis *practice; doctor's office*, II10
der Preis, -e *price*, II1
preisgünstig *cheap*, II9
preiswert *reasonably priced*, I; **Das ist preiswert.** *That's a bargain.*, I
Prima! *Great!* I
der Prinz, -en *prince*, II10
das Privathaus, ⁻er *private home*, II3
das Privatquartier, -e *private accommodation*, II3
die Probe, -n: auf die Probe stellen *to test*, II12
probieren *to try*, I
das Problem, -e *problem*, II7
die Produktion, -en *production*, II10
produzieren *to produce*, II7
profitrainiert *trained by a professional*, II12
das Programm, -e *schedule of shows*, II10
die Programmanzeige, -n *listing of shows*, II10
das Projekt, -e *project*, II8
das Pronomen, - *pronoun*, II6
der Prospekt, -e *brochure*, II12
Prost! *Cheers!*, II11
das Prozent *percent*, II4
das Publikum *public; audience*, II10
der Pudding, -e *pudding*, II4
der Pulli, -s *pullover, sweater*, I
der Pullover, - *sweater*, I
der Puls *pulse*, II6
der Punker, - *punker*, II1
putzen *to clean*, I; **Fenster putzen** *to wash the windows*, I

der Quadratkilometer, - *square kilometer*, II1
die Qual, -en *pain*, II11
die Qualität *quality*, II3
der Quark (a soft cheese similar to ricotta or cream cheese), II5
das Quartier, -e *quarter, accommodation* II3
der Quatsch *nonsense*, II12
die Quelle, -n *source, (underground) spring*, II9

der Rabatt, -e *discount*, II9
das Rad, ⁻er *bike; wheel*, II1; **mit dem Rad** *by bike*, I; **Rad fahren** (sep) *to ride a bike*, II4

die Radfahrgruppe, -n *group of bicycle riders*, II3
der Radiergummi, -s *eraser*, I
das Radieschen *radish*, II2
das Radio, -s *radio*, II2
die Radiosendung, -en *radio show*, II7
die Radtour, -en *bicycle tour*, II1
der Rang, ⁻e *rank*, Loc 7
die Rangliste, -n *ranking chart*, II10
der Rallyestreifen, - *rally stripe*, II10
das Rascheln *rustle*, II5
der Rasen, - *lawn*, I; **den Rasen mähen** *to mow the lawn*, I
die Rasierklinge, -n *razor blade*, II10
raten *to guess*, II1
die Ratesendung, -en *quiz show*, II10
das Ratespiel, -e *quiz game*, II1
das Rathaus, ⁻er *city hall*, I
der Ratschlag, ⁻e *advice*, II6
rauchen *to smoke*, II4
der Raucherfeind, -e *person who dislikes smokers*, II4
der Raum, ⁻e *room*, II4
das Raumschiff, -e *spacecraft*, II10
raus=heraus *out, away*, II11
reagieren auf (acc) *to react to*, II3
der Realschüler, - *student at a Realschule*, II2
die Rebe, -n *vine*, Loc 7
rechnen *to tabulate, calculate*, II11
die Rechnung, -en *bill, check*, II1
das Recht, -e *law; right*, II1; **Recht haben** *to be right*, II10
recht- *right, right-hand*, I; **nach rechts** *to the right*, I
reden *to talk, speak*, II4
das Reformhaus, ⁻er *natural food store*, II4
das Regal, -e *bookcase*, I
die Regel, -n *rule*, II4
regelmäßig *regularly*, II4
der Regen *rain*, I
regnen: Es regnet. *It's raining.*, I
reiben *to rub, grate*, II10
das Reich, -e *empire*, II1
reichlich *plenty*, II12
reicht: Es reicht. *That's enough.*, II11
der Reifen, - *tire*, II10
die Reihe, -n *row; line*, II1
die Reihenfolge, -n *succession, sequence*, II12
die Reihenwörter (pl) *sequencing words*, II3
der Reim, -e *rhyme*, II2
rein *pure*, II8
die Reinigung, -en *cleaners*, II8
reinkommen=hereinkommen (sep) *to come in*, II2
reinschauen=hereinschauen (sep) *to look in*, II1
der Reis *rice*, II4
die Reise, -n *trip, voyage*, II3
der Reiseberater, - *travel agent*, II9
der Reisebericht, -e *travel report*, II12

das Reisebüro, -s *travel agency*, II9
der Reiseleiter, - *tour guide* (person), II11
reiselustig *wanting to travel*, II12
reisen *to travel, take a trip*, II1
der Reiseort, -e *vacation spot*, II9
die Reiseroute, -n *itinerary*, II9
das Reiseziel, -e *travel destination*, II9
das Reisgericht, -e *rice dish*, II12
der **Reißverschluss**, ⁼e *zipper*, II8
reiten *to ride a horse*, II3
der Reiterhof, ⁼e *horse farm*, II9
die Reithalle, -n *riding court*, II3
die Reithose, -n *riding breeches*, II8
die Reklame, -n *advertisement*, II8
die Reklameabteilung, -en *advertising department*, II8
die Reklameseite, -n *page of advertising*, II8
rekonstruieren *to reconstruct*, II12
die **Religion**, -en *religion* (school subject), I
der Renner, - *runner; top product*, II9
das Rennrad, ⁼er *racing bicycle*, II12
renoviert *renovated*, II3
die Reparatur, -en *repair*, II10
repräsentativ *representative*, II9
reservieren *to reserve*, II11
die Reservierung, -en *reservation*, II11
das **Restaurant**, -s *restaurant*, II3
restauriert *restored*, II11
das Resultat, -e *result*, II4
der Rettungswagen, ⁼ *ambulance*, II6
die Reue *remorse, regret*, II4
das Rezept, -e *recipe*, II12; *prescription*, II6
die Rezeptmenge, -n *amount in a recipe*, II12
s. richten nach *to conform to*, II2
richtig *proper(ly)*, II4
riechen nach *to smell like*, II2
das **Rindfleisch** *beef*, II4; **Rind schmeckt mir besser.** *Beef tastes better to me.*, II5
der **Ring**, -e *ring*, II2
der **Ringel**, - *ringlet*, II12
das **Rindersteak** *(beef) steak*, II5
der **Rock**, ⁼e *skirt*, I
rodeln *to sled*, II1
roh *raw*, II11
das Rohr, -e *pipe*, II8
die Rolle, -n *role*, II1
der Rollkragen, - *turtle-neck*, II8
der Rollschuh, -e *roller skate*, II9
Rollschuh laufen (sep) *to roller-skate*, II1
der Rollstuhl, ⁼e *wheelchair*, II10
der **Roman**, -e *novel*, I
der **Römer** (name of the city hall in Frankfurt), II3
die Rosine, -n *raisin*, II7
rot *red*, I; **in Rot** *in red*, I
Rote Grütze (red berry dessert), II11

der **Rotkohl** *red cabbage*, II11
rötlich *reddish*, II1
rüber=herüber *from there to here*, II11
der **Rücken**, - *back*, II6
die **Rückkehr** *return*, II9
das Ruderboot, -e *row boat*, II3
rudern *to row*, II9
die Ruhe *calm*, II5; in Ruhe lassen *to leave alone*, II1
ruhig *calm(ly)*, II5
rund *round*, I
die Runde: über die Runden kommen *to make ends meet*, II11
runden *to round*, II11
die Rundfunk -und Fernsehanstalt, -en *television and radio communications*, Loc 4
der Rundgang, ⁼e *tour, walk*, II9
runter=herunter *from there down here*, II3
das Rüschenhemd, -en *frilled shirt*, II1
russisch (adj) *Russian*, II11
rustikal *rustic*, II11

S

das **Sachbuch**, ⁼er *non-fiction book*, I
die Sache, -n *thing; matter*, II9
sächsisch (adj) *Saxon*, II9
der **Saft**, ⁼e *juice*, I
sagen *to say*, I; **Sag mal …** *Tell me …*, II4; **Was sagt der Wetterbericht?** *What does the weather report say?*, I
sagenhaft *great*, I
die **Sahne**, -n *(whipped) cream*, II11
der **Sakko**, -s *business jacket*, II8
der **Salat**, -e *lettuce; salad*, I
das Salatblatt, ⁼er *lettuce leaf*, II5
die Salatgurke, -n *cucumber*, II5
salopp *casual*, II12
das **Salz**, *salt*, I
salzig *salty*, II1
sammeln *to collect*, I
die Sammlung, -en *collection*, II3
der **Samstag** *Saturday*, I
samstags *Saturdays*, II10
sämtlich *entire*, II12
der **Sandstrand**, ⁼e *sand beach*, II9
der **Sänger**, - *singer (male)*, I
die **Sängerin**, -nen *singer (female)*, I
satt *full*, II7; satt haben *to be fed up with*, II12
der Satz, ⁼e *sentence*, II2
der Satzanfang, ⁼e *beginning of a sentence*, II10
die Satzlücke, -n *blank*, II2
der Satzteil, -e *part of a sentence*, II11
sauber *clean*, II7; sauber machen *to clean*, II10

das **Sauerkraut** *sauerkraut*, II5
saugen: Staub saugen *to vacuum*, I
saumäßig *filthy, lousy*, II2
die **Sauna**, -s *sauna*, II9
saure Gurken *pickled cucumbers*, II5
sauwohl *great*, II8
das **Schach** *chess*, I
Schade! *Too bad!*, I
schaden (dat) *to harm*, II6
schädlich *harmful*, II7
der **Schal**, -s *scarf*, II1
schälen *to peel*, II5
scharf *sharp*, II8; *spicy, hot*, II11
schauen *to look*, I; **Schau mal!** *Look!*, II5
der Schaukelstuhl, ⁼e *rocking chair*, II7
der Schaumstoff, -e *foam rubber*, II4
das **Schauspiel**, -e *play*, II11
der **Schauspieler**, - *actor*, I
die **Schauspielerin**, -nen *actress*, I
das Schauspielhaus, ⁼er *playhouse*, II11
die Scheibe, -n *slice*, II5
der **Scheibenwischer**, - *windshield wiper*, II10
der Schein, -e *bill*, II2
scheinen *to shine*, I; **Die Sonne scheint.** *The sun is shining.*, I
der **Scheinwerfer**, - *headlight*, II10
schenken *to give (a gift)*, I; **Was schenkst du deiner Mutter?** *What are you giving your mother?*, I
scheußlich *hideous*, I
die Schichtarbeit *shift work*, II11
schick *smart (looking)*, I
das **Schiebedach**, ⁼er *sun roof*, II10
das **Schiff**, -e *ship*, II9
der Schimmel *molds*, II4
schimpfen *to scold*, II11
der **Schinken**, - *ham*, II11
das **Schisch-Kebab** *shish kebab*, II11
der **Schlabberpulli**, -s *baggy sweater*, II12
schlafen *to sleep*, II4
der Schlafsack, ⁼e *sleeping bag*, II9
das **Schlafzimmer**, - *bedroom*, II7
die Schlaghose, -n *bell bottoms*, II12
die Schlange, -n *line*, II12
schlank *slim*, II1
die **Schlaufe**, -n *belt loop*, II8
schlecht *bad(ly)*, I; **schlecht gelaunt** *in a bad mood*, II1; **Mir ist schlecht.** *I feel sick.*, II6
die **Schleife**, -n *loop, bow*, II2
schließlich *at the end, after all*, II4
schlimm *bad*, II5
Schlittschuh laufen *to ice skate*, I
das Schlitzohr, -en *rascal*, II2
das Schloss, ⁼er *castle*, II3
schlucken *to swallow*, II6; **Ich kann kaum schlucken.** *I can barely swallow.*, II6

schmackhaft *tasty*, II12
schmalzig *corny, mushy*, I
schmecken *to taste*, II5;
Schmeckt's? *Does it taste good?*, I; **Wie schmeckt's?** *How does it taste?*, I; **schmeckt mir nicht** *doesn't taste good*, II4; **schmeckt mir am besten** *tastes best to me*, II5
der **Schmerz, -en** *pain*, II6
der **Schmuck** *jewelry*, I
der Schmuse-Typ, -en *cuddly type*, II7
schmutzig *dirty*, II7
die Schnecke, -n *snail*, II5
der **Schnee** *snow*, I
schneiden *to cut*, II5
schneien: Es schneit. *It's snowing.*, I
schnell *fast*, II7
schnippen *whisk off*, II12
der Schnittkäse *cheese for slicing*, II2
der **Schnittlauch** (sing) *chives*, II5
das **Schnitzel, -** *cutlet (pork or veal)*, II5
schnorcheln *to snorkle*, II9
der **Schnupfen** *runny nose*, II6
die **Schokolade, -n** *chocolate*, II2
die Scholle, -n *plaice (type of flounder)*, Loc 4
schon *already*, I; **Schon gut!** *It's okay!*, II5; **schon oft** *a lot, often*, II3; **Ich glaube schon, dass …** *I do believe that …*, II10
schön *pretty, beautiful*, I
die Schönheit, -en *beauty*, II8
der Schönheitswettbewerb, -e *beauty competition*, II8
schräg *diagonal*, II9
der **Schrank, ⁻e** *cabinet*, I
die Schranke, -n *barrier*, II7
schreiben *to write*, I
der **Schreibtisch, -e** *desk*, I
der Schreiner, - *cabinet-maker*, II7
der Schriftsteller, - *author (male)*, Loc 1
der Schritt, -e *step*, II9
der Schubkarren, - *wheelbarrow*, II7
der **Schuh, -e** *shoe*, II8
das Schuhwerk, -e *footwear*, II4
die Schulaula, Schulaulen *school auditorium*, II5
die **Schuld** *guilt, fault*, II10
das Schuldgefühl, -e *feeling of guilt*, II10
schuldig sein *to owe*, II6
die **Schule, -n** *school*, I
der **Schüler, -** *student, pupil (male)*, I
der Schüleraustausch *exchange student program*, II3
die Schülerin, -nen *student, pupil (female)*, II1
die Schülerzeitung, -en *school newspaper*, II10
die Schulfeier, -n *school celebration*, II11
der Schulhof, ⁻e *schoolyard*, II2

das Schuljahrbuch, ⁻er *school yearbook*, II7
die **Schulsachen** (pl) *school supplies*, I
die **Schultasche, -n** *schoolbag*, I
die **Schulter, -n** *shoulder*, II6
schützen *to protect*, II6
der **Schutzfaktor, -en** *protection factor*, II6
schwarz *black*, I
das Schwein, -e *pig, pork*, II5
der Schweinebraten, - *pork roast*, II2
das Schweinefleisch *pork*, II5
das **Schweinekotelett, -s** *pork chop*, II5
das **Schweinerückensteak, -s** *pork loin steak*, II1
der Schweizer, - *Swiss (male)*, II5
der **Schweizer Käse** *Swiss cheese*, II5
schwer *heavy; difficult*, II4; schwer haben (sep) *to have a hard time*, II9
die **Schwester, -n** *sister*, I
die Schwierigkeit, -en *difficulty, problem*, II4
das **Schwimmbad, ⁻er** *swimming pool*, I
das Schwimmbecken, - *pool*, II7
schwimmen *to swim*, I
schwitzen *to sweat*, II2
schwören *to swear*, II7
der **Sciencefictionfilm, -e** *science fiction movie*, I
der **Sciencefictionroman, -e** *science fiction novel*, I
der **See, -n** *lake*, II7
die **See, -n** *ocean, sea*, II9
das **Seebarschfilet, -s** *fillet of perch*, II11
die Seezunge, -n *sole*, II11
das Segel, - *sail*, Loc 7
der Segelkurs, -e *sailing class*, II9
segeln *to sail*, II9
das Segelschiff, -e *sailboat*, Loc 4
sehen *to see*, I; **er/sie sieht** *he/she sees*, I
die Sehenswürdigkeit, -en *place of interest*, II1
sehr *very*, I; **Sehr gut!** *Very well!*, I; **sehr gesund leben** *to live in a very healthy way*, II4
sei: Sei … ! *Be …!*, II5
seicht *shallow*, II9
seid: ihr seid *you* (pl) *are*, I
die **Seide, -n** *silk*, I
das **Seidenhemd, -en** *silk shirt*, II8
der Seidenschal, -s *silk scarf*, II8
die **Seife, -n** *soap*, II6
sein (poss adj) *his*, I
sein *to be*, I; **er ist** *he is*, I
seit (prep) *since, for*, II9
die Seite, -n *page*, II1
sekundengenau *accurate within a second*, II10
selber *self*, II9
selbst *self*, II1
selbstverständlich *of course*, II12

die Selbstverteidigung *self-defense*, II1
selten *seldom*, II4
seltsam *strange*, II1
die **Semmel, -n** *roll*, I
der **Sender, -** *station, transmitter, channel*, II10
der Sendesaal, (pl) Sendesäle *broadcasting studio*, II11
die **Sendung, -en** *show, program*, II10
der **Senf** *mustard*, I
sensationell *sensational*, I
der **September** *September*, I
die Serie, -n *series*, II10
servieren *to serve*, II5
die Servobremsen (pl) *power brakes*, II10
die Servolenkung, -en *power steering*, II10
Servus! *Hello!; So long!*, II1
der **Sessel, -** *armchair*, I
setzen *to put*, II6
s.setzen *to sit down*, II12
das **Shampoo, -s** *shampoo*, II6
die **Shorts** (sing or pl) *pair of shorts*, I
sich *herself, himself, itself, yourself, themselves, yourselves*, II4
Sicher! *Certainly!*, I; **Ich bin nicht sicher.** *I'm not sure.*, I; **Aber sicher!** *But of course!*, II4; **Ich bin sicher, dass …** *I'm certain that …*, II9
sicher *secure*, II7
sichern *to secure*, II9
sie *she; it; they; them*, I
Sie *you* (formal), I
der Siebenschläfer, - *dormouse*, II9
das **Silber** *silver*, II2; **aus Silber** *made of silver*, II6
sind: sie sind *they are*, I; **Sie** (formal) **sind** *you are*, I; **wir sind** *we are*, I
singen *to sing*, II3
die Sinnestäuschung, -en *hallucination*, II10
sinnlos *senseless*, II12
der Sitz, -e *place*, II3
sitzen *to be sitting*, II1
der Sitzschoner, - *seat cover*, II10
skeptisch *skeptical*, II5
das Skifahren *skiing*, II4
Ski laufen *to ski*, II1
die Skizze, -n *sketch*, II8
der **Smoking, -s** *tuxedo*, II12
so *so, well, then*, I; **so lala** *so so*, I; **So sagt man das!** *Here's how to say it!*, I; **so viel** *so much*, II6; **so was** *the like, like that*, II11; so genannt *so-called*, II3
so … wie *as … as*, II7
die **Socke, -n** *sock*, I
das **Sofa, -s** *sofa*, I
sofort *immediately*, II6
sogar *even*, II2
der **Sohn, ⁻e** *son*, II1
die **Sojasprossen** (pl) *bean sprouts*, II5

R56

das Solarmobil, -e *solar-powered car*, II10

solch- *such*, II9

solid *solid*, II9

sollen *should, to be supposed to*, I

der **Sommer, -** *summer*, I

die Sonderfahrt, -en *chartered tour*, II9

sondern: nicht nur … sondern auch *not only … but also*, II3

der **Sonnabend, -e** *Saturday*, I

die **Sonne** *sun*, I

s. sonnen *to sunbathe*, II9

die Sonnenallergie, -n *sun allergy*, II3

das Sonnenbad, ⸚er *sunbathing*, II6

die Sonnenbrille, -n *sunglasses*, II12

die **Sonnencreme** *suntan lotion*, II6

die Sonneneinstrahlung, -en *solar radiation*, II6

die **Sonnenmilch** *suntan lotion*, II6

der **Sonnenschutz** *sun protection*, II6

der **Sonnenstich, -e** *sunstroke*, II6

der Sonnenstrahl, -en *sun ray*, II6

sonnig *sunny*, I

der **Sonntag, -e** *Sunday*, I

sonntags *Sundays*, II10

sonst: Sonst noch etwas? *Anything else?*, II2

sonstig- *other*, II8

sorgen für *to take care of*, II5

die Sorte, -n *kind, type*, II2

sortieren *to sort*, I

die Soße, -n *sauce*, II5

sowie *and*, II7

sowohl … als auch … *…as well as …*, II7

sozial *social*, II8

Spanien (das) *Spain*, II9

spanisch (adj) *Spanish*, II11

spannend *exciting, thrilling*, I

die Spannung, -en *suspense*, II10

sparen auf (acc) *to save for*, II10

der **Spaß** *fun*, I; **(Tennis) macht keinen Spaß** *(Tennis) is no fun*, I

spät *late*, II4

der Spaten, - *spade*, II7

später *later*, II10

spazieren *to walk, stroll*, II3; spazieren gehen (sep) *to go for a walk*, II3

das **Speerwerfen** *javelin throw*, II1

die **Speise, -n** *food*, II4

die Speisekarte, -n *menu*, II5

speisen *to eat, dine*, II11

die **Spezialität, -en** *specialty*, II11

speziell *especially*, II10

das Spiegelei, -er *fried egg*, II3

das Spiel, -e *game*, II3

spielen *to play*, I

der Spielfilm, -e *feature film*, II10

die **Spielshow, -s** *game show*, II10

der **Spinat** *spinach*, II2

Spitze! *Super!*, I

die Spitzenqualität *top quality*, II2

der Spitzensportler, - *top athlete*, II12

der Spitzer, - *pencil sharpener*, II5

der **Sport** *sports; physical education*, I

die **Sportanlage, -n** *sport facility*, II12

die Sportart, -en *kind of sport*, II1

der Sportartikel, - *sporting equipment*, II2

die Sporteinrichtung, -en *sport facility*, II12

der Sportler, - *athlete*, II12

sportlich *sporty*, II8

die Sportsendung, -en *sports show*, II10

die **Sportübertragung, -en** *sports telecast*, II10

der Sportwagen, - *sports car*, II10

die Sprache, -n *language*, II4

der Sprachkurs, -e *language course*, II3

die Sprechblase, -n *speech bubble*, II5

sprechen *to speak*, I; **sprechen über** *to talk about, discuss*, I; **er/sie spricht über** *he/she talks about*, I; **Kann ich bitte Andrea sprechen?** *Could I please speak with Andrea?*, I

das Sprichwort, ⸚er *saying*, II11

spritzen *to spray*, II4

der Spritzer, - *splash*, II12

das **Spülbecken, -** *sink*, I

spülen *to wash*, I

der Staat, -en *country, state*, II3

die Staatssammlung, -en *state collection*, II1

der **Stabhochsprung** *pole vault*, II1

stabilisieren *to stabilize*, II6

das Stadion, (pl) Stadien *stadium*, II3

die **Stadt, ⸚e** *city*, I; **in der Stadt** *in the city*, I; **in die Stadt gehen** *to go downtown*, I

die Stadtbesichtigung, -en *city tour*, II3

der Stadtbummel *stroll downtown*, II1

die Stadtkarte, -n *city map*, II9

der Stadtplan, ⸚e *city map*, II9

der Stadtrand, ⸚er *edge of the city*, II7

die **Stadtrundfahrt, -en** *city sightseeing tour*, II11

der Stadtrundgang, ⸚e *city walking tour, stroll around town*, II9

der Stadtteil, -e *neighborhood in a city*, II3

das **Stadttor, -e** *city gate*, II9

das Stadtzentrum, (pl) Stadtzentren *downtown*, II7

stammen aus *to come from*, II1

der Stammtisch, -e *(table reserved for regular guests)*, II12

der Stand, ⸚e *stand*, II5

das Stangenbrot, -e *bread stick*, II5

der Stapel, - *pile*, II7

stark *great; strong*, I

die Stärke *strength*, II12

die Statistik, -en *statistics*, II10

stattfinden (sep) *to take place*, II9

stattgefunden *taken place*, II3

stattlich *stately; imposing*, II9

der **Staub** *dust*, I; **Staub saugen** *to vacuum*, I; **Staub wischen** *to dust*, II2

staunen *to be surprised*, er staunte nicht schlecht *he was quite surprised*, II12

das **Steak, -s** *steak*, II12

der Steckbrief, -e *(here:) personal profile*, II1

die **Steghose, -n** *stirrup pants*, II8

stehen: auf etwas stehen *to swear by*, II2; **Das steht dir prima!** *That looks great on you!*, II8; **Wie steht's mit …?** *So what about …?*, II4

steigen *to climb*, II9

die Stelle, -n *position; job*, II7

stellen *to put*, II1; Stell deinem Partner Fragen! *Ask your partner questions.*, II5

die Sterblichkeit *mortality*, II10

das **Stereo-Farbfernsehgerät, -e** *color stereo television set*, II10

die **Stereoanlage, -n** *stereo*, I

das Stereogerät, -e *stereo*, II10

der Sterngucker, - *stargazer*, II10

der Steuerberater, - *tax advisor*, II8

steuern *to steer, operate*, II10

das Stichwort, ⸚er *key word*, II3

stickig *stuffy, suffocating*, II7

der **Stiefel, -** *boot*, I

der Stift, -e *pencil*, II9

der **Stil, -e** *style*, II8

still *quiet*, II9

stimmen *to be correct*, II2; **Stimmt (schon)!** *Keep the change.*, I; **Stimmt!** *That's right! True!*, I; **Stimmt nicht!** *Not true!; False!*, I; **Stimmt (überhaupt) nicht!** *That's not right (at all)!*, II10; **Stimmt, aber …** *That's true, but …*, II4

die Stimmung *mood*, II3

die Stirn, -en *forehead*, II6

das **Stirnband, ⸚er** *head band*, II1

der Stock, ⸚e *floor*, II1

der Stoff, -e *material*, II12

das Stofftier, -e *stuffed animal*, II7

der Stolz *pride*, II3

stolz auf (acc) *proud of*, II3; stören *to disturb*, II5

die Strafe, -n *punishment*, II2

der Strahl, -en *ray*, II6

der **Strand, ⸚e** *beach*, II9

die **Straße, -n** *street*, I; **bis zur …straße** *until you get to … Street*, I; **in der …straße** *on … Street*, I

der **Strauch, ⸚er** *bush*, II7

der **Strauß, ⸚e** *bouquet*, I

das Streichkonzert, -e *concert for strings*, II11

der **Streifen, -** *stripe*, II12

streiten *to argue*, II9

der **Stress** *stress*, II7

stricken *to knit*, II7

der **Strumpf, -̈e** *stocking*, II8
das **Stück, -e** *piece*, I; **ein Stück Kuchen** *a piece of cake*, I
    stückeln *to cut into pieces*, II5
der Student, -en *(college) student (male)*, II4
die Studentin, -nen *(college) student (female)*, II4
der Studienkreis, -e *study circle*, II9
    studieren *to study*, II4
die Stufe, -n *step, level*, II1
der **Stuhl, -̈e** *chair*, I
die Stunde, -n *hour*, II3
    stundenlang *for hours*, II2
der **Stundenplan, -̈e** *class schedule*, I
    suchen *to look for, search for*, I
    südlich *southern*, II9
    super *super*, I
das Superangebot, -e *special offer*, II2
der **Supermarkt, -̈e** *supermarket*, I
    supertoll *really great*, II4
die **Suppe, -n** *soup*, II1
    surfen *to surf*, I
    süß *sweet*, II6
    süßsauer *sweet and sour*, II1
der Süßstoff, -e *sweetener*, II5
    sympathisch *nice, pleasant*, II1
das Symphoniekonzert, -e *orchestral concert*, II11
das Symphonieorchester, - *symphony orchestra*, II11
die Symphoniker *(pl) members of a symphony orchestra*, II11
das Symptom, -e *symptom*, II6
die **Synagoge, -n** *synagogue*, II11
die Szene, -n *scene*, II2

die Tabelle, -n *table, grid*, II4
die Tablette, -n *pill*, II6
die **Tacos (pl)** *tacos*, II12
die Tafel, -n *table, blackboard*, II1
der **Tag, -e** *day*, I; **eines Tages** *one day*, I
die Tagesfahrt, -en *day trip*, II9
    täglich *daily*, II2
    tagsüber *during the day, in the daytime*, II12
der Tagungsort, -e *conference site*, II3
das **Tal, -̈er** *valley*, II9
der Talkessel, - *basin of the valley*, Loc 10
die **Talkshow, -s** *talk show*, II10
der Tandemsprung, -̈e *tandem jump*, II10
die **Tante, -n** *aunt*, I
    tanzen *to dance*, I; **tanzen gehen** *to go dancing*, I
die Tanzveranstaltung, -en *dance*, II3
    tappen *to fumble about, to grope*, II12

die **Tasche, -n** *bag; pocket*, II8
die Taschenlampe, -n *flashlight*, II9
der **Taschenrechner, -** *pocket calculator*, I
das Taschenwörterbuch, -̈er *pocket dictionary*, II1
die Tätigkeit, -en *activity*, II6
der Tatort, -e *scene of a crime*, II10
    tatsächlich *really, actually*, II11
    tauchen *to dive*, II9
die Tauchschule, -n *diving school*, II12
    tauschen *to trade*, II2
    tausend *thousand*, II12
der Taxifahrer, - *taxi driver*, II11
der **Tee** *tea*, I; **ein Glas Tee** *a glass of tea*, I
der Teelöffel, - *teaspoon*, II5
der Teil, -e *part*, II1
    teilen *to divide, share*, II3
    teilnehmen an (sep, dat) *to participate in*, II4
    teilweise *partly*, II4
das **Telefon, -e** *telephone*, I
    telefonieren *to call*, I
die Telefonkarte, -n *phone card*, I
die **Telefonnummer, -n** *telephone number*, I
die **Telefonzelle, -n** *telephone booth*, I
die **Temperatur, -en** *temperature*, II6
das **Tennis** *tennis*, I
der **Tennisplatz, -̈e** *tennis court*, II9
der **Tennisschläger, -** *tennis racket*, II2
der Tennisspieler, - *tennis player*, II1
das Tennisturnier, -e *tennis tournament*, II1
der **Teppich, -e** *carpet*, I
die **Terrasse, -n** *terrace, porch*, II7
    testen *to test*, II2
    teuer *expensive*, I
die Textilindustrie, -n *textile industry*, Loc 1
das **Theater, -** *theater*, I; **ins Theater gehen** *to go to the theater*, I
die Theateraufführung, -en *theatrical performance*, II3
das **Theaterstück, -e** *play*, II11
die Theke, -n *bar, counter*, II4
das **Thema, (pl) Themen** *subject, topic*, II2
    theoretisch *theoretical(ly)*, II10
der Thunfischsalat *tuna salad*, II5
    tief *deep*, II12
die Tiefkühlerdbeere, -n *frozen strawberry*, II5
die Tiefkühlkost *frozen food*, II5
    tiefschwarz *jet black*, II8
das Tier, -e *animal*, II2
der Tierarzt, -̈e *veterinarian*, II3
der Tiergarten, -̈ *zoo*, II11
    tierlieb *fond of animals*, II1
die Tierliebe *love of animals*, II5
die **Tiersendung, -en** *animal documentary*, II10
der **Tilsiter Käse** *Tilsiter cheese*, II5
das Tirol *Tyrol*, II3

der **Tisch, -e** *table*, I
das Tischtennis *table tennis*, II3
das Tischtuch, -̈er *tablecloth*, II12
der Titel, - *title*, II4
    Tja ... *Well ...*, I
die **Tochter, -̈** *daughter*, II1
    todlangweilig *extremely boring*, II7
der **Tofu** *tofu*, II5
die **Toilette, -n** *bathroom, toilet*, II7
    toll *great, terrific*, I
die **Tomate, -n** *tomato*, I
die Tomatensoße, -n *tomato sauce*, II12
der Topf, -̈e *pot*, II9
das Tor, -e *gate*, Loc 4
die **Torte, -n** *layer cake*, I
die Tour, -en *tour, trip*, II4
der Tourismus *tourism*, Loc 1
der Tourist, -en *tourist*, II9
die Tracht, -en *ethnic costume*, II8
    tragen *to wear; carry*, II8; **er/sie trägt** *he/she wears*, II8; **tragen zu** *to wear with*, II8
der **Träger, -** *strap*, II8
das **Trägerhemd, -en** *camisole*, II8
    trainiert *trained*, II3
das Training *training*, II3
    trampen *to hitchhike*, II9
die Träne, -n *tear*, II7
die **Traube, -n** *grape*, I
der Traubenzucker *glucose*, II5
der Traum, -̈e *dream*, II9
die Traumanlage, -n *dream spot*, II12
das Traumhaus, -̈er *dream house*, II7
    traurig *sad*, I
der Treff, -s *meeting, rendezvous*, II9
s. **treffen** *to meet*, II3
    treiben: Sport treiben *to play sports*, II4
die Treppe, -n *staircase*, II7
das Tretboot, -e *pedal boat*, II9
    treten *to step on; to pedal*, II6
    trinken *to drink*, I
    trocken *dry*, I
    trocknen *to dry*, II2
der Trödelmarkt, -̈e *second-hand or flea market*, II8
der Troll, -e *troll*, II11
    trollen *to trot, to troddle*, II11
    trotz (prep) *in spite of, despite*, II8
    trotzdem *nevertheless*, II3
der Trumpf, -̈e *trump (card)*, II9
    Tschau! *Bye! So long!*, I
    Tschüs! *Bye! So long!*, I
das **T-Shirt, -s** *T-shirt*, I
die Tube, -n *tube*, II6
das **Tuch, -̈er** *scarf*, II1
    tun *to do*, I; **Leid tun: Es tut mir Leid.** *I'm sorry.*, I; **Tut mir Leid. Ich bin nicht von hier.** *I'm sorry. I'm not from here.*, II9; **weh tun: Tut dir ... weh?** *Does your ... hurt?*, II6; **Tut dir was weh?** *Does something hurt?*, II6; **Tut's weh?** *Does it hurt?*, II6
die **Türkei** *Turkey*, II9

türkisblau *turquoise*, II8
türkisch (adj) *Turkish*, II11
der Turm, ¨-e *tower*, II11
turnen *to do gymnastics*, II2
das Turnier, -e *tournament*, II12
der Turnschuh, -e *sneaker, athletic shoe*, I
das Tüteneis, - *ice cream bar*, II2
der Typ, -en *guy; type*, II8
typisch *typical*, II1

die **U-Bahn=Untergrundbahn, -en** *subway*, I
die **U-Bahnstation, -en** *subway station*, I
über (prep) *over; about; above*, II1
überall *everywhere; all over*, II3
das **Überarbeiten,** *revising*, II9
überbacken *au gratin*, II11
überhaupt *generally; absolutely*, II2; **überhaupt nicht** *not at all*, I; **überhaupt nicht gern haben** *to strongly dislike*, I; **überhaupt nicht wohl** *not well at all*, II4
s. überlegen *to consider, reflect*, II7
übernachten *to spend the night*, II3
die Übernachtung, -en *overnight stay*, II9
übernehmen *to take over*, II1
überraschen *to surprise*, II12
die Überraschung, -en *surprise*, II11
die Überschrift, -en *title*, II6
überstand (past) *overcame*, Loc 4
die **Übertragung, -en** *telecast, transmission*, II10
übertreiben *to exaggerate*, II7
überwältigend *overwhelming*, II11
überzeugt *convinced, persuaded*, II8
das Übliche *the usual*, II3
übrig bleiben *to be left over*, II7
übrigens *by the way*, II6
die Übung, -en *exercise*, II1
die Uhr, -en *watch, clock*, II1
die Uhrzeit, -en *time of the day*, II3
um (prep) *at; around*, II9; **um 8 Uhr** *at 8 o'clock*, I; **um ein Uhr** *at one o'clock*, I; **Wie viel Uhr ist es?** *What time is it?*, I; **Um wie viel Uhr?** *At what time?*, I
um ... zu *in order to ...*, II4
die Umfrage, -n *survey, poll*, II2
die **Umgebung, -en** *surrounding area*, II7
umher *around, on all sides*, II12
umrahmen *to frame*, Loc 10
umrühren (sep) *to stir*, II12
umschreiben (sep) *to rewrite*, II4
die **Umwelt** *environment*, I

das Umweltbewusstsein *environmental consciousness*, II4
der Umzug, ¨-e *change of residence, move*, II7
unbedingt *absolutely, by all means*, II6; **Nicht unbedingt!** *Not entirely! Not necessarily!*, II5
unbegrenzt *boundless, limitless*, II12
unbequem *uncomfortable*, I
und (conj) *and*, I
unecht *not genuine*, II12
unentbehrlich *indispensable, absolutely necessary*, II10
unfreundlich *unfriendly*, II1
ungarisch *Hungarian*, II11
ungefähr *about, approximately*, I
ungekocht *unboiled*, II12
ungestört *undisturbed*, II5
ungesund *unhealthy*, II4
ungewöhnlich *unusual*, II12
unglaublich *unbelievable*, II10
die Uni, -s=Universität *university*, II3
die Universität, -en *university*, II3
das Universum *universe*, II10
unmöglich *impossible*, II8
unnötig *unnecessary*, II7
unpraktisch *impractical*, II8
uns *us*, I; *ourselves*, II4; *to us*, II3
unser (poss adj) *our*, II5
unsicher *unsure*, II9
unsportlich *unathletic*, II1
unsympathisch *unfriendly, unpleasant*, II1
unten *underneath, below*, II2
s. unterhalten *to chat, converse*, II2
die Unterhaltung, -en *conversation; entertainment*, II3
die Unterhaltungskosten (pl) *cost of upkeep*, II10
die Unterhaltungsmöglichkeit, -en *entertainment option*, II3
die Unterkunft, ¨-e *accommodation*, II3
unternehmen *to undertake, to attempt*, II1
unternommen *undertaken, attempted*, II12
der Unterricht *class, lesson*, II2
unterscheiden *to distinguish*, II8
der Unterschied, -e *difference*, III11
untersuchen *to examine*, II10
die Untersuchung, -en *examination*, II6
unterteilt *subdivided*, II12
unterwegs *on the way, underway*, II3
unwohl *unwell*, II6
der Urlaub, -e *vacation* (time off from work), II3
der Urlauber, - *person on vacation*, II12
das Urlaubsglück *vacation happiness*, II12
der Urlaubsort, -e *vacation site*, II9

das Urlaubsparadies, -e *vacation paradise*, II9
das Urlaubsziel, -e *vacation destination*, II9
das Urteil, -e *verdict, judgment*, II12
usw.=und so weiter *et cetera, and so on*, II1

die Vanille *vanilla*, II5
das Vanilleeis *vanilla-flavored ice cream*, II5
die **Vanillemilch** *vanilla-flavored milk*, II5
die Variante, -n *variant*, II12
variationsreich *full of variations*, II12
der Vater, ¨- *father*, I
der Vatertag *Father's Day*, I; **Alles Gute zum Vatertag!** *Happy Father's Day!*, I
der Vati=Vater *father*, II1
der Vegetarier, - *vegetarian*, II5
vegetarisch (adj) *vegetarian*, II5
verändern *to modify, change*, II8
die Veranstaltung, -en *performance, show, arrangement*, III11
das Verb, -en *verb*, II11
verbessern *to improve, to correct*, II1
der Verbesserungsvorschlag, ¨-e *suggestion for improvement*, II7
verbieten *to forbid*, II7
das Verbot, -e *prohibition*, II4
verbracht (pp) *spent*, II3
verbreitet *spread, disseminated*, II2
verbringen *to spend (time)*, I
s. verdrücken *to slip away*, II12
der Verein, -e *association, club*, II9
vereinigt *unified*, II3
vereint *united*, Loc 4
verfügen über (acc) *to have something at one's disposal*, II12
die Verfügung: zur Verfügung stehen *to be available*, II7
die Vergangenheit *past*, II3
vergessen *to forget*, II1
vergiftet *poisoned, contaminated*, II7
vergleichen *to compare*, II7
das Verhalten, - *behavior*, II7
s. verhalten *to behave*, II7
das Verhältnis, -se *situation, circumstance; relationship*, II11
verheiratet *married*, II12
verhindern *to prevent*, II4
verkaufen *to sell*, II7
der Verkäufer, - *salesman*, II1
der Verkehr *traffic*, II7
der Verkehrslärm *traffic noise*, II7

das **Verkehrsmittel,** - *transportation*, II9; **öffentliche Verkehrsmittel** *public transportation* II9
verklärt *transfigured, radiant,* II11
der **Verlag,** -e *publishing house,* Loc 4
verlassen *to leave,* II2; (adj, pp) *deserted, abandoned,* II2
verlegen *embarrassed, self-conscious,* II1
s. **verletzen** *to injure* (oneself), II6
die **Verletzung,** -en *injury,* II4
verlieren *to lose,* II10
verlockend *tempting,* II4
verloren *lost,* II3
vermeiden *to avoid,* II4
vermengen *to mix,* II12
der **Vermieter,** - *landlord,* II7
vernünftig *reasonable, sensible,* II4; **vernünftig essen** *to eat sensibly,* II4
verpatzt *bungled,* II9
verrechnen *to miscalculate,* II10
verreisen *to leave on a trip,* II8
verrückt *crazy,* II5
verrühren *to mix, stir,* II5
verschieden *different,* I
verschlingen *to devour,* II10
der **Verschluss,** -̈e *lock, clasp, seal,* II8
versehen *to provide,* II5; (pp) *provided,* II5
das **Versehen,** - *oversight, error,* II5
die **Versicherung,** -en *insurance,* II10
versprechen *to promise,* II11
verstanden *understood,* II3
verständigen *to communicate,* II1
das **Verständnis,** -se *comprehension; sympathy,* II2
der **Verstärker,** - *amplifier,* II9
s. **verstauchen** *to sprain,* II6
verstehen *to understand,* II4
verstellbar *movable, adjustable,* II8
der **Versuch,** -e *attempt,* II3
versuchen *to try,* II10
der **Vertrag,** -̈e *contract, agreement,* II12
vertragen: Ich kann das Brot nicht vertragen. *The bread doesn't agree with me.,* II12
vertreiben *to banish, expel,* II7
vertun *to squander, waste,* II2
verursachen *to cause,* II6
verwandelt *transformed,* II3
der **Verwandte,** -n *relative,* II7
verwenden *to make use of, use,* II4
verwöhnen *to spoil, pamper,* II12
Verzeihung! *Excuse me!,* I; *Pardon me!,* II9
verzichten auf (acc) *to do without,* II4
das **Video,** -s *video cassette,* I
die **Videocassette,** -n *video cassette,* II10
die **Videokamera,** -s *camcorder,* II3
der **Videorecorder,** - *video cassette recorder,* II3

der **Videotext,** -e *videotext,* II10
der **Videowagen,** - *VCR cart,* II10
das **Vieh** *cattle,* II9
viel *a lot,* I; **viel zu** *much too,* I; **viel Obst essen** *to eat lots of fruit,* II4
viele *many,* I; **Vielen Dank!** *Thank you very much!,* I
vielleicht *maybe, perhaps,* I
vielseitig *versatile,* II11
die **Vielzahl,** -en *multitude,* II10
der **Vierbeiner,** - *four-legged animal,* II12
der **Vierer,** *driver's license for a moped,* II12
vierfach- *quadruple,* II12
viert- *fourth,* II11
das **Viertel: Viertel nach** *a quarter after,* I; **Viertel vor** *a quarter till,* I
die **Viskose** *viscose,* II8
die **Vitalität** *vitality,* Loc 10
das **Volk,** -̈er *people,* II12
das **Volksfest,** -e *festival,* II8
voll *full,* II5
Volleyball *volleyball,* I
völlig *completely,* II3
der **Vollkontakt** *full contact,* II1
das **Vollkornbrötchen,** - *whole grain roll,* II5
die **Vollkornsemmel,** -n *whole grain roll,* I
die **Vollmilch** *whole milk,* II4
die **Vollpension** *all meals included,* II12
vollschlank *not-so-slim,* II1
vollwaschbar *fully-washable,* II8
die **Vollwertkost** *highly nutritional food,* II4
vom=von dem
von (prep) *from, of,* II9; **von 8 Uhr bis 8 Uhr 45** *from 8:00 until 8:45,* I; **von daher** *for this reason,* II7; **von hier aus** *from here,* II9; **von hinten** *from behind,* II8; **von vorn** *from the beginning,* II8; **von zu Hause** *from home,* II9
vor (prep) *before, in front of,* II9; **vor allem** *most importantly,* II8; **vor allen Dingen** *especially,* II10; **zehn vor … ** *ten till …,* I
das **Vorabendprogramm,** -e *schedule for the early evening,* II10
der **Vorbehalt,** -e *reservations,* II7
vorbei *along, by, past,* II3
vorbeidonnern (sep) *to roar past,* II9
vorbeiführen (sep) *to lead past,* II12
vorbeikommen (sep) *to pass by, drop by,* II9
das **Vorbereiten,** *to prepare,* II9
vorbereiten auf (sep, acc) *to prepare for,* II5

die **Vorführung,** -en *production, performance,* II3
vorgehen (sep) *to go before; to take action,* II5
vorgeschrieben *prescribed,* II10
vorgestern *day before yesterday,* I
vorhaben (sep) *to intend, plan,* II1
vorher *before, previously,* II12
vorkommen (sep) *to happen,* II4
vorlesen (sep) *to read aloud,* II4
die **Vorliebe,** -n *preference,* II12
der **Vormittag,** -e *morning,* II1
der **Vorort,** -e *suburb,* I
der **Vorschlag,** -̈e *suggestion, proposition, proposal,* II12; **Das ist ein guter Vorschlag.** *That's a good suggestion.,* II12
vorschlagen (sep) *to suggest,* II9
vorschreiben (sep) *prescribe,* II10
die **Vorsicht** *caution,* II6
vorsichtig *cautious,* II5
die **Vorspeise,** -n *appetizer,* II11
vorspielen (sep) *to act out,* II5
die **Vorstadt,** -̈e *suburb,* Loc 1
s. **vorstellen** (sep) *to present, introduce; to imagine,* II7
die **Vorstellung,** -en *presentation; idea,* II11
der **Vorteil,** -e *advantage,* II7
der **Vortrag,** -̈e *lecture, presentation,* II3
vortragen (sep) *to report,* II5
vorüber *past, beyond,* II2
das **Vorurteil,** -e *prejudice,* II8
die **Vorverkaufskasse,** -n *advance booking office,* II11
vorwiegend *primarily, prevailing,* II12
vorziehen (sep) *to prefer,* II7
vorzüglich *superior, excellent,* II11
der **Vulkan,** -e *volcano,* II9

wachsen *to grow,* II7
die **Waffe,** -n *weapon,* II3
die **Waffel,** -n *waffle,* II2
der **Wagen** - *car, truck, wagon,* II10
die **Wahl,** -en *choice; election,* II9
wählen *to choose; select,* II11
wahlweise *by choice,* II12
wahnsinnig *insanely, extremely,* II3; **Wahnsinnig gut!** *Extremely well!,* II3
wahr *true,* II3
während (conj, prep) *during,* II3
wahrscheinlich *probably,* I
das **Wahrzeichen,** - *landmark, symbol,* Loc 4
das **Waldspiel,** -e *forest game,* II9
der **Waldweg,** -e *forest path,* II9

die Wand, -̈e *wall*, II8
die Wanderhose, -n *hiking breeches*, II8
wandern *to hike*, I
der Wanderweg, -e *hiking trail*, II3
wann? *when?*, I
das Wappen, - *coat of arms*, II1
war: ich war *I was*, I
wäre *would be*, II2; **Das wäre toll!** *That would be great!*, II12; **Das wär' nicht schlecht.** *That wouldn't be bad.*, II11
das Warenhaus, -̈er *department store*, II1
warm *warm*, I
warten auf (acc) *to wait for*, II2
warum? *why?*, I
was? *what?*, I; **Was noch?** *What else?*, I; **Was gibt's** *What is it?*, II5; **Was ist?** *What is it?*, II5
was=etwas *something*, II6; **Ist was mit dir?** *Is something wrong?*, II6
was für? *what kind of?*, I; **Was für ein Pech!** *That's too bad!*, II5
die Wäsche *laundry, clothes*, II2
waschen *to wash*, II6
s. waschen *to wash oneself*, II6
das Waschpulver, - *laundry detergent*, II10
das Wasser *water*, I
der Wasserhaushalt *water conservation*, II5
der Wassernapf, -̈e *water bowl*, II12
das Wechselgeld *change*, II2
wechseln *to change*, II10
der Wecker, - *alarm clock*, II2
weder ... noch *neither ... nor*, II9
wegfahren (sep) *to drive away*, II11
weggeben (sep) *to give away*, II8
weggehen (sep) *to go away*, II8
wegwerfen (sep) *to throw out*, II8
wehtun (sep) *to hurt*, II6
weich *soft*, II8
Weihnachten *Christmas*, I; **Fröhliche Weihnachten!** *Merry Christmas!*, I
weil (conj) *because*, I
die Weile *while*, II7
der Wein, -e *wine*, II2
der Weinberg, -e *vineyard*, Loc 7
weiß *white*, I
die Weißwurst, -̈e *(southern German sausage specialty)*, I
weit *far; wide*, I; *big, broad*, II12; Wir sind so weit. *We're ready.*, II11; **weit von hier** *far from here*, I
weiter *further*, II3
weitergeben (sep) *to pass on*, II11
weithin *far and wide*, II3
der Weitsprung *long jump*, II1
welch-? *which?*, I; **Welche Fächer hast du?** *Which subjects do you have?*, I
die Welt, -en *world*, II10

der Weltmeister, - *world champion*, II12
der Weltruf *international reputation*, Loc 10
wem? *whom, to whom?, for whom?*, I
wen? *whom?*, I
wenig *little*, II4
wenigstens *at least*, II4
wenn (conj) *whenever*, II8
wer? *who?*, I; **Wer ist das?** *Who is that?*, I
werben *to advertise*, II10
die Werbesendung, -en *commercial*, II10
die Werbung, -en *advertisement*, II8
werden *will*, II10; **er/sie wird** *he/she will*, II10; **Ich werde mir ... kaufen.** *I'll buy myself ...*, II10
werfen *to throw*, II12
das Werk, -e *work; factory*, II11
der Wert *worth, value*, II8
wert sein *to be worth*, II11
wesentlich *substantial(ly)*, II10
der Westen *west*, II7
der Western, - *western (movie)*, I
wetten *to bet*, II5
das Wetter *weather*, I
der Wetterbericht, -e *weather report*, II10
die Wetterjacke, -n *rain jacket*, II8
der Whirlpool, -s *whirlpool*, II9
wichtig *important*, II4
wie? *how?*, I; **wie oft?** *how often?*, I; **Wie spät ist es?** *What time is it?*, I; **Wie steht's mit ...?** *So what about ...?*, II4; **Wie wär's mit ...?** *How would ... be?*, II11; **Wie war's?** *How was it?*, II3; **wie lange?** *how long?*, II6; **wie viel?** *how much?*, I; **Wie viel Grad haben wir?** *What's the temperature?*, I; **Wie viel Uhr ist es?** *What time is it?*, I
wieder *again*, I; wieder aufgebaut *rebuilt*, Loc 10
wiedergeben (sep) *to repeat*, II9
wiederholen *to repeat*, II2
Wiederhören! *Bye!* (on the telephone), I; **Auf Wiederhören!** *Goodbye!* (on the telephone), I
Wiederschaun! *Goodbye!*, II11
Wiedersehen! *Bye!*, I; **Auf Wiedersehen!** *Goodbye!*, I;
wiegen *to weigh*, I
das Wiener Schnitzel, - *veal cutlet*, II11
die Wiese, -n *meadow*, II3
wieso? *why?; how?*, II11
wievielmal *how many times, how often*, II6
der Wildhüter, - *gamekeeper*, II10
die Wildlederjacke, -n *suede jacket*, II12
die Wildspezialität, -en *game*

specialty, II11
der Wildwestfilm, -e *wild west film*, II10
willkommen *welcome*, II12
die Windjacke, -n *windbreaker*, II8
windsurfen *to wind surf*, II9
der Winter *winter*, I
wir *we*, I
der Wirbelwind, -e *whirlwind*, II12
wirklich *really*, I
der Wirt, -e *proprietor*, II12
die Wirtschaft *business, economy*, Loc 7
wischen *to wipe*, II2
wissen *to know* (a fact, information, etc.), I; **Das weiß ich nicht.** *That I don't know.*, I; **Ich weiß nicht, ob ...** *I don't know whether ...*, II9
witzig *fun, witty*, II8
wo? *where?*, I
woanders *somewhere else*, II2
wobei *whereby*, II4
die Woche, -n *week*, I; **(einmal) in der Woche** *(once) a week*, I
das Wochenende, -n *weekend*, I
die Wochenendfahrt, -en *weekend trip*, II9
wochentags *on weekdays*, II5
wöchentlich *weekly*, II12
wofür? *for what?*, II7; **Wofür interessierst du dich?** *What are you interested in?*, II8
woher? *from where?*, I; **Woher bist du?** *Where are you from?*, I; **Woher kommst du?** *Where are you from?*, I
wohin? *where (to)?*, I; **Wohin fahren wir?** *Where are we going?*, II9
wohl *well*, II1; **Ich fühle mich wohl.** *I feel great.*, II6
wohlhabend *well-to-do*, II12
wohnen *to live*, I
das Wohngebiet, -e *residential area*, II7
die Wohngegend, -en *residential area*, II7
das Wohnhaus, -̈er *residence*, II9
das Wohnmobil, -e *mobile home*, II9
der Wohnort, -e *residence*, II11
der Wohnraum, -̈e *living space*, II12
die Wohnung, -en *apartment*, II7
das Wohnzimmer, - *living room*, II7
wolkig *cloudy*, I
die Wolle *wool*, II8
wollen *to want (to)*, I
das Wollhemd, -en *wool shirt*, II8
wollweiß *off-white*, II8
woran? *at, on what?*, II9
worauf? *on, to what?*, II10
woraus? *out of, from what?*, II12
das Wort, -̈er *word*, II2
das Wörterbuch, -̈er *dictionary*, I
der Wortschatz, -̈e *vocabulary*, II1

worüber? *about, over what?*, I;
Worüber habt ihr gesprochen? *What did you talk about?*, I
Worum geht's? *What's it about?*, II6
wovon? *of what?*, II12
wozu? *why?; to what purpose?*, II11
wunderbar *wonderful*, II8
das **Wunderkind, -er** *prodigy*, II12
wunderschön *incredibly beautiful*, II12
wundervoll *wonderful, full of wonder*, II3
der **Wunsch, ̈-e** *wish*, I; **Haben Sie einen Wunsch?** *May I help you?*, I; **Haben Sie noch einen Wunsch?** *Would you like anything else?*, I
s. **wünschen** *to wish*, II5; **Ich wünsche mir …** *I wish for …*, II7
der **Wunschtraum, ̈-e** *wish-dream*, II7
wurde (past) *became*, II3
würde *would*, II11; **Würdest du gern mal …?** *Wouldn't you like to …?*, II11
die **Wurst, ̈-e** *sausage*, I
das **Wurstbrot, -e** *bologna sandwich*, I
würzen *to spice*, II5
würzig *spicy*, II11
die **Wüste, -n** *desert*, II3

Z

z. B. (zum Beispiel) *for example*, II1
die **Zahl, -en** *number*, II1
zahlreich *countless*, II12
der **Zahn, ̈-e** *tooth*, II6
die **Zahnbürste, -n** *toothbrush*, II7
die **Zahnpasta** *toothpaste*, II6
die **Zahnschmerzen (pl)** *tooth-ache*, II6
zart *tender*, II2
die **Zauberflöte** *magic flute*, II11
zeckig *hip (with clothing)*, II8
der **Zehnkämpfer, -** *decathlete*, II12
zeichnen *to draw*, I

die **Zeichnung, -en** *drawing*, II5
zeigen *to show*, II3
die **Zeit** *time*, I; **zur Zeit** *right now*, II8
die **Zeitausdrücke (pl)** *time expressions*, II3
die **Zeitschrift, -en** *magazine*, I
die **Zeitung, -en** *newspaper*, I
der **Zeitungsstand, ̈-e** *newsstand*, II10
das **Zelt, -e** *tent*, II9
die **Zentrale, -n** *center*, II10
die **Zentralverriegelung, -en** *central locking system*, II10
zerrissen *torn*, II12
zerstört *destroyed*, II3
die **Zerstörung, -en** *destruction*, II3
der **Zettel, -** *note*, II2
das **Zeug, -e** *stuff*, II8
ziehen *to pull*, II5
das **Ziel, -e** *goal*, II9
zielen *to aim*, II9
ziemlich *rather*, I
die **Zigarette, -n** *cigarette*, II4
das **Zimmer, -** *room*, I; **mein Zimmer aufräumen** *to clean my room*, I
die **Zimmerantenne, -n** *indoor antenna*, II10
der **Zimt** *cinnamon*, I
der **Zirkus, -se** *circus*, II11
die **Zitrone, -n** *lemon*, I
zögern *to hesitate*, II9
der **Zoo, -s** *zoo*, I
zu *too; to*, I; **zu Fuß** *on foot*, I; **zu Hause helfen** *to help at home*, I; **zu bitter** *too bitter*, II1; **zu viel** *too much*, II4; **zu viele** *too many*, II4
das **Zuhause, -** *home*, II4
zuallererst *first of all*, II4
die **Zubereitung, -en** *preparation*, II5
der **Zucker** *sugar*, I
zueinander *to one another*, II11
zuerst *first*, I
zufällig *coincidentally, by accident*, II9
zufrieden *satisfied*, II7
die **Zufriedenheit, -en** *satisfaction*, II8
der **Zug, ̈-e** *train*, II1
zugeben (sep) *to admit*, II12
zugleich *at the same time*, Loc 4
zugreifen (sep) *to grab, take*, II12
zuhören (sep) *to listen to*, II6; **Hör gut zu!** *Listen carefully!*, I
der **Zuhörer, -** *listener*, II7
die **Zukunft** *future*, II3

zuletzt *last of all*, I
zum=zu dem: zum Abendessen *for dinner*, II5; **Zum Wohl!** *To your health!*, II11
zumachen (sep) *to close*, II5
zunächst *for the time being*, II12
zunehmend *increasingly*, Loc 1
die **Zunge, -n** *tongue*, II2
zur=zu der: zur Anregung *as a start*, II1; **zur Zeit** *right now*, II8
zurechtkommen (sep) *to get on well*, II6
zurück *back*, II1
zurückkommen (sep) *to return, come back*, II1
zurückziehen (sep) *withdraw*, II5
zusammen *together*, II1
die **Zusammenarbeit** *cooperation*, II11
zusammenballen (sep) *to conglomerate*, II9
die **Zusammenfassung, -en** *synopsis*, II11
zusammenkommen (sep) *to come together*, II3
zusammenpassen (sep) *to match*, II8
zusammensetzen (sep) *to put together*, II4
zusammenstellen (sep) *to put together*, II5
die **Zusammenstellung, -en** *combination*, II1
zusammentreffen (sep) *to meet*, II1
zusätzlich *additional*, II4
der **Zuschauer, -** *viewer*, II10
zuschlagen (sep) *to slam*, II7
zustimmen (sep) *to agree*, II7
die **Zutaten (pl)** *ingredients*, II5
zutreffen (sep) *to be correct*, II6
zuvor *before*, II10
zwar *indeed*, II7
zweckmäßig *appropriate, suitable*, II12
der **Zweifel, -** *doubt*, II9
zweimal *twice*, I
das **Zweirad, ̈-er** *bicycle*, II7
zweisprachig *bilingual*, Loc 4
zweit- *second*, II1
die **Zwetschge, -n** *plum*, II2
die **Zwiebel, -n** *onion*, I
der **Zwiebelturm, ̈-e** *tower with onion-shaped dome*, Loc 1
der **Zwilling, -e** *twin*, II1
zwischen (prep) *between*, II9
zwischendrin *in between*, II12

English-German Vocabulary

English-German Vocabulary

This vocabulary includes all of the words in the **Wortschatz** sections of the chapters. These words are considered active—you are expected to know them and be able to use them.

Idioms are listed under the English word you would be most likely to look up. German nouns are listed with definite article and plural ending, when applicable. The number after each German word or phrase refers to the chapter in which it becomes active vocabulary. To be sure you are using the German words and phrases in the correct context, refer to the chapters in which they appear.

The following abbreviations are used in the vocabulary: sep (separable-prefix verb), pl (plural), acc (accusative), dat (dative), masc (masculine), and poss adj (possessive adjective).

a, an *ein(e)*, I
about *ungefähr*, I
across from *gegenüber*, II9
action movie *der Actionfilm, -e*, I
actor *der Schauspieler, -*, I
actress *die Schauspielerin, -nen*, I
advanced: to be advanced (person) *der Fortgeschrittene, -n*, II12
advantage *der Vorteil, -e*, II7
after *nach*, I; **after school** *nach der Schule*, I; **after the break** *nach der Pause*, I; **after lunch** *nach dem Mittagessen*, II3
after that *danach*, I
afternoon *der Nachmittag, -e*, I; **in the afternoon** *am Nachmittag*, I
afterward *nachher*, II10
again *wieder*, I
agree: I agree with you on that! *Da stimm ich dir zu!*, II10; **Yes, I do agree with you, but...** *Ja, ich stimme dir zwar zu, aber ...*, II7
Agreed! *Einverstanden!*, II10
air *die Luft*, II7; **air conditioning** *die Klimaanlage, -n*, II10
airplane *das Flugzeug, -e*, II7
alarm clock *der Wecker, -*, II2
alcohol: to not drink alcohol *keinen Alkohol trinken*, II4
all *all-*, II8
all right: Oh, (I'm) all right. *Na ja, soso!*, II3
allergic: I am allergic to... *Ich bin allergisch gegen ...*, II4
allowed: to be allowed to *dürfen*, II4
along: Why don't you come along! *Komm doch mit!*, I
already *schon*, I; *auch schon*, II3

also *auch*, I; *auch schon*, II3; **I also need...** *Ich brauche noch ...*, I
always *immer*, I
am: I am *ich bin*, I
and *und*, I
ankle *der Knöchel, -*, II6
announcement *der Anschlag, ∴-e*, II11
another *noch ein*, I; **I don't want any more...** *Ich möchte kein(e)(en) ... mehr.*, I; **I'd like another...** *Ich möchte noch ein(e)(en) ...,* I
another (a different) one *ein(-) ander-*, II9
antenna: indoor antenna *die Zimmerantenne, -n*, II10
anything: Anything else? *Sonst noch etwas?*, I, II2
apartment *die Wohnung, -en*, II7
appear *aussehen (sep)*, I
appetizer *die Vorspeise, -n*, II11
apple *der Apfel, ∴*, I
apple cake *der Apfelkuchen, -*, I
apple juice *der Apfelsaft, ∴-e*, I; **a glass of apple juice** *ein Glas Apfelsaft*, I
approximately *ungefähr*, I
apricot *die Aprikose, -n*, II4
April *der April*, I
archery *das Bogenschießen*, II1
are: you are *du bist*, I; (formal) *Sie sind*, I; (pl) *ihr seid*, I; **we are** *wir sind*, I
arm *der Arm, -e*, II6
armchair *der Sessel, -*, I
around *um*, II9
art *die Kunst*, I
as ... as *so ... wie*, II7
at: at 8 o'clock *um 8 Uhr*, I; **at one o'clock** *um ein Uhr*, I; **at the baker's** *beim Bäcker*, I; **At what time?** *Um wie viel Uhr?*, I
at *an, in*, II3
athletic *sportlich*, II8
August *der August*, I

aunt *die Tante -n*, I
Austria *Österreich*, I
avoid (the sun) *(die Sonne) vermeiden*, II4
awesome *stark*, I; **The sweater is awesome!** *Ich finde den Pulli stark!*, I
awful *furchtbar*, I

back *der Rücken, -*, II6
bad *schlecht*, I; **badly** *schlecht*, I; **Bad luck!** *So ein Pech!*, I; **It's too bad that...** *Es ist schade, dass ...*, II4; **That's not so bad.** *Nicht so schlimm!*, II5; **That's too bad!** *Was für ein Pech!*, II5; *Ach schade!*, II6
baker *der Bäcker, -*, I; **at the baker's** *beim Bäcker*, I
bakery *die Bäckerei, -en*, I
bald: to be bald *eine Glatze haben*, I
ballet *das Ballett, -e*, II11
ballpoint pen *der Kuli, -s*, I
banana *die Banane, -n*, II2
bank *die Bank, -en*, I
bargain: That's a bargain. *Das ist preiswert.*, I
basketball *Basketball*, I
bathroom *das Badezimmer, -*, II7; **toilet** *die Toilette, -n*, II7
bay *die Bucht, -en*, II12
be *sein*, I; **I am** *ich bin*, I; **you are** *du bist*, I; **he/she is** *er/sie ist*, I; **we are** *wir sind*, I; (pl) **you are** *ihr seid*, I; (formal) **you are** *Sie sind*, I; **they are** *sie sind*, I

R64   ENGLISH-GERMAN VOCABULARY

be able to *können*, I
be called *heißen*, I
beach *der Strand, ̈-e*, II9; **sand beach** *der Sandstrand, ̈-e*, II9
bean (green) *die (grüne) Bohne, -n*, II2
beautiful *schön*, I
because *denn, weil*, I
become *werden*, II10; **he/she becomes** *er/sie wird*, II10
bed *das Bett, -en*, I; **to make the bed** *das Bett machen*, I
bed and breakfast *die Pension, -en*, II3
bedroom *das Schlafzimmer, -*, II7
beef *das Rindfleisch*, II4
beginner *der Anfänger, -*, II12
behind: from behind *von hinten*, II8
believe *glauben*, I; **You can believe me on that!** *Das kannst du mir glauben!*, II9; **I do believe that...** *Ich glaube schon, dass ...*, II10
belt *der Gürtel, -*, I; **belt loop** *die Schlaufe, -n*, II8
best: Best wishes on your birthday! *Herzlichen Glückwunsch zum Geburtstag!*, I
better *besser*, I, II5
between *zwischen*, II9
bicycle *Rad fahren*, II4; *das Fahrrad, ̈-er*, I; **by bike** *mit dem Rad*, I
bicycle racks *das Fahrrad-Depot, -s*, II12
big *groß*, I; *weit*, II12
bigger *größer*, II7
biology *Bio (die Biologie)*, I
biology teacher (female) *die Biologielehrerin, -nen*, I
birthday *der Geburtstag, -e*, I; **Best wishes on your birthday!** *Herzlichen Glückwunsch zum Geburtstag!*, I; **Happy Birthday!** *Alles Gute zum Geburtstag!*, I; **My birthday is on...** *Ich habe am ... Geburtstag.*, I; **When is your birthday?** *Wann hast du Geburtstag?*, I
bitter: too bitter *zu bitter*, II1
black *schwarz*, I; **in black** *in Schwarz*, I
blazer *der Blazer, -*, II8
blond *blond*, I
blouse *die Bluse, -n*, I
blue *blau*, I; **blue (green, brown) eyes** *blaue (grüne, braune) Augen*, I; **in blue** *in Blau*, I
blueberry *die Blaubeere, -n*, II4
board game *das Brettspiel, -e*, I
boat *das Boot, -e*, II9; **to go for a boat ride** *Boot fahren*, II9
bologna sandwich *das Wurstbrot, -e*, I
bomber jacket *der Blouson, -s*, II8
Bon appétit *Mahlzeit!*, II11; *Guten Appetit!*, II11
book *das Buch, ̈-er*, I
bookcase *das Regal -e*, I
boot *der Stiefel, -*, I, II8
bored: to be bored *sich langweilen*, II12

boring *langweilig*, I; **extremely boring,** *todlangweilig*, II7
bought *gekauft*, I; **I bought bread.** *Ich habe Brot gekauft.*, I
bouquet of flowers *der Blumenstrauß, ̈-e*, I
bow *die Schleife, -n*, II12
bow tie *die Fliege, -n*, II12
boy *der Junge, -n*, I
bracelet *das Armband, ̈-er*, II1
brake: (foot, hand) brake *die (Fuß, Hand)bremse, -n*, II10
bread *das Brot, -e*, I
break *die Pause, -n*, I; **after the break** *nach der Pause*, I; **to break something** *sich etwas brechen*, II6; **he/she/it breaks something** *er/sie/es bricht sich etwas*, II6
breakfast *das Frühstück*, II5; **For breakfast I eat...** *Zum Frühstück ess ich ...*, II5
bright *hell*, II7
bring: Please bring me... *Bringen Sie mir bitte ...*, II11
broad *weit*, II12
broccoli *der Brokkoli, -*, II4
broken *kaputt*, I, II9
brother *der Bruder, ̈-*, I; **brothers and sisters** *die Geschwister* (pl), I
brown *braun*, I; **in brown** *in Braun*, I
brush one's teeth *sich die Zähne putzen*, II6
brutal *brutal*, I
bus *der Bus, -se*, I; **by bus** *mit dem Bus*, I
bush *der Strauch, ̈-er*, II7
business *das Geschäft, -e*, I
busy *(telephone) besetzt*, I
but *aber*, I
butcher *der Metzger, -*, I
butcher shop *die Metzgerei, -en*, I; **at the butcher's** *beim Metzger*, I
butter *die Butter*, I
button *der Knopf, ̈-e*, II8
buy *kaufen*, I; **What did you buy?** *Was hast du gekauft?*, I; **Why don't you just buy...** *Kauf dir doch ...!*, I, II8
by *bei*, II9; **by bike** *mit dem Rad*, I; **by bus** *mit dem Bus*, I; **by car** *mit dem Auto*, I; **by moped** *mit dem Moped*, I; **by subway** *mit der U-Bahn*, I
Bye! *Wiedersehen! Tschau! Tschüs!*, I; *(on the telephone) Wiederhören!*, I

C

cabinet *der Schrank, ̈-e*, I
café *das Café, -s*, I; **to the café** *ins Café*, I

cake *der Kuchen, -*, I; **a piece of cake** *ein Stück Kuchen*, I
calendar *der Kalender, -*, I
call *anrufen* (sep), *telefonieren*, I
calm *ruhig*, II7
calories: has too many calories *hat zu viele Kalorien*, II4
camcorder *die Videokamera, -s*, II3
Camembert cheese *der Camembert Käse*, II5
camera *die Kamera, -s*, II3
camisole *das Trägerhemd, -en*, II8
can *können*, I; **Can I please...?** *Kann ich bitte ...?*, II10; **Can I ask (you pl) something?** *Kann ich (euch) etwas fragen?*, II4; **Can you tell me whether...?** *Können Sie mir sagen, ob ...?*, II10
cap *die Mütze, -n*, II1; **(baseball) cap** *das Käppi, -s*, II8
capital *die Hauptstadt, ̈-e*, I
car *das Auto, -s*, I; *der Wagen, -*, II10; **by car** *mit dem Auto*, I; **He's slamming the car door (the trunk)!** *Er schlägt die Autotür (den Kofferraumdeckel) zu!*, II7; **to polish the car** *das Auto polieren*, II2
card *die Karte, -n*, I
care: I don't care about fashion. *Mode ist mir egal.*, II8
care for *mögen*, I
carp *der Karpfen, -*, II5
carpet *der Teppich, -e*, I
carrot *die Möhre, -n*, II4
cassette *die Kassette, -n*, I
casual *lässig*, I; *salopp*, II12
cat *die Katze, -n*, I; **to feed the cat** *die Katze füttern*, I
cathedral *der Dom, -e*, II3
cauliflower *der Blumenkohl*, II4
cell phone *das Handy, -s*, I
cellar *der Keller, -*, II7
cent *der Cent, -*, I
century *das Jahrhundert, -e*, II9
certain: I am certain that... *Ich bin sicher, dass ...*, II9
Certainly! *Natürlich!*, I; *Sicher!*, I; *Ja, natürlich!*, II4
chair *der Stuhl, ̈-e*, I
change: Keep the change! *Stimmt (schon)!*, I
channel *der Sender, -*; *das Programm, -e*, II10
cheap *billig*, I
check: The check please! *Hallo! Ich möchte/will zahlen!*, I
checked *kariert*, II8
Cheers! *Prost!*, II11
cheese *der Käse, -*, I; **Swiss cheese** *der Schweizer Käse*, II5
cheese sandwich *das Käsebrot, -e*, I
chemistry *(die) Chemie*, I
chess *Schach*, I
cherry *die Kirsche, -n*, II4

chicken *das Hähnchen, -,* I; *das Huhn, ̈er,* II4
child *das Kind, -er,* II1
Chinese *chinesisch* (adj), II11
chives *der Schnittlauch,* II5
chocolate *die Schokolade,* II2; **chocolate milk** *der Kakao,* II5; **fancy chocolate** *die Praline, -n,* I
choose *wählen,* II11
Christmas *das Weihnachten, -,* I; **Merry Christmas!** *Fröhliche Weihnachten!,* I
church *die Kirche, -n,* I
cinema *das Kino, -s,* I
cinnamon *der Zimt,* I
city *die Stadt, ̈e,* I; **in the city** *in der Stadt,* I; **city gate** *das Stadttor, -e,* II9; **in a big city** *in einer Großstadt,* II7; **in this city** *in dieser Stadt,* II4
city hall *das Rathaus, ̈er,* I
class *die Klasse, -n;* **in class** *in der Klasse,* II4
class schedule *der Stundenplan, ̈e,* I
classical *klassisch,* I
classical music *klassische Musik,* I
clean *(sich) putzen,* II2; **to clean the windows** *die Fenster putzen,* I; **to clean up my room** *mein Zimmer aufräumen* (sep), I
clean *sauber* (adj), II7
clear: to clear the table *den Tisch abräumen* (sep), I
clever(ly) *witzig,* II8
cliff *die Klippe, -n,* II12
climb *steigen,* II9
clique: in the clique *in der Clique,* II4
clothes (casual term for) *die Klamotten* (pl), I; **to pick up my clothes** *meine Klamotten aufräumen* (sep), I
cloudy *wolkig,* I
coast *die Küste, -n,* II12
coffee *der Kaffee,* I; **a cup of coffee** *eine Tasse Kaffee,* I
coin *die Münze, -n,* I
cold *kalt,* I
cold cuts *der Aufschnitt,* I
collect *sammeln,* I; **to collect comics** *Comics sammeln,* I; **to collect stamps** *Briefmarken sammeln,* I
color *die Farbe, -n,* I
colorful *bunt,* II8
comb *(sich) kämmen,* II6
come *kommen,* I; **That comes to...** *Das macht (zusammen) ...,* I; **to come along** *mitkommen* (sep), I
comedy *die Komödie, -n,* I
comfortable *bequem,* I; *gemütlich,* II7
comics *die Comics,* I; **to collect comics** *Comics sammeln,* I
compact disc *die CD, -s,* I
computer *der Computer, -,* I
computer science *die Informatik,* I

concert *das Konzert, -e,* I; **to go to a concert** *ins Konzert gehen,* I
conservative *konservativ,* II8
cook *kochen,* II1
cookie *der Keks, -e,* I; **a few cookies** *ein paar Kekse,* I
cool *kühl,* I, II8
corner *die Ecke, -n,* II9; **That's right around the corner.** *Das ist hier um die Ecke.,* II9
corners: with corners *eckig,* I
corny *schmalzig,* I
cost *kosten,* I; **How much does… cost?** *Was kostet ...?,* I
cotton *die Baumwolle,* I; **made of cotton** *aus Baumwolle,* I
couch *die Couch, -en,* I
cough: I have a cough and runny nose. *Ich habe Husten und Schnupfen.,* II6
countless *zahlreich,* II12
country *das Land, ̈er,* I; **in the country** *auf dem Land,* I
court *der Court, -s,* II12
cousin (female) *die Kusine, -n,* I; **cousin (male)** *der Cousin, -s,* I
cozy *gemütlich,* II7
crab *die Krabbe, -n,* II11
cream: hand cream *die Handcreme,* II6
crime drama *der Krimi, -s,* I
cross-timbered house *das Fachwerkhaus, ̈er,* II3
cruel *grausam,* I
cucumber *die Gurke, -n,* II2
cummerbund *der Kummerbund, -e,* II12
curious *neugierig,* II1
curve: You're taking the curve too fast! *Du fährst zu schnell in die Kurve!,* II7
cut off *abgeschnitten,* II8
cutlet *das Schnitzel, -,* II5

dance *tanzen,* I; **to go dancing** *tanzen gehen,* I
dancing *das Tanzen,* I
dark *dunkel,* II1
dark blue *dunkelblau,* I; **in dark blue** *in Dunkelblau,* I
Darn it! *So ein Mist!,* I
dash: 100 meter dash *der 100-Meter-Lauf,* II1
daughter *die Tochter, ̈,* II1
day *der Tag, -e,* I; **day before yesterday** *vorgestern,* I; **every day** *jeden Tag,* I; **on the last day** *am letzten Tag,* II3

decathlete *der Zehnkämpfer, -,* II12
December *der Dezember,* I
definitely *bestimmt,* I
degree *der Grad, -,* I
delicacy *die Delikatesse, -n,* II11; *die Köstlichkeit, -en,* II11
Delicious! *Lecker!,* I
describe *beschreiben,* II1
desk *der Schreibtisch, -e,* I
dessert *die Nachspeise, -n,* II11
detective movie *der Krimi, -s,* I
detective novel *der Krimi, -s,* I
dial *wählen,* I; **to dial the number** *die Nummer wählen,* I
diamonds: check, diamond (pattern) *das Karo, -s,* II12
dictionary *das Wörterbuch, ̈er,* I
different *verschieden,* I
dining room *das Esszimmer, -,* II7
dining table *der Esstisch, -e,* I
dinner *das Abendessen,* II5; **For dinner we are having...** *Zum Abendessen haben wir ...,* II5
directly *direkt,* I
dirty *schmutzig,* II7
disadvantage *der Nachteil, -e,* II7
disagree: I disagree. *Das finde ich nicht.,* I
disco *die Disko, -s,* I; **to go to a disco** *in eine Disko gehen,* I
discothek *die Diskothek, -en,* II9
discus throw *das Diskuswerfen,* II1
discussion *die Diskussion, -en,* II10
dish: main dish *das Hauptgericht, -e,* II11
dishes *das Geschirr,* I; **to wash the dishes** *das Geschirr spülen,* I
dislike *nicht gern haben,* I; **strongly dislike** *überhaupt nicht gern haben,* I
diverse *abwechslungsreich,* II12
dive *tauchen,* II9
do *machen,* I; *tun,* I; **do crafts** *basteln,* I; **do homework** *die Hausaufgaben machen,* I
doctor *der Arzt, ̈e,* II6
documentary: animal documentary *die Tiersendung, -en,* II10
dog *der Hund, -e,* I
done *gemacht* (pp), I
don't you: You like quark, don't you? *Du magst doch Quark, nicht wahr?,* II5; **You like yogurt, don't you?** *Du magst Joghurt, oder?,* II5
doubt: I doubt that... *Ich bezweifle, dass ...,* II9
downtown *die Innenstadt, ̈e,* I, II9; **to go downtown** *in die Stadt gehen,* I
draw *zeichnen,* I
dress *das Kleid, -er,* I
dressed *gekleidet,* II12
drink *trinken,* I; **drink** *das Getränk, -e,* II11

drive *fahren*, I; **he/she drives** *er/sie fährt*, I
drugstore *die Drogerie, -n*, II6
dry *trocken*, I
dry clothes *die Wäsche trocknen*, II2
duck: fattened duck *die Mastente, -n*, II11; **Peking duck** *die Peking Ente, -n*, II11
dumb *blöd*, I; *doof, dumm*, I
dumpling *der Kloß, ̈-e*, II10
dust *Staub wischen*, II2

E

each, every *jed-*, II3
earache *die Ohrenschmerzen (pl)*, II6
earring *der Ohrring, -e*, II1; **a pair of earrings** *ein Paar Ohrringe*, II1
Easter *das Ostern, -*, I; **Happy Easter!** *Frohe Ostern!*, I
easy *einfach*, I; **That's easy!** *Also, einfach!*, I
eat *essen*, I; **he/she eats** *er/sie isst*, I; **to eat ice cream** *ein Eis essen*, I; **to eat sensibly** *vernünftig essen*, II4
eat and drink *sich ernähren*, II4
education *die Ausbildung, -en*, II7
egg *das Ei, -er*, I; **deviled egg** *das gefüllte Ei, -er*, II11
Egyptian *ägyptisch (adj)*, II11
elegant *elegant*, II12
enough *genug*, I
environment *die Umwelt*, I, II7
eraser *der Radiergummi, -s*, I
especially *besonders*, I; **especially like** *besonders gern*, I; **Not especially.** *Nicht besonders.*, II3
euro *der Euro, -*, I
evening *der Abend, -e*, I; **in the evening** *am Abend*, I
every: every day *jeden Tag*, I; **every evening** *jeden Abend*, II3; **every morning** *jeden Morgen*, II3
everything *alles*, II4
excellent *ausgezeichnet*, II1
exciting *spannend*, I
excursion *der Ausflug, ̈-e*, II11
Excuse me! *Entschuldigung!, Verzeihung!*, I, II9
exercise *Gymnastik machen*, II4
expensive *teuer*, I
experienced (person) *der, die Erfahrene, -n*, II12
exquisite *fein*, II12
eye *das Auge, -n*, I; **blue (green, brown) eyes** *blaue (grüne, braune) Augen*, I

F

fall *der Herbst*, I; **in the fall** *im Herbst*, I
family *die Familie, -n*, I
fancy chocolate *die Praline, -n*, I
Fantastic! *Phantastisch!*, II3
fantasy novel *der Fantasyroman, -e*, I
far *weit*, I; **far from here** *weit von hier*, I
fashion *die Mode*, I
fashionable *modisch*, II8
fast *schnell*, II7
fat: has too much fat *hat zu viel Fett*, II4; **It is fattening.** *Es macht dick.*, II4
father *der Vater, ̈-*, I
Father's Day *der Vatertag*, I; **Happy Father's Day!** *Alles Gute zum Vatertag!*, I
favorite *Lieblings-*, I; **Which vegetable is your favorite?** *Welches Gemüse magst du am liebsten?*, II5
February *der Februar*, I
feed *füttern*, I; **to feed the cat** *die Katze füttern*, I
feel *sich fühlen*, II4; **How do you feel?** *Wie fühlst du dich?*, II6; **I feel great!** *Ich fühle mich wohl!*, II6; **Are you not feeling well?** *Ist dir nicht gut?*, II6
fence *fechten*, II1
fetch *holen*, I
fettucine *die Fettucine (pl)*, II12
fever *das Fieber*, II6; **to take one's temperature** *Fieber messen*, II6
few: a few *ein paar*, I; **a few cookies** *ein paar Kekse*, I
fibers: made from natural fibers *aus Naturfasern*, II8
film, videotape *filmen*, II3; **adventure film** *der Abenteuerfilm, -e*, II10
fine *fein*, II12
first *erst-*, I; **first of all** *zuerst*, I; **on the first of July** *am ersten Juli*, I; **the first street** *die erste Straße*, I
fish *angeln*, II9; **fish stick** *das Fischstäbchen, -*, II5
fit *passen*, I; **The skirt fits great!** *Der Rock passt prima!*, I; **to keep fit** *sich fit halten*, II4
flats *Schuhe mit flachen Absätzen*, II8
flight *der Flug, ̈-e*, II12
flower *die Blume, -n*, I; **to water the flowers** *die Blumen gießen*, I
flowery *geblümt*, II8
food *die Speise, -n*, II4
foods: to only eat light foods *nur leichte Speisen essen*, II6
foot: to walk on foot *zu Fuß gehen*, I, II6
for *für*, I; *denn (conj)*, I; **I am for doing...** *Ich bin dafür, dass ...*, II9; **for whom?** *für wen?*, II1

foreign *ausländisch*, II11
fountain *der Brunnen, -*, II9
free time *die Freizeit*, I
French *französisch (adj)*, II11
fresh *frisch*, I
fresh produce store *der Obst- und Gemüseladen, ̈-*, I
Friday *der Freitag*, I; **Fridays** *freitags*, II10
fried *gebraten*, II11; **fried potatoes** *die Bratkartoffeln (pl)*, II11
friend (male) *der Freund, -e*, I; **(female)** *die Freundin, -nen*, I; **to visit friends** *Freunde besuchen*, I
friendly *freundlich*, II1
fries: French fries *die Pommes frites (pl)*, II5
from *aus*, I; *von*, I; **from 8 until 8:45** *von 8 Uhr bis 8 Uhr 45*, I; **from the fifteenth century** *aus dem fünfzehnten Jahrhundert*, II9
from where? *woher?*, I; **I'm from** *ich bin (komme) aus*, I; **Where are you from?** *Woher bist (kommst) du?*, I
front: in front of *vor*, II9; **there in the front** *da vorn*, I
fruit *das Obst*, I, II4; **a piece of fruit** *ein Stück Obst*, I; **to eat lots of fruit** *viel Obst essen*, II4
fun *der Spaß*, I; **(Tennis) is fun.** *(Tennis) macht Spaß.*, I; **(Tennis) is no fun.** *(Tennis) macht keinen Spaß.*, I
funny *lustig*, I, II1
furniture *die Möbel (pl)*, I

G

garage *die Garage, -n*, II2
garbage *der Müll*, II2
garden(s) *der Garten, ̈-*, I, II7
garlic *der Knoblauch*, II11
geography *die Erdkunde*, I
German mark *(German monetary unit) DM = die Deutsche Mark*, I
German teacher (male) *der Deutschlehrer, -*, I; **(female)** *die Deutschlehrerin, -nen*, I
Germany *Deutschland*, I
get *bekommen*, I; *holen*, I; **Get well soon!** *Gute Besserung!*, II6
gift *das Geschenk, -e*, I
gift idea *die Geschenkidee, -n*, I
girl *das Mädchen, -*, I
give *geben*, I; **he/she gives** *er/sie gibt*, I
give (a gift) *schenken*, I
glad: I'm really glad! *Das freut mich!*, II3
glass *das Glas, ̈-er*, I; **a glass of tea** *ein Glas Tee*, I; **a glass of (mineral) water** *ein Glas (Mineral)Wasser*, I

glasses: a pair of glasses *eine Brille, -n,* I
go *gehen,* I; **to go home** *nach Hause gehen,* I; **goes with: The pretty blouse goes (really) well with the blue skirt.** *Die schöne Bluse passt (toll) zu dem blauen Rock.,* II8
Goethe's birthplace *das Goethehaus,* II3
gold: made of gold *aus Gold,* II2
golf *Golf,* I; **golf course** *der Golfplatz, ⸚e,* II9
good *gut,* I; **Good!** *Gut!,* I
Good morning! *Guten Morgen!, Morgen!,* I
Goodbye! *Auf Wiedersehen!,* I; (on the telephone) *Auf Wiederhören!,* I
gown: evening gown *das Abendkleid, -er,* II12
grade *die Note, -n,* I
grade level *die Klasse, -n,* I
grades: a 1, 2, 3, 4, 5, 6 *eine Eins, Zwei, Drei, Vier, Fünf, Sechs,* I
gram *das Gramm, -,* I
grandfather *der Großvater, ⸚,* I; *Opa, -s,* I
grandmother *die Großmutter, ⸚,* I; *Oma, -s,* I
grandparents *die Großeltern* (pl), I
grape *die Traube, -n,* I, II5
gray *grau,* I; **in gray** *in Grau,* I
great: It's great that... *Es ist prima, dass ...,* II4; **really great** *supertoll,* II4; *Echt super!,* II3; **Great!** *Prima!,* I; *Sagenhaft!,* I; *Klasse!, Toll!,* I
Greek *griechisch* (adj), II11
green *grün,* I; **in green** *in Grün,* I
grilled *gegrillt,* II11
groceries *die Lebensmittel* (pl), I
ground meat *das Hackfleisch,* I
grounds *die Anlage, -n,* II12
group *die Gruppe, -n,* I
guitar *die Gitarre, -n,* I
guy *der Typ, -en,* II8
gyros *das Gyros, -,* I

hair *die Haare* (pl), I
half *halb,* I; **half past (twelve, one, etc.)** *halb (eins, zwei, usw.),* I
halibut *der Heilbutt,* II5
hall *die Halle, -n,* II12
hallway *der Flur, -e,* II7
ham *der Schinken, -,* II11
hand cream *die Handcreme,* II6
handbag *die Handtasche, -n,* II1

hang up (the telephone) *auflegen* (sep), I
Hanukkah *Chanukka,* I; **Happy Hanukkah!** *Frohes Chanukka Fest!,* I
happy: I am happy that... *Ich freue mich, dass ...,* II4; *Ich bin froh, dass ...,* II4
hard-working *fleißig,* II1
hat *der Hut, ⸚e,* II1
have *haben,* I; **he/she has English** *er/sie hat Englisch,* I; **I have German.** *Ich habe Deutsch.,* I; **I have no classes on Saturday.** *Am Samstag habe ich frei.,* I; **I'll have...** *Ich bekomme ...,* I
have to *müssen,* I; **I have to** *ich muss,* I
he *er,* I; **he is** *er ist,* I; **he's from** *er ist (kommt) aus,* I
head *der Kopf, ⸚e,* II6; **headband** *das Stirnband, ⸚er,* II1; **headache** *die Kopfschmerzen* (pl), II6
headlight *der Scheinwerfer, -,* II10
headphones (stereo) *der (Stereo) Kopfhörer, -,* II10
health: To your health! *Auf dein/Ihr/ euer Wohl!, Zum Wohl!,* II11; **to do a lot for your health** *viel für die Gesundheit tun,* II4
hear *hören,* I
heard: I heard that... *Ich habe gehört, dass ...,* II11
hearty *herzhaft, deftig,* II11
heel *der Absatz, ⸚e,* II8; **flats** *Schuhe mit flachen Absätzen,* II8; **high heels** *hohe Absätze,* II8
Hello! *Guten Tag!, Tag!, Hallo!, Grüß dich!,* I
help *helfen,* I; **to help at home** *zu Hause helfen,* I
her *ihr* (poss adj), I; **her name is** *sie heißt,* I
Here you go! *Bitte! Hier!,* II10; **Here! I insist!** *Gern! Hier ist es!,* II10
herself *sich,* II4
hideous *scheußlich,* I
high heels *hohe Absätze,* II8
hike *wandern,* I
him *ihn,* I
himself *sich,* II4
hip *die Hüfte, -n,* II6
his *sein* (poss adj), I; **his name is** *er heißt,* I
history *die Geschichte,* I
hobby *das Hobby, -s,* II1
hobby book *das Hobbybuch, ⸚er,* I
hole *das Loch, ⸚er,* II12
holiday *der Feiertag, -e,* I
home: good home cooked food *gutbürgerliche Küche, -n,* II11; **private home** *das Privathaus, ⸚er,* II3; **to stay at home** *zu Hause bleiben,* II6

homework *die Hausaufgabe, -n,* I; **to do homework** *Hausaufgaben machen,* I
honestly *ehrlich,* I
honk (the horn) *hupen,* II7
hood *die Kapuze, -n,* II8
hope: I hope that... *Ich hoffe, dass ...,* II6; **I hope you'll get better soon.** *Hoffentlich geht es dir bald besser!,* II6
Hopefully... *Hoffentlich ...,* II6
horror movie *der Horrorfilm, -e,* I
horror novel *der Gruselroman, -e,* I
hot *heiß,* I
hot (spicy) *scharf,* II11
hotel *das Hotel, -s,* I, II7
house *das Haus, ⸚er,* II7
how? *wie?,* I; **How are you?** *Wie geht es dir?,* I, II6; **How do I get to...?** *Wie komme ich zum (zur) ...?,* I; **How does it taste?** *Wie schmeckt's?,* I; **How's the weather?** *Wie ist das Wetter?,* I; **How was it?** *Wie war's?,* II3; **How about...?** *Wie wär's mit ...?,* II11
how much? *wie viel?,* I; **How much does... cost?** *Was kostet ...?,* I
how often? *wie oft?,* I
hunger *der Hunger,* I
hungry: I'm hungry. *Ich habe Hunger.,* I, II6; **I'm not hungry any more.** *Ich habe keinen Hunger mehr.,* I
hurdling *der Hürdenlauf,* II1
hurt: Does it hurt? *Tut's weh?,* II6; **Does your... hurt?** *Tut dir ... weh?,* II6; **It hurts!** *Es tut weh!,* II6; **My... hurts. ...** *tut mir weh.,* II6; **What hurts?** *Was tut dir weh?,* II6

I *ich,* I; **I don't.** *Ich nicht.,* I
ice cream *das Eis,* I; **a dish of ice cream** *ein Eisbecher,* I
ice skate *Schlittschuh laufen,* I
idea: I have no idea! *Keine Ahnung!,* I; **Do you have an idea?** *Hast du eine Idee?,* II9; **Good idea!** *Gute Idee!,* II12
imaginative *phantasievoll,* I
impossible: (That's) impossible! *(Das ist) nicht möglich!,* II10
in *in,* I; **in the afternoon** *am Nachmittag,* I; **in the city** *in der Stadt,* I; **in the country** *auf dem Land,* I; **in the evening** *am Abend,* I; **in the fall** *im Herbst,* I; **in the kitchen** *in der Küche,* I

income *das Einkommen*, II7
Indian: (Asian) Indian *indisch* (adj), II11
injure (oneself) *sich verletzen*, II6
inn *die Pension, -en*, II3
insert *einstecken* (sep), I; **to insert coins** *Münzen einstecken*, I
instead: I'll drink...instead *Dann trink ich halt ...*, II5
instrument *das Instrument, -e*, I; **Do you play an instrument?** *Spielst du ein Instrument?*, I
intelligent *intelligent*, II1
interest *das Interesse, -n*, I; **Do you have any other interests?** *Hast du andere Interessen?*, I; **I'm not interested in fashion.** *Ich hab kein Interesse an Mode.*, II8; **to be interested in** *s. interessieren für*; **Fashion doesn't interest me.** *Mode interessiert mich nicht.*, II8; **Are you interested in fashion?** *Interessierst du dich für Mode?*, II8; **What are you interested in?** *Wofür interessierst du dich?*, II8
interesting *interessant*, I
Internet *das Internet*, I
into *in*, II9
invite *einladen* (sep), I; **he/she invites** *er/sie lädt ... ein*, I
is: he/she is *er/sie ist*, I
island *die Insel, -n*, II12
it *er, sie, es*, I; *ihn*, I
Italian *italienisch* (adj), II11

jacket *die Jacke, -n*, I; **business jacket** *der Sakko, -s*, II8; **leather jacket** *die Lederjacke, -n*, II8; **bomber jacket** *der Blouson, -s*, II8
January *der Januar*, I; **in January** *im Januar*, I
javelin throw *das Speerwerfen*, II1
jeans *die Jeans, -*, I
jewelry *der Schmuck*, I
job *der Job, -s*, II7
jog *joggen*, I, II4
jogging suit *der Jogging-Anzug, ̈-e*, I
juice *der Saft, ̈-e*, I
July *der Juli*, I
jump: long jump *der Weitsprung*, II1
June *der Juni*, I
just: Just a minute, please. *Einen Moment, bitte!*, I; **Just don't buy...** *Kauf dir ja kein ...!*, II8; **That just happened.** *Das ist gerade passiert.*, II9

keep: Keep the change! *Stimmt (schon)!*, I
kilogram *das Kilo, -*, I
kitchen *die Küche, -n*, I, II7; **in the kitchen** *in der Küche*, I; **to help in the kitchen** *in der Küche helfen*, II2
knee *das Knie, -*, II6
know (a fact, information, etc.) *wissen*, I; **Do you know whether...?** *Weißt du, ob ...?*, II10; **I don't know whether...** *Ich weiß nicht, ob ...*, I, II9
know (be familiar or acquainted with) *kennen*, I

lake *der See, -n*, II7
lamb *das Lammfleisch*, II5
lamp *die Lampe, -n*, I
last *letzt-*, I; **last of all** *zuletzt*, I; **last week** *letzte Woche*, I; **last weekend** *letztes Wochenende*, I
Latin *Latein*, I
laundry *die Wäsche*, II2
lawn *der Rasen, -*, I; **to mow the lawn** *den Rasen mähen*, I; **lawn for relaxing and sunning** *die Liegewiese, -n*, II9
layer cake *die Torte, -n*, I
lazy *faul*, II1; **to be lazy** *faulenzen*, II3; **I want to be lazy!** *Ich will faulenzen!*, II1
leather *das Leder*, I; **made of leather** *aus Leder*, I
left: to the left *nach links*, I
leg *das Bein, -e*, II6
lemon *die Zitrone, -n*, I
lemon drink *die Limo, -s*, I
let, allow *lassen*, II10; **he/she lets, allows** *er/sie lässt*, II10; **Let me...** *Lass mich mal ...*, II10; **Let's go to the golf course!** *Gehen wir mal auf den Golfplatz!*, II9; **Let's go to...!** *Fahren wir mal nach ...!*, II9
lettuce *der Salat, -e*, I
license: driver's license *der Fuhrerschein, -e*, II10
life *das Leben*, II7
light blue *hellblau*, I; **in light blue** *in Hellblau*, I
like *gefallen, mögen, gern haben*, I, II7; **I like it.** *Er/Sie/Es gefällt mir.*, I; **I like them.** *Sie gefallen mir.*, I; **Did you like it?** *Hat es dir gefallen?*, II3; **to like an awful lot** *furchtbar gern haben*, I; **to not like at all** *gar nicht gern haben*, I; **to not like very much** *nicht so gern haben*, I; **I don't like...** *Ich mag kein ...*, II4; **I like to go to the ocean.** *Ich fahre gern ans Meer.*, II9; **I would like...** *Ich hätte gern ...*, II11
like (to do) *gern (machen)*, I; **to not like (to do)** *nicht gern (machen)*, I
linen *das Leinen*, II8
listen (to) *hören*, I; *zuhören*, I; **Listen!** *Hör mal!*, II5; **Listen to this!** *Hör mal zu!*, II5
liter *der Liter, -*, I
little *klein*, I; *wenig*, II4; **a little** *ein bisschen*, I; **a little more** *ein bisschen mehr*, I
live *wohnen*, I; *leben*, II4
living room *das Wohnzimmer, -*, II7; **in the living room** *im Wohnzimmer*, I
lobster *der Hummer, -*, II11
long *lang*, I
look *schauen*, I; **Look!** *Schauen Sie!*, I; *Guck mal!, Schau mal!, Sieh mal!*, II5; **That looks great on you!** *Das steht dir prima!*, II8
look for *suchen*, I; **I'm looking for** *ich suche*, I
look forward to *s. freuen auf (acc)*, II10
look like *aussehen* (sep), I; **he/she looks like** *er/sie sieht ... aus*, I; **The skirt looks...** *Der Rock sieht ... aus.*, I
lot: a lot *viel*, I; **I saw a lot, too.** *Ich habe auch viel gesehen.*, II12
luck: Bad luck! *So ein Pech!*, I; **What luck!** *So ein Glück!*, I
lunch *das Mittagessen*; **For lunch there is...** *Zum Mittagessen gibt es ...*, II5

made: made of cotton *aus Baumwolle*, I; **made of leather** *aus Leder*, I
magazine *die Zeitschrift, -en*, I
make *machen*, I; **to make the bed** *das Bett machen*, I
man *der Mann, ̈-er*, I
many *viele*, I
March *der März*, I
margarine *die Margarine*, II5
marinated *mariniert*, II11
market square *der Marktplatz, ̈-e*, I

marmalade *die Marmelade, -n*, II5
math *Mathe (die Mathematik)*, I
May *der Mai*, I
may: May I help you? *Haben Sie einen Wunsch?*, I; **May I (please)...?** *Darf ich (bitte) ...?*, II10; **he/she may** *er/sie darf*, II4
maybe *vielleicht*, I; **Yes, maybe, but...** *Ja, das kann sein, aber ...*, II4
me *mich, mir*, I, II3; **Me too!** *Ich auch!*, I, II12
measure *messen*, II6; **he/she measures** *er/sie misst*, II6
meat *das Fleisch*, I; **You eat a lot of meat, right?** *Du isst wohl viel Fleisch, ja?*, II5
Mediterranean *mediterran (adj)*, II11
mess: What a mess! *So ein Mist!*, I
Mexican *mexikanisch (adj)*, II11
mild *mild*, II11
milk *die Milch*, I, II5
mineral water *das Mineralwasser*, I
minute: Just a minute, please. *Einen Moment, bitte!*, I
miserable *miserabel*, I
modern *modern*, I
moment *der Moment, -e*, I
Monday *der Montag*, I; **Mondays** *montags*, II10
money *das Geld*, I
month *der Monat, -e*, I
monument *das Baudenkmal, ̈er*, II11
mood: in a bad mood *schlecht gelaunt*, II1; **in a good mood** *gut gelaunt*, II1
moped *das Moped, -s*, I; **by moped** *mit dem Moped*, I
more *mehr*, I
morning *der Morgen*, I; **Morning!** *Morgen!*, I
most of all *am liebsten*, I
most of the time *meistens*, II4
mother *die Mutter, ̈*, I
Mother's Day *der Muttertag*, I; **Happy Mother's Day!** *Alles Gute zum Muttertag!*, I
motor *der Motor, -en*, II7
motorcycle *das Motorrad, ̈er*, II7
mountain *der Berg, -e*, II7; **in the mountains** *in den Bergen*, II7
moussaka *die Moussaka*, II12
movie *der Film, -e*, I; **to go to the movies** *ins Kino gehen*, I
movie theater *das Kino, -s*, I
mow *mähen*, I; **to mow the lawn** *den Rasen mähen*, I
Mr. *Herr*, I
Ms. *Frau*, I
much *viel*, I; **much too** *viel zu*, I
museum *das Museum, (pl) Museen*, I, II3
mushroom *der Pilz, -e*, II4
music *die Musik*, I; **to listen to music** *Musik hören*, I
musical *das Musical, -s*, II11
mustard *der Senf*, I; **with mustard** *mit Senf*, I
my *mein (poss adj)*, I; **my name is** *ich heiße*, I
myself *mich*, II4

N

name *der Name, -n*, I; **her name is** *sie heißt*, I; **What's the boy's name?** *Wie heißt der Junge?*, I
nauseous: I'm nauseous. *Mir ist schlecht.*, II6
nearby *in der Nähe*, I
necklace *die Halskette, -n*, II1
need *brauchen*, I; **I need** *ich brauche*, I
never *nie*, I; **not yet, never** *noch nie*, II3
new *neu*, I
news: the news *die Nachrichten (pl)*, II10
newspaper *die Zeitung, -en*, I
next: next week *nächste Woche*, I; **the next street** *die nächste Straße*, I
next to *neben*, II9
night: to spend the night *übernachten*, II3
no *kein*, I; **No more, thanks!** *Nichts mehr, danke!*, I
no way: There's just no way! *Das gibt's doch nicht!*, II10
noise *der Lärm*, II7
non-fiction book *das Sachbuch, ̈er*, I
none *kein*, I
noodle soup *die Nudelsuppe, -n*, I
normally *normalerweise*, II4
North: the North Sea *die Nordsee*, II9
not *nicht*, I; **not at all** *überhaupt nicht*, I; **to not like at all** *gar nicht gern haben*, I; **Not really.** *Nicht besonders.*, I
not any *kein*, I
Not entirely!/Not necessarily! *Nicht unbedingt!*, II5; **actually not** *eben nicht*, II9
notebook *das Notizbuch, ̈er*, I; *das Heft, -e*, I
nothing *nichts*, I, II9; **nothing at the moment** *im Moment gar nichts*, I; **Nothing, thank you!** *Nichts, danke!*, I; **There's nothing you can do.** *Da kann man nichts machen.*, II9
novel *der Roman, -e*, I
November *der November*, I
now *jetzt*, I
number *die (Telefon)nummer*, I; **to dial the number** *die Nummer wählen*, I

O

oasis *die Oase, -n*, II12
ocean *das Meer, -e; die See, -n*, II9
o'clock: at 1 o'clock *um 1 Uhr*, I
October *der Oktober*, I
of *von*, II9; **made of wool** *aus Wolle*, II8
Of course! *Ja klar!*, I; *Ganz klar!*, I; *Na klar!*, II4; **Yes, of course!** *Ja, natürlich!*, II10
offer *das Angebot, -e*, I
often *oft*, I; *schon oft*, I, II3
Oh! *Ach!*, I; **Oh yeah!** *Ach ja!*, I
oil *das Öl*, I
Okay! I'll do that! *Gut! Mach ich!*, I; **It's okay.** *Es geht.*, I; *Schon gut!*, II5
old *alt*, I; **How old are you?** *Wie alt bist du?*, I
older *älter*, II7
olympic champion *der Olympiasieger, -*, II12
on: on ... Square *am ...platz*, I; **on ... Street** *in der ...straße*, I; **to walk on foot** *zu Fuß gehen*, I; **on Monday** *am Montag*, I; **on the first of July** *am ersten Juli*, I; **on a lake** *an einem See*, II7; **on a river** *an einem Fluss*, II7
once *einmal*, I; **once a month** *einmal im Monat*, I; **once a week** *einmal in der Woche*, I; **once a day** *einmal am Tag*, II4
onion *die Zwiebel, -n*, I
only *bloß*, I; *nur*, II5
onto *auf*, II9
opera *die Oper, -n*, I
opera house *die Oper, -n*, II3
operetta *die Operette, -n*, II11
or *oder*, I
orange juice *der Orangensaft*, I
order *bestellen*, II1
other *andere*, I
Ouch! *Au!, Aua!*, II6
ourselves *uns*, II4
out of *aus*, II9
outstanding *ausgezeichnet*, II5
oven *der Ofen, ̈*, I
over it *darüber*, II8
over there *dort drüben*, I; **over there in the back** *da hinten*, I
overcast *trüb*, I
own: (one's) own *eigen- (adj)*, II7
oyster *die Auster, -n*, II11

P

padded *gefüttert*, II8
paella *die Paella*, II12
pain *der Schmerz, -en*, II6
painting *das Gemälde, -*, II2
pair *das Paar, -e*, II1
pan dish *das Pfannengericht, -e*, II11
pants *die Hose, -n*, I
Pardon me! *Verzeihung!*, II9
parents *die Eltern* (pl), I
park *der Park, -s*, I, II9; **to go to the park** *in den Park gehen*, I
parka *der Anorak, -s*, II8
parking place/lot *der Parkplatz, ⸚e*, II9
party *die Party, -s*, I
pattern *das Muster, -*, II12
pea *die Erbse, -n*, II2
peaceful *friedlich*, 7
peach *der Pfirsich, -e*, II2
pear *die Birne, -n*, II5
pencil *der Bleistift, -e*, I
people *die Leute* (pl), I; **more people** *mehr Menschen*, II7
perch: fillet of perch *das Seebarschfilet, -s*, II11
perfume *das Parfüm, -e or -s*, I
perfumed *parfümiert*, II6
pet *das Haustier, -e*, I
pharmacy *die Apotheke, -n*, II6
phone card *die Telefonkarte, -n*, I
photograph *fotografieren*, II3; **color photograph** *das Farbbild, -er*, II3; **I took pictures.** *Ich habe fotografiert.*, II3
physical education *der Sport*, I
physics *(die) Physik*, I
piano *das Klavier, -e*, I; **I play the piano.** *Ich spiele Klavier.*, I
pick up *aufräumen* (sep), I; **to pick up my clothes** *meine Klamotten aufräumen*, I; **to pick up the telephone** *den Hörer abheben* (sep), I
piece *das Stück, -e*, I; **a piece of cake** *ein Stück Kuchen*, I; **a piece of fruit** *ein Stück Obst*, I
pizza *die Pizza, -s*, I
place *der Platz, ⸚e*, II12
plastic *der Kunststoff, -e*, I; **made of plastic** *aus Kunststoff*, I
play *spielen*, I; **I play the piano.** *Ich spiele Klavier.*, I; **to play a board game** *ein Brettspiel spielen*, I; *das Schauspiel, -e*, II11; *das Theaterstück, -e*, II11
pleasant *sympathisch*, II1
please *bitte*, I

pleasure: My pleasure! *Gern geschehen!*, I
plum *die Zwetschge, -n*, II2
pocket *die Tasche, -n*, II8; **back pocket** *die Gesäßtasche, -n*, II8
pocket calculator *der Taschenrechner, -*, I
pole vault *der Stabhochsprung*, II1
political discussion *eine Diskussion über Politik*, II10
politics *die Politik* (sing), I
polka-dotted *gepunktet*, I
pool *der Pool, -s*, II7; **indoor pool** *das Hallenbad, ⸚er*, II9
popular *beliebt*, II9
porch *die Terrasse, -n*, II7
pork chop *das Schweinekotelett, -s*, II5; **pork loin steak** *das Schweinerückensteak, -s*, II11
possible *möglich*, II10
post office *die Post*, I
poster *das Poster, -*, I
potato *die Kartoffel, -n*, I; **fried potatoes** *die Bratkartoffeln* (pl), II11; **potato croquettes** *die Kroketten* (pl), II11
pound *das Pfund, -*, I
poverty *die Armut*, II7
prefer *lieber (mögen)*, I; *vorziehen*, II7; **I prefer...** *Ich ziehe ... vor*, II7; **I prefer noodle soup.** *Nudelsuppe mag ich lieber.*, II5; **I prefer that...** *Ich bin dafür, dass ...*, II11
pretty *hübsch*, I; *schön*, I
pretzel *die Brezel, -n*, I
probably *wahrscheinlich*, I
produce *produzieren*, II7
produce store *der Obst- und Gemüseladen, ⸚*, I; **at the produce store** *im Obst- und Gemüseladen*, I
program (TV) *die Sendung, -en*, II10; **family program** *die Familiensendung, -en*, II10; **nature program** *die Natursendung, -en*, II10
proper(ly) *richtig*, II4
Pullover *der Pulli, -s*, I
put on *anziehen* (sep), I

Q

quark *der Quark*, II5
quarter: a quarter after *Viertel nach*, I; **a quarter to** *Viertel vor*, I
question *die Frage, -n*, II4
quiz show *die Ratesendung, -en*, II10

R

radio *das Radio, -s*, II2
railroad station *der Bahnhof, ⸚e*, I
rain *der Regen*, I; **It's raining.** *Es regnet.*, I
rainy *regnerisch*, I
raspberry marmalade *die Himbeermarmelade, -n*, II5
rather *ziemlich*, I
raw *roh*, II11
read *lesen*, I; **he/she reads** *er/sie liest*, I; **What did you read?** *Was hast du gelesen?*, I
really *ganz*, I; *wirklich*, I; *echt*, II1; **Not really.** *Nicht besonders.*, I
receive *bekommen*, I
receiver *der Hörer, -*, I
red *rot*, I; **in red** *in Rot*, I
red berry dessert *Rote Grütze*, II11
red cabbage *der Rotkohl*, II11
refrigerator *der Kühlschrank, ⸚e*, I
religion *die Religion, -en*, I
remote control *die Fernbedienung, -en*, II10
report card *das Zeugnis*, I
residence *das Wohnhaus, ⸚er*, II9; **the ... residence** *Hier bei ...*, I
restaurant *das Restaurant, -s*, II3; *der Gasthof, ⸚e*, II3; **small restaurant** *das Lokal, -e*, II3
rice *der Reis*, II4
right: That's all right. *Macht nichts!*, II5; **That's not right (at all)!** *Das stimmt (überhaupt) nicht!*, II10
right: to be right *Recht haben*, II10; **You're right about that!** *Da hast du Recht!*, II10
right: to the right *nach rechts*, I
ring *der Ring, -e*, II2
ringlet *der Ringel, -*, II12
river *der Fluss, ⸚e*, II7; **on a river** *an einem Fluss*, II7
roast *der Braten*, II11
roll *die Semmel, -n*, I
roll of film *der Film, -e*, II3
romance *der Liebesfilm, -e*, I; **romance novel** *der Liebesroman, -e*, I
room *das Zimmer, -*, I; **to clean up my room** *mein Zimmer aufräumen* (sep), I
round *rund*, I
ruined *kaputt*, I, II9
run *laufen*, II3; **he/she runs** *er/sie läuft*, II3; **long distance run** *der Langstreckenlauf*, II1
Russian *russisch* (adj), II11

(S)

sad *traurig*, I
sail *segeln*, II9
salad *der Salat, -e*, I
salmon *der Lachs, -e*, II11
salt *das Salz*, I
salty: too salty *zu salzig*, II1
sandwich *das Sandwich, -es*, II5; *das Pausenbrot*, II5; **What do you have on your sandwich?** *Was hast du denn auf dem Brot?*, II5
Saturday *der Samstag*, I; *der Sonnabend*, I; **Saturdays** *samstags*, II10
sauerkraut *das Sauerkraut*, II5
sauna *die Sauna, -s*, II9
sausage *die Wurst, ⁻e*, I
say *sagen*, I; **Say!** *Sag mal!*, I; **What does the weather report say?** *Was sagt der Wetterbericht?*, I
scarf *der Schal, -s, das Tuch, ⁻er*, II1
schedule of shows *das Programm, -e*, II10
school *die Schule, -n*, I; **after school** *nach der Schule*, I; **How do you get to school?** *Wie kommst du zur Schule?*, I; **at school** *an der Schule*, II4
school subject *das Fach, ⁻er*, I
school supplies *die Schulsachen* (pl), I
schoolbag *die Schultasche, -n*, I
science fiction movie *der Science-fictionfilm, -e*, I
science fiction novel *der Sciencefictionroman, -e*, I
sea *die See, -n; das Meer, -e*, II9
search (for) *suchen*, I
second *zweit-*, I; **the second street** *die zweite Straße*, I
secret tip *der Geheimtip, -s*, II12
secure *sicher*, II7
see *sehen*, I; **he/she sees** *er/sie sieht*, I; **See you later!** *Bis dann!*, I; **to see a movie** *einen Film sehen*, I; **What did you see?** *Was hast du gesehen?*, I
seldom *selten*, II4
sensational *sensationell*, I
September *der September*, I
set *decken*, I; **to set the table** *den Tisch decken*, I
shampoo *das Shampoo, -s*, II6
sharp (clothing) *scharf*, II8; **really sharp** *fetzig*, II8
she *sie*, I; **she is** *sie ist*, I; **she's from** *sie ist (kommt) aus*, I
shine: the sun is shining *die Sonne scheint*, I
ship *das Schiff, -e*, II9
shirt *das Hemd, -en*, I

shish kebab *das Schisch Kebab*, 11
shoe *der Schuh, -e*, II8; **patent leather shoe** *der Lackschuh, -e*, II12
shop *einkaufen* (sep), I; **to go shopping** *einkaufen gehen*, I
short *kurz*, I
shortening *das Butterschmalz*, I
shorts: pair of shorts *die Shorts, -*, I
shot put *das Kugelstoßen*, II1
should *sollen*, I
shoulder *die Schulter, -n*, II6
show *die Sendung, -en*, II10
sick *krank*, II6
side dish *die Beilage, -n*, II11
sightsee *etwas besichtigen*, II3
silk *die Seide*, I; **made of silk** *aus Seide*, I; **silk shirt** *das Seidenhemd, -en*, II8; **real silk** *echte Seide*, II8
silver: made of silver *aus Silber*, II2
since *seit*, II9
singer (female) *die Sängerin, -nen*, I; **singer (male)** *der Sänger, -*, I
sink *das Spülbecken, -*, I
sister *die Schwester, -n*, I; **brothers and sisters** *die Geschwister* (pl), I
site *die Anlage, -n*, II12
size *die Größe, -n*, I
skin *die Haut*, II6
skirt *der Rock, ⁻e*, I; **pleated skirt** *der Faltenrock, ⁻e*, II8
sledding *rodeln*, II1
sleep: to get enough sleep *genügend schlafen*, II4; **he/she sleeps** *er/sie schläft*, II4
sleeveless *ärmellos*, II8
sleeves: with long sleeves *mit langen Ärmeln*, II8; **with short sleeves** *mit kurzen Ärmeln*, II8
slender *schlank*, II1
slide *das Dia, -s*, II3
slow(ly) *langsam*, II7
small *klein*, I
smart (looking) *fesch, schick, chic*, I
smoke *rauchen*, II4
smoked *geräuchert*, II11
snack bar, stand *die Imbissstube, -n*, I, II3
snap *der Druckknopf, ⁻e*, II8
sneaker *der Turnschuh, -e*, I
snow *der Schnee*, I; **It's snowing.** *Es schneit.*, I
so *so*, I; **So long!** *Tschau! Tschüs!*, I; **so so** *so lala*, I
soap *die Seife, -n*, II6
soccer *Fußball*, I; **I play soccer.** *Ich spiele Fußball.*, I
sock *die Socke, -n*, I, II8
soda: lemon-flavored soda *die Limo, -s (die Limonade, -n)*, I; **cola and lemon soda** *das Spezi, -s*, II11
sofa *das Sofa, -s*, I
soft *weich*, II8
someone: Someone told me that... *Man hat mir gesagt, dass ...*, II11
something *etwas*, I

sometimes *manchmal*, I
son *der Sohn, ⁻e*, II1
song *das Lied, -er*, I
soon *bald*, I
sorry: to be sorry *bedauern*, II5; *Leid tun*, II3; **I'm sorry.** *Es tut mir Leid.*, I, II3; **Sorry, I can't.** *Ich kann leider nicht.*, I; **Sorry, but unfortunately we're all out of couscous.** *Tut mir Leid, aber der Couscous ist leider schon alle.*, II12; **I'm so sorry.** *Das tut mir aber Leid!*, II3; **I'm sorry. I'm not from here.** *Tut mir Leid. Ich bin nicht von hier.*, II9
sort *sortieren*, I; **to sort the trash** *den Müll sortieren*, I
soup *die Suppe, -n*, II1
Spanish *spanisch* (adj), II11
specialty *die Spezialität, -en*, II11
spend (time) *verbringen*, I
spend: to spend the night *übernachten*, II3
spicy *würzig*, II11; **spicy, hot** *scharf*, II11
spinach *der Spinat*, II2
sport(s) *der Sport*, I, II1; **sport facility** *die Sportanlage, -n*, II12; **sports telecast** *die Sportübertragung, -en*, II10; **Do you play sports?** *Machst du Sport?*, I
sporty *sportlich*, II8
sprain (something) *sich (etwas) verstauchen*, II6
spring *der Frühling*, I; **in the spring** *im Frühling*, I
sprouts (bean) *die Sojasprossen*, II5
square *der Platz, ⁻e*, I; **on ... Square** *am ...platz*, I
stamp *die Briefmarke, -n*, I; **to collect stamps** *Briefmarken sammeln*, I
state: German federal state *das Bundesland, ⁻er*, I
station *der Sender, -*, II10
stay, remain *bleiben*, II3
steak *das steak, -s*, II12
steak (beef) *das Rindersteak, -s*, II5
stereo *die Stereoanlage -n*, I
stinks: That stinks! *So ein Mist!*, I
stirrup pants *die Steghose, -n*, II8
stocking *der Strumpf, ⁻e*, II8
stomach *der Bauch, ⁻e*, II6; **stomach-ache** *die Bauchschmerzen* (pl), II6
storage shelf *das Ablagefach, ⁻er*, II10
store *der Laden, ⁻, das Geschäft, -e*, I; **fewer stores** *weniger Geschäfte*, II7
storm *das Gewitter, -*, I
stove *der Herd, -e*, I
straight ahead *geradeaus*, I
strawberry *die Erdbeere, -n*, II4; **strawberry marmalade** *die Erdbeermarmelade*, II5;

strawberries with whipped cream
Erdbeeren mit Sahne, II11
street *die Straße, -n,* I; **on ... Street** *in der ...straße,* I; **main street** *die Hauptstraße, -n, II9*
stripe *der Streifen, -, II12*
striped *gestreift,* I
stroll *spazieren, II3*
strong *stark,* I
stupid *blöd,* I
style *der Stil, -e, II8*
subject (school) *das Fach, ∸er,* I; **Which subjects do you have?** *Welche Fächer hast du?,* I
suburb *der Vorort, -e,* I, II7; **a suburb of** *ein Vorort von,* I; **in a suburb** *in einem Vorort, II7*
subway *die U-Bahn,* I; **by subway** *mit der U-Bahn,* I
subway station *die U-Bahnstation, -en,* I
suede jacket *die Wildlederjacke, -n, II12*
sugar *der Zucker,* I, II4
suggest *vorschlagen, II9;* **I suggest that...** *Ich schlage vor, dass ..., II9;* **What do you suggest?** *Was schlägst du vor?, II9*
suggestion *der Vorschlag, ∸e, II12*
suit *der Anzug, ∸e, II8*
summer *der Sommer,* I; **in the summer** *im Sommer,* I
sun *die Sonne,* I; **the sun is shining** *die Sonne scheint,* I
sun protection factor *der Lichtschutzfaktor, -en, II6*
sun tan lotion *die Sonnenmilch, II6; die Sonnencreme, II6*
Sunday *der Sonntag,* I; **Sundays** *sonntags, II10*
sunny *sonnig,* I
sunroof *das Schiebedach, ∸er, II10*
sunstroke *der Sonnenstich, -e, II6*
Super! *Spitze!, Super!,* I
supermarket *der Supermarkt, ∸e,* I; **at the supermarket** *im Supermarkt,* I
suppose: I suppose so, but... *Eigentlich schon, aber ..., II7*
supposed to *sollen,* I; **The fish is supposed to be great.** *Der Fisch soll prima sein., II11;* **Well, what am I supposed to do?** *Was soll ich bloß machen?, II9;* **What's that supposed to be?** *Was soll denn das sein?, II5*
Sure! *Aber sicher!, Ja, gern!,* I
sure: I'm not sure. *Ich bin nicht sicher.,* I; **I'm not sure that/whether...** *Ich bin nicht sicher, dass/ob ..., II9*
surf *surfen,* I
surrounding area *die Umgebung, -en, II7*
swallow: I can hardly swallow. *Ich kann kaum schlucken., II6*
sweater *der Pulli, -s,* I
sweet *süß, II6*

swim *schwimmen,* I; **to go swimming** *baden gehen,* I
swimming: I enjoyed swimming in the Mediterranean Sea. *Ich bin gern im Mittelmeer geschwommen., II12*
swimming pool *das Schwimmbad, ∸er,* I; *der Pool, -s, II12;* **to go to the (swimming) pool** *ins Schwimmbad gehen,* I
switch off *abstellen (sep), II7*
synagogue *die Synagoge, -n, II11*

T

table *der Tisch, -e,* I; **to clear the table** *den Tisch abräumen (sep),* I; **to set the table** *den Tisch decken,* I
tacos *die Tacos, II12*
take *nehmen,* I, II5; **he/she takes** *er/sie nimmt,* I; **I'll take** *ich nehme,* I
talk about *sprechen über,* I; **he/she talks about** *er/sie spricht über,* I; **What did you (pl) talk about?** *Worüber habt ihr gesprochen?,* I
taste *schmecken,* I, II4; **Does it taste good?** *Schmeckt's?,* I; **How does it taste?** *Wie schmeckt's?,* I, II1; **doesn't taste good** *schmeckt mir nicht, II4;* **Beef tastes better to me.** *Rind schmeckt mir besser., II5;* **Which soup tastes best to you?** *Welche Suppe schmeckt dir am besten?, II5*
Tasty! *Lecker!,* I
tea *der Tee,* I; **a glass of tea** *ein Glas Tee,* I
teacher (male) *der Lehrer, -,* I; **(female)** *die Lehrerin, -nen,* I
team *die Mannschaft, -en, II4;* **on the (basketball) team** *in der (Basketball)mannschaft, II4*
telecast, transmission *die Übertragung, -en, II10*
telephone *das Telefon, -e, der Apparat, -e,* I; **to pick up the telephone** *den Hörer abheben (sep),* I
telephone booth *die Telefonzelle, -n,* I
telephone number *die Telefonnummer, -n,* I
television (medium of) *das Fernsehen,* I; **TV set** *der Fernseher, -, II10;* **to watch TV** *Fernsehen schauen,* I; *fernsehen (sep), Fernseh gucken, II10;* **color stereo television set** *das Stereo Farbfernsehgerät, -e, II10;* **TV and video cart** *der Fernseh- und Videowagen, -, II10;* **TV room** *der Fernsehraum, ∸e, II9;* **What's on TV?** *Was läuft im Fernsehen?, II10*

Tell me,... *Sag mal, ..., II4*
temperature: What's the temperature? *Wie viel Grad haben wir?,* I; **to take someone's temperature** *die Temperatur messen, II6;* **he/she takes someone's temperature** *er/sie misst die Temperatur, II6*
tennis *Tennis,* I
tennis court *der Tennisplatz, ∸e, II9*
tennis racket *der Tennisschläger, -, II2*
terrace *die Terrasse, -n, II7*
terrible *furchtbar,* I
terrific *Klasse, prima, toll,* I;
than *als, II7*
thank *danken,* I; **Thank you (very much)!** *Danke (sehr/schön)!,* I; *Vielen Dank!,* I; **Thank you and the same to you!** *Danke gleichfalls!, II11; Danke! Dir/Ihnen auch!, II11*
that *dass (conj),* I; **That's all.** *Das ist alles.,* I; **That's...** *Das ist ...,* I
theater *das Theater, -,* I
them *sie, ihnen, II3*
then *dann,* I
there *dort,* I
There is/are... *Es gibt...,* I
they *sie,* I; **they are** *sie sind,* I; **they're from** *sie sind (kommen) aus,* I
think *denken,* I
think: Do you think so? *Meinst du?,* I; **I think** *ich glaube,* I; **I think (tennis) is...** *Ich finde (Tennis) ...,* I; **I think so too.** *Das finde ich auch.,* I; **What do you think of (tennis)?** *Wie findest du (Tennis)?,* I; **I don't think so.** *Das finde ich nicht., II10;* **I don't think that...** *Ich glaube nicht, dass ..., II9;* **I really think that...** *Ich meine doch, dass ..., II10;* **I think I'm sick.** *Ich glaube, ich bin krank., II6;* **I think it's bad that...** *Ich finde es nicht gut, dass ..., II4;* **I think it's great that...** *Ich finde es toll, dass ..., II4*
third *dritte,* I
thirst *der Durst, II2;* **to be thirsty** *Durst haben, II2*
this *dies-, II5;* **this afternoon** *heute Nachmittag,* I; **This is...(on the telephone)** *Hier ist ...,* I; **this morning** *heute Morgen,* I
three times *dreimal,* I
thrilling *spannend,* I
throat *der Hals, ∸e, II6;* **sore throat** *die Halsschmerzen (pl), II6*
through *durch, II9*
Thursday *der Donnerstag,* I; **Thursdays** *donnerstags, II10*
tie *die Krawatte, -n, II8;* **bow tie** *die Fliege, -n, II12*
tight *eng,* I; **It's too tight on you.** *Es ist dir zu eng., II8*
till: ten till two *zehn vor zwei,* I

Tilsiter cheese *der Tilsiter Käse*, II5
time *die Zeit*, I; **At what time?** *Um wie viel Uhr?*, I; **I don't have time.** *Ich habe keine Zeit.*, I; **What time is it?** *Wie spät ist es?, Wie viel Uhr ist es?*, I
tire: wide tire *der Breitreifen, -*, II10
tired *müde*, II6
to *an, auf, nach*, II9; **Let's drive to the ocean.** *Fahren wir ans Meer!*; **Are you going to the golf course?** *Gehst du auf den Golfplatz?*; **We're going to Austria.** *Wir fahren nach Österreich.*, II9
to, for her *ihr*, I
to, for him *ihm*, I
today *heute*, I
tofu *der Tofu*, II5
toilet *die Toilette, -n*, II7
tomato *die Tomate, -n*, I
tomorrow *morgen*, I
tonight *heute Abend*, I
too *zu*, I; **Too bad!** *Schade!*, I
toothache *die Zahnschmerzen* (pl), II6
toothpaste *die Zahnpasta*, II6
tour *besichtigen*, I; **to tour the city** *die Stadt besichtigen*, I; **city tour** *die Stadrundfahrt, -en*, II11
toward *nach*, II9
town *die Kleinstadt, ̈-e*, II7; **in a town** *in einer Kleinstadt*, II7
traffic *der Verkehr*, II7
train *die Bahn, -en*, II9
train station *der Bahnhof, ̈-e*, I
training and weight room *der Fitnessraum, ̈-e*, II9
transmitter *der Sender, -*, II10
transportation *das Verkehrsmittel, -*, II9; **public transportation** *öffentliche Verkehrsmittel* (pl), II7
trash *der Müll*, I; **to sort the trash** *den Müll sortieren*, I
tree *der Baum, ̈-e*, II7
trout *die Forelle, -n*, II4
truck *der Lastkraftwagen, -, (LKW, -s)* II7
true: Not true! *Stimmt nicht!*, I; **That's right! True!** *Stimmt!*, I; **That's true, but...** *Das stimmt, aber ...*, II4
try *probieren*, I
try on *anprobieren* (sep), I
T-shirt *das T-Shirt, -s*, I
Tuesday *der Dienstag*, I; **Tuesdays** *dienstags*, II10
Turkish *türkisch* (adj), II11
turn *einbiegen* (sep); **Turn in here!** *Biegen Sie hier ein!*, II9
tuxedo *der Smoking, -s*, II12
twice *zweimal*, I
twin *der Zwilling, -e*, II1
type *der Typ, -en*, II8

ugly *hässlich*, I
unbelievable *unglaublich*; **That's really unbelievable!** *Das ist ja unglaublich!*, II10
unboiled *ungekocht*, II12
uncle *der Onkel, -*, I
uncomfortable *unbequem*, I
under it, underneath *darunter*, II8
unfortunately *leider*, I; **Unfortunately I can't.** *Leider kann ich nicht.*, I; **That's the way it is, unfortunately.** *Das ist leider so.*, II9
unfriendly *unsympathisch*, II1
unhealthy *ungesund*, II4; *nicht gut für die Gesundheit*, II4
unpleasant *unsympathisch*, II1
until: from 8 until 8:45 *von 8 Uhr bis 8 Uhr 45*, I; **until you get to ...Square** *bis zum ...platz*, I; **until you get to ... Street** *bis zur ...straße*, I; **until you get to the traffic light** *bis zur Ampel*, I
us *uns*, I, II3
use *benutzen*, II6
usually *gewöhnlich*, II3

vacation (from school) *die Ferien* (pl), II3; **vacation (from work)** *der Urlaub, -e*, II9; **What did you do on your vacation?** *Was hast du in den Ferien gemacht?*, II3
vacuum *Staub saugen*, I
vanilla-flavored milk *die Vanillemilch*, II5
varied *abwechslungsreich*, II12
vegetables *das Gemüse*, I
vegetarian *vegetarisch*; **You're vegetarian, right?** *Du isst wohl vegetarisch, was?*, II5
very *sehr*, I, II4; **Very well!** *Sehr gut!*, I
vest: jeans vest *die Jeansweste, -n*, II8
video: use a video camera/a camera *die Videokamera/die Kamera bedienen*, II3
video cassette *das Video, -s*, I, II3; *die Videocassette, -n*, II10; **insert a video cassette** *ein Video einlegen* (sep), II3; **take out the video cassette** *das Video herausnehmen* (sep), II3

village *das Dorf, ̈-er*, II7; **in a village** *in einem Dorf*, II7
violent *brutal*, I
visit *besuchen*, I; **to visit friends** *Freunde besuchen*, I
visit (a place) *besuchen, besichtigen*, II3; **I visited (the cathedral).** *Ich habe (den Dom) besichtigt.*, II3
volleyball *Volleyball*, I
volume control *der Lautstärke-regler*, II10

walk *spazieren*, II3
want (to) *wollen*, I, II1; **What do you want to do?** *Was willst du machen?*, II1
war *der Krieg, -e*, II7; **war movie** *der Kriegsfilm, -e*, I
warm *warm*, I
was: I was (in, at, on)... *ich war (in an, auf) ...*, I, II12; **I was at the baker's.** *Ich war beim Bäcker.*, I; **he/she was** *er/sie war*, I
wash *spülen*, I; **to wash the dishes** *das Geschirr spülen*, I; **to wash** *(sich) waschen*, II6; **to wash clothes** *die Wäsche waschen*, II2; **he/she/it washes** *er/sie/es wäscht (sich)*, II6
watch *schauen*, I; **to watch TV** *Fernsehen schauen*, I; *fernsehen* (sep), II10; (colloquial) *Fernsehen gucken*, II10
water *das Wasser*, I; **a glass of (mineral) water** *ein Glas (Mineral) Wasser*, I
water: to water the flowers *die Blumen gießen*, I
we *wir*, I
wear *anziehen* (sep), I; *tragen*, II8; **Don't wear anything made of...** *Trag ja nichts aus ...!*, II8; **Go ahead and wear...** *Trag doch mal ...!*, II8
weather *das Wetter*, I; **How's the weather?** *Wie ist das Wetter?*, I
weather report *der Wetterbericht, -e*, II10; **What does the weather report say?** *Was sagt der Wetterbericht?*, I
Wednesday *der Mittwoch*, I; **Wednesdays** *mittwochs*, II10
week *die Woche, -n*, I; **every week** *jede Woche*, II4
weekend *das Wochenende, -n*, I; **on the weekend** *am Wochenende*, I; **every weekend** *jedes Wochenende*, II4

weekly special *das Angebot der Woche,* I
weigh *wiegen,* I
well: Well yes, but... *Eigentlich schon, aber ...,* II4; *Ja, schon, aber ...,* II7; **extremely well** *ganz wohl,* II4; **Get well soon!** *Gute Besserung!,* II6; **I'm (not) doing well.** *Es geht mir (nicht) gut!,* II6; *Mir ist (nicht) gut.,* II6; **not well at all** *überhaupt nicht wohl,* II4
were: Where were you? *Wo bist du gewesen?,* I, II3; **we were** *wir waren,* I; **they were** *sie waren,* I; **(pl) you were** *ihr wart,* I; **(formal) you were** *Sie waren,* I
western (movie) *der Western, -,* I
wet *nass,* I
what *was;* **What are we going to do now?** *Was machen wir jetzt?,* II9; **What is it?** *Was gibt's?,* II5; *Was ist?,* II5; **Okay, what is it?** *Ja? Was denn?,* II5; **So what about...?** *Wie steht's mit ...?,* II4; **Yes, what?** *Ja, was bitte?,* II5; **What can I do for you?** *Was kann ich für dich tun?,* I; **What did you talk about?** *Worüber habt ihr gesprochen?,* I; **What else?** *Noch etwas?,* I; **what kind of?** *was für?,* I; **What kinds of music do you like?** *Was für Musik hörst du gern?,* I; **What's there to eat** *Was gibt's zu essen?,* I
when? *wann?,* I
whenever *wenn* (conj), II8
where? *wo?,* I
where (from)? *woher?,* I; **Where are you from?** *Woher bist (kommst) du?,* I
where (to)? *wohin?,* I; **Where are we going?** *Wohin fahren wir?,* II9
whether *ob* (conj), II9
which *welch–,* I, II8; **Which soup do you prefer?** *Welche Suppe magst du lieber?,* II5
whirlpool *der Whirlpool, -s,* II9
white *weiß,* I; **in white** *in Weiß,* I
who? *wer?,* I; **Who is that?** *Wer ist das?,* I

whole wheat roll *die Vollkornsemmel, -n,* I
whom? *wen?,* I; **to, for whom?,** *wem?,* I
why? *warum?,* I; **Why don't you come along!** *Komm doch mit!,* I
wide *weit,* I
will *werden;* **you will** *du wirst;* **he/she will** *er/sie wird,* II10; **I'm going to buy myself a great car.** *Ich werde mir einen tollen Wagen kaufen.,* II10
wind surf *windsurfen,* II9
windbreaker *die Wind-, Wetterjacke, -n,* II8
window *das Fenster, -,* I; **to clean the windows** *die Fenster putzen,* I
windshield wiper *der Scheibenwischer, -,* II10
winter *der Winter,* I; **in the winter** *im Winter,* I
wish *sich wünschen;* **I wish for...** *Ich wünsche mir ...,* II7; **What would you wish for?** *Was wünschst du dir (mal)?,* II7
with *mit,* I; **with bread** *mit Brot,* I; **with corners** *eckig,* I
witty *witzig,* II8
woman *die Frau, -en,* I
wonderful *großartig,* II4
wood: made of wood *aus Holz,* I
wool *die Wolle,* II8
wool shirt *das Wollhemd, -en,* II8; **made of wool** *aus Wolle,* II1
work *arbeiten,* II3; **That won't work.** *Das geht nicht.,* I
worse than *schlechter als,* II7
would: No, I would rather... *Nein, ich würde lieber ...,* II11; **That would be great!** *Das wäre toll!,* II12; **Wouldn't you like to...?** *Würdest du gern mal ...?,* II11; **That wouldn't be bad.** *Das wär' nicht schlecht.,* II11
would like (to) *möchten,* I; **I would like to see...** *Ich möchte ... sehen.,* I; **What would you like to eat?** *Was möchtest du essen?,* I; **What would you like?** *Was bekommen Sie?,* I;

Would you like anything else? *Haben Sie noch einen Wunsch?,* I
wristwatch *die Armbanduhr, -en,* I
write *schreiben,* I
wrong: Is something wrong? *Ist was mit dir?,* II6; **What's wrong with you?** *Was fehlt dir?,* II6

yard *der Garten, ⸚,* II7
year *das Jahr, -e,* I; **I am...years old.** *Ich bin ... Jahre alt.,* I
yellow *gelb,* I; **in yellow** *in Gelb,* I
yes *ja,* I; **Yes?** *Bitte?,* I; **Yes, I do!** *Doch!,* II4
yesterday *gestern,* I; **yesterday evening** *gestern Abend,* I; **the day before yesterday** *vorgestern,* I
yogurt *der Joghurt, -,* II5
you *du, Sie, ihr,* I
you're (very) welcome! *Bitte (sehr/schön)!,* I
younger *jünger,* II7
your *dein* (poss adj), I; *Ihr,* II5
yourself *dich, sich,* II4
yourselves *euch,* II4
youth hostel *die Jugendherberge, -n,* II3

zero *null,* I
zipper *der Reißverschluss, ⸚e,* II8
zoo *der Zoo, -s,* I; **to go to the zoo** *in den Zoo gehen,* I

Grammar Index

Grammar Index

This grammar index includes grammar topics introduced in **Komm mit!** Levels 1 and 2. The Roman numeral I preceding the page number(s) indicates Level 1; the Roman numeral II indicates Level 2. Page numbers beginning with R refer to the Grammar Summary in this reference section.

aber: I: 79 *see also* conjunctions

accusative case: definite article I: **135;** indefinite article I: **135, 258;** noun phrase in I: **135;** third person pronoun, singular I: **140; 171;** third person pronoun, plural I: **200;** first and second person pronoun I: **200;** following **für** I: **200;** the interogative pronoun **wen** I: **200,** 337; following **es gibt** I: **257;** of reflexive pronouns II: 102, 222; of **jeder** II: 106; of **kein** I: **259;** II: 110; of possessives II: 136; following **in, an, auf** to express going somewhere II: 246, 250; following **durch** and **um** II: 254; *see also* direct object

adjectives: I: 57, 79, 84, 202, 288; comparative forms of II: 190; endings following **ein**-words II: 194; endings of comparatives II: 200; endings following **der**- and **dieser**-words II: 217; endings of unpreceded adjectives II: 311; *see also* R27

adjective endings: *see adjectives*

als: in a comparison II: 190, R28

am: contraction of **an dem** II: 73

am liebsten: I: **285** use of, with **würde** II: 307

an: followed by dative (location) II: 73; followed by accusative (direction) II: 246; *see also* R25

anprobieren: I: **143;** *see also* separable prefix verbs, R31

ans: contraction of **an das** II: 246

anziehen: present tense forms of I: 143; *see also* separable-prefix verbs, R31

article: *see* definite article, indefinite article

auf: followed by dative (location) II: 135; followed by accusative (direction) II: 246; use of, with **s. freuen,** II. 277, R25

aufs: contraction of **auf das** II: 246

aus: followed by dative II: 254, R25

aussehen: present tense forms of I: **144;** *see also* separable-prefix verbs; R31

auxiliary: *see* modal auxiliary verbs

bei: followed by dative II: 254, R25

beim: contraction of **bei dem** II: 254

s. brechen: present tense of II: 165

case: I: **135, 319** *see also* nominative case, accusative case, dative case

class: definition of I: 24; R20

clauses: I: 230, 250; *see also* dependent clauses

command forms: **du**-commands I: 223, **224, 255,** 337; **ihr**-commands I: 223, 224; **Sie**-commands I: **255;** inclusive commands II: 159; R31

comparatives: *see* adjectives

conjugations: *see* present tense; present perfect

conjunctions: **und** I: 29; **aber** I: 79; **denn** and **weil** I: **230,** II: 39; **dass** I: **260; wenn** II: 227; **ob** II: 250

connecting words: *see* conjunctions

contractions: of **in dem, im** II: 73; of **an dem, am** I: 55, 106; II: 73; of **zu dem, zum** II: 30, 254; II: 141; of **zu der, zur** II: 141; of **an das, ans** II: 246; of **auf das, aufs** II: 246; of **in das, ins** I: 162, 165; II: 246; of **bei dem, beim** II: 254; of **von dem, vom** II: 254

conversational past: *see* past participle

da-compounds: II: 277

dass-clauses: I: **260;** verb in final position II: 101, R26; with reflex verbs II: 102

dative case: introduction to I: **319;** following **mit** I: 319; interrogative pronoun **wem** I: **319;** word order with I: **320;** following **in** and **an** when expressing location II: 73; with **gefallen** II: 77; of personal pronouns II: 77; plural of definite article II: 77; of **ein**- words II: 79; following **auf** when expressing location II: 135, 250; of possessives II: 136; verbs used with dative forms, **gefallen, schmecken** II: 139; following **zu** II: 141, 223; use of, to talk about how you feel II: 157; verbs requiring dative forms II: 163; reflexive verbs requiring dative forms II: 164, 192, 226; reflexive pronouns II: 164; use of, to express idea of something being too expensive/ large/small II: 169; plural endings of adjectives II: 194; endings of adjectives II: 217; further uses of II: 223; prepositions followed by II: 254; *see also* indirect object

definite article: I: **24, 78; 135,** 128; II: 164; dative I: **319;** dative summary II: 77; dative plural II: 77; *see also* R20; R24

demonstratives: II: 130, R24

den: dative plural of definite article II: 77, R20

denn: I: **230;** *see also* conjunctions

dependent clauses: **wo** I: **250;** *see also* word order for **denn, weil,** and **dass**-clauses; *see also* clauses

dich: as a reflexive pronoun II: 102, R24

dieser-words: demonstratives II: 130; adj following **dieser**-words II: 217, R21; *see also* **jeder**

dir: dative personal pronouns II: 77; reflexive personal pronouns II: 164, R24

direct object: definition I: **135;** dative II: **163;** noun phrases as I: **135;** *see also* accusative case

direct object pronouns: I: **140; 200;** R24

direction: expressed by **nach, an, in** and **auf** II: 246; use of prepositions to express II: 250, R25

du-commands: I: 223, **224;** II: R31; of **messen** II: 168; of **tragen** II: 222; *see also* command forms

durch: followed by accusative II: 254, R25

dürfen: present tense of II: 102, R30

ein: nominative I: **76;** accusative I: **135, 171, 258;** dative I: **319;** II: 79; *see also* R21

ein-words: **mein(e), dein(e)** I: **82; sein(e), ihr(e)** I: **83;** accusative I: **258; kein** I: **259;** dative I: **319;** adjective endings following II: 194; *see also* R21–R22

emphasis words: **denn, mal, halt, doch** I: 50; for denn *see also* conjunctions

endings: *see* plural formation of nouns, possessives, present tense verb endings, past tense, and infinitive

-er: ending in place names II: 245

es gibt: I: **257**

essen: present tense forms of I: **171,** R25; *see also* stem-changing verbs

euch: dative personal pronouns II: 77; as a reflexive pronoun II: 102; *see also* R24

fahren: present tense forms of I: 254; **fahren** vs. **gehen** I: **255;** R34

fehlen: use of dative with II: 163, R30

first person: **ich, wir;** *see* subject pronouns

s. fit halten: reflexive verb II: 102

formal form of address: I: **52**

s. freuen: reflexive verb II: 102, R35; **s. freuen auf** II: 277

s. fühlen: reflexive verb II: 102, R35

für: followed by accusative I: **200, 337,** II: 101; use of with **s. interessieren** II: 222, R25

future: use of **morgen** and present tense for I: **203; werden** II: 289; *see also* R32

gefallen: I: **137;** use of dative with II: 77, 139, 163, R30

gegenüber: followed by dative II: 254

gehen: use of, with dative forms II: 159, R30

gender: *see* class

gern: I: 50, 282, 285; use of, with **würde** II: 307; use of, with **hätte** II: 314

haben: present tense forms of I: **108;** use of, in conversational past II: 66; past participle of II: 67; simple past tense forms of II: 72; *see also* R30; R32–R34

hätte: forms of II: 314; R32

helfen: use of dative with II: 163, R30

helping verbs: *see* **haben** and **sein**

ihm: dative personal pronoun II: 77, R24

Ihnen, ihnen: dative personal pronoun II: 77, R24

ihr: dative personal pronoun, dative case II: 77, R24

ihr-commands: I: 223, **224,** 255, 337

im: contraction of in dem II: 73

imperatives: *see* command forms

imperfect: simple past of **haben** and **sein** II: 72, R32

in: followed by dative (location) II: 73; followed by accusative (direction) II: 246; R25

inclusive commands: *see* command forms

indefinite articles: **ein,** nominative I: **76;** accusative I: **135, 258;** dative II: 79

indirect object: definition of I: **319;** word order I: **320;** *see also* R21; dative case

indirect object pronouns: definition of I: **319**

infinitive: definition of I: **52;** use of, with modals I: **166, 195, 196, 342;** with **werden** II: 289; with **würde** II: 307; *see also* R29–R36; word order

ins: contraction of **in das** II: 246

s. interessieren: R35; **s. interessieren für** II: 277

interrogative pronouns: nominative form **wer** I: **23; was:** I: 50; accusative form **wen** I: **200;** dative form **wem** I: **319;** *see also* R25

interrogatives: *see* questions and question words

irregular verbs: *see* present tense, past participle, and stem-changing verbs

jeder: II: 106; accusative of II: 106

kaufen: with dative reflexive pronoun II: 224

kein: I: **259;** accusative forms II: 110, 287; *see also* R21, R27

können: present tense of I: **199;** R30; *see also* modal auxiliary verbs

lassen: present tense of II: 283, R34; *see also* stem changing verbs

laufen: present tense of II: 285, R34; *see also* stem changing verbs

lieber: I: **285;** use of, with **würde** II: **307;** use of, with **hätte** II: **314**
Lieblings-: I: **110**
location: use of prepositions to express II: **250,** R25

mich: as a reflexive pronoun II: **102,** R24
mir: dative personal pronouns II: **77;** reflexive personal pronouns II: **164,** R24
mit: followed by dative II: **254,** R25
möchte-forms: present tense I: **75, 171,** R30; *see also* modal auxiliary verbs
modal auxiliary verbs: **möchte**-forms I: **75; wollen** I: **166; müssen** I: **195; können** I: **199; sollen** I: **223** II: **159; mögen** I: **282; dürfen** II: **111,** R30
mögen: present tense forms of I: **282,** R30; *see also* modal auxiliary verbs
morgen: I: **203;** *see also* future
müssen: present tense forms of I: **195,** R30; *see also* modal auxiliary verbs

nach: use of to express direction II: **246;** followed by dative (location) II: **254,** R25
neben: followed by accusative (direction) or dative (location) II: **255,** R25
nehmen: present tense forms of I: **144;** *see also* stem-changing verbs
nicht: I: **58;** with **besonders** II: **76;** position of, in a sentence R26
noch ein: I: **258,** R29
nominative case: definition of I: **135;** interrogative pronouns **wer** I: **23; dein** and **mein** I: **82;** noun phrase in I: **135;** indefinite article I: **135, 140;** *see also* R25; subject
noun phrases: masculine, feminine, neuter I: **24;** definition of I: **135;** *see also* R20; definite article, accusative, dative, nominative
nouns: classes of I: **24;** plural of I: **114,** R23
numbers: I: **25, 83**

ob-clause: verb in final position II: **250,** R26
object pronouns: *see* direct object pronouns and indirect object pronouns

past participle: II: **66-67,** R34
past tense of: **sein** I: **231; haben** and **sein** II: **72,** R34
personal pronouns: *see* pronouns
plural formation of nouns: I: **114;** dative plural II: **136,** R23
possessives: **mein(e), dein(e),** nominative I: **82; sein(e), ihr(e),**

nominative I: **83;** accusative I: **258;** dative I: **345;** summary II: **136, 194,** R22
prefix: Lieblings-: I: **110;** *see also* separable prefixes
prepositions: **für** I: **200; über,** use of with **sprechen** I: **291; mit** I: **319** II: **254;** dative with **in** and **an** when expressing location II: **73;** dative with **auf** when expressing location II: **135; zu** II: **141, 254;** use of, to express direction, **nach, an, in,** and **auf** II: **246;** expressing direction and location, summary II: **250;** followed by dative forms, **aus, bei, nach, von, gegenüber** II: **254;** followed by accusative forms, **durch, um** II: **254;** followed by accusative or dative forms, **vor, neben, zwischen** II: **255;** verbs requiring prepositional phrase **sprechen über, s. freuen auf, s. interressieren für** II: **277;** R25
present perfect: I: **292–293**
present tense: definition of I: **52;** of **sein** I: **26;** of **spielen** I: **52;** of the **möchte**-forms I: **75;** of **haben** I: **108;** of **anziehen** I: **143;** of **nehmen, aussehen** I: **144;** of **wollen** I: **166;** of **essen** I: **171;** of **müssen** I: **195;** of **können** I: **199;** of **sollen** I: **223;** of **wissen** I: **250;** of **mögen** I: **282;** of **sehen** I: **285;** of **lesen, sprechen** I: **291;** of **schlafen** II: **100;** of **s. fühlen** II: **102;** of **dürfen** II: **111;** of **s. brechen** II: **165;** of **tragen** II: **222;** *see also* R29–R35
present tense verb endings: definition I: **52;** verbs with stems ending in **d, t,** or **n** I: **57;** verbs with stems ending in -**eln** I: **58;** *see also* present tense; stem-changing verbs; verbs
pronouns: personal pronouns singular I: **26;** personal pronouns plural I: **50;** class/gender, **er, sie, es, sie** (pl) I: **79, 115;** third person singular, accusative I: **140;** third person, plural I: **200;** first and second person I: **200;** dative I: **319, 345;** dative summary II: **77;** accusative reflexive forms II: **102;** dative reflexive forms II: **164;** *see also* R24; direct object pronouns; indirect object pronouns; subject pronouns; personal pronouns

question words/interrogatives: **wer, wo, woher, wie** I: **23; was** I: **50; worüber** I: **291; wann** I: **107; wem** I: **319; warum** II: **39; welcher** II: **140; wofür** II: **277; worauf** II: **277;** *see also* R25
questions: asking and answering questions I: **23;** questions beginning with a verb I: **23;** questions beginning with a question word I: **23;** word order of question with reflexive verbs II: **102;** *see also* R26; word order

reflexive pronouns: II: **102;** dative forms II: **164;** accusative forms II: **222;** *see also* R24
reflexive verbs: II: **102, 157;** used with dative case forms II: **164,** used with accusative case forms II: **222;** *see also* R30
regular verbs: II: **12,** R35

schlafen: present tense of II: **100;** *see also* R34; stem changing verbs
schmecken: use of, with or without dative II: **139;** use of with dative II: **163,** R30

second person: **du, ihr, Sie** (formal singular and plural), *see* subject pronouns

sehen: present tense forms of I: **285,** R24

sein: present tense forms of I: **26;** R30; simple past tense forms of I: **231;** use of, in conversational past II: 66, R33; past participle of verbs with II: 67, R33

separable prefixes: **an, aus** I: **143–144; auf, ab, mit** I: **196; ein** I: 313; placement of I: **143, 196**

separable-prefix verbs: definition of I: **143; anziehen, anprobieren, aussehen** I: **143; aufräumen, abräumen, mitkommen** I: **196;** use of in conversational past II: 67; inclusive commands with II: 159; **wehtun** as a separable prefix verb II: 163; R31

sich: reflexive pronoun II: 102, R24

s. interessieren: reflexive verb II: 222

Sie-commands: I: **255,** R23; *see also* command forms

so … wie: used in comparison II: 186, R28

sollen: present tense forms of I: **223;** use of to make a suggestion II: 159; *see also* R30; modal auxiliary verbs

sprechen: present tense forms of I: **291;** R34; **sprechen über** I: **291;** II: 277

stem-changing verbs: **nehmen, aussehen** I: **144; essen** I: **171; fahren** I: **255; sehen** I: **285; lesen, sprechen** I: **291** II: 12; **schlafen** II: 100; **brechen** II: 167; **waschen** II: 167; **messen** II: 168; **tragen** II: 222; **lassen** II: 283; *see also* R35–R36; present tense verb endings

subject: definition of I: **135;** *see also* nominative case

subject pronouns: I: 26 plurals I: **50, 79;** as opposed to direct object pronouns I: **140**

subjunctive forms: **würde** II: 307; **hätte** II: 314; *see also* R32

subordinating conjunctions: **denn, weil,** *see* word order

superlatives: suffix **-ste** I: 287

third person: **er, sie, sie** (plural), **Sie** (plural formal), *see* subject pronouns

time expressions: I: 55, 106, 107, 198; **morgen** I: **203**

tragen: present tense of II: 222, R34

über: following **sprechen** II: 277, R25

um: followed by accusative II: 254, R25

unpreceded adjectives: endings of II: 311, R27

uns: dative personal pronouns II: 77; as a reflexive pronoun II: 102; *see also* R24

verbs: with separable prefixes, **anziehen, anprobieren, aussehen** I: **143; aufräumen, abräumen, mitkommen** I: **196;** with vowel change in the **du-**and **er/sie-**form, **nehmen, aussehen** I: **144; essen** I: **171; fahren** I: **255; sehen** I: **285; lesen, sprechen** I: **291; schlafen** II: 100; **brechen** II: 165; **waschen** II: 165; **messen** II: 168; **tragen** II: 222; **lassen** II: 283;

conversational past tense II: 66–67; reflexive verbs: II: 102; used with dative, **gefallen, schmecken** II: 139; verbs requiring dative case forms II: 163–164; **s. wünschen** II: 192; **passen** and **stehen** with dative II: 223; verbs requiring prepositional phrase, **sprechen über, s. freuen auf, s. interessieren für** II: 277; *see also* R29–R36; present tense and present tense verb endings

verb-final position: in weil-clauses I: 230 II: 189; in clauses following **wissen** I: 250; in **dass-** clauses I: 260 II: 101; in **wenn**-clauses II: 227; in **ob**-clauses II: 250; with **werden** in clauses beginning with **dass, ob, wenn, weil** II: 289; *see also* R26

verb-second position: I: **56, 167,** R20

vom: contraction of **von dem** II: 254

von: followed by dative II, 254, R25

vor: followed by accusative (direction) or dative (location) II: 255, R25

was: I: 50; R25

waschen: present tense of II: 165, R31, R35

wehtun: as a separable prefix verb II: 163, R31; use of dative with II: 163, R30

weil: *see* conjunctions

weil-clause: verb in final position II: 189, R26

welcher: forms of II: 140; *see also* **dieser**

wenn: *see* conjunctions

wenn-clauses: verb in final position II: 227, R26

werden: use of to express future, forms of II: 289, R32, R36

wissen: present tense forms of I: **250, wissen** vs. **kennen** I: **284,** R25

wo: questions beginning with I: **23;** II: 73; location questions II: 250

wo-compounds: I: **291;** II: 277

wollen: present tense forms of I: **166,** R22; *see also* modal auxiliary verbs

word order: questions beginning with a verb I: **23;** questions beginning with a question word I: **23;** verb in second position I: **56, 167;** with separable prefix verbs I: **143;** using modals I: **166, 167;** in denn- and weil-clauses I: **230;** verb-final in clauses following **wissen** I: **250;** verb-final in **dass**-clauses I: **260;** with dative case I: **320;** inclusive commands II: 159; with **wehtun** II: 163; **weil** clauses II: 189; in **wenn**-clauses II: 227; in **ob**-clauses II: 250; with **werden** in clauses beginning with **dass, ob, wenn, weil** II: 289, R26; *see also* infinititve; questions, separable prefixes

worüber: I: 291

s. wünschen: with dative reflexive pronouns II: 192

würde: forms of II: 307, R32

zu: II: 141; preposition followed by dative II: 223, R25

zum: contraction of **zu dem** II: 141

zur: contraction of **zu der** II: 141

zwischen: followed by accusative (direction) or dative (location) II: 255, R25

ACKNOWLEDGMENTS (continued from page ii)

Berliner Bären Stadtrundfahrt GmbH: Logo for Berliner Bären Stadtrundfahrt GmbH and "Tägliche Stadtrundfahrten Daily Sightseeingtours + Potsdam" advertisement from *Berlin Programm*, September 1993, p. 58.

Berliner Dom: From advertisement, "Berliner Dom" from *Berlin Programm*, September 1993, p. 41.

Berliner Symphoniker: Advertisement, "Berliner Symphoniker," concert information for January 26, 1997.

Burda Publications: "Sechs Tips, die für Sie so wichtig sind wie für Boris" with photographs from "Warum ist Dr. Müller-Wohlfahrt nie krank?" from *BUNTE*, no. 22, May 27, 1993, p. 40. "Jetzt ein Eis!" from *BUNTE*, no. 33, August 12, 1993, p. 83.

China-Restaurant Ho-Lin-Wah: Advertisement, "Ho-Lin-Wah" from *Berlin Programm*, September 1993.

Club La Santa: Photograph of "Club La Santa auf Lanzarote" from *Sport-Scheck Reisen*, Summer 1993, pp. 172–173.

Concert Concept GmbH: Advertisement, "Peter Hofmann, Anna Maria Kaufman singen Musical Classics" from *Berlin Programm*, September 1993, p. 39.

Deutscher Taschenbuch Verlag GmbH & Co. KG: From "Seltsamer Deutscher, komischer Türke" by Cengiz Kip from *Türken deutscher Sprache. Berichte, Erzählungen, Gedichte,* edited by Irmgard Ackermann (Hg.). Copyright © 1984 by Deutscher Taschenbuch Verlag, München.

Focus Syndication: "Der neue Trend: 'Bleich ist beautiful'" from *Focus-Das moderne Nachrichtenmagazin*, no. 28, 1993, p. 81.

Alexander Fuhrmann: From "Wenn Kinder feiern …" by Alexander Fuhrmann from *Neue Apotheken Illustrierte*, 6/93, p. 28.

GLOBUS-Kartendienst GmbH: Graphs no. 2733, no. 3771, and no. 4034. "Die Deutschen sind," from *Süddeutsche Zeitung*, no. 44, 1992. p. 36. Copyright © 1992 by GLOBUS-Kartendienst GmbH.

Kartographischer Verlag Busche GmbH: "Baden-Baden" from *Aral Auto-Reisebuch*, 1994/95.

Picture Press Bild-und Textagentur GmbH: "Das Pausenklingeln ist die schönste Musik!" from *Eltern*, October 1990, pp. 208–211. Copyright © 1990 by Gruner + Jahr AG & Co. From "Reich ist, wer nix mehr lernen muß!" from *Eltern*, July 1991, pp. 168, 169, 171. Copyright © 1991 by Gruner + Jahr AG & Co. "Gesucht: Bauernhof zum Ausschlafen!" from *Eltern*, August 1991, pp. 146–148. Copyrightr © 1991 by Gruner + Jahr Ag & Co.

Pop/Rocky: From "Ich bin kein Wunderkind!" and from "Nudeln mit Biss" from *Pop/Rocky*, no. 18, 1993, pp. 42, 49.

Redaktion Pierzel: "Kuren und Bäder" from *Neue Gesundheit*, January 1, 1994, pp. 20–21.

Rowohlt Verlag GmbH: "Das Brot" by Wolfgang Borchert from *Das Gesamtwerk*. Copyright © 1949 by Rowohlt Verlag GmbH, Reinbek.

Severin + Kühn: From advertisement, "8-sprachige City-Tour/multilingual City-Tour" from *Berlin Programm*, September 1993, p. 59.

Sport-Scheck Reisen GmbH: "Club La Santa auf Lanzarote" from *Sport-Scheck Reisen*, Summer 1993, pp. 172–173.

Surya Indisches Restaurant: Advertisement, "Surya Indisches Restaurant" from Berlin Programm, September 1993.

Tiefdruck Schwann-Bagel GmbH: "100 Mark für Nichtraucher," from *JUMA: Das Jugendmagazin*, 2/91, p. 4, April 1991. "Mein Trauhaus ist aus Schokolade" from *JUMA: Das Jugendmagazin*, 1/92, pp. 16–19, January 1992. From "Tina-das Mädchen aus dem Katalog" from *JUMA: Das Jugendmagazin*, 3/92, pp. 1, 10–11, July 1992. Text from "Hier hab ich meine Ruhe" from *JUMA: Das Jugendmagazin*, 3/93, pp. 6–10, July 1993. From "Schule im Garten" from *JUMA: Das Jugendmagazin*, 4/93, pp. 32 & 35, October 1993.

TV Spielfilm Verlag GmbH: Reviews for "Der Junge mit dem großen schwarzen Hund," "Der Prinz von Bel-Air," "Eishockey WM," "Im Reich der wilden Tiere," "Praxis Bülowbogen," and "Raumschiff Enterprise," from *TV Spielfilm/TV Guide*, 9/93, pp. 36–37, 70–71. Copyright © 1993 by TV Spielfilm Verlag GmbH.

Josef Witt GmbH: "Persönliche Bestellkarte" from Kaufen + Sparen.

PHOTOGRAPHY CREDITS

Abbreviations used: **(t)** top, **(c)** center, **(b),** bottom, **(l)** left, **(r)** right, **(i)** inset

TABLE OF CONTENTS: Page vi, viii, (tl), ix, (br), x, (tl), xi, (bl), xii, (tl), xiii, (br), xiv, (tl), xv, (br), George Winkler, other images are HRW Photos/Sam Dudgeon

Chapter Opener Backgrounds: Scott Van Osdol

All photographs by George Winkler/Holt, Rinehart and Winston, Inc. except:

UNIT ONE: Chapter One: Page 11, HRW Photo/Sam Dudgeon. **Chapter Two:** Page 32, 37(top row), HRW Photo/Sam Dudgeon; 44(tr), Edge Video Productions; 45, HRW Photo/Sam Dudgeon; 48(tl), Michelle Bridwell/Frontera Fotos; 48(cl), HRW/Sam Dudgeon; 48(bl), (cr), (br), Michelle Bridwell/Frontera Fotos. **Chapter Three:** Page 53(b),55(br), HRW Photo/Ken Karp; 57(clockwise, l to r), David Frazier Photolibrary; Robert Brenner/PhotoEdit; HRW Photo/Sam Dugeon; Michelle Bridwell/Frontera Fotos, (remaining four), 59 HRW Photo/Sam Dudgeon; 63(bcr), Merten/ZEFA; 63(bl), E. Estenfelder/Helga Lade/Peter Arnold, Inc.; 64, HRW Photo/Sam Dudgeon; 65, Courtesy Zîe L. Smith/Smith Productions 1992, from JUMA: Das Jugendmagazin, April 1993, pg. 47.

UNIT TWO: Page 78-79, ZEFA/Waldkirch/The Stock Market. **Chapter Four:** Page 82, HRW Photo/Lisa Davis; 83(b), HRW Photo/Sam Dudgeon; 85(tr), HRW Photo; 86, HRW Photo/Sam Dudgeon; 92, Edge Video Productions. **Chapter Five:** Page 110, HRW Photo/Sam Dudgeon; 111, 135, Edge Video Productions.

UNIT THREE: Page 154-155, W.H. Mueller/ZEFA; 157 (t), (c), (b), Werner H. Muller/Peter Arnold, Inc. **Chapter Seven:** Page 167, Edge Video Productions; 172–173, Pädagogische Aktion E.V.; **Chapter Eight:** Page 187, Edgeo Video Productions; 192(cr), (tr), (bl), Michelle Bridwell/Frontera Fotos. **Chapter Nine:** Page 211(tl), (b), Edge Video Productions.

UNIT FOUR: Chapter Ten: Page 243, Edge Video Productions; 263 (tl), (tr), Edge Video Productions; 273 (tl),(tr), Michelle Bridwell/Frontera Fotos. **Chapter Twelve:** Page 287 (br), (tl), Edge Video Productions.

ILLUSTRATION AND CARTOGRAPHY CREDITS

Unit One: Page 1, GeoSystems.

Chapter 1: Page 10 (t), Michael Krone; 10 (b), George McLeod; 17, Eduard Böhm; 19, Eduard Böhm. **Chapter 2:** Page 38, Paul Hess; 39, Paul Hess; 40, Paul Hess. **Chapter 3:** Page 74, Michael Krone.

Unit Two: Page 79, GeoSystems.

Chapter 4: Page 87, Giorgio Mizzi; 89, Ully Arndt; 95, Giorgio Mizzi; 97, Giorgio Mizzi; 98, Eduard Böhm. **Chapter 5:** Page 112 (l), Eduard Böhm; 112 (r), Maria Lyle; 118, Eduard Böhm; 121, Eduard Böhm. **Chapter 6:** Page 136, Giorgio Mizzi; 137 (l), Giorgio Mizzi; 137 (r), Eduard Böhm; 142, Giorgio Mizzi; 145, Giorgio Mizzi; 146, Eduard Böhm; 147, Giorgio Mizzi; 149, Giorgio Mizzi; 150, Giorgio Mizzi; 152, Giorgio Mizzi.

Unit Three: Page 155, GeoSystems.

Chapter 7: Page 169, Jutta Tillmann; 174, Jutta Tillmann; 178, Jutta Tillmann.

Chapter 8: Page 188, Jutta Tillmann; 190, Eduard Böhm; 193, Biruta Schöol; 195, Tom Rummonds; 196, Antonia Enthoven; 197, Antonia Enthoven. **Chapter 9:** Page 213, George McLeod; 215, Susan Carlson; 217 (t), George McLeod; 217 (b), Aletha Reppel; 220, Michael Krone; 221, Michael Krone.

Unit Four: Page 231, GeoSystems.

Chapter 10 Page 240, George McLeod; 246, Jutta Tillmann; 247, Jutta Tillmann; 250, Jutta Tillmann; 252, Eduard Böhm. **Chapter 11:** Page 265, Maria Lyle; 269, Antonia Enthoven; 273, Camille Meyer. **Chapter 12:** Page 289, Antonia Enthoven; 294, Eduard Böhm; 298, Eduard Böhm; 301, Giorgio Mizzi. **Back Matter:** Page 394, Susan Carlson; 395, Susan Carlson.